황금 족쇄

GOLDEN FETTERS

THE GOLD STANDARD AND THE GREAT DEPRESSION, 1919-1939

황금 족쇄

금본위제와 대공황, 1919~1939년

배리 아이켄그린 지음 | 박복영 옮김

미지북스

"'세계 경제 회의'를 준비하며"_프라우다지, 모스크바

『지금의 역사 Current History』(1933년 7월, v. 38, n. 4)

차례

표 차례

금본위제와 대공황은 완전히 별개의 책 두 권이 필요할 만큼 아주 다른 주제로 보일 수도 있다. 여기서 이 두 주제를 결합하려고 하는 것은 금본위제가 대공황을 이해하는 열쇠라는 나의 믿음 때문이다. 1920년대의 금본위제는 국제금융시스템의 취약성을 심화함으로써 1930년대 대공황이 발생할 수 있는 무대를 만들었다. 금본위제는 미국에서 발생한 불안정 요인을 세계 여타 지역으로 전파하는 메커니즘이었다. 금본위제는 미국에서 처음 발생한 불안정을 증폭시키는 역할을 하였다. 그런 충격을 상쇄할 수 있는 조치를 가로막은 일차적 장애물이 바로 금본위제였다. 금본위제는 정책 담당자들이 은행 파산과 금융 패닉의 확산을 막지 못하게 하는 제약 조건이었다. 이 모든 이유 때문에 국제 금본위제는 세계 대공황의 핵심적 원인이었다. 같은 이유로 금본위제를 포기한 후에야 대공황으로부터의 회복이 가능했다.

　물론, 금본위제는 19세기에는 이런 불안정화 효과를 발휘하지 않고도 유지되었다. 이런 대조적 결과를 낳은 것은 전전(戰前)* 금본위제의 정치적 기초와 경제적 토대가 1차 세계 대전 동안 그리고 그 이후에 와해되었기 때문이다. 전전 체제의 두 가지 기초는 정부의 금본위제 유지 의지**에 대한 신뢰와 국제 협력이었다. 신뢰성은 금융 자본이 안정적 방향으로 흘러가도록 유도했으며 그럼으로써 경제 안정을 뒷받침했다. 협력은 위기 시기에 한 나라가 동원할 수 있는 자원보다 많은 자원으로 금본위제를 방어할 수 있음을 의미했다. 1차 대전의 경제적 정치적 영향 때문에 신뢰와 협력, 두 가지 모두가 허물어졌다. 신뢰성의 약화 때문에 협력이 더욱 중요하게 되었다. 협력이 이루어지지 않자, 경제 위기는 불가피했다.

　1차 대전 및 그 이후에 나타난 신뢰와 협력의 약화는 정치적, 경제적, 지적 변화를 모두 반영하고 있다. 국내 정치적으로는 소득 분배와 국가의 적절한 역할을 둘러싼 논란이 점점 격해졌다. 국제 정치 분야에서는 전시 부채와 전쟁 배상금을 둘러싼 싸움이 협력의 전망을 어둡게 만들었다. 경제적 이유와 정치적 이유로 금본위제의 전통적인 수호자인 중앙은행의 독립성이 위협받게 되었고 결국은 훼손되었다. 각국은 원칙에 대한 의견 불일치 때문에 각자의 경제 문제를 서로 다르게 진단했으며, 그 결과로 공동의 처방을 위한 각자의 노력은 장벽에 부딪혔다. 광범위한 경제적 변화로 국내 금융 기관 및 국제 금융 기관들의 취약성이 높아진 상황에서 국제 협력이야말로 재앙을 피하기 위한 방책이었다.

　이 책에서는 이러한 조각들을 잘 맞추어 양차 대전 사이에 있었던 경제정책들과 그 성과를 하나의 일관된 그림으로 만들려고 한다. 1차 대전으로 형성된 경제적 불균형 상황에서 추진된 정책들이 어떻게 대공황이라는 파국을 초래했는지를 보여주는 것이 이 책의 목표다. 금본위제는 불안정한 경제 환경을 초래한 데도 큰 책임이 있고, 그런 환경에 대응하기 위한 경제정책 또한 근본적으로 제약했다는 것이 이 책의 요지이다.

이것이 전간기(戰間期)••• 세계 경제에 관해 내가 내린 최종 결론이라 할 수 있다. 처음에는 자신이 살았던 시기를 역사로서 제대로 다룰 수 있는가에 대해 의문을 갖는 사람들도 있었다. 내가 대학에서 첫 일자리를 얻기 위해 하버드대학교에 인터뷰를 하러 갔을 때 내 미래의 동료가 될 어느 교수가 "그러니까 당신이 그 경제사학자이군요." 하며 내게 인사를 건넸다. "당신은 분명히 전간기가 역사가 될 수 없다고 생각하는군." 다른 것은 몰라도, 적어도 시간이 흐른 덕분에, 이런 의문을 가졌던 사람들도 이제는 이 책의 주제가 역사 연구의 대상이 될 수 있다고 생각하게 되었을 것이다. 이제 이 주제가 경제학의 영역에 속한다고 믿게 만드는 것은 나의 몫이다.

책을 집필하는 과정에서 학문 공동체에 속하는 것이 얼마나 의미 있는 것인지를 유쾌하게 깨달았다. 내가 처음에 구상한 다소 더 까다로운 책 대신에 이 책을 쓰도록 먼저 제안한 사람은 제프리 삭스 Jeff Sachs 교수였다. 약 10년 전에 시작한 일련의 대화가 어떤 영향을 끼쳤는지를 이 책에서 확인할 수 있을 것이다. 그리고 다른 수많은 친

• 이 책에서 "전쟁 전" 혹은 "전전"이라고 표현한 것은 1차 대전 이전을 의미한다.

•• 이 책에서 지은이는 금본위제를 유지하려는 정책 당국의 'commitment'를 강조하고 있는데, commitment란 어떤 것을 지키겠다는 공언과 동시에 그것을 지키기 위한 의지나 노력까지를 내포하는 개념이다. 우리말에서는 이런 뜻을 모두 담고 있는 단어를 찾기 어려워 이 책에서는 "의지"로 옮겼다.

••• 전간기란 영어 inter-war의 번역어로, 1차 대전이 끝난 시점부터 2차 대전이 발발하기 전까지의 기간을 가리킨다. 따라서 대체로 1920년대와 1930년대가 전간기에 해당한다.

구와 동료들에게서 글이나 말을 통해 귀중한 격려를 받았다. 이 책의 초고를 읽는 데 자신의 소중한 시간을 할애해 주신 분들과 또 그 외의 여러 형태로 귀중한 도움을 주신 분들에게도 고마움을 전해야겠지만, 여기서는 많은 대화를 나눈 세 분께 특히 감사를 드리고자 한다. 피터 테민Peter Temin 교수의 진지한 논평은 이 책이 최종적인 꼴을 갖추는 데 특히 중요한 역할을 했다. 늘 그랬듯이, 나는 처음에는 완벽한 논리하고 생각한 것에 대한 피터의 지적을 받아들이지 않았다. 하지만 피터의 지적은 내가 아무리 거부하려고 해도 결국에는 내 능력이 닿는 한 받아들일 수밖에 없는 지적임을 이제는 알고 있다. 그의 지적은 훈제연어와 베이글과 또 진한 커피와 같이 곁들여졌기에 더욱 쉽게 받아들일 수 있었다. 내 주장의 정치적 측면을 논평해 준 제프 프리든Jeff Frieden은 경제학자로서 훌륭한 직관과 더할 나위 없이 좋은 감각을 지니고 있다. 마이클 보르도Michael Bordo는 나와는 다른 지적 배경을 갖고 있는데, 그는 역사와 경제를 이해하는 데서 학설이 결코 장애가 될 수 없음을 끊임없이 보여주었다.

종합적 성격의 저술을 하는 사람은 전문가들과 마찰을 빚을 위험을 늘 안고 있다. 내가 이전에 탐구해 본 적이 없는 국제 금융, 국제 관계, 그리고 경제사의 여러 분야에 대해 전문가들은 자신들의 영역을 움켜쥐는 것이 아니라 오히려 나에게 익숙하지 않은 영역에서 방황해 보라고 조언했으며, 또 고맙게도 내가 그 길을 가면서 사실을 파악하고 해석하는 동안 저지를 실수들을 우아한 방식으로 지적해 주었다. 나는 15쪽에 걸쳐 빽빽하게 쓴 피터 케넨Peter Kenen의 편지를 펼치던 순간과, 그 후 편집자에게 전화를 걸어 원고가 늦어질 것이라고 말해야겠다고 생각하던 그 순간을 지금도 생생히 기억하고 있다. 그 밖에도 다음과 같은 분들에게 나는 정중하게 예의를 표하고

황금 족쇄

또 깊이 감사를 드린다. 알베르토 알레지나Alberto Alesina, 벤 버냉키Ben Bernanke, 찰스 칼로미리스Charles Calomiris, 마르첼로 데 체코Marcello de Cecco, 브래드 드롱Brad DeLong, 트레버 딕Trevor Dick, 스탠리 엥거먼Stanley Engerman, 찰스 파인스타인Charles Feinstein, 피터 홀Peter Hall, 게리 호크Gary Hawke, 카를-루트비히 홀트프레리히Carl-Ludwig Holtfrerich, 수전 호손Susan Howson, 도루 이와미Toru Iwami, 해롤드 제임스Harold James, 라스 요눙Lars Jonung, 찰스 킨들버거Charles Kindleberger, 아담 클루그Adam Klug, 로버트 커헤인Robert Keohane, 다이안 쿤즈Diane Kunz, 모리스 르비-르부아예Maurice Levy-Leboyer, 피터 린더트Peter Lindert, 찰스 마이어Charles Maier, 도널드 모그리지Donald Moggridge, 더글라스 노스Douglass North, 존 오델John O'Dell, 로널드 로고프스키Ronald Rogowski, 크리스티나 로머Christina Romer, 안나 슈워츠Anna Schwartz, 마크 토머스Marck Thomas, 쟈니 토니올로Gianni Toniolo, 유진 화이트Eugene White, 엘무스 위커Elmus Wicker. 아직도 나와 이들 사이에서 견해가 다른 부분에서는, 내가 그들과 다른 해석 및 분석을 내놓을 때 논거를 명확히 밝히려고 최선을 다했다는 것을 그들이 이해해 줄 것으로 기대한다. 이안 맥클린Ian McLean과 스티브 웹Steve Webb은 포괄적인 지적도 해 주었을 뿐만 아니라 자료 문제에 대해서도 친절하게 응대해 주었다. 제럴드 펠트먼Gerald Feldman은 독일의 초인플레이션에 관한 자신의 미발간 연구의 일부를 보내주었으며 그 덕분에 나는 제5장의 여러 부분들을 더욱 명확히 할 수 있었다. 테오 볼더스톤Theo Balderston의 미발간 초고 역시 제8장과 제9장의 여러 부분들을 명확히 하는 데 도움이 되었다. 나의 원고에 대해 논평해 준 것에 대해서도 감사를 드린다.

최종 원고는 앞에서 언급한 여러 사람들이 읽고 또 지적해 준 애초의 원고에서 상당히 바뀌었는데, 나는 개선되었다고 믿고 싶다.

궁색한 변명 같지만, 그들은 이전의 원고를 읽고 통렬한 비평들을 보낸 것이다.

종합적 성격의 저술을 하는 것이기 때문에 검증되지 않은 미발간 자료들은 최소한으로만 참고하려고 했다. 하지만 2차 문헌들이 서로 모순되거나 불완전한 경우, 어쩔 수 없이 문서보관소들을 뒤질 수밖에 없었다. 보유하고 있는 자료들을 인용할 수 있도록 허락해 준 다음의 기관들에 감사를 드린다. 스트롱 문서Strong Papers와 관련 기록을 제공해 준 뉴욕연방준비은행Federal Reserve Bank of New York, 해리슨 문서Harrison Papers를 제공해 준 콜럼비아대학교 버틀러도서관Butler Library, 라몬트 문서Lamont Papers를 제공해 준 하버드대학교 베이커도서관Baker Library, 제네바 소재 UN의 국제연맹문서보관소, 프랑스 재무부, 프랑스중앙은행Bank of France, 영국공공기록물보관소British Public Record Office.

그리고 경제학 분야 연구에 등장하는 전문 용어나 수학적 기법들은 최대한 피하려고 노력했다. 최근의 경제학 발전 덕분에 우리는 금본위제나 대공황과 관련하여 논란이 될 만한 부분을 더욱 명확히 이해할 수 있게 되었다고 생각한다. 경제정책의 시간적 일관성에 관한 연구, 국제적 정책 조정에 관한 게임 이론적 접근, 환율 타깃존에 관한 확률 모형은 이 책에서 다루는 문제와 직접 관련돼 있고 또이 책의 주장과 해석의 틀을 제공해 주는 세 가지 예이다. 이론화 작업과 통계 결과는 이런 종류의 분석에 항상 정보를 제공해 주기 마련이다. 그러나 나는 그런 것을 전문 용어 없이 설명함으로써 서술이 단절되지 않도록 노력했다. 모형이나 계량경제학적 검증에 관한 엄밀한 설명이 필요한 독자는 주석에 인용된 학술 논문을 참조하면 될 것이다. 잠재적인 일반 독자를 대상으로 글을 쓰도록 조언해 준 옥스퍼드대학교출판부 편집자인 허브 애디슨Herb Addison에게 감사드린다.

열정적이고 유능한 연구 조교들은 끊임없이 통계와 참고 문헌을 찾아주고 또 표와 그림을 만들었다. 특히 수년간 내 곁에 있으면서 나의 복잡한 프로젝트와 씨름을 한 크리스 미체너Kris Mitchener와 캐롤린 월리Carolyn Werley에게 고마움을 전하고 싶다. 그들과 나의 작업은 교내외의 경제적 지원 덕분에 가능했다. 캘리포니아대학교 버클리 캠퍼스의 경영경제연구소와 국제문제연구소는 연구 조교들의 작업을 지원해 주었다. 내가 경영경제연구소에 소속된 덕분에 마고 세카르즈Margo Secarsz의 도움을 받을 수 있었는데, 그녀는 믿음직한 애플 레이저 라이터를 이용해서 계속 바뀌는 원고의 수정본들을 만들어 주었다. 나의 비서인 파멜라 폭스Pamela Fox는 복잡한 지원 업무를 훌륭히 처리해 주었으며 섬세한 충고들을 해 주었다. 국가과학재단National Science Foundation의 경제학 분과는 기초 연구의 많은 부분을 지원해 주었다. 독일마샬기금German Marshall Fund은 한 학기의 휴식년을 지원해 주었는데, 그 덕분에 최종 원고를 마무리할 수 있었다.

이 책이 로버트 포겔Robert Fogel과 클레인 포프Clayne Pope가 편집하는 전미경제연구소National Bureau of Economic Research(NBER) 총서로 나오게 되어 매우 기쁘다. 나는 이 연구소에, 특히 마틴 펠드스타인Martin Feldstein과 제프리 칼리너Geoffrey Carliner에게 깊은 감사를 드린다. 전미경제연구소가 가장 필요한 시기에 경제적 후원과 정신적 지원을 해 주었으며 모범적인 연구 환경을 제공해 주었다. 전미경제연구소가 이 책에서 장기간 투자한 성과를 조금이라도 확인할 수 있기를 바란다.

버클리에서
1991년 3월
B. E.

미지북스에서 『황금 족쇄』 한국어판이 나오기 벌써 4반세기 전인 1991년에 나는 이 책을 집필했고 1992년에 처음으로 책이 출판되었다. 아마 이 책을 읽게 될 독자들은 그동안 우리 경제가 근본적 변화라고 할 만한 변화를 겪었는데 이런 경제학 저술이 여전히 의미가 있을까 하고 질문을 할 수 있을 것이다.

그동안 많은 사건들, 특히 2008~2009년의 글로벌 금융 위기는 이 책과 그 속에 담긴 주장이 그 어느 때보다 의미가 있음을 새삼 되새겨 주었다는 것이 나의 답이다. 『황금 족쇄』는 1930년대 대공황을 국제적인 시각에서 처음으로 해석한 책들 중 하나다. 이 책은 1963년에 출간된 밀턴 프리드먼Milton Friedman과 안나 슈워츠의 『미국 화폐사A Monetary History of thd United Staes』와 같은 이전의 연구와 대조를 이루는데, 이들은 이 책에서 1930년대의 대공황을 미국 내의 현상으로 묘사하고 있다. 2008~2009년의 글로벌 금융 위기는 위기가 특정한 국가나 시장 — 2008~2009년의 경우 미국의 서브프라임 모기지 시장— 에서 시작되었다고 하더라도 본질적으로 글로벌 위기라는 점을 우리에게 일깨워 주었다. 그런 위기는 글로벌 경제 및 금융시스템이 작동한 결과로 이해되어야 한다. 이 시스템은 충격의 효과를 국제적으로 확산시키고 그 효과를 증폭시키는 역할을 한다. 『황금 족쇄』는 대공황에 대한 폐쇄 경제적 혹은 미국 중심적 시각에 반론을 제기한 것이다. 나는 이제 이 대결에서 완전히 승리했다고 생각하고 싶다.

그리고 『황금 족쇄』는 전간기 금본위제의 고정환율제도가 어떻게 디플레이션의 엔진으로 작용했는지를 자세히 설명하고 있다. 고정 환율은 불균형을 심화시켰으며, 경기 침체가 시작되었을 때는 통화 및 재정 당국이 경기 안정화를 위한 정책을 쓰지 못하도록 하는 역할을 하였다. 최근에 우리는 2009년 이후 유럽에서 완벽하게 동일한 사태가 벌어지는 것을 목격하고 있다. 20세기 초의 금본위제와 21세기 초의 유로시스템이 너무나도 흡사하다는 것을 생각하면, 이것은 그리 놀라운 일도 아니다. 1930년대의 금본위제 붕괴로, 정책은 족쇄에서 풀렸으며 지도자들은 국가 수준에서 경제를 안정시키면서도 경기는 부양시키는 조치들을 선택할 수 있게 되었다. 이와 달리 유로시스템은 붕괴되지 않았다. 적어도 아직까지는 붕괴되지 않았다. 그 결과로 유럽은 2009년 이후 장기간 디플레이션과 불황의 고통에 빠져 있다. 이 고통의 기간은 1929년 이후의 기간보다 훨씬 더 길다. 이런 것을 두고 소위 역사의 교훈이라고 하는가! 마리오 드라기Mario Draghi의 주도로 유럽중앙은행이 더욱 적극적으로 대응하기 시작하고 유럽 각국 정부도 재정 공고화의 결박을 풀기 시작하자, 이제야 경제의 회복 기미가 겨우 보이기 시작한다.

경제정책에 대한 국제적 공조가 실패한 상태에서 각국 정책 결정자들이 행동의 자유를 얻기 위해서는 금본위제의 붕괴가 필요했다. 중앙은행과 정부가 서로 협조를 했더라면 각 국가는 금본위제의 구조 안에서도 동시에 팽창적인 정책을 추진할 수 있었을 것이다. 하지만 국내의 정치적 반대, 국가 간의 정치적 갈등 그리고 서로 모순된 인식 틀이 이런 협조의 장애물이 되었다. 이에 비해 2008~2009년 글로벌 금융 위기 이후 정책 결정자들의 조치는 더 바람직했다. 미국의 연준은 위기가 정점에 이른 시점에 한국을 비롯한 여러 나라와의 달러 스왑 라인을 확대하여 상대 국가에 소중한 구명줄을 던졌다. 2009년 초의 런던 G20 정상회의에서 각국은 영국 고든 브라운^{Gordon Brown} 총리가 제안한 "수조 달러의 경기 부양 계획"에 합의했다. 하지만 모든 정부와 중앙은행이 동일한 행동을 필요로 하는 경우에만 협력이 지속되었다. 2009년 초 이후 각국의 처지가 달라지자 상이한 대응이 필요했다. 그리스와 같은 일부 국가는 재정 긴축으로 선회할 수밖에 없었다. 독일과 같이 재정 여력을 가진 나라는 그리스의 긴축을 상쇄하기 위해 추가 부양 조치를 실시하는 협력이 필요했다. 하지만 다시 국내의 정치적 반대, 국가 간의 정치적 공방, 그리고 서로 모순된 인식 틀이 협력을 가로막았다. 협조가 터무니없이 부족했다.

한국어판 독자들은 이런 것이 한국과는 무슨 관련이 있을까 하고 생각할지 모르겠다. 금융시스템이 부분적으로 달러 신용에 의존해 운영되지만 중앙은행의 달러 자금이 충분하지 않은 나라를 위해서는 국제적 통화 협력이 중요하다는 것은 이미 앞에서 지적했다. 중앙은행 간의 협력이 와해되고 그와 함께 글로벌 경제가 파탄에 이른 1930년대의 역사는 한국은행을 포함한 각국의 통화 당국이 긴밀히 협력해야 함을 일깨우는 반면교사가 되어야 한다. 그리고 1920년대와 1930년대의 경험은 고정환율제의 위험을 상기시킨다. 한국은 1997~1998년에 이 위험을 뼈저리게 경험했다. 1930년대 위기에서 고정환율제가 한 역할을 더욱 정확히 이해했더라면 한국의 정책 당국자들은 그 길을 가지 않았을 것이며 또 좀 더 일찍 환율의 변동성을 높였을 것이다. 환율의 변동성을 높였다고 해도 한국에서 위기를 막지 못했을지 모르지만 불균형의 심화를 억제해 충격을 줄일 수는 있었을 것이다. 이런 것들은 모두 되새겨 봄 직한 교훈들이다. 그래서 나는 이 책을 통해 이를 다시 한 번 강조한다.

　마지막으로 정말 꼼꼼히 이 책을 번역해 준 동료 박복영 교수에게 깊은 감사를 드린다.

버클리에서

2016년 6월

배리 아이켄그린

제1장

머리말

"금융은 자본주의 신경계다." 1924년에서 1935년 사이에 여러 차례 영국 총리를 역임한 램지 맥도널드^{Ramsay MacDonald}가 한 말이다. 이 표현을 빌리자면, 맥도널드 시기의 자본주의 체제는 만성적인 신경질환을 앓고 있었다. 1929년 월가의 폭락 이후, 금융 기관이 도산하고 금융시장의 작동에 내파(內破)가 발생했다. 그 이후 나타난 경기 침체는 근대의 대형 경제 파국이라 할 수 있는 대공황으로 발전되었다.

　　그 파국은 세계적 현상이었다. 미국에 초점을 맞춘 많은 문헌들이 묘사한 모습과는 반대로, 대공황은 수많은 나라들에 동시에 영향을 미쳤다는 바로 그 이유 때문에 심각한 일대 사건이었다. 그 영향에서 자유로운 나라는 어디에도 없었다. 모든 나라가 금융 부문에서 어려움에 직면했으며 많은 나라가 쇠락의 금융 위기를 겪었다. 따라서 대공황의 수수께끼를 푸는 열쇠는 여러 나라의 금융시장을 국제적으로 연결하는 제도에서 찾아야 마땅하다.

　　이 지점에서 금본위제가 등장하게 된다. 금본위제는 1차 대전 이전의 사반세기 이상 동안 국내 및 국제적 통화 관계의 틀을 형성했다. 각국의 통화는 요구에 따라 금으로 태환될 수 있었으며 고정환율을 통해 국제적으로 연결되어 있었다. 금의 운반이 국제수지 결제의 최종 수단이었다. 금본위제는 금융 거래를 조직하는 매우 효율적인 메커니즘이었다. 1929년 이후 시작된 세계 금융 위기는 금융시장의 작동을 위태롭게 했는데, 과거에는 이 정도로 심각한 금융 위기가 발생한 적이 없었다. 과거의 어떤 불황도 1930년대 대공황에 필적할 만큼 생산과 고용을 침체시키지 않았다.[1]

이 금본위제의 핵심 요소들이 1차 대전 발발과 더불어 산산조각 났다. 그것을 완전히 재건하는 데는 10년 이상의 시간이 소요되었다. 재건된 금본위제는 전쟁 전의 제도만큼 복원력을 갖고 있지 않음이 곧 드러났다. 1929년에 이미 새 국제통화체제는 허물어지기 시작했다. 급격한 디플레이션 때문에 1차 산품 생산국들은 금 태환을 중지하고 통화 가치를 절하해야 했다. 국제수지 문제는 산업화된 국가들의 주변국으로 확산되었다. 1931년 여름, 오스트리아와 독일은 은행 패닉에 시달렸고 외환 통제를 실시했으며 자국 통화를 금으로 태환하는 것을 중지했다. 미국, 프랑스와 함께 국제통화체제의 중심부를 형성하고 있던 영국도 위기의 문턱에서 1931년 가을 금본위제를 포기했다. 약 20여 개 국가가 이 선도 국가의 뒤를 따랐다. 미국은 1933년에 금본위제에서 탈락했지만, 프랑스는 고통스런 종말이 올 때까지 매달려 있었는데, 그 종말은 1936년에 왔다.

흔히 국제통화체제의 붕괴가 금융 위기의 도화선이 되었으며, 그 금융 위기가 평범한 경기 하락을 유례없는 침체로 만들었다고 생각한다. 이 주장에 따르면, 금본위제가 유지되는 동안에는 1929년 이후의 침체가 그저 주기적 수축에 지나지 않았지만, 금본위제가 붕괴되면서 금융 안정에 대한 신뢰가 무너지고 자본 도피가 발생함으로써 금융 기관의 지불 능력이 크게 떨어졌다는 것이다. 금융 위기가 이 나라에서 저 나라로 번지면서 경제 활동을 둔화시켰다는 것이다. 이런 주장은 금본위제의 소멸이 위기를 심화했다는 주장으로 이어진다. 금 태환을 중지한 이후, 정책 담당자들이 통화 가치를 조작함으로써, 국내 경제 회복에는 아무 도움도 안 되면서 해외의 대공황만 악화시키는 소위 근린궁핍적(近隣窮乏的)* 평가 절하에 몰두했다는 것이다. 금융 부문에서 세계가 경쟁적 통화 지역들로 분열되자, 국제무역이 파탄 나고 해외 투자가 위축되었으며 경기 회복이 전체적으로 어려워졌다는 것이다.

이 경우에 금본위제는 대체로 금융 안정과 동의어로 쓰인다. 1929년에 시작된 금본위제의 몰락에는 글로벌 금융 위기와 세계적 불황이 동시에 내포되어 있다. 그런데 사실은 그것과 정반대라는 것이 이 책의 핵심 메시지이다. 금본위제는 안정의 동의어이기는커녕, 전간기의 금융 안정과 경제적 번영을 위협한 일차적 요인이었다.

왜 그런지 이해하기 위해서는, 1차 대전 전에는 그렇게 잘 작동하던 금본위제가 그 후에는 왜 제대로 작동하지 않았는가를 우선 이해해야 한다. 그다음에는 금본위제와 대공황 사이의 관계를 명확히 해야 한다. 마지막으로 이 주장을 완결하기 위해서는 1930년대에 금본위제의 소멸이 대공황에서 회복하는 전제조건이 되었음을 보여야 한다. 이 책에서는 이 세 가지 과제를 다룰 것이다. 이 장의 나머지

• 통화의 평가 절하가 자국 수출품 가격을 낮추어 수출 증가에 도움이 되지만 교역 상대국의 수출품은 그만큼 비싸져 수출이 줄어들게 되므로, 결국 국내 불황을 교역 상대국에게로 이전하는 것에 불과함을 나타내는 표현이다.

부분에서는 이 둘 사이의 관계를 다루고 이 책에서 제시할 증거들을 간략히 요약할 것이다.

금본위제의 작동 원리

고전적 금본위제의 안정성과 전간기 금본위제의 불안정성이라는 이런 대조적인 결과가 왜 발생했는가에 대해서는 이미 의견이 상당히 같아진 상태다. 일반적 설명은 찰스 킨들버거의 저작에 가장 명확하게 나타나 있다. 킨들버거의 주장에 따르면 전전 금본위제의 안정은, 그 제도를 지휘한 영국과 그 대리인인 잉글랜드은행Bank of England•이 금본위제를 효과적으로 관리한 결과이다. 경기가 침체할 때마다 영국 자본시장은 해외 대부를 증가시킴으로써 세계 경기의 변동을 증폭시킨 것이 아니라 완화했다고 설명한다. 잉글랜드은행이 국제적 최종·대부자lender-of-last resort••역할을 함으로써 금본위제가 안정적으로 유지될 수 있도록 했다는 것이다. 킨들버거는 전전의 상황과 전간기를 비교하면서, 전간기에 영국은 너무 약해져서 그 시스템을 안정시킬 능력이 없었고 미국은 그렇게 할 준비가 되어 있지 않았다고 설명한다. 킨들버거는 소위 '헤게모니 안정론theory of hegemonic stability'을 적용하여 안정에 필요한 영향력은 그것을 제공할 자세와 능력을 가진 압도적인 경제 강대국, 즉 헤게모니 국가가 존재할 때만 적절히 제공된다고 결론 짓는다.[2]

제2장에서는 킨들버거의 이런 주장을 반박할 것이다. 헤게모니의 부재라는 측면에서 전간기는 그렇게 예외적인 시기가 아니었음을 보일 것이다. 국제 통화 문제를 손쉽게 관리한 나라는 1차 대전 이전에도 없었다. 런던이 선도적인 국제 금융 중심지였을 수는 있다. 그러나 실질적 라이벌도 있었는데, 파리와 베를린이 대표적이었다.

전전 금본위제는 분산된 다극 체제였다. 그 시스템의 안정을 위해 하나의 압도적 강대국이 개입한 덕분에 금본위제가 원만히 작동한 것이 아니었다.[3]

전전 금본위제가 안정되었던 것은 서로 매우 다른 두 요인, 즉 신뢰와 협력 덕분이었다.[4] 신뢰란 정부의 정책 의지에 대해 대중이 보내는 믿음이다. 금본위제를 신뢰한 것은 정부가 국제수지 균형을 우선적 목표로 삼았기 때문이다. 영국, 프랑스, 독일 등 중심부 국가에서는 정책 당국이 중앙은행의 금 준비금을 방어하고 통화의 금 태환을 유지하기 위해 필요하다면 어떤 조치라도 취할 것이라는 데 대해 일말의 의심도 없었다. 이 중앙은행들 중 어느 하나가 금 준비금을 잃어 환율이 약세[***]가 될 경우, 자본 이득의 기대 때문에 자금이 해외에서 유입될 것이다. 정책 당국이 준비금 감소를 막고 환율을 강화하기 위한 조치를 취하면 이 나라 자산에 투자한 투자자들은 자본 이득을 얻게 된다. 기존의 기준 환율을 유지하겠다는 의지에 대해 어

• 잉글랜드은행은 민간 은행으로 시작했지만 이 은행이 발행한 은행권이 영국의 법정 화폐가 되면서 영국의 중앙은행이 되었다. 잉글랜드를 음차하여 영란은행으로 옮기는 경우도 있지만, 여기서는 잉글랜드은행으로 옮겼다.

•• 최종 대부자 기능이란 일반 상업 은행이 예금 인출 사태 등으로 인해 유동성 부족 위험에 처했을 때 은행시스템의 붕괴를 막기 위해 중앙은행이 일반 은행에 자금을 빌려주는 행위를 의미한다. 즉 은행권 전체에 불안감이 확산되어 유동성 확보 경쟁이 발생할 때 최종적으로 유동성을 공급할 수 있는 곳은 발권력을 가진 중앙은행뿐이다. 이런 최종 대부자 기능은 금융시스템 안정을 위한 중앙은행의 가장 중요한 기능 중 하나이다. 여기서는 금본위제를 채택하고 있는 어느 나라의 중앙은행이 준비금 부족을 겪을 경우 잉글랜드은행이 자금 공급을 통해 구제함으로써 국제금본위제를 안정시키는 기능을 했음을 설명한다.

••• 이 책에서 환율 상승(혹은 강세)은 다른 통화 대비 자국 통화의 가치 상승을, 환율 하락(혹은 약세)은 자국 통화의 가치 하락을 의미한다. 일반적으로 환율은 달러 대비 자국 통화의 비율로 표시되어, 환율 상승이 자국 통화의 상대 가치 하락을 의미하지만, 이 책에서는 환율을 자국 통화 대비 달러의 비율로 설명하기 때문에 환율 상승은 곧 자국 통화 가치의 상승을 의미한다.

떤 의심도 없었기 때문에 자본은 신속히 그리고 충분한 규모로 유입되었다. 결국 환율은 자동으로 강세로 전환되었고, 자본은 환율 안정을 달성하는 방향으로 이동했기 때문에 정부 개입이 거의 필요없었다. 정부의 금본위제 유지 의지에 대한 바로 그 신뢰 덕분에 그 약속을 시험하려는 시도가 거의 없었다.[5]

금본위제를 유지하려는 정부의 의지는 어떻게 신뢰를 얻을 수 있었을까? 한편으로는 대외 균형에 필요한 정책이 대내 번영과 모순된다는 인식이 거의 없었다. 금본위제를 방어하는 것과 실업률을 낮추는 것 사이에 갈등이 있을 수 있다는 인식이 거의 없었다. 20세기에 접어들 무렵에야 비로소 실업은 지속적 사회 경제 문제로 대두되었다. 빅토리아 시대만 하더라도 영국의 사회 비평가들은 실업이라는 표현을 쓰지 않았으며 대신 곤궁이나 유랑, 결핍이라는 표현을 사용했다. 미국에서는 그런 사람들을 일을 하지 않거나 게으르거나 빈둥거린다고 묘사했지, 실업 상태에 있다고 말하는 경우는 거의 없었다. 프랑스와 스웨덴에서는 실업이라는 용어 대신 유랑 혹은 방랑이라는 말을 썼다. 이런 용어들은 실업을 개인의 실패 탓으로 돌리는 경향이 있었다는 것과, 당시 사람들이 소위 경기 변동trade cycle이라고 부른 경제 전반의 변동이 고용 전망에 미치는 영향을 이해하지 못했다는 것을 은연중에 드러내고 있다.[6]

실업을 경기 상황과 연관 지은 사람들도 전체 변동을 이자율이나 통화 조건과 연결시켜 이해한 경우는 드물었다. 중앙은행의 정책이 경제에 미치는 영향에 대해 제대로 이해하지 못했다. 1차 대전 이후 케인스를 비롯한 여러 사람들이 발전시킨 이론들처럼, 생산을 안정시키거나 실업을 줄이기 위해 통화와 신용의 공급을 조절하는 방법에 관해 잘 다듬어진 이론이 당시에는 존재하지 않았다. 랠프 호트

황금 족쇄

리Ralph Hawtrey처럼 통화와 신용의 변화에 주목한 사람들은 이것이 엉뚱하게 경기 변동을 증폭시킨다고 주장했다.[7] 대다수의 관찰자들은 경제 안정을 위해 적극적 통화 관리 대신 수동적인, 그래서 예측 가능한 통화정책 기조를 주문했다.

노동자 계급은 정치적 권력의 한계 때문에 이런 상황에 도전할 수가 없었다. 많은 나라에서 선거권은 여전히 제한되어 있었다. 노동당이 존재하는 경우라도 의미 있는 영향력을 행사할 수 있는 경우는 드물었다. 긴축통화정책으로 실업이 야기되는 데 반대할 수 있는 사람들은 영향을 미칠 수 있는 위치에 있지 않았다. 국내의 정치적 압력이 금에 대한 의지의 신뢰성을 훼손하지는 않았다.

이런 점을 과장해서는 안 된다. 1910년대 무렵부터 실업은 사회 문제가 되었다. 노조 설립의 확산과 선거권의 확대가 일자리 상실에 가장 취약했던 사람들의 정치적 영향력을 향상시켰다. 높은 이자율이 투자를 위축시키고 경기를 둔화한다는 인식이 널리 퍼졌다. 중앙은행가들도 이런 고려를 무시할 수 없었다. 하지만 대외 목표와 국내 목표 중 하나를 선택해야 하는 상황에서는 그들은 여전히 주저함이 없었다.

정책 담당자들은 경제 안정을 위해 예산 적자나 공공 지출 증가를 활용할 수 있다고 생각하지 않았다. 정부는 균형 예산 원칙을 따랐기 때문에 세수의 변화가 공공 지출 수준의 변화를 결정했다. 금 유출을 억제하기 위해 정부가 대규모 예산 적자를 없애야 하는 경우는 거의 없었다. 재정 부담의 분담에 관해서는 확고히 확립된 규범이 있었다. 중앙 정부는 세수를 수입 관세에 주로 의존했다. 반면에 소득이나 국내 활동에 세금을 부과하는 것은 여전히 부담스러웠다. 종종 수입 식료품이나 기타 소비재의 구매자로서 수입 관세를 지불해야 하는 개인들은 정치적 발언권이 상대적으로 거의 없는 임금 소득자인 경우가 많았다. 세수 부족에 따라 수입 관세를 조정할 수 있었다. 예산 적자를 없애야 한다고 해서 과세를 둘러싸고 티격태격하는 논란이 늘 벌어지는 것은 아니었다. 국제수지 목표를 위해 통화 수단뿐만 아니라 재정적 수단도 사용하겠다는 정부의 약속은 신뢰를 얻을 수 있었다.

따라서 당시의 일반적 정치제도에 의해 강화된 특정한 정치권력 지형과 경제 운용에 관한 특정한 시각이 고전적 금본위제에 필요한 기초를 제공했다. 정치제도와 영향력이라는 요소와 당시의 지배적 인식 틀이라는 요소가 결합되어 그 체제에 대한 신뢰의 기초를 형성하고 있었다.[8]

그러나 전전의 금본위제는 궁극적으로는 국제 협력에 의존하고 있었다. 안정적 투기와 국내의 개입으로 교란 요인을 흡수할 수 없는 경우에는 정부와 중앙은행의 협력을 통해 체제의 안정이 회복되었다.[9] 사소한 문제들은 당사자 사이의 공식 대화 없이도 일상적인 묵시적 협력을 통해 해결될 수 있었다. 예를 들어 세계 신용 상황이 과도하게 위축되어 완화가 필요할 때는 여러 중앙은행들이 동시에 필요한 조정을 취했다. 일방적 조치는 위험하다. 만약 한 중앙은행이 할인율Discount rate*을 인하하는데 다른 중앙은행들이 따라 하지 않는다면, 인하한 은행은 준비금을 잃게 되고, 그러면 통화의 태환성 convertibility(兌換性)**유지를 위해 반대 조치를 해야 할 수도 있기 때문이다. 그런 상황에서는 선도적 중앙은행인 잉글랜드은행이 공조 조치가 필요하다는 신호를 보냈다. 잉글랜드은행이 할인율을 인하하면 다른 중앙은행들도 대개는 유사한 대응을 했다. 사실상 잉글랜드은행이 통화정책의 국제적 조화를 위한 초점 역할을 했다. 다른 나라

중앙은행들이 선두를 따라가는 방식으로 필요한 조정이 이루어진 것이다.[10]

이와 대조적으로 중요한 위기 시에는 일반적으로 나라마다 다른 대응을 해야 했다. 금을 잃어서 태환성 위기에 직면한 나라는 해외에서 자금을 끌어오기 위해 이자율을 인상해야 했다. 반면, 여타 국가는 어려움에 처한 중앙은행이 자금을 이용할 수 있도록 국내 신용 조건을 완화해야 했다. 특히 우두머리인 잉글랜드은행의 준비금이 공격을 받고 있을 때는 선두 추종적 접근만으로는 충분하지 않았다. 그런 위기에 대한 통제는 각국 중앙은행과 정부 사이의 명시적이고 의식적인 협력을 통해 이루어졌다. 각국 중앙은행과 정부는 약세 통화 국가를 대신해서 어음을 할인하거나 그 나라 중앙은행에 금을 빌려주었다. 결과적으로 금 평가(金平價)*** 가 위태로울 때 어느 한 나라가 끌어 쓸 수 있는 자원은 자신의 준비금을 훨씬 넘어섰다. 왜냐하면 다른 금본위제 국가의 자원까지 사용할 수 있었기 때문이다.

• 중앙은행의 할인율이란 중앙은행이 우량 상업 어음을 매입할 때 적용하는 할인율을 의미한다. 이 할인율은 시장 이자율에 직접적으로 영향을 미치기 때문에 일종의 기준 금리라고 할 수 있다. 2차 대전 이전까지 중앙은행의 할인율 조정은 시장 이자율이나 통화량을 조절하기 위한 통화정책의 가장 핵심적인 정책 수단이었다. 중앙은행은 일반 상업은행이 할인한 어음을 다시 할인하기 때문에, 이런 중앙은행의 할인율은 지금은 흔히 재할인율로 불린다.

•• 금본위제하에서 태환성이란 금 태환성을 뜻하는데, 이는 법정 화폐의 보유자가 그 발권 은행인 중앙은행에 법정 화폐를 금으로 교환해 줄 것을 요구할 때 그 요구에 응할 의무와 능력을 의미한다.

••• 금 평가란 금 태환 시 적용되는 법정 화폐와 금 사이의 법정 교환 비율을 의미한다. 어느 나라의 통화 가치가 약세가 되어 시장 환율이 금 평가를 크게 벗어나게 되면, 외환 거래자들은 두 가지 상반된 반응을 보일 수 있다. 중앙은행이 금 평가를 어떻게든 유지할 것이라는 신뢰가 확고한 경우에는 약세 통화를 매입할 것이다. 반대로 중앙은행의 능력이나 의지를 신뢰하지 않는다면 추가 하락을 예상하여 약세 통화를 매도할 것이다. 바로 이런 차이 때문에 금 평가의 유지 의지에 대한 신뢰성이 금본위제 전체의 유지를 위해 매우 중요하다.

이것이 자국 금 평가의 방어에 사용할 수 있는 추가적인 탄약 역할을 한 것이다.

따라서 금본위제에 대한 의지는 그 의지가 단순히 한 나라의 의지가 아니라 국제적 성격을 가졌기 때문에 신뢰받을 수 있었다. 그 의지는 국제 협력을 통해 실현되었다.

협력적 관리라는 이 주제는 잉글랜드은행의 헤게모니 역할을 강조한 금본위제 문헌의 전통적 초점과는 다르다. 그러나 두 시각 사이의 대립을 과장할 필요는 없다. 시간과 환경에 따라 상대적 중요성이 변화했음에 주목하면 두 시각을 조화시킬 수 있다. 상대적으로 평온한 시기에는 잉글랜드은행의 묵시적 리더십이 국제 협력의 조직 틀 역할을 했다. 이와 대조적으로 위기 시에는 국제 협력이 결정적 역할을 했다. 그리고 잉글랜드은행은 리더십 지위를 상실했다. 위기 기간 동안 잉글랜드은행은 금본위제 안정에 필요한 협조적 개입을 하는 여러 은행들 중 하나에 불과했다. 최악의 경우, 잉글랜드은행은 국제 지원 활동에 기여할 수 있는 능력마저 상실했다. 특히 위기가 가장 심각했던 1890년과 1907년에는 다른 중앙은행들이 핵심적인 안정화 역할을 수행했다. 잉글랜드은행 자체가 국제 협력의 인질이 되었다. 국제적 최종 대부자는커녕 국제적 최종 차입자가 되어 프랑스중앙은행, 독일제국중앙은행German Reichsbank● 및 다른 유럽 중앙은행들의 지원에 의존하는 신세로 전락했다.

1차 대전 직전 10년 동안 그런 국제 협력이 점점 더 빈번해지고

●독일제국중앙은행은 프로이센의 민간 은행으로 출발했지만 1876년부터 1945년까지 독일의 중앙은행이었다. 현재의 독일 중앙은행인 독일연방은행Deutsche Bundesbank은 1957년에 설립되었다.

황금 족쇄

일반화되었다. 잉글랜드은행의 주도적 역할은 도전에 직면했으며 국제 협력이 점점 더 일상화되었다. 금본위제가 관리체제라는 주장이 일반화되었다. 기존 문헌과 달리, 이 책에서 특히 강조하고자 하는 것은 위기 시기에 그 관리의 많은 부분을 여러 나라가 집단적으로 담당했다는 점이다. 전전 체계의 작동에서 잉글랜드은행의 리더십이 국제 협력만큼 중요한 역할을 했음을 인식하는 것도 중요하지만, 리더십에 매몰되어 협력을 간과한다면 그 운영 원리를 기본적으로 잘못 이해하는 것이다.

전전 금본위제를 유지시킨 두 가지 핵심 요소, 즉 신뢰와 협력이 1차 대전으로 약화되었다. 일련의 정치적 변화와 경제적 변화로 인해 1913년 이전에 정책 결정의 기초를 이루던 특정한 정치권력 지형이 붕괴되자, 신뢰성도 도전에 직면했다. 전시 정부가 노동자 분규 억제를 위해 조합주의 전략을 채택하면서 노동조합주의가 확산되었다. 과거에는 정치 영역 밖에 있던 의제들이 정치화되었다. 선거권의 확대와 노동자 계급이 지배하는 정당의 성장으로 고용을 목표로 하는 정책 채택의 압박이 강해졌다.[11] 고용과 국제수지 목표가 충돌하면 어떤 정책이 더 우위에 서게 될지가 이제는 더 이상 명확하지 않았다. 금본위제에 대한 의지의 신뢰성이 의심받게 되었다. 자본은 더 이상 반드시 안정적인 방향으로 이동하지 않았다. 그 반대로 이동하여 준비금을 잃고 있는 나라에 압력을 가중시킬 수도 있었다. 신뢰의 약화로 전간기 체계는 불안정 요인에 점점 더 취약해졌다.

오랫동안 모호한 영역으로 간주되던 중앙은행의 결정이 정치적 분란의 먹잇감이 되었다. 통화 당국은 좌파로부터 낡은 금융 교조에 빠져 있다는 공격을 받았으며 우파로부터는 대중의 요구에 영합한다는 비판에 직면했다. 결국 중앙은행들은 과거에 누렸던 독립성의 상당 부분을 잃었다.

　통화정책 담당자의 독립성이 가장 심각하게 훼손된 지역에서 폭발적 인플레이션이 발생했다. 정부 예산의 균형을 달성할 수 없게 되자, 정치인들은 적자를 충당하기 위해 중앙은행의 윤전기를 이용했다. 몇몇 나라에서는 그 결과로 나타난 인플레이션의 대혼란과 경제적 혼돈이 1926년까지 계속되었다. 당시의 경험은 중앙은행을 정치적 압력에서 벗어나게 해야 한다는 교훈을 남겼다. 프랑스, 독일 등의 나라에서 통화 당국의 독립성을 공고히 하기 위한 조치들이 도입되었다. 새로 도입된 법률이 종종 중앙은행의 손을 지나치게 꽉 묶어 놓아서 도움이 필요한 외국 은행에 도움의 손길을 내밀 수 없게 만들었다. 따라서 금본위제의 신뢰를 높이기 위해 이루어진 입법 조치가 협력을 제한하는 엉뚱한 효과를 가져왔다.

　재정정책을 책임지는 사람들은 중앙은행에 있는 사람들에 비해서 일반적으로 정치적 압력에서 덜 자유롭다. 재정 부담의 분담에 관해 1913년 이전까지 유지되던 합의가 전쟁 때문에 와해되었다. 세금의 수준과 구성이 급격히 변했다. 소득이 대대적으로 재분배되었다. 새로운 재정 분담을 유지할 것인가 아니면 과거의 질서로 돌아갈 것인가가 문제였다. 경제적 이해관계 집단들이 충돌하면서 재정을 둘러싼 지구전이 펼쳐졌는데, 모든 형태의 세금 인상과 모든 형태의 보조금 삭감이 저항에 직면했다. 각 분파는 상대편이 먼저 양보하기를 바라면서 버텼다.[12] 중앙은행이 정치적 압력으로부터 매우 독립적이어서 금 태환을 방어할 수 있는 나라라고 해도 재정정책은 정치화되었다. 재정 부담의 분담에 관한 사회적 합의가 없었기 때문에, 금본위제를 방어하기 위해 필요하면 세금 인상이나 정부 지출 삭감을 한다는 보증이 없었다. 이런 상황에서 신뢰성이 훼손되었다.

국내 정치와 국제 경제를 연결하는 것이 이 책의 핵심이다. 금본위제가 경제시스템으로서뿐 아니라 정치시스템으로서도 분석되어야 한다는 것이 나의 주장이다. 전전 금본위제는 특수한 경제적, 정치적 세력 배치 덕분에 안정성을 유지할 수 있었다. 마찬가지로 전간기 금본위제의 불안정성은 정치적 경제적 변화의 측면에서 설명할 수 있다. 우선, 국내의 정치적 압력은 정부의 국제경제정책 선택에 영향을 미친다. 둘째, 국내의 정치적 압력은 정부 정책 의지의 신뢰성에 영향을 미치고 그 결과로 정책의 경제적 효과에도 영향을 미친다.

신뢰가 떨어지자 국제 협력이 전에 비해 훨씬 더 중요하게 되었다. 그러나 실제 협력은 필요한 만큼 이뤄지지 않았다. 협력의 진전을 가로막은 장애물은 세 가지였다. 즉 국내의 정치적 제약, 국제 정치적 논란, 모순적 인식 틀이었다. 잃을 게 가장 많았던 국내 이익집단들은 국제 협력 촉진에 필요한 경제정책의 조정을 지연시킬 수 있는 힘을 갖고 있었다. 전쟁 채무와 배상금에 관한 국제적 논란이 모든 국제 협상에 먹구름처럼 드리워져 있었다. 그 결과로 협조를 통해 금본위제를 재구성하고 관리하는 것도 더욱 어려워졌다. 상호 충돌하는 인식 틀로 인해 정책 담당자들은 공통의 해법을 찾기는커녕 경제 문제에 대해 서로 합의조차 하지 못했다.

관련 국가들의 역사적 경험을 살펴보면 이런 인식 틀의 성격을 이해할 수 있다. 서로 다른 인플레이션 경험 때문에 금융과 경제의 관계도, 통화 관리를 위한 역할에 대한 시각도 다르게 형성되었다. 인플레이션을 지속적으로 겪은 프랑스 같은 나라에서는 자의적 통화 관리는 해결책이 아니라 금융 불안정의 원인이라고 여겼다. 반면에 지속적 인플레이션을 겪지 않았으며 전전의 평가를 회복하는 데 성공한 영국 같은 나라에서는, 세계 경제의 다극화가 진전되고 외환 준비금이 더욱 부각되자 개입과 협조의 중요성에 주목했다. 프랑스의 눈으로 보면 금본위제의 제약에서 벗어나서 신용을 과도하게 창출한 것이 1929년 이후에 시작된 경제적 파멸의 단초가 되었던 것이다. 금본위제의 제약이 무력화된 것은 국제 협력 때문이라는 것이 프랑스의 판단이었다. 반면, 영국의 시각에서는 금본위제에 대한 맹목적 집착으로 인해 필요한 유동성이 적절히 공급되지 못한 것이 문제였다. 정책 담당자들은 문제에 대한 처방은커녕 진단에 대해서도 합의를 이루지 못했다. 따라서 금본위제 안정과 경기 침체에 대응하기 위해 협조할 수가 없었다.[13]

이런 인식 틀을 그런 단일한 측면에서만 바라보는 것은 완전히 정확한 설명이 아니다. 국내에서도 원칙의 차이가 있었다. 미국은 1914년이 되어서야 마침내 중앙은행을 설립했는데, 뉴욕연방준비은행의 국제 금융 담당 관리들은 워싱턴 D.C.의 연준이사회* 관리들에 비해 국제 협력에 더 긍정적이었다. 연준의 국제무대 등장은 전전 시대와의 의미 있는 단절이었다. 뉴욕과 워싱턴 사이의 분열로 인해 이 새로운 기관은 예측 불가능한 곳이 되었다. 1935년 은행법Banking Act of 1935**을 통해 권한이 통합될 때까지, 지역 출신의 준비은행 은행가들은 국제적 고려를 할 필요도 없었고 또 해야겠다는 생각도 없는 상태에서 상당한 영향력을 행사했다.[14] 전전 체계를 관리하면서 유럽 중앙은행가들 사이에서 형성된 사교적인 분위기는 이 경솔한 신참자 때문에 깨졌다. 1차 대전 이전에는 국제시장에서 중요한 소수의 각국 참가자들이 수시로 협조할 수 있었다. 하지만 참가자 수가 늘면서 수시로 필요한 합의를 이루기가 훨씬 더 어려워졌다.

공식 기구가 도움이 되었을 수도 있다. 1920년대에 이미 경제학자들과 정부 내외의 여러 전문가들이, 1944년에 브레턴우즈에서 설

황금 족쇄

립하기로 한 조직***의 주요 기능을 모두 갖춘 국제기구를 제안했
다.[15] 각국 정부는 협력을 위한 제도적 기초를 마련하겠다는 구상으
로 1920년 브뤼셀 국제회의와 1922년 제노아 국제회의에 대표단을
파견했다. 상호 모순된 인식 틀과 전쟁 채무 및 배상금에 관한 논란
때문에 이런 노력은 좌절되었다. 국제 협력의 제도화와 관련해서 유
일하게 주목할 만한 시도라 할 수 있는 1930년 국제결제은행Bank for
International Settlements(BIS) 설립도 아무런 실효를 거두지 못했다. 계속
된 국제 정치적 논란―이것 역시 전쟁 채무 및 배상금과 주로 연관
돼 있었다―때문에 BIS는 국제 통화 협력을 위한 유의미한 장으로
서 기능하지 못했다. BIS가 초기에 맡은 주된 임무는 독일의 배상금
문제였다. 그런데, 독일이 지불해야 할 배상금과 미국이 받아야 할
전쟁 채무가 연계되어 있었기 때문에, 미국 의회는 연준의 BIS 가입
승인을 거부했다.

중앙은행가들이 비공식적으로 만나고 각국 정부가 협의하는 것
은 여전히 가능했다. 그러나 국제 정치적 논란 때문에 협력을 위한
단편적 노력마저 차질이 생겼는데, 1931년에 프랑스, 영국, 미국이
오스트리아와 독일에 협조 융자를 하기로 한 시도가 좌절된 것이 그
대표적인 예다. 융자를 요청한 오스트리아가 독일과 맺기로 예정된

• 미국의 중앙은행 체계인 연방준비제도Federal Reserve System나 그것의 최고 의사 결정 기
  구인 연방준비제도 이사회Federal Reserve Board(FRB)를 이 책에서는 간단히 '연준'으로 옮
  겼다. 다만 이사회를 연방준비제도의 다른 기구들과 구별할 필요가 있을 때는 '연준이
  사회'로 분명히 표현하였다.

•• 미국의 1935년 은행법은 연방준비제도를 개혁하기 위한 법률인데, 핵심적인 내용은
  지역 연방준비은행들의 권한을 축소하고 워싱턴 D.C.의 연방준비제도 이사회의 권한
  을 강화함으로써 통화정책의 중앙 집권화를 달성한 것이다. 이 법률을 통해 연방공개
  시장위원회Federal Open Market Committee도 현재와 같은 체제를 갖게 되었다.

••• 국제통화기금(IMF)과 세계은행을 가리킨다.

관세 동맹을 포기해야 한다는 프랑스의 주장 때문에, 오스트리아에 대한 융자가 좌절되었다. 독일에 대한 융자 협상은 배상금 문제로 중단되었다. 나아가 관련국 모두의 후생을 증진시킬 수도 있는 무역정책 역시, 다른 이유에서 국내 정치의 반대에 부딪혀 좌절되었다. 국내 정책 담당자들이 다른 나라 역시 상응하는 양보를 끌어내기 위해서 어떤 양보 조치를 취하면, 그것이 양국 모두에게 이익이라고 해도, 궁지에 몰린 소수파들이 그 양보를 반대할 수 있었다. 예를 들어 양국의 생산과 고용을 촉진하기 위해 이자율을 인하하기로 양국이 합의하면, 대부자나 다른 고금리 수혜자들이 반대할 수 있었다. 전략적 정치 노선을 견지한 소수파들은 계속 협조적 합의를 저지하는 데 성공했다.

이 책의 주장은 다음과 같이 요약된다. 신뢰와 협력이 고전적 금본위제의 원활한 작동을 위한 핵심 요소였다. 1차 대전을 겪으면서 이 두 요소의 여지가 갑자기 줄어들었으며, 결과적으로 전간기 금본위제의 불안정이 불가피하게 되었다.

대공황의 원인

전간기 금본위제의 불안정을 이렇게 설명하면 이제 금본위제와 대공황을 연결하는 문제가 남는다. 그 연결은 1차 대전이 남긴 국제수지 결제 패턴의 변화로 다시 이어진다. 전쟁으로 미국의 국제수지 포지션은 크게 강화된 반면, 다른 나라의 포지션은 약화되었다. 1920년대 중반에 여타 나라의 대외수지는 미국에서 자본이 유출된 덕분에 겨우 균형을 유지했다. 하지만 미국의 대부가 중단될 경우, 여타 나라 대외 포지션의 기본적 취약성이 바로 드러날 수밖에 없었다. 그들이 금과 외환 준비금을 잃게 되면 통화의 금 태환은 위협받게 되어

황금 족쇄

있었다. 그 상황에서 경제가 불황으로 빠져들 위험이 있는데도 중앙은행은 국내 신용을 줄이고 재정 당국은 정부 지출을 억제할 수밖에 없었다.

연준의 통화정책이 점점 긴축으로 선회하면서 1928년 여름에 미국의 부가 줄어들자 바로 그런 사태가 발생했다. 불길하게도 미국의 통화 긴축은 프랑스로 대량의 금이 유입되는 것과 같은 시점에 나타났는데, 프랑스는 다른 이유로 긴축적인 통화정책을 실시하고 있었다.[16] 결국 미국과 프랑스가 세계 여타 나라에서 금과 금융 자본을 빼 갔던 것이다. 이런 사태는 이미 취약해져 있던 외국의 국제수지에 더욱 압박을 가해 통화 긴축을 한층 더 증폭시켰다. 나아가 일부 유럽 국가들과 많은 남미 국가들은 이런 사태의 여파로 재정정책마저 더욱 긴축적인 방향으로 바꾸었다. 상대적으로 미미한 미국의 정책 변화와 더불어 세계적인 차원의 이런 정책 전환이 긴축의 충격을 가져왔으며 이것이 곧 1929년 경기 후퇴의 서막을 열었다. 미국의 미약한 정책 전환이 결국은 극적인 결과를 초래했는데, 그 이유는 국제 결제 패턴에 내재된 불균형이나 금본위제의 제약과 상호작용을 하면서 해외에서 반작용이 나타났기 때문이었다.

대공황의 발단에 관한 이런 설명, 즉 미국 및 여타 국가의 동시적 경제정책 변화, 그들 간의 연결 고리로서의 금본위제, 그리고 미국과 여타 국가의 경제정책이 경기에 미친 복합적 효과는 기존 문헌에서는 강조하지 않았다. 각각의 요소에 대해서는 이미 잘 알고 있다. 하지만 각각을 합쳐 1929년 경기 침체의 원인에 관한 일관된 설명으로 꿰어 본 적은 없었다.[17]

이런 요소들이 어떻게 결합되었는지 이해하기 위해서는 1차 대전의 경제적 영향으로 되돌아갈 필요가 있다. 전쟁 덕분에 제조품 시장에서 미국은 생산자로서 경쟁 우위를 점하게 되었다. 그래서 생산적인 농업 부문과 함께 미국의 무역수지가 흑자로 전환되었다. 자본 거래는 이런 추세를 강화했다. 전쟁 이후 배상금이 독일에서 승전국인 연합국으로 유입되었으며 자금은 다시 전쟁 채무의 상환 형태로 영국에서 미국으로 유입되었다. 즉 자금은 서쪽 방향으로 흘러가기 시작했다. 이런 서향의 흐름을 되돌리기 위해서는 미국이 중부 유럽에 대부를 해야 했다. 1차 산품의 가격 하락에 대응하고자 했던 남미 국가들도 자본 유입이 필요했으며, 전쟁으로 피폐해진 경제를 재건하고 있던 서유럽 국가들도 자본 유입이 필요했다. 미국의 대부는 두 과정 모두를 위해 꼭 필요했다. 미국의 대부가 계속되는 한, 금본위제는 지속 가능했고 번영에 위협이 되지 않았다. 그러나 미국의 자본 수출이 줄어들자, 금본위제는 위기에 봉착했다. 금본위제를 방어하기 위해 필요한 정책이 경제 안정과 부합하지 않았던 것이다.

처음에는 그 과정이 원활했다. 미국의 관대한 대부 덕분에 서유럽 국가들은 파괴된 경제를 복구할 수 있었다. 긴축 조치 채택의 대가로 해외 차관 증가의 혜택을 입은 독일과 동유럽 신생국들은 경제를 장기 불황에 빠트리지 않고도 전후의 초인플레이션을 중지시킬 수 있었다. 자본과 금의 유입 덕분에 영국 같은 나라는 상대적으로 큰 비용을 치르지 않고도 전전 금본위제와 동일한 평가로 돌아갈 수 있었다. 미국의 저금리와 확장적 통화정책이 이런 모든 것을 도왔다. 국내 금리가 낮았기 때문에 미국 내의 풍부한 금융 자본은 수익성이 높은 해외로 나가려고 했다. 국내 신용의 팽창 때문에 미국 내 금 유입이 최소화되었으며 1927년 후반기처럼 어떤 시기에는 미국 내 금이 해외로 유출되기도 했다. 1924~1927년의 미국의 이런 수용적 통화정책은 일반적으로 이처럼 긍정적 시각에서 조명을 받지 않았다.

월가의 붐에 불을 붙여 대공황을 초래한 대폭락의 서막을 열었다고 비난받는 것이 더 일반적이었다. 사실 통화정책이 1920년대 증시 대활황에서 중요한 역할을 했다는 증거는 없다.[18] 반대로 증시 활황이 통화정책에 영향을 미쳤을 개연성이 더 높다. 1928년부터 연준의 관리들은, 변덕스런 금융 투기 때문에 자금이 생산적 용도로 사용되지 못하고 있다고 결론 내렸다. 그들이 돈줄을 죄기 시작하자, 경제가 불황의 먹잇감이 될 가능성은 점점 높아졌다.

국내 이자율이 계속 상승하자 미국의 해외 대출이 줄어들었다. 자본 수입에 크게 의존하고 있던 채무국들은 1928년 여름부터 그 영향을 느끼기 시작했다. 수지 상황이 악화되자 자신들의 금 평가를 유지하고 대외 채무 상환을 계속하기 위해 더욱 긴축적인 통화정책과 재정정책을 채택할 수밖에 없었다. 어떤 경우에는 가장 극단적인 조치마저 역부족이었다. 1929년부터 채무국들은 차례로 금본위제에서 이탈할 수밖에 없었다.

채무국들은 월가 붐이 지나가면 해외 자본을 다시 이용할 수 있을 것이라는 기대 속에서 채무 상환을 계속했다. 그러나 1929년 주식 대폭락은 대공황과 미국의 대출 중단으로 이어졌다. 세계 교역도 급감했다. 미국과 다른 산업 국가들의 보호주의는 1차 산품 생산국의 국제수지 문제를 더욱 악화시켰다. 계속된 어려움은 디폴트로 이어졌는데, 1931년에는 남미가, 1932년에는 동유럽이, 1933년에는 독일이 디폴트 상태에 빠졌다. 디폴트의 충격은 채권국에 그대로 전달되었다. 해외 이자 수입 의존도가 높은 영국 같은 나라에서는 국제수지가 악화되어 1931년 스털링 위기의 무대가 마련되었다. 결국 1920년대 국제 결제 패턴을 떠받치던 순환 메커니즘이 1930년대에는 안정의 기반을 무너뜨렸다.

세계 여타 지역이 처한 위기의 심각성과 지속성을 설명하기 위해, 서까래에서 내려온 데우스 엑스 마키나^{deus ex machina}처럼 미국의 최초 경기 침체가 이야기 속으로 들어온다. 미국 경기가 불황으로 반전된 원인에 대해서는 합의된 설명이 없기 때문에 이것은 어느 정도 불가피하다. 불황 첫 해에 전형적인 속도보다 두 배나 빠르게 진행된 1929~1930년 미국 GNP 급락을 설명하기에는 1928~1929년 연준의 긴축정책은 너무 완만했다. 따라서 경기 하락의 심도에 영향을 미쳤을 수 있는 다른 국내 요인들—예를 들어 미국 산업의 구조적 불균형, 미국 소비 지출의 독립적 하락, 월가 폭락이 자산과 신뢰에 미친 영향—을 찾아야 한다.[19]

이 요인들의 역할에 관한 논란은 아직 해결되지 않은 채 남아 있다. 이것은 그리 놀라운 일이 아니다. 왜냐하면 미국 내부의 사건에만 주목해서는 이야기의 중요한 측면을 놓치게 되기 때문이다. 그런 요인들을 세계 여타 지역에서 벌어진 사건들과 분리해서 생각하는 한, 미국 침체의 원인을 이해하는 것은 불가능하다. 1929년 늦여름 혹은 초가을에 미국에서 시작된 경기 하락은 다른 지역에서는 이미 뚜렷하게 나타나고 있었으며 이미 12개월 동안 그런 상태에 있었다. 그 결과, 미국의 수출은 미국 산업 생산보다도 먼저 정점을 찍었다. 미국의 내수가 둔화되자, 그 이전에 발생한 수출 수요의 둔화는 한층 심해졌다. 미국 생산자들이 국내시장에서 해외시장으로 판매를 전환하는 방식으로 이윤을 유지할 여지가 없었다. 결국 생산을 줄이는 것 외에 다른 길은 없었다.[20] 그래서 미국에서 초기 경기 둔화가 일반적인 경우보다 특히 더 심각했다.

따라서 1929~1930년의 경기 냉각은 단순히 미국이 통화정책을 긴축으로 전환한 결과가 아니라 세계적인 긴축정책으로의 전환이 낮은 결과였다. 다른 나라의 정책은 국제 금본위제를 매개로 미국 정책과 연계되어 있었다. 국제 결제 구조하에서 미국의 작은 정책적 전환이 다른 나라의 지불 포지션에 심각한 영향을 미쳐 경제정책의 조정을 증폭시킬 수 있었다. 미국 외의 통화 당국들은 금본위제를 유지하기 위해서는 자본 유입 축소에 온 힘을 다해 대응할 수밖에 없었다. 그리고 예산 당국은 국내의 씀씀이를 대폭 삭감하고 해외 수입품에 대한 수요를 제한할 수밖에 없었다.

반면, 미국의 정책 담당자들은 미국의 국제수지가 개선된다고 해서 경제의 고삐를 꼭 느슨하게 할 필요는 없었다. 연준은 이자율 하락을 용인하는 것이 아니라, 월가의 붐이 가라앉을 때까지 이자율을 계속 인상했다. 그래서 유럽과 남미의 이자율 상승 충격은 미국의 이자율 하락을 통해 완충된 것이 아니라 오히려 증폭되었다. 연준이 유입되는 자본을 밀어내지 못하자, 다른 나라들은 긴축 노력을 배가할 수밖에 없었다. 흑자 국가가 조정의 부담을 적자 국가에 전가하여 긴축을 강요하는, 결코 있어서는 안 되는 이런 금본위제의 비대칭성이 1928~1929년에 발생한 것이다.

이런 초기 교란의 충격이 아무리 커도, 시장의 자기 균형 회복 기제가 작동하지 않았을까 하고 생각할 수 있다. 물가와 더불어 임금이나 다른 비용들도 같이 떨어져 실업 상승과 판매 위축을 최소화해야 했을 것이다. 아주 부분적으로만 그런 현상이 나타났다. 그것은 다른 중요 변수들의 통화 표시에서 나타난 '경직성'으로 설명할 수 있다. 모기지는 명목 금액으로 고정된 채 만기까지 수년 동안 유

• 극이나 소설에서 가망 없어 보이는 상황을 해결하기 위해 등장하는 초자연적인 힘이나 사건을 말한다.

지되었다. 임대료 역시 장기간 명목 단위로 고정되어 있었다. 채권에 대해 지불되는 쿠폰* 역시 명목 단위로 고정되어 있었다. 이런 소득의 청구권자들, 즉 임대 소득자, 자본가, 노동자들은, 다른 사람도 소득 감소를 받아들일 것이라고 확신했다면 자신들 역시 소득 감소를 수용했을 것이다.** 이들의 행동을 조정할 수 있는 메커니즘이 없는 상황에서 어떤 집단도 먼저 양보하려고 하지 않았다.[21]

이 중 어떤 것도 대공황의 악화에도 불구하고 정부 대응이 느렸던 이유를 설명하지는 못한다. 임금이 하락하지 않은 것이 문제라면, 정부는 물가 인상을 위해 통화정책을 사용할 수도 있었을 것이다.[22] 민간 지출이 침체하면 그것을 상쇄하기 위해 공공 지출을 사용할 수도 있었을 것이다. 그러나 미국, 프랑스, 영국의 통화정책은 전반적으로 소극적이었다. 정부의 세금 인상과 지출 축소로 재정정책은 긴축 방향으로 선회했다. 따라서 정책은 수요의 위축을 상쇄한 것이 아니라 오히려 심화했다.

그런 대응은 비뚤어졌을망정 역설적이지는 않았다. 금본위제에 묶여 있는 상태에서 이 나라들의 정책 당국이 독자적으로 할 수 있는 것이 별로 없었다. 일방적인 통화량 확대나 공공 지출 증가는 국제수지를 적자로 만들어 금본위제를 위태롭게 했을 것이다.[23] 평가

---

* 채권에 붙어 있는 이표(利票)를 의미하며, 이자 지급일에 이 쿠폰을 떼어 제출하면 정해진 금액의 이자를 지급받는다.

** 대공황기에 일반 물가가 하락했기 때문에 명목 임금이나 명목 이자가 고정되어 있었다면 실질 임금이나 실질 이자는 상승한 것이 된다. 즉 노동자나 이자 소득자의 실질 소득은 상승하게 되는 것이다. 따라서 물가 하락 상황에서 시장이 과거와 같은 균형으로 회복하기 위해서는 명목 소득이나 명목 이자도 같이 하락해야 하는데, 노동자나 이자 소득자는 이것을 받아들이려고 하지 않았다는 뜻이다. 이런 현상이 바로 케인스가 강조한 명목 소득의 경직성이다.

황금 족쇄

절하를 단행할 각오가 되어 있지 않는 한, 확장정책을 시도하던 정부들도 후퇴할 수밖에 없었다. 영국은 1930년에 이런 교훈을 얻었고, 미국은 1931~1933년에, 벨기에는 1934년에, 프랑스는 1934~1935년에 같은 교훈을 얻었다. 결국 금을 가장 많이 보유한 미국과 프랑스도 이런 대외 제약에서 벗어날 수 없었다.[24]

딜레마는 경기 부양을 위해 금본위제를 희생해야 하느냐—대부분의 정책 담당자들이 반대한 선택이다—아니면 금본위제를 방어하기 위해 경제를 안정시킬 수 있는 모든 조치를 포기해야 하느냐 하는 것이다. 이런 양자택일의 선택을 피하기 위해서는 국제 협력이 필요했다. 각국의 정책 결정자들이 국제적으로 조율된 일련의 확장적 정책에 합의를 할 수 있었다면, 특정 국가에 국제수지 문제를 야기하지 않으면서도 총지출의 위축을 완화하거나 역전시킬 수 있었을 것이다. 국내 경기 부양은 총지출의 위축을 역전시켰을 것이다. 그리고 해외 경기 부양이 동시에 이루어졌다면 국내 수요 촉진이 무역 적자와 자본 유출로 연결되지 않았을 것이다. 금본위제하에서 경기를 부양하기 위해서는 협조가 필요했다. 협조가 이루어지지 않는 상황에서 경기 부양은 불가능했다.

이런 교훈은 험난한 과정을 겪고 나서야 얻을 수 있었다. 내부의 정치적 압력 때문에 각국 정부는 계속 부양정책을 시도할 수밖에 없었다. 그러면 금본위제가 곧 위협을 받았고 정부는 다시 물러설 수밖에 없었다. 작은 나라들뿐만 아니라 큰 나라들도 그런 제약을 받았다. 1934~1935년 프랑스 피에르-에티엔 플랑댕Pierre-Étienne Flandin과 피에르 라발Pierre Laval 정부가 시도한 부양 조치에서 이런 현상이 극명히 드러났다. 1932년 봄과 여름에 공개 시장 매입과 더불어 나타난 준비금 감소는 미국조차 일방적 경기 부양책을 취할 수 없다는 사실을 보여주었다. 문제는 미국의 리더십 부족이 아니었다. 실질적인 리더십은 어차피 불가능했다. 문제는 협력의 실패였다.

부양정책을 조율할 수 있는 사실상 유일한 기회였던 1933년 런던 경제 회의London Economic Conference는 완벽한 실패였다. 금본위제의 작동을 위태롭게 한 협력의 걸림돌이 모두 다시 불거져 나왔다. 해결되지 않은 채로 있던 전쟁 채무 문제가 계속 협상을 꼬이게 만들었다. 참가국 모두에게 이익이 될 수 있었던 국제적 정책 협상을 사소한 문제들이 가로막았다. 나라마다 위기를 진단하는 방식이 여전히 제각각이었다. 1925년 이후 고금리를 계속 참아 온 영국인들은 과도하게 긴축적인 통화정책이 대공황의 원인이라고 인식했다. 1926년까지 두 자릿수 인플레이션으로 고통을 받은 프랑스인들은 과도하게 팽창적인 정책이 지속 불가능한 붐, 파멸적인 대폭락, 그리고 그 뒤에 이어진 침체를 불러옴으로써 대공황이 초래되었다고 생각했다. 미국의 입장은 허버트 후버Herbert Hoover 대통령 시절에는 프랑스의 입장과 비슷했지만, 루스벨트가 대통령이 되자 영국 편으로 기울었다. 문제에 대한 진단이 서로 달랐기 때문에 각자가 생각한 적절한 금융 치유책도 달랐으며 협조적인 대응도 이루어지지 못했다.

지금까지 우리는 불안정을 초래한 충격과 그 확산에 대해 설명했다. 충격은 내부적인 이유로 연준이 취한 긴축적 통화정책이었으며, 이것이 금본위제 작동으로 유발된 외국의 긴축정책들과 결합되었다. 시장의 분열로 인해 조율을 통한 화폐 임금과 물가의 즉각적 조정이 이뤄지지 않았기 때문에, 그리고 금본위제라는 족쇄로 인해 각국 정부가 확장적 통화정책으로 대응할 수 없었기 때문에 앞의 충격이 신속히 해소되지 못했다.

그런데 1928~1929년의 대수롭지 않은 통화 조정이 근대의 엄청난 경제적 위축을 초래할 정도로 이 불안정 요인을 증폭시킨 것은 도대체 무엇일까? 그 답은 1930년 후반에 시작된 금융 불안의 확산, 즉 예금 인출과 금융 서비스의 중지로 이어진 은행의 파산과 금융 혼란에 있었다. 은행 위기가 대공황에 미친 영향은 미국에서 폭넓게 받아들여지고 있기는 하지만, 그것이 어떤 채널을 통해 경제에 영향을 미쳤는지는 아직도 논란의 대상으로 남아 있다. 그런데 은행 파산은 다른 나라에서도 중요한 역할을 했다.[25] 세계 각지의 상업 은행들은 공격적인 팽창정책을 추구했는데, 대공황에 직면하자 이것은 은행의 취약성을 더욱 키운 요인이 되었다. 예금 인출의 확산이 방치되면 금융시장의 정상적 작동이 위태로워진다. 신뢰를 산산조각 내고 대출을 위축시키며 예금을 동결시키고 자산의 유동성을 떨어트린다. 그렇게 해서 최초의 위축은 몇 배로 증폭된다.

무엇이 불안정 요인을 증폭시켰는가에 대한 이런 답은 또 다른 문제를 제기한다. 국내 금융시스템의 붕괴를 막기 위해서 정책 담당자는 왜 개입하지 않았는가? 그 이유는 금본위제가 일방적 조치를 취하지 못하도록 하는 강고한 장애물 역할을 했기 때문이다. 예금 인출을 억제하기 위해서는 은행시스템에 유동성을 주입해야 했지만, 이것은 금본위제의 규칙과 충돌할 수 있었다. 금 평가를 방어하기 위해서는 은행시스템이 무너지는 것을 통화 당국이 보고만 있어야 할 수도 있었는데, 1931년 말과 1933년 초에 실제로 연준이 그렇게 했다. 중앙은행이 금 태환 중지 위험을 무릅쓰고 최종 대부자로서 국내에 개입한다고 해도, 금본위제 작동 때문에 그런 조치의 효과가 반감될 수 있었다. 대규모 유동성 공급은 통화 당국이 금본위제만큼이나 국내 금융 안정을 중요하게 여긴다는 신호를 주었다. 금 태환에 문제가 생겨 평가가 절하되면, 그 나라 자산에 대해 자본 손실을 입을 수 있음을 깨닫는 순간, 투자자들은 돈을 빼내 갔다. 예금자들이 잔고를 청산하자, 은행시스템으로 주입되던 추가 자금은 다시 빠져나갔다. 엉뚱하게도 은행 위기는 심해졌다. 외환 매입을 위해 국내 통화를 매각하면서 대외 준비금이 고갈되자, 통화 당국은 환율 지지를 위해 개입하지 않을 수 없었다. 풍선이 일단 터지면 바람을 더 불어넣어 봐야 찢긴 곳이 더 커지고 중앙은행의 호흡은 더욱 가빠질 뿐이었다.

국내 금융시스템과 국제금융시스템 간의 이런 불안정한 연계는 해외 예금 네트워크가 광범위할수록 더 강력하게 작동했다. 유럽의 은행시스템은 해외 예금 네트워크를 통해 서로 연결되어 있었다. 독일의 은행과 기업들은 오스트리아 빈에 예금을 예치했다. 오스트리아의 은행과 기업들은 베를린에 자금을 예치했다. 이런 예금은 그 성격상 국제 이동성이 가장 강했다. 한 나라의 은행시스템에 불안한 조짐이 나타나면 해외 예금자들은 자금을 빼내 갈 수 있었다. 그러면 국제수지의 자본 계정이 악화될 것이고 은행 위기는 태환 위기로 이어질 것이다. 마찬가지로 국제수지에 관한 교란적 소식은 은행시스템에 대한 공격으로 확산될 수 있었다. 평가 절하를 예상한 외국인들은 은행 예금을 현금으로 바꾼 다음에 그 돈을 금으로 태환해 줄 것을 통화 당국에 요청했다. 은행 패닉과 태환 위기가 동시에 일어나는 것은 체계적인 것이지 우연의 일치가 아니었다.

독일은 이런 메커니즘이 어떻게 작동하는지를 잘 보여주는 고전적인 사례였다. 금본위제하에서 제국중앙은행은 금 보유율(기본적으로는 제국중앙은행이 발행한 지폐 및 동전에 대한 금 준비금의 비율) 최소 40%를 유지하도록 되어 있었다.[26] 독일은 취약한 국제수지 때문에 1931년 금융 위기 직전에조차 준비금 비율이 최저 수준에 가까운 불안한 상황에 처해 있었다. 인접한 오스트리아의 은행 위기는 낙타의 등을 부러트린 지푸라기 하나에 불과했다. 빈의 독일인 예금은 동결되었다. 은행 위기는 헝가리와 중부 유럽의 다른 지역으로 급속히 번졌다. 독일 은행시스템 상황에 대해 투자자들은 비관적인 평가를 내리기 시작했다. 프랑스인과 영국인의 예금이 인출되었다. 제국중앙은행이 은행시스템에 유동성을 공급하기 시작했지만 자본 이탈은 가속될 뿐이었다. 금 준비율은 법정 최저 수준으로 급속히 떨어졌다. 추가 하락은 인플레이션 공포를 재점화시켜 배상금 채권국의 분노를 자아낼 수도 있었다. 배상금 채권국들은 독일이 금본위제법을 개정하려면 국제결제은행(BIS)이나 영 플랜Young Plan 중재 재판소Arbitral Tribunal의 허가를 받아야 한다고 1930년 헤이그 협정에 명시해 두었다. 제국중앙은행은 어쩔 수 없이 뒷짐을 진 채 은행 위기가 확산되는 것을 지켜볼 수밖에 없었다.[27]

유사한 사례를 두 가지만 들자면, 1933년 미국과 1934년 벨기에가 그런 상황이었다. 반면에 이미 금본위제에서 이탈한 나라들은 훨씬 더 폭넓은 행동의 자유를 누리고 있었다. 덴마크는 1931년 12월에 그리고 스웨덴은 1932년 초에 은행 위기가 발생했는데, 덴마크와 스웨덴은 1931년 9월에 이미 금본위제에서 이탈했기 때문에 은행 위기를 초기에 억제할 수 있는 정책 여지가 있었다. 금본위제는 금융 안정을 지키는 성벽이기는커녕 금융 안정의 가장 큰 장애물이었다.

이런 딜레마를 피하기 위해서는 다시 한 번 국제 협력이 필요했다. 금본위제를 유지하고 있는 다른 나라에서 차입을 더 했다면, 은행 위기에 직면한 중앙은행들은 준비금을 보충할 수 있었을 것이다. 채권국들이 주저하는 시간이 길어지면 길어질수록 필요한 차입 규모는 그만큼 더 커졌다. 1931년 여름에 제국중앙은행이 차입을 요청했더라면 그 규모는 미국이 보유하고 있던 여유 금 보유액과 거의 맞먹었을 것이다. 그런 자금은 분명히 협력을 통해 제공되어야 했을 것이다. 그렇지만 여러 가지 장애물들, 즉 배상금, 외교적 갈등, 이념적 불일치 등이 이런 협력을 또 한 번 가로막았다.

전간기 금본위제의 특수한 구조가 국내 금융시스템의 취약성을 가중시켰다. 전간기 시스템은 복수의 준비 통화를 가진 금환본위제gold-exchange system였다. 중앙은행은 국내 부채를 뒷받침하기 위해 금과 더불어 부분적으로 태환성이 있는 외환을 보유할 수 있게 되어 있었다. 중앙은행들은 주로 미국 달러, 프랑스 프랑, 영국 파운드를 보유했다. 외환 포트폴리오의 변경에는 비용이 거의 들지 않았다. 중앙은행들은 포트폴리오를 해지할 유인이 충분했다. 즉 어느 나라가 어려움에 직면하면 약세가 된 그 나라 통화를 팔아치웠다. 대외 포지션의 사소한 악화라도 외국 중앙은행들이 외환 준비금의 구성을 변경하기로 마음먹으면 문제가 커질 수 있었다.

금을 외환으로 보완하는 것이 새로운 변화는 아니었지만, 전후에는 유동성이 부족할 수 있다는 우려 때문에 외환의 보유 관행이 더욱 일반화되고 확산되었다. 1920년대 말경 대외 준비금 중 외환의 비중은 1차 대전 전에 비해 최소 50% 이상 증가했다.[28] 통화용 금에 대한 외환 준비금의 비율이 증가하자, 준비 통화 국가의 금 태환 유지 능력에 대한 의구심이 제기되었다. 디플레이션을 피하기 위해서는 국제 준비금의 지속적인 증가가 필요했다. 금의 공급이 비탄력적인 상황에서 이것은 외환 잔고의 증가를 의미했다. 2차 대전 이후 로버트 트리핀Robert Triffin이 강조한 문제, 즉 금 태환에 입각해 있지만 유동성 증가를 위해 외환에 의존해야 하는 시스템의 동태적 불안정 문제가 나타나고 있었다.[29] 1920년대에는 복수의 준비 통화 때문에 이 문제가 더 심각했다. 트리핀 시대에는 중앙은행들이 주로 달러를 보유하고 있으면서 그 달러를 금으로 태환할 수 있는 선택권을 갖고 있었다.[•] 1920년대에는 중앙은행들이 이자 소득이냐 안정성이냐의 선택을 강요받지 않았다. 그들은 준비 통화를 간단히 바꿀 수 있었다.

금본위제와 국내 금융시스템이 서로 위험을 키운다는 이런 설명이 이 책의 핵심 주제 중 하나이다. 즉 금본위제를 대공황의 다양한 발생 요인들 중 하나로 다루고 그런 요인들을 서로 연관시키는 작업이 필요한 것이다. 어떤 연구자들은 대공황 상황에서 금본위제가 한 역할을 분석하고 있고, 다른 연구자들은 국내 은행 패닉의 역할을 분석하고 있다. 이 책의 요지는 국내 금융과 국제 금융이 밀접히 연결되어 있다는 것이다. 어느 한 측면의 문제를 떼어 놓고서는 다른 측면의 문제를 이해할 수 없다.

금본위제의 종말과 대공황의 종결

금본위제가 경기 침체의 심화를 불러왔다면 금본위제의 붕괴는 세계를 대공황의 속박에서 벗어나게 했는가? 금본위제를 포기함에 따라 가능해진 환율 절하가 금본위제에서 이탈한 나라들의 상황은 개선하지 못한 채 남아 있는 나라들의 불황만 악화시켰다는 것이 일반적 인식이다.[30] 이런 인식은 실제 증거와 완전히 상반되는 것이다. 통화 가치의 절하는 경제 성장의 열쇠였다. 통화의 절하는 그것을 시도

• 트리핀 시대란 브레턴우즈 협정에 따라 2차 대전 이후부터 1973년까지 달러 본위의 국제통화체제가 유지된 기간을 의미한다. 이때 국제 기축 통화였던 달러의 가치는 금과 일정한 비율로 고정되어 있었으며 그 외의 다른 통화는 달러와 고정된 환율을 유지했다. 그리고 달러만이 금 태환을 유지했다. 이런 체제하에서 국제적 유동성 수요 증가에 대응하기 위해서는 달러의 국제적 공급이 증가해야 하는데, 이것은 한편으로는 미국의 지속적인 국제수지 적자와 금 준비금 비율의 하락을 의미했다. 즉 국제 유동성 공급의 증가를 위해서는 달러의 신인도 하락이 불가피하게 되는 딜레마가 발생했다. 이 문제를 지적한 트리핀의 이름을 따서 이 문제를 흔히 트리핀 딜레마라고 부른다.

한 거의 모든 나라에서 경기 회복을 자극했다. 금본위제에서 이탈한 나라에서 물가가 안정되었다. 산출, 고용, 투자, 수출은 금 평가를 고수한 나라에 비해 더 신속하게 회복했다.

통화 절하의 이득은 통화정책과 재정정책을 속박에서 풀어 놓은 데 있었다. 금 태환을 방어하기 위해 국내 신용을 더 이상 축소할 필요가 없었다. 그리고 공공 지출이 이미 빠르게 줄어들고 있던 나라에서 더 이상 공공 지출을 줄일 필요가 없었다. 1931년 9월 영국이 평가 절하를 할 수밖에 없게 되었을 때 케인스가 기록한 것처럼, "우리의 황금 족쇄를 부숴 버린 데 대해 환호하지 않은 영국인은 거의 없었다."[31]

금본위제는 일련의 제도로서 금 본위 경제의 회복에 장애가 되었을 뿐만 아니라 이념ethos으로서도 경기 회복의 장애물로 작용했다. 부양정책을 펴기 위해서는 금 태환을 포기해야 했지만, 그것만으로 충분하지는 않았다. 금융 위기가 금 태환을 포기하게 만들 수는 있었지만, 금융의 교조적 이념을 버리게 할 수는 없었다. 교조적인 금융 원칙을 버렸을 때만 회복이 가능했다.

벨기에의 경우처럼 평가 절하를 국내 여신 증가의 기회로 인식한 곳에서는, 국내 지출이 경기 회복을 이끌었다. 생산과 고용은 수요에 재빨리 반응했다. 신용 확대가 국내 물가를 끌어올렸기 때문에 실질 환율(국내 재화의 비용 대비 국내 통화로 표시된 외국 상품의 비용)에는 거의 변화가 없었다. 국제 경쟁력의 개선 효과도 거의 없었다. 수출 증가가 있었다고 해도 그 속도는 느렸으며 무역수지는 기껏해야 약간 개선되었다.

체코슬로바키아처럼 통화 절하가 국내 여신의 증가를 동반하지 않은 경우에는 수출이 더 큰 역할을 했다. 평가 절하로 국내 생산품 가격에 비해 외국 상품의 상대 가격이 오르면서 대외 수요가 국내 수요로 전환되었기 때문에, 이 경우에도 경제 회복이 가능했다. 그러나 국내 여신의 증가 폭이 작았다는 것은 인플레이션 역시 소폭이었음을 의미했다. 통화의 절하는 수출품의 경쟁력을 높여 국제수지 개선을 가져왔다. 경기 회복과 더불어 나타난 신용 수요의 증가는 금의 유입으로 흡수되었다. 그러나 내수 증가가 앞의 경우에 비해 작았기 때문에 고용 회복 역시 느렸다. 영국과 같은 몇몇 나라들은 이 두 가지 극단 사이 중간에 위치했다. 프랑스 같은 다른 나라들은 결국 통화 절하를 하고서는, 엉뚱하게 그 혜택을 없애 버리는 조치들을 선택했다.

대부분의 국가에서 이념으로서의 금본위제는 제도로서의 금본위제에 비해 더 오래 지속되었다. 금 태환을 중지한 후에도 부양 조치를 시작하려는 움직임은 거의 없었다. 6개월에서 1년이 지나서야 정책 당국은 통화 공급을 확대하기 위한 단계를 밟았다. 대중과 정책 결정자들 모두에게 금본위제의 포기가 인플레이션의 위협을 초래하지 않는다는 확신을 주기 위해 일종의 휴지기가 필요했던 것이다. 이것은 교조적 금융 원칙에 의문을 던지기 위한 필요조건이었다. 그제야 각국 정부는 경제를 마침내 회복의 길로 들어서게 만든 정책들을 시작했다. 통화 절하가 더 빨리 완전 고용의 회복을 가져오지 못한 것은 바로 이 때문이었다.

따라서 통화 절하 자체가 아니라 더 확장적인 정책을 추구하지 못한 것이 느린 경기 회복의 원인이었다. 통화 절하의 긍정적 효과에 대한 강조는 거의 대부분의 문헌에서 나타난 부정적 평가와는 뚜렷이 구별된다. 그러나 이 책의 수정주의적 시각은 적어도 한 측면에서는 기존의 설명과 상통한다. 이전 연구자들은 경쟁적 통화 절하가 갖는 부정적 파급 효과, 즉 악명 높은 '근린궁핍화beggar-thy-neighbor' 효과*를 강조했다. 그런 효과는 작동했다. 통화 절하는 상대 가격을 변화시켜 수요를 외국 상품에서 국내 상품으로 전환함으로써 절하를 시도한 나라의 경기 회복을 자극했다. 절하는 국내 생산품에 대한 수요를 촉진함과 동시에 외국에 경쟁상의 어려움을 가중시켰다. 근린궁핍화 효과의 크기는 평가 절하와 더불어 실시된 정책들의 성격에 따라 달랐다. 절하를 단행한 국가가 국내 신용을 많이 늘릴수록, 다른 재화와 함께 수입품에 대한 국내 지출 규모도 커졌다. 국내 신용의 증가가 크면 클수록 평가 절하 이후의 자본 유입은 더 적었다. 금본위제를 계속 고수한 나라들의 준비금 손실도 더 작았으며 그만큼 통화 공급을 축소할 필요도 없었다.[32]

다른 나라는 고통을 겪을 수 있다. 그러나 선택은 그 나라들의 몫이었다. 사실 그들은 피해의 충격을 완전히 피할 수 있는 능력이 있었다. 그들 역시 금본위제를 포기하고 부양을 택할 수 있었다. 모든 나라가 평가 절하를 한다고 해서 편익의 효과가 사라지는 것은 아니다. 일단 금본위제를 포기하면 모든 나라가 팽창적 통화 및 재정 조치에 돌입할 수 있었다. 금본위제의 제약이 사라지면 국제 협력은 더 이상 결정적인 문제가 되지 않는다. 평가 절하 사이클이 일단 완성되면 통화 간 환율은 처음 수준으로 돌아가게 되고, 팽창적 통화

• 근린궁핍화 효과란, 어느 나라의 환율 절하가 다른 나라 경제에 미치는 부정적 효과를 의미한다. 어느 나라가 환율을 절하하면 그 나라에서는 수출품의 가격 경쟁력이 상승하여 수출이 증가하고 경기가 상승할지 모르지만, 수출시장에서 경쟁하는 다른 나라에서는 반대로 수출이 감소하고 경기도 침체될 수 있다. 따라서 근린궁핍화 효과를 강조하는 사람들은 환율 절하를 통한 수출 및 경기부양정책은 세계 전체로 보면 제로섬이며, 나아가 국가 간 환율 절하 경쟁이 나타난다면 오히려 세계 무역 전체를 위축시킬 수 있다고 주장한다.

황금 족쇄

및 재정정책의 여지가 모든 지역에서 더 커지게 된다.[33]

평가 절하가 무질서하게 이뤄져 근린궁핍화 효과가 증폭된 것은 사실이다. 금본위제를 고수한 나라들은 관세를 높이고 수입 한도를 줄임으로써 경쟁력 상실에 대응했다. 이런 조치들은 외국의 평가 절하에 대한 보복으로 종종 정당화되었다. 전체적으로 효과가 크지는 않았지만 보호주의적 조치는 협력의 또 다른 장애가 되었다. 일단 보호 장벽의 도움을 받게 되자 국내 생산자들은 보호 장벽을 유지하기 위해 온갖 노력을 다했다. 프랑스와 같은 나라에서 보호주의 정서가 지닌 힘은 대공황에 대한 국제 공조 협상에서 심각한 장애가 되었다.

환율 변동의 예측 불가능성 역시 외환 준비금의 청산을 가속화했다. 중앙은행들이 앞 다투어 외환을 금으로 대체하자, 금본위제 존속 국가의 준비금에 대한 압박이 심해졌다. 1936년에 프랑스가 시도한 것처럼 평가 절하가 더 질서 있게 이루어졌다면 불확실성도 최소화되고, 긴축 유발적인 금 쟁탈전도 완화되었을 것이다. 그러나 금본위제에 묶여 있는 한, 그런 성공은 상상하기 어려웠다.

궁극적인 의문은 왜 많은 나라들이 그렇게 오랫동안 금에 묶여 있었으며 또 금본위제를 포기한 나라들은 왜 좀 더 적극적으로 팽창 정책을 추구하지 못했느냐는 것이다. 이 질문으로 우리는 논의의 출발점, 즉 국제 경제에서 국내 정치가 지닌 중요성과 1920년대 초의 경제적 사건이 1930년대 경제에 미친 지속적 영향의 문제로 다시 돌아가게 된다. 국가 간 결정의 차이는 부분적으로는 정치적 세력 균형의 차이, 디플레이션의 수혜자인 채권국과 그 피해자인 채무국의 차이, 혹은 평가 절하의 수혜자인 국제 교역재 생산자와 그 피해자인 내수재 생산자의 차이를 반영한다.[34] 채무자이면서 교역재 생산자인 농부들은 일반적으로 평가 절하의 압력, 혹은 독일 같은 나라의 경우에는 외환 통제의 압력을 넣는 전위대 역할을 했다. 노동자들은 양면성을 갖는다. 노동자들은 교역재 부문과 비교역재 부문을 자유롭게 이동할 수 있어서, 피고용인의 생활수준을 악화시킴으로써 실업을 줄이는 평가 절하와 같은 조치에 대해 회의를 나타냈다. 금본위제가 은행시스템 안정성과 충돌한다는 것이 드러나자, 통화 표준과 관련된 개입°에 대한 금융 이해관계자의 전통적 반감은 희석되었다.

정치적 동맹의 변화와 더불어 역사적 경험 역시 정책 결정에 영향을 미쳤다. 1920년대에 얼마나 용이하게 금본위제에 복귀했느냐가 1930년대 정부의 금본위제 포기 의지를 좌우한 핵심 요인이었다. 큰 비용을 치르면서 사회적으로 분열적인 인플레이션을 견뎌야 했던 나라에서는 그 싸움이 힘들었다. 독일, 오스트리아, 헝가리, 폴란드와 같은 극단적인 경우에는 물가 불안이 초인플레이션hyperinflation으로 이어졌다. 프랑스, 벨기에, 이탈리아에서는 인플레이션이 그 정도에 이르지는 않았지만 결과는 마찬가지였다. 정책 담당자와 대중은 금본위제와 물가 안정을 동의어로 생각했다. 그리고 1929~1931년의 물가 폭락으로 정반대의 증거들이 충분히 나타난 후에도 오래도록 그런 시각은 사라지지 않았다. '환율 절하'와 '인플레이션'은 여전히 같은 뜻으로 사용되었으며, 그 둘이 정확히 같은 의미는 아니라는 인식을 하지 못했다. 금 태환의 중지는 물가의 폭발적 상승이라는 유령을 불러왔다. 1930~1932년에 독일 총리를 지낸 하인리히 브뤼닝Heinrich Brüning°°은 1931년 6월 영국 총리 램지 맥도널드에게 이 문제를 이렇게 설명했다. "누구든 디플레이션과 통화 절하 중 하나를 선택해야 한다. 우리는 전자를 고려할 수 있을 텐데, 그 이유는 전대미문의 인플레이션을 경험한 지 6년이 지난 시점에서 비록 정도가

황금 족쇄

심하지 않더라도 다시 인플레이션을 야기하는 것은 불가능하기 때문이다."[35]

디플레이션이야말로 실제적이고 현존하는 위험 요소였던 대공황의 심연에서 인플레이션이 압도적 공포였다는 것은 실로 놀라운 아이러니이다. 이런 공포가 얼마나 어처구니없는 것인지를 생각해보면, 그 공포가 얼마나 광범위하게 유포되어 있었는지도 가늠할 수 있다.

영국, 스웨덴, 미국 같은 나라는 1920년대에 걷잡을 수 없을 정도의 인플레이션을 경험하지는 않았다. 금본위제와 물가 안정은 아주 분명하게 구별되었다. 정책 결정자들이 인플레이션을 우려하기는 했지만 공포 수준은 아니었다. 평가 절하가 통화 불안정, 사회 혼란, 정치적 혼돈으로 이어지게 될 것이라는 두려움이 앞에서 언급한 나라들만큼 심각하지 않았다. 이 세 나라의 선출직 관리들은 물가가 적어도 대공황 이전 수준으로 회복될 때까지는 어쨌든 물가인상정책을 선택할 수 있었다.

독일과 프랑스 같은 나라의 정치인들은 인플레이션의 두려움에 사로잡혀 있었는데, 그것은 곧 더 깊은 사회적 분열의 징후였기 때문이다. 그것은 전전 합의, 특히 소득과 재정 부담의 배분에 관한 전전 공감대의 해체를 의미했다. 1차 대전은 소득과 세금 부담의 배분에

• 통화 표준과 관련된 개입이란 금 평가나 환율을 변경하기 위한 정책 당국의 개입을 의미한다.

•• 1930년 3월에 총리로 취임한 하인리히 브뤼닝은 독일 경제를 배상금 부담에서 자유롭게 하는 것을 가장 중요한 목표로 삼았다. 연합국에 배상금의 재협상을 요구했으며 지불 능력이 없음을 입증하기 위해 내핍적 경제정책을 채택했다. 이 외에 오스트리아와의 관세 동맹과 독일의 재무장 등을 추진해 연합국들과 갈등을 일으켰다.

변형을 가져왔으며, 그 배분을 결정하는 오래된 관례를 파괴했다. 과거의 상태로 돌아갈 것인지 아니면 새로운 재정시스템을 유지할 것인지를 둘러싸고 격론이 벌어졌다. 이런 논란이 수그러들지 않는 한, 전후 연립 내각들은 재정 균형 달성에 충분한 세금 인상이나 공공지출 감축안에 합의할 수 없었다.

인플레이션은 재정에 관한 이런 소모전의 징후였다. 재정 적자가 오래 지속될수록 투자자들은 정부 채권 흡수를 더 꺼리게 되고 예산 당국은 중앙은행의 윤전기에 더 의존할 수밖에 없었다. 1920년대에 인플레이션이 감당할 수 없을 지경이 되어서야 조정이 이루어졌다. 금본위제는 타협의 상징이었다. 금본위제의 포기는 논란을 다시 일으키고 또 다른 파멸적 인플레이션의 소용돌이를 유발할 위험이 있었다.

따라서 독일과 프랑스 같은 나라가 환율 절하를 인플레이션과 분명히 구분하지 못한 것은 단순히 지적 부주의의 문제가 아니었다. 전쟁의 후유증 속에서 두 현상을 동시에 초래했던 것과 정확히 같은 정치적 압력 때문에 두 개념이 강고히 연결되어 있었던 것이다.

이 소모전이 가장 파괴적인 효과를 낳은 나라는 바로 전전의 합의에 대한 도전이 가장 심각한 나라들이었다. 즉 재정제도가 가장 극적으로 변하고 재산이 가장 심각하게 파괴되었으며 소득이 가장 급진적으로 재분배된 나라들이었다. 따라서 이런 나라들에서 그 소모전에 대한 기억이 대공황기 정책의 가장 강한 억지력으로 작용했다. 하지만 거의 모든 유럽 국가들이 이런 효과를 어느 정도 경험했다. 그러므로 각국이 그 정도로 서로 다르게 반응한 이유를 설명하기 위해서는 다른 요인을 찾아야 할 것이다.

가장 중요하게 고려해야 할 요소 중 하나는 국내 정치제도의 구조이다. 소모전을 관리하기 가장 힘들었던 나라는 타협을 원하는 사람들에게 불이익을 주는 정치제도를 가진 나라였다. 비례 대표제가 선거제도의 주를 이루는 나라에서는 소수 정당의 의석 확보가 상대적으로 쉬웠다. 이런 나라에서는 소규모 이익집단의 요구에 부합하는 것이 정치 입후보자의 합리적 전략이었기 때문에, 정당이 난립했다. 세금 부과로 고통을 받을 가능성이 있는 모든 집단이 세금 부과를 봉쇄하기 위해 선출직 대표를 내세웠다. 정부는 연립의 형태를 취할 수밖에 없었다. 공동으로 의회 다수 의석을 차지할 수 있는 정당들이 공식적 연립 내각을 구성할 수도 있고, 소수당이 다른 당의 지원을 기반으로 내각을 구성할 수도 있었다. 정부가 재정 문제 해결을 시도하면 피해를 입은 정당들이 지지를 철회해 내각이 붕괴되기 일쑤였다.

다수 대표제 국가의 경우, 소수 정당들의 입법권은 무력화되기 쉬웠다. 이런 선거제도하에서는 한 지역에서 과반 혹은 최다 득표를 한 입후보자의 정당만이 의석을 가질 수 있다. 의회 내에서 과반 의석을 확보할 가능성이 높기 때문에 정당들은 다수 유권자에게 호감을 얻기 위해 자신들의 입장을 순화시킬 유인을 갖게 된다. 과반 의석을 확보한 정부는 세금—종종 소수가 지불하는 세금—을 인상하기가 더 쉬웠다. 또한, 이전 지출—종종 소수가 지급받는 수당—을 더 쉽게 줄일 수 있었다.[36]

1920년대에 인플레이션 위기를 겪은 나라와 비례 대표제를 가진 나라 사이에 상관관계가 있다는 사실은 시사하는 바가 크다. 흔히 1차 대전 발발의 원인으로 억압된 민족주의와 소수파의 학대를 지적한다. 1차 대전 이후 형성된 정치 질서하에서 일부 국가는 과거 오스트리아-헝가리제국에서 분리 독립했으며, 소수파에게 발언권을 주기 위해 비례 대표제 채택이 확산되었다. 독일의 바이마르공화국은 비례 대표제를 채택했다. 프랑스는 선거제도를 개혁하여 강력한 비례성 요소를 포함시켰다. 벨기에는 유권자의 복수 투표권을 폐지해 선거제도의 비례성 요소를 강화했다. 이 나라들은 모두 인플레이션 위기로 가장 심하게 타격을 입은 나라들이었다. 이와 대조적으로 선거제도가 다수 대표제에 근거한 영국이나 미국과 같은 나라는 그 정도의 인플레이션을 겪지는 않았다.[37] 1920년대에 다양한 형태의 비례 대표제를 채택한, 그리고 인플레이션을 겪은 프랑스, 벨기에, 폴란드, 이탈리아, 독일이 1930년대에 다른 나라들이 금본위제를 포기한 다음에도 오랫동안 답답하게 금본위제를 유지하거나 외환 통제를 도입한 것은 단순히 우연의 일치가 아니었다.

정치 안정을 달성하기가 가장 어려운 제도를 가진 나라들은 인플레이션을 두려워할 만한 특별한 이유가 있었으며, 따라서 대공황에 대한 공조 대응에서 굉장한 장애가 되었다. 그러나 1920년대 말에 비례성 요소를 완화하는 방향으로 정치체제를 개혁한 프랑스 같은 나라에서조차, 금본위제 포기가 또 한 차례의 인플레이션 혼란을 불러올지 모른다는 공포는 사라지지 않았다. 그런 시각의 타당성이 이미 사라졌지만, 지난 10년간의 경험에서 벗어나지 못하고 있었다. 역사적 기억은 경제적 사건을 정리하고 해석하는 인식 틀로 작용했다.

조건이 근본적으로 바뀌었는데도 정책 결정자들이 여전히 역사를 준거의 틀로 이용하는 경향이 있음을 여러 사람이 지적했다.[38] 이 책에서 지적하는 것은 다르다. 대중 역시 이런 방식으로 역사를 이용한다. 이 때문에 합리적 정책 결정자조차 동일한 방식의 실수를 반복할 개연성이 생기게 된다. 금본위제의 포기로 인플레이션 위기가 발생하게 될까 봐 우려하는 대중은 그런 사태가 발생하면 금융 자산을 매각하려고 하고, 그래서 공포는 자기실현self-fulfillment을 하게 된다.*
따라서 정책 결정자가 그런 조치를 고려할 때는 자연히 신중할 수밖
에 없다.

　　정책 일반, 특히 금본위제에 관한 정책은 대공황에서 중심 역할
을 했다. 그 정책은 대공황이 발발하는 데서 결정적 역할을 했다. 그
것은 회복의 열쇠였다. 그러나 정책은 진공 상태에서 형성된 것이 아
니었다. 정책 결정자들은 특정한 시공간 속에 존재했다. 역사적 경
험, 즉 처음에는 금본위제, 다음에는 1차 대전, 그리고 마지막으로는
1920년대의 인플레이션이 그들의 인식을 형성하고 행동을 좌우했
다. 그리고 이런 인식과 행동은 경제적 사건의 전개에 심대한 영향을
미쳤다.

책의 구성

이런 주장을 전개하는 것이 간단치는 않다. 자주 언급은 하지만 깊
이 생각해 보지는 않은 세 가지 이유 때문이다. 첫째, 대공황은 다면
적인 사건이다. 한 가지 이유만으로 설명하는 것은 부분적이고 오해
를 불러일으킬 수밖에 없다. 이 때문에 이 책에서는 금본위제를 여
러 대공황 발발 요인들 중 하나로만 취급할 것이다. 책 전체에 걸쳐
서 나는 금본위제를 다른 요인들과 연결시키고 그 상호관계를 분석
할 것이다.

　　둘째, 대공황은 1929년에 시작된 것이 아니다. 월가 대폭락 이

---

* 자기실현이란 어떤 예상이 그대로 실현되는 현상을 가리킨다. 즉 다수의 경제 주체가
어떤 것을 예상하고 그것에 대비하기 위한 행동을 하면 그 예상이 실제로 실현되는 경
제적 현상을 가리킨다. 예를 들어 대다수 사람들이 앞으로 물가나 주가가 상승할 것으
로 예상하여 미리 상품이나 주식을 사들이면 실제로 물가나 주가가 상승하게 된다.

후에 벌어진 일들은 그전의 수년 동안 벌어진 일들이 낳은 필연적 결과 같은 것이었다. 1929년 이후의 대공황을 그 이전의 경제 발전의 맥락에서 설명할 때만 적절한 분석이 될 것이다. 이 책의 또 다른 목적은 대공황을 1914년 이후 전개된 일련의 사건의 한 단계로서 파악했을 때 얻을 수 있는 통찰력을 보여주는 것이다.

셋째, 대공황은 세계적 현상이었다. 그것을 촉발한 교란들은 미국에 국한되지 않았다. 미국 정책 결정자들이 저지른 엄청난 실수가 대공황의 심각성에 상당한 영향을 미친 것은 맞지만 단순히 그것 때문만은 아니었다. 오히려 그것은 미국과 다른 나라에서 발생한 불안정 요인들의 상호작용 결과였다. 이 책의 목적 중 하나는 각국의 역사가 어떻게 서로 맞물려서 국제 경제 위기로 발전했는지를 보여주는 것이다.

각 사건들이 중요한 결정권자들에게 어떤 모습으로 비춰졌는가를 이해하기 위해, 이 주제의 전개에 필요한 소재들을 연대기 순으로 구성했다. 제2장은 전전의 금본위제로 시작한다. 이 시스템이 운용될 때 신뢰와 협력이 하는 역할을 서술함과 동시에 중심부와 주변부 사이의 금본위제 작동 차이를 부각시킬 것이다. 전전 시스템의 원활한 작동이 경제적, 정치적 힘들의 독특한 결합에 달려 있었음을 보일 것이다. 이런 힘들은 1차 대전이 발발하기 전부터 이미 사라지고 있었다. 전간기 관찰자들이 전전 시스템의 이런 허약한 기초를 제대로 평가하지 못한 이유에 대해서도 설명할 것이다.

1차 대전은 국제 정치 경제 환경을 변화시켰다. 제3장은 국내 및 국제 금융의 주요 변화를 분석하고 그 변화가 경제적 힘의 균형에 미친 영향을 분석할 것이다. 그리고 정책 결정자들이 느낀 압력을 전달하는 국내 정치제도의 변화에 대해 서술할 것이다. 제4장에서 다룰 전후의 활황과 침체는, 당시 사람들은 제대로 교훈을 인식하지 못했지만 환경이 이미 크게 변화되었음을 보여주는 일차적 징후였다. 다음 두 장은 1920년대 인플레이션을 부채질한 재정 관련 소모전에 대해 설명할 것이다. 독일은 그 소모전의 관리가 가장 어려운 나라였는데, 그 싸움은 전선이 내부에서 형성된 싸움이었을 뿐만 아니라 국제적 싸움이기도 했다. 이런 교착 상태에서 빚어진 독일의 초인플레이션이 제5장의 주제이다. 제6장은 유럽 다른 지역의 인플레이션 혼란과 인플레이션의 위험을 극복한 나라들의 경험을 대비시키면서 다른 나라들에도 동일한 힘이 작용했음을 보일 것이다.

다음 세 장에서는 재건된 금본위제의 작동에 대해 살펴볼 것이다. 제7장에서는 전전에 비해 쇠퇴한 신뢰성과 협력에 대해 설명할 것이다. 제8장에서는 대공황의 촉발에서 금본위제의 역할을 분석하고, 또 역으로 경기 침체가 금본위제의 기초를 어떻게 허물었는지를 설명할 것이다. 제9장에서는 금본위제를 지키려는 정책 담당자들의 힘겨운 노력을 서술하고 그것이 대공황의 심화에 미친 영향을 분석할 것이다. 동시에 금본위제의 붕괴가 건설적 행동을 하는 새로운 기회를 마련했음을 보일 것이다. 중국어의 '위기(危機)'는 '위험[危]'이라는 뜻과 '기회[機]'라는 뜻이 결합되어 있다.[39] "위기와 기회"라는 이 장의 제목이 내 주장의 요지와 정확히 부합한다.

제10장은 금본위제 해체의 결과들을 추적하는데, 금을 포기한 나라의 경제 회복과 금을 고집한 나라의 계속된 불황을 대비시킬 것이다. 나는 각국의 정책 결정에 대해 설명할 것이다. 미국은 비정상적인 경우로 부각될 것이다. 따라서 제11장에서는 미국이 정책을 반전시키고 평가 절하를 단행한 1933년 봄의 결정적 시기를 분석할 것이다. 프랭클린 D. 루스벨트Franklin D. Roosevelt의 금본위제 포기는 런

던 경제 회의와 겹쳤는데, 런던 경제 회의는 경제 위기에 대한 공조의 마지막 기회였다. 나는 달러의 절하와 런던 회의의 연결 고리를 추적하고 런던 회의가 왜 실패했는가를 설명할 것이다.

1934년 무렵에는 금본위제 국가의 불황 지속과 세계 다른 지역의 경기 회복 가속화 사이의 대조적 현상을 무시할 수 없게 되었다. 따라서 프랑스가 주도한 몇몇 유럽 국가들의 금본위제 유지 선언은 수수께끼 같은 일이라고 할 수 있다. 제12장에서는 국내 정치와 1920년대 인플레이션 혼란에 대한 집단 기억이 어떻게 결합되어 통화 절하에 대한 저항으로 귀결되었는지를 보여줄 것이다. 사실, 금블록의 인플레이션 우려가 전혀 근거 없는 것은 아니었다. 그런 우려가 때로는 자기실현적이었다. 1936년에 프랑스가 마침내 통화 절하를 하게 되었을 때 인플레이션과 사회 혼란은 나타났지만, 다른 나라에서는 뚜렷했던 긍정적 효과는 나타나지 않았다. 이 책의 다른 부분과 마찬가지로, 여기서도 경제적 요인 외에 역사적, 정치적 요인들을 결합해서 그 이유를 설명할 것이다.

금본위제와 대공황의 유산은 전간기의 나머지 기간 내내 개인의 경제 행위와 정부의 정책에 지속적인 영향을 미쳤다. 그 영향은 2차 대전에도 그리고 그 후에도, 사실은 오늘날까지도 계속되고 있다. 결론을 맺는 장에서는 그런 지속이 전후의 국제 경제 질서에 미친 몇 가지 영향에 대해서 설명할 것이다.

제2장

전간기 시각에서 본
고전적 금본위제

전간기 관찰자들에게 전전 금본위제가 어떻게 그렇게 잘 작동했는
가는 수수께끼였다. 30여 년 동안 금본위제는 세계 많은 지역에서 환
율과 국제수지의 안정과 동의어였다. 일반적인 믿음, 특히 영국 사람
들이 갖고 있던 믿음에 따르면 환율 안정은 물가의 안정과 국제 무
역의 급속한 증가를 가능하게 했는데, 이것은 산업 경제가 인상적인
성장을 하는 기반이 되었다. 저명한 학자인 T. E. 그레고리^{T. E. Gregory}
는 1931년에 다음과 같이 단언했다. "19세기 후반 국제금본위제의
발전과 뒤이어 나타난 국제 무역 및 투자의 거대한 성장이 단순한
우연의 일치가 아니라는 데는 의문의 여지가 없다."[1]

전간기 금본위제 양상은 전전과 비슷했지만 이런 성과를 빚어
내지는 못했다. 전간기 금본위제는 지속성이 없었다. 즉 금본위제 부
활의 기점을 1925년 영국의 금 태환 회복으로 잡고 그 종말을 1931
년 스털링의 평가 절하로 잡는다면, 전간기 금본위제는 겨우 6년간
의 짧고 험난한 생을 유지했을 뿐이다. 그동안 국내 생산 증가를 넘

어서는 속도로 국제 무역이 늘지도 않았다. 1930년대의 대공황이 극적으로 보여주듯이 물가와 소득의 안정에 결코 도움이 되지 않았다.[2]

이런 차이의 원인을 전전 경제 환경의 평온함으로만 돌릴 수는 없다. 1차 대전 이전의 어떤 경기 위축도 1929년 이후의 불황만큼 심각하지 않았던 것은 사실이다. 그러나 국제금융시장의 교란은 흔한 일이었다. 심각한 경기 변동을 야기하지 않으면서 이런 교란을 흡수할 수 있었다는 점이 바로 전전 금본위제의 특징이었다.

잉글랜드은행의 독특한 역할을 강조하는 것은 금본위제에 대한 전통적 설명이다. 즉 잉글랜드은행의 영향력이 매우 압도적이었기 때문에 다른 나라는 자신의 정책을 그것에 맞춰 조정할 수밖에 없었다는 것이다. 그래서 국제수지 문제를 억제할 수 있는 사실상의 정책 조화가 이루어졌다. 잉글랜드은행은 국제적 최종 대부자 역할을 하면서 미국과 같은 나라들에서 간헐적으로 발생하는 국제수지 문제를 극복할 수 있게 도움을 주었다. 이런 관점에 따르면, 잉글랜드은행은 전전 시스템의 운영을 통제할 수 있는 능력과 의지를 갖고 있었기에 성공할 수 있었다.

면밀히 살펴보면 이런 설명은 사실과 다르다. 잉글랜드은행이 다른 어느 중앙은행보다 할인율(중앙은행이 기관 고객들에게 대출할 때 적용하는 이자율)에 큰 영향력을 행사했다는 점은 의문의 여지가 없다. 잉글랜드은행의 할인율이 할인정책에 관한 국제 공조의 초점이 되었다는 사실 역시 의문의 여지가 없다. 그러나 다른 중앙은행이 잉글랜드은행의 할인율 변경을 무시할 수 없었던 것과 마찬가지로, 잉글랜드은행 역시 외국 중앙은행의 할인율 변경을 무시할 수 없었다.[3] 더욱이 잉글랜드은행이 국제적 최종 대부자 기능을 독점했다는 것도 사실과 다르다. 종종 잉글랜드은행은 스털링 평가를 방어하기 위해 분투하는 과정에서, 국제적 최종 차입자가 되어 프랑스중앙은행이나 다른 외국의 지원에 의존해야 하는 신세가 되기도 했다.

고전적 금본위제의 성공은 오히려 완전히 다른 두 가지 영역, 즉 신뢰와 협력에 달려 있었다. 시스템의 중심부에 있던 나라들, 즉 영국, 프랑스, 독일에서는 정부의 금본위제 유지 의지에 대한 신뢰가 두말할 나위 없이 확고했다. 따라서 시장 참가자들이 중앙은행의 관리 부담을 상당 부분 덜어 주었다. 만약 스털링이 약세가 되면, 자금은 영국으로 흘러들어 갈 것이다. 왜냐하면 잉글랜드은행이 스털링 환율을 높이기 위해 개입하면 얻게 될 자본 이득을 예상하기 때문이다. 기존 평가에 대한 중앙은행의 의지는 전혀 의심을 받지 않았기 때문에 자본의 흐름은 신속하게 반응했으며 그 규모도 상당했다. 스털링은 대개 정부가 개입할 필요도 없이 저절로 강세로 전환되었다.[4] 투기는 프랑스와 독일 그리고 금본위제의 중심부에 있었던 다른 유럽 국가에서도 동일한 안정화 효과를 가지고 있었다.

이 체제가 신뢰를 유지할 수 있었던 것은 대체로 국내 정치 덕분이었다. 국제체제의 중심축 역할을 한 핵심 유럽 국가들에서는 금을 기반으로 하는 통화에 대해 큰 정치적 반대가 전혀 없었다. 통화 본위의 관리는 일상 정치 영역 바깥에 있었다. 신용 핍박 효과에 반기를 들 수 있는 실직 노동자들은 반대 의사를 표현할 수 있는 위치에 있지 않았다. 수입품과 경쟁하던 생산자들, 특히 프랑스와 독일의 농부들은 보호 관세로 달랬다. 미국을 포함한 금 본위 세계의 주변부에서는 사정이 달랐다. 물가 하락기인 1873년부터 1893년 사이에 이런 대조가 특히 극명했는데, 이때 채무자와 디플레이션으로 인한 상대적 피해 집단이 기존 통화 본위에 반대하는 로비를 벌였다. 주변부에서는 이와 같이 다른 정치 압력 지형 때문에 정부의 금본위제 유지 의지에 대한 신뢰가 떨어졌다. 그러나 유럽 중심부에서는 그 의지에 대한 신뢰가 의심의 여지가 없을 정도로 확고했다.

그런데 금본위제 유지 의지가 완전한 신뢰를 얻기 위해서는 당국이 금본위제를 방어하겠다는 욕구뿐만 아니라 능력도 지니고 있어야 했다. 여기서 국제 협력이 열쇠가 된다. 잉글랜드은행은 미국에 금이 필요할 때 금을 유출시킬 준비가 되어 있었다. 영국의 금 평가가 위협을 받을 때 프랑스중앙은행은 잉글랜드은행에 금을 빌려 주거나 스털링을 매입할 준비가 되어 있었다. 예외적인 핍박의 시기에는 독일제국중앙은행과 러시아 정부도 잉글랜드은행에게 도움을 주었다. 반대의 경우에는 그런 지원에 대한 보답이 이루어졌다. 1898년에는 독일의 은행들과 제국중앙은행이 잉글랜드은행과 프랑스중앙은행의 도움을 받을 차례였다. 금본위제를 유지한 유럽의 소국들, 그 중에서 벨기에, 노르웨이, 스웨덴은 외국의 은행과 정부로부터 거듭해서 준비금을 차입했다. 중앙은행과 정부가 대출을 통해 어려움에 처한 나라를 지원할 준비가 되어 있다는 신호를 주면, 국내외 민간은행에 의한 추가 대출의 길이 열렸다. 따라서 한 나라의 금 평가가 공격을 받게 될 경우에 그 나라가 의지할 수 있는 자원은 그 나라 중앙은행 준비금과 국고를 훨씬 넘어섰다. 이것은 기존 금 평가를 방어할 수 있는 능력을 향상시켰다. 기존 평가의 유지 의지를 신뢰할 수 있었던 것은 그 의지가 단지 한 나라의 의지가 아니라 국제적 차원의 의지였기 때문이다. 그 의지는 국제 협력을 통해서 작동했다.

전전 체제의 작동에서 신뢰와 협력이 한 역할에 대한 인식은 전간기의 문제를 이해하는 데 시사점을 제공한다. 1차 대전 이전부터 이미 전전 체제의 기초가 허물어지고 있었다. 금 평가 방어가 더 이상 확고한 우선적 목표가 아니었으며, 양립 불가능할 수 있는 다른 정책 목표의 중요성이 증가하고 있었다. 선거권의 확대, 노동자 계급 주도 정당의 성장, 실업 문제에 대한 관심의 고조, 이 모든 것은 금본위제의 방어가 다른 목표와 충돌하는 시간이 다가올 수 있음을 의미했다. 1차 대전은 과거에는 전혀 무관하던 경제 문제를 포함하는 데까지 정치의 영역을 확장함으로써 이런 추세를 가속화했다.

동시에 국제 협력을 위한 전통적 기반도 점점 약해지고 있었다. 1871년 이후 사반세기는 서유럽 강대국들 간의 정치 군사적 대립이 상대적으로 거의 없었던 시기였다. 그러나 20세기에 접어들면서 국제 정치적 긴장이 확산되고 유럽 주요국 간의 협력 가능성도 줄어들었다. 미국이 금본위제 유지를 위한 협조 체제에 가담한 적이 없었다는 것도 중요한 점이다. 미국은 중앙은행이 존재하지 않았기 때문에 미국의 참여는 원천적으로 차단되어 있었다. 미국이 금 준비금의 주요 사용자가 아닌 상황에서는—20세기 들어서야 주요 사용자가 되었다—미국의 협조 체제 불참이나 국제체제 작동에 대한 미국의 불안정 요인 유발이 전체 체제를 위협하지는 않았다. 그러나 20세기의 첫 10년 동안, 미국은 규모나 영향력 면에서 매우 커져 더 이상 금본위제의 주변부에 머무를 수 없게 되었다. 국제 협력의 전통적 기반으로는 더 이상 충분하지 않았다. 1913년 12월 연준이 창설된 근거 중 하나는 미국 금본위제의 효과적 관리였다. 미국 중앙은행의 설립은 필요한 협력을 위한 훌륭한 기반이 될 수도 있었다. 불행히도 새로 설립된 연준은 배타적이었으며 협력의 이익을 제대로 이해하지 못한 것으로 드러났다.

이 장에서는 세 단계로 논지를 전개할 것이다. 첫째로 전간기 관찰자들이 고전적 금본위제의 작동을 어떻게 이해했는지를 분석할 것이다. 다음 단계에서는 두 절에 걸쳐서 고전적 금본위제가 중심부와 주변부에서 어떻게 작동했는가를 상세히 살펴볼 것이다. 마지막 단계에서는 전간기의 인식과 경제적 실제 사이의 간극이 전간기 국제 통화 관계에 던지는 시사점을 도출할 것이다.

전전 체제에 대한 전간기의 인식

전전 금본위제에 대한 모든 논의의 확실한 출발점은 유명한 데이비드 흄David Hume의 분석이다.[5] 흄의 '가격-정화(正貨) 플로우price-specie flow' ● 모델의 핵심은 정책 담당자들이 금본위제에 의지해 대외 불균형을 자동으로 제거할 수 있음을 보여주는 것이다. 상품 무역 적자를 기록하고 있고 초과로 수입한 상품 대금을 자국 통화로 지불하는 나라가 있다고 생각해 보자. 그 통화를 수취한 외국인은 다른 나라 통화를 사용할 이유가 없기 때문에 그 통화를 발행한 중앙은행에 가서 수취액을 그 나라의 금본위제법이 정한 비율로 금화, 즉 정화로 교환할 것이다.[6] 그들은 그렇게 얻은 금을 자국 중앙은행에 건네고 자국 통화로 교환할 것이다. 흄이 정교화한 모델에 따르면, 첫 번째 중앙은행에서 상환된 현금은 더 이상 유통되지 않으므로 그 나라 물가는 하락할 것이다. 상대국에서는 유통 현금이 증가하여 물가가 상승할 것이다. 국제시장에서 적자국의 경쟁력이 상승하여 그 나라 상품으로 지출 전환이 이루어지고 대외수지는 균형으로 돌아갈 것이다.

흄은 18세기 중엽 영국인의 시각에서 글을 쓰면서 당시 상황에서 적절해 보이는 금본위제 운영의 측면들을 부각시켰다. 영국에서 금화가 유통되고 은행의 금융 상황 관리는 크게 발전되지 않았기 때문에, 그는 금의 이동과 통화 공급 간의 밀접한 관계를 부각시켜 분석했다. 그 이후에 비해 은행 예금과 같은 현금 대체물이 아직 중요하지 않았기 때문에, 흄은 물가 수준과 현금 및 금화 공급 사이의 밀접한 관계를 강조한 것이다. 재화 교역이 국제 거래의 대부분을 차지했기 때문에—당시의 자본 이동은 아직 19세기나 20세기만큼 중요성을 띠지 않았다—흄은 가격 변동이 무역수지에 미치는 영향을 강조했다. "국제수지에 관하여"가 아니라 "무역수지에 관하여"[**]라는 글 제목에서 이 분석이 갖는 역사적 특수성이 드러나 있다.

환경이 크게 바뀌었는데도 흄의 가격-정화 플로우 모델이 20세기 초까지, 즉 150년 후에도 여전히 지배력을 잃지 않고 있었다는 사실은, 항상성 체계로서 흄의 금본위제 모델이 지닌 우아함 혹은 경제학자를 매혹시키는 우아한 이론의 능력을 가장 효과적으로 증언한다. 금화는 국내 유통에서 지배력을 이미 잃은 상태였다. 중앙은행이 만들어져 금화 준비금과 신용 상황 사이의 관계에 체계적으로 개입하고 있었다. 대기업과의 담합 체계가 성장하여 지정 가격은 아주 간헐적으로만 조정되었으며 1차 산품 가격과는 근본적으로 다른 방식으로 가격이 움직이는 부문이 형성되어 있었다. 1860년대에 해외 은행들이 런던에 설립되면서 국제 자본 이동이 때로는 국제 상품 이동을 왜소하게 만들 정도로 새로 중요성을 띠게 되었다. 그러나 이런 전면적인 변화에도 불구하고 흄의 무역수지 모델은 금본위제를 논의할 때 지배적 패러다임으로 남아 있었다.

1913년 이전에는 국제수지 압력이 쉽게 해소되었는데 그 이후에는 압력 해소가 어려워진 이유를 설명하려고 할 때, 전간기의 관찰자들은 무역수지에 사로잡혀 있어서 우선 상품시장 조정을 가로막

• 정화란 금본위제하의 금화와 같이 액면 가치와 화폐 소재의 가치가 일치하는 통화를 의미한다.

•• 일반적으로 국제수지는 상품, 서비스, 자본의 국제 거래를 모두 포함하는 반면, 무역수지는 상품의 거래만을 기록한다.

는 요인들로 눈을 돌렸다. 1차 혐의자인 관세는 알리바이를 갖고 있었다.[7] 국제 무역의 자유를 강조하며 전전 체제의 원활한 작동을 설명하기도 하지만, 1880년대 무렵의 주요 금본위제 국가들 중 한 나라를 제외한 모든 나라가 농산품 및 공산품에 대해 포괄적인 수입 관세를 부과하고 있었다. 관세 장벽이 비록 1차 대전 이후 수준까지 이르지는 않았지만 1913년 이전을 무관세의 사반세기로, 1920년대를 관세의 시대로 피상적으로 대비하는 것은 과장된 것이다. 그런 주장을 방어하기 위해 예외적인 한 나라인 영국이 19세기에 보호주의에 동참하지 않았다고 강조한다. 영국이 대규모 개방시장을 제공하는 한, 다른 나라는 영국에 수출을 확대함으로써 무역 적자를 해소할 수 있었다.[8] 1920년대에도 영국은 수입품의 자유로운 접근을 허용했지만(아주 일부 품목에 대해 긴급 보호 관세를 부과하기는 했다), 더 이상 적절한 안전판 역할을 할 만큼 충분히 큰 시장을 제공할 수는 없었다. 다른 수출시장에 대한 접근이 제한된 상황에서 조정 부담은 적자국의 수입품으로 옮겨갔다. 그러나 수입품은 생산을 위한 투입 요소이고 또 소비자의 생활수준을 향상시켰기 때문에 정부는 수입품 가격 인상이나 수입 제한에 주저했다. 이는 국제수지 조정의 다른 길목을 차단하는 결과를 가져왔다.

가격-정화 플로우 모델에 집착하는 사람들에게 이 주장의 문제점은 관세 부과가 다른 조정을 유발했어야 한다는 것이다. 관세 부과 국가의 수입을 줄이고 무역수지를 흑자로 전환시킴으로써, 전통적 가격-정화 플로우 채널에 따라 대외 균형을 회복시킬 수 있는 정화를 끌어들였어야 한다는 것이다.[9] 따라서 관세가 대외 불균형 해소를 방해했다면, 이 메커니즘의 작동이 차단된 것이 분명하다. 이를 설명할 수 있는 하나의 가능성을 이전 문제에 관한 논쟁이 제시했다.[10] 관

황금 족쇄

세 부과로 수출시장이 위축되었기 때문에 무역수지 균형 회복을 위해서는 더 큰 폭의 상대 가격 변동이 필요했을 수 있다. 외국 시장이 봉쇄되면 될수록 일정한 수출량 증가를 위해 필요한 수출 가격 하락 폭은 더 커지게 될 것이다. 외국의 관세가 수출시장을 크게 축소하고 수출 수요를 매우 비탄력적으로 만들었다면, 판매 증가에 필요한 가격 하락이 너무 커서 수출량을 아무리 증가시켜도 무역수지 균형을 회복하지 못했을 수 있다.[11] 1920년대에 많은 논쟁이 있었지만 이 이전 문제의 크기에 대해서는 합의하지 못했다. 관세의 역할―정확히 말하면 무관세의 역할―에 관한 논의는 전전 통화체제가 원활히 작동한 원인을 명확히 설명하지 못했다.

관세가 존재하지 않았고 따라서 국제수지 조정에 필요한 가격 변동이 상대적으로 작았기 때문에 고전적 금본위제가 원활히 작동했다고 생각한 사람들조차 혼란에 빠졌다. 왜냐하면 상대 가격이 가격-정화 플로우 모델의 예상대로 움직이지 않는 것처럼 보였기 때문이다. 미국의 유명한 무역 전문가인 프랭크 타우식Frank Taussig은 흄의 모델이 예상한 상대 가격의 변동이 없는 상태에서 어떻게 대외 조정이 이뤄졌는가를 설명하는 것이 연구 과제라고 생각했다. 타우식의 견해에 따르면, 조정이 필요한 주요 교란 요인은 해외 대부의 변동이었다. 가격-정화 플로우 모델에 따르면, 자본 유출이 있으면 자본 수출국에서는 정화가 빠져나가고 물가가 하락하는 반면에 자본 수입국에서는 물가가 상승함으로써, 자본 수출국의 경상수지가 자본 유출을 상쇄할 만큼 개선되어야 한다. 그러나 타우식이 지적한 것처럼,

"이론적 분석이 전제하고 있는 것과 같은 교란의 징후가 관찰되지 않으며 몇몇 반복적인 현상들은 이론이 예상한 바와는 전혀

달랐다. 가장 눈에 띄는 것은 대부가 활발한 시기에 물가 하락이 아니라 오히려 물가 상승이 있었다는 점과, 대규모 자본 수출 기간에 한 국가의 재화가 싸져서가 아니라 그 재화가 더 비싸진 것 같은데도 재화 수출이 눈에 띄게 이루어졌다는 사실이다."[12]

전간기의 관찰자들은 무역수지의 움직임에서 답을 찾지 못하자 국제수지의 다른 항목들로 눈을 돌렸다. 그들이 흄 시대 이후 국내외 금융 환경에 나타난 변화, 즉 금융 중심지로서 런던의 성장, 중앙은행의 할인율 조작, 할인율에 대한 단기 자본 이동의 반응성, 외환 준비금 보유 관행 등을 몰랐던 것이 아니다. 이 모든 변화는 대외 조정에서 무역수지 외에 다른 요인이 문제가 된다는 것을 의미했다. 금본위제의 원활한 작동을 위해서는 경상수지뿐만 아니라 경상 계정과 자본 계정의 결합수지가 중요했다. 경제학자 H. F. 프레이저[H. F. Fraser]가 말한 것처럼, "금본위제의 성공적 작동을 위해 필요한 것은, 수출품과 수입품의 가치가 균형을 맞추는 것이 아니다. 한 나라의 차변과 대변이 서로 같아야 한다. 좁은 의미의 무역수지가 아니라 국제수지가 중요하다."[13]

이것을 깨달았다고 해도 자본 이동과 그 영향을 결합해 금본위제 작동에 관한 정식 분석으로 발전시키는 데는 시간이 걸렸다. 준비금과 국내 신용의 관리는 영국에서 가장 발전했기 때문에, 금본위제에서 자본 이동이 하는 역할에 관한 가장 명확한 설명도 영국에서 발전되었다. 1919년 컨리프위원회[Cunliffe Committee] •는 1차 중간 보고서에서 단기 자본 이동 모델과 최초 정화 이동이 국내 경제에 미치는 효과를 증폭시킬 수 있는 은행시스템을 가격-정화 플로우 메커니즘에 추가했다.[14] 위원회에 따르면 중앙은행 할인율은 조정 메커니즘을 통제하는 수단이었다. 잉글랜드은행은 은행이율$^{Bank\ rate\bullet\bullet}$로 알려진 할인율을 인상함으로써 시장 이자율의 상승 압력을 유발했으며, 그 결과로 외국에서 자본이 유입되었다. 컨리프 보고서의 표현에 따르면 "해외 송금을 유보시키고 고이율을 얻고자 하는 해외 자금을 유인하는 효과를 즉각 발휘했다."[15]

할인율 인상을 유발하는 교란 요인이 일시적이라면 이자율 인상으로 충분했다. 만약 그것이 지속적인 요인이면 컨리프위원회 위원들도 인정한 바대로 다른 조정이 필요했다. 국내 이자율의 인상만으로는 자본을 무한정 끌어들일 수 없었기 때문이다. 투자자들이 새로운 이자율 패턴에 맞추어 포트폴리오를 일단 조정하고 나면, 자본 유입은 점차 줄어든게 된다.[16] 설사 외국 자본의 지속적 유입을 유도하기 위해 이자율을 반복적으로 인상한다고 해도 대외 부채 규모는 결국 지속 불가능한 수준에 이를 것이다. 대외 원리금 부담이 그 경제의 지불 능력을 벗어나게 될 것이다.

따라서 은행이율의 인상은 대내 조건의 변화를 통해서만 지속적 교란으로 야기된 불균형을 제거할 수 있었다. 그 메커니즘은 다음과 같았다. 국내 초과 수요에 대응한 은행이율의 인상은 비용을 높이고 가용 신용의 규모를 줄였다. 투자 프로젝트들은 뒤로 미뤄졌다. 그 결과, 실업 증가로 총지출은 줄어들고 교역재의 초과 수요가 제거

• 컨리프위원회는 1차 대전 이후 영국의 금융정책 방향을 설정할 목적으로 구성된 위원회로 잉글랜드은행 총재였던 월터 컨리프 경$^{Sir\ Walter\ Cunliffe}$이 위원장을 맡았다. 이 위원회의 정식 명칭은 '전후의 통화 및 외환에 관한 위원회$^{Committee\ on\ Currency\ and\ Foreign}$ $^{Exchanges\ After\ the\ War}$'였다.

•• 이 책에서 '은행이율'은 고유명사로서 영국의 기준 금리인 잉글랜드은행 할인율을 가리킨다.

되며 물가는 하락 압력을 받게 된다. 물가 하락이 국내 재화의 경쟁력을 높이면서 대외 균형은 회복된다.

할인율이 자본 이동과 국내 신용 상황에 영향을 미침으로써 조정 촉진 역할을 한다는 점을 강조하면서, 상당한 양의 정화 이동 없이도 금본위제가 원활히 작동함을 설명할 수 있다는 점에서, 이 모델은 매력적이다. 이 모델은 잉글랜드은행이 기계적으로 할인을 사용한 것으로 설명함으로써 금본위제가 자동적 시스템이라는 이미지를 그대로 유지한다. 케인스의 표현을 빌리면, 중앙은행들은 "게임의 규칙"에 따라 행동했기 때문에, 효과 증진을 위한 공개 시장 조작과 같이 이루어진 할인율 변경은 조정을 가로막은 것이 아니라 오히려 조정을 가속화했다.[17] 중앙은행은 불태화sterilization(不胎化)—준비금의 유출입이 국내 화폐시장과 신용시장에 미치는 영향을 무효화하는 것—를 하는 것이 아니라, 국내 금융시장에 미치는 영향을 강화함으로써 조정을 촉진한 것으로 묘사되었다.* 그 결과로 전간기 관찰자들은 전전에는 금본위제가 원활히 작동했는데 전후에는 대조적인 결과를 보인 원인을, 전전에 게임의 규칙을 더 충실히 따랐기

---

* 경상수지 흑자나 해외 자본의 유입으로 국제수지가 흑자가 되면 국내 통화량이 증가하고 물가 상승 압력이 나타나게 된다. 이때 중앙은행이 이런 통화량 증가 및 물가 상승 압력을 무효화하기 위해 시중의 자금을 흡수하는 정책을 쓸 수 있는데, 이런 정책을 흔히 불태화 정책이라고 한다. 외부에서 유입된 씨앗이 발아하지 못하도록 막는다는 의미에서 이런 용어가 만들어졌다. 불태화 정책은 곧 중앙은행의 상쇄정책 혹은 중화정책이다. 금본위제의 '게임의 법칙'은 중앙은행이 중화정책을 사용하지 않고 오히려 국제수지의 효과를 국내에서 더 증폭시킬 수 있는 정책을 취함을 의미한다. 예를 들어 경상수지가 흑자가 되면 중앙은행은 국내 신용 축소를 위해 기준 금리(예를 들면 잉글랜드은행 할인율)를 인상하는 것이 아니라, 반대로 금리를 인하하는 것이다. 이렇게 하면 국내 물가가 상승하기 전에 국제 자본 이동이 더 먼저 일어난다. 즉 국내 금리가 떨어져 자본이 빠르게 빠져나가게 되고 자본수지가 적자로 된다. 결국 중앙은행이 게임의 규칙을 따르면, 경상수지 흑자는 자본수지 적자를 동반하게 되고 전체 국제수지는 균형이 된다.

때문이라고 생각했다.[18]

　이런 시각을 가장 명확히 보여준 것은 바로 국제적인 경제학자인 래그너 넉시[Ragnar Nurkse]가 1944년에 만든 표였다. 그는 1922년부터 1938년까지 국내 자산과 대외 자산이 같은 방향으로 변동한 경우―중앙은행이 게임의 규칙을 따르면 이렇게 움직인다―와, 두 자산이 반대 방향으로 변동한 경우―중앙은행이 불태화를 하면 이렇게 움직인다―를 국가별, 연도별 표로 만들었다.[19] 넉시는 국내 자산과 대외 자산이 대부분의 경우에 반대 방향으로 움직였음을 발견하고 전간기 금본위제 불안정의 원인을 불태화의 만연 때문이라고 생각했는데, 그것은 곧 불태화가 없었기에 고전적 금본위제가 안정을 유지했음을 의미했다. 1959년이 되어서야 아서 블룸필드[Arthur Bloomfield]가 넉시의 정의를 그대로 사용해서 전전에도 불태화가 만연했음으로 보였다.[20] 그러나 전간기 관찰자들은 고전적 금본위제가 컨리프 보고서의 지적 이상으로 자의성을 수반하면서 관리되었는가를 확인하기 위해 연구를 할 필요가 없었다. 예를 들어 1934년 찰스 H. 워커[Charles H. Walker]는 중앙은행들이 준비금의 상실과 획득에 비대칭적으로 반응했음을 지적했다. 즉 준비금 유입 시 할인율 인하보다 준비금 유출 시 할인율 인상이 훨씬 더 빈번했다는 것이다.[21] 1936년 구스타프 카셀[Gustav Cassel]은, 전전에 중앙은행들은 초과 준비금을 보유하고 있었기 때문에 준비금 상실을 습관적으로 불태화할 수 있었다고 주장했다.[22]

　리처드 세어스[Richard Sayers]는 "컨리프 보고서의 지나치게 단순한 설명을 바로잡기" 위해 1936년에 『잉글랜드은행의 운영, 1890~1914년Bank of England Operations, 1890-1914』을 출판했다.[23] 고전적 금본위제의 황금기에도 다양한 요인들, 특히 그중에서도 경기 상황이 중앙은행의 행동 여부, 행동 시기, 행동 방법 등에 영향을 미쳤다는 것이 세어스의 요지이다. 세어스는 컨리프위원회가 강조한 국제수지 관리를 위한 할인율의 사용이 최근에 시작된 것임을 밝혔다. 잉글랜드은행은 1870년 이후 줄곧 은행이율의 효과를 높이는 데 골몰했다. 즉 은행이율이 시장 할인율과 그 할인율에 반응하는 금의 유출입에 영향을 미치도록 만들기 위해 노력했다. 다양한 요인들이 이런 노력을 복잡하게 만들었다. 19세기 중엽 이후 영국 은행업의 급속한 성장 때문에 런던자금시장에서 잉글랜드은행의 영업 점유율이 줄어들었다. 할인율의 인상은 은행의 시장 점유율을 더 낮추어 주주의 수입이 줄어들게 할 수도 있었다. 잉글랜드은행의 수입이 할인시장의 작동에 의존하는 한, 시장 이자율의 움직임에 대응하여 은행이율을 변경할 수밖에 없었을 것이다. 그 반대로 하기는 어려웠을 것이다. 시장 참가자들은 이런 사실을 알고서 시장 이자율에서 벗어난 은행이율은 반전될 수밖에 없을 것으로 예상했다. 따라서 은행이율의 변동이 시장에 미치는 영향은 줄어들었다.

이런 문제 중 일부는 19세기 말엽 해외 대부의 증가로 해결되었다. 해외 차입자의 새로운 상장^{flotation} 시점은 시장 이자율에 극도로 민감했다. 그로 인해 이자율 변경에 대한 국제수지의 반응도도 높아졌으며 잉글랜드은행도 준비금 관리를 위한 편리한 수단을 갖게 되었다. 잉글랜드은행은 예리하지도 확실하지도 않은 수단, 즉 국내 은행으로부터의 현금 인출 능력에 더 이상 의존할 필요가 없었다. 1890년 베어링 위기^{Baring Crisis}●에 대한 잉글랜드은행의 단호한 대응은 이윤보다는 중앙은행의 기능에 더 큰 중요성을 두고 있음을 명확히 보여주었다. 이것은 잉글랜드은행이 시장 이자율을 선도하기보다는 추종할 것이라는 투자자들의 믿음을 역전시켰다.

프랑스중앙은행, 독일제국중앙은행, 미국 재무부는 잉글랜드은행이 안고 있던 문제를 모두 갖고 있었을 뿐만 아니라 그 정도가 더 심했다. 할인율정책의 제한된 효과 때문에 프랑스와 독일 당국은 금시장 조작을 사용할 수밖에 없었다.[24] 금시장에 대한 직접 개입은 '골드 포인트gold points', 즉 금의 수출입으로 수익이 발생하게 되는 수준을 변경하기 위해 이용되었는데, 잉글랜드은행도 종종 이런 개입을 했다. 이 '금 방책gold devices'에는 중앙은행이 금 매입 가격을 변경하거나, 무이자 대출을 통해 수입자에게 금의 운송 시간을 보상해 주는 방안 등이 포함되었다. 이 방책은 은행이율의 인상이 경제적으로 아무 효과가 없거나 정치적으로 부적절할 경우에 할인율정책을 보완하기 위해 사용될 수도 있었다.[25]

컨리프위원회는 왜 자동적 개입을 과도하게 강조했을까? 세어스에 따르면, 그것은 1911년에 잉글랜드은행 부총재를 지냈고 1913년에는 총재가 된 컨리프 경의 독특한 경험 때문이라고 한다. 1차 대전 직전 3~4년 동안 잉글랜드은행의 운영은 "전례가 없을 정도로 표준화되고 자동적이었다."[26] 1907년 (외국의 지원을 받은) 은행이율은 미국의 금융 위기를 막아냈다. 그해의 어려움을 극복하는 데 성공하자 금 방책은 용도 폐기되었다.[27] 꾸준한 경기 확장과 경기 활성화 덕분에 할인율 변경에 대해 정치적 관심이 사라졌으며, 잉글랜드은행은 대외 균형을 달성하기 위해 할인율을 자유롭게 변경할 수 있었다. 이 경험에서 매우 깊은 인상을 받은 컨리프 경과 위원회 위원들—

• 베어링 위기는 1890년 런던 소재 베어링은행Banings Bank이 아르헨티나에 대한 무리한 투자로 파산 직전에까지 이른 금융 위기를 가리킨다. 이 위기로 영국 금융시스템 전체가 위태로워지자 잉글랜드은행은 다른 대형 은행들과 컨소시엄을 구성하여 베어링은행 구제에 나섰다.

재무부 관리, 잉글랜드은행 이사들, 은행 및 금융권 인사들, 그리고 학자 한 명, 즉 케임브리지대학교의 A. C. 피구A. C. Pigou 교수—은 이 시기의 경험을 지나치게 일반화했다.

1차 대전 직전의 수십 년 동안에도 중앙은행들이 정치적 고려 때문에 할인율 변경을 종종 주저했다. 따라서 개입의 자동성을 가정하고 금본위제의 안정성을 설명하는 것은 적절하지 않다. 이렇게 되자 타우식과 그의 제자 해리 덱스터 화이트Harry Dexter White, 그리고 영국의 경제학자 P. B. 훼일P. B. Whale은 당국에 의한 자동 조정의 대안으로 은행시스템에 의한 자동 조정을 제시했다.[28] 그들은 정화의 유출입이 아니라 대외 준비금 대비 통화 공급 비율의 변동을 통해 통화 공급이 수요 변동에 대응한다고 상정했다. 예를 들어 수출 수요의 외생적 감소로 무역수지 적자가 되면 화폐와 신용에 대한 수요도 줄어들게 될 것이다. 왜냐하면 수출업자의 소득 감소가 경제 전반에 영향을 미치기 때문이다. 대출 수요도 줄어들어 은행시스템은 준비금을 기초로 피라미드처럼 형성된 신용 규모를 줄이게 될 것이다. 은행시스템이 작동해서 필요한 국내 통화 공급 감소가 이루어지고, 통화량 변화의 영향을 받는 다른 변수들이 반응하면서 금 수출이 필요 없을 수도 있었다. 통화 당국의 도움은 거의 필요가 없었다.

자동성과 가격-정화 플로우 모델과의 조화 가능성이 이 설명의 매력이었다. 표면상으로 은행의 활동이 대외 조정을 유도하는 주요 메커니즘 중 하나가 교역 조건의 변동이었는데, 교역 조건의 커다란 변동이 거의 관찰되지 않았다는 점이 이 설명의 한계이다. 더구나 영국 은행시스템 구조의 근본적 변화가 없는 상황에서 이 모형은 전전과 전후의 대조적 경험을 설명할 수가 없었다.[29]

추가 요소가 필요하기 때문에 훼일과 다른 일부 사람들은 자본 이동에 주목했다. 1890년 이전의 국제적 자본 이동은 일반적으로 장기 대부의 형태를 띠었다. 단기 부채는 그렇게 중요하지 않았다. 작은 변동만 있어도 인출 위험에 노출되던 런던 등 유럽 금융 중심지에 예치된 외국인 예금은 19세기 마지막 몇 년 동안에 처음으로 중요해졌다. W. E. 비치[W. E. Beach]에 따르면 "만약 외국인 자금의 규모가 그 이후 수준만큼 되었더라면, 잉글랜드은행이 1892년 이전에 보유하고 있던 빈약한 준비금으로는 충분하지 않았을 것이다."[30] 더불어 전쟁 전 수십 년 동안에는 정치적으로 안정되었기 때문에 정권의 급변을 예상한 자본 도피는 최소화되었다.[31] 1920년대 유럽의 여러 정부와 달리, 전전의 정부들은 몰수와 같은 징세는 거의 생각도 못했으며 그들의 금본위제에 대한 의지 또한 심각하게 의심받을 수도 없었다.[32]

정치 안정, 특히 유럽 외부의 정치 안정 역시 대외 충격에 대응하는 장기 대부를 용이하게 만든 것으로 생각되었다.[33] 주변부 국가들도 안정된 정치 덕분에 외국 자본에 접근할 수 있었고 자본재와 장비를 수입함으로써 수출 능력을 키울 수 있었다. 영국 자본을 주로 빌려 쓰는 나라들인 영연방 국가들이 원리금 상환에 필요하다면 어떤 조치든 취해서 모국과 좋은 관계를 계속 유지할 것이라는 데 대해 투자자들은 거의 의심하지 않았다. 1930년대에는 남미 전역의 정치적 격변 때문에 태환의 중지와 채무 불이행[debt default]이 나타났지만, 그 이전 수십 년 동안에는 혁명 때문에 지불 중지[repudiation]나 자본시장에 대한 접근 차단이 나타나는 경우는 아주 드물거나 거의 없었다. 볼세비키 혁명과 멕시코 혁명 정도가 예외였다.[34]

이런 대조 역시 다시 과장된 측면이 있었다. 정치 불안정과 채무 불이행—지불 중지와는 다른—은 1913년 이전에도 결코 드문

일이 아니었다. 대외 장기 대부 역시 결코 안정적이지 않았다. 예를 들어 1880년대 말에 아르헨티나와 브라질에서는 정치적 격변 때문에 자본시장 접근이 차단되는 일련의 사건이 발생했다. 미국에서는 디플레이션에 저항한 인민주의 봉기Populist Revolt와 1890년대의 자유 은 운동Free Silver Movement*이 당시 금의 달러 가격을 실질적으로 위협했으며 북대서양 자본시장의 안정성마저 위태롭게 했다. 외국의 채무 불이행을 거의 겪지 않은 영국의 해외 투자자들과는 대조적으로, 프랑스와 독일의 투자자들은 상당한 손실을 입었다. 정치 안정과 채무 불이행의 부재를 강조하는 사람들은 매우 영국 중심적인 시각에서 문제를 바라보고 있었다.

장기 해외 대부 규모의 변동을 흡수할 수 있는 전전 체제의 능력은 퍼즐의 대표적인 예였다. 프랑스, 독일, 영국의 해외 대부 급증이 왜 중앙은행 보유 금의 누출과 수출품 가격의 하락으로 이어지지 않았을까? 미국과 캐나다의 차입 증가는 왜 금의 대량 유입과 수출품 가격의 상승으로 이어지지 않았을까?[35] 국제수지의 정의상, 경상수지, 자본수지, 금 이동을 합하면 0이 되어야 한다. 다시 말해서 대량의 금 이동이 없는 한, 해외 대부의 변동은 그에 상응하는 경상수지, 특히 상품수지의 변동이 지체 없이 동반될 때만 나타날 수 있다. 결국에는 상응하는 수출입의 변화가 나타나겠지만, 타우식의 표현처럼 "수수께끼는 상품 이동의 신속성 혹은 거의 동시성"이다.[36]

---

* 인민주의 봉기는 1880년 이후 미국 남부의 농민 조직을 중심으로 나타난 디플레이션 및 금융 자본에 대한 저항운동이었는데, 팽창적인 통화정책과 철도 등 사회 간접 자본에 대한 국가의 규제 등을 요구했다. 자유 은 운동은 금본위제에서 비롯된 디플레이션을 해결하기 위해 은을 자유롭게 주조함으로써 통화량 증가와 물가 상승을 유도해야 한다고 주장했다.

해외 차입 자금은 아마 자본 수출국에서 상품을 수입하는 데 사용됐을 것이다. 공식적으로는 대부분의 대부가 구속적이지 않았기 때문에 여기에는 비공식적 압박이나 시장의 힘이 작용해야 했을 것이다.[37] 특히 프랑스는 대출금을 프랑스산 상품을 구매하는 데 사용하도록 유도하는 경향이 있었기 때문에, 프랑스의 경우에는 그런 증거가 분명히 있어야 했을 것이다. 그러나 화이트의 연구에 따르면 프랑스의 해외 대부 가운데 아주 일부만 프랑스산 수출품을 구매하는 데 사용한 것으로 나타났다.[38] 예를 들어 러시아가 프랑스에서 차입한 자금 중 겨우 10%만 그렇게 사용되었다. 프랑스 생산자들은 그런 대부가 국내 산업에 거의 도움이 되지 않는다는 이유로 외국인 채권 발행을 자제하도록 관리들에게 수시로 압박을 넣었다. 화이트는 대부자가 공업국이고 차입자가 급속한 산업화 과정에 있을 경우에만 해외 대부에서 상품 수출로 이어지는 연결 고리가 존재한다고 추측했다. 아마도 그는 마음속으로 자본 설비를 수출하는 영국과 사치재 수출에 더 의존하던 프랑스를 대비시켰으며, 영국의 투자 대상국인 급속히 산업화하는 북미와 프랑스의 투자 대상국인 느리게 성장하는 러시아, 오스트리아-헝가리제국, 이탈리아, 스페인, 중국을 대비시켰을 것이다.

하지만, 화이트의 가설과는 달리, 영국 자금의 주요 유입국 중 한 나라인 캐나다는 자본재를 영국이 아닌 미국에서 수입한다는 사실을 제이콥 바이너Jacob Viner가 이미 보여주었다.[39] 캐나다에서 영국의 대출 증가에 상응하게 영국 자본재 구입이 증가하지 않았다. 대신 캐나다에서 미국 상품 수입이 증가하고 미국, 남미 및 동방 지역에 대한 영국의 상품 수출이 증가했다. 자본 수출이 간접적으로는 영국 수출품에 대한 수요를 창출할 수 있었다. 영국의 캐나다에 대한 투자가 캐나다의 미국 상품 수입 증가를 유발하고, 그것이 다시 미국의 소득과 미국의 수입품 수요를 증가시킨 것이다. 미국의 수입품 중 일부는 영국에서 들어왔지만 다른 일부는 제3국에서 들어왔는데, 그 결과로 이 나라들의 소득이 증가하여 영국 제품 수요도 늘었다.[40] 그러나 수출을 유발하는 이런 과정은 '우회적'이기 때문에, 타우식이 표현한 것처럼 "그것은 시간이 걸릴 것으로 예상된다."[41] 자본 수출이 채권국 수출품에 대한 수요로 곧바로 전환될 수 없는 한, 그 사이에 금의 이동이 있어야 했다.

1930년대에 이 문제에 대한 해답은 오늘날 소득 효과로 불리는 "수요 스케줄 변화" 메커니즘이었다. 이런 해결 시도는 구매력의 국가 간 이전이 상대 가격에 미치는 효과에 관한 연구에서 나왔다. 특히 존 메이너드 케인스John Maynard Keynes와 버틸 올린Bertil Ohlin 사이의 유명한 논쟁이 대표적이다. 케인스의 이후 작업에 비춰 보면 역설적인데, 올린이 공격한 핵심은 케인스가 소득 효과를 무시한다는 점이었다. 올린이 인정한 것처럼, 구매력의 이전이 자본 수출국 거주자의 지출을 줄이고 자본 수입국의 지출을 증가시킬 것이다. 자본 수출국의 지출이 감소하면 수입품 수요의 감소와 수출 가능한 국내 생산 초과분의 증가 덕분에 그 나라 무역수지가 강화될 것이다. 예를 들어 영국의 해외 대부 증가는 영국 제품의 국내 수요를 줄임과 동시에 영국 상품에 대한 해외 수요를 늘릴 것이다. 이론만으로는 초과 수요가 어떤 상품에서 나타날지 그리고 상대 가격이 어떤 방향으로 변동할지 예측할 수가 없었다.

올린, 제임스 에인절James Angell, 화이트가 영국의 자본 수출이 금 상실이나 교역 조건의 악화를 동반하지 않은 이유를 밝히기 위해 생각해 낸 설명 방식은 이와 같은 것이었다. 만약 수입품에 대한 영

황금 족쇄

국의 수요가 하락하고 영국 상품에 대한 해외 수요가 충분히 증가했다면, 자본 수출의 결과로 영국 상품의 상대 가격이 실제로 상승할 수 있었다. 이것은 전전 체제의 작동에 관한 핵심적 패러독스, 즉 대규모 해외 대부 기간에 영국의 교역 조건이 개선되는 경향을 보이는 역설적 현상을 설명할 것이다.[42]

불행히도 이런 결과에는 비합리적인 가정이 필요했다. 즉 한계 수입 성향이 비현실적으로 크다는 것을 가정해야 했다. 지출이 해외에서는 증가하고 국내에서는 감소할 때 수입품 수요와 수출품 공급이 그만큼 변하지 않았다. 그러므로 영국의 대출 증가가 영국 제품의 상대 가격을 인상시킬 가능성은 낮아 보였다. 영국의 해외 투자가 증가한 기간 동안, 국내 투자는 거의 같은 크기만큼 감소하는 경향이 있었으며 전반적인 소비 및 저축 수준은 거의 변하지 않았다. 따라서 국내 총지출의 감소는 대부분 자본재 지출 감소였다. 그리고 영국 산업계가 사용한 대부분의 자본재는 국내에서 생산되었다. 케인스의 정통적 전제에 대한 올린의 반례(反例)는 이론으로는 정합적이긴 하지만 고전적 금본위제의 작동 방식에 대한 퍼즐을 풀지는 못했다.

전반적으로 전간기의 관찰자들은 조정의 부담을 국제수지의 개별 항목들에 지우려고 계속 노력하면서 잘못된 길로 가고 있었다. 사실 조정이 대외 계정의 어느 한 항목에 의해 이뤄지는 것은 아니었다. 예를 들어 장기 자본의 유출 때문에 자본 계정이 약화되면, 그 약화는 단기 자본의 유입으로 상쇄되었다. 왜냐하면 외국인들은 차입한 자본을 런던의 계좌에 예치하고 잉글랜드은행은 이자율을 인상했기 때문이다. 동시에 런던의 이자율 상승은 원자재와 농산품의 재고 유지 비용을 인상시키는데, 그러면 생산자들은 이 상품의 재고를 시장에 내놓게 된다. 이런 것은 영국이 수입한 상품이기 때문에 영국의 교역 조건이 개선되고 경상수지도 강화된다.[43] 시간이 지나면서 외국 차입자들은 자본 장비를 구입하여 영국의 공산품 수출을 직간접적으로 촉진했다. 다시 말해서 관찰자들이 해결해야 하는 것은 더 이상 150년 전에 흄이 시도한 것, 즉 국제수지 중 경상수지가 교란에 대응해 어떻게 조정되었는가를 설명하는 것이 아니었다. 오히려 경상수지와 자본수지가 결합해서 국제수지의 충격을 어떻게 흡수했는가를 이해하는 것, 그리고 특히 19세기 말 금본위제의 새롭고도 뚜렷한 특징인 자본 이동을 분석하는 것이 정작 그들이 도전해야 할 일이었다. 그런 자본 이동은 신뢰와 협력에 달려 있었는데, 이 둘은 1890년대 무렵에 국제체제의 초석으로 자리 잡게 되었다.

중심부의 금본위제

런던의 시티City of London●는 금본위제의 작동 원리를 설명하기 위한 논리적 출발점이다. 런던은 다른 나라를 위한 청산소 역할을 했다. 영국의 초기 상업 발전과 세계 최대의 교역 국가로의 부상 덕분에 다른 나라 수출업자들은 런던에서 무역 신용trade credit을 얻는 데 익숙해졌다. 조숙한 영국의 은행시스템이 지역 간 분절을 신속히 극복할 수 없게 되자, 지방 은행을 연결하는 어음 할인업 네트워크가 발전하고 외국환 어음 거래에 이상적인 제도들이 마련되었다.[44] 그 시장의 발전을 위해서는 잉글랜드은행이 어음 할인업소를 위해 어음을 재할인하고, 요구가 있을 시 금을 공급할 준비가 되어 있느냐가

● 런던의 시티 혹은 시티 오브 런던은 런던 중에서도 금융 기관들이 모여 있는 금융 중심지를 가리킨다. 영어로는 행정 구역으로서의 런던 시city of London과 구분하기 위해 대문자를 써서 City라고 한다. 이 책에서는 간단히 '시티'로 옮겼다.

매우 중요했다. 다른 나라의 수출입 업자들은 스털링 잔고를 유지하고 있으면서 상업 채무의 청산이 필요할 때 그 잔고를 금이나 외환으로 전환했다. 영국의 어음 할인업소는 외국 상품의 구입 대가로 미래에 스털링으로 지불할 것을 약정한 어음을 직접 혹은 외국 은행의 런던 지점을 통해서 할인 매입하는 방식으로 무역 금융을 제공했다. 한 추정에 따르면 전 세계 무역의 60%가 스털링 어음의 지불을 통해 결제되었다고 한다.[45] 따라서 런던에는 이용 가능한 유동 자산이 외국의 어느 금융 중심지보다도 훨씬 많이 있었다. 이런 자산은 이자율이나 신용도에 영향을 미치는 요인들에 따라 신속하게 움직일 수 있었다.

수출업자에게 통한 것은 정부에게도 통했다. 잉글랜드은행의 금을 쉽게 이용할 수 있다는 데는 의심의 여지가 없었기 때문에 외국 정부도 준비 자산의 일부를 필요에 따라 금으로 전환할 수 있는 이자부 자산으로 보유했다. 런던이 유일한 준비 자산 중심지는 아니었지만(파리와 베를린이 런던의 중요한 경쟁자였다), 스털링 준비 자산이 적절했으며 아마 다른 통화 표시 준비 자산을 다 합한 것보다도 많았을 것이다.[46] 스털링 의존도가 가장 높은 지역은 대영제국 국가들이었다. 그러나 현실적 편리함이 있고, 더욱이 위기 시 영국이 런던 예금을 담보로 잡을 수도 있었기 때문에 각국 정부가 조약상 의무의 준수 의지를 영국에 보여주는 한 방편이기도 해서, 다른 나라들도 런던에 자금을 예치했다. 여러 정부들 중에서 러시아, 일본, 인도와 같은 소수 국가는 해외 자산의 대부분을 런던에 예치하고 있었다. 외환 준비금은 상업용 잔고만큼 수익률의 일일 변동에 민감하게 반응하지는 않았지만, 스털링 태환성에 대한 신인도에는 극히 민감하게 반응했다. 공공 예금과 민간 예금이 시스템의 작동에 미치는 효과는 동일했다. 즉 시장 상황에 대응해 움직일 수 있는 유동 자산의 규모를 증가시킨 것이다.

외환 준비금을 런던에 둔다는 것은 한 가지 의미가 더 있었다. 영국이 수지에서 적자를 기록했을 때, 스털링 채권을 쌓아 놓고 있던 외국 중앙은행들이 채권을 잉글랜드은행에 가져가서 금 태환을 요구하지 않고 런던에 예치할 수가 있었다. 스털링 준비 자산에 대한 외국의 수요에는 한계가 있었다. 왜냐하면 영국은 준비 통화를 두고 서로 경쟁하는 여러 국가 중 한 나라에 불과했기 때문이다. 런던에 대외 부채가 과도하게 축적되면 잉글랜드은행의 태환성 유지 능력이 의심을 받을 수 있었다. 이런 위험에도 불구하고 19세기 시스템의 중요한 특징은 국제수지 제약이 주도 국가에게 항상 구속력을 발휘한 것은 아니었다는 점이다.

영국 역시 해외에 3억 5000만 파운드 규모의 단기 자본을 두고 있었다. 국내 이자율과 해외 이자율의 격차가 벌어지면 이런 자산이 본국으로 다시 돌아올 수도 있었다. 영국의 단기 부채, 즉 외국인의 런던 예금이 영국의 해외 단기 자산을 초과했다는 것이 일반적인 판단이다. 영국은 세계를 대상으로 단기로 차입하여 장기로 대부하는 은행으로 묘사된다. 일부 학자들은 이런 비유가 잘못됐다고 주장했다. 사실, 영국은 1차 대전 이전까지 단기 순채권자였다는 것이다.[47] 런던 금융시장의 상황에 반응하는 단기 유동 자본의 규모는 이미 엄청나게 컸는데, 영국의 해외 자산은 어쨌든 이 규모를 더욱 키우는 효과가 있었다.

그리고 런던은 국제 금시장에서도 주도적인 역할을 했다. 남아프리카공화국, 호주 등의 나라에서 생산된 금이 최고가 입찰자에게 팔리기 위해 런던으로 운송되었다. 이런 금은 다른 나라로 재수출되

황금 족쇄

거나 영국에서 보관되었다. 재수출 비용 중 하나는 운송 기간 동안의 자금 차입 비용(혹은 거래자가 이미 소유하고 있는 자금을 이자부 자산에 투자하지 않아서 발생하는 암묵적 비용)이었다. 잉글랜드은행은 이자율 상승 압력을 가해서 이 비용을 올림으로써 새로 채굴된 금이 런던에 머물도록 할 수 있었다.

따라서 잉글랜드은행이 국내 이자율을 변경할 수 있었다면 금과 자본의 이동에도 영향을 미칠 수 있었다. 20세기가 될 때까지 시장 이자율에 대한 잉글랜드은행의 통제력은 미약했다. 따라서 잉글랜드은행이 준비금에 대한 압력에 대처하는 능력은 잉글랜드은행에 의한 관리만큼이나 은행시스템의 자동 반응—타우식, 화이트, 훼일이 강조한 메커니즘—의 결과였다. 은행 신용이 다른 대부분의 나라에 비해 더 중요했는데, 그 결과로 영국의 통화 승수는 경기 변동에 따라 상대적으로 변화를 보였다. 19세기 말 무렵에는 시장 이자율에 대한 잉글랜드은행의 영향력이 광범위하게 인식되었고 점점 제도화되었다. 처음에는 런던 소재 은행들이, 나중에는 영국 전역의 은행들이 자신의 대출 금리와 당좌 대월 금리를 은행이율(잉글랜드은행 이자율)에 연동시켰다.[48] 런던 은행들은 자신의 예금 금리를 은행이율보다 1.5% 포인트 낮은 수준에다 고정시켰다. 신규 대출 이자율은 더 높은 수준에서 은행이율과 연동되었다. 픽스처^{fixtures}(할인시장에 대한 장기 대출) 이자율 역시 예금 금리보다 0.5% 포인트 높은 수준에서 연동되었다.[49]

이자율의 전반적 범위는 국제적 조건을 반영했지만, 금의 이동은 시장 할인율에 가장 민감하게 반응했다.[50] 은행이율은 직접적으로는 시장 할인율에 대한 영향을 통해서, 그리고 간접적으로는 신용의 가용성을 통해서 금의 이동에 영향을 미쳤다. 은행이율의 변화는 잉글랜드은행에서 재할인하는 비용을 변화시키고, 그 채널을 통해서 단기 조정 비용에 영향을 미치며, 이것은 다시 은행의 영업 활동에 영향을 미칠 수 있었다. 이 주제에 관한 영국의 대표적 전문가인 랠프 호트리에 따르면 원자재와 완성재의 재고 보유 성향은 은행이율의 변화 및 그것과 연관된 단기 조정 비용에 따라 민감하게 변동했다.[51] 단기 금융은 재고 유지 비용 중 중요한 부분이었기 때문에 이자 부담이 상승하면 거래업자들은 고갈된 재고의 보충을 미뤘다. 따라서 원자재의 수입이 감소했다. 1907년 『이코노미스트*The Economist*』가 실시한 조사에 따르면, 인도삼, 곡물, 설탕, 면화 등의 거래업자들은 이런 방식의 대응을 인정했다.[52] 건물류, 의약품 및 기타 완성 제품을 거래하는 도매업자들도 비슷한 영향을 받는 것으로 알려졌다. 그들이 재고를 청산하고 재고 대체 수요를 줄임에 따라 경제 활동, 물가, 수입은 하방 압력을 받았고, 그 결과로 국제수지는 강화되었다.

이처럼 영국은 국제수지의 교란에 대응하기 위해 금융시스템을 이용했다. 교란의 영향을 받는 대외 계정의 구성 항목, 즉 무역수지, 장기자본수지, 단기자본수지에 따라서 교란 형태는 세 가지로 구분될 수 있다. 무역수지는 국내외 경기 변동과 연관된 수출입의 수량 및 금액 변화에 따라 변동했다. 영국의 경기 상승은 수출입의 증가를 동반했다. 일반적으로 수출이 더 큰 폭으로 움직였다. 경기 확장기에 영국의 무역 적자는 줄어들었으며, 수축기에는 늘어났다.[53] 우선 질문은 영국의 국제수지가 무역수지에 대한 이런 교란을 어떻게 조정했느냐 하는 것이다. 영국의 장기 차입은 무시할 만한 수준이었기 때문에 장기자본수지는 영국의 해외 대부 규모의 변화에 따라 움직였다. 해외 대부 또한 주기적으로 변동했다. 그러나 경기 사이클보다는 주기가 더 길었다.[54] (그림 2.1 참조.) 다음 질문은 영국의 국제수지가

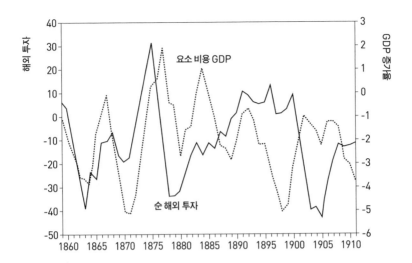

그림 2.1 영국 GDP와 해외 투자 증가율: 추세로부터의 편차

주: 연간 증가율. 두 변수 모두 5년 이동 평균값으로부터의 편차를 나타낸 것이다. 영국의 해외 투자는 특히 1900년 이전에 경기 순응적으로 변동하여, 경기 확장기에는 증가하고 경기 수축기에는 감소했다.

출처: Edelstein(1982), 부록 1.

이런 장기 자본 계정의 변동을 어떻게 조정했느냐 하는 것이다. 단기 자본은 금융시장에 대한 교란으로 인해 변동하는 경향이 있었다. 이런 교란에는 두 가지 종류가 있었다. 하나는 외국 시장의 계절적 자금 핍박인데, 이것은 전형적으로 파종기 및 수확기와 관련되어 있었으며 이때는 유동성이 영국에서 빠져나갔다. 다른 하나는 금융 패닉인데, 이런 패닉은 경기 변동의 정점 직후에 주로 발생했다. 계절 요인과 경기 요인이 서로 겹치게 되면 은행 파산과 공황 상태의 단기 자본 이동으로 표현되는 완벽한 형태의 위기가 초래된다. 세 번째 질문은 영국의 국제수지가 이런 단기 자본의 이동을 어떻게 조정했느냐 하는 것이다.

1913년 이전의 40년 동안 영국 수출의 동요는 일차적으로는 수출 공급의 교란이 아니라 수출 수요의 교란 때문에 일어났다. 수출량의 변화는 통상적으로 국내 생산과 수입 수요의 변화보다 먼저 나타났다. 수출이 경기 변동의 원인이었던 것처럼 보였다.[55] 이것은 영국의 교역 조건 변화와도 일치하는데, 수출이 증가할 때 교역 조건이 개선되고 감소하면 교역 조건이 악화되는 경향이 있었다.[56]

　　영국의 국제수지는 수출 변동을 주로 그에 상응하는 수입 변화를 통해 흡수했다. 영국의 수출량 증가를 불러온 해외의 경기 상승은 두 가지 채널을 통해서 수입의 변동을 동시에 유발했다. 첫째는 교역 조건 개선으로 실질 소득이 증가하는 것이고 둘째는 수요 증가가 국내 생산을 자극하여 중간재 수입 수요를 증가시키고 또 실질 소득을 높여 소비재 수입을 확대시키는 것이다. 따라서 무역 흐름이 불균형의 원인이었지만, 다시 1차 방어선이기도 했다.

　　그러나 유발된 수입 변화는 독립적 수출 변동의 일부에 불과했다. 수출이 감소할 때 금 손실을 억제하기 위해서는 2차 방어선이 필요했다. 외국인 예금 및 외국인 증권 보유의 변동이 이 역할을 했다. 영국의 교역 대상 국가들은 런던에 스털링 잔고를 보유하고 있었다. 예를 들어 인도는 영국에 대한 무역수지가 흑자가 되면, 쌓인 스털링을 잉글랜드은행에서 금으로 바꾸지 않고 일반적으로 런던의 증권 잔고에 투자했다.[57] 그렇게 해서 영국의 무역 적자가 적자를 상쇄하는 단기 자본 유입을 유발하는 것이다. 무역 적자가 대영제국 내부에 집중되었을 때 특히 그러했다. 외국인 예금의 변동은 무역 적자를 부분적으로만 상쇄했다. 왜냐하면 영국의 교역 대상국들은 자신의 준비 자산 가운데 일부만 런던에 보유하고 또 어떤 경우에는 전혀 보유하지 않았기 때문이다. 더욱이 해외 경기 하락으로 인해 교역량이 감소하면 외국인들은 런던의 상업적 잔고를 줄일 수도 있었는데, 이 것은 자본 계정을 약화시키는 경향이 있었다. 그럼에도 준비 통화로 서의 스털링의 지위는 수출시장 충격으로부터 국제수지를 방어하는 2차 방어선 역할을 하였다.

3차 방어선은 타우식과 화이트, 휘일이 강조한 메커니즘을 통해 서 은행시스템이 제공했다. 수출 증가가 국내 경기를 촉진하고 통화 및 신용에 대한 수요가 증가하면 그 증가분의 일부는 금 수입에 의 존하지 않고도 은행시스템에 의해 공급되었다. 이런 메커니즘은 경 기 변동의 모든 국면에서 동일한 효과를 보이면서 작동한 것은 아니 었다. 경기 정점 근처에서는 은행시스템은 이미 많은 대출이 이뤄진 상태가 되는데, 초과 준비금을 더 이상 보유하지 않는 은행시스템은 통화 수요의 증가를 흡수할 수가 없었다. 반대로 경기 변동의 저점 근처에서는 은행 신용의 공급이 더욱 탄력적이었다.[58] 더욱이 은행 통화의 탄력성이 낮은 국가에서는 조정을 위해 상당한 양의 금의 이 동이 필요할 수도 있었다. 예를 들어 미국에서는 통화 공급의 탄력성 이 악명을 떨칠 정도로 낮았는데, 금의 대규모 유출입이 경기 변동뿐 만 아니라 계절에 따라서도 규칙적으로 나타났다.[59]

4차 방어선이자 최종 방어선은 잉글랜드은행이 제공했다. 잉글 랜드은행의 역할에 관한 이런 설명을 통해서, 단순한 가격-정화 플 로우 모델의 설명처럼 영국의 국제수지가 결코 자동으로 조정되는 것도 아니며, 그렇다고 중앙은행의 관리에만 전적으로 의존하는 것 도 아니라는 사실을 상기할 수 있다. 그러나 필요할 때면 시장 이자 율에 상승 압력을 가해서 해외 단기 자본을 끌어오기 위해 잉글랜드 은행의 할인율과 대출 이자율(일반적으로는 같지만 완전히 동일한 것은 아 니다)의 인상, 할인 적격 어음의 제한, 어음 중개업자로부터의 차입,

그리고 최종적으로 공개 시장 판매를 이용할 수 있었다.

　독립적 수출 변동의 효과를 고려하면 해외 대부의 증감 분석은 어렵지 않다. 국제수지를 안정화하는 요인들은 동일했으며, 각각의 상대적 중요성이 달랐을 뿐이다. 해외 차입자를 위한 증권이 런던에서 발행되면 그 대금은 우선 차입자의 계정에 예치되었다. 그 예금이 재화와 서비스의 구매 대금 지불을 위해 인출되면 해외 대부는 국제수지에 아무런 직접적 영향을 미치지 않았다. 다시 말해서 단기적으로는 영국의 1차 방어선을 형성하는 외국인 예금이 필요한 유일한 방어선이다. 차입자가 상품을 일단 구매하기 시작하면 영국의 수출이 같이 증가할 것이다. 그러나 이런 메커니즘의 중요성을 과장해서는 안 될 것이다. 한편, 신규 자본을 국내 차입자 대신 해외 차입자가 발행하면서 국내 투자가 감소하게 되면 영국 수입이 동조 감소하게 되고 국내 생산 중 수출 가능한 부분의 증가가 나타날 것이다. 따라서 영국의 무역수지가 개선되어 2차 방어선 역할을 했다. 국내 지출의 감소가 신용 수요를 줄이는 만큼, 영국 은행시스템의 신용 공급 감소는 강화 효과를 낳았다. 마지막으로 잉글랜드은행이 금의 잔여적 유출을 억제하기 위해 개입할 수 있었다.

　이 중 어떤 것도 대규모 해외 대부 시기에 발생한 영국 수출품의 상대 가격 상승을 설명하지는 않는다. 잉글랜드은행의 긴축 조치가 1차 산품 가격에 미치는 영향이 이것을 부분적으로 설명할 수 있다.[60] 이자율이 올라가면 원자재 재고를 쌓아 둔 거래업자의 운송비가 상승한다. 은행이율의 인상은 그들이 재고를 청산하도록 유도했다. 그들이 그 재고를 시장에 내놓든 아니면 단순히 재고의 보충을 미루든, 1차 산품의 가격은 하락 압박을 받을 것이다. 영국은 이 상품들을 수입하고 있었으므로 은행이율이 1차산품시장에 영향을 미침으로써 수입 물가의 하락을 가져왔다.

더욱 중요한 것은 영국의 대출 증가가 종종 해외 경기 상승에서 비롯되었으며, 해외 경기 상승은 영국 수출품 수요를 자극하는 경향이 있었다는 것이다. 북미 철도의 서부 지역 확장, 천연자원의 발견, 새로운 개척지의 농업 및 공업 생산 급증은 외국과 대영제국에서 경제 활동과 구매력 상승을 가져왔다. 해외의 성장이 가속화됨에 따라 돈 있는 영국 사람들이 해외 투자 기회에 끌리게 됐고, 런던자본시장에서 해외 자본 발행이 증가했다. 이런 일이 일어나기 전에도 해외 소득 증가는 영국의 수출에 활기를 불어넣기 시작했다. 독립적인 외국 소득 증가와 영국의 대부로 해외 수요가 증가하면서 영국의 수출도 증가하게 되었다.

해외 자본 발행에 의한 국내 투자의 대체는 그 자체로만 보면 영국 제조품에 대한 수요를 줄일 것이다. 영국 기업은 해외 기업에 비해 자국산 자본 장비 의존도가 높았기 때문이다. 그러나 이러한 대체는 영국 제품에 대한 해외 수요의 추가적 상승을 동반했다. 이것은 해외의 소득 증가 덕분이었는데, 이 소득 증가가 영국의 해외 대부도 유발한 것이다. 반면 해외의 생산 능력 향상은 영국이 수입하는 제품의 공급을 증가시켰으며, 그 결과로 그 상품들의 가격은 하락 압력을 받게 되었다. 따라서 해외 대부가 외국의 성장에서 촉발되고 그래서 영국 수입품의 공급과 영국 수출품의 수요를 증가시키는 경향이 있는 한, 영국의 교역 조건은 개선되었다.

금융 위기가 발생한 경우에는 다른 대응이 필요했다. 무역수지나 외국인 잔고가 안정화의 방향으로 반응할 이유가 없었다. 1차 방어선이 무너지고 부담은 곧바로 잉글랜드은행의 몫이 되었다. 잉글랜드은행은 방어막이 제거되자, 가려져 있던 허약한 뼈대가 드러났다. 잉글랜드은행의 금 준비금은 4천만 파운드도 채 넘지 않았는데, 이것은 러시아와 프랑스가 각각 통상 1억 파운드와 1억 2천만 파운드를 보유하고 있던 것과 대조적이었다. 잉글랜드은행의 준비금은 영국 통화량의 3% 수준에 불과했다.[61] 잉글랜드은행은 위기 시에 겨우 "얇은 금박"을 가지고 스털링 평가를 방어해야 했다.[62] 이런 노력이 성공할 수 있었던 것은 직접적으로는 국제 협력 덕분이었다.

1890년 베어링 위기, 1906년 스털링 위기, 1907년 미국 금융 패닉으로 금박이 얼마나 얇은지가 드러났다. 아르헨티나 혁명 소식이 런던에 전해진 후, 런던 채권시장이 폭락하면서 아르헨티나 중앙 정부 채권과 지방 정부 채권을 구매하기 위해 차입을 한 베어링하우스House of Baring의 상환 능력이 위태로워졌다. 다른 영국 금융 기관의 신인도도 흔들렸는데, 베어링브라더스Baring Brothers에게 돈을 빌려준 마틴스앤글린Martins and Glyn, 밀스Mills, 커리Currie&Co.와 같은 기관이 특히 그랬다. 거주자들이 예금에서 이탈하면서 금이 잉글랜드은행에서 빠져나가 국내 유통으로 들어갔다.[63] 1890년 11월, 위기가 절정에 달했을 때 잉글랜드은행의 준비금은 1100만 파운드 아래로 떨어졌다. 베어링브라더스 한 곳의 영업 폐쇄를 피하기 위해서만 400만 파운드의 투입이 필요했다.

잉글랜드은행의 남은 준비금 중 상당 부분을 국내에 사용할 수밖에 없게 되자, 스털링 태환에 대한 신뢰가 떨어질 조짐을 보였다. "당시 잉글랜드은행의 준비금은 최소 수준이라고 할 수밖에 없었다"고 『이코노미스트』는 적었다. "그것은 통상적인 국내 수요를 겨우 맞출 정도였으며, 예외적인 수요에 대응하기에는 너무 작았다."[64] 잉글랜드은행은 국내 최종 대부자 기능에 새삼 감사하며 대내적 책임과 대외적 책임 사이에서 갈등을 겪었다. 1차 대전 이후에는 그런 딜레

황금 족쇄

마에 고통스러울 정도로 익숙해지게 된다.

잉글랜드은행은 1889년 900만 파운드까지 떨어진 금 준비금을 다시 확보하기 위해 1890년 여름 동안 할인율을 인상했다. 11월에 시티의 금융 상황이 어렵다는 소문이 퍼지자 금은 빠른 속도로 유출되었다. 그달 첫째 주에 러시아중앙은행Bank of Russia의 금 인출과 스페인중앙은행Bank of Spain의 인출 예상에 대응하기 위해 은행이율은 다시 인상되었다. 이것으로는 유출을 막을 수가 없었다. 할인율의 추가 인상이 금을 유인할지 아니면 단순히 잉글랜드은행의 어려움만 드러내고 말지 알 수가 없었다. 조용한 스코틀랜드 사람이자 잉글랜드은행 총재인 윌리엄 리더데일William Lidderdale은, 높은 할인율은 상당한 시차는 있겠지만 금 흐름의 방향에 상당한 영향을 미칠 것으로 확신했다.[65]

외국 중앙은행의 금 인출은 스털링의 태환성이 의심받고 있음을 의미했다. 영국은 금본위제와 국내 금융시스템의 안정, 둘 중 하나를 선택해야 하는 것처럼 보였다. 총리인 샐리스버리 경Lord Salisbury은 11월 중순경에는 은행 조례Bank Charter Act의 중지를 명령할 준비가 되어 있었다고 한다.[66]

다행히 이 딜레마는 국제 협력을 통해서 해소되었다. 잉글랜드은행은 로스차일드Rothschild의 중개로 프랑스중앙은행에서 200만 파운드어치의 금을 빌려왔다. 역설적이게도 지난번에는 베어링이 중계를 했다. 그리고 잉글랜드은행이 직접 나서서 러시아에서 150만 파운드어치의 독일 금화도 들여왔다.[67] 두 경우 모두 영국 국고 채권British Exchequer bond을 담보로 해서 차입했다. 두 차입은 곧 승인을 얻었다. 며칠 내로 프랑스중앙은행은 100만 파운드어치의 금을 이용할 수 있게 했다. 이런 소식은 차입 자체만큼이나 신뢰 회복에 도움이 되었다. 사실 프랑스의 두 번째 금은 영국해협을 건너올 필요조차 없었다. 재무부 장관 조지 고센^{George Goschen}은 "잉글랜드은행에 대한 이러한 지원이 아주 결정적인 순간에 패닉을 막았다"고 단언했다.[68] 잉글랜드은행이 베어링브라더스를 뒷받침할 수 있는 자원을 갖고 있다는 확신을 갖게 되자, 국내 은행 컨소시엄은 베어링의 재구조화에 필요한 자금의 대부분을 공급하는 데 동의했다.[69]

베어링 위기처럼 1907년 패닉도 1년 이상 지속된 금융 혼란의 종착점이었다. 1906년 미국의 정신 없는 경기 팽창은 런던에서의 미국의 막대한 차입과 잉글랜드은행의 금화 및 지금(地金) 유출로 이어졌다. 뒤에서 설명하겠지만 수확 출하기를 앞두고 여름과 가을에 미국의 차입이 증가하는 것은 특이한 일이 아니었다. 1906년에 과잉 투기의 증거라고 할 만한 특징적인 점은 이런 차입이 수확기가 지난 다음에도 상환되지 않았다는 사실이다.[70] 잉글랜드은행은 여러 차례에 걸친 은행이율 인상으로 대응했다. 그러나 유럽 대륙의 이자율이 이미 높은 상태였기 때문에 그런 조치는 금을 별로 유인하지 못했다.

1890년과 마찬가지로 스털링에 대한 위협은 국제 협력을 통해 진정되었다. 여러 자료에 따르면, 프랑스중앙은행은 잉글랜드은행에 여러 차례 대출을 해 주겠다고 제안했지만, 잉글랜드은행이 거절했다.[71] 가장 마지막 제안은 7500만 프랑(약 300만 파운드)어치의 대출이었다. 잉글랜드은행은 스털링 지지를 위해 프랑스중앙은행의 대출보다 스털링 어음 매입을 더 선호했다.[72] 잉글랜드은행은 은행이율을 더 높이면 그 흐름을 중지시킬 수 있을 것이라고 계속 믿었을 수도 있다. 아마도 공개적인 대출이라는 "치욕"를 피하고 싶었을 것이다.[73]

프랑스가 지원에 나선 이유는 해협 반대편의 위기 조짐을 예방하는 것이 프랑스 무역을 위해서도 좋다고 생각했기 때문이었다.[74]

황금 족쇄

프랑스중앙은행 회계 장부에 적힌 외국 어음 할인액은 1906년 12월 초에는 0프랑이었으나 1907년 3월에는 6500만 프랑 이상(프랑스가 제안했던 대출액과 거의 같은 규모)으로 증가했다. 시장에서 프랑 공급이 증가하자 프랑스중앙은행에서 상응하는 금의 유출이 나타났다. 프랑스는 이 금이 잉글랜드은행으로 들어가도록 유도하기 위해 할인율 인상을 자제했다. 프랑스의 정책은 공개 대출과 본질적으로는 같은 효과를 가졌지만, 투자자들에게 잉글랜드은행이 곤경에 처했다는 인상은 덜 주게 되었다. 1907년 1월 프랑스중앙은행 연례 주주 총회에서 총재가 설명한 바와 같이, 파리는 이런 방식으로 "런던이 어려운 위기를 넘길 수 있도록" 도와주었다.[75]

1907년 2분기 동안 영국이 프랑스에 변제할 수 있게 되어, 프랑스중앙은행이 매입한 어음은 모두 만기에 소멸되었다. 이런 일시적 안정은 미국 금융 위기의 발발로 가을에 끝이 났다. 패닉의 원인은 여러 가지였다. 미국 금융시장의 과열, 관세 변경으로 인한 연방 세수의 감소 위험, 연방 지출의 급속한 증가 등이 한몫했다. 1906년 위기에 대한 잉글랜드은행의 대응이 미국 위기의 간접적인 원인이 되었을 가능성도 있다. 앞에서 설명한 위기 대응 조치들과 함께 잉글랜드은행은 미국 어음을 보유하고 있던 영국 투자자들에게 그런 어음이 런던시장의 안정을 위협한다는 것을 분명히 했다. 투자자들은 미국 어음을 청산해야 한다고 생각했다. 이 어음의 90% 이상은 1907년 초 몇 달 사이에 소멸되었다.[76] 미국의 신용 여건이 빡빡해지면서 금융 거품이 터졌다.

미국 경기가 하락 반전하자, 부실 채권이 증가하기 시작했으며 은행이 줄줄이 파산하는 사태가 발생했다. 이것은 예금의 현금 전환, 미국의 금 수요 급증, 잉글랜드은행에서의 금 유출을 촉발했다. 잉글랜드은행은 할인율을 올리고 만기가 임박한 어음에 한해 할인을 해주었다. 이런 조치로는 충분하지 않게 되자 은행이율을 1873년 이래 최고 수준인 7%로 올렸다. 이런 정책과 잉글랜드은행의 위기 극복의 성공이 겹쳤기 때문에 컨리프 경과 그의 위원회는 경제 관리의 수단으로서 은행이율에 큰 비중을 둔 것이다.

사실, 위기 억제의 열쇠는 잉글랜드은행의 할인율정책이 아니라 1890년과 1906년에 본 것처럼 중앙은행 간 협력이었다. 국가 간 협력이 없었다면 잉글랜드은행은 은행이율을 더 올려야 했을 것이다. 그 수준이 최소 10%에 이르렀을 수도 있고, 어쩌면 그보다 더 높은 수준으로도 충분하지 않았을 것이라고 판단한 사람도 있었다.[77] 프랑스중앙은행과 제국중앙은행은 자신들의 준비금이 줄어들고 금이 잉글랜드은행으로 흘러 들어가 미국으로의 금 이전을 충당할 수 있도록 도왔다. 11월 6일자 『이코노미스트』는, "런던과 베를린으로부터 대량의 금 방출이 있을 것"이라는 소식에 런던시장이 안정을 되찾았다고 보도했다.[78] 프랑스중앙은행은 그런 흐름을 촉진하기 위해 스털링 어음을 다시 매입했다. 은행의 주간 통계에 따르면, 할인된 외국 어음의 규모는 11월 2일 0프랑에서 11월 15일 8000만 프랑으로 증가했다.[79] 1907년 11월과 12월에 미국으로 이송된 금 중에서 40%는 새로 채굴된 것이었다. 나머지 중에서 약 1000만 파운드는 프랑스, 독일, 벨기에, 러시아에서 온 것이다(이 중 대부분은 런던을 거쳐서 운송된 것이다). 잉글랜드은행에서 유출된 것은 40만 파운드에도 미치지 않았다.[80]

다른 나라의 금 지출 의향이야말로 스털링 평가의 방어를 위해 필수 불가결한 것이었다. 이런 지원이 잉글랜드은행의 요청에 의해서 이뤄졌는지 아니면 유럽 대륙의 중앙은행들이 자발적으로 한 것인지는 논란의 여지가 있다. 어느 경우든 유럽 대륙 중앙은행들의 행동, 특히 프랑스중앙은행의 행동은 곤경에 빠진 시장에 대한 잠재적인 금 공급자 역할을 하면서 영국과 협력하고 있음을 보여주었다. 잉글랜드은행이 단독으로 최종 대부자 기능을 한 것이 아니라 여러 은행이 집단적으로 이 기능을 담당하였다.

1906년과 1907년 곤경에 대응하면서 개발한 기법은 그 이후에 일상적으로 사용되었다. 1909년과 1910년에 다시 프랑스중앙은행은 잉글랜드은행에 대한 계절적 압박을 완화하기 위해 스털링 어음을 할인했다. 1906~1907년의 어려움은 1890년이 예외적인 상황이 아니었음을 여실히 증명했다. 즉 금본위제의 안정은 협력과 집단적 관리에 달려 있었다. 1907~1908년에 이탈리아의 금융 전문가 루이지 루차티Luigi Luzzatti는 이런 관행을 규칙화하고 제도화할 것을 제안했다.[81]

프랑스중앙은행은 예외적으로 많은 준비금 덕분에 국제통화체제의 작동을 위해 필요할 때 금을 제공할 수 있는 위치에 있었다. 프랑스보다 더 많은 통화용 금을 보유하고 있던 나라는 미국뿐이었다. 26개국 중 프랑스의 금 준비금 비중은 1889년 말에 17%에 이르렀다.[82] 1903년 무렵에는 세계 금의 3분의 1 이상이 프랑스중앙은행의 금고 속에 있거나 프랑스 국내에서 유통되고 있었다. 프랑스 경제의 특징에 비춰 볼 때 프랑스의 금 보유량은 비정상적인 수준이었다. 프랑스의 국제수지는 영국과 동일한 충격에 노출되어 있었지만 교란의 정도는 일반적으로 더 작았다. 대외 무역이 국민 경제에서 차지하는 비중도 프랑스가 영국에 비해 더 작았다. 파리 시장의 해외 대부도 괄목할 만했지만 영국의 대부 규모에는 미치지 못했다. 따라서 프랑스는 경상수지와 자본수지 모두에서 대외 교란에 덜 노출되어 있었다.

교란이 덜 인상적이었다면 교란에 대한 방어 역시 마찬가지였다. 파리는 1차 산품의 주요 국제 무역 중심지가 아니었기 때문에 대량의 외국인 상업 예금을 유치할 수도 없었다. 러시아에 대한 대출이 프랑스의 수출을 촉진하는 효과 또한 작았다. 프랑스는 '파행적' 금본위제를 유지하고 있었는데, 프랑스중앙은행은 은행권을 금이 아니라 5프랑 은화로 태환할 수 있는 권한을 갖고 있었기 때문이다. 따라서 외국인들은 파리가 공식 준비금의 예치 장소로 이상적이라고 생각하지 않았다. 러시아 정부와 이탈리아 정부, 그리고 그리스, 독일, 일본의 중앙은행은 파리의 은행에 예금을 했지만, 그 규모가 워낙 작았기 때문에 프랑스중앙은행이 국제수지 압박을 피할 수 있게 하지는 못했다. 프랑스 은행시스템에 의한 통화 공급의 탄력성 역시 영국만큼 크지 않았으며, 심지어 통화의 비탄력성이 큰 불만 중 하나인 미국보다도 낮았다. 프랑스인들은 은행에 대한 불신이 커서 수표나 예금보다 현금이나 동전을 선호하는 것으로 악명이 높았다. 은행 예금에 대한 현금 및 동전의 비율이 영국보다 더 높았기 때문에 통화 수요의 변화가 금 유입이나 예금 창출을 통해 상당 부분 충족되어야 했다.[83]

마지막으로 프랑스중앙은행이 화폐시장money market● 개입을 통해서 금 유출입에 영향을 미칠 수 있는 능력은 제한적이었다. 중앙은행 할인율 인상이 파리 시장 이자율을 올리고 이웃 나라의 금을 끌어올 수도 있었지만, 시장의 규모가 프랑스 경제에 비해 작았으며,

---

● 화폐시장은 기업이나 은행이 자금의 일시적 과부족을 해결하기 위해 단기 자금을 융통하는 단기금융시장을 말한다. 어음할인시장이나 콜시장이 대표적인 화폐시장이다.

따라서 정책 변화를 통해 유인할 수 있는 금의 양도 작았다. 조절이 필요한 프랑스 기업들은 일반적으로 화폐시장을 통해서가 아니라 은행을 통해서 해결했다. 프랑스 은행들은 약간의 단기 자금을 이웃 나라, 특히 독일에 투자했지만, 프랑스 화폐시장은 해외시장과 긴밀하게 연결되어 있지 않았다. 따라서 프랑스중앙은행은 잉글랜드은행이나 제국중앙은행만큼 빈번하게 할인율을 변경하지 않았다. 프랑스중앙은행은 1898년에서 1913년 사이에 할인율을 단 14번 변경했는데, 같은 기간 동안 영국은 79번, 독일은 62번 변경했다. 대신 금 시장은 완충 장치로 사용되었다. 중앙은행이 금이 줄어드는 것을 막아야 할 때는, 금 가격 조작을 사용하여 금의 실제 가격을 1% 이상 올리거나 아니면 간단히 정해진 최대치를 초과한 금 수요를 거절할 수 있었다.[84]

잉글랜드은행이 할인율에 기대고 프랑스중앙은행이 금의 여유분과 금 가격 조작에 의존했다면, 제국중앙은행은 이런 수단들을 혼합해서 사용했다. 파리보다 규모가 큰 베를린 화폐시장이 있었기 때문에 제국중앙은행은 잉글랜드은행만큼은 아니지만 프랑스중앙은행보다는 더 적극적으로 할인율을 사용할 수 있었다. 금 준비금은 잉글랜드은행보다 더 많았기 때문에 국제체제가 필요로 할 때 금을 내놓을 수 있었다. 제국중앙은행은 처음에는 망설이다 1907년 마지막 몇 달 동안 금을 방출했는데, 그 규모는 유럽 대륙에서 미국으로 건너간 전체 금의 40%에 이르렀다.[85]

제국중앙은행의 금 가격 조작 사례는 1912년 11월에 있었는데, 그때 수출용 금에 대해 약 0.75%의 프리미엄을 부과했다. 그리고 행정 지도를 통해 국내 투자자들로 하여금 어려울 때 금 인출을 자제하도록 유도했다. 제국중앙은행은 외국 어음과 신용을 보유했는데,

금 방출에 앞서 이것을 풀었다. 영국처럼 독일도 장기로 대출하고 단기로 차입했는데, 그 대상은 주로 프랑스였다. 1차 대전 전 수십 년 동안 독일의 무역 신용 공급 규모가 급속히 증가하면서 외국인 상업 예금 규모도 증가했다. 독일의 교역 상대국들은 런던이나 파리만큼의 규모는 아니지만 베를린에 잔고를 유지했다. 덕분에 베를린은 런던과 동일한 방어막을 갖게 되었다. 즉 외국인 상업 예금 다음에는 외국 준비 잔고가 있었고 그다음에는 해외 대부가 있었다.[86]

이런 무기 창고를 가지고 있었는데도 제국중앙은행은 1907년에 심각한 위기 때문에 위태로운 상황에 처하게 되었다. 가장 심각한 혼란은 그해 말에 발생했는데, 미국과 마찬가지인 경제 활동 때문에 현금과 동전에 대한 계절적 수요가 나타나서 제국중앙은행 자원이 이미 압박을 받고 있는 상태였다. 1906년과 1907년에 잉글랜드은행을 지원하기 위해 제국중앙은행은 금 준비율을 위태로울 정도로 법정 최저 수준 가까이 내렸다. 제국중앙은행은 이로 인한 상황에 대처하기 위해 프랑스중앙은행을 흉내 내면서 여유 준비금을 쌓기 시작했다. 1907년 이후 독일의 금 취득은 1차 대전을 대비한 군 자금 확보라는 해석이 일반적이다.[87] 사실 그것은 미국발 불안정 요인에 대한 완충 장치가 필요하다는 판단이 반영된 것일 수 있다.

유럽의 작은 나라들은 이런 태양 주위를 돌고 있는 위성이었다. 그 나라들은 대외 포지션이 약화되면 할인율을 인상하고 정화 접근성을 제한하고 외환 준비금을 금으로 태환했다. 화폐시장의 규모가 작고 할인율의 파급력이 제한적이었기 때문에 두 번째 수단이나 세 번째 수단에 더 많이 의존했다. 매우 위험한 시기에는 외국에 도움을 요청했다. 이들의 금 수요가 영국이나 독일, 프랑스에 심각한 위협이 된 적은 거의 없었다.

주변부의 금본위제

반면에 금본위제에 대한 위협은 시스템의 주변부에서 시작되었다.[88] 주변부에서 중심부로 전이되는 교란의 주요 발원지는 미국이었다. 미국 경제는 국제 통화 측면에서 대국에 속하는 경제였다. 미국은 1890년에 이미 세계 금 준비금의 약 15%를 필요로 했다. 미국이 지닌 불안정화 효과는 미국 금융시스템의 독특한 구조에서 비롯되었다. 미국에는 국내 화폐시장 상황의 변화를 조절할 수 있는 중앙은행조차 없었기 때문에, 미국이 유럽 중앙은행들과 보조를 맞춘다는 것은 불가능했다. 미국의 통화 공급은 비탄력적이었다. 따라서 미국의 통화 수요 증가는 대량의 금 유입을 통해서만 충족되었다. 미국의 통화 및 신용 수요가 증가하는 가을마다 국제 금본위제에 압박이 가해졌다.[89] 1907년 위기는 미국이 금본위제에 규칙적으로 가한 불안정 요인의 극적인 사례 중 하나에 불과했다.

국제 금본위제를 통해 미국 금융시스템이 런던과 연결된 것처럼, 국내 상황은 국내 금본위제를 통해 금융 중심지인 뉴욕과 연결되어 있었다. 남부 주들과 서부 주들 간의 거래에 필요한 자금을 뉴욕 은행들이 공급했으며, 그 거래는 뉴욕 청산소에 의한 이체를 통해 결제되었다. 이것은 마치 런던의 계정 간 이체를 통해 제3국들 사이의 거래가 결제되는 것과 같았다. 외국이나 대영제국 국가들이 런던에 잔고를 갖고 있는 것과 마찬가지로, 내륙의 은행들은 뉴욕에 잔고를 유지했다. 통화 공급이 비탄력적이고 통화 수요가 계절이나 경기에 따라 변동했기 때문에, 내륙에서 수요가 증가하면 외국이 런던에서 금을 인출하듯 뉴욕에서 금을 인출했다.

그러나 두 금융 중심지의 지위는 근본적인 측면에서 달랐다. 미국은 대외 대부자가 아니라 차입자였기 때문에, 수출 증감과 같은 국내 생산 부문의 충격은 동시에 자본 수입의 증감을 초래했다. 이것은 국제수지에 대한 교란을 완화한 것이 아니라 오히려 증폭시켰다. 따라서 미국은 금 유출입을 통해 충격을 흡수할 수밖에 없었다. 이런 압력을 흡수하는 일은 영국과 다른 유럽 국가들이 맡아야 했다.[90]

미국의 금본위제 유지 의지에 대한 신뢰가 완벽하지 않았기 때문에 이런 압력은 더욱 증폭되었다. 투자자들은 금본위제에 대한 국내의 반대가 있는 상황에서 미국 당국이 궁극적으로 태환 유지에 필요한 조치를 취할지에 대해 의심의 눈초리를 보냈다. 안정화 투기stabilizing speculation가 없으면[*] 부담은 곧바로 정책 담당자들의 몫이 된다.

고정된 모기지 부채를 진 농민들과 제품의 국제 경쟁력을 걱정하는 수출업자들은 금본위제가 디플레이션의 엔진이라고 비판했다. 물론 그런 집단은 유럽에도 있었다. 그러나 미국의 상황은 두 가지 결정적 측면에서 유럽과 달랐다. 미국의 금본위제 반대론자들은 정치 과정에 직접 접근할 수 있었다. 한 주당 2명의 상원 의원을 선출하는 제도 때문에 농업 부문의 이해관계가 상원에 큰 영향을 미쳤다. 채무자와 수출업자들은 유럽의 경우보다 더 쉽게 실질적인 동맹을 형성할 수 있었다. 미국은 농산물 수출국이었기 때문에 두 집단은 상당 부분 중첩되었다. 이것은 영국이나 다른 유럽의 상황과 대조를 이루었다. 영국은 농산물을 수입하고 있었고, 다른 유럽에서는 그 기간 동안 농산물이 점점 비교 우위를 잃어 가고 있었다. 유럽에서 농업

• 안정화 투기란 어떤 시장 가격이 균형에서 이탈하면 그것을 균형 수준으로 복귀시키는 방향으로 이루어지는 투자 혹은 투기를 의미한다. 예를 들어 어느 금융 자산의 가격이 균형보다 낮다면 투자자들은 그것이 결국에는 오를 것으로 예상하여 해당 자산을 매입하게 되고, 그러면 이런 투자에 의해 가격이 실제로 균형으로 회복된다. 그런데 이런 안정화 투기가 이루어지려면 가격이 균형으로 회복될 것이라는 투자자들의 신뢰가 필요하다.

황금 족쇄

에 집중된 채무자와 공업에 집중된 수출업자는 완전히 서로 다른 두 집단이었다. 동맹을 구축하는 것이 더 어려웠다. 금본위제 반대 집단 중 수입품과 경쟁하는 이해관계자들은 관세 보호를 통해 매수할 수 있었다. 독일과 프랑스의 보호 조치가 그 예라고 할 수 있다.

복본위제나 은 본위 통화와 같은 대안적 통화 본위제에 대한 자연스런 지지층이 존재한 것도 영향을 줄 수 있었다. 유럽과 달리 미국에는 은 채굴업자의 이해관계가 상당한 정치적 영향력을 발휘했다. 그들은 채무가 많은 농민들과 같은 지역에 집중되어 있었기 때문에 동맹 형성이 쉬웠다.

이런 사실들이 금본위제에 어떤 영향을 미쳤는지는 인민주의 봉기와 자유 은 운동이 절정에 달한 1890년대에 명확히 드러났다. 디플레이션으로 농장 모기지와 여타 장기 채무의 부담이 가중되자, 농민들과 다른 채무자들은 통화 본위에 반대하며 결집했다. 디플레이션의 근본 원인은 전반적으로 세계 경제 성장률이 세계 금 공급 증가율을 추월한 데 있었다. 금 보증 통화와 금화에 대한 수요는 경제 활동 수준에 달려 있는 반면, 공급은 예측이 불가능한 금 채굴업의 우연성에 달려 있었다. 수요가 공급보다 더 빨리 증가한 1873~1893년과 같은 시기에, 금본위제하에서 조정은 물가 하락을 통해 이뤄졌다.[91] 디플레이션의 근원에는 인민주의자들이 강조한 미국의 정책이 아니라 이런 세계적인 요인들이 있었다. 1890년대에 미국이 이런 추세에 맞서려고 하면서 깨닫게 된 것처럼, 금본위제를 유지하는 한, 물가 수준의 결정은 자신의 통제권 훨씬 밖에 있었다.

농부와 은 관련 이해관계자들의 힘이 막강한 미국에서는 상당한 수의 유권자들이 디플레이션의 고통을 견디는 것보다 금본위제를 수정하거나 폐지하는 것을 선호했다. 인민주의적 압력은 1890년

셔먼 은매입법Sherman Silver Purchase의 통과로 이어졌고, 그 결과로 현금의 유통 유입 속도가 증가했다. 동시에 국방 및 남북전쟁 연금Civil War pensions 지출이 증가하고 관세 수입은 줄어들었다. 지출 증가와 수입 하락 때문에 재정은 흑자에서 적자로 반전되었고 재무부의 은매입이 겹쳐 미국에서 금이 빠져나갔다.

시간이 지나면서 이런 불균형은 해소될 수가 있었다. 1896년 윌리엄 제닝스 브라이언William Jennings Bryan*의 패배 뒤에 실제로 불균형이 줄어들었다. 그렇지만 그 과정에서 달러 방어를 위해 외국의 지원이 필요했다. 미국에는 외국 중앙은행에서 대출을 끌어올 수 있는 중앙은행이 없었다. 대신 J. G. 카를리슬J. G. Carlisle 재무부 장관의 주선으로 국내외 은행으로 구성된 신디케이트에서 대출을 받았다. 1895년 1월과 2월, 재무부는 외국에서 6000만 달러의 금을 차입하기 위해 은행가들과 계약을 맺었다. 런던의 모건Morgan 가문과 로스차일드 가문이 신디케이트를 이끌었다. 그들은 국채를 받고 재무부에 금을 빌려주었는데, 국채는 유리한 조건으로 되팔 수 있었다.

이 대출은 시장에서 큰 성공을 거두었다. 은행들은 미국 재무부 채권을 해외에 내놓았을 뿐만 아니라, 유럽의 자기 계정으로 차입을 일으켜 미국 수출업자들에게 필요한 외환을 공급했다. 사실상, 동일한 외국 은행들로부터 담보부 대출(미국 재무부 채권을 담보로 한 대출)과 무담보 대출을 받은 것이었다. 무담보 대출은 아마 은행들이 재무부 채권의 재판매 시 얻게 되는 유리한 조건에 대한 대가였을 것이다.

---

* 윌리엄 제닝스 브라이언은 네브래스카 주 출신의 민주당 하원 의원으로서 1890년대 자유 은 운동을 지지했다. 1896년, 1900년, 1908년에 민주당 후보로 대통령 선거에 출마했지만 모두 낙선했다.

이런 거래를 통해서 1895~1896년 위기는 넘어갔다. 이 당시 경험은 당시 사람들에게 두 가지 교훈을 각인시켰다. 첫째, 스털링과 마찬가지로 달러의 안정성 역시 국제 협력에 달려 있었다. 벨몽Belmont-모건 신디케이트의 노력이 성공할 수 있었던 것은 유럽 국가들이 미국에 필요한 금을 내놓으려고 했기 때문이다. 둘째, 중앙은행이 없는 상태에서 국가 간 협력이 조율될 수도 있었지만, 매우 공개적이고 또 자칫하면 혼란을 불러올 수 있는 채널을 통해서만 이루어질 수 있었다.

1896년 이후 세계 물가는 상승하기 시작했다. 금광의 발견과 새로운 정제 기술 덕분에 금 공급이 증가했고, 외환 준비금의 비중이 늘어나면서 금 수요가 억제됐기 때문이다. 금 본위 달러에 대한 반대도 1896년 절정에 이른 후 약해졌다. 그렇다고 해서 국제체제의 안정을 해칠 수 있는 미국의 잠재성이 약화된 것은 아니었다. 미국 경제가 급속히 성장하면서 그런 잠재성이 오히려 더 커졌다. 1913년 무렵에 미국은 국내 수요를 충족시키려면 은행과 재무부가 보유하고 있거나 유통 중인 전 세계 금의 약 4분의 1이 필요했다(그림 2.2 참조). 그 규모는 금의 주요 사용자인 프랑스를 능가하는 것인데, 세계 전체에서 프랑스의 비중은 20% 미만으로 떨어졌다.

1907년 위기는 미국이 금을 추가로 확보하기 위해 잉글랜드은행에 의존할 수 있을지를 의심하게 하는 계기가 되었다. 잉글랜드은행은 1906년에 이미 자신에게 닥친 어려움 때문에 미국에 대한 대출을 적극적으로 억제한 바가 있었다.[92] 미국은 필요한 금을 프랑스중앙은행과 제국중앙은행으로부터 구했고, 미국의 필요 충족을 위한 영미 간 양해가 더 이상 작동하지 않는다는 것은 명확해졌다. 더 폭넓은 중앙은행 간 협력이 필요했다. 그리고 아직 중앙은행이 없었던

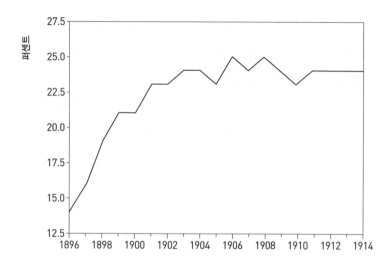

그림 2.2 **1896~1914년 세계 통화용 금 스톡 중 미국의 비중**

세계 금 준비금 중 미국의 비중이 1896~1905년에 급속히 증가함으로써 미국의 국내 사건이 국제 통화 상황에 미치는 영향력도 커졌다.
출처: Warren and Pearson(1935).

미국은 협력하기에 좋은 위치에 있지 않았다. 1907년 앨드리치 보고서Aldrich Report와 1910년 국가통화위원회National Monetary Commission[*] 회의록을 필두로 해서, 국내 금융시스템 관리를 위해 그리고 의존도가 점점 높아지는 유럽과의 대등한 관계 설정을 위해 미국 중앙은행을 설립해야 한다는 목소리가 고조되었다. 국내 신용의 탄력성을 높이고 유럽 중앙은행들과의 관계를 공고히 함으로써만 달러의 안정성이 보장될 수 있었다.

---

[*] 국가통화위원회는 1908년에 만들어진 연구 집단이고, 상원 의원인 넬슨 앨드리치Nelson Aldrich가 의장을 맡았다. 미국과 유럽의 금융 제도를 주로 연구하였으며 1909~1912년에 30권의 보고서를 발간했다. 이 중에는 연준 설립을 제안하는 보고서도 포함되어 있었는데, 이 보고서는 1913년 연준 설립의 중요한 기초가 되었다.

황금 족쇄

중남미와 아시아 개발도상국에서는 미국만큼 행운이 따르지 않았다. 그들은 통화 안정을 위해 수차례 노력했지만 그런 노력은 겨우 가끔 성공적인 결실을 거두었다. 중남미와 아시아 국가들이 금본위제를 성공적으로 유지했다고 해도, 대부분은 1차 대전 직전 불과 10년 정도 금본위제를 유지했을 뿐이었다. 1차 산품의 생산국이었던 이 나라들은 수출 수익이 크게 변동할 수 있는 위험을 안고 있었다. 많은 나라들이 단일 품목 혹은 적은 품목으로 수출 수익의 대부분을 얻고 있었기 때문에 국제 가격 변동에 더욱 취약한 상태에 있었다. 그 나라들은 겨우 초보적인 은행시스템만 갖고 있었기 때문에 화폐 유통을 주로 금속 화폐에 의존했다. 아르헨티나의 방코나시오날Banco National과 같이 중앙은행 기능을 하고 있던 기관들은 자본금이 부족했기 때문에 재할인 업무를 하기 위해서는 많은 위험을 감수해야 했다. 일단 금본위제를 채택하면 통화 수요의 증가는 금 수입을 통해 조절될 수밖에 없었다. 금의 유출은 심각한 내부 혼란을 야기할 수 있었다. 지폐가 유통되는 국가에서는 정부가 시뇨리지seignorage(화폐 발행에 따른 수입)에 크게 의존했다. 그 결과로 발생한 인플레이션은 통화시스템의 안정을 위태롭게 했고 때로는 정부 자체의 존립마저 위협했다.

북미 국가들처럼 이 나라들도 자본시장 충격과 상품시장 충격을 동시에 받았다. 채권국들은 경기와 대외 무역이 침체하면 해외 대출을 축소함으로써 대응했다. 그렇게 해서 국제수지가 악화되는 것을 막았다. 채권국 입장에서는 자본시장의 충격과 상품시장의 충격은 서로 상쇄된다. 하지만 채무국의 입장에서는 자본시장의 충격과 상품시장의 충격은 서로를 강화한다. 만약 충격이 상품시장에서 시작돼서 수출액이 감소하면 그 나라의 투자 매력 역시 같이 떨어졌다.

수출 수익이 기존 채무의 원리금을 상환하기에 충분하지 않을 수 있다는 우려 때문에 자본 유입이 줄어들었다. 반면 충격이 자본시장에서 비롯되어 해외 대출이 말라버리면, 국내 신용 축소 때문에 수출 부문의 경기가 어려워졌다.

미국과 마찬가지로, 금본위제에 대한 불완전한 신뢰도 때문에 이런 취약성은 더욱 심해졌다. 이런 취약한 메커니즘을 방어하는 것이 항상 최우선 순위에 있지는 않았다. 북미처럼 남미에서도 모기지 고정 채무를 진 지주들과 경쟁 우위를 확보하려는 수출업자들은 평가 절하를 선호했다. 미국처럼 두 집단이 겹치는 경우가 많았다. 은 채굴 관계자들이 가세하면서 금의 국내 가격 인상을 선호하는 집단들의 힘이 더 강해졌다. 은 채굴의 중요성 때문에 많은 남미 국가들은 유럽이 금본위제로 전환한 이후에도 오랫동안 공식적으로 복본위제를 유지했다. 은 가격의 하락과 금 본위 통화 대비 자국 통화의 평가 절하에도 불구하고 은화 주조를 계속했다. 프랑크 페터^{Frank} Fetter의 주장처럼 지주가 인플레이션을 유발하기 위해 고의로 통화 정책을 조작했다고 말할 수는 없다고 해도, 인플레이션이 발생하면 그것을 묵인했다고는 할 수 있을 것이다.[93]

아르헨티나는 자본을 수입하는 1차 산품 생산국의 독특한 문제를 잘 보여준다. 통화를 안정시키고 지폐의 발행을 억제하기 위해 여러 정부가 계속 시도했다. 높은 공공 지출 수준이 이 일을 복잡하게 만들었을 뿐만 아니라, 중앙 정부의 무역세 의존 때문에 평가 절하는 잠재적 불안정 요인이었다. 무역이 활발할 때만 정부는 재정수지 균형을 달성할 수 있었다. 시장 충격으로 평가 절하가 발생하면 수입품 가격이 상승해 수입량이 줄어들고, 더불어서 정부의 무역세 수입도 같이 줄어들었다. 국내 고정 채무를 상환하기 위해 정부 당국은 돈을 찍어냈고, 그러면 다시 평가 절하가 발생했다. 환율의 부침은 해외 투자를 위축시키고 자본 유입을 축소했으며 국제수지 문제를 악화시켰다. 안정화에 대한 지주와 수출업자의 저항 때문에 그런 상황이 지속되었다. 평가 절하로 실질 소득이 감소한 도시와 농촌의 임금 소득자들은 안정을 갈구했지만 아르헨티나 의회에 영향력을 행사할 수 있는 위치에 있지 않았다.[94]

　　1881년과 1883년 사이에 훌리오 로카 장군General Julio Roca 정부는 복본위제에 기초한 통화 안정과 아르헨티나의 국제자본시장 접근성 회복을 시도했다. 그러나 공공 지출 수준은 계속 높았고 인플레이션도 지속되었다. 이것은 어느 면에서 정부가 저금리와 철도 보조금을 요구하는 지주들의 지지에 의존하고 있었기 때문이다. 1885년 국제수지 압력과 국내의 은행 인출 때문에 통화 당국은 태환을 중지하고 금 프리미엄 재상승을 허용할 수밖에 없었다. 평가 절하된 통화는 1889년까지는 비교적 안정을 유지했는데, 그것은 태환 중지가 영국의 해외 대부 급증과 겹치면서 아르헨티나의 수입과 정부 재정 수입이 그 영향을 거의 받지 않았기 때문이다. 영국의 국채 및 철도채 그리고 모기지 증권의 매입이 국제수지를 강화했다.

　　그러나 1887년 아르헨티나 자유은행법Free Banking Law에 따라 국내 은행들은 국채 담보부 은행권을 발행할 수 있게 되었다. 채권 자체는 아주 제한된 범위에서 금을 담보로 하고 있었다. 1887년과 1890년 사이에 은행들이 은행권을 빠른 속도로 찍어 내어 이런 무담보 통화의 유통량이 세 배나 증가했다.[95] 혁명이 발발하면서 아르헨티나에 대한 대부가 뚝 떨어져 1890년에는 1888년의 5분의 1 수준에도 미치지 못했다. 여기에다 아르헨티나 주요 수출품들의 가격이 25%나 하락했다. 새 정부는 대외 채무 디폴트를 선언할 수밖에 없었고 1891년에는 금 프리미엄이 더욱 커지도록 둘 수밖에 없었다. 1891년의 예금 인출 사태는 전면적 지불 유예로 이어졌고 방코나시 오날과 부에노스아이레스주은행Bank of the Province of Buenos Aires의 청산 으로 절정에 달했다. 아르헨티나는 1899년이 되어서야 통화 안정에 성공했으며, 공식적 금 태환은 1920년대에 가서야 재도입되었다.[96]

브라질 역시 비슷한 통화 불안정을 경험했다. 커피의 큰 손들은 평가 절하를 커피의 비용 대비 가격을 인상하는 수단이라고 생각했 다.[97] 이런 이해관계와 갈등을 빚으면서도 1880년대 내내 정부의 일 차적 목표는 평가 절하된 밀레이스milreis●를 1846년의 평가 수준으 로 되돌려 놓는 것이었다. 브라질 정부는 제국의 몰락 이전에 재무 부 채권을 퇴장시킴으로써 태환성을 회복하기 위한 조치들을 개시 했다. 디플레이션과 평가 절상으로 인해 그리고 1888년 노예제 폐지 로 인해 피해를 입은 대지주들의 선동으로 1889년에 공화주의 쿠데 타가 발발했다. 새로 들어선 공화주의 정부는 곧바로 전임자의 디플 레이션 정책을 반전시켰다. 통화 공급량은 1889년에서 1891년 사이 에 세 배가 되었다. 국내의 인플레이션과 세계 커피 가격의 하락 때 문에 밀레이스는 그때부터 1898년까지 평가 절하되었다. 외환 상황 이 최악에 이른 1897년 무렵, 브라질은 세계자본시장에 전혀 접근할 수 없게 되었다.[98] 자본시장 접근은 1898년의 대출 협상을 통해 다시 가능해졌는데, 통화 긴축이 대출 조건 중 하나였다. 밀레이스 환율은 1901년이 되어서야 다시 고정되어 안정을 회복했다.

소규모 중남미 국가의 경험은 더욱 불규칙적이었다. 북미의 이 웃 국가인 미국과 마찬가지로 중미의 많은 나라들은 금화와 은화를

● 밀레이스는 1942년까지 브라질에서 사용된 화폐다.

　　　　　　　　　　　　　　　　　　　　　　황금 족쇄

모두 유통시키려고 했다. 1870년대 초에 세계 은 가격이 하락하자 다른 나라의 다양한 은화와 은행권을 받고 금화를 수출하는 일이 벌어졌다. 그러나 유럽의 복본위제 국가들과는 달리, 중미의 작은 나라들은 금 태환에 필요한 금 준비금을 보유하고 있지 않았다. 금 대비 은의 가격이 하락하면서 사실상 은본위제가 되고 통화는 평가 절하되었다. 때로는 은 태환조차 유지하기 어려워졌다. 예를 들어 과테말라에서는 정부의 막대한 은행 차입으로 인플레이션이 유발되었으며, 결국 1897년에 태환이 중지되었다. 인플레이션이 계속되자 구리와 니켈 주화도 유통에서 사라져 지폐 본위가 되고 말았다. 살바도르에서는 외국 화폐가 국내에서 광범위하게 유통되면서 법정 화폐의 지위를 갖게 되었다. 1892년 살바도르는 금본위제 국가들을 따라가려고 했지만 준비금이 부족해서 정부가 유통 중인 은화를 매입할 수 없었다. 은 가격이 계속 하락하자 금이 유통에서 사라졌으며 2년도 채 지나지 않아 금 태환이 중지되었다.[99]

독자 통화를 가진 1차 산품 생산국 중에서 영연방 국가들의 상황만 다소 나았다. 이 나라들은 중남미 국가들처럼 소수의 1차 산품을 특화하여 생산하고 있어서 교역 조건이 변동하면 휘청거렸다. 또 대외 채무국이었기 때문에 상품시장의 충격과 자본시장 충격의 증폭 효과에 시달려야 했다. 그러나 호주, 뉴질랜드, 캐나다는 1870년부터 1914년까지 거의 완벽한 환율 안정과 금 태환을 유지했다. 인도 역시 1898년에 은 태환을 폐지하고 루피를 스털링에 고정시킨 이후에 환율 안정을 유지했다.

이런 독특한 성공에는 정치적 요인들이 분명히 작용했을 것이다. 해외 증권 매입을 고려하고 있던 영국 투자자들은, 정치 안정과 영국 공무원이나 영국인 거주자(식민 기구의 공식 지위가 있든 없든 상관 없었다)에 의한 통치의 우수성을 보면서 확신을 가질 수 있었을 것이다. 자본 유입이 중남미의 경우에 비해 더 자유로웠으며 정치 혁명과 연관된 금융 위기로 그 흐름이 끊기는 경우도 없었다. 사회적 동질성 덕분에 남미에서와 같은, 환율정책과 관련된 분배 갈등은 억제되었다. 다만 1898년까지 은 인플레이션을 경험한 인도는 사정이 약간 달랐다. 그렇다고 해도 균형 재정을 충실히 따르도록 하는 영국의 예산 원칙과 정치 안정이 평가의 안정적 유지를 가능하게 했다.

　　호주와 뉴질랜드도 미국과 마찬가지로 중앙은행이 없었다. 그러나 미국과는 달리 금 태환이 유지되도록 지원할 수 있는 은행시스템을 갖고 있었다.[100] 중앙은행의 개입이 없는 상태에서 국제수지 조정은 미국처럼 대규모 금 유출입을 통해서만 이루어졌을 것이라고 생각할 수 있다. 그런데 사실 금 유출입 규모는 무시할 수 있을 정도로 작았다. 뉴질랜드의 경우, 1860년에서 1913년 사이에 교역 조건에 커다란 교란이 발생했는데도 금은 단 두 차례 유출되었다.[101] 뉴질랜드의 은행들은 은행권 발행액의 3분의 1에 해당하는 금 준비금을 보유하도록 되어 있었으며, 요구가 있을 경우에 은행권의 태환이 가능했다. 사실 은행들은 상당한 규모의 초과 준비금을 보유하고 있었다. 그리고 국제 결제를 위해 런던에 은행 예금, 당좌 대부금, 수취어음을 보유하고 있었다. 뉴질랜드 수입업자들은 영국산 제품을 구매하고자 할 경우에 국내 은행 앞으로 환어음을 발행했다. 그러면 은행은 수입업자의 계정에서 돈을 인출했다. 은행은 자신의 런던 내 잔고를 이용하여 영국 수출업자에게 지불함으로써 미불 환어음을 청산했다. 이런 거래의 결과, 런던 예치금이 줄어들고 뉴질랜드 통화량(현금과 예금의 합)이 감소했다. 런던 예금이 감소했기 때문에 대외 준비금도 줄어들었다.[102]

이 메커니즘만으로도 수입품과 다른 재화에 대한 총지출을 변화시켜 결국 대외 균형을 회복할 것이라고 예상할 수 있다. 그러나 그 과정은 느리게 진행됐으며 추가 조치가 있지 않으면 은행들의 런던 잔고가 소진될 수도 있었다. 결정적인 조치는 국내 대출과 투자의 축소였다. 은행들은 자신들의 런던 잔고가 줄어들면 국내 여신을 억제했다.[103] 이것은 예금 감소에 단순히 1대 1로 대응하는 대출과 투자의 감소가 아니라 몇 배의 감소였다. 은행들은 런던 내 잔고를 줄임으로써 런던 화폐시장에 대한 투자를 축소했을 뿐만 아니라 국내 대출 및 투자도 축소했다. 은행들은 사실상 게임의 규칙에 따라 행동하는 중앙은행처럼 국내 신용을 변경한 것이다. 그러나 신용 수요를 줄이기 위해 할인율을 사용하는 중앙은행과 달리, 뉴질랜드 은행들은 신용을 할당하고, 특히 수입업자들을 차별했다. 이 시스템은 전통적인 금본위제와 구별해서 "신용-교환 본위credit-exchange standard"라고 불렸다.[104]

케나다에도 중앙은행이 없었는데, 캐나다의 조정 메커니즘은 미국 메커니즘과 대척 국가* 메커니즘이 혼합된 형태였다. 캐나다의 은행시스템은 한편으로는 호주, 뉴질랜드와 유사했다. 즉 캐나다 은행시스템은 고도의 집중화와 광범위한 지점 망을 통해 예금 인출 사태를 최소화하고 통화량에 탄력성을 부여했다. 다른 한편으로 캐나다는 자본 유입에 의존한다는 측면에서 미국과 유사했다. 현금과 신용 수요의 계절적 변동에 대응하기 위해 런던뿐 아니라 뉴욕에서 유입되는 자본에 의존했다.[105]

제이콥 바이너는 캐나다 국제수지 조정에 대해 고전적 설명을

---

* 여기서 대척 국가는 호주와 뉴질랜드를 가리킨다.

하고 있다. 그는 호주와 뉴질랜드처럼 캐나다 공인 은행들이 준비금의 상당 부분을 해외 금융 중심지에 단기 자산 형태로 보유하고 있었음을 강조했다. 국제수지 흑자는 공인 은행들의 해외 잔고를 늘렸다. 동시에 캐나다 수출업자의 국내 예금을 증가시켜 은행시스템 전체의 부채를 늘렸다. 바이너에 따르면 통화량 증가는 가격-정화 플로우 메커니즘을 통해 국내 물가와 총지출의 상승 압력을 낳아 국제수지가 균형을 되찾도록 했다.

그에 따르면 캐나다 조정 메커니즘의 특징은 공인 은행들이 준비금을 획득했을 때 국내 대출과 투자를 늘리지 않았다는 점이다. 그는 이것이 국제수지 조정을 촉진한 결정적 요인이라고 설명한다.[106] 호주나 뉴질랜드에서는 그 반대였다.[107] 호주와 뉴질랜드의 은행들은 해외 잔고가 늘어나면 대출을 증가시켜 수지 불균형이 통화량에 미치는 영향을 증폭시킴으로써 조정 과정을 가속화했다. 바이너에 따르면 캐나다에서는 은행들이 그렇게 하지 않았다.

리치Rich의 최근 저작은 좀 더 복잡하게 묘사하고 있는데, 호주, 뉴질랜드, 영국에서 있었던 통화 승수의 변화와 미국에서 있었던 금 및 자본의 대량 이동이 모두 조정에 기여했다는 것이다.[108] 아주 사소한 요소 중 하나는 은행권 발행의 변화였다. 10월과 11월 수확 출하용 현금 수요가 증가하는 시기에 공인 은행들이 은행권을 추가로 발행할 수 있었기 때문에, 통화량의 계절적 변동성은 미국보다 컸다. 하지만 경기 변동에 따른 은행권 발행액의 변동은 결코 크지 않았다.[109] 경기 확장의 초기 국면에서는 미국처럼 주로 자본 유입의 증가가 화폐와 신용 수요의 증가를 충족시켰다. 그 이후의 확장 국면에서는 캐나다 은행시스템이 작동하여 대출과 투자를 증가시킴으로써 준비금 비율을 낮추고, 내부 채널을 통해 증가된 화폐 수요를 충족시

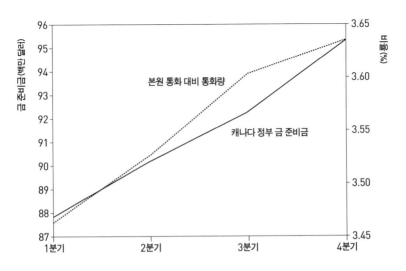

그림 2.3 **캐나다의 금 준비금과 통화 승수**(분기별 평균, 1901~1913년).

금은 통상 여름과 가을에 캐나다로 유입되었는데, 이것은 농산물 수확 관련 거래로 인한 화폐 수요 증가 때문이었다. 동시에 캐나다 은행들은 대출을 늘려 본원 통화 대비 통화량 비율을 올리고 금 유입의 추가 필요를 제거했다.

출처: Rich(1988), 표 A2.

켰다. 이것은 안정화 효과와 불안정화 효과라는 양 측면을 다 가지고 있었다. 호주와 뉴질랜드의 경우처럼 캐나다 은행들이 게임의 규칙을 따르는 중앙은행의 행동을 모방하면서 유입된 준비금의 몇 배에 이를 만큼 국내 신용을 늘렸기 때문에, 캐나다 은행시스템은 국제수지를 안정화할 수 있었다. 반면 통화량의 경기 순응적 변동을 증폭시킴으로써 국내 거시 경제를 불안하게 만드는 효과도 있었다.[110]

경기가 정점에 이르면 반대의 상황이 전개된다. 공인 은행들은 대출과 투자를 줄이고 준비율을 높여 통화 승수를 낮춘다. 광의의 통화 공급을 수요에 맞춰 줄이면서 준비금의 손실을 최소화한다. 이것은 다시 국내 경기를 불안정하게 하지만 국제수지는 안정화한다. 은행의 투기적 투자가 종료된 후에도 생산과 통화 및 신용 수요의 하락은 계속되었다. 따라서 통화 수요의 계속된 감소는 거의 전적으로 국제 준비금 상실에서 비롯된 본원 통화의 감소를 통해 이루어졌다.

이런 캐나다 시스템은 해외에서 많은 호평을 받았다. 경기 정점 부근에서 나타나는 화폐 및 신용의 탄력성 덕분에, 캐나다는 뉴욕에서 그리고 결국 런던에서 추가 금 인출을 줄일 수 있었다고 영국은 평가했다. 이런 금 인출 수요의 감소는 다시 국제체제의 불안정과 잉글랜드은행에 대한 압력 가중을 막을 수 있었다. 미국에서는 은행권 발행의 계절적 탄력성이 높고 은행 파산이 없는 캐나다의 특징을 미국도 닮아야 하는 점이라고 생각했다. 미국 정치인들도 통화의 탄력성을 확보하고 싶어했는데, 고도로 집중된 은행시스템으로 인한 독점과 정치적 파장을 우려했기 때문에 은행 간 합병이나 주 사이의 지점 설치가 아닌 중앙은행 설립을 통해 이것을 달성하고자 했다. 따라서 이런 측면에서 미국의 중앙은행 설립 노력을 이해할 수 있으며, 이런 노력은 1914년 연방준비제도의 설립으로 귀결되었다.

미국은 중앙은행을 설립해서 계절과 경기에 따라 변하는 통화 수요에 맞춰 통화를 탄력적으로 공급함으로써 국제수지 긴장을 완화할 수 있었다. 하지만 바로 그런 조치가 캐나다의 경우처럼 동시에 국내 경기의 불안정성을 악화시킬 수 있다는 점은 제대로 인식하지 못했다.[111] 연방준비제도는 1차 대전 이전의 미국 금융 상황을 지배한 계절적 긴장과 이완의 문제에 사로잡혀 명목 이자율을 통화정책 수립의 지침으로 사용하고 있었는데, 그로 인해 완전히 다른 대응이 필요한 주기적 변동을 상쇄하는 데 실패할 때도 있었다.[112] 불행히도 대공황은 바로 이 점을 인식시키기 위해 필요했을 것이다.

전간기 통화 관계에 대한 영향

전전 금본위제에서 표면상 나타난 높은 자동성이, 전전 금본위제의 안정성과 전간기 금본위제의 불안정성이라는 차이를 설명하는 가장 대표적인 요인이다. 그러나 전전 중앙은행들은 금 유출 시에는 신용을 자동으로 줄이고 유입 시에는 신용을 늘리는 소위 게임의 규칙을 결코 기계적으로 따르지 않았다. 중앙은행들은 언제 어떻게 개입할지를 재량으로 결정했으며, 그 재량이 바로 그 체제가 작동하는 데서 필수 요소였다.

그렇지만 궁극적으로는 체제의 중심부에 있는 당국들이 금 태환을 방어하기 위해 필요한 모든 조치를 취할 것이라는 데에 의문의 여지가 없었다. 소득과 재정 부담의 분배에 대한 지지가 존재하는 상황에서 금본위제에 대한 정치적 반감이 매우 약했기 때문에, 금본위제 방어 의지가 확고한 신뢰를 얻을 수 있었다. 그런 의지를 신뢰하는 상황에서 시장 참가자들은 정부가 통화체제를 유지하기 위한 행동을 취할 것이라고 예상했다. 따라서 그들도 안정화 투기를 하게 됐고, 이것이 정부의 관리 부담을 완화했다.

그러나 이 체제 유지의 신뢰는 궁극적으로 국제 협력에 달려 있었다. 금본위제의 방어는 영국, 프랑스, 독일, 러시아 등의 나라들 사이의 협력을 필요로 했다. 국제 협력은 1890년대에 이미 중요한 역할을 했지만 20세기 첫 10년에는 더욱 빈번해졌다. 이런 협조적 행동을 조직하는 데서 영국이 중추 역할을 담당했다. 영국의 중앙은행 할인율은 할인정책의 국제적 조화를 위한 초점 역할을 했다. 다른 중앙은행들은 수많은 외국 이자율의 수준이나 변동을 고려할 필요 없이 선두에 선 잉글랜드은행을 그냥 따라가면 되었다. 영국은 대륙에서 미국으로 흘러 들어가는 금의 믿을 만한 통로 역할을 했다. 그러나 위기 시에는 영국이 가진 자원으로는 충분하지 않았다. 같이 협력을 해서 시스템을 방어해야 했다.

중앙은행 간 협력이 체제의 안정을 위해 필수 불가결했지만 선두에 선 영국이 그것을 강요할 수는 없었다. 그렇다면 다른 나라들이 그렇게 하도록 유도한 것은 무엇이었을까? 한편으로 그들은 수십 년간의 경험을 통해서 협력의 이득을 잘 알고 있었다. 나아가 그들은 국제체제의 작동에서 스털링의 중심 역할을 인정했다. 스털링은 전전 환율 네트워크의 핵심 고리 역할을 했다. 스털링이 평가 절하되면 다른 통화의 조정도 반드시 촉발되어 시스템 전체가 뒤틀리게 되어 있었다. 국제금융시장에서 우월적 지위를 차지한 덕분에, 영국은 평상시에 결정적인 조정 역할을 하면서 안정화에 영향을 미칠 수 있었고, 그런 이유로 스털링 자체의 안정이 위태로울 때 다른 나라가 영국의 방어를 돕는 것이 중요했다.

1차 대전이 없었다면 이런 조정이 오래 유지될 수 있었을지는 알 수가 없다. 다른 나라의 급속한 성장과 그에 따른 영국의 무역 비중 하락 때문에 런던의 지위는 이미 쇠퇴하고 있었다. 세계 금융 자산, 국제 준비금, 국제 결제 등은 영국과 잉글랜드은행이 보유한 자원보다 더 빠르게 증가하고 있었다. 그 결과, 외국인들은 스털링 표시 해외 자산의 축적을 주저하기 시작했다. 스털링이 금만큼 좋다는 데 대해 조금이라도 의심하게 되는 순간, 그들은 몇 개의 계란을 다른 바구니에 담으려고 했다. 20세기에 접어들자, 유럽 내 외교적 긴장이 고조되면서 19세기의 장기 평화가 끝나고 있음을 예고했는데, 그 때문에 준비금을 런던에 집중시켰을 때의 위험도 같이 높아졌다. 이 시스템에서 잉글랜드은행은 할인정책의 초점 역할을 하면서 중앙은행과 통화 탄력성이 없는 나라들로 하여금 손쉽게 유동성을 공

황금 족쇄

급받을 수 있게 하고 있었으므로, 이 시스템의 지속 가능성을 우려하는 것은 당연했다.

반면, 미국은 가을의 계절적 금 수요 때문에 규칙적으로 잉글랜드은행의 자원을 축내면서 프랑스중앙은행의 협력을 요청하는 형편이었는데, 이런 미국이 성장하면서 어려움이 가중되었다. 영국과 프랑스 간의 협력 혹은 범유럽 차원의 협력만으로는 더 이상 충분하지 않았다. 이 문제의 해법은 미국에서 유발되는 불안정 요인을 완화하고, 협력적 행동을 조직하는 데 필요한 제도적 장치를 미국이 갖추는 것이었다. 이 두 가지를 위해서 미국의 중앙은행 설립이 필요했다. 1914년에 연방준비제도가 일단 활동을 시작하자, 미국은 계절적 불안을 완화하는 데 성공했다. 그러나 전간기 세 번의 주요 위기에서 드러나듯, 중앙은행이 설립되었다고 해서 경기 변동의 불안정이 자동으로 제거되지는 않았다. 그리고 새로운 미국 중앙은행의 독특한 연방제 구조 때문에 국제 경제 상황과는 거리가 먼 금융권의 이해관계자들이 상당한 권한을 갖게 되었고, 결국 국제 협력의 이득을 제대로 이해하지 못하는 기구가 만들어졌다. 그 결과는 1차 대전 이후에 명확해질 것이다.

제3장

전시 과도기

1차 대전은 국제 경제 관계를 향후 수십 년간 형성해 나갈 동력을 유발했다. 전쟁은 유럽 전역의 산업 설비를 파괴하고 왜곡시킨 반면, 다른 대륙의 제조업을 촉진했다. 전쟁의 여파로 국경이 새로 그어졌고 국가의 산업 구조와 무역 패턴이 바뀌었다. 국제 통화의 영역만큼 그 파장이 큰 곳도 없었다. 전쟁이 없었다면 금본위제가 얼마나 더 지속되었을지는 아무도 가늠할 수 없다. 답이 무엇이든, 전쟁의 발발은 금본위제를 하루아침에 중단시켰다.

전시의 네 가지 변화, 즉 국내 금융, 국제 금융, 교역, 정치 영역에서의 변화는 1920년대와 1930년대 세계 경제에 심대한 영향을 끼쳤다. 전쟁 자금 조달의 절박성은 전전의 재정시스템을 파탄에 이르게 하면서 세금과 공공 지출에 관한 끊이지 않는 논쟁을 불러일으켰고, 이 문제는 전간기 내내 각국 정부와 사회를 괴롭혔다. 해외 자산의 대규모 청산과 새로운 해외 부채의 누적으로 국제 금융 구조가 변화했다. 국제 무역의 방향이 바뀌었고, 유럽의 수출이 줄어들면서 세계 다른 지역 생산물도 같이 줄어들었다. 마지막으로 노동자 세력의 성장, 선거권 확대, 선거제도의 개혁 등에 의해 국내 정치 구조도 변했다. 평화를 되찾았을 때, 이런 변화들의 상호작용으로 국제통화 체제와 세계 경제도 근본적으로 변형될 수밖에 없었다.

전전 체제의 해체

전쟁에 참가한 국가들은 실제로는 금본위제를 중지할 수밖에 없었지만, 금본위제의 외형을 유지하는 국제 통화 전략을 선호했다. 금화를 더 이상 구할 수 없는 곳에서도 주화의 금 함량은 공식적으로 변하지 않았다. 정부가 나름의 방식으로 넘을 수 없는 행정적 장벽을 설치한 곳에서조차 공식적으로는 지금(地金) 수출이 계속 허용되었다. 환율은 고정되었지만, 지속적인 인플레이션 때문에 전혀 현실성이 없는 수준이었다. 금본위제의 경제적 정치적 기초가 근본적으로 변했는데도 그 제도의 외형을 유지하는 이런 정책 때문에, 전후에 커다란 조정이 필요할 수밖에 없었다.

전시의 국제통화체제 변형은 평시의 독특한 강점과 약점을 그대로 반영하고 있었다. 압력이 처음에 나타난 이유는 무역 불균형이나 상대 가격의 변화 때문이 아니라 신인도와 자본 도피에 대한 충격 때문이었다. 평시처럼 스스로를 방어할 수 있는 능력이 가장 취약한 곳은 대외 채무국이었다. 미국은 채무국으로서 외국인이 소유한 달러 표시 자산의 청산으로 발생하는 자본 유출에 취약했다. 전쟁 발발 직후에 유럽 통화에 대한 달러 가치가 급락했다. 시간이 흐르면서 달러 표시 자산의 청산은 줄어들고 경제의 기초 여건이 다시 효력을 발휘했다. 미국은 유럽 군수품의 재료를 공급하는 곳이 되었다. 미국 무역수지가 흑자로 전환되자 국제통화정책 담당자들에게 이제 달러 약세가 아니라 지나친 강세가 문제였다.

　재무부와 중앙은행들은 이런 환율 변동을 억제하기 위해 노력했는데, 처음에는 금 운송을, 다음에는 외환시장 개입을, 그리고 마지막에는 직접 통제를 수단으로 사용했다. 전시의 압력과 그에 대응해 정부가 채택한 조치들 때문에 전전 통화 질서의 기반이던 금과 외환 준비금 그리고 해외 투자가 대대적으로 재배분되었다. 그리고 이런 자산이 거래되는 시장을 재구성했다. 이런 새로운 포지션에 완전히 적응하기 위해서는 2차 대전 전까지 20여 년의 시간이 필요했다.

　정부 관리들은 전쟁이 발발하기 전 몇 달 동안 커져 가는 정치 불안정을 고통스럽게 지켜보고 있었다. 그들은 외환 준비금의 태환이 점점 불투명해지자 외환 준비금을 청산하기 시작했다. 몇 해 동안 독일제국중앙은행은 금으로 전쟁 자금을 비축하는 데 골몰하고 있었다. 1912년 초에 프랑스중앙은행은 금 준비금을 늘리는 조치에 돌입했다. 1914년 봄과 여름 무렵, 러시아도 비슷한 조치를 시작했다. 전쟁 선포 직전 18개월 동안, 세 나라는 금 보유를 약 3억 6000만 달러까지 늘렸는데, 대부분은 미국에서 빠져나간 것이었다.[1]

　6월 28일, 사라예보에서 총성이 울리자 유동성 확보 경쟁이 시작되었다. 패닉과 같은 주식 매도는 7월 13일 빈 주식거래소의 주가 폭락으로 절정에 이르렀다. 매도 물결은 베를린, 파리, 런던, 뉴욕으로 확산되었다.[2] 오스트리아가 세르비아에 전쟁을 선포한 7월 28일 이후 한 주 동안 베를린, 파리, 런던, 뉴욕의 주식시장은 은행의 지급 능력 방어를 위해 차례로 문을 닫았다. 은행들은 증권 중개인들에게 대출을 해 주는 대신에 증권을 담보로 잡았다.[3]

　런던에서는 어음 인수업자와 어음 중개업자에게 압박이 집중되었는데, 독일 기업에게서 자금을 회수하기 어려운 곳이 특히 큰 압박을 받았다.[4] 융통 자금 수요로 대규모 예금 인출이 발생할 가능성을 우려하여 합자은행들이 할인시장과 주식거래소에 대한 대출을 회수하자, 압박은 더욱 가중되었다. 다른 나라 중개인들도 비슷한 신용 위기에 시달렸다. 정부는 채무자들의 계정 결제를 연장하는 조치를 취했다. 독일, 프랑스, 영국, 러시아에서는 정부 포고문 형식을 취했고 미국에서는 비공식적인 조정 형태를 취했다.[5] 영국은 8월 4일 어음 모라토리엄을 통해서 한 달간 지불을 유예했다. 프랑스에서는 은행의 예금 인출을 잔고의 5%로 제한했다.[6] 유럽 중앙은행들은 곤란에 직면한 은행과 어음 중개인의 어음을 재할인해주기 위해 엄청난 노력을 기울였다. 잉글랜드은행은 재할인 어음의 손실에 대한 정부 보증을 받자마자 즉시 3000만 파운드 이상의 특별 재할인 기금을 배정했다.[7] 영국 은행들은 짧은 영업 정지 기간 이후 아무 사고 없이 문을 다시 열었다. 뉴욕의 은행들은 도움을 줄 수 있는 최종 대부자가 없었기 때문에(연준은 그해 11월에 운영을 시작할 계획이었다) 청산소의 협조에 의존했다. 그들은 청산소에 준비금을 모두 모았고 청산소는 회원 은행 간 결제에 사용할 수 있는 인증서를 발행했다. 재무부는 긴급 통화를 발행했다.

달러 환율에 대한 충격이 강력했는데, 이것은 미국이 대외 순채무국인 데다 위기가 여름에 발생했기 때문이었다. 미국의 무역수지는 전형적으로 수확기가 지나면 큰 흑자를 그리고 다른 시기에는 적자를 보였다. 통상 영국은 가을의 흑자를 예상하며 여름에 신용을 제공했다. 그러나 유동성 확보 경쟁과 함께 신용도 증발해 버려 해외 통화에 대한 대규모 초과 수요가 발생했다.

외국 통화의 조직적 거래가 중지된 휴지기 이후, 암스테르담, 취리히, 런던을 시작으로 거래가 재개되었다. 달러는 영국 파운드와 프

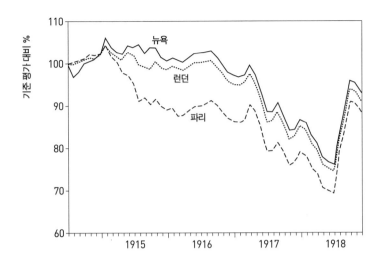

그림 3.1 **1차 대전 동안의 금, 파운드, 프랑의 환율.**

미국이 1917년에 1차 대전에 개입할 때까지 미국 달러는 전통적인 금 평가 수준 근처에서 변동했다. 영국 파운드는 2% 할인된 수준에서 달러에 고정된 반면, 프랑스 프랑은 훨씬 더 낮은 수준으로 떨어졌다.

출처: 『연준 월보*Federal Reserve Bulletin*』.

랑스 프랑에 대해 3~4% 할인된 수준으로 떨어졌다. (그림 3.1을 보라.)
스털링-달러 환율은 일반적으로는 지금 수출의 수익이 발생하는 금
포인트 범위 내에서 변동했다. 그러나 독일에 대한 영국의 선전 포
고와 더불어 해상 운송이 위험해지고 보험 가입이 불가능해졌다. 금
시장의 국제 재정 거래가 과거와 같은 환율 안정을 더 이상 보장하
지 못했다. 의회는 3500만 파운드의 금을 배정하여 크루저 테네시
Tennessee호 편으로 유럽 내 미국인 관광객에게 인도되도록 했지만 스
털링의 시장 가격은 4.86달러에서 5.50달러로 상승했다. 가격이 무려
7달러이고 하루 변동 폭이 30%에 이른다는 보고들도 있었다.[8] 위험
에도 불구하고 미국은 대량의 금을 계속 수출했는데, 10월에만 4400

만 달러에 이르렀다. 잉글랜드은행이 오타와에 계좌를 개설하는 방식으로 운송상의 제약을 피하자, 이런 과정은 가속화되었다. 1914년 8월에서 11월 사이에 잉글랜드은행의 금 준비금은 거의 세 배로 증가했다.

결국에는 원자재와 제조품의 운송이 이런 금융 흐름을 압도했다. 미국 월별 수출액은 1914년 8월과 1915년 봄 사이에 세 배로 늘었다. 미국 상품의 유럽 수출이 12월에 이미 크게 늘어서, 비록 규모는 작지만, 미국으로 금이 유입되었다. 1915년 미국의 무역 흑자는 사상 처음으로 10억 달러를 초과했다. 흑자가 증가하자 달러 가치도 정점에 이르렀다. 전쟁 동안 달러 과잉은 달러 부족으로 바뀌었다.[9]

각국 정부는 국내 투자자와 국제시장을 안심시키기 위해 금본위제의 외관을 유지하려 애썼다. 주화의 금 함량을 변경하지 않는 것은 쉬웠다. 하지만 자유로운 용해와 주조, 그리고 변제와 수출은 훨씬 더 어려웠다. 금은 전쟁에 필요한 희소 자원이었기 때문에 정부는 시민들의 금 축장과 수익을 위한 금 수출을 억제했다. 수출 금지를 강화하기 위해 국내 태환에 제한을 가했다. 러시아와 독일은 전쟁이 발발하던 그 주에 정화의 지불을 중지했다. 은행권을 금으로 태환해야 할 법적 의무가 없었던 프랑스중앙은행은 1915년 하반기에 공식으로 금 수출 금지 조치를 내릴 때까지 예외적인 경우에만 정화를 공급했다.[10] 미국 정부는 1914년 9월에 뉴욕의 주요 은행들로 하여금 이익을 목적으로 하는 금의 운송을 자제하도록 했으며 국제수지의 결제를 뒷받침하기 위해 1억 달러 규모의 금 기금을 조성했다. 미국이 전쟁에 참가한 이후에도 태환은 공식적으로 유지되었지만 애국심에 대한 호소와 행정적 장벽 때문에 태환권을 실제로 행사하기 어려웠다.

황금 족쇄

미국을 제외하면 금본위제의 변형이 가장 적게 이루어진 곳은 영국이었다. 법정 화폐의 금 함유량도 그대로였으며 재무부가 발행한 긴급 화폐도 공식적으로는 태환이 가능했다. 1917년 5월까지는 금 수출도 법적 제한을 받지 않았다. 영국 금본위제의 유일한 법적 변화는 당국이 수입 금을 압수하고 용해를 금지할 수 있도록 한 것이다.[11] 직접적 조치 대신 애국심 호소, 과도한 행정 절차, 보험 확보의 곤란 등이 태환 및 수출 억제의 수단으로 사용되었다.

중립국의 무역수지가 강화되고 중립국이 해외 자금의 안전한 피난처로 등장하자, 운송 위험에도 불구하고 금이 중립국으로 흘러가는 경향이 나타났다. 중립국들은 국내 인플레이션을 최소화하고 교전국과의 적대 관계를 피하기 위해 금 유입, 특히 해외 자본 도피를 위한 금 유입을 억제하려고 노력했다. 예를 들어 네덜란드중앙은행Netherlands Bank은 국가 이익에 필요한 경우를 제외하고는 금을 매입하지 않거나 금 예금을 수취하지 않는 정책을 채택했다. 스웨덴중앙은행Swedish Riksbank은 지금을 주화로 만들었다. 스페인은 외국 금화 매입 가격을 낮추었다.[12]

금융 안정과 군사적 안전이 위협받자, 참전국들의 통화는 평가 절하되었다. 평가 절하는 수입 물자의 비용을 인상하여 소비자 물가 상승을 부추겼다. 그래서 특히 대미 수입에 의존하고 있던 나라의 관리들은 달러의 상승을 억제하는 조치를 취했다.

연합국들에게는 스털링-달러 환율이 핵심이었다.[13] 스털링을 달러에 고정시키자 상당한 규모의 통화권이 형성되었는데, 여기에는 미국, 영국, 영연방 국가들이 포함되었다. 연합국들은 물자의 상당 부분을 미국과 대영제국에 의존하던 상황에서 달러가 고정된 덕분에 수입 비용이 환율 변동의 영향을 받지 않았다. 이 스털링-달러 통화권은 다른 통화의 기준이 될 수 있는 안정된 중심의 역할도 했다.

환율 안정을 위한 정책이 단계적으로 개발되었다. 처음에 각국 정부는 단기 자본을 유입하기 위해 할인율을 인상하는 금본위제의 전통적 수단을 사용했다. 그러나 할인시장이 혼란해지고 할인율이 자금 흐름에 큰 영향을 미칠 것이라는 신뢰가 흔들리면서 이 수단은 효과가 없었다. 그런 뒤에는 금의 운송에 의지할 수밖에 없었다. 1915년 내내 이어진 안정화 과정의 첫 단계에서 영국은 런던과 오타와의 금을 뉴욕으로 실어 날랐다. 그러나 금의 이동은 금 수입 국가조차도 바람직하지 않다고 생각했다. 금 수입 국가들은 인플레이션이 유발되지 않을까 걱정했다. 그래서 1915년 9월에 영국과 프랑스의 대표단이 5억 달러의 안정화 차관을 협상하기 위해 미국으로 파견되었다. 그 차관을 미국인들은 적극적으로 흡수했으며, 영국과 프랑스의 재무부가 소유하거나 차입해서 예치해 둔 미국 증권이 차관의 담보 역할을 했다.[14]

미국의 차관을 이용하면서 스털링은 2% 할인된 수준에서 달러에 고정되었다. 영국 정부를 대신하여 J. P. 모건 사가 외환시장에서 매일 평균 1000만 달러의 스털링을 매입했다.[15] 전시에 운송료가 오르고 영국 정부가 보험료를 통제할 뿐만 아니라 금 수출업자들에게 혜택을 줄 이유가 없었기 때문에, 2% 정도의 낮은 할인율은 민간 금 운송을 유인하는 효과가 거의 없었다.[16]

안정화 과정의 두 번째 단계에서 프랑스 프랑이 스털링에 연결되어 달러와 간접적으로 연계되었다. 프랑스 사람들은 금 준비금을 중요하게 생각했기 때문에 프랑스는 금을 내놓는 것을 영국보다 더 주저했다. 국제 금융 상황이 위태로울 때만 금 수출이 허용되었다. 예를 들어 1915년 봄에 프랑 환율이 급격히 떨어지기 시작하자 프랑

황금 족쇄

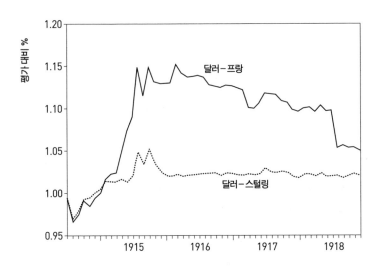

그림 3.2 1차 대전 동안의 달러-스털링 및 달러-프랑 환율

미국 달러의 가치는 1914년 여름에 영국 파운드와 프랑스 프랑에 비해 하락했다. 유럽 참전국들이 전쟁 자금을 마련하기 위해 달러 자산을 처분했기 때문이다. 1915년 초에는 이런 달러 약세가 달러 강세로 반전되었고, 이 달러 강세는 전쟁 기간 내내 지속되었다.
출처: 『연준 월보』.

스중앙은행은 영국 재무부가 프랑스 재무부에 4200만 파운드의 신용을 제공하는 대가로 2000만 파운드어치의 금을 영국으로 반출했다.[17] 과정이 반복된 후, 그해 말에 영국 정부와 프랑스 정부는 스털링-프랑 환율을 안정시키기로 합의했다. 프랑스는 영국의 지원에 대한 담보로 금과 중립국의 증권 그리고 프랑스 재무부 채권을 제공했다.[18] 개입의 결과로 프랑-달러 환율과 스털링-달러 환율의 차이가 줄어들면서 전쟁의 마지막 몇 달 동안에는 프랑의 가치가 상승하여 파운드의 퍼센트 포인트 범위 안에 들어갔다.

　미국이 전쟁에 개입한 이후, 환율정책도 직접 통제라는 새로운 국면에 접어들었다. 프랑스, 독일, 오스트리아를 포함한 많은 나라들이 이미 환율 제한을 실시했지만, 미국은 그 통제 수준을 더 높였다. 1918년 1월에 실시된 규제로 미국인들은 연준의 동의가 없으면 외국인과의 외환 거래와 증권 거래에 사실상 참여할 수 없게 되었다.

독일과 오스트리아는 중부 유럽 이외 지역에 대한 수입 의존도가 높지 않아 환율 변동이 큰 문제가 되지 않았지만, 두 나라 역시 수입 물자 비용을 최소화하기 위해 자국 통화의 절하를 억제하려고 노력했다. 독일의 외환 통제는 오스트리아보다 더 효과적으로 작동했다. 하지만 두 나라 모두 달러에 대한 대폭 절하를 막지는 못했다.

모든 참전국과 심지어 중립국까지도 전쟁 동안 지속적인 인플레이션에 시달렸다. 참전국들은 무보증 지폐를 그냥 찍어 냈다. 그러나 중립국들은 전쟁 물자를 공급하면서 금을 수입했기 때문에 금 보증 통화의 유통량이 늘어났다. 미국과 영국에서 물가가 두 배 이상 상승했고 프랑스에서는 세 배, 이탈리아에서는 네 배가 올라갔다. 그러나 앞에서 말한 외환시장의 작동 때문에, 달러 대비 유럽 통화들의 환율은 유럽과 미국 간 인플레이션율의 격차만큼 절하되지는 않았다. 그 결과로 유럽 제품에 비해 미국 제품의 상대 가격이 하락했다.

상대 가격의 변화가 수입 물자 비용의 상승을 최소화했기 때문에 영국과 프랑스는 그 변화를 긍정적으로 받아들였다. 1915년 7월경, 영국과 프랑스의 실질 환율(도매 물가 지수를 이용하여 계산)은 달러 대비 20% 절상되었다. 미국의 인플레이션은 1916년 여름부터 가속화하기 시작했고 미국 수입품의 비용이 상승했기 때문에 영국과 프랑스의 실질 환율은 다소 떨어졌다. 그 이후, 프랑스 인플레이션은 가속화했지만 프랑-달러 환율에는 큰 변동이 없었다. 프랑스와 영국의 달러 대비 실질 환율의 격차가 벌어졌다. 즉 영국의 환율은 약세로 되었으며 프랑스 환율은 강세가 되었다. 전쟁이 끝날 무렵 스털

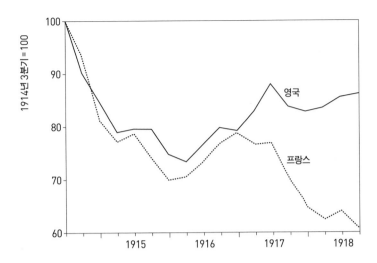

그림 3.3 **1914~1918년 프랑스와 영국의 미국 대비 실질 환율**(1914년 3분기＝100).

스털링-달러 환율과 프랑-달러 환율은 유럽과 미국 간 물가 상승률 격차만큼 절하되지 않았다. 이것은 (환율 조정된) 미국 제품 가격에 비해 프랑스와 영국 제품의 가격이 상승해서 프랑스와 영국의 생산자들이 경쟁력을 확보하기가 더 어려워졌음을 의미한다.

출처: 『연준 월보』.

링은 달러 대비 약 10% 정도 과대평가된 반면, 프랑은 무려 35%나 과대평가되어 있었다(그림 3.3을 보라). 통화 지지 정책이 끝나면 두 통화의 가치는 분명히 하락할 수밖에 없었다.

국내 금융

이런 전시 상황을 반전시키기가 쉽지 않았을 것이다. 물가와 환율을 1913년 수준으로 되돌리기 위해서는 정부 재정의 균형이 필요했고, 심지어는 유통에 투입된 추가 통화를 퇴장시킬 재원을 마련하기 위해 경상 흑자를 내야 했다. 그러나 전시 긴급 상황으로 인한 세금과 지출의 급격한 변화 때문에, 이를 달성하는 방법에 관한 기존의 합의가 깨져 버렸다. 1914년에서 1918년 사이에 늘어난 국내 부채를 상환해야 했기 때문에 재정 부담은 오히려 늘어났다.

그러나 이것은 미래의 문제였다. 당면한 문제는 전쟁 자금 조달이었다. 각국 정부는 다양한 방법으로 이 문제에 대응했다. 그들은 경상 지출을 충당하기 위해 세금을 인상해서 그 수입금을 전적으로 국산품 구매에 사용했다. 훨씬 더 큰 규모의 지출을 충당하기 위해서 국내 차입으로 조달한 자금을 국내 구매에 지출했고, 그 덕분에 무역수지 악화를 방지할 수 있었다. 징세 및 국내 차입 능력의 한계 때문에 각국 정부는 국내 지출 충당의 추가 수단으로서 통화 발행을 할 수밖에 없었다. 물자를 추가로 수입하기 위해서 보유하고 있던 금과 외환 준비금을 사용할 수도 있었다. 준비금이 부족하면 해외에서 차입할 수도 있었다.

관리들은 이런 덤불 속을 헤쳐 나가는 과정에서 미리 계획에 따라 움직이는 법이 거의 없었다. 런던에서 유행한 이야기에 따르면, 영국 정부는 육군, 해군, 수송 및 조달에 관해서는 준비 작업을 마쳤지만, 자금 조달에 관해서는 전쟁이 선포되고서야 비로소 대책을 마련할 계획이었다. 어느 정부도 전쟁에 비용이 얼마나 들지 예측하지 못했다. 예를 들어 영국은 해군이 동맹군에 물자를 공급하면서 적군을 봉쇄하면 대규모 상비군은 필요없을 것이라고 생각하면서 전쟁 계획을 세웠다. 독일작전참모부German General Staff는 전투가 아무리 길어도 2년 내에 끝날 것으로 생각했다. 전쟁이 단기간에 끝나 큰 비용을 치르지 않을 것이라는 믿음 때문에 각국 정부는 세금 인상을 미뤘다. 세금 인상의 거부는 선전 효과가 있었다. 즉 독일과 프랑스 모두 자신들의 튼튼한 재정 상황을 과시하기 위해 세금 인상을 삼가려고 했다. 1870년의 프랑스-프로이센 전쟁의 선례에 사로잡혀 있

황금 족쇄

표 3.1 **1914~1918년 주요국 재정수지(지출 비중)**

	영국	프랑스	독일	이탈리아	미국
1914년	-61.3	-54.8	-73.5	-6.1	-0.1
1915년	-79.8	-79.4	-94.4	-45.3	-8.4
1916년	-75.0	-86.6	-92.7	-64.9	+6.7
1917년	-76.1	-86.1	-90.8	-69.6	-43.7
1918년	-69.2	-80.0	-93.8	-70.2	-71.2

주: (-)는 적자, (+)는 흑자를 의미한다.
출처: 영국과 독일은 Balderston (1989)을, 프랑스와 이탈리아는 Young (1925b)을, 미국은 U.S.
Department of Commerce (1976)를 이용하여 계산했다.

었기 때문에 이들의 계산에서는 배상금이 중요한 부분을 차지하고 있었다. 두 나라 모두 적국이 결국에는 채무와 은행권을 상환할 것으로 기대하면서 차입이나 통화 발행을 통해 전쟁 자금을 조달했다. 대부분의 전쟁 기간 동안 독일 재무부 장관을 지낸 보수주의 경제학자 카를 헬페리히Karl Helfferich는 "평화가 찾아온 뒤, 우리 적들에게 우리가 지불한 전쟁 비용의 청구서를 제시할 것이다"고 말했다.[19]

따라서 "각국 정부는 신용의 운전대를 꽉 쥐고 있었다."[20] 전쟁 첫 해에 영국, 프랑스, 독일의 중앙 정부 지출 중 세금으로 조달된 비중은 절반에도 미치지 않았다(표 3.1을 보라). 이 비중은 그 후에 훨씬 더 낮은 수준으로 떨어졌다. 전체적으로 주요 참전국들이 세금을 통해 경상 지출을 충당한 비율은 3분의 1에도 미치지 않았다.

특히 프랑스의 경우, 세수 확대 노력이 매우 미미했다. 전시 부채의 지불 유예 조항에 따라 도시 임차인과 소작농은 징집되었을 경우 지대 납부를 면제받았는데 이 때문에 지주의 과세 대상 소득이 줄어들었다. 세무 관리들은, 군인 가족은 기소하지 말라는 지시를 받았다. 전쟁 기간은 "황금시대, 세금도 없고 지대도 없고 빚도 갚을 필요가 없는 멋진 시간이었기에, 전쟁이 끝나는 것을 크게 아쉬워했다"는 냉소적인 묘사도 있었다.[21] 1914년 말경의 조세 수입은 평상시의 60% 수준으로 떨어졌다. 이런 간극을 메우기 위해 의회는 간접세, 주로 관세와 소비세를 인상했다. 그러나 간접세는 이미 높은 수준이어서 세수가 더 늘어날 여지가 크지 않았다. 전쟁으로 소비재 수입이 위축되어 관세 수입 역시 줄어들었다. 1916년, 한때 사회당 당원이었던 아리스티드 브리앙Aristide Briand의 리더십하에서 채택된 전쟁 이윤세War Profit Tax에도 불구하고, 프랑스 세수 전체에서 직접세 비중은 20% 근처에 줄곧 머물렀다. 1914년에 표결된 소득세는 3년 후에나 실행되었으며 1918년까지는 그 기여분이 정부 수입의 5% 미만이었다. 1917년 6월이 되어서야 관세를 제외한 총세수가 전전 수준을 회복했다.[22]

독일의 재정 노력은 더욱 무기력한 상황이었다. 독일제국은 전비 지출에서 8%만 세금으로 충당하고 있었다.[23] 이것은 독일에서 중앙 정부와 각 주들 사이에 명확한 분업이 있었기 때문이다. 1871년 헌법에 따라 직접세 부과 권한을 각 주가 가지고 있었다. 각 주들은 이런 세금의 주요 수익자로서 평상시 정부 기능을 수행해야 하는 책임을 지고 있었다.[24] 주 수준에서 의사 결정권을 갖고 있던 엘리트들은 전시에도 직접세의 통제권을 제국으로 넘기는 것을 주저했다. 직접세 수입이 전쟁을 거치면서 두 배가 되었지만, 전시 자금 조달에서는 미미한 역할밖에 하지 않았다. 독일제국은 거의 전적으로 간접세(관세와 소비세의 비중이 비슷했다)에 의존할 수밖에 없었다. 특히 제국이 식료품을 비롯한 필수품 수입에 대해 관세를 유예한 이후에는 관세 수입이 뚝 떨어졌다. 정부는 제국중앙은행, 석탄, 철도 여행 등에 대해 추가 세금을 부과했다. 1918년에 음료와 사치재에 대해 새로운 소비세가 부과되었다. 주들도 적자를 겪었지만 중앙 정부에 비하면 적자 규모는 작았다. 제국과 주의 지출을 합하면, 정부 지출 대비 적자 비율이 92에서 83으로 떨어졌다.[25]

소득세가 존재하고 직접세 부과 원칙이 확고히 자리 잡혀 있던 영국에서는 세수를 늘리는 것이 더 용이했다. 독일에서는 직접세 수입이 전쟁 기간에 두 배가 되었지만, 영국에서는 네 배가 되었다.[26] 소득세와 부가세의 세율이 1914년 11월에 배로 올랐다. 1913~1914년과 1918~1919년 사이에 정상 소득세율은 5배가 되었다. 전시 특수로 혜택을 입은 기업에 대한 군수세와 초과 이윤세가 소득세를 보완했다.[27] 간접세 부과에는 소홀했다. "노동자 계급의 반발"을 야기할 수 있다는 경고에도 불구하고 맥주과 차에 대한 세금이 인상되었다.[28] 영국 정부는 자유 무역 전통과 결별하고 수입 자동차, 영화, 벽시계, 손목시계, 악기에 대해 세금을 부과했다. 그런데도 영국 세수 전체 중 직접세 비중은 1913~1914년의 60% 미만에서 전쟁 후반의 80%로 올라갔다. 이후 사람들은 영국이 예산 관리에 "미온적"이었다고 비판하지만, 프랑스나 독일과 비교하면 영국은 전시 지출 중 인상적일 정도로 큰 비중을 세금으로 충당하는 데 성공했다.[29]

미국은 전통적으로 연방 세수를 관세에 의존했다. 그러나 전쟁 직전 미국의 산업계는 7% 최고 세율의 소득세를 대가로 수입 원자재에 대한 관세 인하를 얻어냈다. 1909년에 이윤이 5000달러를 초과한 기업에게 처음으로 부과된 1%의 법인세가 1913년에는 모든 기업에 부과되었다. 유럽에서 전쟁이 발발하면서 관세 수입이 하락하자, 미국 재정 당국은 영국과 마찬가지로 직접세로 눈을 돌렸다. 당국은 1916년 소득세 기준 세율을 두 배로 올렸고 2만 달러 이상의 소득에 대해 누진세를 부과했다. 독일과의 외교 관계가 단절되자, 기업과 합자 회사에 대해 기존 세금에다가 초과 이윤세를 추가해서 부과했다. 전쟁 비용 중 3분의 1은 세금으로 충당하고 3분의 2는 대출로 충당한다는 것이 재무부의 계산이었다. 개인 소득세의 누진 세율은 63%까지 인상되어 다른 어느 나라보다도 높았다. 자본 이득에 대해서는 최고 60%의 세율이 적용되었다. 1917년에 미국 역사상 처음으로 소득세와 이윤세가 관세 수입을 초과하게 되었다.[30]

각국의 이런 조세 정책은 비판에 직면했다. 관리들은 예산 문제에 미온적으로 대처한다는 비난을 받았다. 즉 전시 지출을 세수로 충당하고 국가 재정을 방어하는 데 필요한 세금 인상이라는 쓴 약을 처방하려고 하지 않았다는 것이다. 이런 비판 중 일부는 타당성이 떨어졌다. 건전한 비평가들은 군사비 지출이라는 일시 프로그램 비용은 장기간에 걸쳐 분산되어야 하고, 사실상 미래 세대가 분담해야 한다는 견해를 피력했다.[31] 전시에 정치가들이 이기심과 편의주의 때문에 그 부담을 미래로 지나치게 많이 이전시켰다고 주장할 수는 있다. 그러나 실제 정치적 논란은 세대 간 문제에서 발생한 것이 아니라 현재의 납세자들 사이에서 그 부담을 나누는 데서 발생했다. 관리들이 어떤 전략을 추구하든 전전 상태와는 크게 달라질 수밖에 없었다. 전쟁은 세금 부담과 소득 분배에 관한 합의를 뒤집어 놓았다. 전쟁이 끝나자, 부자들은 새로운 소득세를 폐지해야 하고 기존 세금도 전쟁 이전의 수준으로 되돌려야 한다고 주장했다. 반대로 노동계 대표들은 전쟁 관련 산업 분야의 소유주와 경영자들이 얻은 막대한 이윤과 자본 이득을 재분배하기 위한 자본 과세를 요구했다. 재정시스템을 전쟁 이전 상태로 되돌리려는 모든 노력은 정부 재정에 대한 새로운 수요가 이어지면서 엉키게 되었다. 전쟁 영웅의 나라에서는 전쟁 연금, 의료 지원, 실업 수당, 주거 지원금 등을 제공해야 했다. 다른 수입원이 필요했다. 문제는 전전의 방식대로 징수를 해야 하느냐 아니면 전시의 임시방편들을 계속 연장해야 하느냐 하는 것이었다. 이것은 전후 각국 정부가 직면한 최대의 논란거리였다.

적절한 과세 프로그램에 대해 합의를 이룰 수 없었던 정부는 부채에 의존할 수밖에 없었다. 주요 참전국들 중 영국과 미국은 장기 대출을 통해 전시 예산 적자를 충당하는 데 가장 성공한 나라였다. 영국 정부는 재무부 단기 채권 발행과 잉글랜드은행 대출로 헤쳐나가는 과정에서 세 번에 걸쳐 대규모 장기 차입을 했다. 첫 번째 차입에서는 대규모 금융 기관과 10만 명의 재력가들이 채권을 인수했다. 두 번째 차입을 위해서는 100만 명 이상의 저축을 동원해야 했는데, 채권 인수자들 중에는 일반인도 다수 포함되어 있었다. 그 이후에는 재무부가 국내 저축을 끌어들일 수 있는 모든 수단을 다 사용했다. 예를 들면, 채권의 인수 기간을 정하지 않은 채 전쟁 채권을 계속해서 발행했다.

미국에서는 대중의 광범위한 참여 덕분에 전시 자유 공채^{Liberty} ^{Loans}의 인수가 촉진되었다. "채권의 쿠폰을 한 번도 오려 본 적 없고 주식 한 주도 가져 본 적이 없는 수백만 명의 개인들이 이제 평생 처음으로 투자에 관심을 갖게 되었다"고 묘사되기도 했다.[32] 재무부 장관 윌리엄 G. 맥아두^{William G. McAdoo}는 차입 캠페인을 능란하게 지휘하면서 소요 재원의 변동에 대응했다. 재무부는 자신의 재정 대리인 역할을 한 12개 연방준비은행에 채무 증서를 판매했다. 연방준비은행에 증서의 할당 규모를 미리 통고하고 매입에 필요한 자금을 따로 마련해 놓도록 지시했다. 정부 계좌에 입금하는 방식으로 증서의 대금을 지불하고, 증서를 역내 회원 은행들이나 일반 국민에게 재판매했다. 전시 자유 공채가 발행되거나 다른 이유로 정부 수입이 늘어나면 채무 증서를 상환했다. 정부 계정에 입금된 예금에 대해서는 준비금이 필요하지 않기 때문에 인플레이션을 유발할 수 있다는 비판이 있었지만, 이런 수단은 원활히 작동했다.[33]

프랑스의 정부 부채는 느린 속도로 증가했지만 국민 소득보다는 더 높은 수준으로 올라갔다. 그림 3.4에 나타난 것처럼 부채의 증가 속도가 느린 것은 부채가 높은 상태에서 출발했기 때문이다. 프랑스의 전전 부채 중 많은 부분은 1870년 프랑스-프로이센 전쟁에서 승리한 독일이 프랑스에 부과한 배상금에서 비롯되었다. 프랑스는 채권을 발행해서 그 원금을 독일에 이전하는 방식으로 배상금을 지불했다. 1914년 무렵에는 야심찬 공공 사업(경제성 없는 수로 체계도 포함되었다)과 식민지 확장을 위한 군비 지출 때문에 채무 부담이 다시 50% 증가했다. 따라서 프랑스의 정부 부채는 절대 액수로는 빠르게 증가했지만 1914~1918년에 발행된 장단기 재무부 채권은 전전 정부 부채에 비하면 상대적으로 비중이 작았다. 하지만 프랑스는 전쟁 때문에 큰 채무 부담을 지게 되었다. 1920년 대내 부채를 국내 생산 대비 비율로 계산하면 프랑스가 1.64, 영국이 1.26, 미국이 0.27이었다.[34]

부채 수준 외에 프랑스 정부 부채의 특징은 총부채 중 단기 재무부 채권이나 국방채bons de la défense nationale 같은 단기 부채의 비율이 높다는 것이었다.[35] 영국이나 미국에서 발행된 재무부 채권 및 채무 증서와 달리, 프랑스에서는 이런 채권을 은행이 아니라 일반 국민들이 보유했다. 프랑스에는 영국과 같은 규모의 국내 단기채권시장이 발달되어 있지 않았다. 프랑스 은행들 역시 상당한 규모의 국내 단기 채권을 보유해 본 경험이 없었다. 프랑스 업계가 필요로 하는

황금 족쇄

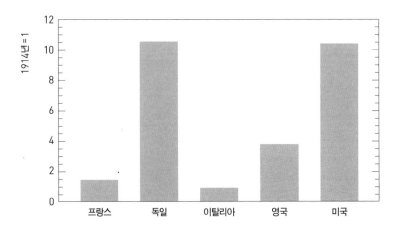

그림 3.4 **국내 정부 부채: 1914년 대비 1919년 실질 부채의 비율**(도매 물가 지수를 이용해 실질 가치로 환산)

1차 대전 동안 정부 부채가 급격히 증가했다. 독일과 미국에서는 약 10배가 증가했고, 유럽의 다른 참전국에서는 증가 속도가 다소 느렸다.
출처: United Nations(1948).

신용 중 상당한 규모가 영국의 은행, 할인업소나 어음 인수업소에 의해 제공되었다. 선전 포고와 더불어 해외의 신용 공급도 중단되었다. 어려움에 처한 프랑스 은행들은 국내 고객들에게 단기 신용을 제공했다. 은행들이 단기 재무부 채권 대신 민간 부문에 대한 신용의 형태로 유동 자산을 보유하고 있었기 때문에, 정부는 단기 채권을 국민들에게 판매할 수밖에 없었다.

독일은 장기 채권을 발행하는 데 주저함이 없었지만 정부의 재원 소요와 보조를 맞출 수 있는 속도로 자금을 조달하는 데는 어려움이 있었다. 1914년 9월에 발행된 첫 번째 채권은 은행과 기업, 그리고 공공보험기금과 소규모 투자자들이 인수했다. 6개월 후에 두 번째 자금 조달이 있었는데, 그렇다고 단기 재무부 채권 발행액을 빠르게 늘릴 필요성이 없어진 것은 아니었다. 국민들이나 은행은 이것마저도 정부의 수용 가능한 수익률 수준에서 다 소화할 수 없었다. 프랑스처럼 상업 어음의 거래량은 작았다. 그나마 프랑스 기업들은, 작은 규모이긴 하지만, 런던에서 그리고 궁극적으로는 뉴욕에서 무역 신용을 얻을 수 있었지만, 독일 기업은 그럴 수도 없었다. 그들은 어쩔 수 없이 국내 은행에 기댈 수밖에 없었다. 국내 고객들을 잃고 싶지 않은 독일 은행시스템은 단기 재무부 채권보다는 국내 어음을 흡수했다.

원칙상으로는 독일제국의 단기 부채 중 많은 부분을 프랑스처럼 일반 국민들에게 판매할 수도 있었다. 그러나 신용 경색의 영향으로부터 산업과 상업을 보호해야 한다는 강한 압박이 있었다. 소규모 거래자와 상인, 그리고 민간자본시장에서 배제된 여타의 주체들에게 신용을 제공하기 위해 정부대출국Government Loan Offices이 설립되었다. 신용 제한을 더 완화하기 위해 제국중앙은행은 단기 재무부 채권의 할인 규모를 늘렸다. 1917년 무렵, 재무부 채권 발행액의 4분의 3을 제국중앙은행이 보유하게 되었다. 유통 화폐량은 연합국보다는 독일에서 더 빠르게 증가했다. 제국중앙은행권 유통량은 1914년에서 1918년 사이에 7배나 증가했다. 제국중앙은행, 재무부, 대출국의 발행액을 모두 합하면 9배가 증가했다.

독일만큼 광범하지는 않았지만 프랑스도 비슷한 방법을 사용했다. 1914년에서 1919년 사이에 채택된 9개 법률을 통해 프랑스중앙은행은 1% 이자율로 정부에 추가 대출을 할 수 있게 되었다. 정부 채권과 국방 어음의 매입을 통해 통화가 유통에 투입되었다. 1914년 2월에서 1918년 2월 사이에 프랑의 유통액이 4배 증가하였다.

영국 재무부가 직면한 상황은 앞의 두 나라보다는 나았다. 전쟁 직전에 영국에서 유통된 어음의 약 3분의 2는 국가 간 어음의 형태를 띠었으며, 그중 많은 양은 영국에서 멀리 떨어진 지역의 국제 무역을 위한 것이었다.[36] 전쟁의 발발과 더불어 이런 자산이 갑자기 위험 자산이 되었다. 은행과 다른 금융 기관들은 해외 어음 보유를 줄이고 유동성과 수익성이 있는 다른 자산을 찾았다. 단기 재무부 채권이 확실한 대안이었다.[37] 대부분의 국가와 비교하면 영국은 성공적으로 장기 채권을 발행했다. 그리고 단기 수단에 의존할 때는 은행시스템이 준비된 시장 역할을 했다.[38]

이러한 자금 조달 전략은 국제금융시스템에 심대한 영향을 미쳤다. 환율이 국내 물가와 같은 폭으로 절하되는 것을 막기 위해서뿐만이 아니라, 물가가 금융시스템의 유동성과 같은 폭으로 상승하는 것을 막기 위해서도 통제와 개입이 필요했다. 전쟁이 끝나면 인플레이션과 환율 절하가 역전될 것이라는 낙관적 전망이 널리 퍼져 있으면 이런 상황의 관리는 어렵지 않다. 물가를 전전 수준으로 돌려놓겠다는 정부의 명시적인 목표를 신뢰하는 한, 소비자들은 늘어난 통화 잔고를 계속 보유하려고 할 것이다. 그러나 전후 안정의 조건이 이런 낙관주의를 흔들어 놓는다면 소비자들은 그 통화를 처분하려고 할 것이고, 그러면 물가가 앙등할 것이다. 억제되었던 인플레이션 압력이 분출하여 환율을 안정시키려는 정책 당국의 힘겨운 노력은 일거에 물거품이 될 것이다.

단기 채권을 일반 국민에게 판매한 나라에서 이런 위험이 가장 컸다. 신인도가 흔들리면 국민들은 만기 어음의 연장을 거부할 것이다. 중앙은행은 원금을 상환하기 위해 현금을 재무부에 공급해야 할 것이다. 예를 들어 프랑스에서는 투자자들이 단기 정부 부채의 갱신을 갑자기 거부하자 당시 재정 적자보다도 훨씬 심각한 인플레이션이 유발되었다. 단기 정부 부채는 국민 소득의 65%에 이른 반면, 재정 적자는 겨우 13%에 불과했다.

이런 과도한 부채는 전후 통화 관리 문제를 복잡하게 만들었다. 각국 정부는 그런 과도한 채무 부담을 진 상태에서 태환성을 유지하기 위해 노력해 본 적이 없었다. 금본위제하에서 재정정책과 부채 관리를 위한 전통적 역할은 경상 지출이 재정 수입을 초과하지 않게 해서 재무부 관리가 중앙은행에 신용을 요청하지 않도록 하는 것이었다. 이제 관리들은 채무 상환 비용이 통제를 벗어나 예산 포지션을 위협하지 않도록 해야 했다. 단기 부채가 당면한 최대 위협이 되었다. 어떤 교란이 발생하여 투자자들이 만기가 된 단기 재무부 채권을 처분하게 되면, 정부는 원금을 상환하기 위해 돈을 찍어 내야 할 수도 있었다. 금 태환이 그런 교란의 영향을 가장 먼저 받을 수 있었다.

국제 금융

세금이나 국내 부채 및 신용은 전시에 동원 가능한 자원의 증가 수단이기는 하지만, 이것으로 무역 적자를 관리할 수는 없었다. 각국은 적자를 기록했다. 주요 교전국 중에서 유일하게 미국만 참전 이후에도 대규모 무역 적자를 기록하지 않았다(표 3.2 참조). 다른 곳에서는 자원이 군용으로 전용되면서 제조품과 식료품 수출이 급속히 떨어졌다. 영국과 프랑스는 캐나다와 미국에서 원자재와 제조품을 수입했으며, 유럽 대륙의 군대에 보급품을 공급한 대영제국 소속 국가나 스페인 등에 대해 적자를 기록했다. 동맹국과 스칸디나비아에서 수입하던 상품들을 북미와 극동에서 점점 더 들여오게 되었다. 이탈리아는 전통적으로 독일에서 상당 부분을 수입했지만 교역의 방향을 영국, 이집트, 인도, 미국, 아르헨티나로 바꾸었다. 독일과 오스트리

표 3.2 **1차 대전 기간의 상품무역수지(수입품 대비 무역 흑자 비율)**

	1914년	1915년	1916년	1917년	1918년
영국	-24.5	-43.2	-36.4	-43.9	-59.6
프랑스	-23.9	-64.3	-69.9	-78.2	-78.8
이탈리아	-24.9	-46.6	-63.6	-76.6	-79.4
러시아	-12.9	-64.7	-79.1	-76.4[1]	-71.3[1]
독일	-33.3	-57.7	-53.6	-50.7	-33.8
오스트리아[2]	-27.8	-64.9	-74.4	해당 없음	해당 없음
미국	25.8	65.6	129.0	110.2	106.4
일본	0.1	24.7	40.4	45.9	13.5
아르헨티나	25.0	90.6	56.5	44.8	60.1
호주	-4.9[3]	-5.9	-3.7	28.6	30.7
브라질	34.5	78.7	40.2	42.2	15.0
캐나다	1.1	53.3	39.4	64.5	37.9
덴마크	8.6	-4.8	-5.8	-5.3	-22.0
네덜란드	-13.3	-17.1	-28.5	-15.4	-37.5
노르웨이	-27.7	-22.0	-27.0	-52.4	-39.7
스페인	-16.2	4.2	7.6	-0.1	61.7
스웨덴	6.2	15.1	36.6	77.9	9.5
스위스	-19.7	-0.6	2.9	-3.4	-18.2

1. 유럽과의 무역만을 대상으로 한 수치임.
2. 오스트리아-헝가리제국
3. 역년 기준에서 회계 연도 기준으로 변경되어 반년간의 수치임.
출처: 독일을 제외한 통계는 Mitchell(1975)을 이용해 계산했으며, 독일 통계는 쿤트 보르하르트 Kunt Borchardt가 보내주었다.

아는 발칸 지역에서 식료품을 계속 수입했고 서유럽이나 다른 시장과는 거의 단절되었다. 유럽의 다른 교전국들처럼 이들도 전쟁을 지속하기 위해 무역 적자를 관리해 나갔다.

　해외 자산의 청산과 해외 차입을 통해 무역 적자를 보충할 수 있었다. 유럽 정부들의 첫 번째 조치는 거주자들이 보유한 해외 증권을 청산하는 것이었다. 그다음에는 담보를 동원하고 미국 투자자들에게 채권을 판매하기 위해 미국 발행소와 접촉했다. 마지막으로 연합국들은 미국 정부에게 직접 신용을 얻었으며, 미국 정부는 이들을 대신해서 달러 표시 부채를 미국 국민들에게 판매했다.

처음에 유럽 각국 정부는 강제 수단을 사용하지 않으면서 국민들이 보유한 증권을 동원하려고 했다. 잉글랜드은행은 시장에 참가해 영국인들이 보유한 미국 증권을 매입하라는 지시를 받았다. 그리고 달러 증권을 재무부 채권과 교환하지 않은 영국 투자자들에게는 2년간 정부에 대여하라고 요구했다. 재무부는 그 달러 증권을 매각할 수 있는 권한을 사실상 갖고 있었지만 형식적으로는 전쟁이 끝나면 돌려주게 되어 있었다.[39] 1916년 말이 되자, 이런 계획이 투자자들의 호응을 끌어내지 못한다는 것이 분명해졌다. 그러자 증권 차입 기간을 2년에서 5년으로 연장하고, 매각될 경우 동일한 특징과 가치를 가진 증권이나 예치금, 미지불 이자 및 5%의 보너스에 해당하는 현금으로 상환하는 것으로 변경했다. 이런 새로운 조건 역시 필요한 규모의 증권을 유인하는 데 성공하지 못했다. 결국 미양도 증권에서 발생한 소득에 대해 추가 세금을 부과하자, 효과가 나타났다.

영국 재무부가 판매한 해외 증권 규모에 대한 추정치들 사이에는 상당한 격차가 있었다. 재무부 장관은 1919년 예산 연설에서 최고 10억 파운드에 이른다고 말했다. 왕립국제문제연구소Royal Institute of International Affairs는 미국 주식과 채권 2억 5100만 파운드어치와 캐나다 증권 3400만 파운드어치가 1914~1921년에 영국 정부에 의해 매각되었으며, 그 두 배에 해당하는 규모가 민간에 의해 매각되었다고 추정했다. 이 추정치에 따르면 영국이 전전에 보유하고 있던 외국 증권의 약 4분의 1, 혹은 미국에 대한 영국 채권의 70%에 상당하는

증권이 청산되었다.[40]

독일도 외국 증권을 동원하기 위해 비슷한 방법을 사용했다. 증권을 직접 모집하지 않고, 우선 은행에게 고객들이 매각할 수 있도록 유도하라고 지시했다. 그러나 독일도 결국 강제 수단을 사용할 수밖에 없었다. 독일 투자자의 영국 증권 청산은 약간 복잡했다. 네덜란드에서 영국으로 우송된 증서들 중에서 독일인 소유로 판단된 증서는 영국 당국이 압수했다. 미국이 참전하기 전까지는 미국 증권을 매각하는 것이 더 현실적이었다. 영국의 봉쇄 때문에 동맹국들은 미국 시장에서 재화 구매를 위해 미국 증권을 사용할 수 없지만, 미국 증권은 네덜란드와 북유럽 국가에서는 계속 거래되었고 물품 구매 시에도 사용되었다.

프랑스 정부는 1915년 6월부터 미국 내 판매 및 저당을 목적으로 예치된 미국 철도 증권에 대해 정상적인 배당금과 이자의 125%를 제시했다. 그러나 프랑스 포트폴리오 중 미국 증권의 비중은 작았다. 큰 비중을 차지하고 있던 러시아, 불가리아 및 터키의 증권은 가치를 실현하기가 훨씬 더 어려웠다. 프랑스 시민이 보유한 달러 증권의 약 70%는 전쟁 중에 청산되었지만 프랑스의 해외 증권 총액 중 매각된 비중은 8% 미만이었다.[41]

유럽 각국 정부의 해외 자산 동원은 외국인의 달러 자산 보유에 전반적으로 어떤 영향을 미쳤을까? 델라웨어앤허드슨 사Delaware and Hudson Company의 L. F. 로리L. F. Loree는 연장이 100마일 이상인 미국의 모든 철도 노선에 대해 철도 주식 소유자들의 거주지를 조사했다. 액면가 기준으로 외국인이 보유한 미국 철도 주식 총액이 1915년 1월에서 1917년 1월 사이에 60% 하락했음을 밝혀냈다.[42] 외국인이 보유한 미국 주식의 거의 대부분을 철도 주식이 차지했기 때문에, 이 수

표 3.3 **1915~1919년 미국의 달러 대출**(단위: 백만 달러)

차입자	1915년 1월 1일~1917년 4월 5일	1917~1919년(자유채권법)
연합국		
프랑스와 영국	2,102	7,157
러시아와 이탈리아	75	1,809
캐나다와 호주	405	—[1]
독일	8	0
유럽 중립국	12	344[2]
기타	72	126
총액	2,672	9,436

1. 기타에 포함.
2. 그리스와 벨기에. 반올림 때문에 각 값의 합이 총액과 다를 수 있다.
출처: 첫째 열은 Lewis(1938), 355쪽. 둘째 열은 『세계대외전쟁채무위원회 통합 연례 보고서, 1922~1926 회계 연도*Combined Annual Reports of the World War Foreign Debt Commission, Fiscal Years 1922-26*』(1927년) 및 『재무부 연례 보고서*Annual Report of the Secretary of the Treasury*』(1920년).

치는 전체 평균과 크게 차이 나지 않을 것이다.

프랑스, 영국과 다른 연합국들은 이런 증권을 담보로 미국 시장에서 차입했다(표 3.3 참조). 처음에 미국 국무부는 교전국에 대한 대출이 미국의 중립성에 배치된다는 이유로 이를 제한했다. 대신, 단기 여신은 허용했다. 내셔널시티은행National City Bank은 러시아와 프랑스에, J. P. 모건은 프랑스와 영국에 단기 여신을 신속히 제공했다. 1915년 10월에 5억 달러 규모로 영국과 프랑스의 대출이 이루어지면서 장단기 대출의 구분이 사라졌다. 외국인들이 뉴욕시장으로 몰려들었다. 많은 대출이 만기 5년 미만이었으며, 약간의 기업 및 지방 정부 대출도 있었지만 대부분은 중앙 정부를 상대로 한 것이었다.

미국 시장 접근이 용이한 영국과 프랑스는 대출금을 연합국들에게 다시 넘겨주었다. 프랑스가 미국에서 10억 달러 그리고 영국에

황금 족쇄

서 5억 5500만 달러를 차입한 바로 그 시기에, 프랑스는 다른 나라에 5억 1400만 달러를 빌려주었다. 영국은 한편으로는 미국에서 10억 달러, 다른 중립국에서 3억 2900만 달러를 빌리면서도 다른 한편으로는 연합국들에게 38억 달러를 빌려주었다. 따라서 미국은 참전하기 전부터 전시 대출을 통해 국제 금융에서 지위를 상당히 강화했다. 전시 대출 과정에서 영국의 지위에는 큰 변화가 없었지만 프랑스의 지위는 크게 약화되었다.

참전 이후 외국 정부 대출은 미국 재무부가 직접 실시했다. 정부 간 대출은 과거 상업 대출의 이자율에 상응하는 수준에서 이루어졌다. 전쟁이 계속되는 동안, 미지불 이자가 원금에 추가되었다.

영국과 프랑스는 달러 대출금을 계속 다른 연합국들에게 이전시켰다. 영국은 미국에서 43억 달러를 차입하면서 연합국들에게 32억 달러를 대출했다. 프랑스는 미국에서 29억 달러를 차입하고 다른 나라에서 3억 달러를 차입해서 연합국들에게 17억 달러를 대출했다. 따라서 프랑스는 전쟁을 거치면서 미국과 영국에 대해 10억 파운드의 빚을 졌지만 러시아, 이탈리아, 벨기에, 유고슬라비아에서 받을 돈은 이것보다 훨씬 적었다.

외국인이 보유하고 있던 미국 증권이 반환되고 유럽 차입자의 달러 부채가 누적되면서, 미국 투자자들은 다양한 외국 정부의 증권을 손에 넣게 되었다. 미국 투자자들은 1915년 영국과 프랑스 대출에다가 추가로 9억 달러 규모의 영국 증권, 7억 달러 규모의 프랑스 증권, 2억 달러 규모의 다른 외국 채권을 매입했다. 하지만 이런 부채는 참전 후 미국 정부가 직접 제공한 신용에 비하면 소액에 불과했다. 직접 대출 규모는 미국 투자자들이 보유한 외국 정부 증권의 3배가 넘었다.[43] 그 결과로 미국은 순 대외 채무국에서 순 대외 채권국으로 바뀌었다. 미국의 대외 부채는 1914년 여름 70억 달러에서 1919년 40억 달러로 줄어들었다. 미국의 해외 증권 포트폴리오는 10억 달러에서 30억 달러로 증가했다. 반면, 연방 정부가 보유한 외국 정부 채권은 120억 달러에 근접했다.[44]

전쟁이 국제통화체제의 작동에 미친 광범한 영향 중 다른 하나는 장기 자산과 부채의 대규모 재분배였다. 그러나 그것 못지않게 중요한 것은 단기 신용 포지션의 변화였다. 대출과 차입의 재분배뿐만 아니라 단기 신용이 제공되는 제도적 메커니즘 역시 근본적으로 변했다. 전시 동안 무역 불균형이 확대되면서 대량의 단기 신용이 창출되었다. 1차 산품의 가공 센터라고 할 수 있는 미국은 스페인, 일본, 중남미에 대해서는 무역 적자를 기록했는데, 그 결과로 이 나라들은 뉴욕에 달러 자산을 축적했다. 마찬가지로 유럽의 중립국들은 해운과 다른 서비스를 제공함으로써 달러 잔고를 쌓았다. 미국 제품의 구매에 이용하기 위해 해외 대출금도 미국 은행에 예치했기 때문에 훨씬 더 많은 신용이 창출되었다. 연준이사회에 따르면 1919년 중순경 미국의 해외 단기 채무가 10억 달러를 초과하여 전전의 2배를 넘었다.[45] 미국은 단기로 빌려서 장기로 대출하는 국제 금융 중심지로서 전전의 영국을 점점 닮아 가고 있었다.[46]

전쟁 기간 동안의 이런 지위 변화를 정확히 추정하기란 어렵다. 1913년 런던의 미지불 어음 규모가 약 5억 파운드였는데 그중 절반이 외국 어음이었다. 그리고 이에 상응하는 규모의 해외 단기 예금이 있었다. 전쟁을 거치면서 독일과 다른 적국에 대한 5000만 파운드의 단기 대출이 자본 손실로 상각되었다. 런던에 있던 외국 재무부 단기 채권을 판매함으로써 프랑스, 러시아, 일본에 단기 대출을 했지만, 이것으로는 앞의 손실을 일부밖에 상쇄할 수 없었다. 영국의 해외 단기 예금은 수입품 구입으로 대략 1500만 파운드가 줄어들었다. 정확한 숫자는 알기 어렵지만, 이런 수치들에 비추어 볼 때 1914년부터 1918년 사이에 런던의 총 단기 자산 및 순 단기 자산 포지션이 상당히 줄어들었음을 짐작할 수 있다. 따라서 뉴욕시장의 성장을 추동한 힘이 다른 한편으로는 런던의 지위를 약화시켰다.

해외 신용의 공급이 제한된 상황에서 각국은 금으로 결제를 해야만 추가 수입을 할 수 있었다. 그런데 각국은 이를 주저했다. 금융시스템에 대한 신뢰를 유지하기 위해서는 금 준비금이 필요하다고 정부 당국들은 믿고 있었다. 전쟁이 계속되는 동안에 신뢰를 뒷받침하던 금본위제법을 유예한 나라에서는 더욱더 그렇게 생각했다. 각국은 애국심에 호소하면서 국민들에게 갖고 있는 모든 금을 당국에 예치하라고 독려했다. 당시 사람들은 전시 동안 지하에서 채굴한 금보다 국민들 호주머니에서 캐낸 금이 더 많았다고 말한다.[47] 거의 30억 달러의 금 준비금이 새로 중앙은행 금고에 들어왔는데, 이는 1914년에서 1918년 사이에 새로 채굴된 금의 150%에 해당하는 규모였다.

국가로의 금 집중 덕분에 중앙은행의 자산 및 부채에 대한 금 준비금의 비율이 증가했으며, 금 준비금이 수익 자산의 증가 속도를 앞질렀다(표 3.4 참조). 국제수지의 결제와 외환시장 개입을 위해 준비금을 사용한 대륙의 주요 교전국인 프랑스, 벨기에, 독일, 이탈리아에서만 예외적으로 그렇지 않았다. 이 나라들에서 방출된 금의 상당 부분은 결국 미국으로 갔는데, 미국의 막대한 정화 축적은 전쟁이 초래한 국제통화체제의 가장 큰 변화 중 하나였다.

외환 준비금의 증가는 훨씬 더 극적이었다. 표 3.5에 나타난 바와 같이 1913년에서 1918년 사이에 외환 보유액이 증가하지 않은 나라는 거의 없었다. 무역수지 흑자를 기록한 중립국들은 교역 상대국

표 3.4 **중앙은행의 금 및 외환 준비금**(자산 대비 비율, 1913년과 1920년)

나라	금		외환	
	1913년	1920년	1913년	1920년
영국	42	84	0	0
프랑스	129	47	해당 없음	0
벨기에	26	11	17	0.4
미국	해당 없음	64	해당 없음	0.3
이탈리아	90	39	13	2
독일	55	21	10	8
네덜란드	89	144	11[1]	11
노르웨이	37	45	34	13
일본	53	100	36	64
스페인	25	99	10	2
스웨덴	32	52	39	17
스위스	83	104	19	17

1. 1914년.
분자는 경상 가격으로 표시한 국내외 금이며, 분모는 은을 제외한 다른 기타 자산, 다른 은행의 은행권, 토지 및 기타 계정을 포함함.
출처: League of Nations(1926)을 이용해 계산.

의 통화로 표시된 자산을 쌓았는데, 교역 상대국은 이런 잔고를 금으로 태환하지 못하도록 했다. 대영제국 소속 국가들은 런던에 스털링 잔고를 쌓았는데, 2차 대전 때도 유사한 일이 벌어졌다. 1차 대전이 끝나고 이런 잔고를 줄이려는 시도가 더 이상 적대 행위로 간주되지 않게 되자, 대부분의 국가가 외환 준비금을 줄였다(표 3.5의 두 번째 열을 보라). 그러나 전쟁의 결과로 중앙은행 금고에 든 통화용 금의 비중이 항구적으로 증가한 것처럼, 전 세계 외환 준비금의 규모도 항구적으로 증가했다.[48]

중앙은행의 대차대조표로는 이런 자산의 소재지나 표시 통화

표 3.5 **1913~1919년 외환 준비금의 변화(%)**

나라	1913~1918년	1918~1919년
연합국		
프랑스	해당 없음	-44.5
벨기에	-39.5	-52.6
이탈리아	411.2	-47.0
캐나다	16.1	17.8
독일	188.9	105.0
유럽 중립국		
덴마크	278.9	-43.8
네덜란드	428.9	-12.7
노르웨이	92.9	2.9
스페인	-55.2	-31.0
스웨덴	31.3	-4.2
스위스	88.3	34.3

출처: League of Nations(1926), 표 V.

에 대해 거의 알 수가 없다. 뉴욕과 런던이 보유한 외환 준비금 규모는 전쟁 기간 동안 증가했을 것이다. 반면에 파리와 베를린의 보유액은 증가했다고 해도 그 증가 폭이 미미했을 것이다. 유럽 대륙의 인플레이션이 영국보다 더 높았기 때문에, 런던 잔고의 매력은 더욱 커졌다. 영연방 자치령의 은행들은 당연히 런던에 잔고를 쌓으려는 경향이 있었다. 따라서 많은 나라가 런던과 뉴욕 양쪽에 외환 준비금을 예치하려고 했지만, 전쟁 시기에 런던 내 잔고 유지의 유인은 올라간 반면, 뉴욕 내 잔고 축적은 최소화되었다. 적대 행위 문제가 종지부를 찍자, 재조정이 불가피했다.

무역과 경쟁력

금융 효과에만 주목하면 전쟁이 남긴 가장 중요한 경제적 결과들 중 많은 것을 놓치게 된다. 그 결과 중 일부는 국제 무역의 영역에서 일어났다. 전례 없는 대규모 전시 무역 불균형은 일시적이었지만, 교역 방향의 전환은 지속적이었다(표 3.6 참조). 한번 강둑을 넘은 강물처럼 교역 패턴도 과거와 같은 흐름으로 쉽게 회복되지 않았다. 전시 산업 수요 덕분에 북미의 생산 능력은 계속 확대되었다. 전시의 선박 건조 덕택에 1920년대에 미국과 캐나다에서 유럽으로 운송되는 제품의 운송비가 인하되었다. 전쟁이 끝난 후에도 유럽의 북미로부터의 수입이 1913년 수준으로 다시 감소하는 경향은 나타나지 않았다.

더욱이 세계 다른 지역에 대한 유럽의 수출이 차질을 빚자, 미국이 그 공백을 메우기 시작했다. 미국의 남미 지역 수출은 1916년에 75% 이상 증가했다. 남미 시장을 계속 지배해 온 영국 기업들은 전쟁 이후에 처음으로 북미로부터 심각한 경쟁 압박을 받았다.[49]

아시아에서도 새로운 경쟁자가 출현했는데, 바로 일본이었다. 유럽의 수출이 줄어들자, 일본은 아시아시장 판매를 목적으로 제지 공장과 약품, 페인트 및 여타 생산물 제조 공장을 세웠다. 유럽 경쟁력이 약해지자, 일본 섬유 산업은 전통적 시장인 미국 및 중국에 대한 판매를 확대하고 처음으로 호주시장에 침투했다. 1916년에 이미, 과거 오스트리아와 독일이 영국에 공급하던 소품들을 일본 생산자들이 점점 공급하기 시작했다. 전쟁이 끝난 후에도 이 추세는 쉽게 역전되지 않았다. 전쟁의 결과로 일본 산업은 상류 부문upstream*으로 진출했다. 수입한 자본 장비를 사용하기 어렵게 되자, 일본 기업들이 직접 생산하기 시작했다. 제철소가 건설되고 선박 건조 능력이 확대되었다. 일본은 처음으로 이런 산업의 생산물을 수출하기 시작

황금 족쇄

했다. 전간기에 중공업 부문을 괴롭힌 세계적인 과잉 설비 문제는 전시의 바로 이런 경향에 기인했다고 할 수 있다.[50]

미국이나 일본과 같은 산업 국가는 새로운 무역 기회에 가장 빠르게 적응했다. 대규모 경제뿐만 아니라 소규모 경제의 경우에도 마찬가지였다. 예를 들어 네덜란드의 의류 생산은 전쟁 기간에 50%가 증가했으며 고무 제품의 생산은 500% 증가했다. 후진국들과는 대조적으로 유럽의 중립국과 미국 및 일본은 상당한 규모의 공장과 산업 장비를 갖고 있었다. 이것은 후진국들의 대응이 없었다는 뜻은 아니다. 예를 들어 미국 면화를 운송할 수 있는 선박을 구하기 힘들어서 영국의 섬유 수출이 차질을 빚자, 인도와 중국의 섬유 생산이 속성 성장을 했다. 그 결과로 아시아 여러 지역에 대한 랭카셔의 수출 감소가 계속되었다. 그러나 후진국의 산업 대응은 인상적이지 않았다. 남미의 제조업은 전시의 수입 감소에 대응하며 그저 완만한 정도로 생산이 증가했다. 몇몇 제조업 성장은 아르헨티나와 브라질에서 나타났는데, 주로 현지 소재 의존도가 높은 섬유, 양모 세척, 신발과 같은 부문에서 나타났고, 다른 부분에서는 상대적으로 이런 성장이 거의 없었다. 물가 상승은 고이윤과 확장 유인을 의미했지만, 수입 원자재에 의존한 산업은 수입 물자의 공급 차질로 어려움을 겪었다. 수입 자본재는 구하기가 더 어려웠다. 자본 유입이 거의 중단된 수준이었기 때문에, 외국 자금에 의존한 산업의 성장은 중단 상태에 있었다.[51]

• 원자재를 가공하여 최종재를 생산하는 일련의 생산 단계 중에서 앞부분에 위치하는 단계를 상류 부문이라고 하고, 반대로 뒷부분을 하류 부문downstream이라고 한다. 따라서 원료를 가공하거나 가공에 필요한 자본재를 생산하는 과정은 상류 부문이라고 할 수 있다.

표 3.6 대륙별 교역 비중

수입지역	영국[3]	미국	프랑스	독일	인도	캐나다	일본	네덜란드	이탈리아	벨기에	중국	아르헨티나	호주
유럽													
1913년	44.3	48.2	53.2	54.0	80.3	28.9	30.7	65.2	65.4	66.0	26.4	78.0	70.8
1920년	24.9	23.3	48.3	50.0	67.0	21.4	13.2	63.4	40.1	48.2	20.0	48.7	45.3
1924년	36.1[4]	30.4	—	55.6	69.4	25.4	23.7	64.0	—	—	22.1	62.6	55.7
북아메리카[1]													
1913년	24.4	8.0	11.4	16.8	2.6	64.3	17.3	11.7	14.7	8.9	6.3	15.2	14.9
1920년	36.6	11.7	23.6	28.7	10.1	69.2	38.0	16.0	34.6	19.6	20.4	33.8	26.9
1924년	24.2	11.1	—	19.5	6.2	64.2	29.0	12.5	—	—	19.9	23.6	28.3
카리브해 지역[2]													
1913년	1.2	13.8	1.7	0.9	0.0	2.1	0.1	0.2	0.4	0.3	0.0	1.0	0.3
1920년	3.0	19.8	2.0	0.4	0.0	4.5	0.1	1.3	0.2	1.0	0.0	4.7	0.2
1924년	2.4	16.4	—	1.0	0.0	3.6	0.1	2.2	—	—	0.1	3.8	0.2
남아메리카													
1913년	9.0	11.1	9.4	10.3	0.0	1.4	0.4	5.1	7.1	9.8	0.0	3.9	0.3
1920년	10.0	14.1	10.5	7.6	0.0	1.6	1.4	8.5	13.3	10.1	0.0	8.2	0.6
1924년	9.3	12.9	—	7.7	0.0	2.5	0.3	9.0	—	—	0.1	7.2	0.2
아프리카													
1913년	4.9	1.3	8.9	4.6	2.1	0.1	1.0	0.7	2.3	4.3	0.0	0.4	0.5
1920년	7.2	2.9	6.4	2.2	1.6	0.1	3.8	0.8	2.4	2.5	0.0	1.4	1.3
1924년	7.5	2.0	—	4.1	3.9	0.2	0.9	2.1	—	—	0.0	0.6	0.9
아시아													
1913년	9.6	15.7	11.8	10.3	14.5	2.5	48.4	16.8	9.1	6.6	67.2	1.3	8.8
1920년	11.1	24.3	6.6	10.6	21.0	2.6	40.8	9.9	7.5	5.8	59.5	3.2	21.4
1924년	12.0	25.8	—	9.2	20.0	3.5	40.8	9.8	—	—	57.1	2.2	11.6
오세아니아													
1913년	6.6	1.9	3.6	3.1	0.5	0.7	2.1	0.3	1.0	4.1	0.1	0.2	4.4
1920년	7.2	3.6	2.6	0.5	0.3	0.6	2.7	0.1	1.9	2.8	0.1	0.0	4.3
1924년	8.5	1.4	—	2.9	0.5	0.6	5.2	0.4	—	—	0.7	0.0	3.1

수출 지역
유럽

유럽														
1913년	34.6	60.4	69.7	75.0	57.9	54.6	23.6	88.0	63.7	83.5	25.6	62.9	77.6
1920년	37.0	54.3	67.5	81.9	39.8	43.3	10.0	71.8	71.8	85.6	18.3	53.8	65.1
1924년	42.0[4]	53.2	—	72.5	50.9	47.9	9.7	78.4	—	—	18.0	60.1	66.0
북아메리카[1]														
1913년	10.3	16.5	6.6	7.7	9.5	39.0	30.1	4.5	11.1	3.4	9.2	4.7	3.6
1920년	9.1	12.0	8.9	6.4	15.1	47.2	30.1	5.3	8.1	4.0	12.6	14.8	7.6
1924년	11.9	13.9	—	8.1	9.5	40.5	42.1	8.7	—	—	13.4	7.2	6.2
카리브해 지역[2]														
1913년	1.8	7.7	1.4	1.1	0.4	1.7	0.1	0.1	0.6	0.5	0.0	0.3	0.0
1920년	1.8	11.4	1.2	1.2	0.9	1.9	0.3	0.8	0.5	0.4	0.0	0.2	0.0
1924년	1.6	9.9	—	1.5	1.3	2.3	0.2	0.8	—	—	0.0	0.4	0.0
남아메리카														
1913년	9.5	5.9	5.9	6.6	2.0	0.9	0.2	0.5	11.6	5.1	0.0	7.3	1.1
1920년	7.5	7.6	4.5	5.4	3.5	1.5	2.0	2.0	8.4	3.1	0.1	5.0	0.2
1924년	6.6	6.9	—	7.4	2.2	1.9	1.0	1.3	—	—	0.1	4.8	0.1
아프리카														
1913년	9.8	1.1	13.3	2.1	2.8	1.0	0.3	1.1	7.1	2.5	0.0	0.0	3.7
1920년	11.7	2.0	15.4	0.8	3.6	1.6	2.2	2.0	5.9	2.9	0.0	0.5	4.2
1924년	8.7	1.5	—	2.2	5.8	1.1	2.3	2.2	—	—	0.0	0.3	3.8
아시아														
1913년	25.2	5.1	2.7	6.4	25.4	1.2	43.7	5.7	5.4	4.2	65.1	0.1	9.3
1920년	26.1	9.4	2.3	4.3	34.2	1.9	51.3	17.8	4.9	3.6	68.7	0.2	15.8
1924년	19.7	11.2	—	7.8	28.2	3.7	41.9	8.2	—	—	68.4	0.4	18.2
오세아니아														
1913년	8.8	3.3	0.4	1.1	2.0	1.6	2.0	0.1	0.5	0.8	0.1	0.0	4.7
1920년	6.8	3.3	0.2	0.0	2.9	2.6	4.1	0.3	0.4	0.4	0.3	0.0	7.1
1924년	9.5	3.4	—	0.5	2.1	2.6	2.8	0.4	—	—	0.1	0.0	5.7

1. 미국과 캐나다 포함.
2. 파나마에서 멕시코까지의 대륙 및 서인도제도.
3. 1923~1924년, 일반 무역.
4. 아일랜드자유국 포함: 1923년(9개월) 3. 5, 1924년 5. 7.

출처: 국제연맹, 『1910~1924년 국제수지 및 대외무역수지 보고서(Memorandum on Balance of Payments and Foreign Trade Balances 1910-1924)』(제네바, 1915년), 113쪽.

많은 지역에서 1차 산품의 생산 증가가 더 중요했다. 러시아산 곡물과 많은 동유럽산 곡물의 수출이 중단되어, 다른 지역 생산자들이 생산을 확대했다.[52] 캐나다의 경우, 곡물 수출용 선박이 희소해 밀 경작지 확대가 제한되었다. 그러나 저가 곡물은 가축 사료로 사용될 수 있었다. 부피 대비 가치가 높은 육류는 운송의 수익성이 더 높았다. 아르헨티나의 육류 수출은 1913년에서 1918년 사이에 75% 이상 증가했다. 뉴질랜드처럼 멀리 떨어져 있는 나라의 생산자들도 육류와 유제품의 생산을 늘렸다. 그러나 유럽 참전국에 대한 1차 산품 공급자 중 가장 중요한 나라는 사실 미국이었다. 미국의 밀과 밀가루 수출액은 1913년에서 1918년 사이에 3배 이상 증가했다. 미국의 육류 수출은 10배나 증가했다.[53]

생산 능력 확대에 투자한 농업 생산자들은 전쟁 후에 생산 감축을 주저했다. 1920년대 내내 농업 분야를 괴롭힌 1차 산품의 지속적 가격 하락은 전시의 공급 팽창을 반영한 것이었다. 1차 산품 가격이 하락하여 농업 모기지를 상환하기가 점점 더 어려워지자, 농민들은 금본위제가 디플레이션의 엔진이라고 앞장서서 비난하기 시작했다.

이와 더불어 농업과 공업의 상황들로 인해 비유럽 지역의 수출이 매우 활발해졌다. 1913년부터 1928년 사이에 유럽 이외의 대륙에서 수출이 두 배로 증가했다. 세계 다른 지역에서 수입하는 상품의 규모가 증가하자, 그 대금을 지불하기 위해 유럽도 수출을 늘릴 수밖에 없었다. 결국은 생산 능력을 늘려야 그렇게 할 수 있었다. 그러나 폐허가 된 유럽 경제는 전쟁 직후의 후유증 때문에 소득의 상당 부분을 투자에 투입할 수 있는 상황이 아니었다. 자본 설비를 미국에서 수입할 수 있었다면, 그리고 한동안 유럽 적자를 메우기 위해 미국의 신용을 이용할 수 있었다면, 이행 과정은 순조로웠을 것이다. 안정을

황금 족쇄

얻기 위해서는 미국이 국제 결제 패턴에서 전례 없는 역할을 해야 했다.

국내 정치의 변화

1차 대전은 유럽 정치를 바꾸었다. 몰라볼 정도는 아니라도 최소한 놀라울 정도의 변화는 가져왔다. 전쟁이 발발했을 때만 해도, 경쟁 관계에 있는 자본주의 경제들 간의 충돌을 노동자 계급이 열렬히 지지할까에 대해 의구심이 있었다. 제2인터내셔널이 징집 반대의 효과적인 매개 역할을 할 수도 있다는 우려가 있었다. 노동자들이 자신들의 목소리를 내기 어려운 체제의 방어를 위해 선뜻 나설 것이라고 기대하기는 어려웠다. 그래서 유럽 전역에서 전쟁 동안 그리고 전쟁 직후에 참정권이 크게 확대되었다. 오스트리아, 체코슬로바키아, 덴마크, 영국, 핀란드, 독일, 네덜란드, 노르웨이, 폴란드, 스웨덴에서는 여성들에게 투표권이 부여되었다. 재산이나 부의 기준이 완화되거나 폐지되었다. 가장 대표적으로는 오스트리아-헝가리제국을 계승한 나라들에서 거대 산업가와 대지주가 오랫동안 지배하던 의회가 처음으로 노동자 계급에게도 상당 폭 개방되었는데, 이런 현상은 비단 이 지역에 국한된 것이 아니었다.

이런 변화의 결과는 곧 노동자 정당과 사회주의 정당의 성장이었다. 예를 들어 영국노동당의 득표 수는 1911년 선거에서는 37만 표에 불과했지만 1918년 선거에서는 2백만 표 이상으로 증가했다. 유럽 의회와 선거를 오랫동안 지배해 온 제조업자와 지주 간의 줄다리기 위에 고용인과 피고용인 사이의 갈등이 덧씌워졌다.

전쟁에서 비롯된 두 번째 정치적 교훈은, 종종 국가라는 이름으로 억압되었던 소수의 권리를 보호해야 한다는 것이다. 확실한 메커니즘은 비례 대표 선거제도이다. 이 제도하에서는 의석을 차지하기 위해 어느 집단이 어느 한 선거구에서 최다 득표를 할 필요가 없다.[54] 전후의 이데올로기 환경에서 민주주의와 비례 대표제는 종종 동의어로 간주되었다. 독일, 프랑스, 벨기에, 이탈리아, 노르웨이, 핀란드, 폴란드, 라트비아, 에스토니아, 체코슬로바키아는 모두 이런 제도를 부분적으로 도입했다.[55]

이러한 선거 개혁은 정당 정치에 심각한 영향을 미쳤다. 단기식 투표의 소선거구제(흔히 최다 득표자가 당선되는 선거제도)에서는 각 선거구별로 단 한 명의 대표가 선출된다. 많은 선거구에서 2등이나 3등을 차지한 정당은 입법 과정에서 아무런 목소리를 내지 못할 수도 있다. 최다 득표를 한 정당이 득표율 이상의 의석을 차지하는 경향이 있으며, 득표율이 가장 낮은 정당은 득표율보다 낮은 의석수를 차지하는 경향이 있다. 그 결과로 정당 정치는 양당 정치로 굳어지게 된다.

예를 들어 설명해 보자. 처음에 무슨 이유로든 표가 세 정당으로 나뉘었다고 가정해 보자. 단순화하기 위해 각 정당의 득표율이 모든 선거구에서 동일하다고 가정하자. 의석을 한 석도 차지하지 못한 세 번째 정당은 득표율이 높은 경쟁 정당 중 하나와 통합하려고 할 것이다. 그렇지 않으면 자기가 지지한 후보가 당선되지 않는 것을 알고 있는 유권자들은 자신의 표를 다른 두 정당 중 자신의 이해관계를 더 잘 대변할 수 있는 정당에 던질 것이다. 그러면 결국 양당 체제가 될 것이다. 이것이 다수 대표제하에서 양당 체제가 성립하는 것을 설명하는 일반적 방식이다. 이런 설명은 1920년대 영국노동당의 성장에 대응한 영국자유당의 급격한 쇠퇴를 설명하기 위해 사용된다.[56]

이와 대조적으로 중대 선거구의 비례 대표제하에서는 한 지역구에서 여섯 또는 그 이상의 대표가 선출되고 득표 수에 비례한 의석의 배분 덕분에 군소 정당들도 의회에서 목소리를 낼 수 있게 된다.[57] 비례성 규칙은 군소 정당들의 경쟁을 용이하게 함으로써 정당의 확산을 가져온다. 정당의 수가 많아지면서 다수 정당들이 점점 다양한 정치적 스펙트럼을 띠게 된다.[58] 소수당 정부와 연립정부가 점점 빈번히 등장하게 된다.

　문제는 이런 변화가 정책에 어떤 영향을 미쳤는가이다. 과거의 저술들은 상반된 평가를 하고 있다. 한편에서는 비례 대표제가 도입되면서 연립정부나 소수당 정부가 어느 특정 집단의 이해관계와 일치하지 않는 정책을 추진하려고 할 경우, 다수의 이익집단이 그 정부를 와해시킬 수 있는 힘을 갖게 되기 때문에 정치 불안과 정책 교착 가능성이 증가했다고 주장한다. 반면 다른 한편에서는 비례 대표제가 정권 상실 비용을 피하고자 하는 정당들의 타협을 촉진함으로써 정치 안정을 강화했다고 주장한다.[59]

　어느 쪽도 보편적으로 적용되기는 어려울 것이다. 비례 대표제의 결과는 상황에 따라 다를 것이다. 사실, 비례 대표제의 특징인 정당의 확산은 일반적으로 연립 여당의 결속을 어렵게 한다. 연정 파트너의 이탈을 막기 위해 필요한 협상의 거래 비용은 연정 파트너 수가 늘어날수록 증가한다.[60] 그러나 파트너들의 관점에서 이탈의 이익은 연정 파괴의 비용과 균형을 이루어야 한다. 그런 이익은 정치적 선호의 분산에 따라 다를 것이다. 대안적 정책이 다른 이익집단의 상대적 후생에 극적인 효과를 초래할 것이라는 의미에서 큰 이해관계가 걸려 있을 경우에는, 불이익을 받는 정당의 입장에서는 바라지 않는 정책의 채택을 봉쇄했을 때의 이익이 연정을 파탄 내고 새로 선거를 치러 정치 불안의 기류를 악화시켰을 때의 비용을 능가할 것이다. 반대로 이해관계가 크지 않을 경우에는 연정을 탈퇴할 때의 비용이 타협과 안정을 위한 효과적 유인책이 될 것이다. 앞의 조건에서는 비례 대표제는 정부의 불안정과 정책의 교착으로 이어질 것이고, 뒤의 경우에는 안정적인 연정과 타협으로 이어질 것이다. 따라서 비례 대표제의 효과는 균열 갈등cleavage conflict의 정도에 따라 다를 것이다.[61]

1920년대에는 각국 정부가 소득 분배에 심대한 영향을 미칠 수 있는 결정을 해야 했기 때문에 커다란 이해관계가 걸려 있었다(즉, 균열 갈등이 상당히 심했다). 연정의 파트너들은 분배상의 불이익을 받을 수 있는 정책의 채택을 막기 위해 필요하면 몇 번이라도 연정을 깰 의사가 있었다. 그런 체제는 현상 유지를 위해서는 이상적이었다. 그러나 금본위제로의 복귀를 준비하기 위해 증세나 정부 지출 감축과 같은 정책의 심대한 변화에 대한 지지가 필요한 상황에서는, 비례 대표제는 정책 실행을 가로막는 심각한 장애물이었다.[62]

벨기에, 독일, 이탈리아, 프랑스, 폴란드는 모두 비례 대표제의 변종하에서 고생하고 있었는데, 이 나라들은 모두 안정된 정부를 구성하고 금본위제 회복에 필요한 재정 안정화를 이루는 데 어려움을 겪었다.[63] 정책 교착 상태는 종종 민주주의 자체를 위협했다. 이탈리아에서는 무솔리니Mussolini가 독재 권력을 장악한 후에야 경제 안정화가 달성되었다. 폴란드에서는 유제프 피우수츠키Jozef Pilsudski 장군의 쿠데타로 의회의 권한이 실질적으로 박탈된 체제가 만들어진 1926년이 되어서야 정부 불안정과 금융 불안정이 종결되었다. 독일, 프랑스, 벨기에에서는 정치 체제의 전복 없이 안정화가 달성되었다. 하지만 금융 불안정이 인내할 수 있는 수준을 벗어나고 무대책의 비용이 엄두도 못 낼 정도의 수준에 이른 뒤에야 안정이 찾아왔다.

황금 족쇄

비례 대표제 방식을 채택한 스칸디나비아 국가들, 네덜란드, 체코슬로바키아는 이와 같은 쇠락 효과를 경험하지 않았다.[64] 의회의 불안정으로 인플레이션 위기가 초래된 나라는 없었다. 이렇게 다른 결과가 나타난 데는 몇 가지 요인이 있었다. 가장 중요한 것은 네덜란드와 스칸디나비아 국가들은 전시 중립국으로서 심각한 재정 파탄을 겪지 않았다는 점이다. 이 나라들의 당시 혹은 그 이전의 재정 시스템은 참전국들과 크게 다르지 않았다. 따라서 이 나라들의 의회는 전전 상황의 회복을 위해 기존 재정시스템을 크게 변경할 필요가 없었다. 경제적 이해관계가 프랑스, 벨기에, 이탈리아에 비해 작았기 때문에 정부를 와해시키는 비용은 타협을 위한 효과적 유인책이 되었다.

1920년대 스웨덴이 이 나라들의 상황을 잘 대변해 준다.[65] 스웨덴은 1909년에 비례 대표제를 채택했고, 1921년 선거 개혁으로 대선거구제를 채택해 비례 수준을 높였다. 그 결과로 스웨덴 의회인 라크스다그^{Riksdag} 의석은 네 개의 주요 정당으로 나뉘었는데, 이 정당들의 득표율을 합하면 90%가 넘었다. 표가 네 정당 사이에서 아주 고르게 나뉘었기 때문에 어느 당도 다른 정당의 지원이 없으면 정권을 잡을 수 없었다. 자유당은 왼편의 사회당과 오른편의 보수당 및 농민당 사이에서 균형을 유지했다. 보수당의 주요 관심사는 국방을 강화하는 것이었으며, 사회당의 관심은 사회 서비스를 확대하는 것이었다. 자유당은 사회당과 보수당이 국방비와 사회 프로그램의 지출 증가 욕구를 자제해야 한다고 주장하면서, 이 양 극단의 중간 노선을 취했다. 1920년대에 사회당과 보수당의 소수당 정권은 자유당의 지지가 필요했기 때문에 공공 지출의 구성을 급격히 바꿀 수 없었다. 그리고 사회당과 보수당 모두 재산권의 급진적 변화를 주장하지 않았다는 것도 의미 있는 점이다. 기존 재정 적자를 없애기 위해 혹은 대폭 늘어난 공공 지출을 충당하기 위해 세수를 급격히 늘릴 필요가 없었다. 전쟁에 적극 참가한 나라들만큼 재정 상태가 위태로워지지는 않았다. 기존의 재정시스템을 유지한다고 해서 위기가 발생할 정도는 아니었다. 그리고 스웨덴의 비례 대표제는 마치 현상 유지에 이상적인 형태 같았다. 스웨덴 정치에 관한 어느 평론가의 말처럼, "물론 스웨덴 의회가 긍정적인 방향보다는 부정적인 방향으로 변할 수 있는 형태로 나뉘어 있었던 것은 분명하다."[66]

한편, 분배 문제가 다른 문제를 압도할 정도의 정치적 쟁점이 아니라면, 다른 영역의 정책들을 주고받기 하면서 분배에 영향을 미치는 중요한 문제들을 해결할 수도 있었다. 네덜란드와 체코슬로바키아의 경험이 이 점을 보여주고 있다.[67] 이 나라들에서는 경제정책의 교착 위험이 크지 않았는데, 그것은 종교 문제와 인종 문제가 모든 영역에서 경제 문제만큼 중요했기 때문이다. 따라서 정당의 지형이 순전히 경제 노선에 따라서만 형성된 것은 아니었다. 비례 대표제가 1917년에 도입된 네덜란드에서는 주요 5개 정당 중 3개 정당이 가톨릭과 프로테스탄트(칼뱅주의자들의 표는 두 정당으로 갈렸다)를 대표하는 종교 색채의 정당이었다.[68] 균열이 전적으로 경제 노선에 따라 나타나지 않는 상황에서 경제 문제와 종교 문제 사이의 거래가 가능했다. 이 때문에 경제적 정당과 종교적 정당 사이의 안정적 연정 형성이 가능했다.[69] 체코슬로바키아에서는 주요 정당 중 두 정당이 체크인과 슬로바키아인을 각각 대표했다. 반면, 다른 정당들은 경제적 이익집단을 대표했다.[70]

프랑스와 독일의 사례와 같이 경제, 인종, 종교의 다차원적 정치 균열이 정부의 안정을 곧 담보하는 것은 아니다. 기존 체제가 전시에 심각히 훼손되고 독일의 배상금 문제를 둘러싸고 2차적인 분배 갈등이 중첩되었기 때문에, 분배를 둘러싼 갈등이 특히 치열했으며 다른 문제들을 계속 압도했다. 하지만 다차원적 균열이 존재하면서 정부가 안정될 가능성이 높았다. 정책 교착 상태도 더 쉽게 해소되었다. 인플레이션을 더 쉽게 중지시킬 수 있었으며 금본위제 복귀에도 도움이 되었다.

국제 통화 관계에 대한 함의

금본위제로 돌아가는 것이 쉬운 일은 아니었을 것이다. 왜냐하면 전쟁 때문에 금본위제가 작동하던 국제 경제 환경이 근본적으로 변화했기 때문이다. 가장 기본적인 변화는 주도적 역할을 하는 국가들의 상대적 지위와 관련된 것이다. 영국의 금융 전문 기자인 하틀리 위더스Hartley Withers는 1917년 10월에 이미 "전쟁이 끝난 다음에도 런던 금융시장의 지위가 유지될까?"라는 의문을 강하게 제기했다.[71] 위더스는 금융 서비스의 주도적 공급처라는 런던의 지위를 뉴욕이 잠식할 것이라고 속으로 생각하고 있었다. 그러나 그 의문은 국제통화체제 전체의 작동에 대해서도 심대한 함의를 지니고 있었다. 런던은 전전 시스템의 작동 과정에서 특별한 위치를 차지하고 있었다. 런던은 해외 자금의 매력적인 저장고 역할을 하면서, 외국 중앙은행들이 외환을 이용해 금 준비금을 보완하도록 유도했다. 영국은 미국처럼 탄력성이 떨어지는 통화를 보유하고 있는 국가에 기꺼이 금을 건네주려고 했는데, 그 결과로 금본위제에 가해지는 압박이 완화되었다. 고정된 평가들 간의 연계에서 핵심적 위치에 있었던 스털링의 지위 때문에, 스털링은 통화정책의 국제적 조율에서 초점이 되었다. 정상적인 시기에는 다른 나라들이 선도자, 즉 잉글랜드은행을 따르기만 하면 통화정책이 조정되었다. 위기 시에는 스털링에 대한 위협이 국제 협력의 필요를 알리는 신호 역할을 했다.

전쟁으로 이런 관계를 위한 기반이 허물어졌으며 런던에 대한 뉴욕의 도전이 거세졌다. 전쟁의 결과, 미국은 채무국에서 채권국으로 변했다. 전 세계 준비금 중 상당 부분이 미국의 손에 들어갔다. 미국 은행들은 처음으로 국제 금융에서 명실상부한 국제적 경쟁 상대로 부상했다. 1917년에 이미 위더스 등의 전문가들은 미국이 영국에 무역 신용을 의존하는 것이 전쟁 이후에 사라지지는 않겠지만 줄어들 것이라는 점을 인식하고 있었다. 그리고 뉴욕 어음인수시장의 성장이 전시 국제 무역 및 금융의 추세와 결합되면서 과거에 런던에서 이뤄지던 금융 업무를 뉴욕으로 옮겨 놓게 되리라는 것을 알고 있었다. 미국 은행들은 장기 대부 인수에서 런던과 경쟁하기 위해 이미 해외 지사를 설치하기 시작했다.[72] 연준의 설립으로 미국 금융시스템의 유연성이 높아져 자금의 경색과 이완이라는 계절적 변동이 줄어들었으며 정책 당국은 개입을 위한 새로운 지렛대를 갖게 되었다.[73]

위더스는 런던이 전시의 혼란을 겪었지만, 프랑스, 독일, 러시아의 피해가 훨씬 더 크다고 경고했다. 러시아는 볼셰비키 혁명과 차르 채무에 대한 소비에트의 지불 거부로 국제 금융 사회에서 퇴출될 수밖에 없었다. 파리와 베를린의 미래는 배상금 문제 때문에 불투명했다. 프랑스가 독일에게 배상금을 받기로 결정될 때까지, 차르가 프랑스에 진 채무에 대한 러시아의 지불 거부, 그리고 프랑스가 영국과 미국에 진 전시 채무 때문에, 파리의 금융 포지션은 강건한 상태에서 취약한 상태로 바뀌었다. 독일의 해외 투자에 대해서는 누구나 청산될 것이라고 예상했다. 그러나 독일의 배상금 규모가 막대할 것이라

황금 족쇄

는 점 외에는 모두 불확실했다. 전후 복구에는 상당한 비용이 들 수밖에 없어서 대규모 정부 재정 적자가 나타날 것이다. 그것이 외환에 어떤 영향을 미칠지는 불확실했다. 이런 불확실성 때문에 대륙의 금융권이 끌어올 수 있는 해외 자원의 규모는 최소한에 그쳤으며, 파리와 베를린에 예치된 외환 준비금도 타격을 입었다.

이런 불확실성 때문에 재건된 금본위제의 작동에 대한 신뢰는 한층 더 중요해졌다. 국내시장에 문제가 발생하면 태환성 방어에 필요한 조치들이 신속히 취해질지에 대한 투자자들의 의심을, 각국 정부가 방치할 수만은 없었다. 그 어느 때보다도 신뢰는 정부나 중앙은행 간의 국제적 협력―정상 시기에는 통화정책 간 조화, 그리고 위기 시에는 준비금의 집중―에 달려 있었다. 전쟁 기간에 영국 정부, 프랑스 정부, 미국 정부는 규칙적으로 폭넓은 국제 금융 협력에 참가했다. 물론 독일은 이런 협의에 참가하지 않았다. 이제 얽히고설킨 배상금과 전시 채무 때문에 국제 관계는 틀어지고 향후의 협력은 위태로워졌다. 국제 금융 자원의 배분에 변화가 생기면서 새로운 환경에서 미국의 역할이 엄청나게 커졌다. 국제 금본위제의 회복과 원만한 작동을 위해서는 정책 담당자들이 환경의 변화를 인정하고 받아들여야 했다.

슬프게도 유럽인들은 변화된 환경에 대한 적응은 언급하지 않고 전전 질서의 회복만 되뇌었다. 1917년에 위더스는 "전후에 런던의 지위를 확보하기 위해 우리가 해야 할 일은 전전 한 세기 동안 런던이 그런 지위를 누릴 수 있게 했던 시스템을 가능한 한 빨리 회복하는 것이다"고 썼다.[74] 미국이 전쟁 기간에 획득한 지위를 지키기 위해 미국 전문가들이 주문한 것 또한 흥미롭다. 미국은 "협소하게 사고하지 말고 국제적으로 사고해야 한다." 미국은 국제 경제와 국제통화체제의 작동에 대한 책임을 인식해야 한다. 그리고 이 미국인들은 "우리가 그 정도로 발전했는지 아닌지는 시간이 말해 줄 것이다"고 덧붙였다.[75]

제4장

전후의 불안정

1919년 3월 미국은 영국 파운드와 프랑스 프랑에 대한 지원정책을 중단했다. 두 통화는 갑자기 급락했다. 유럽 전역의 정책 담당자들은 한결같이 이런 추세가 역전되어 자국의 과거 금 평가가 조기에 회복될 것이라고 믿었는데, 그것은 분석이 아니라 가정에 근거한 것이었다. 하지만 그럴 수가 없었다. 진정한 국제금본위제라면 네 통화, 즉 달러, 파운드, 프랑, 마르크를 기초로 해야 할 것이다. 금본위제라는 외형 위에 지붕을 올리기 위해서는 미국, 영국, 프랑스, 독일이 먼저 기둥을 세워야 했다. 미국은 계속 달러 가격을 금에 고정시키고 있었지만, 독일의 안정화는 1924년에, 영국의 안정화는 1925년에, 프랑스의 안정화는 1926년이나 1928년(실질적 안정화냐 법적 안정화냐에 따라 다르다)이 되어서야 이뤄졌다. 그 사이에 산업 국가들은 평시로는 처음으로 변동환율제를 경험했다.

이 변동환율제 기간 중 1919~1921년에 호황과 불황이 발생했는데, 이것은 대공황 이전 10년 동안의 가장 극적인 경기 변동이었다. 이 전후 불황은 전간기의 나머지 기간 동안 세계 경제를 괴롭히게 될 모든 불안정 요인을 압축하고 있었다. 이 불황은 전 세계의 국제수지 결제망이 미국에 의한 해외 대부에 의존하고 있음을 보여주었다. 그리고 중앙은행의 정책, 특히 연준의 정책에 매우 민감해졌음을 보여주었다. 금 평가의 회복과 유지를 약속한 유럽의 중앙은행들이 새로운 미국 중앙은행의 행동을 무시할 수 없음을 보여주었다. 동시에 연준과 같이 국제적으로 매우 강력한 중앙은행들조차 통화정책을 결정할 때 금본위제의 규칙을 따를 수밖에 없음을 보여주었다.

이런 영향들에 대해 제대로 된 평가가 이루어지지 않았다. 불황이 단기에 종료되고 이후에 경제 성장이 지속되자, 1919~1921년의 교훈은 그냥 무시되었다. 그리고 1920~1921년의 침체가 단축된 것이 아주 특별한 상황 덕분이었다는 사실 역시 제대로 인식되지 못했다. 가장 중요한 것은 국제 금본위제가 아직 중지 상태에 있어, 다른 나라가 미국과는 다른 정책을 추구할 수 있는 여지가 컸다는 점이다. 이것을 제대로 이해하지 못하고 정부 관리들은 성급하게 금본위제 복귀에 달려들었다. 이것은 이후 불황의 조짐이 나타났을 때 심대한 영향을 미칠 수도 있는 경제 환경의 변화였다.

변동환율제의 일반화

변동환율제하의 다른 시기처럼 1920년대에도 다양한 사건으로 외환거래자의 예상이 요동치면서 외환시장은 변덕스러운 반응을 보였다. 이것은 유럽 통화들이 망망대해 위의 배처럼 투기의 파도에 의해 그저 이리저리 흔들렸다는 뜻은 아니다. 처음에는 금 가격이 곧 전전 수준으로 돌아갈 것이라는 믿음 덕분에 환율 전망에 확고한 준거점이 있었다. 당시의 한 논평은 "프랑과 다른 통화의 지지자들을 홀린 전전 환율에는 마법이 있었다"고 적고 있다.[1] 프랑스 프랑이나 독일 마르크처럼 미래가 아주 불투명하다고 해도 통화 가치의 하락은 자본 유입에 의해 완충되었다. 투자자들은 전전 평가가 회복되면 얻게 될 자본 이득을 예상하면서 절하된 통화를 매입했다.[2] 공식적인 전전 평가 유지 약속이 아직은 신뢰를 받고 있었는데, 이는 각국이 재정 균형과 전전 수준의 통화 공급 축소를 달성할 능력이 없음이 아직 가시화되지 않았기 때문이다.

따라서 이런 금본위제의 핵심 요소는 전쟁을 거치면서도 훼손되지 않은 채, 금본위제가 거의 완전히 정지된 휴전 이후에도 시장의 행태를 규정하고 있었다. 그러나 물가 수준과 자산 스톡이 전전 수준에서 점점 더 벗어나고, 전전 금융 관계로의 조기 복귀 전망이 희미해지면서 준거점은 제구실을 못하기 시작했다. 예상은 점점 여러 가지로 갈렸고 외환시장은 점점 요동쳤다. 역설적이게도 금본위제 유지 약속에 대한 신뢰성이 전쟁은 견디었지만 전쟁의 후유증은 견디지 못했다.

상대 가격은 지속 가능한 수준에서 명백히 벗어나 있었지만, 얼마나 벗어났느냐가 다시 논란이 되었다. 이 문제에 답하기 위해 근사한 개념 틀, 특히 구매력 평가 정리가 개발되었다. 불행히도 이 틀은 만드는 것보다 적용하는 것이 더 어려웠다.[3] 시장에 위임하면 그 문제를 피할 수 있었다. 미국이 스털링-달러 환율 지지를 철회하자, 영국은 결정을 시장에 맡겼다. 영국은 스털링 환율이 그냥 시장의 힘에 따라 결정되도록 내버려 두었다.[4]

전쟁 기간 동안 금 수출 권리를 정지시킨 다른 유럽 국가들이나 금 수출을 정부 허가 사항으로 정한 미국과 달리, 영국은 금의 해외 판매를 허용하는 법률을 계속 유지했다. 고시된 고정 환율하에서 금을 수출하면 수익을 얻을 수 있었다. 왜냐하면 차익 거래자들은 런던에서 4.76달러 상당의 스털링으로 금을 산 다음에 그 금을 뉴욕에서 4.86달러로 팔 수 있었기 때문이다. 종전 후에는 수출업자에게 더 이상 애국심을 호소할 수도 없었고 선박 부족이나 보험 확보의 어려움도 더 이상 문제가 되지 않았다. 스털링의 조정 기간 동안에 금에 대한 모든 수요가 런던에 집중되는 것을 막고 잉글랜드은행의 준비금을 보호하기 위해, 영국은 금의 자유 수출을 중지시켰다. 금화와 지금의 수출을 금지하는 내각 명령이 1919년 3월 29일 발표되었으며, 이 명령은 1920년 법률로 대체되었다. 이로써 영국은 태환성 없는 통화를 가진 국가의 대열에 합류했다.

고정 환율을 포기하자, 상당한 규모의 무역 적자와 유럽 대륙에 대한 런던의 무역 금융 제공에 반응하면서 스털링의 가치가 떨어졌다. 1919년 말에 파운드 가치는 4.76달러에서 3.81달러로 떨어졌다. 유럽의 다른 통화들은 더 큰 폭으로 하락했다. 유럽 대륙은 더 높은 인플레이션율을 겪었을 뿐만 아니라 경제 혼란도 더 심하고 수입품 수요도 엄청났다.

스털링과 달러가 변동환율제의 두 초점이 되었다. 미국이 계속 금 가격을 정하고 있었기 때문에 달러가 중요했다. 스털링이 중요한 것은 역사적 지위 때문이었다. 파운드는 국제금융시장에서 관습적 준거점이었고, 전 세계 정책 담당자들은 파운드가 과거의 지위를 회복할 것이라는 가정하에서 일을 진행했다. 환율이 달러를 기준으로 표시될 수도 있었다. 하지만 스털링 기준의 환율 변동을 주시했다. 여타 국가들은 영국의 조기 금본위제 복귀를 예상하면서 자국 통화를 파운드에 비공식적으로 연동시켰다. 벨기에, 덴마크, 네덜란드, 이탈리아, 프랑스, 스웨덴, 스위스의 통화는 모두 1919년 내내 그리고

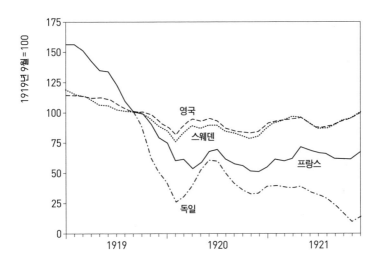

그림 4.1 **1919~1921년 달러 대비 환율.**

달러 대비 유럽 통화들의 가치는 1919년 겨울에 다시 하락하기 시작했다. 영국 파운드와 스웨덴 크로나의 하락은 완만했지만, 프랑스 프랑과 독일 마르크는 급격히 하락했다.

출처: 『은행 및 통화 통계*Banking and Monetary Statistics*』(1943년), 670~681쪽.

1920년 초까지 스털링과 같이 등락하는 경향을 보였다. (그림 4.1은 이 환율 중 몇 가지를 그린 것이다.) 1920년부터는 독일 마르크도 이런 통화와 같이 움직이는 경향을 보였다. 브라질, 캐나다, 스페인 같은 나라의 통화도 처음에는 달러에 대해 가치가 급격히 하락했는데, 1920년 여름 무렵이 되면서 앞의 비공식적 스털링 블록에 겨우 합류할 수 있었다.

1920년 후반경에는 환율이 어려움 없이 안정을 되찾는 것처럼 보였다. 환율 변동이 줄어들고 유럽 통화들이 달러에 대해 강세를 보였다. 그 즈음 몇 가지 차질이 발생했다. 달러에 대한 스털링의 불안정성이 커지면서 스털링이 준거 통화로서 점점 적절하지 않게 되었다. 맹아적인 스털링 블록은 해체되기 시작했다. 각국의 정책과 물가 수준에서 차이가 벌어지기 시작했으며 스털링에 대한 환율도 서로 다르게 움직였다. 1921년에는 스털링에 고정하려는 노력이 사라지고 변동환율제가 일반화되었다.

전후의 환율 변동은 경제적으로 불가피한 것이기도 했지만, 시장의 힘을 재가동하려는 의지의 반영이기도 했다. 다시 정상화됐음을 알리는 데 국내 물가와 외환 거래에 대한 전시의 광범위한 통제를 철폐하는 것보다 더 좋은 방법이 있었을까? 자유변동환율제는 역설적이게도 당국이 열망하던 금본위제에 가장 근접한 대안이었다. 자유 변동 환율과 고정 환율이라는 양 극단 모두 자의적 개입의 여지를 최소화하는 것이었다. 금 수출의 허가나 금지가 자유방임의 원칙에 부합하는 것은 아니었지만, 전쟁을 거치면서 관리들은 더욱 실용적인 관점에서 그런 문제들을 바라볼 수 있게 되었다.

전전 평가의 조기 재확립 가능성이 입증되었다면 이 모든 것은 문제가 되지 않았을 것이다. 영국의 컨리프위원회는 금본위제로 조기에 복귀할 것을 권고했고, 잉글랜드은행 총재는 베르사유 조약 체결을 전후해서 스털링을 전전 수준으로 회복시키는 것을 목표로 했다.[5] 이는 비단 영국뿐이 아니었다. 1919년 프랑스 프랑 역시 과거의 평가에서 크게 괴리되어 있었다. 2월 현재 스위스, 스페인, 아르헨티나, 스웨덴, 네덜란드, 일본의 통화는 모두 전전 수준보다 높은 상태에 있었다.

그런데 금본위제 복귀에 왜 10년 가까운 시간이 필요했을까? 일반적 설명, 즉 물가 수준의 불일치나 구조적 조정 기제의 마비는 적절한 해답이 아니다. 유연한 환율의 필요성을 이해하기 위해서는 각 정부가 당면한 재정상의 곤란을 이해해야 한다.

물가 수준의 불일치는 환율 문제에 관한 전후의 거의 모든 논의

황금 족쇄

를 위한 출발점이었다. 구매력 평가 정리의 주창자들이 강조한 바와 같이, 미국의 물가는 영국만큼 상승하지 않았고, 영국의 물가는 유럽의 다른 지역만큼 상승하지 않았다. 전전 평가를 회복하기 위해서는 이런 물가 수준의 차이가 역전되어야 했다. 그러나 계약과 관습 때문에 임금과 물가의 급속한 하향 조정이 어려웠다고 주장한다. 상대방이 서로 먼저 하기를 기다리면서, 기업들은 판매 가격 인하를 주저하고 노조는 임금 요구 완화를 주저했다. 이러한 조정 문제 때문에 전전 수준으로 물가와 비용이 낮아지는 데 어려움이 있었다. 따라서 결론은 전전 평가의 회복에 필요한 무대를 마련하기 위해 변동 환율의 기간이 필요했다는 것이다.

그러나 가격 조정을 위해 5년이나 그 이상의 시간이 필요했다는 것은 납득하기 어렵다. 암묵적 계약들은 전시 인플레이션, 통제 및 재조직화 과정에서 이미 파탄 났다. 많은 명시적 계약에 처음으로 생계비 변화에 대한 신축 조항escalator provisions●이 포함되어, 가격시스템에서 중요한 관성의 요소가 제거되었다. 기업들이 이윤 공유를 통해서 노동자들을 보상하기 시작하면서, 노동 비용이 물가 하락에 더 용이하게 반응할 수 있게 되었다. 1919~1921년의 1차 산품의 호황과 불황은 전쟁 직후 임금과 물가의 변동이 전례 없이 유연했음을 보여주었다. 1920년에서 1921년 사이에 임금과 물가는 대부분의 산업 국가에서 약 3분의 1 가량 하락했다. 금으로의 조기 복귀를 위해 임금과 물가가 다시 3분의 1 가량 하락하지 못할 명확한 이유가 없

● 신축 조항은 노사 간의 임금 계약에서 물가의 상승이나 하락에 대응하여 임금도 같이 변동하도록 함으로써 실질 임금이 영향을 받지 않도록 하는 조항을 의미한다. 이런 조항이 있었기 때문에 기업과 노조가 각각 물가와 임금 인하를 두고 서로 상대방의 눈치를 볼 이유가 없었다는 것이 저자의 주장이다.

었다.[6]

하지만 조정 문제는 비단 물가 수준에 국한된 것이 아니었다. 소집 해제된 수백만 명의 군인을 고용으로 다시 흡수해야 하는 문제도 있었다. 유럽은 전시의 광범위한 생산 시설 파괴의 고통도 겪었다. 프랑스의 북부 10개 주에서는 도로의 절반이 끊겼으며 600개의 다리가 파괴되었다. 종전 후 1년 이상 동안, 많은 유럽 지역에서 정상적으로 운행하는 전동차가 전체의 절반에도 미치지 못했다. 운송 장애 때문에 생산 요소가 산업에 제대로 공급되지 않았으며, 생산물은 가정과 해외시장에 공급되지 못했다. 기계는 퇴각하는 군대에 의해 파괴되었다. 예를 들어 프랑스의 북부 10개 주에서 10인 이상을 고용한 공장 중 9000곳이 일부 파괴되거나 완전히 파괴되었다. 그리고 섬유 산업의 생산 능력 중 절반이 상실되었다.[7] 인력, 공장 및 설비가 소비재 산업에서 자본 설비 및 전쟁 물자 생산으로 이전되었다. 일반 엔지니어링, 기계 공구 생산 및 조선업은 급격히 확장된 반면, 소비재 생산과 관련된 산업들은 위축이 불가피했다. 민간 부문 수요가 활기를 되찾자, 공급 과잉과 부족이 동시에 발생하여 생산 설비가 잘못 배분되어 있다는 사실이 드러났다. 이런 불균형 제거를 위해서는 더 긴 조정 기간이 필요했을 것이다.

이런 국내 혼란의 가중은 국제 무역에도 장애가 되었다. 전시의 수출입 제한은 아주 느린 속도로 해제되었다. 중부 및 동부 유럽의 신생 국가들은 조세 체계가 확립되지 않았기 때문에 세수 확대를 위해 관세를 활용했다. 미국은 무역 장벽을 낮추는 것이 아니라 포드니-맥큠버 관세Fordney-McCumber Tariff*의 도입으로 장벽을 오히려 공고히 했다.[8] 이 모든 요인들 때문에 유럽 국가들은 재건과 조정에 필요한 자본재와 소재를 해외에서 조달하는 데 어려움을 겪었다.

이 설명은 물가 수준을 강조하는 설명과 동일한 한계를 지니고 있었다. 국제수지에 대한 이런 왜곡을 해결하기 위해서는 오로지 실질 환율의 변화가 필요했다. 즉 경쟁력을 추가로 향상시킬 수 있는 국내 물가와 비용의 하락이 필요했다. 그러면 수출은 확대되고 수입은 줄어들며 대외 제약은 완화될 것이다. 디플레이션이 1920~1921년의 속도로 한 해 더 지속되었다. 과거의 금 평가 수준으로 곧장 복귀하지 못할 하등의 이유가 없었다. 사실, 정책 담당자들과 국민은 금으로의 조기 복귀를 국제 무역 회복을 촉진하는 최선의 길이라고 생각했다. 이것이야말로 구조 조정을 가속화하기 위해 꼭 필요한 것이라고 생각했다. 오히려 당시 사람들은 구조적 불균형의 존재, 그리고 불균형이 야기한 무역의 문제 때문에 금본위제의 조기 회복이 더욱 필요하다고 믿었다. 컨리프위원회가 선언한 바에 따르면, 금본위제의 조기 복구는 "무역 적자에 대한 유일한 효과적 처방"이었다.[9]

따라서 유럽에서 금본위제로의 복귀가 지연된 이유를 이해하기 위해서는 다른 요인을 찾아야 한다. 핵심적인 문제는 채무의 과잉에서 비롯되었다. 단기 정부 부채가 주 단위로 만기가 도래하는 상황에서 정부 관리의 최대 관심은 환율 안정이 아니라 부채 관리였다. 공공 채무 중 상당 부분의 자금을 조달할 수 없는 상황에서 어떤 형태든 안정화의 가능성이 의문시될 수밖에 없었다. 어떤 이유에서든 은행이나 국민이 만기가 된 단기 재무부 채권을 내놓으면 자금 조달 위기가 발생하게 되어 있었다. 재무부는 계속되는 지출에 조달할 수

• 포드니-맥큠버 관세는 수입품에 대한 관세 인상 조치로, 미국이 국내 공업 및 농업 보호를 위해 1922년에 도입했다. 곧 프랑스를 비롯한 유럽 국가들도 이에 반발하여 관세를 인상했다.

있는 적절한 재원을 갖지 못할 것이다. 중앙은행은 재정 당국이 발행한 어음을 대신해서 매입할 수밖에 없을 것이고, 그로 인한 통화 공급의 증가는 환율을 끌어내릴 것이다. 그 결과로 단기 재무부 채권 시장의 신인도 위기는 금 평가 회복을 위한 모든 정책 노력을 물거품으로 만들 수 있었다. 금본위제 복귀를 시도하기 전에 단기 채권을 장기 채권으로 대체하여 미지불 채무의 상환 자금이 마련될 때까지 기다리는 것이 그나마 현명해 보였다.

나아가, 채무 관리 문제가 해결되지 않은 상태에서, 각국 정부는 중앙은행에 과거와 같은 독립성을 보장하는 데 주저했다. 중앙은행은 부채의 원리금 지불 비용을 최소화하고 발행된 재무부 채권의 인수를 돕기 위해 할인율을 인하하라는 압박을 받았다. 프랑스 국방채(제6장에서 설명)의 사례는 이와 관련된 최악의 예에 불과하다. 새로 설립된 연준은 정부 부채의 인수를 촉진하기 위해 저금리 정책을 취하라는 압력을 재무부 장관으로부터 계속 받았다.[10] 잉글랜드은행과 같이 독립성에 아무런 흠집이 없는 기관조차 정부를 위한 단기 재원 융통Ways and Means Advances을 전후에도 계속 이어 갔다.[11]

저금리정책에는 몇 가지 근거가 있었다. 동유럽으로의 볼셰비키 혁명 확산과 서유럽의 노동 운동이 유럽의 위험 요인이 되었다. 이 요인들은 급속한 재건과 번영의 회복을 통해서만 격퇴할 수 있었다. 투자 위축을 초래할 고금리는 이런 재건 과정에 차질을 일으킬 수 있었다. 더욱이 이자율 상승은 전시에 정부 채권을 기꺼이 인수한 애국적 국민들에게 손해를 입힐 수 있었다. 그런 서운한 조치가 이후의 장기 증권 처리를 가로막는 장애물이 될 수 있었다.[12]

부채를 조달할 수 있다고 해도 이자는 계속 지불해야 했기 때문에 증세와 정부 지출 축소가 필요했다. 균형 재정은 인플레이션 압력의 재발을 피하기 위한 필요조건이었다. 인플레이션의 재발은 통화 안정을 위한 모든 노력을 허사로 만들 수 있었다. 경제 및 금융 문제에 관한 1922년 제노바 회의의 대표단은 이 문제를 다음과 같이 간결하게 요약했다.

"물가 하락과 번영의 회복은 생산의 증가에 달려 있다. 그리고 (중략) 세수를 초과하는 계속된 정부 지출 그리고 그로 인한 재정 적자는 그런 생산 증가에 대한 가장 심각한 장애물 중 하나이다. 재정 적자는 머지않아 다음과 같은 결과를 낳을 수밖에 없기 때문이다. (가) 신용과 통화의 추가 팽창, (나) 화폐 구매력의 추가 하락과 외환의 불안정성 증대, (다) 물가와 생활비의 추가 상승."[13]

전후의 정치 환경에서 정부 지출의 축소는 쉬운 일이 아니었다. 재건 비용이 상당할 뿐 아니라, 애국적 희생의 대가로 참전 용사들에게 연금, 의료, 주택을 보장했기 때문이다. 군비 지출이 줄어들자, 실직 우려가 확산되면서 노동 불안의 두려움도 증폭되었다. 따라서 많은 나라가 실업 보험과 실업 구제라는 고비용 프로그램을 채택했다.[14] 전전 수준으로의 정부 지출 감축은 이런 목표들과 양립하기 힘들었다.

증세 역시 그만큼 어려웠다. 부유층은 정상 회복의 차원에서 전시의 누진적 초과세가 폐지되어야 한다고 주장했다. 노동자 계급 대표들은 전후에는 평등한 사회가 되어야 한다는 자신들의 비전을 언급하며 맞섰고, 전시의 이윤 획득을 고려하면 누진적 징세가 유지되어야 한다고 주장했다. 노동계 대표들은 채무 부담을 줄이기 위해 부동산 및 금융 자산에 대한 자본 과세 도입을 주장했다. 전쟁으로 선거권이 확대되면서 노동자 계급의 정치적 영향력이 확대되었기 때문에 노동계의 이런 주장은 더 큰 무게를 지니고 있었다.[15]

결과적으로 노동 측은 부유세를 신속히 도입할 수 있을 정도의 정치적 파급력은 갖지 못했다. 그러나 이런 사실을 명확히 하기까지 10년 가까운 시간이 소요되었다. 자본 과세는 다모클레스의 칼처럼 투자자들의 머리 위에 계속 달려 있으면서 저축을 위축시키고 자본 도피를 야기하고 재정 위기를 고조시켰다.

정부 프로그램의 수혜자들과 정부 프로그램에 필요한 증세의 미래 희생자들 모두 한 치도 물러서려고 하지 않았다. 이런 대치 상황에서 정부는 재정 적자 상태에 빠져 있었고 중앙은행의 윤전기는 최고 속도로 돌아가고 있었다. 인플레이션이 도저히 참을 수 없는 수준에 도달하고 나서야 위기 해결에 필요한 타협이 이루어지게 된다.

전후 호황

1919~1921년의 호황과 침체는 변동환율제하에서의 불안정의 가능성을 여실히 보여주었으며, 전후 경제 변동에서 채무 관리가 결정적으로 중요함을 명확히 보여주었다. 당시 사람들에게 변동환율제의 불안정을 각인시키는 데 24개월 내 50%의 물가 상승과 하락만 한 것이 없었다. 이런 일을 겪으면서 관리들은 국제금본위제 복구의 중요성을 한층 더 인식하게 되었다. 동시에 채무 관리 문제와 재정 안정화가 해결될 때까지는 유의해야 함을 인식하게 되었다.

1918년에 많은 정부 관리들은 휴전 이후 군사비 지출 축소와 군인들의 징병 해제로 인해 일련의 불황이 찾아올 것이라고 생각했다. 징병 해제와 재정 긴축이 점진적으로 이루어지면서 그런 예상도 자취를 감추었다.[16] 결국 아서 C. 피구가 "숨 돌릴 틈"이라고 명명한 정도의 약한 침체만 있었다.[17] 영국에서는 1918년 11월과 1919년 3월 사이에 물가가 8% 하락했으며 미국에서는 약 5% 하락했다.[18] 항로 안전이 확보되어 미주 대륙과 극동 지역에서 1차 산품의 공급이 증가한 것이 세계적 디플레이션을 불러왔다.[19]

디플레이션과 스태그플레이션이 여름 무렵에는 인플레이션과 호황으로 바뀌었고 1920년 봄에는 물가와 생산의 급락으로 반전되었다. 비슷한 양상이 거의 모든 나라에서 나타났다. 독일에서만 인플레이션과 경기가 상당히 다른 방향으로 전개되었다.[20]

큰 혼란 속에서도 도대체 이런 호황과 침체의 원인이 무엇인가 하는 질문이 제기되었다. 대부분의 논평자들은 물가 변동을 통화의 관점에서 해석하는 것을 반대했다. 영미권 이외의 지역에서는 물가 수준 변화에 대한 화폐 수량설의 해석은 거의 관심을 받지 못했으며, 물가 변동을 설명할 수 있는 다른 요인들이 수없이 많았다.[21] 통화의 조정이 없었다고 해도 전시 통제의 완화로 물가 상승 압력이 나타났을 수 있다. 전쟁 수행에 필수적인 상품들의 가격이 많은 나라에서 시장 가격 이하로 묶여 있었다.[22] 배급 때문에 소비자들의 은행 잔고는 쌓여 갔고 애국심에 대한 호소에 따라 채권 매입이 늘었다. 억제된 소비를 실현하기 위해 이런 것들을 현금화했다. 미국에서는 전시통제체제의 주요 조항들이 지체 없이 철폐되었다. 영국에서는 원자재에 대한 통제가 휴전 후 6개월 내에 폐지되었다. 필수 소비재에 대한 대부분의 통제가 1920년에 철폐되었다.[23] 다른 나라에서는 자유 시장 경제로의 복귀가 좀 더 천천히 진행되었지만 미국과 영국의 "통제 모닥불" 덕분에 수요의 고삐가 풀렸고 물가가 급등했다.[24]

기업들의 재고 확충도 소비를 한층 자극했다. 전 세계적으로 제조업자들은 원자재 부족을 해소하려고 애썼고, 유통업자들은 소비재 재고를 확보하기 위해 노력했다. 기업들은 원자재 매입과 재고 확보를 위해 유보 이윤과 현금 준비금을 이용했다.[25] 재고 확충 열풍은 소기업에 집중되었다. 상대적으로 규모가 큰 기업들은 전시에도 재고 유지가 가능했기 때문이다. 전후의 재고 확충은 1921년에야 완료되었는데, 일부 국가와 분야에서는 그 이후까지 이어졌다. 기업 소유주와 경영자들이 전후 침체를 벗어났다고 생각하자, 낙관론이 확산되었다. 그러나 유럽 산업 설비의 상당 부분이 가동할 수 없는 상태에서 재고 수요는 병목에 부딪쳤고 이것이 인플레이션 압력을 증폭시켰다.

기업 활동을 정상화하기 위해서는 재고 보충이 필요했다. 그러나 상품 가격이 상승하자 유통업자들은 물가가 어디서 안정될지 감을 잡을 수 없게 되었다. 원자재 구매자들은 인플레이션 지속을 우려하여 가격 상승에도 아랑곳하지 않았다. 유통업자들은 나중에 재판매해서 이윤을 얻을 수 있을 거라 생각하며 선물 계약의 가격을 높이 불렀다. 1929년 월가를 휩싸게 될 그런 광기가 시장을 지배했지만, 금본위제가 제공하던 물가의 기준은 더 이상 없었다.

다른 부문으로도 신속히 전염되었다. 『이코노미스트』가 "투기의 광기"라고 일컬은 그런 상황에서 금융시장으로 돈이 쏟아져 들어갔다.[26] 면화, 조선, 해운, 엔지니어링, 은행 등의 산업에서 영국 주요 기업들이 매입되고 합병되었다. 예를 들어 소규모 철강 회사의 합병으로 유나이티드스틸 사United Steel Company가 만들어지자마자 곧 유나이티드스틸 그룹United Steel Corporation Group으로 확장되고 재탄생했다. 월가는 활황을 맞았다. 1919년 6월에 이미 연준은 월가의 특별한 상승세 지속에 대해 언급했으며 휴전이 새로운 투기의 시대를 개막한 것은 아닌가 하고 생각했다.[27] 전국적인 부동산 열풍이 미국에서 일어

황금 족쇄

났는데, 도시와 농촌 할 것 없이 부동산은 전례 없는 속도와 가격으로 거래가 이루어졌다.

재정정책은 처음에는 확장 기조를 유지했다. 전후 처음 맞는 해에는 주요 산업 국가의 경상 지출 중 세금으로 충당되는 비율이 절반에도 미치지 못했다. 볼세비키 혁명의 망령과 노동 불안의 서진(西進)으로 인해 노동자 계급의 진정에 골몰하던 각국 정부는 높은 지출 수준을 유지했다.[28] 1920년에 직접적 위협은 잦아들었다고 확신한 영국 정부와 미국 정부는 예산을 긴축 기조로 전환했다. 영국의 재정은 1918~1919년에 순지출의 거의 3분의 2 수준에 이르는 적자를 보였는데 1919~1920년에는 흑자로 전환되었다. 징병 해제와 전시 계약의 종결로 정부 지출은 50%가 줄어들었으며 잉여 비축품의 매각으로 정부 수입이 증가했다.[29] 미국의 예산은 1919년에 큰 폭의 적자였다가 1920년에 대규모 흑자로 전환되었다. 1920년 중엽에 프랑스마저 세금을 인상했는데, 미국이나 영국과 비교하면 재정수지의 변화 폭은 작았다. 재정정책이 1919~1920년의 호황과 어느 정도 관련이 있었던 것과 마찬가지로, 재정 긴축은 1920~1921년 불황의 시점이나 심도에 영향을 미친 요인 중 하나였다.

인플레이션과 불황에 대한 단순한 통화 중심의 설명 외에 다른 가능한 설명도 많이 있다. 그러나 누구보다도 카셀, 페더선Pedersen, 팰라이Palyi, 프리드먼Friedman과 슈워츠는 통화정책이 지나치게 팽창적이지 않았다면 물가가 오를 수도 없었고, 그 후에 정책이 과도하게 긴축적이지 않았다면 물가가 떨어질 수도 없었을 것이라고 주장한다. 이들과는 대조적으로 킨들버거는 통화 요인을 일축한다. 그는 "생산 제한과 수요 증가 때문에 물가가 세계적으로 상승했으며, 유동성이 압박받는 상태에서 생산이 때로는 과도할 정도로 신속히 반응

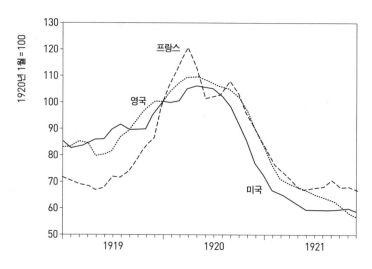

그림 4.2 **1919~1921년 3개국 도매 물가 추이.**

1919~1921년의 호황기와 침체기 동안 미국과 유럽의 물가는 같이 등락했다. 이것은 유럽 국가들이 전전 달러와의 환율을 회복하기 위해서는 미국의 정책 방향을 따를 수밖에 없었음을 보여준다.
출처: 『연준 월보』(각 호).

하는 것이 명확한 시점에 물가는 하락했다"고 결론을 내린다.[30]

물가 상승을 동반한 호황기 동안 이자율 상승과 더불어 화폐 유통 속도도 증가했지만, 5분기 동안 40%의 도매 물가 상승을 뒷받침하기 위해 통화 공급을 상당히 확대해야 했고, 그 후 13개월 동안 44%의 물가 하락이 가능하려면 상당한 긴축이 필요했다는 데에 대해서는 아무도 이의를 제기하지 않는다. 문제는 화폐 순환이 당시 미국 통화정책 담당자들이 주장한 것처럼 상품과 신용 수요의 변동에 대한 금융시스템의 내생적 반응이었는가, 아니면 그 이후에 제기된 주장처럼 중앙은행이 야기한 불안정 요인이었는가 하는 것이다.

대부분의 나라에서 통화 공급은 중요한 내생적 변동 요소를 지니고 있었다. 1919년 중반에서 1920년 중반 사이에 미국과 영국에서는 은행권 유통이 크게 증가했지만, 소비의 고삐가 풀리고 생산 활동이 회복되고 금융 자산 수요가 증가하자, 예금이 훨씬 더 빠르게 증가했다. 유통 자본에 대한 수요로 야기된 이자율 상승 때문에 상업은행의 초과 준비금이 감소해 예금 승수가 올라갔다.[31] 연준에 소속된 은행들의 대출이 1919년 하반기에는 18% 증가하고 1920년 상반기에는 8% 증가했다. 시장 이자율이 연준의 할인율을 초과하자 회원 은행들의 할인 창구 이용 유인이 나타났다.

극단적으로 말하면, 이것은 1919~1920년의 통화 팽창이 기저의 원인이라기보다 수요 상승에 대한 반응이었음을 시사한다. 이 주장은 독일의 초인플레이션에 관한 국제수지 중심의 해석, 즉 인플레이션의 원인이 제국중앙은행과 재정정책 당국의 권한 밖에 있었다는 주장과 유사하다. 즉 당국은 물가 상승을 수용하는 것 외에는 다른 도리가 없었다는 것이다.[32]

인플레이션을 자극한 요인이 설사 다른 곳에 있었다고 해도, 왜 통화정책 담당자들이 1919~1920년에 인플레이션을 억제하기 위해 단호한 조치를 취하지 못했는지는 확실하지 않다. 할인율을 올리거나 은행이나 예금자의 행동을 무력화하기 위해 공개 시장 매각에 나서는 것은 분명히 그들의 능력 범위 안에 있었다. 그러나 중앙은행들은 이런 능력을 갖고 있었는데도 그 사용을 주저했다. 중앙은행들은 시장 이자율이 공식 할인율보다 높아서, 은행들이 어음을 할인해 준 다음에 중앙은행에서 재할인하여 신용 공급을 확대할 유인이 있음을 잘 알고 있었다. 연준은 회원 은행들의 재할인이 과도하게 이뤄지고 있음을 인식하고, 지나친 투기를 하지 않도록 경고했다. 연준은 '직접적 압박' 정책을 사용하여, 투기 목적으로 대출하는 은행들에게 재할인 창구를 이용하지 못하도록 할 수 있다고 위협했다.[33]

그러나 연준과 다른 중앙은행들은 이런 약속을 행동으로 뒷받침하지는 않았다. 잉글랜드은행의 할인율은 전쟁이 끝난 해 내내 5%에 고정되어 있었다. 전쟁 발발 이후 물가가 15% 이상 상승한 후인 1919년 11월에야 은행이율을 1% 포인트 인상했다. 그리고 1920년 4월에 가서나 다시 인상했다. 연준은 1919년 가을까지 할인율을 인위적으로 4%의 낮은 수준에서 유지했다. 프랑스중앙은행은 1920년 4월 8일 전까지는 5%을 유지하다 그때서야 1% 포인트 인상했다.

왜 이처럼 행동으로 옮기지 않았을까? 미국의 경우, 경험 부족이 부분적인 원인이 될 수도 있다. 새로 설립된 연준은 통화 상황의 관리 경험이 거의 없었다. 연준 총재들이 새 중앙은행 설립 이전에 열린 국가통화위원회 청문회를 살펴보았다고 해도, 할인정책이 경제에 미치는 경로에 대해서 매우 다양한 견해가 있었으며 인플레이션을 동반한 전례 없는 호황에 적절히 대응하게 해 주는 지침이 전혀 없다는 사실을 알게 되었을 것이다. 연준의 할인율은 검증받은 바가 없었고 그것을 운용하는 당국도 "유럽 대륙과 같은 방식으로 정상적으로 '효과를 발휘'할" 수 있을지에 대해 의구심을 갖고 있었다.[34]

하지만 오랜 역사를 가진 유럽 중앙은행들의 무대응을 무지와 경험 부족으로 설명할 수는 없다. 이러한 무대응은 한편으로는 전쟁 직후라는 특별한 환경에서 표준적인 통화 관리 수단으로는 금융 상황을 안정시킬 수 없다는 생각 때문이었다. 재고 확충이 불러온 호황으로 대출 기회가 확대됐을 때, 이자율 변경으로 상업 은행의 행동을 크게 바꿀 수 있을 것이라고 확신하지 못했다. 수익 자산에 대한 현금과 잉글랜드은행 잔고 비율이 거의 사상 유례없이 높아서, 런던 청산 은행들의 유동성은 높은 수준이었다. 미국에서는 이런 견해가 1919년 10월의 『연준 월보』에서 공식적으로 인정되었다. "최근 몇 달 동안 연준의 기준 금리가 기대한 효과를 거의 발휘하지 못했다는 것은 매우 분명한 사실인 듯하다."[35] 이런 견해에 따르면, 금리 인상은 정상적인 차입자만 막고 시장을 주도하고 있는 투기꾼들은 막지 못했을 것이다.

공개 시장 조작의 여지가 있었지만 연준이사회는 이 수단을 사용한 경험이 없었다. 연준은 초기에는 공개 시장 매각에 적합한 자산 포트폴리오가 부족했다. 흥미롭게도 미국 관리들은 적합한 자산 포트폴리오를 이미 쌓아 놓은 1919~1920년에도 이런 한계를 계속 언급했다. 어쨌든 막대한 규모의 단기 및 장기 정부 채권을 보유하고 있던 다른 중앙은행들은 이런 제한이 없었다.

이 문제를 언급하는 것은 다른 문제를 더 우선시하기 위한 핑계일 뿐이었다. 우선적인 문제는 부채 관리 문제였다. 대규모 재정 적자를 계속 내고 있던 유럽에서는 이자율 수준이 그 조달 비용을 결정했다. 재정 적자가 빠르게 소멸되고 있던 미국과 영국에서는 유동 부채의 조달 문제(단기 재무부 채권을 장기 채권으로 대체하는 것)가 있었다. 미국 재무부의 목표는 1920년 7월까지 이 조달 작업을 완료하는 것이었다. 저금리는 이 과정을 용이하게 했다. 연준은 1919년 중반 무렵에 할인율 인상을 통해 인플레이션에 대응하는 일반적 경향은, "정부 증권을 유리한 금리에서 흡수하도록 촉진하는 정책이 유지되는 한, 당장은 다소 어려울 것이다"고 인정했다. 뉴욕연방준비은행 총재인 벤저민 스트롱Benjamin Strong•은 연준이 "정부 차입의 볼모"가

• 벤저민 스트롱은 뱅커스트러스트Banker's Trust의 임원으로 일하다가 1914년에 뉴욕연방준비은행 초대 총재가 되었으며 1928년 사망할 때까지 재직했다. 그는 총재로 지내는 동안 유럽의 중앙은행 총재들과 긴밀한 관계를 유지한 것으로 유명하며, 1920년대 국제 금융 상황에 큰 영향을 미친 것으로 평가되고 있다.

됐다고 표현했다.[36] 정상적인 환경에서는 부채관리정책의 초점이 장기 이자율에 있었다. 이 경우에는 반기 스펙트럼의 단기 끝단에서만 중앙은행의 개입 여지가 조금 있었다. 그러나 전쟁 직후에는 많은 부채가 단기 차입 형태를 띠었다. 따라서 단기 이자율 인상은 부채 상환 비용에 직접적인 영향을 미쳤다.

영국과 프랑스에서만큼 이 문제가 분명히 드러난 곳은 없었다. 표 4.1에 나타난 바와 같이 1920년에 공공 부채 원리금 상환이 두 나라의 중앙 정부 지출에서 각각 31%와 23%를 차지했다. 영국 재무부는 단기 국채 발행의 "꼭지를 열어 놓은" 채로 있었는데, 그 결과로 3.5%의 고정 이자율에서 국채는 완전히 탄력적으로 공급되었다. 잉글랜드은행이 할인율 인상으로 시장 이자율을 올리려고 했다면 단기 국채는 갱신되지 못했을 것이다. 재무부는 잉글랜드은행에 단기 재원 융자를 요청해야 할 것이고, 그러면 신용 억제 노력은 허사가 될 것이다. 이런 방식으로 대규모 유동 부채가 계속 발행되는 한, 중앙은행은 독립된 조치를 취할 수 있는 힘이 없었다.[37] 1921년 4월에서 7월 사이에만 재무부는 고정 금리 발행에서 입찰 발행으로 전환해 잉글랜드은행의 통화 독립성을 다소 회복시켰다.[38]

프랑스에서는 국방채가 고정 금리로 계속 발행되었는데, 1918년 12월부터 1922년 3월 사이에 이자율은 변하지 않았다.[39] 이렇게 이자율의 매력이 떨어지면 재무부는 프랑스중앙은행의 대출에 의지할 수밖에 없었다. 재무부에 대한 프랑스중앙은행의 대출 규모는 1918년 말부터 1920년 5월까지 시장 이자율에 맞추어 꾸준히 상승했다.[40] 프랑스중앙은행이 할인율 인상을 시도했다면, 국방채는 갱신이 안 되어 재무부에 대한 대출은 증가하고 결국 신용 억제 노력은 좌절되었을 것이다.

표 4.1 1905년과 1913~1920년의 4개국 재정정책

	(a) 순수입	(b) 순지출	(c) 공공 채무 변화	공공 채무 변화 (지출 대비 %)	(d) 국방비 지출	국방비 지출 (지출 대비 %)
영국(천 파운드 스털링)						
1904~1905년	137,590	136,176	27,000	19.8	66,055	48.5
1912~1913년	165,778	165,598	24,500	14.8	72,436	43.7
1916~1917년	546,974	2,171,659	127,250	5.9	1,302,603	60.0
1918~1919년	862,625	2,552,905	269,965	10.6	1,701,545	66.7
1920~1921년	1,376,485	1,145,928	349,599	30.5	292,228	25.5
프랑스(천 프랑)						
1905년	3,502,034	3,453,634	1,205,124	34.9	1,143,820	33.1
1913년	4,558,044	4,718,462	1,284,079	27.2	2,070,530	43.9
1917년	5,575,845	41,679,600[1]	4,863,686	11.7	34,065,809	81.7
1919년	10,161,214	49,026,587[1]	7,986,823	16.3	35,811,390	73.0
1920년	17,760,789	52,183,217[1]	11,833,174	22.7	26,432,545	50.7
이탈리아(천 리라)						
1905년	1,764,220	1,701,430	680,050	37.6	419,200	24.6
1913년	2,385,130	3,289,010	598,220	18.2	1,666,660	50.7
1917년	5,170,430	16,971,000	1,227,310	7.2	14,310,680	84.3
1919년	9,372,360	32,150,100	2,705,200	8.4	26,974,420	83.9
독일(천 마르크)						
1905년	1,110,151	1,310,200	112,017	8.6	1,052,288	80.3
1913년	1,957,380	2,024,523	231,176	11.4	1,582,290	78.2
1917년	2,122,304	27,821,047	2,616,793	9.4	24,920,907	89.6
1919년	6,348,460	46,966,460	5,914,294	12.6	40,179,143	85.5
1920년	14,379,439	61,470,870	8,922,692	14.5	37,033,558	60.2

1. 총지출.
출처: 『연준 월보』(1921년 12월), 1382쪽.

1920년 초에 연방준비은행 할인정책에 대한 재무부의 영향력은 줄어들었지만, 연준은 재무부의 유동 부채 조달을 용이하게 하고 국채 가격 하락을 막는 데 계속 신경을 썼다. 왜냐하면 국채가 상업 은행에 대한 대출의 담보 역할을 했기 때문이다.[41] 재무부 차관이었던

러셀 레핑웰^{Russel Leffingwell}은 "정부가 관리 가능한 규모와 만기 구성으로 유동 부채를 줄일 수 있었던 1920년 1월 이전에 이자율을 높이려고 했다면 기대 이상의 위험이 뒤따랐을 것"이라며 이자율을 인상하지 않은 것을 옹호했다.[42]

돌이켜 보면, 정책 담당자들이 이자율 고정의 결과를 예측했어야 했다. 신용 수요의 증가로 시장 이자율이 단기 재무부 채권 수익률에 비해 높아지면 단기 재무부 채권의 매력은 떨어질 수밖에 없었다. 중앙은행은 과잉 공급된 단기 공공 부채를 매입할 수밖에 없었고 그 결과로 유통 화폐량이 증가했다. 인플레이션은 불가피했다. 인플레이션 속도가 빠를수록 시장 이자율은 더 큰 폭으로 증가했고 시장 이자율과 재무부 채권 수익률 간의 격차는 더 커졌다. 재무부 채권 수요는 줄어들어 다시 화폐화^{monetization}가 필요했다.* 따라서 시장 이자율의 완만한 상승조차 연쇄적 인플레이션을 촉발시킬 위험이 있었다.

이런 무모한 정책은 변명의 여지가 없는 것처럼 보일 것이다. 그러나 정부 예산이 적자 상태에 있는 한, 다른 선택의 여지는 거의 없었다. 부채가 국민 소득보다 더 빠르게 증가하면 원리금 상환 부담은 폭발적으로 증가할 것이다. 금리 인상은 원리금 부담을 증가시키고 적자를 더욱 확대해서 부채의 증가 속도를 높였다. 그리고 또한 투자를 위축시키고 경제의 성장을 중단시켰다. 금으로의 복귀를 향한 길을 말끔히 하려는 노력이 좌절되게 되었다.

유동 부채를 장기화하는 것이 문제를 완화하는 데 도움이 될 수

---

* 화폐화란 재정 적자를 중앙은행이 통화 발행을 통해 조달함으로써, 재정 적자가 통화 공급의 증가로 이어지는 현상을 가리킨다.

황금 족쇄

있었다. 명목 이자율이 상승해도 미변제 장기 채권의 원리금 상환 부담은 상승하지 않을 것이다. 높은 금리가 일시적인 것에 지나지 않는다는 인식만 있다면 추가 채권의 발행과 상환 비용은 그저 완만하게 증가할 것이다. 그러나 기저에 있는 재정 불균형이 해소될 때까지, 투자자들은 유동성이 있는 단기 재무부 채권을 명목 이자율에 고정된 장기 채권으로 전환할 이유가 없었다. 유동 부채를 장기화하는 것은 재정 위기가 해소된 이후에야 비로소 가능했다. 하지만 채권의 장기화가 위기 자체를 해결할 수는 없었다.

이자율의 상승이 장기화 작업에 도움이 될지는 확실하지 않았다. 고금리가 새로운 채권의 매력은 높이겠지만 기존 채권의 투자자들에게는 손해를 입힐 것이다. 정부가 다시 이자율을 올릴 수 있음을 암시하는 한, 장기 채권의 매입은 위축되었다.[43] 전시 채권의 소유자들은 채권 가격을 떨어뜨릴 수 있는 이자율 변화에 반대하며 강력한 로비를 펼쳤다. 나중에 벤저민 스트롱이 지적한 바와 같이 "의회에서는 기존 채권 소유자들의 이익을 보호해야 한다는 격렬한 요청이 있었다."[44] 1919년 내내 재무부 관리들은 연준이사회에 전시 채권을 매입한 2000만 명의 미국인들이 10%의 채권 가격 하락을 "허용하지 않을 것"이라고 경고했다.[45]

유일한 해법은 세금을 인상하거나 공공 지출을 줄이는 것이었다. 원리금 상환을 포함한 예산이 흑자로 전환될 수 있다면 채무는 만기 때 상환되고, 투자자들이 인수하지 않은 단기 재무부 채권을 중앙은행이 화폐화해야 하는 위험은 줄어들게 될 것이다. 따라서 재정 긴축 뒤에 나타날 이자율 상승의 위험은 견딜 만한 수준에 그칠 것이다. 연준과 잉글랜드은행이 자국의 예산 적자가 시정된 후에야 이자율을 인상한 것은 결코 우연의 일치가 아니다. 그리고 프랑스, 벨기에, 독일과 같은 나라에서는 정치적 분열 때문에 재정 상황의 개선이 지연되었는데, 이런 나라에서 1920년 여름의 안정화 조치가 성공적이지 않은 것도 우연이 아니었다.

침체

1919년 10월, 영국 재무부는 마침내 단기 재무부 채권 발행 이율을 4.5%로 인상했다. 이자율은 그다음 달에 다시 인상되었는데, 그달에 뉴욕연방준비은행과 다른 준비은행들도 할인율을 4%에서 4.75%로 올렸다. 이런 움직임은 빅토리 론Victory Loan*의 최종 할부금의 지불 시한 직후에 나타났다. 연준이 조치를 취하는 데 망설인 것이 부채 관리 때문이었던 것처럼, 이자율 인상의 시점 역시 부채 관리로 설명할 수 있다.

호황의 열기가 식어 갔다. 그런데도 몇몇 준비은행들은 1920년 1월부터 이자율을 6%에서 7%로 올렸다. 4월에는 영국 재무부가 발행 이율을 6.5%로 인상했다, 프랑스와 이탈리아가 그 뒤를 따랐다.

산업 국가들이 이미 불황 직전인 상태에서 시기상 좋지 않은 이런 이자율 인상은 침체를 심화하는 데 일조했음이 분명하다. 중앙은행들은 경기가 둔화되고 있음을 모르지 않았다. 그해 초 일본 견직물의 가격 폭락은 상품시장들을 전율시켰다. 커피, 고무, 설탕 등의 시장은 이미 위축되기 시작했다. 윌리엄 P. 하딩William P. Harding 총재는 5월 18일 연준이사회 및 준비은행 이사들 모임의 연설에서 경기 정점이 이미 지났다고 경고했다.[46] 그러나 이런 변화가 이자율을 인상

• 빅토리 론은 1차 대전 비용을 조달하기 위해 미국 정부가 1919년 5월에 발행한 3~4년 만기의 채권이다.

황금 족쇄

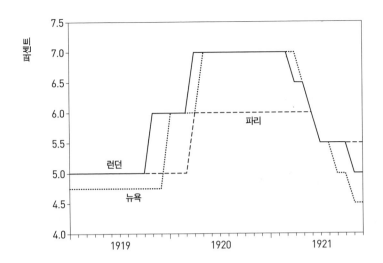

그림 4.3 **1919~1921년 중앙은행 할인율.**

물가와 마찬가지로 이자율도 1919~1921년의 호황기와 침체기 동안 뉴욕과 유럽의 주요 금융 중심지에서 서로 같이 움직이는 경향을 보였다.

출처: 국제연맹, 『통계 월보*Monthly Bulletin of Statistics*』 및 『연준 월보』(각 호).

하겠다는 새로운 결의를 꺾지는 못했다.

　미국 연준의 정책을 이해하기 위해서는 낮은 금 준비금 수준을 고려해야 한다. 미국은 주요 산업 국가 중 태환성을 회복하고 금을 자유롭게 구할 수 있는 유일한 나라였다. 1919년 말경 미국 금 준비금은 그해 중엽 적격 부채 대비 50%에서 44% 미만으로 하락해 법정 최저 수준인 40%에 위험할 정도로 근접했다.[47] 전에는 금리 인상의 필요성을 부정하던 재무부가 이제는 연준에 금본위제 방어를 위해 할인율을 인상하라고 압력을 넣었다.[48] 미국은 최대의 금 준비금을 보유하고 있었는데도 여전히 금본위제의 제한을 받았다. 이때가 금본위제의 규칙이 미국 통화정책을 형성한 결정적 시점들 중 첫 번째였다. 그다음 순간은 1931년이 될 것이다.

대외 제약의 역할을 인정한다고 해서, 금 준비금이 미국 정책의 유일한 결정 요인이라는 뜻은 아니다. 1919년 말에 금 준비율은 아직 43%를 웃돌았기 때문에 미국 통화 당국은 운신의 여지를 갖고 있었다. 계속된 인플레이션과 투기적 과잉에 대한 우려 때문에 이자율 인상 결심이 더욱 굳어졌다. 시간이 지난 후, 연준이사회의 아돌프 밀러Adolph Miller는 인플레이션을 억제하고 경제를 더욱 단단한 반석 위에 올려놓기 위해서는 국내 신용 증가율 억제가 중요했다며 당시의 결정을 옹호했다. 그러나 연준과 재무부는 그 이전에 이미 인플레이션 위험을 인지하고 있었다. 1920년 초가 그전과 달랐던 점, 그래서 정책 당국으로 하여금 이자율 인상을 하게 한 것은 바로 금 준비율의 하락이었다.[49]

미국의 이자율 인상이 처음에는 외국의 이자율 인상으로 상쇄되었기 때문에 연준의 부채 대비 준비율은 계속 하락했다. 1920년 5월경 준비율은 정말 위험한 수준인 40.9%까지 떨어졌다. 5월 14일, 자유 금은 거의 최저 수준인 2억 100만 달러까지 떨어졌다. 그래서 경기가 이미 하락세에 접어든 것이 분명해진 시점에 할인율이 다시 인상되었다.[50] 연준이 금 태환 방어를 위해 국내 경기 악화를 초래할 수밖에 없는 조치를 취한 것은 이때가 마지막이 아니었다.

금 준비율은 연준 지구별로 적용되었다. 그래서 각 지구의 규정 위반을 방지하기 위해서는 준비은행들 간 어음 및 준비금의 복잡한 스왑이 필요했다. 1919년 말 연준이사회는 하딩 총재에게 뉴욕연방준비은행에 대해 준비금 규정을 유예할 수 있는 권한을 부여했다. 1920년에 그는 이 권한을 사용하여 뉴욕연방준비은행이 포지션이 취약한 다른 지역을 대신해서 재할인을 할 수 있도록 허용했다.[51] 그러나 미국 금본위제법에 대한 이런 사소한 위반도 연준의 금 평가 유지 의지에 대한 대중의 신뢰를 앗아갈 위험이 있었다. 그 위반은 준비은행들 사이에서 무임승차 문제를 발생시켰다. 즉 금이 부족한 지구 은행들이 준비금 하락 시에 통상적으로 해야 하는 선호 고객에 대한 대출을 축소하지 않고, 그저 뉴욕연방준비은행이나 초과금을 보유한 다른 준비은행에서 금을 빌려 올 수 있었다. 조정 동기가 줄어든 것이다. 다른 준비은행을 지원해야 하는 준비은행들은 자신들이 그런 부담을 지는 데 대해 억울할 수 있었다.

그래서 다음 번, 즉 1933년 3월에는 필요 준비금이 지구별로 적용되었는데, 이때는 연준이사회가 개별 연방준비은행에 대해 필요 준비금 유예를 거부했다. 초과 준비금을 가진 은행들은 도움이 필요한 은행들에 대한 지원을 꺼렸다. 이 사건이 1933년의 달러 평가 절하를 초래한 직접적 원인이 되었다.[52]

1920년에는 자유 금 제한이 구속으로 작용했는데 그 후 10년 동안은 왜 거의 그렇지 않았을까? 그 답은 1920년에는 미국의 통화 공급이 전례 없는 수준인 230억 달러 이상에 도달해 있었기 때문이다.[53] 미국이 1차 대전 동안 축적한 막대한 양의 금으로도 40%의 준비율을 겨우 맞출 수 있었다. 1920년대의 긴축정책은 미국의 통화 공급과 물가 수준을 상당히 하락시켰다. 금 준비금이 변하지 않은 상태에서 민간 보유 현금이 감소함으로써 준비율이 직접적으로 상승했을 뿐만 아니라 연준의 긴축 조치가 화폐의 초과 수요를 낳았는데, 그 수요는 금 수입을 통해서 충족되었다. 결국 미국의 금 보유량은 그 이후 수년간 꾸준히 증가해 자유 금의 공급이 늘어났다.

이미 금본위제로 복귀한 미국의 경우, 1920년의 대외 압박은 금 준비금 하락이라는 형태로 나타났다. 금 태환을 아직 회복하지 못한 다른 나라들의 경우, 그 압박은 환율 하락으로 이어졌다. 유럽 중앙

정상에서

출처: 『브루클린 이글*Brooklyn Eagle*』.

은행들은 이에 맞는 대응을 했다. 잉글랜드은행의 할인율 변화는 스털링 환율의 약화와 직접 관련이 있었다.[54] 1920년 1월 미국의 이자율 인상은 파리의 환율 급락으로 이어졌는데, 프랑이 달러당 11프랑에서 15프랑으로 떨어졌다. 이에 대응해 프랑스중앙은행은 그해 4월에 거의 6년 만에 처음으로 할인율을 인상했다.

　　신생 연준에게 학습과 경험의 시기였던 이 기간에 미국의 통화정책은 거의 전적으로 미국 자신의 사정만 고려하여 결정되었다. 1918~1920년 확장기의 정점에서 통화정책을 좌우한 미국의 관심사

　　　　　　　　　　　　　　　　　　　　　　　황금 족쇄

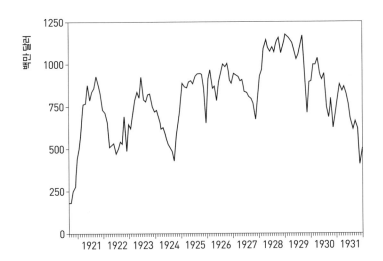

그림 4.4 **미국 연준의 자유 금.**

1920년 말경 몇 달을 미룬 후에 이뤄진 미국의 이자율 인상과 미국 상품 수입의 감소는 미국으로의 금 유입과 연준의 자유 금 증가를 가져왔다.

출처: 『연준 월보』(각 호).

는 금 준비금이었다. 다른 중앙은행들은 금으로의 복귀가 최우선인 상황이어서 연준의 조치에 각별히 주목할 수밖에 없었다.

인플레이션 동안에 중앙은행이 이자율을 인상하지 않은 것을 부채 관리의 문제로 설명할 수 있지만, 이것이 경기 침체에도 불구하고 이자율 인하를 주저한 이유가 될 수는 없다. 연준은 그해 말이 돼서야 이자율 인하를 심각하게 고려했다. 46%에 이른 도매 물가 하락, 상당한 규모의 생산 감소, 통화 공급의 급격한 감소 등을 보면서도, 특이하게 중앙은행은 아무 조치를 취하지 않았다.[55] 농촌 지역에서 불만의 목소리가 터져 나오고 준비은행 할인율 인하를 입법화하겠다며 의회가 법안을 마련해도 연준은 할인율 인하를 서두르지 않았다.[56]

그것은 투기적 과잉을 몰아내야 한다는 미국 통화정책 당국자의 믿음 때문이었다. 이들은 1918~1920년의 호황이 과잉 유동성에서 초래된 불안정의 명백한 증거라고 생각했다. 어떤 이들은 은행이 보유한 추가 자산의 대부분이 정상적 거래의 필요 때문이 아니라 전시 재정 적자 조달의 결과로 발생했다는 점에서 유동성 과잉의 논거를 찾았다.[57]

연준은 투기적 과잉의 재발을 막기 위해 여분의 화폐와 신용을 제거하기로 결심했다. 그 정책은 "청산liquidation"으로 명명되었다. 1920년 12월 연준이사회는 할인율 인하 안을 거절했는데, 그 근거는 새로운 투기적 과잉을 초래할 위험이 있다는 것이었다. 다음 해 12월 뉴욕연방준비은행의 관리들은 이자율 하락이 "난폭한 투기판"을 초래할 수 있다고 경고했다. 3월에는 새로 임명된 재무부 장관 앤드루 멜론Andrew Mellon이 이자율 인하를 지지했지만, 연준이사회 이사들과 뉴욕연방준비은행의 총재는 다시 주식시장의 불건전한 투기 위험을 경고했다. 4월에는 연준이사회가 비슷한 이유로 비슷한 제안을 거절했다. 이자율 인하 저지의 배후에 뉴욕연방준비은행이 있다는 공감대가 워싱턴에서 커지기 시작했다. 멜론과 다른 고위 관리들은 뉴욕연방준비은행 총재인 벤저민 스트롱을 더욱 압박했다. 결국 5월에 스트롱은 이런 압박에 굴복하게 되었고 이자율도 인하되었다.[58]

높은 할인율 유지의 더 직접적인 원인은 금 준비금 수준에 대한 계속된 집착이었다.[59] 연준의 금 준비율은 5월에 하락을 멈추었지만 그해 말까지 거의 회복되지 않았다. 금 준비율이 법정 최저 수준을 충분히 상회할 때까지 준비은행들이 할인율을 크게 인하하지 않은 것은 그리 놀라운 일이 아니다. 만약 국민들이 30억 달러 이상의 연준 은행권을 금으로 바꾸려고 했다면 태환은 중지되었어야 할 것이다.[60] 낮은 준비율은 이런 위험을 증폭시킬 뿐만 아니라 다른 부정적 결과를 초래할 수 있었다. 달러를 중심 통화의 지위로 격상시키려는 야심이 타격을 입을 수 있었다. 금의 달러 가격 안정성이 의심받게 되면 외국 중앙은행들이 뉴욕에 외환 준비금을 예치하지 않으려고 할 것이다. 높은 수준의 할인율 유지는 금본위제에서 미국의 역할을 공고히 하기 위해 필요한 것이라고 판단했다.[61]

후세의 논평가들은 역사를 회고하며 태환성에 대한 단기적 위협과 중심 통화 지위에 대한 장기적 도전에 관한 이런 두려움이 과장됐다고 비판했다.[62] 그러나 그것이 목전의 위험이 아님을 알고 있던 관리들조차도 물가 하락 및 임금 인하를 위한 정책을 지지하기 위한 다른 이유를 찾았다. 다른 나라들은 과거 상태로의 복귀 계획을 이미 천명했다는 것이 한 가지 예였다. 다른 나라들이 임금과 물가를 1913년 수준으로 낮추는데 미국은 그렇게 하지 않는다면 미국 산업의 경쟁력이 약해질 것이다.

돌이켜보면 이것은 이상한 집착처럼 보인다. 미국 기업은 유럽의 경쟁자에 비해 월등히 강한 경쟁력을 갖고 있었다. 미국의 높은 물가 수준이 단기적으로 금의 상실을 초래했을 수 있지만, 그 결과로 유럽 국가들의 물가억제정책이 힘을 잃을 수도 있다. 이것은 다시 연준의 준비금 상실을 억제했을 것이다. 국제적으로 좀 더 팽창적인 노선을 취했다면 모든 나라에게 이익이 되었을 것이다. 미국 통화정책 당국의 편협한 접근은 자신들이 외국의 정책에 미치는 영향력을 제대로 파악하지 못했음을 암시한다.

그러나 장기적인 시각에서 보았을 때 물가 하락에 대한 미국의 집착은 완전히 터무니없는 것은 아니었다. 연준 관리들은 세계적 금 부족의 위험을 언급하며 그런 집착을 정당화했다. 전시나 전쟁 직후에 금 채굴이 거의 없었으며 1915년 이후 금 생산이 계속 감소했다. 처음의 금 공급 감소는 전시의 국제시장 교란으로 설명할 수 있지만, 그 후에도 금 생산이 회복되지 않은 것은 그것으로 설명할 수 없었다. 러시아의 혼란 상황이 일정한 역할을 했지만, 금 채굴이 위축된 일차적 요인은 고정된 금의 달러 가격에 비해 임금이나 다른 생산 비용이 상승했기 때문이었다. 주지하다시피, 금은 런던에서 공식 가격보다 더 높은 가격으로 거래되었는데, 이는 달러에 대한 스털링의 가치 하락을 반영한 것이다. 그러나 런던의 금 프리미엄은 영국 통화의 가치 하락만을 내포하고 있을 뿐, 미국의 인플레이션을 내포하고 있지는 않았다. 세계 경제 회복에 따른 금 수요의 급격한 증가 전망은 새로 채굴된 금의 공급 감소 우려를 더욱 고조시켰다. 많은 나라들이 금본위제로 일단 복귀하면 금 수요가 더욱 증가하게 되어 있었다. 1919~1920년에 미국과 유럽이 여타 지역에서 금을 잃자, 이 점이 부각되었다. 다양한 긴급 처방책들이 제시되었는데, 예를 들어 금 생산 보조금 지급, 비통화용 금에 대한 과세, 중앙은행 금 준비금 보완을 위한 외환의 활용 등의 방안이 제시되었다. 그러나 이런 해법 중 지속성을 지닌 것은 물가 인하 노력뿐이었다. 물가 하락은 기존 금 준비금의 실질 가치를 높이고 또 금의 실질 가격을 높여 금의 공급 확대 유인도 높일 것이었다.

　미국의 불황은 세계 다른 지역에 강력한 영향을 미쳤다. 호황기 동안 미국은 자본을 수출하며 유럽이 통화와 신용을 확대하도록 부채질했다. 1919~1920년 동안 미국의 자본 수출 규모는 전간기 어느 두 해 동안의 대부 규모보다도 많았다. 미국 제품에 대한 유럽인들의 아우성에도 불구하고 미국의 수입 수요가 매우 강했기 때문에 미국의 금이 유출되었다. 1920년 말부터 상황은 반대로 전개되었다. 그림

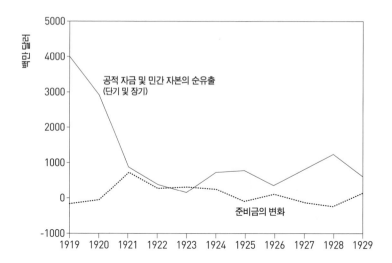

그림 4.5 **1919~1929년 미국의 해외 대부와 국제 준비금 변동.**

미국의 해외 대부와 연준이 보유한 금 및 외환 준비금은 1920년대 내내 서로 반대 방향으로 움직였다. 즉 해외 대부가 감소(증가)하면 준비금이 증가(감소)했다.
출처: U.S. Department of Commerce(1976).

4.5에서 보는 바와 같이 미국의 대부가 줄어들었다. 미국은 세계의 나머지 지역에서 대량의 금을 끌어들이기 시작했다.[63] 다른 나라들은, 자국 통화의 절하를 허용하지 않는 한, 이런 국제수지 충격을 상쇄하기 위해 긴축 조치를 취할 수밖에 없었다.

후유증

산업 국가의 경기는 1920년 초부터 1921년 여름까지 하강했다. 미국 경제는 7월에 저점을 지났으며 가을 무렵에는 경기 상승이 다시 시작되었다. 추진 중인 정책의 위험을 알릴 만큼 긴 불황은 나타나지 않았다. 따라서 연준의 주요 인사들은 청산정책을 수용했다. 그들은 금본위제 우선의 정책이 경제를 불안정하게 만들 수 있다는 점을 제대로 인식하지 못했다. 그들은 국제 결제 패턴이 미국의 해외 대부에 의존하는 방식으로 변화했음을 이해하지 못했다. 1920~1921년의 침체로 청산정책이 강력한 거시 경제 효과를 가질 수 있다는 점이 드러났지만, 경제는 그 후 즉시 반등하여 강하게 회복했다. 일부 전문가들은 과잉을 제거하는 것이 상당히 유익했다고 결론지었고, 그다음 번에도, 즉 투기 과열이 다시 발생했다고 판단한 1928~1929년에도 동일한 조치를 취해야 한다고 주장했다.

그들이 제대로 평가하지 못한 것은 1920~1921년 불황에서 미국 경제가 급속히 회복한 것은 일련의 아주 특별한 상황 덕분이었다는 점이다. 예외적으로 양호했던 1921년의 작황이 미국의 수많은 산업에서 생산 요소로 사용되는 원자재의 가격 하락을 가져와 침체를 완충했다.[64] 더욱 근본적으로는 정책 환경이 1929년과는 근본적으로 달랐다. 1920~1921년에는 유럽의 환율이 달러에 대해 변동하고 있었기 때문에 유럽 국가들이 반드시 연준과 정확히 보조를 맞출 필요가 없었다. 독일은 배상금 문제로 국제적 분란에 휘말려 재정 상황이 정비되지 않았기 때문에 미국의 긴축정책을 흉내 낼 수가 없었다. 독일 경제는 여전히 강한 수요 압박 아래 있었기 때문에 마르크의 가치가 절하되었는데, 이것이 한편으로는 세계적인 디플레이션 추세를 완화했다. 1929년에는 독일이 금본위제를 회복한 상태였기 때문에 이런 자율성을 누릴 수가 없었다.[65]

통화 가치가 절하된 다른 나라의 경우도 독일과 마찬가지였다. 특히 폴란드와 오스트리아, 두 나라는 1920~1921년의 침체를 거의 겪지 않았다고 할 수 있다.[66] 높은 인플레이션을 피하는 데 성공한 데다가 전전의 금 본위 평가를 회복하려는 의지가 더 강했던 다른 산업 국가들은 미국을 추종해야 한다는 압박을 더 심하게 느꼈다. 이

어려울 때의 친구들

출처: 『뉴욕 월드*New York World*』.

나라들의 환율도 변동하고 있었기 때문에 어느 정도 여유를 가지고
그렇게 할 수 있었다. 영국은 운신의 자유를 활용한 대표적인 국가
였는데, 덕분에 1921년 상반기까지 스털링 물가는 달러 물가보다 더
천천히 떨어졌다. 그 결과로 1921년 하반기에 생산이 안정되어 상실
했던 기반을 만회하기 전까지 스털링은 달러에 대해 절하되었다. 스
웨덴 역시 1921년 중반까지 미국보다 디플레이션정책을 덜 구사했
다. 그 결과로 크로나도 달러에 대해 절하되었는데, 그 후 회복이 시

작되자 그런 추세가 역전되었다.[67]

유럽의 대응은 미국에 대해 중요한 함의를 지니고 있었다. 1921년 초부터 대규모 금 유입의 영향이 연준에까지 미쳤다. 연준의 준비금 비율이 급격히 상승하면서 할인정책의 제약이 완화되었다. 독일, 오스트리아, 폴란드의 인플레이션과 스털링의 변동성이 미국으로의 금 유입을 유발했다. 영국 경제와 스웨덴 경제에서 상대적으로 강한 수요 압력이 계속된 것 역시 그런 결과를 낳았다. 따라서 독일, 오스트리아, 폴란드, 영국, 스웨덴이 미국의 긴축정책을 완전히 따라 하지 않은 덕분에, 미국에서 경기 위축이 억제되었을 뿐만 아니라 연준도 정책 방향을 더 일찍 변경할 수 있었다. 미국은 불황에서 곧 탈출해 경제 성장을 재개했다.

연준 관리들은 청산정책이 유익한 효과만 있었다고 최종적으로 평가했다. 그들은 그 정책의 성공이 외국의 반응에 달려 있었다는 점을 깨닫지 못했는데, 그 반응은 오로지 금본위제로 아직 복귀하지 않았기 때문에 가능한 것이었다. 경기 후퇴 경향이 다시 한 번 뚜렷해진 1929년에는 상황이 이때와는 완전히 달랐다.

제5장

초인플레이션의
유산

독일의 마르크는 전전 금본위제의 전통적 주축 통화 중 하나였다. 독일은 전쟁 직전 10년 동안 주도적 산업 국가로 부상했다. 전시의 경제적 파괴와 프랑스의 경제 제재에도 불구하고 독일은 그 지위를 다시 회복할 수 있는 만반의 태세를 갖추고 있었다. 전전 금본위제 유지를 위한 국제 협력에서 베를린은 핵심 참가자 중 하나였다. 금본위제가 진정으로 국제금본위제가 되려면 전쟁 이전처럼 전후에도 독일과 그 영향권에 있는 나라들이 포함되어야 했다. 이런 시스템을 구축하기 위한 전제조건은 바로 마르크의 안정화였다.

　　마르크의 안정화는 몹시도 길고 험난한 과정이었다. 독일은 1924년 통화 안정 이전에 역사상 가장 극단적인 초인플레이션 중 하나를 경험했다. 1922년 여름 물가는 한 달에 50% 이상의 속도로 상승하고 있었다. 1923년 여름 인플레이션은 한 달에 100%의 속도로 가속화되었다. 가을에는 잠깐 그 속도가 1000%를 넘어 물가가 1주일 사이에 두 배 혹은 세 배가 되었다(그림 5.1 참조).[1]

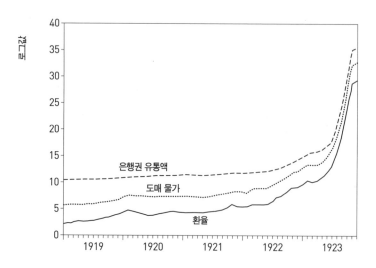

그림 5.1 **1918~1923년 마르크-달러 환율, 물가 및 은행권 유통액.**
독일의 환율과 물가 및 통화 공급량은 아주 급격하게 상승해서 로그 단위로 그래프를 그릴 수밖에
없다.
출처: Rogers(1929), 142~143쪽.

인플레이션에서 환율의 역할은 치열한 논쟁 거리였다. 전쟁 중
에 독일제국 재무부 장관이었다가 그 후 제국의회의 국민당 부총재
가 된 카를 헬페리흐 같은 독일 관리들, 제국중앙은행 총재 루돌프
하벤슈타인Rudolf Havenstein, 그리고 하버드대학교 경제학과 존 H. 윌
리엄스John H. Williams 같은 외부 전문가들은 인플레이션이 외환시장
의 교란에서 촉발되었다고 믿었다. 즉 외환시장의 교란이 통화 절하,
수입 물가 상승, 통화 팽창의 악순환을 유발했다는 것이다. 다른 사
람들은 근본적인 원인이 다른 곳에 있었다고 주장하는데, 재정 적자
가 통화 증발(增發)을 통해 조달된 것이 문제였으며 환율은 단지 인
플레이션 압력의 주요 지표일 뿐이었다고 주장한다. 그들에 따르면
환율은 통화정책과 재정정책의 변화에 의해 영향을 받는 수많은 가

황금 족쇄

격들 중 하나에 불과했다.

독일 초인플레이션에 관한 논쟁은 일반적으로 두 학파, 즉 국제 수지 견해와 재정 견해 간의 대립으로 설명된다. 논쟁 참가자들은 한 견해를 강하게 지지하고 다른 견해는 거부한다. 사실, 두 견해 모두 사실의 일단을 지니고 있다. 마르크로부터의 도피를 촉발한 신뢰의 충격이 통화 절하와 인플레이션의 악순환을 점화시켜 재정 적자를 대폭 늘렸다. 공공 부문이 구매하는 재화와 서비스의 비용이 재정 수입보다 더 빠른 속도로 증가했기 때문이다. 그러나 인플레이션이나 통화 절하가 없었다고 하더라도, 제국의 재정은 여전히 상당한 적자 상태에 있었을 것이며 채권의 발행, 나아가 궁극적으로는 통화 증발을 통한 조달이 필요했을 것이다. 인플레이션이나 통화 절하가 없어도 재정 적자 상태에서 결국은 통화의 증발을 필요로 했을 것이라고 한다면 재정 견해가 타당하다. 인플레이션과 통화 절하가 일단 시작되면 재정 위기를 심화한다는 점에서는 국제수지 견해가 타당하다.

더 근본적으로는, 이런 수준에서 그 사건을 분석하면 드러나는 부분보다 드러나지 않는 부분이 더 많다. 인플레이션 압력의 근인(近因)이 통화 절하든 재정 적자든 아니면 이 둘의 조합이든 간에, 두 원인 자체는 더 근본적인 정치적, 사회적, 경제적 긴장의 산물들이었다. 인플레이션의 근본 원인은 다른 유럽 국가들이 1920년대 초에 통화를 안정시킬 수 없었던 것과 같은 원인, 즉 조세 귀착과 소득 재분배에 관한 합의의 부재였다. 독일에서는 내부의 분배 갈등이 배상금에 관한 국제적 논란 때문에 악화되어 결국 특히 악성적인 형태로 표출되었다. 마르크의 인플레이션 소동은 그 극단성 때문에 인플레이션을 부채질한 사회적, 정치적 갈등을 적나라하게 드러냈다. 하지만 이런 갈등은 비단 독일만의 문제가 아니었고, 프랑스, 벨기에, 이탈리아에서도 마찬가지였다. 따라서 그 사건은 전쟁 이후 유럽 전역을 지배한 통화 안정화의 장애물을 부각시킨다.

10년이 지난 후에도, 금본위제가 상징하는 타협이 깨지면 낡은 상처가 다시 드러날지 모른다는 공포가 여전히 이 나라들의 정책을 지배했다. 인플레이션이 파국적인 수준에 이른 경험이 있는 나라에서는, 어떤 비용을 치러서라도 금 평가를 방어하겠다는 입장을 고수했다. 대공황이 발발했을 때 그런 의지는 선택의 폭을 제한하고 재앙을 불러오게 되었다.

배경: 배상금

배상금 논란은 독일의 초기 안정화에서 가장 큰 장애물 중 하나였다. 고정 금 평가의 확립과 유지를 위해서는 투기적 공격을 차단할 수 있는 능력이 필요했다. 전쟁 이전처럼 이 능력은 결국 두 가지 요소, 즉 신뢰와 협력에서 나왔다. 부정적 투기의 억제는 독일이 금의 국내 통화 가격의 안정화에 부합하는 재정정책과 통화정책을 신뢰성 있게 추진하느냐에 달려 있었다. 이를 위해서는 이전 지출을 포함해서 예산이 균형을 이뤄서 재정 적자 조달을 위한 화폐 발행 압력이 존재하지 않아야 할 것이다. 재정정책과 통화정책이 신뢰성 있고 일관되기 위한 전제조건은 국내 경제의 안정과 재정 부담의 분배에 관한 합의인데, 이 조건들은 경제적으로 실현 가능하고 정치적으로 수용할 수 있는 배상금 안(案)에 달려 있었다.

완전히 신뢰할 수 있기 위해서는 금본위제 의지가 국제적으로 확고해야 한다. 독일 자신의 의지는 한편으로는 국제 협력을 통해 보강되어야 했다. 전쟁 이전처럼 외국의 지원은 국제통화체제의 안정에서 결정적이었다. 그것은 1924년처럼 대출 제공의 형태가 될 수도 있었고 1927년처럼 해외의 이자율 변화를 수용하는 형태가 될 수도 있었다. 그러나 배상금 논란이 가라앉을 때까지 어떤 형태의 협력도 구체적으로 정해질 수 없었다. 따라서 통화 안정의 전제조건은 1924년까지는 마련되지 않았는데, 그 결과는 인플레이션적 혼란으로 나타났다.

배상금 문제의 불안정적 영향은 배상금을 둘러싸고 있던 짙은 불확실성의 아우라 때문에 더욱 고조되었다.[2] 베르사유 강화 회의에서 독일 배상금 논의는 연합국들 간의 의견 불일치 때문에 진척되지 못했다. 영국 대표단은 처음에는 프랑스나 이탈리아보다 훨씬 더 많은 액수를 요구했다.[3] 1920년에 영국은 베르사유 조약이 화해를 통한 평화라는 윌슨의 비전에 어긋난다는 이유로 조약에 반대하는 쪽으로 변했다. 반면 프랑스의 입장은 1919년 11월 총선에서 우파인 국민연합Bloc National이 승리하면서 더욱 강경해졌다.[4] 배상금 규모가 결정된 1921년 런던 회의가 프랑스-프로이센 전쟁과 그에 따른 독일에 대한 프랑스의 배상금 지불 협정 50주년과 겹친 것은 독일의 불운이었다. 1871년에는 배상금이 독일의 금본위제 도입에 도움이 되었지만 이제는 독일의 금본위제 회복을 지연시켰다.[5]

더 최근의 사건들은 "독일 놈들이 갚아야 한다"는 프랑스의 입장을 더욱 강화했다. 주요 전장 중 하나였던 프랑스 북동부 10개 주의 복구를 위해서는 막대한 자본 투입이 필요했다. 프랑스는 동맹 국가들에게 상당한 전쟁 부채를 지고 있었던 반면, 미국에 대한 영국의 부채는 영국에 대한 프랑스의 부채로 일부 상쇄되었다. 미국이 양허성 재건 차관을 제공하거나 이 부채를 탕감해 주지 않겠다고 한 것이 프랑스의 입장을 강경하게 만드는 데 큰 역할을 했다. 그래서 독일의 배상금과 연합국의 전쟁 채무는 서로 연결될 수밖에 없게 되었다.[6]

2천억 달러에 이르는 배상금 안이 베르사유에서 논의되었다. 결국 대표단들이 합의할 수 있었던 것은 1921년 5월을 논의의 종결 시한으로 한다는 것뿐이었다.[7] 협상은 끝이 없을 것처럼 보였다. 그 문제 해결을 맡고 있던 배상금위원회는 하나의 원칙에만 합의했다. 그 원칙은 프랑스와 그 동맹국들에게 피해액 전액을 요구할 권한이 있지만, 실제 지불액은 독일의 수출 증가율과 해외 차입 성공 여부에 따라 측정될 독일의 지불 능력과 연계된다는 것이다.

배상금 지불을 독일의 경제 여건과 연결시킴으로써 독일 정책 담당자들이 국내 상황을 안정시킬 동기가 줄어들었다. 초인플레이션은 가장 극적인 예일 뿐이었다. 정치인들은 노력의 결실이 해외로 이전될 것을 알았기 때문에 성장 촉진에 필요한 고통스러운 프로그램을 추진할 이유가 없었다. 배상금 논의 과정을 지켜보면서 독일의 저항은 더욱 강해졌다. 영국과 영연방 국가들이 자신들의 몫을 늘리기 위해 계속 주장한 대로 연금이 포함되면서, 파괴된 지역의 재건 비용을 근거로 한 프랑스의 배상금 정당화가 의심을 받게 되고 연합국들의 주된 동기가 탐욕과 앙심이라는 독일의 믿음은 더욱 확고해졌다.[8]

불안정한 독일 경제는 경제적, 정치적으로 광범한 영향을 받았다. 독일의 무역을 위축시키는 요인은 결국 중부 유럽 전역의 무역을 위축시켰다. 중부 유럽의 경제적 불안정은 동쪽의 볼셰비키의 위협을 고조시켰는데, 이것은 동유럽의 영향권을 둘러싸고 영국과 프랑스가 빚는 익숙한 갈등을 부활시켜 전쟁 동안 조성된 협력의 정신을 훼손했다. 연합국들 사이에서 타협의 가능성은 점점 희박해졌다.

그 사이에 독일은 현물 배상을 시작하라는 지시를 받았다. 현물은 주로 석탄이었지만, 제국중앙은행의 금 재고, 전쟁 물자, 양도받은 영토와 식민지의 공공 재산, 철도 차량, 선박 등도 포함되었다.[9]

독일 군인들이 퇴각하면서 프랑스의 광산을 파괴했기 때문에 프랑스 철강 산업은 석탄을 확보하는 것이 시급했다.[10] 점령 비용의 상환 방법으로 정당화된 이 '임시 배상'은 결국 배상금의 1차 납부액으로 간주되었지만, 다른 배상과는 공식적으로 구별되었다. 1921년 5월 이전에 완료된 배상액은 80억 금마르크(금마르크는 전전 가치의 마르크를 의미)에 이르렀다. 이 금액은 베르사유에서 정한 임시 배상액의 40%에 불과했지만, 1921년 독일 국민 소득의 약 20%에 해당했다.[11]

이런 막대한 규모의 임시 배상이 독일의 물가 수준과 정부 예산의 안정성을 해치지 않았다는 것은 주목할 만하다. 배상금 규모가 계속 불확실하고 양도가 예정된 지역에서 자본 도피가 있었는데도 그러했다. 임시 배상 중 큰 부분이, 정부가 차입이나 과세로 대가를 지불해야 하는 민간 부문 생산이 아니라 철도 차량 같은 공공 재산의 형태를 띠었기 때문에 동원하기가 상대적으로 쉬웠다. 그러나 그런 공공 재산도 궁극적으로는 다시 보충해야 하기 때문에 독일은 자신의 미래를 담보로 하고 있었던 것인데, 외부 관찰자들은 이런 사실을 제대로 인식할 수가 없었다. 그래서 지불이 이처럼 용이했던 이유를 설명하기 위해 라인 강과 발트 해 주변의 연합군 주둔과 1920년 카프 반란Kapp Putsch* 이후 국내 정치 안정의 회복을 언급하기도 한다.[12] 그러나 군대의 주둔은 배상금 지불을 보증하는 데 아무 역할을 못했는데, 연합군은 이 점을 1923년에 깨닫게 되었다. 돌이켜 보면 카프 반란의 실패가 군대 내 온건파의 입지를 강화했다고 볼 수 있

---

* 1920년 3월에 우익 정치가 볼프강 카프Wolfgang Kapp가 제정파 장교들과 연합해 일으킨 쿠데타로, 바이마르공화국 전복을 통한 제정의 부활, 베르사유 조약의 무효화 등을 주장하였다. 그러나 노조의 파업 등 국민들의 저항으로 이 쿠데타 시도는 4일 만에 실패로 끝났다.

었다.[13] 하지만 당시에는 이런 일련의 사건들이 국내외 사람들을 안심시키지 못했고 오히려 경제 안정과 독일의 취약한 정치적 균형에 대한 우려를 심화시켰다.

임시 배상의 핵심 요인은 점령군의 주둔이나 정치 환경보다는 우호적 대응이 연합국의 양보를 이끌어 내고 배상금을 조기 종결시킬 것이라는 독일의 희망이었다. 연합국들이 그때까지는 자신들의 과도한 요구에 돌이킬 수 없을 정도로 집착하지는 않았다. 독일이 1871년 이후 프랑스가 지불한 배상금 규모 정도를 지불하겠다는 의사를 피력했다면, 승전국들이 더 유화적인 태도를 취하도록 할 수도 있었다.[14]

배상금 지불이 재정에 미친 영향은 제국의회를 통해 이루어진 조세 개혁으로 조정되었다. 이 개혁의 방향은 마티아스 에르츠베르거Matthias Erzberger 재무부 장관이 주도했는데, 헬페리흐가 이끄는 우파의 거센 반발이 있었다. 에르츠베르거 조세 개혁안의 핵심 내용은 긴급 과세를 도입하고 소득세를 주에서 연방으로 이전하는 것이었다. 대신에 중앙 정부가 세수의 일부를 지방 정부에 재배분하겠다고 약속했다. 임시 배상에 직면한 상태에서 재정 균형을 유지하기 위해서는 세금 인상이 필수적이었다. 독일의 정치인들과 유권자들은 세금이 아주 잠깐 동안만 해외로 이전될 것이라고 예상했기 때문에 이런 세금 인상을 받아들일 수 있었다. 세금 인상은 자본 도피나 다른 형태의 이탈을 야기하지는 않았으며, 오히려 단기 자본이 유입되었는데, 그 이유는 마르크가 안정될 것으로 예상했기 때문이다. 임시 배상이 자본 도피나 통화 절하를 유발하지 않았기 때문에 새 소득세의 수입 기반이 인플레이션으로 훼손되는 일은 발생하지 않았다.

연합국들은 일련의 준비 회의 이후에 독일의 배상금 지불 일정

"네가 마련할 수 있는지 보자."

출처: 『뉴욕 월드』.

을 정하기 위해 1921년 런던에서 모였다. 미국 의회는 이미 베르사유 조약을 비준하지 않겠다는 의사를 밝혔다. 배상금위원회의 미국측 대표는 참관인 자격으로 격하되어 프랑스와 이탈리아의 극단적 요구를 반대하는 영국 대표단을 지원하는 데 한계가 있었다.[15] 미국 의회의 비준 거부는 미국 내 고립주의 경향의 재부상을 의미했는데, 이것은 전쟁 채무의 무효화를 희망하는 사람들에게는 나쁜 징조였다. 전쟁 채무에 관한 미국의 입장이 완고한 상황에서 프랑스, 이탈리아, 영국이 배상금에서 타협을 이룰 전망은 더욱 없어 보였다.

런던에 모인 협상자들은 1320억 금마르크, 즉 310억 달러의 배상금 안을 내놓았다. 이 충격적인 금액도 배상금위원회가 처음에 제시한 2250억 금마르크에 비하면 양보한 금액이었다.[16] 채무액을 금으로 표시함으로써 그 가치를 깎기 위해 인플레이션이나 환율 절하를 사용할 수 없게 되었다. 독일은 총 1320억 중 500억에 대해서는 즉시 원리금 납부를 시작하도록 되어 있었는데, 5%의 이자와 1%의 원금 할부금을 합하면 30억 금마르크였다(이는 국민 소득의 약 7.5%였다).[17] 그리고 주둔 비용과 전전 채무의 결제를 위해 매년 10억 마르크가 추가로 부과되었다(모두 합하면 국민 소득의 약 10%였다). 820억 금마르크의 2차분 지불은 독일의 지급 능력이 적절히 커질 때까지 미뤄졌다. 이런 조건부 조항은 배상금 부담이 최종적으로 종결되는 시점의 불확실성을 높였다. 확실한 것은 독일이 향후 수십 년 동안 막대한 금액을 이전해야 한다는 것이었다.

20세기 정치경제사에서 이 금액의 현실성만큼 뜨거운 논란을 불러일으킨 주제는 없었다.[18] 당시 사람들은 프랑스-프로이센 전쟁 이후 프랑스가 독일에 지불한 배상금과 비교하여 그 부담을 측정했다. 프랑스는 총 50억 프랑을 지불했는데, 이는 1872년 프랑스 국민 소득의 약 4분의 1이었다.[19] 이에 비해 500억 금마르크라는 독일의 직접적 부담은 1921년 국민 소득의 125%에 해당했다. 이연된 지불(소위 C 본드)까지 포함하면 이 비율은 330%로 올라간다. 런던 회의에서 정한 일정에 따른 첫 해 지불액은 국민 소득의 10%로서 전전의 기준으로는 매우 큰 것이었다.[20]

런던 계획을 옹호한 사람들은 영국이 1911~1913년에 해외 대부를 통해서 국민 소득의 8%를 해외로 이전했다고 말했다. 이들의 주장에 따르면, 이것은 국제수지 조정에 필요한 만큼 이전을 흡수할 수 있음을 증명하는 것이었다. 그러나 영국의 해외 투자 가운데 적어도 일부는 외국인 예금의 형태로 런던으로 다시 들어왔으며 일부는 수출 수요의 형태로 다시 들어왔다. 이런 메커니즘 때문에 영국의 산업과 국제수지에 대한 영향은 최소화되었다. 독일 배상금의 환류에서는 이런 메커니즘이 그 정도로 강력하게 작용하지 않을 가능성이 높았다.[21]

이 두 이전의 정치학은 더욱 비교가 불가능했다. 영국은 이전 금액만큼 국부를 희생한 것이 아니었다. 영국은 이 자원을 미래 소비에 사용하겠다고 선택하여 자발적으로 해외에 투자한 것이다. 영국의 생활수준에 충격이 따른 것이 아니었다. 독일의 문제는 국민 소득의 10%에 해당하는 금액의 이전을 위해 어떻게 자금을 동원하고, 또 국내 정치 불안을 유발하지 않으면서 현재와 미래의 소득을 어떻게 줄이느냐 하는 것이었다.

국민 소득의 10%를 외국 화폐로 전환하기 위해서는 1921~1922년 수출액의 80%에 해당하는 대외 흑자가 필요했다. 전시처럼 엄격히 제한하면 독일이 수입의 80%를 줄일 수 있었을 것이라고 생각할 수 있다. 그러나 구리, 면화, 양모 같은 투입 요소를 해외에 의존하는 상황에서 수입을 급격히 감축하면 수출을 유지할 수 없었다. 그런데 전쟁으로 인해 영토와 비축량을 상실했기 때문에 이런 해외 의존은 더욱 심해졌다. 수출을 80% 늘리기 위해서는 투입 요소의 수입 증가가 필요한데, 그러면 이전에 필요한 수출의 전체 증가 폭은 다시 몇 배 더 늘어난다. 그리고 이런 계산조차도 대규모 수입 감축이 국내 생활수준에 미치는 영향은 감안하지 않은 것이다.

독일이 이런 엄청난 수출 증가를 달성할 수 있었다고 해도, 연합국은 그렇게 하는 것을 수용하지 않았을 것이다. 증가된 수출이 영국, 프랑스, 미국의 경제와 비교해서 지나치게 크다는 것이 문제가 아니었다. 예상 지불액은 연 단위로 이 국가들의 국민 소득 합계의 약 1%에 이르렀다. 그러나 독일의 수출은 이미 국제 경쟁이 치열한 산업의 생산물, 특히 철강, 섬유 및 석탄으로 집중될 것이다. 독일 수출품이 제3의 시장에 쏟아져 들어가면 연합국 산업이 똑같은 어려움을 겪게 될 것이다. 이 산업의 대표들은 독일 수출의 급격한 증가를 쉽사리 수용할 수 없었을 것이다. 연합국들은 심지어 독일의 배상금 지불 노력이 부적절하다고 불평하면서 수입 장벽을 높였다. 『평화의 경제적 귀결The Economic Consequence of the Peace』에서 케인스는, 배상금을 옹호하는 사람들은 구체적으로 어떤 상품으로 이것을 지불할 수 있는지 그리고 어느 시장에서 이 상품들을 팔 수 있는지를 밝히라고 주장했다.[22] 베르사유에 파견된 미국 대표인 토머스 라몬트Thomas Lamont 역시 협상가들에게 이 점을 상기시켰다. 미국 경제학자 프랭크 타우식도 같은 경고를 했다.

1920~1921년은 불황기였기 때문에 독일의 수출 능력과 연합국의 수입 의지라는 두 가지 문제가 모두 악화되었다. 연합국들은 원자재 형태였다면 추가 현물 양도를 기꺼이 수용했을 것이다(석탄에 대한 영국의 유보적 태도에도 불구하고). 그러나 독일은 제공할 수 있는 원자재의 양이 아주 제한적이었다. 원자재의 양도는 독일의 제조품 수출 능력을 약화했다. 복구 작업을 위해 독일 노동력을 수입하자는 제안은 비도덕적이고, 실업 문제 때문에 징집 해제된 프랑스인, 벨기에인, 이탈리아인들에게 정치적으로 수용되기 어렵다는 이유로 거부되었다.

따라서 배상금이 있을 때 국제시장을 청산하는 경우에 물가에 어떤 변화가 필요한가라는 이론적 문제(소위 '이전 문제')는 궁극적으로 초점을 벗어난 것이다. 최초 수출의 80%에 해당하는 무역 흑자를 내기 위해서는 독일 상품의 상대 가격을 아주 큰 폭으로 떨어뜨려서 외국 수요를 독일 수출품으로 전환시키고 독일의 수입품 수요를 줄여야 한다는 것이 케인스의 결론이었다. 그는 수요가 충분히 비탄력적이라면 독일 수출품 가격의 하락이 독일 수출의 양은 올리면서 그 가치는 줄이게 되어, 어떤 가격 수준에서도 이전이 불가능하게 할 수 있는 가능성을 제기했다.[23] 이에 대해 버틸 올린은 독일 수출품의 상대 가격 상승 역시 사전적으로 가능하다고 응수했다. 특히 독일 정부가 국내 소비를 줄임과 동시에 외국 정부가 수입품의 흡수를 촉진하기 위해 지출을 자극하면 그렇게 될 수 있다는 것이다.[24] 어떤 의미에서 두 경제학자 모두 핵심적인 논점을 짚었다. 케인스는 예정된 규모의 이전이 불가능할 수 있다는 점을, 올린은 흡수를 결정할 지출변화 정책이 결국 이것의 실현 여부를 결정할 것이라는 점을 지적했다. 또 어떤 의미에서는 두 사람 모두 결정적인 정치적 요인은 고려하지 않고 상대 가격의 결정에만 초점을 맞춤으로써 핵심을 빗나갔다고 할 수 있다.

정치적 제약이 연합국의 배상금 흡수 의지를 제한한 것처럼 독일의 배상금 동원 능력도 제한했다. 생활수준이 1913년 이후 상당히 하락해서, 정부가 남은 국민 소득의 10%를 배상금 지불로 돌린다면 사회적 소요의 우려를 높일 것이다. 런던 계획은 최후 통첩으로 제시되었기 때문에 독일이 점령을 피하고자 한다면 6일 이내에 수용해야 했다. 그런 조건은 독일 내에서 배상금 지불에 대한 지지를 끌어내는 데 아무런 도움이 되지 않았다.

독일은 이런 장애에도 불구하고 1921년 5월부터 그해에 예정된 배상금의 약 75%를 지불했다. 서부 세관 지역과 뒤셀도르프 주변 지역에 대한 연합국의 점령이 이런 인상적인 결과를 만들어 내는 데 어느 정도 역할을 했다. 단기적으로 전망은 밝아 보였다. 인플레이션과 배상금이 없었다면 1921년 독일제국의 예산은 균형에서 크게 벗어나지 않았을 것이다.[25] 배상금 조달 능력을 확보하기 위해서는 1920년의 증세와 더불어 한 번 더 세금을 인상하기만 하면 되는 것처럼 보였고, 제국의회는 1921년 여름에 실제로 증세를 고려했다. 그러나 정치인들은 세금의 형태에 대해 합의하지 못했다. 사회당원들은 재산에 대한 과세를, 다른 당들은 판매세의 인상을 선호했다. 세금 인상에 대한 지지는 모든 희생의 과실이 해외로 이전될 것이라는 인식 때문에 희석되었다. 배상금위원회의 결정으로 교착 상태가 끝난 후, 1922년 1월에 제국의회는 마침내 세금 타협안을 통과시켰다. 배상금위원회는 마르크의 절하와 예산상의 파국을 우려하여, 배상금 지불이 예정된 금액의 75%로 인하되어야 한다는 독일의 요구에 동의했다(1921년의 결과에 대한 사후 승인이었다). 그러나 비교적 소폭의 이 증세 조치는 예산 적자를 해소하기에는 턱없이 부족했다.

세금 인상에 반대했다고 해서 제국의 채권 판매 능력이 향상된 것은 아니었다. 정부는 점점 적자를 통화 발행으로 조달할 수밖에 없게 되었다. 다행히 자본은 계속 유입되어 필요한 화폐화의 규모를 억제하고 환율의 하락을 막았으며 인플레이션을 완화했다. 전전 평가 회복에 대한 당국의 의지를 신뢰할 만한지 의심할 이유가 늘고 있었지만, 국내 물가가 상승하는 것보다 빠른 속도로 마르크가 절하되었기 때문에 안정화 이전에 통화 절상의 여지가 생겼다. 투자자들은 통화 절하가 역전되어 마르크 투자자들에게 자본 이득을 안겨 줄 것이라고 여전히 믿고 있었다.[26] 물론 마르크의 가치를 높이고 안정화하기 위해서는 세금 인상에 대한 합의 도출을 뒷받침할 수 있는 배상금 축소가 필요할 것이다. 배상금 축소가 더 이상 불가능하다는 것이 명확해지자, 자본 흐름의 방향이 역전되었다. 이렇게 해서 초인플레이션의 무대가 마련되었다.

초인플레이션으로 진행

독일의 초인플레이션은 "회자되는 사실들의 화려함 때문에 주목을 끄는 경이와 모험으로 가득한 이야기들" 중 하나이다.[27] 환율만큼 화려하게 움직인 변수도 드물었다. 전시 통제 때문에 1914~1918년에 통화 절하율은 물가 상승률보다 늦게 움직였다. 그러나 물가 상승이 가속화되자 환율은 그동안 잃었던 것을 만회했다. 국내 재화는 장기간의 고객 관계가 중요한 시장에서 계약과 관습에 따라 결정되는 가격으로 계속 거래되었다. 이와는 대조적으로 환율은 익명의 매입자와 매도자 사이에서 현재의 사건뿐 아니라 미래 상황의 예측까지 즉각 반영하는 가격으로 거래되었다. 일단 인플레이션 추세가 명확해지자, 환율 절하는 국내 물가 상승을 앞지르기 시작했다.

국내 물가 상승의 지체는 역시 규제와 통제의 결과였다. 농민들은 곡물 중 일부를 규제 가격으로 판매해야 했다. 제국은 환율에 맞춰 물가를 올리는 것이 아니라 해외에서 수입한 곡물을 손해를 보면서 되팔았다. 주택 임대료도 통제되었는데, 1922년에 임대료는 전전의 3%까지 떨어졌다. 철도 요금은 물가 수준의 변화에 충분히 맞춰지지 않으면서 1913년의 10% 수준까지 떨어졌다. 그러나 가장 중요한 점은 계약과 관습에 의해 결정되는 국내 물가와 비용이 환율 변동에 늘 시차를 두고 맞춰지는 경향이 있었다는 것이다. 그 결과로 1919년을 거치면서 미국산 수입품 가격에 비해 국내 재화의 가격이 절반으로 되었다. 이것의 부정적 측면은 자원의 잘못된 배분이었다. 반면에 긍정적 측면은 국제 경쟁력의 향상이었다.[28]

그 후 통화 절하와 경쟁력 사이의 관계는 점점 복잡해졌다. 1921년 상반기처럼 외환 사정이 안정되어 한숨 돌릴 수 있게 되면, 가격 결정자들은 그 기회를 그동안 오르지 못한 부분을 올리는 데 사용했다. 이로 인해 실질 환율은 이전 수준으로 다시 내려갔다(그림 5.2에 나타난 바와 같이, 실질 환율은 독일 재화 가격 대비 외국 재화 가격, 여기서는 달러 환율로 전환된 마르크 표시 미국 재화 가격이다).[*] 1921년 5월 런던의 최후 통첩 이후, 배상금에 관한 나쁜 소문 때문에 마르크의 가치은 급격히 떨어졌고 실질 환율은 다시 2배가 되었다. 명목 절하의 속도가 둔화되자마자 물가가 그동안 오르지 않은 부분을 보충했고 실질 환율은 다시 떨어졌다.

시장 참가자들이 임금과 물가 조정의 속도를 높임으로써 인플레이션과 통화 절하에 적응하게 되자, 그림 5.2에 분명히 나타난 바와 같이, 이런 톱니바퀴 모양의 실질 환율 변동은 더욱 빈번해졌고 진폭은 줄어들었다. "일상적 인사의 주제가 날씨에서" 달러 환율로 바뀌었으며 달러 환율이 "독일 물가를 결정하는 결정적 요인"이 되었다.[29]

대기업으로 출발한 독일 산업은 환율을 기준으로 가격을 계산했으며 마르크 수입을 가능한 한 신속하게 외환으로 환전했다. 상점의 점원들은 점심 시간에 문을 잠시 닫고 달러 환율 시세를 확

• 여기서 실질 환율은 독일 재화 가격 대비 미국 재화 가격을 마르크 기준으로 비교한 것이기 때문에, 실질 환율의 상승은 마르크의 절하율이 독일의 상대적 물가 상승률보다 큰 것을 의미한다. 실질 환율의 하락은 통화 절하에 이어 독일 물가가 상승하는 것을 의미한다. 즉 환율 절하가 먼저 일어나고 그 후에 국내 물가가 환율에 조정되어 상승하는 형태를 띤다.

황금 족쇄

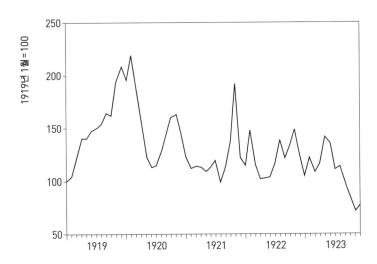

그림 5.2 **1919~1923년 독일 실질 환율.**

환율로 조정했을 때 독일 상품의 가격은 마르크가 절하될 때마다 미국 재화 가격에 비해 떨어졌다. 해외 물가에 대한 국내 물가의 비율, 즉 실환율을 그린 것이다. 마르크의 절가가 둔화될 때마다 국내 물가가 명목 환율을 따라잡고 실질 환율의 방향이 바뀌었다. 이런 사건의 순서 때문에 실질 환율은 1919년에서 1923년 사이에 톱니바퀴 모양의 움직임을 보였다.

출처: 환율과 독일의 도매 물가 지수는 Roger(1929), 142쪽, 미국의 도매 물가 지수는 Tinbergen(1934), 210~211쪽.

인한 후에 새 가격표를 붙이고 오후에 다시 문을 열었다. 외환을 기준으로 가격을 계산하다가 얼마 지나지 않아 곧바로 아예 거래를 외환으로 했다. 여름 무렵에는 유통업자들이 마르크 수령을 거부했는데, 처음에는 점령지에서 시작됐고 다음에는 남부 독일로, 결국에는 독일 전역으로 확대되었다.[30]

인플레이션이 끝나기 전 마지막 몇 달 동안에는 가격이 하루 단위로 조정되거나 환율의 변동에 대응해 시간 단위로 조정되기도 하면서 환율 절하와 인플레이션 사이의 시차가 거의 사라졌다. 임금 연동제는 최후의 단계였다.[31] 임금과 물가 결정 관습에 합선이 발생했다. 국내 물가와 비용은 환율만큼 신속히 반응했다. 가격 결정자가 환율의 추가 절하를 전이시키고 오르지 않았던 부분을 보충함으로써 독일의 실질 환율은 1923년 여름을 지나면서 회복되었다. 마지막으로 실질 환율이 1913년 수준 아래에 머문 때는 안정화되기 3개월 전인 1923년 8월이었다.

배상금, 국내 정치, 경제정책에 관한 보도가 있을 때마다 환율과 물가 상승률이 반응했다. 1920년 5월에서 1921년 5월 사이에는 배상금 협상의 결과나 에르츠베르거 금융 개혁의 성공 여부가 아직 명확하지 않았다. 환율은 달러당 60마르크와 70마르크 사이에서 방향성 없이 변동했다. 그 후 "외환의 소용돌이whirl of the devisen"가 시작되었다.[32] 마르크는 5월의 런던 최후 통첩과 우퍼 실레지아Upper Silesia의 분리* 이후 급격히 하락했다. 1922년 1월의 배상금 재조정으로 마르크가 일시적으로 상승했지만 더욱 포괄적인 배상금 해결에 실패하고 대규모 현금 지불이 재개되면서 마르크는 다시 하락했다. 국내 정치 불화의 심화와 온건파의 대변인 격인 외무부 장관 발터 라테나우Walther Rathenau의 암살**이 있으면서 환율 절하는 가속화되었다. 1922년 말경 프랑스의 새 총리 레몽 푸앵카레Raymond Poincaré가 배상금 문제의 타협 대신 강제 징수 방침을 선택할 것이 분명해지자, 환

---

* 실레지아는 현재 폴란드의 서남쪽에 위치한 지역을 가리키는데, 천연자원이 풍부한 이 지역은 1742년에 프로이센에 정복되었다. 이 지역의 동남부 지역이 우퍼 실레지아인데, 1차 대전 이후 이 지역 영토를 두고 독일과 신생 폴란드공화국이 경쟁하게 되었다. 국제연맹이 실시한 주민 투표 결과에 따르면 60%가 독일 잔류에 찬성했지만, 1921년에 발생한 제3차 실레지아 봉기 이후 폴란드인 밀집 지역인 동쪽 일부가 결국 폴란드에 이양되었다. 본문의 우퍼 실레지아 분리는 이 사건을 가리킨다.

** 발터 라테나우는 독일의 온건파 자유주의 정치인으로 베르사유 조약의 충실한 이행을 주장했다. 극단적 민족주의 성향의 테러리스트들은 그의 이런 주장과 소련과의 협력에 반감을 가지고 1922년 6월 24일에 그를 암살했다.

황금 족쇄

그리고 도와줄 사람은 보이지 않는다.

출처: 『캔자스 시티 타임스 *Kansas City Times*』.

율 절하는 다시 가속화되었다. 1923년 루르의 침략으로 마르크는 다시 한 번 급격히 절하되었다. 2월 초, 제국중앙은행의 지지 조치 덕택에 잠시 한숨을 돌렸다. 그러나 프랑스의 점령과 독일의 저항으로 배상금의 교착 상태가 해소되지 않자, 독일의 예산 상황은 더욱 악화되었다. 이 때문에 4월 중순 이후 마르크의 새로운 하락이 이어졌다. 5월 이후 환율 절하율과 물가 상승률 속도는 그림 5.1처럼 로그 척도를 이용해야만 숫자를 표시할 수 있을 정도로 빨라졌다.

이런 사건들로 인해 통화 증발에서 비롯된 물가 상승이 나타날 것이라는 기대가 형성되면서 환율은 더욱 불안정해졌다. 그런데 통화 증발의 원인은 무엇이었던가? 영어 문헌에서는 제국이 화폐 발행으로 자금을 조달한 예산 적자가 유력한 원인으로 지목된다.[33] 예산 적자의 영향은 논란의 여지가 없다. 1920~1921년 동안 세금과 비세금 수입으로는 정부 지출의 절반 정도밖에 충당할 수가 없었다(표 5.1을 보라). 에르츠베르거의 세금 개혁이 통과되면서 상황은 개선되는 듯이 보였는데, 1921년 4월부터 1922년 5월까지 정부 수입은 지출보다 더 빠르게 증가했다. 그러나 그 후 세금 수입은 급격히 감소한 반면에 정부 지출의 실질 가치는 증가했는데, 소극적 억제 상태에 있던 지출이 최고조에 달한 1923년 3사분기에 거의 두 배가 되었다. 정부 수입의 급감은 채권 원리금 상환 능력의 상실를 의미했기 때문에, 정부는 채권을 거의 발행할 수가 없게 되었다. 정부가 의지할 수 있는 유일한 방법은 제국중앙은행이 정부 채권을 매입해서 적자를 화폐화하는 길뿐이었다. 총리가 임명한 제국중앙은행 이사들은 정부로부터의 독립성을 거의 유지하지 못했으며 재정상의 요구를 그대로 수용할 수밖에 없었다. 이것이 재정 견해의 핵심이다. 즉 재정 적자의 급증이 통화 발행과 인플레이션과 환율 절하의 폭발적 연쇄로 이어졌다는 것이다.

그런데 재정 적자의 원인은 무엇이었나? 1922년 1월 케인스, 카셀, R. H. 브랜드R. H. Brand, 제러마이어 젠크스Jeremiah Jenks로 구성된 전문가위원회는 예산 상황에 관해 독일 정부에 보고했다. 그들은, 배상금을 제외하면, 물가 안정이 유지되기만 하면 예산이 균형을 달성할 것이라는 결론을 내렸다.[34] 함의는 명확했다. 배상금 지불 중지가 선언되어 신뢰가 회복되면 예산이 균형으로 돌아갈 것이라는 것이다. 화폐화의 압력은 없을 것이며 인플레이션도 통제될 수 있다는 것이다. 그렇게 되지 않으면, 수입을 추가로 늘리고 지출을 줄일 수 있

표5.1 **1920~1923년 독일의 정부 지출과 세금(10억 금마르크)**

연도	지출	수입	적자
1919년	8,643	2,496	6,147
1920년	7,098	3,171	3,927
1921년	10,395	6,237	4,158
1922년	6,240	4,029	2,211
1923년	6,543	2,589	3,954

주: 1919년 수치는 4~10월의 수치임.
출처: Webb(1989), 33, 39쪽.

는 제국의 능력이 제한되어 있기 때문에 적자가 불가피할 것이다. 적자는 인플레이션의 가속화를 낳아 독일의 취약한 예산 균형을 파탄내고 폭발적인 연쇄 반응을 일으킬 것이다.

독일 정치인들이 이런 주장에 호의를 보인 것은 당연했다. 그들은 문제의 원인을 탐욕스러운 연합국에 돌릴 수 있었으며, 연합국 요구의 비현실성에 대한 확고한 증거로 인플레이션을 들 수 있었다. 초인플레이션은 독일의 정치적, 경제적 안정을 위협함으로써, 안정되고 번영된 독일이 유럽 회복을 견인하고 볼셰비즘을 막는 방어벽 역할을 할 것을 기대하는 배상금위원회 위원들의 의지를 약화시킬 수 있었다.

이 주장은 제국의 세수 확대와 지출 축소 여력이 없다는 것을 독일이 증명할 수 있느냐에 달려 있었다. 푸앵카레가 브리앙에 이어 총리에 오른 후, 프랑스 정부의 지배적 분파를 포함한 외국 사람들은 이 주장을 받아들이지 않았다. 1923년 말에 추가 수입 증가와 지출 축소를 위한 조치들이 취해졌기 때문에 많은 역사가들은 이런 불신이 정당하다고 믿고 있다.[35]

반대로 독일 정치인들은 적자의 원인을 외환시장의 교란 탓으로 돌렸다. 카를 헬페리히는 "일반적인 인식과는 반대로, 인플레이션이 아니라 마르크의 절하가 이런 인과관계의 시작이었다"고 주장했다.[36] 연합국의 비타협적인 태도 때문에 독일인들은 약탈적 징세를 예상했다. 자본 도피는 불가피한 결과였다. 독일인들이 마르크를 팔자, 외환시장에서 통화의 가치가 떨어졌다. 1920~1921년의 임시 지불과 1922년의 부분적 배상금 지불이 국제수지 문제를 악화시키고 환율의 추가 약화를 불러왔다. 통화 절하는 수출입 물가를 올리고 국내 인플레이션으로 번졌다. 경제의 질식을 막기 위해 제국중앙은행은 물가 상승의 결과로 나타난 화폐와 신용의 수요 증가를 수용할 수밖에 없었다.

> "외국 통화에 대한 독일 마르크의 절하는 독일에 강요된 과도한 부담과 프랑스가 채택한 폭력적 정책 때문이었다. 모든 수입품 가격의 상승은 환율 절하 때문이었다. 그리고 그 결과로 국내 물가와 임금의 전반적 상승, 국민과 국가에 의한 유통 수단 수요 증가, 제국중앙은행에 대한 민간 기업과 국가의 요구 증대, 마르크 발행의 증가가 나타났다."[37]

　　지금까지 이것은 그저 일회적인 물가 상승 혹은 기껏해야 인플레이션율의 상승이었다.[38] 폭발적인 악순환이 일어나기 위해서는 인플레이션에서 예산으로의 피드백이 있어야 했다. 그 피드백은 다음과 같았다. 명목 수입은 명목 지출에 비해 인플레이션율의 변화에 덜 민감하게 반응했기 때문에, 인플레이션 충격은 재정 적자를 증폭시켜 부족분을 메우기 위해서는 제국은행의 추가 화폐화가 필요했다.

화폐화는 인플레이션을 부채질하고 수입 감소를 악화시켰으며 적자 폭을 넓힘으로써, 이 과정이 반복되었다. 배상금 감축처럼 외환시장이 안정을 되찾을 수 있는 조치만이 이 폭발적 악순환을 막을 수 있었다.

세금의 산정과 징수 사이의 시차 때문에 인플레이션은 세수의 실질 가치를 깎았다. 에르츠베르거가 새로 도입한 세금 중 가장 중요한 것은 개인 소득과 법인 소득에 부과된 세금이었다. 이런 소득의 과표는 인플레이션의 영향을 크게 받았다. 물가가 한 달에 50%씩 오르고 있을 때 납세자들은 납부를 30일만 미루어도 세액의 실질 가치를 3분의 1만큼 줄일 수 있었다. 납세 일정에 포함된 누진제와 이자 벌과금제의 강화에도 불구하고 당국은 인플레이션으로 인한 소득세 징수액의 감소를 막을 수 없었다.[39]

다른 세금의 경우에도 마찬가지였다. 1919년에 부과된 긴급 재산세는 재산 소유자가 무려 47년에 걸쳐 분납할 수 있었다.[40] 1921년 무렵에는 인플레이션으로 인해 납세 부담은 사실상 없어졌다. 1922년에 할부금은 일반 재산세로 대체되었지만, 이것 역시 납부 연기를 통해 피해 갈 수 있었다. 제국은 조세 수입을 간접세와 임금에 대한 10%의 원천 징수에 의존할 수밖에 없었다.[41] 징세의 마지막 단계에서도 고용주들은 원천 징수액을 당국에 즉각 이전할 필요가 없었기 때문에, 이 조세 수입조차 인플레이션의 피해로부터 결코 안전하지 않았다.

다른 나라들은 독일의 재정 적자가 전적으로 배상금 문제로 인한 외환시장 충격 때문이라는 주장을 독일의 자기 방어적 선전으로 치부했다. 그러나 일부 외국 관찰자들은 이 주장의 강점을 발견했다. 존 윌리엄스는 인플레이션 압력이 환율 절하와 함께 시작됐고 결국 재정 적자와 화폐화로 이어졌다고 확신했다. 제임스 에인절 역시 국제수지 메커니즘이 작동했다고 결론지었다.[42]

이 논쟁의 결론을 내리기 위해서는, 인플레이션이 재정 적자에 얼마나 영향을 미쳤는가를 추정한 다음에 물가가 안정되었다면 적자가 어느 정도 되었을지를 계산해야 한다. 이것은, 말은 쉽지만 실제로 하기는 어렵다. 인플레이션의 독립적 증가가 재정 적자를 확대함과 동시에 재정 적자의 증가가 인플레이션을 부채질했을 수 있기 때문이다. 재정 적자도 인플레이션에 영향을 미칠 수 있기 때문에, 두 변수 사이의 상관관계를 인플레이션이 재정 적자에 미친 영향으로 해석하는 것은 옳지 않을 수 있다.[43] 1920~1921년 에르츠베르거 조세 개혁과 1923년의 소극적 저항을 뒷받침한 재정정책의 극적 변화처럼, 재정 지출과 수입의 독립적 변화가 중요할 때는 이 문제가 더욱 심각해진다.[44] 이와 대조적으로 1922년에는 세수와 지출의 독립적 변화가 상대적으로 적었는데, 이 경우에 상관 계수는 다른 요인으로 유발된 인플레이션 때문에 발생한 재정 적자의 변화를 주로 반영할 것이다.

표 5.2는 1922년 재정 상황을 요약한 것이다. 변화는 주로 수입 측면에서 발생했는데, 직접세와 간접세 수입의 급격한 감소가 발생했다. 재정정책의 독립적 변화가 상대적으로 중요하지 않다는 이유에서 1922년 1분기와 4분기 사이의 적자 변화를 인플레이션율 변화 때문이라고 한다면, 인플레이션율이 1% 포인트 증가할 때마다 재정 적자는 100만 금마르크씩 늘어난 것으로 보인다.[45] 따라서 인플레이션이 없을 경우에 적자는 각각 4억 4100만, 2억 6600만, 2억 6400만, 3억 8900만 금마르크가 된다.

인플레이션이 없었어도 예산은 계속 적자였을 것이라는 결론은

황금 족쇄

표 5.2 **1922년 재정 상황**(백만 금마르크)

	수입	지출	적자	인플레이션(%)
1922년 1분기	1,205	1,703	499	55.8
1922년 2분기	1,293	1,590	297	29.4
1922년 3분기	888	1,473	585	308.3
1922년 4분기	646	1,472	826	419.9

주: 인플레이션율은 분기 마지막 달과 이전 3개월 사이의 도매 물가 지수 변화율로 계산한 것임.
출처: Webb(1989), 표 3.2, Rogers(1929), 142쪽.

인플레이션의 유일한 원인이 마르크의 절하라는 주장의 기각으로
이어진다. 그러나 여전히 배상금이 문제의 근원이었을 수 있다. 1922
년 4분기 동안 베르사유 지출은 각각 8억 4300만, 6억 9600만, 3억
5300만, 3억 3400만 금마르크였다. 마지막 분기를 제외하면 매 분기
마다 이 규모가 물가 안정을 가정했을 때의 예산 적자 규모를 능가
했다.[46] 케인스, 카셀 등의 전문가위원회 위원들이 결론을 내린 것처
럼 배상금과 인플레이션의 효과를 제외하면 1922년 예산은 균형을
유지했을 것이다. 그리고 배상금이 없었다면 화폐화도 필요 없었을
것이라고 본다면, 인플레이션 역시 발생하지 않았을 것이다. 이런 의
미에서 독일 초인플레이션의 근본적인 원인은 배상금에 있었다.

물론 이런 사실을, 독일제국이 베르사유 지출액만큼 세금을 인
상했다면 배상금이 물가 안정을 파괴하지 않았을 것이라고 해석할
수도 있다. 그러면 우리는 독일제국이 왜 그렇게 하지 못했는가 하는
문제로 다시 돌아오게 된다.

그 답은 재정 당국이 이중 전선에서 지구전을 치르고 있었기 때
문이다. 국내에서 노동과 자본은 서로 상대방이 배상금 이전에 필요

한 세금을 부담해야 한다고 주장했다. 양쪽은 타협을 거부했다. 민주적인 정당들의 지지를 받고 있던 사회당은 배상금 지불을 위해 재산세를 부과해야 한다고 주장했다. 우파 정당들은 그런 조치에 반대하며 모든 배상금 지불에 맹렬히 반대하는 국민당과 연합을 형성했다.[47] 우파는 산업계의 전시 희생을 언급하며 배상금 이전에 필요한 제품 생산을 위해 노동자들이 하루 두 시간 더 일할 것을 제안했다.[48] 이들은 정부의 재화 동원과 그 재화의 해외 이전을 위해, 판매세의 인상과 사회 프로그램에 대한 공공 지출의 감축을 지지했다.[49]

누가 더 오래 숨을 참을 수 있는지 서로 경쟁하는 어린 학생들처럼 두 집단은 스스로의 고통에도 불구하고 계속 버텼다. 이와 동시에 진행된 국제적 차원의 지구전 때문에 이런 딜레마는 더욱 심해졌다. 프랑스와 벨기에가 이끈 연합국들은 독일의 위기에 의한 자국 경제의 피해에도 불구하고 배상금의 완전한 지불을 요구했다. 독일인들은 초인플레이션이 지불 불능을 증명하는 것이라고 주장했다. 프랑스와 벨기에가 루르 지역을 침략하자, 국제적 지구전은 공개전으로 발전했다. 연합국은 독일이 항복할 때까지 점령을 계속하겠다고, 배상금을 현물로 가져가겠다고 위협했다. 독일은 점령이 전혀 소용없다는 것을 깨달을 때까지 정부 예산과 중앙은행의 화폐 발행을 통해 소극적 저항을 계속하겠다고 공언했다. 양쪽 모두 타협할 생각은 없었으며 상대방이 먼저 양보할 것이라고 믿었다.

독일 경제에 미친 영향

분배 갈등은, 그 갈등이 분배할 파이의 크기에 파멸적인 충격을 초래하지 않는 한, 계속될 수 있었다. 처음에 인플레이션은 독일 경제에 거의 피해를 입히지 않았으며 오히려 약간 도움이 되었을 수도 있다.

황금 족쇄

실질 환율이 절하될 때마다(1919년, 1920년 하반기, 1921년 하반기), 수출이 촉진되었다. 국내 물가가 명목 환율을 따라잡으면 수출은 후퇴했다. 그러나 인플레이션이 전체적으로 실질 환율의 절하로 이어지면 수출과 고용 및 생산이 촉진되었다. 1922년 초인플레이션이 발생하면서 이런 관계가 붕괴했다. 국내 통화 표시 물가가 환율을 따라잡지 못했는데도 수출량은 3분의 1이나 급락했다.[50] 루르 점령보다 두 분기나 앞서 수출 감소가 시작되었기 때문에 그것이 원인이 될 수는 없었다. 오히려 환율 및 물가 불확실성으로 인한 생산 및 상업 활동의 침체 때문에 수출이 둔화되었다. 미국 경제학자 존 파크 영John Parke Young은 "환율의 불확실성과 큰 변동 폭은 수출업자나 수입업자에게 심각한 부담이었다"고 지적했다.[51]

불확실성의 영향은 금융시장에서도 명확히 나타났다. 전문가들은 인플레이션이 기업 주식의 실질 가치를 올린다고 주장했다. 투자자들은 은행 계좌 인출로 자신의 저축을 보호할 유인이 있었다. 이들은 가격 인상을 통해 고객에게 비용을 전가함으로써 인플레이션만큼의 상승 폭으로 배당금을 지급할 수 있는 기업의 주식을 매입했어야 한다. 이런 '실질 가치로의 도피'는 주식의 실질 가치를 다른 물가보다 더 빠르게 올림으로써 공장과 설비에 대한 투자를 자극해야 한다.[52]

실질 주가는 1921년 말까지 상승했다.[53] 그러나 그 후 꾸준히 하락했다. 시장이 정점에 도달한 때는 런던의 최후 통첩이 있은 지 한참 후이면서 루르 점령이 있기 한참 전이었기 때문에, 이 두 사건이 원인이었다고 보기는 어렵다. 원인은 환율과 물가 불안으로 야기된 무역과 상업의 혼란 그리고 이로 인해 기업이 입은 수익성 피해에 있었다.[54] 1922년이 되자, 선철과 같은 많은 공산품의 생산 증가율이 둔화되기 시작했다. 그해 말에는 다른 산업의 생산은 이미 감소세에 있었다.[55] 주식시장은 통계로 명확히 나타나기 전에 이미 이런 추세를 예상한 것으로 보인다.

전시의 파괴와 전후의 격변으로 독일의 실질 임금은 전전 수준 아래로 내려갔다. 인플레이션이 가속화될 때마다 실질 임금은 더 내려갔다. 실질 환율의 절하가 독일 수출품에 대한 수요를 자극한 것처럼, 실질 임금의 하락은 독일 수출업자들의 공급 확대 유인을 자극했다. 독일 제조업의 실업은 인플레이션이 가속화될 때마다 줄어들면서, 이런 경향이 확인되었다.[56] 초인플레이션으로 이행하면서 물가에 대한 임금의 시차가 줄어들고 결국에는 사라졌다. 예를 들어 석탄업의 화이트칼라 노동자의 임금 지급 기간은 1개월에서 1922년 가을에는 2주일로 단축되었고, 다음 해 2월에는 10일로, 8월에는 5일로, 9월에는 한 주에 두 번으로 줄어들었다.[57] 그 결과로 인플레이션의 최종 단계에서는 실질 임금은 그동안 잃은 것을 만회했다.

이런 경로들을 통해서 인플레이션이 처음에는 경제 활동을 자극했지만 그 후에는 인플레이션이 가속화되고 점점 파괴적으로 되면서 경제 활동을 둔화시켰다. 프랭크 그레이엄Frank Graham은 1922년 말이나 1923년까지도 거시 경제 효과가 긍정적이었다고 판단했다. 그레이엄의 표현을 빌리면, 그 후부터 인플레이션과 관련된 "탈구dislocations"가 촉진 효과를 덮어 버렸다. 다른 혼란들, 특히 루르 점령과 수동적 저항 때문에 초인플레이션이 1923년의 생산 하락에 직접적으로 영향을 미친 정도는 판단하기는 어렵다. 그레이엄의 추정에 따르면, 좁게 정의해서 생산 감소의 4분의 1에서 3분의 1이 인플레이션 때문이었다.[58]

인플레이션은 꽤 여러 방식으로 소득을 재분배했다. 채권자들

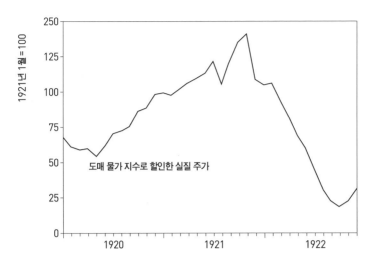

그림 5.3 1920~1922년 독일의 토빈 q 비율

토빈 q 비율, 즉 생산 자본의 대체 비용에 대한 시장 가격의 비율이 처음에는 상승하여, 투자자들은 인플레이션에 대응해 자금을 현금에서 주식으로 바꾸었다. 그러나 인플레이션이 가속화되고 점점 파괴적인 형태를 띠자 기업의 이윤과 주식 가격이 하락했다.
출처: Graham(1930), 표 xvi.

은 손해를 보고 채무자들은 이익을 보았다. 미숙련 노동자들은 이익을 보고 숙련 노동자들은 손해를 보았다. 실질 가치로의 도피 때문에 자본재 생산자들은 소비재 생산자들에 비해 더 큰 이익을 보았다. 대기업들은 신용을 이용하는 데 더 유리했기 때문에 소기업에 비해 더 이익을 보았다. 수혜자들의 입장에서는 지구전을 유지할 유인이 있었다. 그러나 금융 혼란으로 생산 활동이 위축되자, 분배할 파이의 크기가 줄어들었다. 개인들은 급격히 가치가 줄어드는 현금 잔고를 가능한 한 줄이기 위해 점점 더 많은 시간과 노력을 들였다. 하루에도 여러 번 은행과 상점을 방문했으며 물가 변동을 계속 관찰하고 조정했다.[59] 파이가 급격히 줄어들기 시작하자, 인플레이션으로 확실

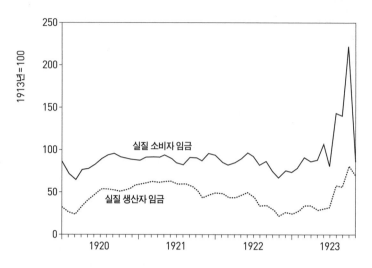

그림 5.4 1920~1923년 독일의 소비자와 생산자의 실질 임금.

물가에 대한 화폐 임금의 시차 때문에 인플레이션은 처음에는 독일 생산자들의 실질 노동 비용을 줄였다. 그러나 인플레이션이 끝날 무렵에는 임금이 물가에 연동되고 임금 지불 주기가 단축되면서 이런 효과는 사라지거나 역전되기까지 했다.

출처: Webb(1989), 표 5.2.

히 혜택을 얻는 사람들은 이제 사라졌다. 지구전의 비용은 점점 커졌다. 어떤 조치가 필요했다.

조정과 안정화

1923년 11월에 그런 일이 벌어졌다. 정부는 준비금을 재평가하고 달러당 42억 마르크의 환율로 고정하기 위해 개입했다. 정부의 중앙은행 차입은 중단되었다. 재정 적자가 감소했다. 인플레이션은 그쳤다. 안정화를 가져온 주요 요인은 재정 개혁을 실현 가능하고 신뢰할 수 있게 만든 국내의 정치적 조정이었다.

　다음과 같은 여러 변수 중 어디에 우선순위를 두느냐에 따라 안정화에 관한 해석들을 분류할 수 있다. 통화 공급, 예산, 국내 채무, 실질 통화 잔고, 환율, 국내 정치, 국제 관계. 대부분의 경제학자들은 안정화의 필요충분조건으로 통화 공급의 통제에 주목한다. 인플레이션을 진화하기 위해서는 그 연료만 제거하면 된다는 주장이다. 그 메커니즘이 실제로는 복잡하다는 것은 안정화 뒤에도 통화 공급이 계속 빠르게 증가했다는 사실에서 분명히 확인된다. 그해 11월 20일부터 연말 사이에 통화 잔고는 거의 150% 증가했으며 1924년 상반기 동안에 다시 38% 증가했다.

이런 비정상적인 현상은 예산으로 눈을 돌리게 한다(표 5.3 참조). 이 설명은 인플레이션이 통화 공급뿐만 아니라 통화를 보유하려는 대중의 의지에도 의존한다는 관찰에서 출발한다. 이런 의지는 미래의 예상 인플레이션, 따라서 미래의 예상 통화 공급에 달려 있다. 미래의 통화 공급에 대한 예상은 화폐화 압력의 원천인 재정 적자에 달려 있다. 따라서 안정화의 필요충분조건은 공공 부문 계정의 균형 달성을 위한 조치들을 신뢰할 수 있게 확실히 채택하는 것이다.

이 주장의 매력은 통화 공급의 증가와 안정화를 쉽게 양립 가능하게 만들 수 있다는 것이다. 만약 재정 개혁이 신뢰할 만하다면 화폐 수요를 증가시켜 인플레이션 없이도 통화 공급 증가가 가능하다. 이 설명의 또 다른 장점은 신뢰성이라는 문제에 주목한다는 것이다.[60] 어려움이 처음 나타날 때 정책 당국이 간과한 정책 개혁들이 인플레이션을 중지시키지는 못했을 것이라고 우리는 분명히 주장할 수 있다.

이 주장의 한계는 신뢰의 원천을 확정하기 어렵다는 것이다. 예산 균형을 달성하기 위해 10월에 취한 조치들을 그 원천이라고 할 수도 있다. 루르와 라인란트에 대한 보조금이 중단되었다. 공무원 수

표 5.3 **1923년 11월~1924년 6월 독일 정부의 일반 수입과 지출**(백만 금마르크)

월	일반 수입		일반 지출	수지
	총액	세금		
1923년 11월	68.1	63.2	—	—
1923년 12월	333.9	312.3	668.7	-334.8
1924년 1월	520.6	503.5	495.6	24.1
1924년 2월	445.0	418.0	462.8	-17.8
1924년 3월	632.4	595.3	498.6	133.8
1924년 4월	579.5	523.8	523.5	56.0
1924년 5월	566.7	518.7	459.1	107.6
1924년 6월	529.7	472.3	504.5	25.2

출처: Young(1925b), 422쪽.

가 25% 감축되었다. 남은 공무원의 임금은 30% 삭감되었다. 그해 초 이후 예산이 흑자로 돌아서자 진전이 있었음을 증명할 수도 있다.[61]

정부가 야심찬 예산 개혁을 발표한 것은 이때가 처음이 아니었다. 그리고 과거의 개혁들은 재정 부족을 메우기에 턱없이 부족했다. 1920년 세금 인상으로 생긴 수입은 인플레이션으로 사라졌다. 1923년 8월의 '루르 부과금'은 정말 반짝 효과밖에 없었다. 10월과 11월의 개혁이 왜 1920년이나 1923년 8월의 개혁보다 더 성공적이었는지는 명확하지 않았다. 예산 개선의 상당 부분이 인플레이션 둔화에 대한 세금의 반응으로 나타났다는 사실은 인식의 중요성을 보여준다. 제국 수입의 실질 가치가 11월과 12월 사이에 5배가 되었으며 절대액도 같은 만큼 증가했다. 재정 적자 감소의 상당 부분이 물가 안정의 결과라는 것을 인정하면, 인플레이션이 적자 감소 때문에 멈췄

황금 족쇄

다는 주장은 순환 논리의 느낌이 있다.

이런 반론에 대응하기 위해 10월과 11월의 제도적 개혁들이 언급된다.[62] 이 견해에 따르면 통화 당국에 대한 재정 적자 수용 압력이 차단된 것이 핵심 요소이다. 10월 15일 렌텐방크Rentenbank 법령은 제국에 대한 대부를 책임지는 이 새로운 기관에 엄격한 제한을 부과했다.* 렌텐방크의 총 신용 규모가 24억 금마르크(이제는 렌텐마르크)를 초과하지 못하도록 했다. 대정부 신용은 총액의 절반으로 엄격히 제한되었다.[63]

그러나 단순히 이런 제한의 부과가 신뢰성을 보장하지는 않았다. 렌텐방크의 첫 번째 조치들 중 하나는 정부의 12억 렌텐마르크 대부 요청을 수용한 것이었다. 곧바로 신용 상한선에 도달해 버렸다. 1923년 12월 재무부 장관은 4억 렌텐마르크를 추가로 요청했다. 이 소식은 환율의 하락을 야기했다. 팽팽한 협상 끝에 정부의 요청이 거부되었다.[64]

1923년 11월의 개혁을 신뢰할 수 있게 만든 데는 반드시 다른 더 근본적인 환경의 변화가 있었을 것이다.[65] 핵심적 요인은 국내의 정치적 조정이었다. 그것이 재정 개혁을 실현 가능하고 신뢰할 수 있게 만드는 데 기여했다. 중요한 변화는 산업계, 정부 및 연합국 사이의 조정이었다. 독일 산업계는 전통적으로 모든 배상금을 반대했다. 중공업 전반과 특히 대형 석탄 및 철강 연합체들이 협상에서 중

---

* 렌텐방크는 1923년 10월에 설립된 국영 은행인데, 이 은행은 통화 가치를 안정시키기 위해 토지와 공산품을 담보로 한 임시 화폐인 렌텐마르크Rentenmark를 발행했다. 렌텐마르크와 기존 마르크의 가치 비율은 1대 1조였으며 1924년 8월 30일부터 발행된 새 법정 화폐인 라이히마르크와 동일한 가치를 가졌다. 렌텐마르크는 라이히마르크가 도입된 1924년 이후에도 한동안 유통되었다.

추 역할을 점했다. 프랑스 철강업계는 자국의 석탄이 부족했기 때문에 사르와 루르 지방으로부터의 석탄 수입에 계속 의존했다. 배상금 협상에서 프랑스 정부는 석탄을 계속 강조했다. 독일 철강업계는 이에 대응해서 석탄이 프랑스 경쟁업체의 손에 넘어가는 것을 막기 위해 국내 석탄 생산업체를 매입했다. 독일의 대기업들은 제국중앙은행 신용을 기본적으로 고정 이자율로 쉽게 이용할 수 있었기 때문에, 타협에 대한 독일 업계의 저항은 더욱 강화되었다. 인플레이션의 속도가 빨라질수록 그들에 대한 보조도 더 커졌다. 프랑스와 벨기에가 루르를 침략하자 중공업계는 임금 보조금을 받아 비생산적 노동자들에게 지불하면서 해고를 억제했다.

현물 이전의 주요 원천인 석탄 기업의 소유주와 운영자들인 이들은, 독일 배상금 지불 의무를 다하려고 하는 다른 집단의 노력을 무효화할 수 있는 전략적 위치에 있었다. 쿠노Cuno 정부와 슈트레제만Stresemann 정부는 이런 지원이 필요했다.* 외국 정부들도 그들의 중심적 역할을 오래도록 인식하고 있었다. 프랑스 전 총리인 알렉상드르 밀랑Alexandre Millerand은 독일 석탄업계의 거물인 후고 슈티네스Hugo Stinnes와 협상을 했다고 알려졌는데, 그는 마치 독일의 외교부 장관 같았다.[66]

1923년 11월에 독일 경제가 분열되자, 오랫동안 독일에서 배상금을 가장 강력히 반대한 집단인 루르의 기업가들은 비타협의 비용

---

* 빌헬름 쿠노Wilhelm Cuno는 1922년 11월부터 1923년 8월까지 독일 총리를 지냈는데, 재임 기간 동안 프랑스의 루르 점령에 대한 수동적 저항의 수단으로 통화증발정책을 써서 초인플레이션을 야기했다. 구스타프 슈트레제만Gustav Stresemann은 1923년 8월부터 11월까지 짧은 기간 동안 독일 총리를 지냈는데, 그 기간 동안 연합국에 대한 저항을 중지하고 타협을 시도했으며 초인플레이션의 종식을 위해 렌텐마르크를 도입했다.

황금 족쇄

이 편익보다 크다는 결론에 이르렀다. 특혜를 받으면서 제국중앙은 행의 신용을 이용하여 산업 제국을 확장한 슈티네스같이 인플레이션으로 가장 직접적인 혜택을 본 사람들조차 정상적 경제 상태의 회복이 긴요하다고 생각하게 되었다.[67] 더욱이 비타협의 비용이 증가하는 동시에 그 편익은 하락하고 있었다. 수동적 저항은 처음에는 성공했지만, 그 효과는 점차 줄어들었다. 배상금위원회의 계획에 따라 석탄, 코크스, 갈탄의 이전 비율이 꾸준히 증가해, 2월에는 이전 수준이 미미했지만 7월에는 거의 40%가 되었다. 마르크의 붕괴와 노동자 계급의 생활수준 악화는 7월 이후 파업과 폭동을 야기했으며 이와 더불어 저항에 대한 지지도 약화시켰다.[68] 이런 혼란은 8월 쿠노 정부의 실각을 초래했다. 그 뒤를 이어 구스타프 슈트레제만이 이끈 연립 정부는 9월 26일 수동적 저항을 포기했다. 10월 중순 이후에는 수동적 저항을 뒷받침하기 위한 대부가 더 이상 없었다.

　　루르의 기업가들은 MICUM, 즉 '연합국 공장광산통제위원회 Inter-Allied Commission Controlling Factories and Mines'를 대표로 한 점령군과 직접 협의하여 현물 이전을 재개하기로 합의했다.[69] 1개 엔지니어 대대인 MICUM은 논리적으로는 적절한 협상 기구였는데, 왜냐하면 석탄 이전을 재개하기 위해서는 우선 채굴상의 몇 가지 기술적 문제들을 해결해야 했기 때문이다. 기업가들의 합의문에는 MICUM이 독일 석탄 생산량의 27%를 수취하고 이를 뒷받침하기 위해 루르에서 생산된 석탄의 유통을 통제하는 것으로 명시되어 있었다.[70] 따라서 배상금에 대해 가장 비타협적인 반대를 하던 집단이 교착 상태를 종결짓는 결정적 양보를 한 것이다. 기업가들은 이타주의자들이 아니었기에 MICUM에 대한 석탄 양도의 보상으로 독일제국에 자금 이전을 요구했다. 슈트레제만은 보상할 의무를 진다는 원칙을 수용했지만,

경제가 안정될 때까지는 자금 이전을 하지 않겠다고 주장했다. 결국 기업가들은 보상을 받기 위해 거의 1년을 기다릴 수밖에 없었다.[71] 슈트레제만의 유보에도 불구하고, 사업을 다시 시작할 수 있었던 기업가들은 지구전을 끝내기 위해 필요한 양보를 하려는 무리에 합류했다.

그해 12월에 석탄의 양도는 계획된 양의 50%까지 올라갔고 다음 해 2월에는 80%에 이르렀다. 연합국은 이것을 독일이 협력하고 있음을 분명히 보여주는 것이라고 해석했다. 그러나 석탄의 양도는 독일 전체 배상금 부담의 일부에 불과했다. 조정 중 결정적인 부분은 독일의 나머지 부담을 도즈 플랜Dawes Plan 협상 결과가 나올 때까지 유예하겠다는 연합국의 결정이었다. 1924년 8월 도즈 플랜이 확정될 때까지 이런 상황이 계속되었다. 타협을 하고 배상금 부담의 일부를 책임지겠다는 산업계의 결심이, 인플레이션의 근본 원인인 예산 교착 상태를 타개하는 데 도움이 되었다. "하나의 통일된 전선인 인플레이션과의 전쟁에서 승리하기 위한 전제조건은 그렇게 만들어졌다."[72]

독일 내의 양보에 만족하여 연합국은 전례없이 유연한 태도를 보였다. 현물 이전을 끌어내는 데 성공하고 있었는데도 점령에 따른 경제적 부담과 정치적 비용은 그 이익보다 줄곧 큰 상태였다. 연합국은 MICUM 합의에 동의함으로써 처음으로 전액에 미치지 못하는 배상금의 지불도 받아들일 수 있음을 내비쳤다. 11월 30일, 배상금위원회는 전체 상황을 재검토하기 위해 두 개의 소위원회를 구성한다고 발표했다. 그리고 독일의 여타 의무를 이 위원회의 결과 보고가 있을 때까지 유예했다. 도즈 플랜의 채무 재조정은 아직 몇 달이 남았지만 독일은 다시 양보를 기대할 수 있게 되었다.

이런 조치들이 재정 문제를 해소할지는 두고 봐야 했다. 여기서 또다시 환율이 문제였다. 적자는 두 부분으로 이루어져 있었다. 하나는 인플레이션에 의해 야기된 부분이고 다른 하나는 가격이 안정돼 있다고 해도 발생할 부분이었다. 각각의 크기는 불분명했다. 잠깐의 물가 안정으로 첫째 부분을 일단 제거하기만 하면, 국내 지출의 절약과 해외 이전의 유예는 둘째 부분을 제거하기에 충분하다는 점을 확인할 수 있었다. 그때가 되어서야 예산 개혁은 그 적절성과 신뢰성을 얻을 수 있었다.

물가 안정을 회복할 수 있는 직접적인 방법은 환율을 고정시키는 것이다. 거래가 환율에 연동된 상황에서 환율 절하의 갑작스러운 중지는 인플레이션의 중지를 의미했다. 실질 통화 잔고의 감소는 환율이 적어도 일시적으로는 고정될 수 있게 했다. 인플레이션이 가속화되자, 개인들은 보유 화폐를 줄이려고 했다. 물가 상승은 통화 공급보다 훨씬 더 빨랐다. 금의 국내 통화 가격의 상승을 반영하기 위해 제국중앙은행의 금 준비를 재평가하자, 준비금의 가치는 통화 잔고의 95%에 이르렀다. 당국은 적어도 순간적으로는 통화 가치를 고정시킬 수 있었다. 하지만 대신, 유통 중인 은행권을 거의 모두 매입해야 했다. 재정 개혁이 적절하지 않았다면, 재정 적자를 화폐화하라는 압력이 다시 나타나 이제 막 생겨난 대중의 국내 통화 보유 동기를 꺾었을 것이다. 금 준비금은 고갈되었을 것이다. 다행히도 12월에 재정 수입이 크게 증가해 주목할 만한 개선 조짐이 나타났다. 1월 예산이 흑자로 전환되자, 불확실성이 줄어들었다. 안정화의 초석이 마련된 것이다.

따라서 안정화에서 환율의 역할은 과거 인플레이션 과정에서 환율이 한 역할과 비슷했다. 환율 절하가 인플레이션 위기의 유일한 원인은 아니었지만 재정의 딜레마를 심화했다. 그리고 환율 안정이 인플레이션의 지속적 억제를 위한 충분조건은 아니었지만 안정화 전에 숨 쉴 수 있는 공간은 마련해 주었다. 이 두 가지 이유 때문에 환율 불안정과 걷잡을 수 없는 인플레이션은 점점 동의어로 여겨졌다. 결국 이런 경험 때문에 독일이나 해외의 전문가들은 국제통화체제의 불안정을 더욱더 심각하게 받아들였다.

국제 통화 관계에 대한 영향

1924년 독일의 배상금은 도즈 플랜에 따라 재조정되었다. 이 플랜은 독일의 배상금 가운데 일부를 유예하여 즉각적인 원리금 상환액을 1921~1922년 수준의 일부분 정도로 줄였다.[73] 1924~1925년의 원리금 상환은 소규모 운송세와 특정 철도 채권과 산업 채권의 이자 수익에서 나온 재정 수입을 이용해서 이루어졌다. 그 규모는 GNP의 약 1%로 제한되었다. 그 후 상환액은 증가해 1929년에 약 30억 라이히마르크로 정점에 이르렀다. 추정컨대, 이 무렵이면 충분히 상환할 수 있을 정도로 독일 GNP가 증가했을 것이다.[74] 배상금이 재정수지와 물가 안정에 미치는 위협은 과거에 비해 덜 심각해졌다.

도즈 플랜의 성공 열쇠는 해외 대부였는데, 이 해외 대부는 공적으로 보증받은 다음에 뉴욕 등 금융 중심지의 민간에서 거래되었다. 1924년 봄에도 안정화 유지에 대한 불확실성이 상당 정도 남아 있었다. 30일물 대부의 금리는 여전히 높은 수준이었다. 4월과 5월에 금리는 연율로 평균 44%였다.[75] 결제가 이루어지지 않아 인플레이션이 재발할 것이라는 우려가 여전히 남아 있었기에, 예금자들은 겨우 한 달을 빌려주면서도 이런 프리미엄을 요구했다. 이런 우려가 자기실현될 위험이 있었다. 고금리는 투자를 위축시키고 그에 따른 경기 침체를 악화했다. 기업 이윤이 급락하고 실업이 감내할 수 없는 수준으로 상승하면, 1923년의 조정은 깨질 수 있었다.

여기서 도즈 차관^{Dawes Loan}이 결정적인 역할을 했다. 독일 정부와 독일 경제에 숨 쉴 틈을 준 것이다. 이 자금은 투기적 공격이 있을 경우에 마르크를 지지하는 데 필요한 실탄을 정부에 제공했다. 해외 자금의 투입은 이자율 하락 압력을 가져왔고 국제수지 제약을 약화시켰다. 도즈 차관이 이루어진 지 3개월도 채 되기 전에 1개월물 자금의 이자율이 11%까지 하락했는데, 이것도 국제 기준으로 보면 여전히 높은 수준이지만 1년 전에 비하면 크게 개선된 것이다. 이자율 하락 덕분에 투자도 회복되었다. 경제 상황이 이제 더 이상 악화되지 않았고 1923년의 타협도 유효했다.[76]

도즈 차관의 성공은 그 후 4년 동안 국제금융시장을 휩쓴 미국의 해외 대부 물결을 몰고 왔다(표 5.4 참조). 이 대부에 문제가 발생한 후, 미국의 채권 매입자들은 고위험 고수익 채권에 대한 무모한 열광에 굴복했다는 비난을 받았다. 해외 투자자들은 독일이 전쟁에 대해 경제적으로 보상해야 하는 의무를 부당하게 줄여 주었다는 비난을 받았다.[77] 그러나 국제 통화 안정에 기여할 수 있는 다른 대안을 상상하기는 어렵다. 전시의 변화로 미국 수출업자의 국제 경쟁력은 강화된 반면, 유럽 수출업자들의 경쟁력은 약화되었다. 그 결과로 나타난 무역 불균형으로 금이 미국으로 유입되었고 영국이나 독일과 같은 나라는 국제수지 압력을 받게 되었다. 독일이 연합국에 지불한 배상금은 전시 채무 상환의 형태로 미국으로 넘어감으로써, 미국의 흑자는 증가되고 유럽의 적자는 심해졌다. 금 평가를 다시 회복하고자 하는 제국중앙은행과 유럽의 다른 중앙은행들은 신용 조건을 더 엄격히 하고 이자율을 인상하는 것 외에는 다른 방도가 없었다. 고금리는

표 5.4 **1920년대 미국과 영국의 대부**

	미국의 지역별 해외 대부(백만 달러)			
	유럽	캐나다	중남미	극동
1924년	526.6	151.6	187.0	96.1
1925년	629.5	137.1	158.8	141.7
1926년	484.0	226.3	368.2	31.7
1927년	557.3	236.4	339.7	151.2
1928년	597.9	184.9	330.1	130.8
1929년	142.0	289.7	175.0	51.5
	런던의 해외 차입자 순자본발행액			
	외국 정부		기타 차입자	
1925년	30.5		57.3	
1926년	46.7		65.7	
1927년	63.6		75.1	
1928년	57.7		85.7	
1929년	30.4		63.9	

출처: 미국은 Department of Commerce(1930), 영국은 Royal Institute of International Affairs(1937).

미국으로부터 포트폴리오 투자를 끌어들였다. 그런 미국의 해외 대부로 다른 금융 흐름도 순환할 수 있게 되었다. 이것이 1920년대의 국제수지 결제의 허약한 기반이었다.[78]

그러나 전전의 경험에서 봤듯이 해외 대부 규모는 이자율뿐 아니라 신인도에 따라서도 달랐다. 디폴트 위험은 원리금 상환 부담, 결국엔 이자율 수준과 더불어 증가하기 때문에 어떤 이자율 수준에서도 해외 투자를 더 끌어올 수 없는 그런 순간이 올 수 있었다. 중부 유럽의 과도한 채무 누적이나 도즈 플랜 만료 시 국제 협상의 교착 혹은 심각한 경기 하락으로 신인도가 떨어지면 대부가 급감할 수 있었다. 국제통화체제의 안정이 이런 대부의 지속에 달려 있는 상황에서는 국제통화체제가 결코 위기로부터 자유로울 수 없었다.

전쟁 전에는 신뢰와 협력을 통해서 위기를 억제할 수 있었다. 전시의 변화로 대외 균형을 달성하려는 정책 담당자들의 전일적인 집착이 약해지면서, 정부의 금본위제 유지 의지에 대한 신뢰가 약해졌다. 1920년대에 높은 인플레이션에 시달린 나라들에서 그 의지는 신뢰도가 가장 높았다. 그런 나라들의 정책 담당자들은 트라우마와도 같은 인플레이션의 재발을 막기 위해 금 평가를 방어할 수만 있다면 어떤 노력이라도 할 의사가 있었다. 이들은 인플레이션이 태환성의 상실과 관련이 있다고 생각했다. 협력의 실패로 인해 금본위제가 번영의 일차적 장애물로 바뀌자, 그런 의지가 오히려 비생산적이라는 사실이 드러났다.

제6장

외형의 복원

국제 금본위제 재건을 위한 최초의 노력은 1920년 브뤼셀 회의와 1922년 제노바 회의에서 시작되었다.[1] 영국과 여타 나라들은 이런 교섭을 국제 통화 협력을 위한 공식 체계를 마련할 수 있는 기회라고 생각했다. 20세기 첫 10년 동안의 금융 혼란으로, 이 나라들은 자신들의 번영이 서로서로 연결되어 있다는 사실을 알게 되었다. 전시 경험 역시 국제 금융 공조의 이익을 보여주었다. 유럽 지도자들은 국제 통화 상황에 대한 집단적 관리가 상황에 따라 그때그때 조직될 수 있다고 생각하기보다는, 국제 통화 문제에 대한 협조적 대응을 규칙화할 수 있는 협정을 모색했다.

이런 노력은 수포로 돌아갔다. 10년 후 대공황에 대한 협조적 대응 시도를 좌절시킨 장애물과 같은 장애물로 인해 브뤼셀 회의와 제노바 회의는 실패로 돌아갔다. 전시 채무와 배상금이 물을 흐렸는데, 각국 정부는 이런 채무 문제와 연계된 국제 통화 이슈에 대해 합의할 수 없었다. 여러 나라의 정책 담당자들은 금본위제 작동 방식을 각자 다르게 이해하고 있었고, 따라서 국제 통화 문제에 대한 처방도 제각각이었다. 금본위제가 일단 재건되었을 때 발생하는 문제를 해결하려면 집단적 관리를 해야 하는 상황에서, 각국 정부는 필요한 협력이 즉석에서 이루어질 수 있을 것으로 기대했다.

체계적인 국제 협력의 틀을 마련하는 데 실패하게 되자, 각국 정부의 금본위제 확립 의지를 신뢰할 수 있을지 의심되었다. 이것은 전시와 전후에 인플레이션으로 고통을 겪은 나라들에게는 딜레마였다. 금에 대한 의지의 강도를 보여주면, 그런 고통스러운 과정이 국내 번영과는 마찰을 일으키겠지만, 1913년 수준의 물가와 금 평가 회복에 도움이 될 수 있을 것이다. 만일 1차 대전과 같은 극심한 혼란을 겪으면서도 정책 당국이 과거의 평가를 회복하겠다는 강한 의지를 갖고 있다는 것을 확인한다면, 금융시장 참가자들은 다시 충격이 찾아올 경우에 금융 자본을 안정적인 방향으로 움직이게 될 것이다.

다른 대안은 실업률을 높일 가능성은 낮지만 금본위제에 대한 의지의 신뢰는 아마도 상당히 떨어뜨릴 수 있는데, 그 대안은 바로 현재의 물가 수준을 받아들이고 과거보다 낮은 새로운 평가에서 안정화하는 것이었다. 호트리의 표현에 따르면 이것은 "장기간의 고통스런 디플레이션과, 대중의 신뢰 유지에는 거의 부합하지 않는 임의적 통화 조작 중 하나를 선택하는 것이다."[2]

호트리는 절반만 옳았다. 그는 어떤 평가를 선택하느냐에 따라 1차 대전의 효과가 상당히 증폭될 수도 있고 완화될 수도 있다는 것을 정확히 예측했다. 전전 평가를 회복하기 위해 디플레이션을 견딘 나라들은 결국 낮은 수준에서 통화를 안정시킨 나라들보다 회복 속도가 느렸다. 그리고 호트리가 예상한 것처럼 그 과정은 "길고 고통스러웠다." 그러나 금에 대한 당국의 의지가 신뢰를 얻는 일은 호트리가 생각한 것보다 더 어려웠다. 예를 들어 영국은 스털링의 평가를 전전 수준으로 회복했지만 1931년 투기적 위기를 버틸 수 없었다. 반대로 프랑스는 프랑을 절하된 수준에서 안정시켰지만 금본위제는 안전하게 유지할 수 있었다. 전전 평가를 회복하는 것은 "대중의 신뢰 유지"를 위한 필요조건도 충분조건도 아니었다.

당국의 금본위제 유지 의지에 대한 대중의 신뢰는 오히려 정치적 우선순위와 금본위제를 뒷받침하기 위해 채택된 정치제도에 달려 있었다. 그런 우선순위의 결정 요인들 중에서 1920년대의 인플레이션과 안정화 경험 자체가 가장 중요했다. 격렬하고도 정치적으로 완전히 소모적인 지구전 형태의 재정적 대립을 거치고서야 안정화를 달성한 나라에서는 정치 지도자들과 유권자들이 갈등의 재연을 막기 위해 필사의 노력을 할 각오가 되어 있었다. 그들은 어떤 비용을 치르더라도 재정적 타협의 상징인 금본위제를 유지하려고 했다. 역설적이게도 다시 공격을 받으면 금본위제를 방어하겠다는 의지를 가장 결연하게 보인 나라는 바로 오랫동안 정치적으로 파멸적인 인플레이션을 겪은 후에 절하된 평가 수준에서 금본위제로 복귀한 나라들이었다.

협력 기반 구축의 실패

전후의 상황 판단에 배어 있는 긴박감은 국제연맹 이사회가 브뤼셀 회의 소집의 목적을 발표할 때 사용한 용어들을 보면 드러난다. 이사회는 금융상의 문제나 어려움이라고 하지 않고 "금융 위기"라고 표현했다.[3] 회의 전에 질문지가 각국 정부에 배포되었는데, 질문 항목은 정부 예산, 공공 채무, 무역, 통화 준비금, 은행권 유통에 관한 것이었다.[4] 스웨덴의 카셀, 영국의 피구, 프랑스의 샤를 지드^{Charles Gide},

네덜란드의 헤이스브레흐트 베이어르 얀 브루인스^{Gijsbrecht Weijer Jan}

Bruins, 이탈리아의 마페오 판탈레오니^{Maffeo Pantaleoni} 등, 5명의 저명한 경제학자들에게도 의견을 구했다. 이 경제학자들은 회의 의제를 정하는 공동 선언문을 준비했다.[5] 이들은 세 가지 결정적인 국제 경제 문제를 정했다. 첫째는 인플레이션의 위협이었다. 정부 예산의 균형을 달성하고 이자율을 현실적인 수준까지 인상하고 유동 부채에 자금을 조달할 때만 이 위협을 격퇴할 수 있었다. 둘째는 환율 불안정 문제였다. 이 문제를 제거하기 위해서는 물가 안정과 거래 장애의 제거가 필요했다. 셋째는 자본 부족 문제였다. 이 문제는 국제 신용의 제공을 통해서만 해결될 수 있었다.

전문가 공동 성명은 이 세 가지 문제가 상호 촉진적 성격을 갖는다는 점을 강조했다. 인플레이션이 진정될 때만 환율은 안정될 수 있었다. 예산 적자는 경제 성장이 재개될 때만 제거될 수 있었다. 자본 부족은 성장이 재개되는 것을 막는 일차적 장애물이었다. 그러나 이 부족을 해소하기 위해 필요한 국제 대부는 환율이 불안정한 상황에서는 상상하기 어려웠다. 이런 악순환을 끊기 위해서는 광범위한 개입이 필요했다.

아쉽게도 관료주의적 사고가 지배했다. 브뤼셀에 파견된 대표들은 각각의 문제를 분리해서 다루기로 하고 별도의 위원회를 구성했다. 재정위원회는 예산 준칙만 강력히 옹호했다. 균형 예산을 위해서 군사비 및 사회 지출을 줄이라고 권고했다. 식품 보조비, 인위적으로 낮게 책정된 공공요금, 과도한 실업 수당은 낭비성 정부 지출로 취급되었다.

통화외환위원회^{Committee on Currency and Exchange}의 논의에서는 논란이 많았다. 환율 안정 문제를 시장에 맡겨야 한다는 제안부터, 과테말라 대표 장 반 드 푸테Jean van de Putte와 영국 금융 저널리스트 폴 아인지히Paul Einzig가 제안한 세계 화폐와 국제 중앙은행에 관한 유토피아적 체제에 이르기까지 다양한 대안이 제시되었다.[6] 위원회는 외환 통제의 제거, 중앙은행 독립성 회복, 환율체제의 기초가 될 공통의 가치 척도 확립이 필요하다는 점에만 의견을 같이했다.

이상하게도 금본위제에 대한 언급은 거의 없었다. 몇몇 대표들은 통화가 대폭 절하된 나라들에게는 금본위제의 강력한 옹호가 전전 평가로의 복귀 압력을 높일 수 있다고 우려했다. 이런 압력은 고통스러운 디플레이션을 야기하고 경제의 회복을 지연시킬 수 있었다. 다른 참가자들, 특히 영국 대표는 세계의 금 부족 위험에 골몰했다. 금 생산이 1915년 이후 꾸준히 감소했지만, 세계 경제의 팽창과 더불어 금 수요는 계속 증가했다. 영국은 외환 준비금을 금과 동등하게 취급함으로써 그 문제를 완화할 수 있는 방안을 잠시 생각했지만, 그 구상은 충분히 다듬어지지 않았다.

무엇보다 가장 큰 논란거리는 국제신용위원회Committee on International Credits의 결론이었다. 이 위원회는 유럽의 생산 능력을 조기에 회복할 필요성을 강조하면서 복구 자금 대출과 국제 신용 확대를 담당할 국제금융위원회를 국제연맹 내에 설치할 것을 권고하였다. 『스태티스트Statist』의 전 편집인이자 영국 재무부의 전시 자문관이었던 조지 파이쉬 경Sir George Paish은 국제연맹이 지원하는 40억 파운드 규모의 복구 자금 대출을 권고하는 팸플릿을 대표들에게 돌렸다. 이 자금과 그 후의 대출을 인수할 국제발행은행International Bank of Issue의 설립에 관한 공식 제안서가 벨기에 총리인 레옹 들라크루아Léon Delacroix에 의해 제출되었다.

미국은 국제기구에 그런 권한을 부여하는 모든 제안을 저지했다. 재무부 장관 카터 글래스$^{Carter\ Glass}$와 같은 유력한 미국 관리들은 국제 대부에 대한 정부 보증을 단호히 반대했다.[7] 재무부의 우선 관심사는 자유 시장의 회복이었는데, 적어도 이것은 표면적으로는 정부 보증과는 부합하지 않는 목표였다. 미국은 독립된 국제기구를 또하나 설립하는 것에 가장 강력히 반대했다. 따라서 국제신용위원회는 들라크루아의 국제 은행을 국제연맹 산하 위원회로 수정했다. 이 제안은 네덜란드의 은행가 K. E. 터르 뮐런$^{K.\ E.\ Ter\ Meulen}$이 제출한 계획을 기초로 한 것이었다. 터르 뮐런의 안은 자금을 차입할 수 없는 국가에 자금을 제공하기 위한 위원회를 설립하는 것이었다. 이 위원회는 차입국이 담보로 제공할 수 있는 자산을 지정하게 되고, 그러면 차입국은 채권을 발행할 수 있게 되며, 그 채권의 최종 보증인은 그 위원회가 되는 것이다.[8]

미국 관리들은 새로운 대출이 기존 부채, 특히 전시 채무의 상환 전망을 불투명하게 하지 않을까 걱정했다.[9] 유럽 관리들은 오히려 복구 자금 대출보다 전시 채무가 더 우선돼야 한다는 미국의 주장이 투자자들로 하여금 새로 발행된 정부 채권 매입을 꺼리게 하지 않을까 걱정했다. 파이쉬는 복구 자금의 성공적 발행 여부는 미국의 전시 채무 양보에 달려 있다고 판단했다.

반면, 미국 관리들은 유럽 국가들에게 국제연맹을 통해서 신용이 제공되기 전에 전시 채무의 상환 계획에 동의하라고 요구했다. 임박한 위기를 피하기 위해 유럽 관리들에게 상업 은행 대출과 수출 신용을 찾으라고 요구했다. 민간 신용의 제공을 촉진하고 브뤼셀 대표단이 전시 채무의 삭감이나 격하를 요구하는 결의안을 수용하는 위험을 최소화하기 위해, 미국 재무부는 대표단이 정부 관리가 아니라 각국 상공회의소 대표들로 구성되어야 한다고 주장했다.[10]

브 뤼 셀 금 융 회 의

변변찮은 연회, 내키지 않는 손님

출처: 『더 암스테르다머르De Amsterdammer』, 암스테르담.

그때 미국 의회가 미국의 국제연맹 가입을 승인할 준비가 되어 있지 않다는 것이 명확해졌다. 미국은 필요한 규모의 자금을 제공할 수 있는 유일한 나라였기 때문에, 가입 거부는 국제연맹 산하의 국제 신용은행 구상의 좌절을 의미했다.

유럽 차입자에 대한 뉴욕시장의 단기 자금 제공이 계속되는 한, 정부 간 차관 프로그램(혹은 2차 대전 이후 미국이 제공한 무상 지원)에 대한 윌슨Wilson 정부의 지원 거부는 파장이 크지 않았다. 1920년까지 그런 신용은 자유롭게 제공되었다. 그러나 인플레이션을 점점 더 우려하던 연준이 1920년 상반기에 이자율을 인상하자, 미국의 대부가 줄어들었다.[11] 자본 유입이 감소하자, 재건용 자본 장비 수입에 필요한 자금을 조달하기가 더욱 어려워졌다. 유럽 국가들은 경제 재건과 통화 안정 사이에서 선택할 수밖에 없었다. 두 과정 모두 큰 비용과 긴 시간을 필요로 했다.

브뤼셀의 다른 제안들도 물거품이 되었다. 회의 실패의 핵심 요인들, 즉 복잡하게 얽힌 국제 관계에 대한 미국의 모호한 태도, 전시 채무와 배상금을 둘러싼 대립, 시장을 통한 금융 문제 해결 여부에 대한 정책 담당자들 간의 의견 불일치 등은 1920년대 내내 국제 협력이 시도될 때마다 등장해 문제를 꼬이게 했다.

이 문제가 다시 출현한 곳은 1922년 제노바였다. 새로운 현실주의적 감각이 참가자들을 사로잡았다. 제노바에서의 제안들은 브뤼셀에서 등장한 제안에 비해 덜 야심찬 것들이었다. 대표들은 국제 복구 계획에 대해서 별 관심을 두지 않으면서, 국제신용은행에 대한 벨기에의 수정된 요구를 거부했다. 그들은 파괴된 지역에 대한 기술 지원과 같이 브뤼셀에서 채택된 제안들을 회피했다. 대신, 환율 안정의 회복이 경제 회복의 기반을 마련하는 필요충분조건이라고 생각하고, 여기에 집중했다.

브뤼셀에서의 전임자들처럼 제노바의 대표들도 전전 평가에 대해 다소 모호한 태도를 드러냈다. 그들은 과거의 평가가 안정화를 위한 이상적 토대라는 점에는 공감했다. 다른 수준에서 금본위제로 복귀하면, 투자자들은 당국이 금의 국내 가격을 다음에도 변경할 수 있다고 생각할 것이다. 안정화 이전에 평가 절하를 하는 정책은 새로운 금본위제에 대한 의지의 강도에 대해 혼란스러운 의문을 제기할 것이다. 동시에, 지속적인 인플레이션을 경험한 국가들이 물가를 갑자기 1913년 수준으로 낮추려고 하면 혼란을 겪게 될 것이다. 임금이 하락하는 물가와 보조를 맞추지 않으면 실업이 증가하고, 그러면 국내 채무 상환 부담이 증가할 것이다. 그래서 정책 담당자들은 당시의 일반적인 환율 수준 부근에서 환율을 안정화하는 방안을 고려할 수밖에 없었다.

역설적이게도 이런 주장을 가장 열렬하게 받아들인 나라는 전전 평가를 회복할 수 있는 가장 유리한 위치에 있던 나라들이었다. 영국이 이 주장의 주도적인 지지자였다. 스털링보다 더 급격하게 통화 가치가 절하된 프랑스, 벨기에, 이탈리아는 그 상황에서는 금의 국내 통화 가격을 인상하는 것이 바람직하다고 인정하지 않았다. 이나라들은 그런 수용이 자국 통화의 신뢰에 미칠 영향을 고려하여 전전 평가를 회복하는 것이 명백히 불가능한 경우에 한해서만 평가 절하를 방안으로 생각했다.[12] 물론 이보다 더한 역설은 절하된 환율 수준에서 안정화하는 방안을 거부한 나라들이 결국에는 이 방안을 선택했다는 점이다.

중앙은행 간 협력과 외환 준비금 문제에 대해서만은 제노바의 결의안이 과거 브뤼셀의 논의를 넘어섰다. 세계적으로 물가가 상승하고 전쟁 시기에 미국이 정화를 흡수한 것 때문에, 연준을 제외한 모든 주요 중앙은행들의 금에 대한 욕구가 한층 가중되었다. 이런 은행들이 이자율 인상과 신용 제한을 통해 금을 확보하려고 하면 경제 회복에 차질이 발생할 것이다. 동시에 긴축정책을 채택하면 어떤 나라도 다른 나라에서 금을 끌어오지 못한 채 물가와 생산만 하락할 것이다. 호트리는 이런 위험을 일찍이 언급하면서 "금본위제 회복을 시도하는 나라들이 기존에 공급된 금을 둘러싸고 서로 경쟁하면 금의 국제 가치를 끌어올려 자신들의 예상보다 훨씬 더 심각한 디플레이션을 추진하게 되는 부담을 져야 할 것"이라고 경고했다.[13]

호트리(당시 영국 재무부 금융 심의관)와 케인스, 그리고 영국 재무부 장관 로버트 혼 경$^{Sir\ Robert\ Horne}$이 초안을 잡은 금융위원회 제안들은 이런 비협조적 경쟁을 차단하는 목적을 갖고 있었다. 중앙은행들은 경제 상황을 불안하게 만들지 않도록 행동을 조율해야 한다고되어 있었다. 통화의 평가 유지뿐만 아니라 금의 구매력의 불필요한변동 방지를 목적으로 통화정책이 수립되어야 했다.[14] 이 목표는 중앙은행들의 협력을 통해서만 동시에 달성될 수 있었다. 제노바 결의안에 따르면, "중앙은행 간 지속적 협력이 관행으로 발전하면 통화개혁 조치들이 더 쉽게 이루어질 수 있을 것이다."[15]

금 준비금에 외환을 보태자는 영국의 제안 역시 의미 있었는데,이 제안은 결국 대표단의 지지를 받았다. 영국 대표는 가용한 금을소수의 중앙은행에 집중시키고 다른 나라들로 하여금 금 중심지에자산을 축적하도록 함으로써 세계적인 금 부족 위험을 완화할 수 있다고 주장했다. 외환 준비금 보유 관행은 전전에 이미 보편적인 현상이었다. 그렇지만 영국의 제노바 제안은 그 관행을 제도화하려고 노력했다는 점에서 의미가 있다. 모든 나라들이 준비금의 일부를 외환의 형태로 보유하기로 동시에 합의하면, 투자자들이 최초로 그 조치를 취하는 나라의 통화를 공격할 이유가 없을 것이다. 세계 경제에대한 디플레이션 압력을 완화하기 위해 금을 외환으로 대체하는 국가가 불이익을 당하지 않게 될 것이다.[16]

그래서 금융위원회는 각국이 "국내 보유 금 준비금 외에, 승인된 자산의 준비금을 조약에 가입한 다른 나라에 은행 잔고, 어음, 단기 증권, 혹은 기타 적절한 유동 자산의 형태로 예치"할 수 있도록 하는 국제 조약의 협상에 나서야 한다고 권고했다.[17] 가맹국은 환율을고정하고 금 태환성을 회복해야 하며, 만약 그렇게 하지 못하면 나머지 나라들의 준비금 잔고를 보유할 수 있는 권한을 상실하게 된다.

주요 채권국에게는 "자유로운 금시장을 확립해서 금 중심지가 되도록" 신속히 움직이라고 촉구했다. 이 위원회는 그 조약의 상세 내용을 다듬기 위한 중앙은행 간 회의를 제노바 회의 폐회 후 가능하면 조속히 소집하라고 권고했다.

영국의 제안은 세계적 유동성의 적절성에 대해 진지하게 고민한 제안이긴 했지만, 자국의 이해관계를 강하게 내포하고 있었다. 이 조치에 비중을 두는 영국 대표의 태도에는 자신들의 신념이 반영되어 있었다. 즉 세계 경제의 디플레이션 압력이 제거되지 않으면, 금본위제 유예에 관한 의회 법률의 효력이 정지되는 1925년 이전에 전전 스털링 평가를 회복하기 위해 고통스러운 물가 인하를 해야 한다는 것이다. 영국의 대외 무역 의존도가 이런 우려를 강화했다. 세계적 금 부족으로 야기된 통화 긴축이 지속되는 한, 국제 무역의 회복 전망은 불투명했다. 금융 중심지로서의 런던의 지위 덕분에 영국이 다른 나라, 특히 대영제국 내 국가들과 영국의 여타 교역 대상국들의 외환 준비금의 저류지가 될 것은 분명했다. 제노바 제안과 같은 조약은 외환 준비금의 축적을 촉진함으로써, 런던이 전쟁 와중에 뉴욕에 빼앗긴 금융업의 일부를 대체하는 데 도움이 될 수 있었다.

각국 통화 당국은 금 수요를 조정해야 했는데, 그렇지 않으면 "수많은 나라들이 동시에 금속 준비금을 확보하기 위해 경쟁함으로써" 재앙 수준의 국제 물가 하락을 피하지 못할 것이다.[18] 통화정책의 조정을 원활히 하기 위해, 제노바 결의안은 중앙은행이 없는 나라는 중앙은행을 설립하고 정치적 압력으로부터 독립되어야 한다고 권고했다.

협력을 촉진하고 외환에 관한 조약을 협상하려는 노력이 브뤼셀에서와 동일한 장애에 직면하자, 대표단은 좌절했다. 전쟁 채무와

"꽃에 마음을 담아 전합니다."

출처: 『브루클린 이글』.

배상금이 계속 논란이 되는 한, 의미 있는 국제 통화 협력이 이루어질 가능성은 희박했다. 국가 간 관계가 틀어져 있는 한, 중앙은행들이 성공적으로 협력할 가능성은 거의 없었다. 더욱이 실질적인 중앙은행 간 협력을 하는 데서 정부 간 화해는 필요조건일 뿐이지 충분조건은 아니었다. 중앙은행들도 협력의 이점에 대해 확신을 갖고 있어야 했다. 사실, 많은 중앙은행들은 반감을 갖고 있었다. 국제연맹의 경제금융국장 Director of the Economic and Financial Section 이었던 F. H. 닉슨 F. H. Nixon 은 이 문제를 다음과 같이 묘사하고 있다.

"사실은 몇몇 중앙은행 대표들 간 일부 협력이 순전히 비공식적인 방식으로 현재 이뤄지고 있다. 하지만 공식 모임이 더 진전된

황금 족쇄

결과를 낳게 될지 의문이다. 독립성이 없는 은행들은 자국 정부와 긴밀히 연결되어 있고 독립성이 있는 은행들은 아주 독립적이어서 심지어 서로에게도 독립적인 경향이 있기 때문이다. 그리고 정부가 책임을 지려고 하지 않는데, 은행들이 책임을 지려고 할지도 의문이다."[19]

문제가 가장 첨예한 경우는 미국이었다. 유럽의 협상가들이 안정화를 위해서는 전쟁 채무의 청산이 필요하다고 주장할 것으로 예상한 미국은 브뤼셀 회의와 마찬가지로 제노바 회의도 참석을 거부했다. 상무부 장관인 허버트 후버만 적극적 참여를 주장했다.[20] 후버는 하딩Harding 정부°가 영국을 제외한 모든 나라에 대해 전쟁 채무의 이자 지불을 5년간 유예해야 한다고 주장했다.[21] 그는 "우리 업계가 재정 및 금융 문제와 사투를 벌이는 나라들에 대해 어떤 방식으로든 관심을 갖지 않으면 수출시장과 우리 국민의 일자리를 잃는 수천 배의 대가를 치르고야 말 것이다"고 말했다.[22]

그러나 프랑스는 이미 배상금 논의를 제외시켜 놓고 있었다. 미국 상원은 전쟁 채무의 양보를 반대했고, 행정부의 운신의 폭을 제한하기 위해 1922년 1월 세계대외전쟁채무위원회World War Foreign Debt Commission를 설립했다.

유럽 정치인들과는 대조적으로, 하딩 행정부 내의 대다수 관료들은 국제 협의나 국제 통화 개혁이 그다지 긴박한 것이라고 생각하지 않았다. 미국은 이미 금본위제하에 있었고 연준의 여유 금의 양이

° 워런 G. 하딩Warren G. Harding은 미국의 29대 대통령으로 1921년 3월부터 1923년 8월까지 재직했으며 공화당 소속이었다.

1920년 저점에서 크게 증가한 상태였기 때문에 1922년에 미국 정책 담당자들은 디플레이션이 필요할 것이라고 생각하지 않았다. 유럽과 달리, 미국은 국제 무역 의존도도 낮았다. 미국 관리들은 금융 서비스를 뉴욕에서 런던으로 이전할 목적으로 도입된 조치들에 당연히 반대했지만, 미국의 경우에는 영국에 비해 금융 서비스 제공으로 얻는 소득의 비중도 낮았다. 미국은 세계 금 보유량의 40% 이상을 소유하고 있었기 때문에 금의 통화 역할을 줄이는 체제에 대한 미국의 열정은 높지 않았다. 연준 관리들은 중앙은행 간 협력 과정의 조정 책임을 잉글랜드은행에 맡기자는 영국의 제안에 대해 시큰둥했다. 그들은 다음 번 중앙은행 회의 소집 책임을 잉글랜드은행 총재인 몬태규 노먼Montagu Norman에게 맡기기로 한 제노바의 결정에 모욕감을 느꼈다.

더욱이 뉴욕연방준비은행 총재인 벤저민 스트롱 같은 미국의 핵심 관리들은 금환본위제의 확장에 반대했다.[23] 스트롱과 연준 안팎에 있던 그의 동료들은 금본위제하에서 중앙은행을 운영한 경험이 일천했기 때문에 그 제도의 자동적 성격에 대해 과도한 믿음을 갖고 있었다. 그들은 금융 불안정의 원인이 개입 때문이라고 생각했고 공식적 준비금의 지위를 해외 예금으로 확대하면 국제통화체제의 작동에 대한 정부의 간섭 여지를 확대할 것이라고 우려했다. 금 준비금과 국내 금융 상황의 관계를 약화시키면 통제되지 않는 신용의 창조와 투기적 과잉의 문이 열리게 될 것이라고 경고했다. 그리고 개별 국가에 대한 금본위제의 제약을 약화시키는 국제적 지원 활동이 방만한 금융정책을 초래할 것이라고 생각했다.

프랑스 관리들은 비슷한 이유로 금환본위제의 공식화를 반대했다. 혼란한 프랑스 금융 상황은 중앙은행이 더 많은 자의성을 갖게 될 경우에 어떤 위험이 발생할 수 있는지를 보여주는 증거라고 생각했다. 더욱이 프랑스는 런던과 뉴욕이 국제 금융상의 우월한 지위를 강화할 수 있는 국제통화체제의 변화에 당연히 반대했다.[24]

이런 반대에 비춰 볼 때, 설사 다른 장애물이 없었다고 해도 제노바 통화 결의안이 성과를 거둘 가능성은 희박했던 것으로 보인다. 사실 다른 장애물들도 있었다. 처음에 1922년 7월로 계획된 중앙은행 간 회의는 영국이 전쟁 채무 상환 일정을 논의하기 위해 워싱턴에 대표단을 파견하면서 연기되었다.[25] 그 후 프랑스와 벨기에의 루르 침공으로 이 나라들이 독일, 영국, 미국과 함께 통화 개혁을 냉정하게 논의하는 것은 불가능하게 되었다.

따라서 전쟁 채무와 배상금에 관한 계속된 논란 때문에 중앙은행이 정부에서 명목상 독립되어 있다고 해도 국제 통화 협력을 규칙화하는 메커니즘을 설계할 수가 없었다. 그러나 다른 논란이 해소되었다고 해도, 금본위제의 성격과 집단적 관리의 역할에 대한 의견 불일치 때문에 그런 메커니즘을 구축하려는 노력은 좌절되었을 것이다. 굳이 제노바 회의 성과라고 한다면, 금환본위제에 대한 논의를 부각시키고 중앙은행 간 협력의 이익에 관한 이해를 높였다는 점이다. 동시에 이 회의는 전간기의 나머지 기간 동안 체계적인 국제 통화 협력을 이루려는 노력을 방해할 장애물들을 부각시켰다.

디플레이션

국제신용은행과 체계적 통화 협력에 대한 제안이 거부된 상태에서, 각국은 스스로 통화 안정 문제를 해결해야 했다. 관리들은 개인적으로는 전전 수준으로 물가를 인하하려면 생산과 고용이 희생되어야 한다는 것을 인정했다. 이런 불편한 인정이 함의하는 바는 나라마다 달랐다. 달러 대비 통화 가치의 하락 폭이 전전 수준의 절반 미만인 나라들에게는, 조정 비용이 만만찮은 수준이었지만, 여전히 기준 평가 수준으로 복귀하는 것을 배제할 정도는 아니었다.[26] 영국, 네덜란드, 스웨덴, 덴마크, 노르웨이가 이 집단에 속했다. 통화 가치가 달러 대비 60% 내지 90% 떨어진 나라의 경우에는, 기존 평가로 복귀하기 위해서는 물가를 2/3 내지 9/10만큼 하락시켜야 했다. 채무자와 채권자 간 이해관계의 타협 속에서 그런 대부분의 나라들의 통화는 안정화 이전에 상실된 가치의 일부를 회복할 수 있었다. 그래서 금 및 달러의 국내 통화 가격이 1913년보다 더 높은 수준에서 안정화했다. 체코슬로바키아, 벨기에, 프랑스, 이탈리아, 포르투갈이 이 집단에 속했다. 마지막으로 인플레이션의 정도가 너무 심해 전전 평가와 물가 수준이 의미 없어진 나라도 있었다. 오스트리아, 헝가리, 독일은 당시 물가 수준에서 통화 개혁을 함으로써 안정화를 달성했다.

영국만큼 신뢰성에 큰 비중을 둔 나라는 없었다. 케인스를 제외하면 스털링의 전전 평가 회복에 대해 유보적인 목소리를 낸 공인은 미들랜드은행Midland Bank 대표인 레지널드 맥케나Reginald McKenna, 케인스의 동료이면서 『국가와 문예Nation and Athenaeum』의 편집인인 휴버트 헨더슨Hubert Henderson, 언론계의 거물 맥스 에이트켄Max Aitken, 즉 비버브룩 경Lord Beaverbrook 정도에 불과했다.[27] 전전 평가 복귀에 관한 최종 결정을 책임지고 있던 영국 총리 윈스턴 처칠Winston Churchill은 그들의 주장이 설득력 없다고 생각했다. 처칠을 비롯한 사람들은 환율 불안정 때문에 국제 무역과 투자가 위축되고 있다고 생각했다. 국제 무역과 투자의 회복이 국내 번영을 회복하는 전제조건이라는 논리는 안정화의 강력한 근거가 되었다.

왜 특정한 금 가격, 즉 1914년까지 지배적이었던 가격 수준이어

황금 족쇄

야 하는가를 정당화하는 근거는 그만큼 명확하지 않았다. 맹목적 믿음, 흔히 전전 평가를 글로벌 파워로서의 영국의 지위와 연결시키는 것, 시티가 얻는 특별한 이익, 이 모든 것이 그 결정을 내리는 데 기여했다.[28] 그러나 신뢰성 문제를 고려하지 않으면 이 결정은 이해할 수 없다. 논리는 이렇다. 태환성에 대한 의지가 신뢰를 얻기 위해서는 기존의 금 가격이 변해서는 안 된다. 정부가 평가에 한번 손을 대게 되면 정부의 동기는 앞으로 계속 의심받게 될 것이다. 신뢰성과 4.86달러는 단순히 연결된 것이 아니다. 이 둘은 그냥 동의어로 간주되었다.

그림 6.1에 나타난 바와 같이 스털링은 오르락내리락 하면서 달러에 가까이 다가갔다. 1920년에는 전전 수준의 3/4에도 미치지 못했지만, 1923년 2월에는 평가의 97%까지 상승했다. 그리고 그다음 해에는 90% 밑으로 떨어졌다가 1925년 4월 금으로의 복귀가 이루어질 때까지 점진적으로 상승했다.

1921년 중반부터 1923년 초까지의 스털링 절상은 제노바 협상의 성공적 타결로 전체적인 금본위제 복귀가 이루어질 것이라는 희망을 반영했다. 제노바 결의안이 다자 간 합의를 도출하지 못할 것이 명백해지자, 영국은 미국을 쳐다보았다. 미국이 더욱 팽창적인 정책을 취할 것이라고 확신하면 영국의 금본위제 복귀가 쉬워질 것이다. 미국은 1921년 후반기부터 막대한 여분의 금을 축적한 상태였기 때문에 통화 팽창을 뒷받침할 수 있었고 연준은 금의 상실을 우려할 직접적인 이유가 없었다. 따라서 미국이 국제적인 협력 차원에서 인플레이션정책을 시작할 수 있다고 영국 사람들은 주장했다.

국내 상황에만 골몰하고 있던 미국 통화정책 담당자들은 그런 주장을 고려하지 않았다. 벤저민 스트롱은 그런 행동이 금본위제하

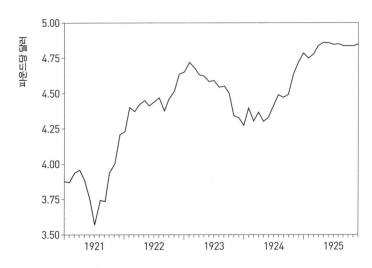

그림 6.1 **1921~1925년 스털링/달러 환율.**

영국 파운드는 1921년 중반부터 1923년 중반까지 미국 달러에 대해 절상되면서 전전 환율인 4.86달러에 거의 근접했다. 그 후 1924년 여름까지 스털링 가치가 하락했지만 다시 전전 평가에 결국 접근하기 시작했다.

주: 전신 환율.

출처: Morgan(1952), 351~355쪽.

의 중앙은행에게 적절하다는 확신을 아직 갖고 있지 않았다. 연준의 다른 관리들은 잉글랜드은행의 곤경에 대해 스트롱에 비해 훨씬 덜 동정적이었다. 영국이 제노바에서 국제 통화 협력의 틀을 구축하는 데 실패한 것의 결과가 이미 명백해졌다.

　　미국이 인플레이션 조치를 채택할 의사가 없음을 확인한 영국은 전쟁 채무를 금으로 상환함으로써 인플레이션을 촉진하는 방안을 고려했다. 영국 재무부의 참사관이던 오토 니마이어Otto Niemeyer는 금 송출로 미국을 "물가 상승의 (중략) 벼랑으로" 내몰 수 있다고 제안했다.[29] 하지만 니마이어의 이런 제안에도 불구하고 미국 정책 담당자들이 금 유입을 불태화하지 못하도록 막을 수 있는 조치의 여지

　　　　　　　　　　　　　　　　　　　　　황금 족쇄

는 거의 없었다.[30] 미국이 인플레이션 조치를 취하려면 그 정책이 자신들의 이익에 부합한다는 확신이 있어야 했을 것이다. 1924년의 약화된 미국 경제가 일시적으로 미국을 이 방향으로 몰고 가는 것처럼 보였다. 그러나 결국에는 불황의 경향만으로는 큰 폭의 국내 신용 완화를 정당화하기에 충분하지 않다는 것이 드러났다. 산업 생산은 둔화됐지만 소비자 수요는 꾸준했다. 세계 밀 가격의 상승으로 농가 소득이 증가했다. 그래서 연준이 굳이 행동에 나설 필요가 없었다. 상당한 규모의 금 유입에도 불구하고 1924년 말 연방준비은행의 신용 규모는 전년도에 비해 늘지 않았다.[31] 1923년 1월에서 1924년 1월 사이에 미국 도매 물가는 2% 하락했고 그다음 해까지도 하락세가 계속되었다. 조정의 부담이 영국 경제에 정면으로 떨어졌다.

영국은 물가를 인하할 수밖에 없었다. 그러나 영국의 물가가 미국 물가와의 간극을 메우는 것보다 훨씬 더 빠른 속도로 스털링이 절상되었다. 금본위제를 유예하는 의회 법률이 1925년에 만료된다는 것을 시장은 알고 있었다. 그리고 그 조항을 연장하면 정부는 상당한 혼란에 빠질 것이다. 이런 상황에서 정책 당국이 금융시스템을 정비해야 할 유인이 있음을 투자자들은 알고 있었기 때문에, 앞으로 있을 조치들을 예상하고 영국 통화의 가격을 높게 불렀다.

영국의 이런 이행 완수 능력에 대한 투자자들의 신뢰는 재정 부문에서의 사회적 합의 정도에 비례했다. 1920년에서 1925년 사이에 재무부 장관이 계속 바뀌었고, 정권은 보수당 정부에서 최초의 노동당 정부로 다시 보수당 정부로 넘어갔다. 그러나 영국은 다수 대표 선거제도를 채택하고 있었기 때문에 양 정당은 정치 스펙트럼의 중간 부근에서 비슷한 위치를 차지하고 있었다. 1924년 노동당 정부를 대표해서 필립 스노우든Philip Snowden이 제출한 예산안은 전임자의 예산안과 매우 유사했다. 균형 예산을 물려받은 노동당 역시 세금 구조에 약간의 수정만을 가한 채 균형 예산을 물려주었다.[32]

　금융 부문의 진전 역시 투자자들을 부추겼다. 단기 공공 부채는 스털링 안정의 위협 요인으로 남아 있었다. 어떤 이유로든 일반 투자자들이 만기가 도래한 단기 재무부 채권의 갱신을 주저한다면, 이전보다 훨씬 더 높은 이자율을 제시할 수밖에 없다. 세금이 신속히 인상되지 않으면, 증가된 원리금 상환 비용 때문에 재정수지가 악화되고 인플레이션 우려가 발생하여 투자자들은 한층 더 높은 이자율을 요구할 것이다. 정부는 잉글랜드은행에서 단기 자금을 차입하는 수밖에 없을 것이고, 그러면 통화 가치의 절하로 이어질 것이다. 자금 조달 위기가 언제든 투자 전체를 쓸어 버릴 수 있는 한, 환율 절상을 유도하기 위한 고통스런 정책의 채택은 바람직해 보이지 않았다.

　금본위제 복귀에 필요한 디플레이션으로 미지불 재무부 단기 채권의 실질 가치가 증가하자, 이 압력은 더욱 가중되었다. 잉글랜드은행과 단절하기 위해서는 유동 부채의 상환이 더 중요하게 되었다. 재무부 단기 채권을 장기 채권으로 전환하더라도 부채의 총 가치나 원리금 상환 부담이 반드시 줄어들지는 않을 것이다. 그러나 바로 몇 년 안에 만기가 도래하는 부채의 액수를 줄일 수는 있다. 투자자들이 만기가 도래한 재무부 단기 채권의 갱신을 거부함으로써 정부가 원금 상환을 위해 중앙은행에서 자금을 융통해야 하는 그런 위험은 줄어들 것이다.[33] 1920년 하반기부터 부채 만기 구조를 연장하는 데서 상당한 진전이 있었다. 1920년 중반 이후 물가의 급락으로 미지불 유동 부채의 실질 가치가 급격히 증가했지만, 1924년 무렵에는 일련의 전환 작업의 결과로 재무부 단기 채권과 정부의 재정 자금 융자의 현재 가치가 약 30% 줄어들어서 그 실질 가치를 1920년 초 수준

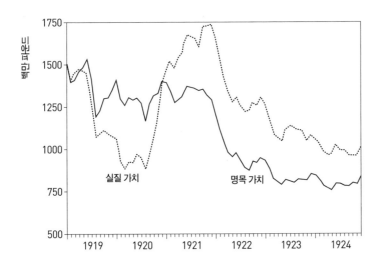

그림 6.2 **1919~1924년 영국 유동 부채의 명목 가치와 실질 가치.**
1920~1921년 영국 정부의 유동 (혹은 단기) 부채의 실질 가치 상승은 물가 수준 하락을 반영한
것이다. 정부의 단기 채권이 장기 채권으로 전환됨에 따라 그 후에 유동 부채는 줄어들었다.
출처: Morgan (1952), 73, 147쪽.

으로 되돌리는 데 성공했다. 영국 경제의 지속적 회복으로 GNP 대
비 유동 부채의 비율이 줄어들었다. 그 결과, 투자자들의 재무부 단
기 채권 투매로 태환성이 위협받을 위험은 상당히 줄어들었다.

스웨덴과 네덜란드 역시 영국을 따라 디플레이션의 길로 접어
들었다. 교전국과 비교하면 전시나 전후에 그다지 심각한 재정 혼란
을 겪은 나라는 없었다. 따라서 분배상의 균열은 그렇게 심각하지 않
았다. 그리고 비례 대표제의 파괴적 효과도 없었다.[34] 1922년 말경에
는 스웨덴의 크로나와 네덜란드의 길더는 스털링과 같이 달러 평가
의 금 수출입점 내에 진입했다. 1923년에 스털링의 가치가 하락했
을 때에도 크로나와 길더는 상대적으로 안정을 유지했는데, 그해 동
안 달러 대비 크로나의 가치 하락 폭은 2% 미만이었고, 길더의 경우

에는 7% 미만이었다. 스웨덴과 네덜란드의 도매 물가는 1922년에서 1923년 사이에 7%가 추가 하락했다.[35] 구매력 평가 계산에 따르면, 스웨덴이 1924년에 전전 평가로 복귀하고 네덜란드가 1925년에 영국의 뒤를 이어 금본위제로 복귀했을 때 과대평가가 이루어졌다는 증거는 거의 없었다.[36]

인플레이션

그 밖의 유럽 지역에서는 상황이 완전히 달랐다. 예를 들어 벨기에에서는 지속된 인플레이션 때문에 전전 금본위제의 평가는 고사하고 당시 수준에서 통화를 안정시키려는 노력도 좌절되었다. 재정 부담에 관한 사회적 합의 부재 때문에 정부는 예산 적자를 줄일 수가 없었다(표 6.1 참조). 선거제도의 비례성 원칙이 1919년에 강화되었으며, 가톨릭당은 전전의 다수당 지위를 상실했다. 전시 연립정부가 1921년까지 어렵게 유지되었지만, 그 후 정치적 불안정이 뒤따랐다. 그 후에 집권한 가톨릭당-자유당 연립정부 가운데 재정적 교착을 타파하는 데 필요한 지지도를 확보한 정부는 단 하나도 없었다.[37]

당국은 재정 적자를 메우기 위해 돈을 찍을 수밖에 없었다. 그러나 그 결과는 인플레이션과 환율 절하였다. 독일의 경우처럼 배상금 논란이 문제를 복잡하게 만들었다. 벨기에는 전쟁 기간 동안 광범위한 피해를 입었는데, 배상금을 재건 비용으로 사용할 수 있을 것이라는 가정하에서 재정을 꾸렸다. 예산의 균형을 달성한다는 것은 배상금의 전망이 어둡다는 것을 인정하는 것이었다. 정치인들은 예산 적자를 독일에서 배상금을 받기 위한 지렛대로 사용할 유인을 갖고 있었다. 배상금을 고집하던 민족주의자들은 재정 삭감에 단호히 반대했다.

표 6.1 **1919~1926년 벨기에 예산(백만 프랑)**

	1919년	1920년	1921년	1922년	1923년	1924년	1925년	1926년
수입[1]								
일반 수입	1,492	1,565	2,369	3,227	4,173	4,147	5,086	6,971
특별 수입	71	10	117	1	4	17	155	2,051
독일로부터의 수취	10	215	463	1,476	1,518	1,964	1,051	544
정부 철도 및 기타 공기업	462	979	1,130	1,316	1,474	2,015	2,185	1,932
식료품 제공	618	1,843	1,346	45	5	9	—	—
총액	2,653	4,612	5,425	6,065	7,174	8,152	8,477	11,498
지출[2]								
일반 지출	3,416	2,082	2,445	2,917	3,446	3,898	5,579	5,897
특별 지출	719	843	1,177	1,562	1,019	451	1,519	6,572
강화 조약 후 회수 가능 지출	1,682	3,016	2,214	2,484	2,516	2,853	3,820	639
철도 및 기타 공기업	1,030	1,317	1,502	1,442	1,715	2,459	2,751	2,278
식료품 제공	647	2,910	972	24	5	5	—	—
총액	7,494	10,268	8,310	8,429	8,701	9,666	13,669	15,386
적자	4,841	5,656	2,885	2,364	1,527	1,514	5,192	3,888

1. 차입액 제외.
2. 공공 채무 상환 포함.
출처: 『국고 상황Situation du Trésor Public』, 하원Chambre des Représentants, 1930~1934년. 『벨기에
관보Moniteur Belge』, 1935년 2월 4~5일.

벨기에는 막중한 공공 부채를 물려받지 않은 이점을 갖고 있었
다. 독일의 점령 때문에 벨기에 정부는 국내 차입 능력을 상실했던
것이다. 벨기에를 대신해서 연합국이 조달한 지출은 배상금 결제의
일부로 독일에 부과되었다. 따라서 벨기에는 전쟁 채무 상환 부담을
덜 수 있었다.

이런 이점은 급속히 사라져 갔다. 조세 체계는 정비되지 않았고
예산은 큰 폭의 적자 상태에 있었다. 독일에게 배상금을 받을 희망이
있다면, 정부가 국내에서 차입을 하고 배상금이 들어오면 원금을 상

환하겠다고 약속하여 적자 재정에 필요한 자금을 조달할 수 있었다. 그러나 배상금의 유입이 늦어질 것이 확실해지자, 인플레이션은 가속화되고 투자자들은 단기 채권만 매입하려고 했다. 1922년부터는 중앙은행 차입 말고는 다른 대안이 없게 되었다. 벨기에 통화의 가치는 1919년 5월 파운드당 30벨기에 프랑에서 급속히 떨어졌다. 1922년 5월에는 52프랑으로, 1923년 5월에는 81프랑으로, 1924년 5월에는 90프랑으로, 1925년 5월에는 96프랑으로 떨어졌다. 인플레이션이 오래 지속될수록 전전 평가로의 복귀 희망은 그만큼 옅어졌다. 1925년 초에 벨기에중앙은행National Bank of Belgium 이사인 알버트 얀센Albert Janssen 같은 저명한 벨기에 관리들은 벨기에 프랑이 전전 평가보다 훨씬 낮은 수준에서 안정화될 것이라는 전망을 공개적으로 피력했다.[38]

1923년 루르 침공 실패와 1924년 도즈 플랜의 재조정으로 배상금 이전이 벨기에 정부의 "회수 가능 지출"을 메우지 못할 것이라는 점이 결국 명확해졌다. 선택지는 두 가지였는데, 하나는 세금 인상과 공공 지출 축소였고 다른 하나는 인플레이션의 지속이었다. 1920년 이후 재정부 장관이던 알버트 퇴니스Albert Theunis는 주로 지출 억제를 통해 느리지만 꾸준하게 예산 적자를 축소하는 진전을 이루었다. 1925년에 그는 전후 최초로 균형 예산을 내놓고 자리에서 물러날 준비를 했다. 그러나 의회는 퇴니스가 제안한 1억 2000만 프랑의 신설 세금에 대한 투표를 거부했다. 인플레이션의 재발로 지출이 세수보다 더 빨리 증가했으며, 그 결과로 독일과 비슷한 금융 폭발을 일으킬 위험이 발생했다.[39] 퇴니스는 절망 속에서 자리를 물러났다.

1925년 4월 총선 결과, 사회당과 기독교민주당이 주도한 프로스페르 풀레Prosper Poullet 연립정부가 집권을 했다. 재정부 장관직을 수

황금 족쇄

락한 알버트 얀센은 재정 적자 축소를 다시 한 번 시도했다. 그는 좌파와 우파의 지지를 끌어내기 위해 양측 모두에게 양보를 했다. 퇴니스와 마찬가지로 그의 프로그램의 핵심은 세금 신설이었다. 1925년 말에 자유당과 가톨릭당 보수파의 반대를 무릅쓰고 세금 인상안이 투표에 부쳐졌다. 그러나 우파의 반대를 피하기 위해 인상 규모는 6억 프랑으로 제한되었다. 이 타협책은 혼란스러운 결과를 가져왔다. 얀센의 예산을 찬찬히 살펴보면, 그의 수사법과는 달리, 균형 재정을 위해서는 이 금액의 두 배에 해당하는 세금 인상이 필요함을 알 수 있었다.[40]

의회는 평가 절하가 불가피함을 인식하고 중앙은행 금 준비금의 가치를 450% 인상하는 법률을 통과시킴으로써 통화 당국에 외환 시장 개입에 필요한 재원을 제공했다. 중앙은행은 시장에 참가해, 그해 9월의 저점인 파운드당 111보다 약간 높은 107에 프랑을 고정시켰다. 그러나 재평가 이후에도 중앙은행의 준비금은 유통 은행권 총액의 20%를 겨우 넘는 정도에 그쳤다. 재평가 이후 준비금이 유통 은행권의 95%에 이르렀던 독일과는 대조적으로, 인플레이션으로 화폐 보유 성향이 줄어들거나 통화 잔고의 실질 가치가 같은 정도로 줄어들지 않았던 것이다.[41]

결국 벨기에중앙은행에게는 여유가 거의 없었다. 유동 부채 투자자들의 신뢰가 약해질 경우, 중앙은행이 나서서 투자자들이 매각한 재무부 단기 채권를 매입하는 것이 정부의 유일한 대안이었다. 현금을 유통에 투입하면 프랑의 가치가 하락할 것이다. 중앙은행은 아주 제한된 준비금을 보유하고 있어서 이런 압력을 억제할 방법이 거의 없었다. 세금이 인상되지 않는 한, 부채에 대한 이자율 인상은 답이 아니었다. 1926년에 부채에 대한 이자 지불이 전체 정부 지출의 정확히 절반을 차지했다.[42] 따라서 정부 부채에 대한 이자율을 만약 4%에서 5%로 올리면 정부 지출은 10%나 증가하게 되어 있었다. 예산 전망치는 악명 높을 정도로 부정확했다. 1925년에도 관계자들은 예산 상황의 불확실성에 대해 불평했다.[43] 1925년 세금 인상으로 유동 부채 상환에 필요한 자금 조달이 충분하다는 것이 명확해질 때까지는 아주 사소한 교란 요인도 신뢰 위기를 초래할 수 있었다. 따라서 중앙은행에 운신의 폭을 주기 위해서는 해외 차입이 꼭 필요했다.

이웃 프랑스의 혼란은 도움이 되지 않았다. 프랑스 프랑이 절하되자, 벨기에 제조업자들은 프랑스 경쟁자들의 가격 수준에 맞추기가 더욱 어려워졌다. 이것보다도 훨씬 더 중요한 벨기에의 안정화 실패 원인은 차입의 실패였다. 뉴욕연방준비은행과 잉글랜드은행은 대부 협상 과정에서 벨기에중앙은행에 단기 신용을 제공하겠다는 의사를 표명했다. 그러나 공식 채널을 통해 장기 금융을 제공할 수는 없었다. 그래서 벨기에 정부는 J. P. 모건이 주도하는 신디케이트에 의지했다. 당연하지만 모건의 은행가들은 벨기에 예산 당국의 정상화에 회의적이었고, 사회당이 이끄는 정부의 금융 안정화 의지에 대해서도 확신을 갖지 못했다.[44] 이들이 최근에 이탈리아를 대신해 채권을 발행하면서 어려움에 직면했기 때문에 모건은 더욱 주저하게 되었다. 모건의 은행가들은 유동 부채의 즉각적인 감축을 요구했다.[45] 그리고 미지불 재무부 단기 채권의 상환이나 전환에 필요한 재원을 확보하기 위해 재무부 회계와 국영 철도의 회계를 통합할 것을 벨기에 정부에 권고했다.[46]

은행가들은 투자자들이 기꺼이 단기 채권을 장기 채권이나 주식으로 교환할 것이라고 믿었다. 왜냐하면 후자는 철도시스템의 자산으로서 그 가치가 담보되기 때문이었다.[47] 이 계획의 실현 가능성

황금 족쇄

은 수익성을 확보할 수 있는 방식으로 철도를 재조직할 수 있느냐에 달려 있었다. 과거에 철도의 경영 상태는 손익 균형이나 적자 상태에 있었다. 유동 부채 상환에 필요한 이익을 창출하기 위해서는 철도 요금의 25% 인상과 과잉 고용 해소가 필요했다. 국민이나 철도 경영진 모두 이를 수용할 의사가 없다.

잉글랜드은행의 몬태규 노먼은 벨기에가 차입에 필요한 예산 개혁을 이미 완료했다고 주장하면서, 얀센을 대신해서 은행가들 사이에 끼어들려고 했다. 그러나 잉글랜드은행은 자신의 문제를 갖고 있었으며, 노먼은 자신의 말을 현금으로 뒷받침할 수 없었다. 벤저민 스트롱은 그의 친구 러셀 레핑웰에게 벨기에를 지원하라고 로비를 했지만, 아무 소용이 없었다.[48] 차관 협상은 결렬되었다.

1억 달러의 차관이 있었다면 유통 은행권에 대한 금 준비율은 통상적인 최소 40% 기준을 넘었을 것이다. 그러면 정부는 재정 계획을 공고히 할 수 있는 여유를 가질 수 있었을 것이다. 차관에 실패하자, 준비율은 겨우 20%에 머물렀다. 차관 협상이 결렬된 직후인 1926년 3월에 벨기에중앙은행은 외환시장에서 빠졌다. 최후 4일 개입에서 중앙은행은 2000만 달러의 준비금을 잃었다. 이것은 차관 협상액의 20%였으며, 벨기에가 프랑에 고정하기 직전 가을에 중앙은행이 보유하고 있던 금 준비금의 4분의 1보다 많은 금액이었다.[49]

중앙은행의 개입이 중지되자, 벨기에 프랑은 불과 몇 시간 만에 8분의 1이나 가치가 하락했다. 전체적으로 1926년 3월과 7월 사이에 스털링 대비 잔존 가치의 절반이 상실되었다. 투자자들이 3월과 4월에만 6억 프랑 상당의 재무부 채권 상환을 요구했다. 벨기에 정부는 중앙은행이 채권을 1억 5000만 프랑까지 할인할 수 있도록 하는 법안을 요청할 수밖에 없었다.

벨기에 정부는 그 이전 정부보다 구성 면에서 훨씬 폭넓은 3당 연립정부인 국민연합 내각으로 교체되었다. 가톨릭당 소속의 앙리 자스파르Henri Jaspar가 정부를 이끌었다. 신망이 높고 금융 측면에서 원칙에 충실한 소시에테제네랄Société Générale의 부총재인 에밀 프랑키Emile Francqui는 장관직 수락을 거부했지만 연립정부의 금융 대변인이 되었다. 그의 정부 참여 자체가 신인도 회복에 도움이 되었다. 프랑키는 1억 5000만 프랑의 추가 세금을 요구했는데, 그 규모는 인플레이션을 감안하더라도 1925년 얀센이 요청한 것보다 컸다. 그 세수는 공공 부채의 상환을 위해 새로 설립된 '공공채무감채기금Fonds d'Amortissement de la Dette Publique'에 할당될 예정이었다.

새로운 세금이 부과되자 해외 차관이 곧바로 확보되었다. 우선 벨기에중앙은행이 외국 중앙은행들의 컨소시엄으로부터 4100만 달러의 대기성 차관stand-by credits을 획득했다. 다음으로 정부는 J. P. 모건이 주도한 신디케이트로부터 1억 달러의 장기 차입을 확보했다. 차관이 성사되자 벨기에중앙은행은 곧 프랑의 안정화에 개입하기 시작했다. 그 즈음 벨기에 통화는 정부 교체 이후 약 12%가 상승하여 파운드당 175벨기에 프랑까지 절상되었지만 전전 평가에는 여전히 크게 못 미쳤다. 1926년 10월 25일 칙령에 따라 프랑은 금 태환을 회복했다.

그런데 1925년에서 1926년 사이의 정말 결정적인 변화는 프랑키의 정부 참여가 아니라 안정화에 대한 저항의 소멸이었다. 2년 전 독일의 경우와 마찬가지로, 좌파와 우파는 지루한 소모전을 끝냈다. 인플레이션을 활용하고 있던 집단들에게조차 금융 불안정의 비용이 그 편익을 초과하게 되었다. 모든 집단이 불안정을 종식시키기 위해 희생하기로 합의했다. 벨기에에서 휴전은 가장 극적인 형태로 나타났다. 즉 정부는 왕의 이름으로 안정에 필요한 모든 조치를 일방적으로 취할 수 있는 권한을 부여받았다. 정부 지출이 삭감되었다. 새로운 공공사업은 중지되었다. 프랑키가 제안한 1억 5000만 프랑의 추가 세금이 일방적으로 부과되었다. 거래세는 두 배로 인상되었다. 토지세는 50% 인상되었다. 사치품에 대한 간접세는 최소 25% 증가했다. 철도시스템의 자산은 1925년 해외 은행가들이 권고한 바대로 재구성되었다. 철도의 순 가치는 최소 100억 프랑이었는데, 이는 1925년 말의 미지불 유동 부채 총액과 같은 규모였다. 유동 부채는 새로운 철도 회사에 대한 청구권으로 전환되어 곧 22억 프랑으로 줄어들었다.[50] 지구전으로 전투원들이 모두 소진되자 재정 전선에 평화가 찾아왔다.[51]

프랑의 위기

통화 붕괴를 가까스로 피한 나라들 중에서 금융 위기가 가장 심각한 나라는 프랑스였다. 연간 도매 물가 상승률이 1926년 6~7월에 거의 350%로 정점에 달했는데, 이때 프랑스는 "초인플레이션의 낭떠러지에서 벗어나고 있었다."[52]

　다른 나라에서 인플레이션 위기를 초래한 요인들이 프랑스에는 특히 강한 힘을 발휘하며 작동했다. 누가 과세 부담을 질 것인가를 두고 좌파와 우파가 오랜 기간 싸움을 벌였다. 정치 세력의 분열이 이 논쟁의 해결을 더욱 어렵게 했는데, 이런 분열의 원인은 부분적으로는 국민회의 의원을 뽑는 수정된 형태의 비례 대표제 때문이었다. 비타협적 태도는 배상금 문제 때문에 더욱 강화되었다. 벨기에의 예에서 보듯, 세금 인상은 배상금 요구의 비현실성을 인정하고 독일에 대한 압박을 줄이는 것을 의미했다. 교착 상태가 길어질수록 금융 상

독일과 오스트리아

하락하는 프랑이 안정을 찾은 마르크를 보면서 누가 전쟁의 승자인지 의아해한다.
출처: 『요크셔 이브닝 뉴스*Yorkshire Evening News*』, 리즈, 영국.

황은 더 위태로워졌다.

그러나 벨기에 상황과는 대조적으로, 프랑스의 위기는 서로 다른 두 국면을 통과했다. 첫째 국면은 벨기에나 다른 나라의 위기와 유사했다. 세금과 정부 지출을 둘러싼 장기전으로 예산 적자가 계속 이어졌고, 이 적자는 통화 발행으로밖에 조달될 수 없었다. 인플레이션과 통화 절하는 이런 예산 교착 상태의 직접적 결과물이었다. 1924년 무렵에 상황이 위태로울 정도로 악화되자, 정치인들은 파국을 피하기 위해 마침내 타협했다. 1922년 1월부터 로젠 주 출신의 권위적이고 계산적인 변호사 레몽 푸앵카레가 이끈 중도 우파 연립정부인 '국민연합'은 기존 세금—주로 거래세와 물품세—을 20% 인상하는 데 성공했다. 예산은 균형을 회복했으며, 금융 안정의 막간이 시작되었다. 위기의 첫 번째 국면이 막을 내렸다.

그러나 노동자와 소농 및 하위 중산층들은 자신들에게 부과된 재정 부담에 분개했다. 1924년 총선 결과, 좌파 정당이 전체 554개 의석 중 328개 의석을 차지해 보수적인 국민연합은 권력을 잃었다.

황금 족쇄

정권을 획득한 좌파연합Cartel des Gauches을 처음에는 오랫동안 리옹 시장을 지낸 급진적인 에두아르 에리오Edouard Herriot가 이끌었다. 그후 재무부 장관들은 기존의 판매세와 물품세를 소득과 재산에 대한 과세로 전환하려고 노력했다. 예산은 대체로 균형을 유지했지만 과세에 대한 논란 때문에 재정 균형의 지속이 의문시되었다. 자본 과세에 대한 우려 때문에 자산가들은 금융 자산을 청산하고 돈을 외국으로 빼돌렸다.

그 후 1924년 중반부터 1926년 중반에 이르는 두 번째 위기 국면에서는 예산은 전반적으로 균형 상태에 있었지만 과세에 대한 논란으로 채권시장에 대한 일련의 투기적 공격이 야기되었다. 세금 부담이 노동자에게서 이자 소득자에게로 이전되는 것처럼 보일 때마다 이자 소득자들은 만기가 도래한 재무부 단기 채권의 갱신을 중단했는데, 그 결과로 정책 당국은 원금 마련을 위해 화폐를 발행할 수밖에 없었다. 이런 화폐화는 인플레이션과 환율 절하 그리고 위기의 심화를 초래했다. 금융 혼란이 견딜 수 없는 수준에 이르자, 좌파 내각은 결국 우파 정치인 푸앵카레의 리더십을 수용했다. 푸앵카레는 당연히 경제적 급진주의에 반대했다. 푸앵카레의 집권으로 벨기에에서 프랑키로 인해 얻는 것과 동일한 신인도 제고 효과가 나타났다는 것이 일반적인 평가이다. 사실 푸앵카레가 간과했던 예전 금융 불안정 상황에서 드러났듯이, 그의 개인적 명성이 결정적인 역할을 한 것은 아니었다. 좌파가 내각을 장악한 시기에 푸앵카레의 정부 복귀가 의미 있는 정치적 타협을 시사하는 사건이었다는 점이 중요했다.

프랑스에서 세금을 둘러싼 논란은 역사가 오래되었다. 전쟁 이전에 재정 수입의 4분의 3은 간접세를 통해 조달되었고 나머지 4분의 1만 소득세와 재산세로 충당되었다. 1907년 국가의 세수 확충을

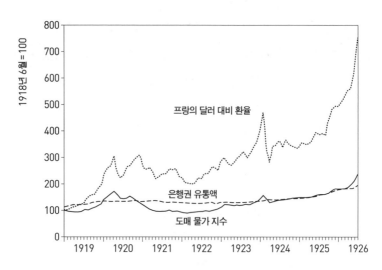

그림 6.3 **1918~1926년 프랑의 달러 대비 환율 및 프랑스의 은행권 유통액.**
1922년에서 1926년 사이에 프랑 환율은 프랑스 통화 공급보다 훨씬 더 급속히 절하되었으며 물가는 상승했다.
출처: Rogers(1929).

위해 조르주 클레망소^{Georges Clemenceau} 내각에서 재무부 장관을 지낸 젊은 금융 전문가 조제프 카요^{Joseph Caillaux}는 직접세 기반을 넓히고 누진세를 강화하는 안을 제출했다. 급진당과 사회당은 이 안을 포괄적 소득 재분배를 향한 첫 번째 조치로 생각하고 환영했다. 물론 자산 소유 계층을 대표한 정당들의 당원들은 격렬히 반대했다. 그러나 1914년 전쟁이 임박하면서 국가 재정 능력의 확충 요구는 거부할 수 없게 되었다. 온건한 개혁, 특히 미개발 토지 및 해외 증권 소득에 대한 과세가 결국 채택되었다. 많은 사람들은 이것을 단순한 임시 조치로 생각했다. 최종 결정은 전쟁 이후로 미뤄질 수밖에 없었다.

전쟁으로 상황은 한층 복잡해졌는데, 특히 배상금이 문제였다. 독일의 예산 적자는 베르사유에서 정한 지불액에 필요한 만큼 충분히 세금을 인상하지 못했기 때문이라면, 프랑스의 예산 적자는 재건 비용에 필요한 만큼 충분히 세금을 올리지 못했기 때문이다. 프랑스의 전체 재건 프로그램은 벨기에와 마찬가지로 패전 독일이 그 비용을 대는 것을 전제로 하고 있었다. 프랑스 정부 계정은 일반 또는 정상 예산과 군사 및 재건 비용을 위한 특별 예산으로 구분되었는데, 전자는 대체로 매년 균형을 달성했지만 후자는 배상금으로 충당하도록 되어 있었다. 특별 예산은 1924년까지 매 회계 연도마다 상당한 적자를 기록했다.[53]

일반적으로 예산 적자를 인플레이션의 악순환과 연결시킨다. 하지만 프랑스의 인플레이션 위기가 심해질수록 독일에 대한 관심과 압박은 더 커졌다. 루르 점령이 실패한 후에야 프랑스 정치인들은 현실을 직시하기 시작했다. 프랑스의 독일 진공이 실패하자, 배상금 지불이 1921년에 확정된 계획에 따라 이루어지지 않을 것이라는 점이 명확해졌다. 프랑스는 금융 안정 회복을 위해서 국내 상황을 정비할 수밖에 없었다.

예산이 균형을 회복할 때까지 재무부는 채권 발행을 통해 적자를 메우려고 했다. 이를 위해 정부는 금융공사^{Credit National}라는 새 기구를 설치했는데, 공사는 1919년 말부터 1924년 초 사이에 8차례 장기 채권을 발행했다. 그러나 배상금 문제와 프랑의 미래가 불확실해지자, 투자자들은 장기 부채의 매입을 주저했다. 1919년 말에서 1923년 말 사이에 국내 부채가 900억 프랑 증가했는데, 일반인의 장기 및 영구 채권 보유액 증가 폭은 그 절반에도 미치지 못했다.[54] 재무부는 단기 부채, 주로 1개월, 3개월, 6개월, 12개월 혹은 24개월 만기의 국방채를 발행해 그 차액을 메웠다.

채권의 만기가 짧아 자금 조달 상황이 취약해지면서 정부는 위기에 노출되었다. 재정에 관한 불안한 뉴스가 나오면 투자자들은 언제든 이 단기 채권을 청산할 수 있었다. 원칙적으로는 이자율 인상으로 투자자들에게 단기 채권의 만기 연장을 유도할 수 있었다. 그러나 이자율 인상은 원리금 상환 비용의 증가와 재정 상황의 악화를 의미했다. 이자율 인상으로 불황에 빠지거나 성장률의 둔화만 불러온다면, 세수가 원리금 상환 비용에 미치지 못해서 채권의 추가 발행이 필요할 수 있다. 일반인들이 필요한 만큼 단기 채권을 구매하지 않는다면, 정부로서는 프랑스중앙은행에서 자금을 차입할 수밖에 없었다. 그에 따른 화폐 유통액의 증가는 인플레이션을 부채질하고, 세수의 실질 가치 감소를 초래하며, 재정 위기를 악화시킬 것이다. 이 세가지 요인 모두 투자자들의 유동 부채 청산을 더욱 재촉할 것이다.[55]

예산 적자는 부채 관리를 한층 더 어렵게 했다. 혼돈이 어려움을 가중시켰다. 재정 상황이 결코 명확하지 않았다. 당시에 발간된 다양한 정부 계정에서 부외 항목의 처리 방법이 제각각이었다. 사전 예측이 나중에 마감된 결과와 상당한 차이를 보였다. 분석가들은 수입과 지출 대신 세금 평가와 지출 승인을 사용할 수밖에 없어 재정 상황이 불투명했다. 재정 논쟁에서 불확실성이 가장 심각한 문제였다고 할 수도 있다.[56]

이런 불확실성에도 불구하고 1924년 이전과 이후 사이에는 상당한 변화가 있었다. 1924년 이전에는 예산 문제가 있었다는 사실을 부정하기 힘들다. 1924년 이후에는 정부 지출 및 명목 소득 대비 적자 비율이 감소하고 있었다는 점을 부인하기 어렵다.

프랑의 1차 위기가 정점으로 치닫던 1924년 이전의 몇 해 동안 고전적 인플레이션 악순환의 모든 특징들이 드러났다. 대규모 예산 적자가 계속 화폐 발행으로 충당되었다. 좌우파 정당들은 세금 인상

여부와 그 구성을 둘러싸고 대치를 계속했다. 예산안은 대부분 회계 연도가 한참 지나서야 통과되었다. 은행위원회가 배상금위원회에 독일의 배상금 지불에 관한 비관적 전망이 담긴 보고서를 제출한 1922년 6월부터 프랑은 위험한 수준으로 급락하기 시작했다. 부채를 상환하고 예산의 균형을 달성할 수 있을 정도의 배상금이 들어올 것이라는 환상은 루르 점령의 실패로 산산조각 났다. 문제는 정치인들이 이런 현실을 인정하고 재정상 필요한 조치를 취할 의사가 있느냐 하는 것이었다.

1923년 예산이 시금석이었다. 상당한 규모의 적자가 예상되었다. 재무부 장관 샤를 드 라스테리에 Charles de Lasteyrie는 배상금이 곧 도착할 것이라는 이유로 세금 인상과 차입에 모두 반대했다. 결국 그는 기존 세금의 20% 인상을 제안할 수밖에 없었다. 상원은 세금 인상 방식에 합의는 못한 채 단지 공식 세수 전망치만 상향 조정하여 적자를 없애는 마술을 부렸다.[57] 재무부와 중앙은행 사이의 1920년 합의가 이행되지 못했다는 사실이 드러나자, 이런 조치의 부적절성이 명백해졌다. 그 합의에 따르면 정부는 1921년부터 매년 20억 프랑씩 중앙은행에 부채를 상환하도록 되어 있었다. 1923년 11월에 세수가 모자라 그해 말의 지불, 즉 2차 상환분을 정부가 납부할 수 없을 것이라는 사실이 알려졌다. 세금 인상이 불가능하게 되자, 의회는 이 합의의 불이행을 허용하는 '특별'법을 통과시켰다.

이런 상환 계획이 이행되지 못하면서, 통화 가치를 전전 수준으로 회복시키겠다는 정부의 약속을 액면 그대로 받아들였던 투자자들은 경악했다. 혹자는 "인내심을 보이던 투자자들에게서 불안한 기색이 역력히 드러나기 시작했다"고 회고했다.[58] 달러 대비 프랑의 환율은 1923년 9월 16에서 12월에는 19로 그리고 다시 다음 해 2월에

"얘들아, 고생 끝에 이렇게 되었어."

출처: 『뉴욕 월드』

는 25로 떨어졌다. 프랑스중앙은행의 할인율 인상도, 자본 통제도 이 추세를 막는 데 도움이 되지 않았다.

인플레이션 위기의 모든 징조들이 나타났다. 환율이 카페 대화의 단골 주제가 되었다. 철강 회사는 수출 대금을 외환 기준으로 정했다. 수출업자는 환율 리스크를 최소화하기 위해 해외 수취액의 국내 송금을 뒤로 미루었다. 여전히 세금 인상에 합의하는 것보다 외국의 통화 투기꾼에게 화살을 돌리는 것이 더 쉬웠다. 화가 난 파리 시민들은 거리에서 외국인들을 공격하고 대정부 시위를 곳곳에서 벌였다. 부유한 프랑스인들은 가족을 해외로 보내기 시작했다. 우파 일부에서는 질서 회복을 위해 독재가 필요할 수도 있다고 말했다.[59]

황금 족쇄

금융과 정치의 혼란이 위험 수위에 이를 정도가 되자, 마침내 의회는 타협에 이르렀다. 1924년 3월 의회는 마침내 같은 해에 드 라스테리에가 제안한 세금 20% 인상안, 즉 두블레 데심^{double decime}을 통과시켰다. 이런 재정 노력 덕분에 프랑스 정부는 런던의 라자드_{Lazards}에서 400만 파운드, 뉴욕의 J. P. 모건에서 1억 달러의 차입을 성사시킬 수 있게 되었다. 이 자금은 외환시장 개입에 사용되었다. 이 "시장 부양 개입^{bear squeeze}"에는 프랑 선물을 매각한 투기자들을 파산시킴으로써 그들을 시장에서 영원히 퇴출하려는 의도가 내포되어 있었다. 그 시점에서 추가 절상과 그에 따른 프랑스 수출품의 지나친 경쟁력 약화를 막기 위해 정부가 개입했다.

세금 인상과 인플레이션 진정에 따른 세수 회복 덕분에 재정 적자가 줄어들었다. 재정 지출 대비 적자의 비율이 1923년에서 1924년 사이에 절반으로 줄어들었으며 1924년에서 1925년 사이에는 다시 75%가 줄어들었다.[60] 정부의 순 차입은 전전 프랑 기준으로 1923년 38억 프랑에서 1924년 14억 프랑으로, 1925년에는 8억 프랑으로 줄어들었다. 대부분의 지출 항목이 1925년에 처음으로 통합 예산에 포함되었다. 2차 세금 인상이 1925년 7월에 시행되어 세수가 더욱 늘었다. 1926년의 적자 규모는 무시할 만한 수준이었다. 1921년 이후 처음으로 재무부는 1926년 1월에 프랑스중앙은행에 대한 채무 중 20억 프랑을 상환할 수 있게 되었다.

재정 위기는 이미 끝난 것처럼 보였다. 그러나 1925~1926년에 환율 위기가 재발했으며 이전에 비해 훨씬 더 악성의 위기였다. 명확한 재정 문제는 없었는데도 달러 대비 프랑의 가치가 1925년 초 19에서 그해 말에는 27로, 위기가 정점에 이른 1926년 7월에는 41 이상으로 떨어졌다. 국민들이 국방채의 상환 연장을 거부해 1925년 1월

표 6.2 **1920~1926년 프랑스의 공공 지출 대비 재정 적자 비율(%)**

	추정치		
	덜레스	헤이그	경제재정부
1920년	65.4	82.0	43.2
1921년	54.8	58.3	28.2
1922년	50.5	45.5	21.6
1923년	39.5	43.1	30.8
1924년	22.6	21.1	16.8
1925년	13.7	12.9	4.2
1926년	-0.1	3.8	-2.4

주: 1926년의 마이너스 부호는 재정 흑자를 의미함.
출처: Dulles(1929), 494쪽(재정 수입 및 지출 통계). Haig(1929), 44~46쪽(재정 수입 및 차입 통계). Ministère de l'Economie et des Finances(1966), 485쪽(재정 수입 및 지출 통계).

550억 프랑이던 이 채권의 잔고가 1926년 여름에는 440억 프랑으로 줄어들었다. 프랑스중앙은행은 재무부 단기 채권을 할인해야 했는데, 이는 사실상 정부가 매일매일의 채무 상환에 사용할 화폐를 찍어내는 것이었다. 재무부의 자금 수요는 중앙은행이 흡수할 수 있는 수준을 넘어섰기 때문에, 1925년 초에 정부에 대한 대출의 법정 제한을 위반할 수밖에 없었다. 중앙은행과 정부는 중앙은행의 대차 대조표를 조작해서 이런 위반을 감추려고 했지만, 다음 해 4월에 이 사실이 밝혀지면서 에리오 내각은 붕괴되었다.[61]

이 위기를 어떻게 이해해야 할까? 일부 저자들은 '프랑 제르미날franc germinal'의 회복이 더 이상 실현 가능성 없음을 금융시장이 깨닫고 낙담한 것이라고 설명한다.[62] 달러 대비 프랑의 가치는 1924년 봄의 정점에서도 전전 수준의 3분의 1에도 미치지 못했다. 1913년 수준으로 물가를 회복하기 위해서는 단지 재정 균형이 아니라 상당

황금 족쇄

한 규모의 재정 흑자가 필요했을 것이다. 도즈 플랜은 정부 부채의 상환과 통화 회수에 필요한 배상금 지불이 어렵다는 것을 시사했다. 그러나 이것은 시장에서 더 이상 환율 절상을 기대하기 어려워진 이유는 설명할 수 있지만, 그런 예상이 왜 걷잡을 수 없는 인플레이션으로 이어졌는가를 설명하지는 못한다. 대외수지와 예산이 균형 상태에 있었다면 기존 수준에서 안정화하는 데 뚜렷한 장애는 없었다.

다른 하나의 가능성은 이자율을 인위적으로 낮은 수준에 고정시키려는 재무부의 정책 때문에 환율 불안정이 야기된 것이다.[63] 1923년 2월부터 30일물 이자율은 3%에 고정되었고 90일물은 4%에 고정되었다(표 6.3 참조). 이자율이 시장 수준과 조응하는 것을 정책 담당자들이 방해했기 때문에 어쩔 수 없이 자금 조달 위기가 초래되었을 수 있다. 다른 자산의 수익률이 상승하면 투자자들은 국방채를 매각하려고 할 것이고, 그러면 재무부의 지출을 뒷받침하기 위해 프랑스중앙은행이 국방채를 흡수할 수밖에 없었을 것이다. 이런 화폐화가 시장 이자율을 한층 더 인상시켜 국방채의 추가적인 청산과 폭발적인 인플레이션의 악순환을 촉발했을 것이다.

그런데 이런 설명과는 다르게, 1925년 상반기 이후 시장 이자율 상승의 징후는 거의 없다. 프랑스에서 3개월물 상업 어음 이자율은 1925년 상반기 5.7%에서 하반기에는 4.65%로, 1926년 상반기에는 4.45%로 떨어졌다. 3개월물 재무부 단기 채권의 수익률과 런던의 은행 인수 어음 이자율도 1925년 상반기와 하반기 사이에 떨어졌다.[64]

위기의 근저에 있었던 것은 이자율의 작은 변화나 '프랑 제르미날' 회복 실패에 대한 실망이 아니라, 외관상 안정에도 불구하고 여전히 해소되지 않은 재정 논란이었다. 도즈 플랜의 채무 조정으로 프랑스와 독일 사이의 재정적 소모전은 종결되었지만, 프랑스 좌파와

표 6.3 **재무부 채권(국방채) 이자율**(단위: %)

공표일	발효일	1개월물[1]	3개월물	6개월물	1년물	2년물
1914년 9월 13일	동일	—	5	5	5	—
1914년 12월 10일	1914년 12월 21일	—	4	5	5	—
1918년 4월 16일	동일	3.6	4	5	5	—
1918년 12월 28일	1919년 1월 1일	3.6	4	4.5	5	—
1922년 2월 25일	1922년 3월 12일	3	3.5	4	4.5	—
1923년 2월 14일	1923년 2월 19일	3	4	4.5	5	—
1926년 7월 31일	1926년 8월 1일	3.6	5	5.5	6	—
1926년 12월 1일	1926년 12월 2일	3	5	5.5	6	—
1926년 12월 16일	1926년 12월 17일	—	4	4.5	5.5	6[2]
1927년 2월 3일	1927년 2월 4일	—	—	—	5	6
1927년 4월 11일	1927년 4월 12일	—	—	—	4	5
1927년 5월 6일	1927년 5월 7일	—	—	—	3	5
1927년 6월 22일	1927년 6월 23일	—	—	—	—	4.5

1. 1개월물 국방채의 경우 1개월 말에 지불 청구가 없으면 직후 2개월 동안 약간 높은 이자율이 제공되었다.
2. 발효일은 1927년 1월 1일.
출처: Haig(1929), 240쪽.

우파 사이의 전쟁은 아직 끝나지 않았다.

1924년 위기에 대응하기 위해 도입된 세금 인상은 좌파의 재정 부담을 증가시켰다. 1924년 총선에서 국민연합이 권력을 잃은 이후에 중도 좌파 정당들이 에리오 내각을 구성했을 때, 그들은 재정 부담을 다른 곳으로 넘기려고 했다. 그러나 에리오는 효과적인 경제 리더십을 보여주지 못했다. 넓은 허리둘레 못지않게 폭넓은 문화적 취향을 가졌던 에리오는 불행히도 경제에 대한 관심이나 이해가 거의 없었다. 그의 재정 담당 장관들은 재정 부담을 다른 곳으로 넘기려고 했지만 자신들의 계획을 실현하는 데 필요한 정치적 지지를 하나같이 얻지 못했다. 불확실성이 일상처럼 되었다. 에리오 내각의 초대 재무부 장관이었던 에티엔 클레망텔Étienne Clémentel은 국민연합이 소득세 개혁에도 불구하고 교묘하게도 총세수 대비 간접세 비중을 1913년보다 높여 놓았다는 점에 주목하여 자신의 재정 개혁안을 마련했다. 카르텔, 즉 좌파연합을 지지하는 몇몇 정당들은 식품과 기타 필수품은 거래세에서 제외되어야 한다고 주장했다. 클레망텔의 1925년 예산안은 직접세 인상과 소비세 감축을 담고 있었다.[65] 재무부 장관 개인은 회의적이었지만 자본세가 새 정부의 공식 정책이 되었다.

자본세와 관련하여 내각은 모든 재산에 대해 10%를 과세하고 이를 10년에 걸쳐 납부하도록 하는 안을 선호했다. 이런 안은 투자자들이 돈을 국외로 빼돌릴 확실한 유인을 제공했다. 이 자본세를 공식 정부 정책의 지위로 격상시킨 1925년 4월의 금융 프로젝트는 금융 불안정의 재발과 시기상으로 일치했다. 부동산보다는 국방채를 처분하는 것이 더 쉬웠다.[66] 일부 투자자들이 자산을 국외로 일단 이전시키면 다른 사람들도 따라 할 유인이 금방 생겼다. 자본 도피는 자본세의 기반을 흔들었는데, 남아 있는 재산에 대해 인상된 세율이 적용되는 것을 의미했다. 은행 밖에 늘어선 줄 때문에 유발되는 예금 인출 사태처럼 국방채시장에서의 이탈도 자본 도피 소식 때문에 유발되었다.[67]

결국 '좌파연합'은 자본세 부과에 필요한 의회 다수 의석을 차지하지 못했다.[68] 연립정부에 참여한 정당들 사이에서도 이 문제에 대한 입장이 나뉘었다. 미국의 저명한 역사학자는 당시 상황을 다음과 같이 설명했다. "특히 논란이 된 그런 정치적 어려움과 다수 의석의 불확실성 때문에 정부는 신규 차입이나 긴축 혹은 과세에 관한 어떤 계획도 완수할 수 없었다."[69]

재정정책의 불확실성은 또다시 정점에 이르렀다. 1925년에 재무부 장관이 계속 교체되었지만, 모두 이 문제를 해결하는 데 실패했다. 클레망텔은 소득세에 초점을 맞춘 자신의 제안이 내각에서 거부되자 그해 4월에 장관직을 사임했다. 내각은 좌파연합에 속한 사회당이 줄곧 주장한 자본세를 더 선호했다. 그의 후임자인 드 몽지에de Monzie는 반대를 진정시키기 위해 자본세를 강제 대출로 바꿨지만 도입에는 실패했다. 에리오가 상원에 의해 축출된 후, 폴 팽르베Paul Painlevé가 새 정부를 구성했다. 재무부 장관으로 복귀한 카요는 자본세에는 반대했지만 교착 상태를 타개할 수 없었다.[70] 팽르베는 중도파가 선호하는 소득세와 좌파가 선호하는 자본세를 모두 도입하는 절충안을 제시했다. 산업계와 우파 정당들의 반대로 채택이 무산됐다. 다시 정부가 와해되었다. 루이 루셰르Louis Loucheur는 특별 상속 및 증여세와 부동산 거래세 인상에 초점을 맞춘 안을 제시했다. 의회 재정위원회는 5일간의 논의 끝에 이 제안을 거부했다. 폴 두메르Paul Doumer는 거래세를 활용하는 안을 제시했는데, 이는 세금을 증권 거래와 연계시켜 좌파의 지지를 끌어낼 목적을 갖고 있었다. 이 무렵 "포트폴리오의 왈츠"가 최고조에 이르렀다.

1926년 전반기 동안 아무런 진전이 없었다. 불확실성으로 금융시장이 파탄에 이르렀다. 모든 경제 집단이 각자 증세의 표적이 될 수 있음을 우려하며 자산 도피처를 찾았다. 이자 소득자들이 국방채 갱신을 중단했고, 그 결과로 추가 화폐화가 불가피했다. 예금자들이 자금을 국외로 빼돌렸고, 그 결과로 환율이 절하되었다. 좌파연합은 금융 혼란의 확산을 막기 위해 자본세 도입을 담고 있는 특정한 제안들을 통제했지만, 1926년 7월에도 자본세는 여전히 좌파 재정 프로그램의 핵심 요소로 널리 인식되었다.[71] 초인플레이션의 유령이 어른거렸다. 『뉴욕 선*New York Sun*』은 7월 21일자에서 "지금 프랑스 전역이 불안으로 떨고 있다"고 전했다.[72]

결국 위기가 이 정체 상황을 타개했다. 러셀 레펑웰은 1925년 7월 18일에 모건은행의 동료 토머스 라몬트에게, "나는 지금 프랑스 전 국민이 불안정한 통화에 너무 지쳐 건전한 재정 원칙의 채택을 환영하고 진심으로 지지할 것이라는 데 대해 조금의 의심도 없네"라고 편지를 보냈다.[73] 레펑웰의 낙관적 시각이 시기상조였을 수는 있지만, 1926년 여름 무렵에는 그가 예상한 태도 변화가 이미 나타나고 있었다. 중도 좌파 의원들 중 점점 더 많은 수가 금융 불안정의 비용이 결국 자본 과세를 통한 사회 개혁의 이득을 훨씬 능가하고 있음을 깨달았다. 연금과 교사 월급의 인상을 밀어붙이려고 했던 이들의 시도는 인플레이션으로 이미 좌절되었다.

급진사회당 의원이자 경제 전문가인 베르트랑 노가로*Bertrand Nogaro*는 좌파 반란의 주도자였다. 그는 통화 안정의 회복이 사회 개혁에 필요한 전제조건이라고 주장했다. 저명한 전직 은행가인 자크 뒤부엥*Jacques Duboin*과 함께, 그는 금융 안정화를 추진할 10여 명의 중도 좌파 의원들 모임을 결성했다. 1926년 중순경에는 상당수의 다른 중도 좌파 의원들의 지지도 얻었는데, 이들은 당 지도부에 반대하는 표를 던졌다. 7월경에 그 수는 70명 이상으로 증가했는데, 이 집단은 위기의 절정기에 구성된 에리오 정부를 와해시키는 데서 결정적 역할을 했다. 이들의 영향력이 증가하면서 국민연합의 2차 내각 형성과, 확고한 자본세 반대론자인 푸앵카레의 복귀가 가능해졌다. 이 의원들 중 많은 수는 1924년 선거 운동에서 푸앵카레의 금융정책을 반대한 사람들이었다. 그 후 2년간의 금융 혼란을 겪으면서 이들은 재정을 둘러싼 소모전을 끝내기 위해 자신들의 입장을 뒤집은 것이다.

결과는 그 이상 극적일 수 없었다. 의회는 푸앵카레에게 일방적 금융 조치를 취할 수 있는 전권을 부여했다. 금융에 관한 의사 결정은 일시적으로 정치 영역에서 사실상 분리되었다. 푸앵카레는 예산 상황을 강화하기 위해 간접세를 인상하고 지출을 삭감했다. 금융 안정으로의 극적인 복귀가 이런 정책의 도입과 때를 같이했기 때문에, 이런 조치들의 영향력이 다소 과장되었다.[74] 사실 예산은 이미 균형에 가까운 상태였으며, 새로운 세금이 재정 수입 확대에 기여한 부분은 크지 않았다. 의회의 전권 부여를 통한 조세 개혁이 갖는 의미는, 간접세와 보통 수준의 소득세를 지지하는 합의가 이루어졌으며 자본세 도입의 우려가 완전히 사라졌음을 보여주는 것이었다. 도피 자본은 복귀했으며 전쟁채시장은 안정을 되찾았다. 물가도 다시 안정되었다.[75]

이런 극적인 정치 판도 변화로 투자자들이 물가 안정의 회복이 일시적인 것이 아니라는 확신을 갖게 되자, 프랑스 사람과 외국인 모두 프랑으로 돌아왔다. 이들이 프랑을 추가로 획득하려고 하자, 프랑의 가격이 올랐다. 환율은 빠른 속도로 회복되었다. 1926년 7월 21일 파운드당 240프랑, 달러당 49프랑의 저점에서 출발해서 12월에는 파운드당 124프랑, 달러당 25.51프랑으로 올랐다. 프랑스중앙은행은 환율을 이 수준에서 고정했다. 이 사실상의 안정화는 1928년 6월에 프랑스가 금본위제에 공식 복귀함으로써 공식화되었다. 전전 평가는 파운드당 25프랑, 달러당 5프랑이었다. 소모전이 계속 이어진 결과, 프랑스 프랑은 전전 대비 80%의 가치를 상실한 것이다.

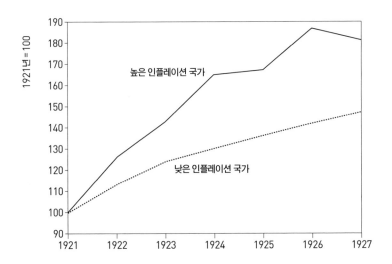

그림 6.4 **인플레이션이 높은 나라와 낮은 나라의 산업 생산.**

인플레이션이 높은 나라는 프랑스, 벨기에, 이탈리아이고 낮은 나라는 스웨덴, 영국, 노르웨이, 스페인, 덴마크, 네덜란드, 미국, 캐나다, 일본, 호주이다. 전전 기준 금 평가 회복을 위해 디플레이션정책을 추진했거나 인플레이션이 낮은 나라들보다는 팽창정책을 채택하고 높은 인플레이션을 경험한 나라들이 1921년에서 1927년 사이에 더 빠른 성장 및 경제 회복을 보였다.
출처: Eichengreen(1986a).

지속되는 효과

1920년대에는 경제 성장 촉진을 목적으로 한 인위적인 환율 조작은 거의 없었다. 인플레이션과 통화 절하는 대립된 이해관계 집단들이 연루된 재정적 소모전의 의도치 않은 결과였다. 그러나 통화 절하의 지속 기간과 최종적인 절하의 역전 정도는 경제가 전쟁 피해에서 회복하는 속도에 심각한 영향을 미쳤다. 그림 6.4에서 알 수 있듯이, 통화 안정과 전전 금 가격 회복을 위해 확고한 디플레이션정책을 추구한 나라들보다는 인플레이션과 통화 절하를 경험한 나라들, 특히 프랑스, 벨기에, 이탈리아에서 성장과 회복이 더 빠르게 진행되었다.[76]

인플레이션과 통화 절하가 어떤 경로를 통해서 이런 효과를 발휘했을까? 환율은 임금과 물가에 대한 차별적 영향을 통해서 국가의 산업 경쟁력에 영향을 미쳤다. 케인스의 1923년 저작에서 "임금이 물가에 시차를 두고 반응하는 경향이 있기 때문에 물가 상승기에는 임금 소득자의 실질 소득이 감소하게 된다는 것은 경제학 교과서의 상식이다"고 설명했다.[77] 1920년대에 이것은 분명히 사실이었다. 물가 상승이 초인플레이션으로 폭발한 경우를 제외하면, 임금은 물가 상승을 따라잡지 못했다. 1921년에서 1927년 사이에 산업 국가에서 임금의 상승 혹은 하락 폭은 도매 물가 변동 폭의 평균 4분의 3에 불과했다.[78] 따라서 도매 물가가 조정되어 환율 절상 혹은 절하가 생산물 가격에 미치는 효과를 신속히 중화하는 경우에도 노동 비용은 그러지 않았다. 통화의 절하와 더불어 실질 노동 비용이 하락하는 국가의 생산자들은 생산과 고용을 늘리고 늘어난 수익으로 투자를 확대할 유인을 갖고 있었다. 디플레이션과 환율 절상을 견딘 나라에서는 실질 노동 비용의 상승이 그 반대 효과를 나타냈다.[79]

통화 절하가 공급을 촉진해서 고용을 늘리는 경우에는 추가로 생산된 상품을 판매할 수 있는 수요의 원천을 찾는 것이 필요했다. 소비자 지출을 해외 상품에서 국내 상품으로 전환함으로써 이런 수요가 만들어졌다. 인플레이션이 지속되는 경우에는 환율이 상품 가격 상승보다 훨씬 더 빠른 속도로 절하되었다. 따라서 통화 절하를 겪는 나라에서는 국제 경쟁력이 향상되어 수출을 늘릴 수 있었다(그림 6.5의 프랑스가 한 예이다). 존 파크 영은 1925년 미국 상원 금은청문위원회Commission of Gold and Silver Inquiry of the U.S. Senate의 지원을 받아 이 관계에 관한 결정적인 연구를 발표했다. 영의 분석은 환율이 국내 물가보다 더 신속하게 조정되고 국내 물가는 노동 비용보다 더 신속하게 움직인다는 것을 확인시켰다.[80]

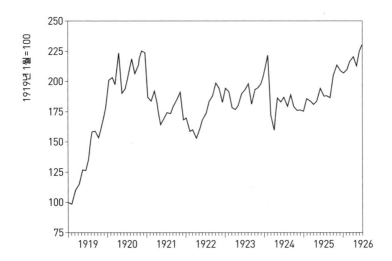

그림 6.5 **1919~1926년 프랑스의 실질 환율.**

이 그림은 익숙한 톱니바퀴 모양의 실질 환율 변동을 보여주고 있다. 이런 모양은 프랑스 수입품의 상대 가격이 프랑의 절하가 가속화될 때는 상승하고 절하가 둔화될 때는 하락하는 경향을 반영한 것이다.

출처: Rogers(1929), 57, 59쪽, Tinbergen(1934), 210~212쪽.

통화 절하가 그렇게 강력한 효과를 지닌 것은 바로 환율이 의식적으로 조작되지 않았기 때문이다. 소매업자들이 전전 평가로의 궁극적인 복귀를 계속 예상하고 있는 한, 그들은 물가 상승이 중단되고 나아가 역전될 것으로 예상했다. 임금 소득자들이 물가 상승이 역전될 것이라고 예상하는 한, 소비자 물가 상승과 보조를 맞추기 위한 임금 상승 주장은 설득력이 강하지 않았다. 그러나 물가 상승으로 통화 가치가 전전 구매력의 90% 이상까지 떨어지는 상황이 되자, 전전 평가 회복의 희망은 점점 현실성을 잃게 되었다. 임금과 물가의 조정 속도가 빨라지기 시작했다. 1923년 독일의 경우처럼 이런 적응 때문에 과거에 인플레이션 덕분에 나타난 회복의 동력이 사라졌다. 대신에 물가와 환율 불확실성으로 인한 경기 위축 효과가 앞의 효과를 압도했다. 안정화 시점을 더 늦출 이유가 없었다.

　그러나 인플레이션의 유산은 안정화와 금 태환의 회복이 이루어진 뒤에도 사라지지 않았다. 재정을 둘러싼 소모전이 가장 파괴적이었던 나라들의 정치 지도자와 유권자는 이제 휴전이 깨지는 것을 막기 위해서라면 어떤 조치든 취해야 한다고 주장했다. 금본위제는 휴전을 상징하는 백기였다. 정책 담당자들은 정치 경제적 환경이 근본적으로 바뀌어 완전히 다른 정책 대응이 필요하게 되었을 때도 이 깃발을 계속 흔들었다.

제7장

전간기 금본위제의
작동

영국은 1925년 4월에 금본위제로 복귀함으로써 미국과 같이 금본위제 국가가 되었다. 그해 말에는 약 36개국이 사실상 금 태환을 회복했다. 프랑스의 프랑은 1926년에, 이탈리아의 리라는 1927년에 사실상 안정되었다. 1928년이 시작될 무렵에는 금본위제의 재건이 기본적으로 완료되었다.

새로운 금본위제는 처음부터 많은 사람들이 기대한 긍정적 효과를 분명히 거두지 못하고 있었다. 가장 눈에 띄는 문제는 물가 안정을 달성하지 못한 것이다. 물가는 1929년에 급격히 하락하기 전부터 이미 수년 동안 완만한 속도로 하락했다. 당시 사람들의 시각에서는, 이것은 전 세계 금 준비금의 양이 당시 물가 수준을 뒷받침하기에는 충분하지 않다는 것을 의미했다. 금에 굶주린 중앙은행들은 희소한 금 준비금을 상대 중앙은행으로부터 얻어 내기 위해 신용을 억제하고 국내 이자율을 인상하는 헛된 노력을 했다. 모든 나라가 같이 그런 행동을 하게 되자, 서로의 노력은 허사가 되었고 세계 경제에

표 7.1 **1919~1937년 54개국의 금본위제 유지 기간**

국가	1919	1920	1921	1922	1923	1924	1925	1926	1927
1 아르헨티나									X
2 호주							X	X	X
3 오스트리아					X	X	X	X	X
4 벨기에							X	X	X
5 볼리비아									
6 브라질									X
7 불가리아									X
8 캐나다								X	X
9 칠레								X	X
10 중국									
11 콜롬비아					X	X	X	X	X
12 코스타리카				X	X	X	X	X	X
13 쿠바	X	X	X	X	X	X	X	X	X
14 체코슬로바키아								X	X
15 덴마크									X
16 에콰도르									X
17 이집트							X	X	X
18 에스토니아									
19 핀란드								X	X
20 프랑스									
21 독일						X	X	X	X
22 그리스									
23 과테말라						X	X	X	X
24 온두라스[1]									
25 헝가리							X	X	X
26 인도									X
27 이탈리아									X
28 일본									
29 리투아니아				X	X	X	X	X	X
30 멕시코							X	X	X
31 네덜란드							X	X	X
32 네덜란드령 동인도							X	X	X
33 뉴질랜드							X	X	X
34 니카라과	X	X	X	X	X	X	X	X	X
35 노르웨이									
36 파나마	X	X	X	X	X	X	X	X	X
37 페루									
38 필리핀	X	X	X	X	X	X	X	X	X

1928	1929	1930	1931	1932	1933	1934	1935	1936	1937	유형
X	X									C
X	X									C
X	X	X	X							Ex
X	X	X	X	X	X	X	X			B
X	X	X	X							Ex
X	X	X								Ex
X	X	X	X							Ex
X	X	X	X							Ex
X	X	X	X	X						Ex
										S
X	X	X	X							C
X	X	X	X	X						Ex
X	X	X	X	X	X					C
X	X	X	X							Ex
X	X	X	X							B
X	X	X	X	X						Ex
X	X	X	X							Ex
X	X	X	X							Ex
X	X	X	X							Ex
X	X	X	X	X	X	X	X	X		B
X	X	X	X							Ex
X	X	X	X							Ex
X	X	X	X	X	X					Ex
			X	X	X	X				Ex
X	X	X	X							Ex
X	X	X	X							B
X	X	X	X	X	X	X	X	X		Ex
		X	X							C
X	X	X	X	X	X	X	X			Ex
X	X	X	X							C
X	X	X	X	X	X	X	X	X		C
X	X	X	X	X	X	X	X	X		C
X	X									Ex
X	X	X	X							Ex
X	X	X	X							B
X	X	X	X	X	X	Q	Q	Q	Q	Ex
			X	X						Ex
X	X	X	X	X	X	Q	Q	Q	Q	Ex

국가	1919	1920	1921	1922	1923	1924	1925	1926	1927
39 폴란드									X
40 포르투갈									
41 루마니아									
42 살바도르		X	X	X	X	X	X	X	X
43 샴									
44 스페인									
45 스웨덴						X	X	X	X
46 스위스							X	X	X
47 터키									
48 남아프리카공화국							X	X	X
49 영국							X	X	X
50 미국	X	X	X	X	X	X	X	X	X
51 우루과이									
52 소련									
53 베네수엘라									X
54 유고슬라비아									

X=금본위제, 빈칸=지폐본위제, S=은본위제, Q=제한적 금본위제, B=지금본위제, C=금화본위제, Ex=금환본위제.
1. 온두라스는 1931년까지는 은본위제였다.

출처: 도널드 K. 케머러Donald K. Kemmerer 박사가 준비하여 3월 29, 30, 31일과 4월 1일 '금준비법 수정Gold Reserve Act Amendments' 청문회 중에 상원 은행통화위원회 소위원회에 제출한 자료, 301~302쪽(83rd Cong., 2d sess., on Bills S.13.2332, 2364, and 2514. U.S. GPO, 1954)을 수정한 것임.

대한 디플레이션 압박만 가중시켰다.

금본위제의 조정 메커니즘 역시 국제수지의 흑자와 적자를 신속히 제거하지 못했다. 1927년부터 1931년까지 프랑스의 국제수지는 매해 흑자를 기록했다. 미국은 1920년대 내내 국제수지 흑자를 기록했다. 영국은 1928년의 소폭 흑자를 제외하면 1927년부터 1931년까지의 모든 해에 적자를 기록했다. 이것이 시사하는 바는 명확했다. 조정이 이루어지지 않는 한, 영국과 같은 적자국은 금본위제에서 밀려나게 될 것이라는 점이다.

1928	1929	1930	1931	1932	1933	1934	1935	1936	1937	유형
X	X	X	X	X	X	X	X	X		Ex
			X							Ex
	X	X	X	X						Ex
X	X	X	X							Ex
X	X	X	X	X						Ex
X	X	X	X							C
X	X	X	X	X	X	X	X	X		Ex
X	X	X	X	X						C
X	X	X	X							B
X	X	X	X	X	X	Q	Q	Q	Q	C
X	X	X	X	X						Ex
X	X	X								C
			X							Ex

부적절한 유동성과 조정의 문제에 대한 확실한 해법은 국제 협력이었다. 흑자국이 신용을 늘리고 국내 이자율을 낮추면 조정의 부담은 전적으로 적자국에게만 돌아가지는 않을 것이다. 적자국이 꼭 긴축을 해야 할 필요는 없을 것이다. 즉 화폐와 신용의 공급을 억제해서 세계 경제가 겪고 있던 고통스러운 디플레이션 압력을 가중시키는 방식으로 대외 균형을 회복할 필요는 없을 것이다. 주요 중앙은행들이 동시에 국내 신용 상태를 완화하면 어느 나라도 다른 나라에 반드시 금을 빼앗길 필요는 없을 것이다. 그리고 세계 경제에 대한 디플레이션 압력이 희석될 것이다.

세계 전체 금 준비금의 부족 문제만 남게 될 것이다. 물가가 하락하지 않으면, 중앙은행들이 보유한 금의 양은 일시적 국제수지 적자에 대응하기에는 여전히 부족할 것이다. 하지만 진짜 문제가 금의 부족이 아니라 국가 간 금의 부적절한 배분이면, 프랑스와 미국같이 금 보유량이 지나치게 많은 국가에서 수요에 비해 보유량이 적은 나라로 금을 재배분하면 세계 나머지 국가의 금 기근 문제는 개선될 수 있을 것이다. 어느 쪽이든 문제가 있었기 때문에, 약세 통화에 대해 공동 지지를 하고 국제적 차원에서 준비금을 대부하는 방식의 국제 협력이 어느 때보다도 긴요했다.

불행히도 필요한 만큼의 협력은 이뤄지지 않았다. 1925년과 1927년에 미국은 국내 신용을 확대함으로써 이 두 결정적 시기에 파운드를 지지했다. 그러나 미국의 정책 담당자들은 국제 협력으로 나아가는 데는 주저했으며 국내 상황과 국제 상황 모두가 동일한 방향의 조치를 필요로 했기 때문에 그렇게 했을 뿐이다. 일방적이든 협조적이든, 임의적 통화정책은 금융 불안정으로 이어진다고 생각한 프랑스의 정책 담당자들은 미국만큼도 나아가려고 하지 않았다. 1929년 이후 국제 협력이 절박하게 필요했을 때 협력이 얼마나 부족한지가 뚜렷이 드러났다.

재건된 금본위제의 모습

몬태규 노먼이 외국 중앙은행가들과 나눈 서신에서는 한참 우물쭈물한 것으로 나타나 있지만, 1925년 영국의 금본위제 복귀는 그해 말의 금 수출 금지의 만료로 이미 예정되어 있었다.[1] 금 태환을 중지한 법률을 갱신하게 되면 스탠리 볼드윈Stanley Baldwin 보수당 정부가 크게 난처하게 될 입장에 있었다. 다른 나라의 외환 준비금 예치를 위한 금 중심지가 되려는 영국의 노력을 수포로 만들 위험이 있었다. 영국보다 먼저 금본위제로 복귀한 나라들이 외환 준비금을 뉴욕에 예치할 것이고, 그런 상황은 금융에 대한 런던의 야심에 잠재적으로 치명타가 될 것이다.

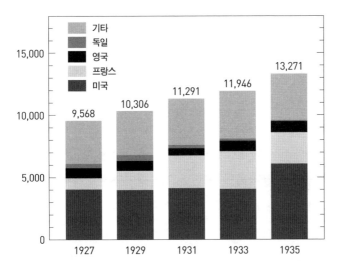

그림 7.1 **1927~1935년 국가별 금 준비금 보유액**(단위: 1929년 금 함유량 기준 불변 달러로 백만 달러).

미국과 프랑스는 1927~1935년에 막대한 금을 축적했다. 다른 나라에는 강력한 국제수지 압박이 가해졌다. 독일과 영국이 쥐어짜였다.

출처: Hardy(1936), 92~93쪽.

    그래서 영국 관리들은 안정화를 고려하는 나라들에게 영국의 금본위제 복귀 때까지 기다리라고 압력을 넣었다. 스웨덴 같은 일부 국가는 1924년에 인내의 한계에 이르렀다. 독일과 헝가리도 1924년에 안정화했다. 금본위제 회복을 통해 신인도를 강화하는 것 외에는 달리 방법이 없었다. 1924~1925년 호주와 남아프리카공화국이 금 태환 회복 의사를 밝혔다. 1925년 봄에 스위스와 네덜란드도 그 뒤를 따랐다. 이런 상황에서 영국 관리는 안정화 절차를 시작할 수밖에 없었다.[2]

    논리적으로 보면, 움직여야 할 시기는 봄이었다. 봄에는 런던에서 외국인 차입이 계절적으로 증가하는 시기이기 때문에 전통적으로 스털링이 강세를 보였다. 노먼은 뉴욕연방준비은행 총재인 벤저민 스트롱과 복귀를 논의하기 위해 비밀리에 미국을 방문했다. 그들의 회동 소식이 언론사로 흘러 들어갔고, 시장은 스털링의 상승에 베팅을 했다.

곧 예상한 조치가 뒤따랐다. 잉글랜드은행은 연준, 미국 재무부, J. P. 모건에서 크레디트 라인credit line●을 개설했다. 통화정책은 환율 목표에 맞추어 조정되었다. 런던의 은행이율은 뉴욕연방준비은행의 할인율보다 최소 1% 포인트 높게 유지되었다. 1924년 7월에서 1925년 7월 사이에 미국의 은행 대출 및 예금이 비정상적인 속도로 빠르게 증가하여 통화 공급이 8% 이상 증가했는데, 미국 관리들은 이것을 허용했다.[3] 뉴욕에서 런던으로 금이 유입되어 잉글랜드은행의 포지션이 강화되었는데, 이것은 주로 미국 은행 신용의 높은 증가율 덕분이었다.

여기서 주목해야 할 것은 은행 여신의 증가로 금 유출이 있었는데도 미국 정책 당국이 여신 증가를 계속 용인했다는 점이다. 1924년 말에 인플레이션 압력에 대응하기 위해 연준이 약간 긴축을 하기는 했지만, 미국 통화정책의 변경이 12월부터 5월까지 이어진 금 유출을 막을 정도는 아니었다. 이때가 연준 관리들이 금 상실에 대해 상당한 인내심을 발휘한 아주 보기 드문 경우 중 하나였다. 미국 경기가 취약했던 것도 국내 이자율 인상을 주저한 중요 요인이었다. 그러나 경기가 좋지 않은 그 이후의 여러 경우에는, 특히 1931년 말에

● 크레디트 라인은 외국환 은행이 고객이나 환거래 은행에게 제공하는 단기 신용 한도를 의미한다. 신용 한도는 수신자의 신용 상황 등에 따라 결정되며 일시적인 대외 지급 부족이나 국제수지의 역조를 보완하는 데 사용된다.

황금 족쇄

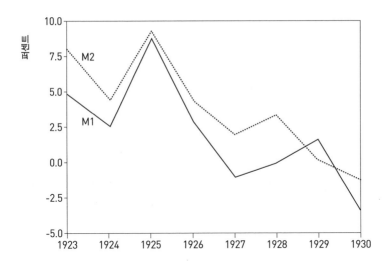

그림 7.2 **1923~1930년 미국의 연간 통화 증가율.**

미국 통화량의 두 핵심 지표, 즉 M1과 M2의 증가율이 1926년 이후 둔화되었는데, 이는 연준이 더욱 긴축적인 방향으로 정책 기조를 변경한 것을 반영한다.

출처: Hamilton(1987).

는 연준의 인내심이 훨씬 약했다. 영국의 금 태환 회복을 지원하려는 목적과 더불어 1924년 미국 중앙은행의 초과 준비금 규모가 예외적으로 컸던 점이 이런 중요한 차이를 만들었다.[4]

1925년 4월, 영국의 금본위제 복귀로 다른 여러 나라의 안정화를 가로막고 있던 마지막 장애물이 제거되었다. 호주, 뉴질랜드, 그단스크, 헝가리, 남아프리카공화국은 즉시 금 태환을 회복했다. 1925년 말에는 35개 통화가 공식적으로 금 태환이 가능해졌거나 최소한 1년 동안 사실상 안정을 유지했다. 이미 상당한 범위에 걸쳐서 금본위제가 재건되어 있었다.

1925년 말 무렵에는 두 집단의 국가들이 금본위제 바깥에 있었다. 덴마크, 노르웨이, 유고슬라비아, 브라질, 볼리비아, 우루과이에서는 금본위제 복귀가 완성되지는 않았지만 이미 진행 중이었다. 1926년 초가 되면 이 여섯 나라 중 네 나라가 통화 안정화에 성공한 상태에 있었다. 이와 대조적으로 프랑스, 벨기에, 이탈리아, 그리스, 폴란드에서는 통화 안정을 해치는 심각한 문제들이 여전히 남아 있었다. 통화 가치가 계속 절하되는 상황에서 이 나라들이 금본위제로 복귀할 수 있을지가 여전히 의문이었다. 프랑스와 벨기에는 1926년 말에, 그리스, 이탈리아, 폴란드는 1927년에 사실상의 안정화에 성공했다. 진정한 의미에서 국제적 차원의 금본위제가 마침내 복원된 것이다.[5]

재건된 금본위제는 중요한 측면에서 전전의 금본위제와 차이가 있었다. 가장 두드러진 차이점은 국내 통화와 국제 준비금에 영향을 미치는 법률 변화였다. 1차 대전 이전에는 상당히 많은 국가에서 금화가 내부에서 유통되었다. 1차 대전 발발 이후, 이 금화의 대부분이 유통에서 사라졌다. 그 결과로 약 한 세기 전 리카도Ricardo가 제안한 금지금본위제gold bullion standard가 마침내 영국과 그 뒤를 따른 다른 나라들에서 채택되었다. 카셀의 다소 과장된 표현을 빌리자면 "세계 통화사의 이정표"라 할 수 있는 '1925년 금본위제법The Gold Standard Act of 1925'에는 금의 최소 판매액이 400온스로 규정돼 있었다. 즉 이 규모 이하에서는 잉글랜드은행이 일반 국민에게 금을 판매할 의무가 없었다.[6] 금화를 유통에서 흡수해 중앙은행 금고에 집중시킨 것은, 제노바 대표단이 고민했던 초기의 준비금 부족 문제를 완화하기 위한 것이었다.

이것보다 더 중요한 변화는 외환 준비금의 사용에 관한 것이었다. 1914년 이전에 유럽 국가들 중 외환이 금속 준비금을 무제한으로 대체 가능한 나라는 벨기에, 불가리아, 핀란드, 이탈리아, 러시아에 불과했다. 다른 유럽 국가들, 즉 오스트리아, 덴마크, 그리스, 노르웨이, 포르투갈, 루마니아, 스웨덴 등에서는 준비금 중 일부분을 외환으로 보유할 수 있었다. 하지만 1차 대전 직전의 세계 전체 외환 준비금 가운데 약 3분의 2는 겨우 세 나라, 즉 러시아, 인도, 일본에 집중되어 있었다.

1920년대 후반에는 준비금 중 외환에 대한 의존도가 점점 증가하게 되었다. 국제연맹의 지원으로 안정화를 달성한 나라들과 국제연맹 차관의 조건으로 중앙은행을 설립하거나 개혁한 나라의 통화당국은 일반적으로 준비금 전액을 외환의 형태로 보유하는 것이 가능했다. 전전에 초과 준비금에 한해서만 외환 보유가 허용되었던 여타의 나라에서는 이제 필요 준비금 중 일정 부분을 외환으로 보유하는 것이 가능해졌다.

이런 원칙에서 벗어난 나라 중 눈에 띄는 경우는 미국이었다. 1913년 연방준비법은 미국의 새 중앙은행의 법적 준비금을 금과 적법 통화로 제한했다. 준비은행들은 시중에 유통 중인 연방준비은행 은행권이 아니라 그들 앞으로 발행된 연방준비은행 은행권 총액의 40%에 해당하는 금을 보유하도록 되어 있었다. 그 차이, 즉 발권 준비은행이 준비금으로 보유하고 있는 연방준비은행 은행권—발권 은행의 필요 준비금으로 보유하고 있는 현금 혹은 카운터 현금counter cash—의 규모가 종종 실제 유통 은행권의 4분의 1에 이르렀다. 이 때문에 실제 필요 준비금 수준은 유통 은행권을 보증하기 위한 준비금보다 4분의 1은 더 높았다. 즉 필요 준비율이 40%가 아니라 50%로 되는 것이다. 그 나머지는 '적격 증권'으로 발권을 뒷받침할 수 있었다. 적격 증권은 준비은행들이 할인한 상업, 농업, 공업 어음과 준비은행의 은행 인수 어음 매입액의 합으로 제한되었다. 국채는 적격 증권에 포함되지 않았다.[7] 연방준비은행 은행권이 금과 진성 어음으로 완벽하게 보증된다는 것을 국민들이 믿도록 하기 위해서 이렇게 했다. 만약 적격 증권이 준비은행 앞으로 발행한 은행권의 40%에 미달하면 그 부족분은 추가분의 금으로 채워야 했다. 그리고 준비은행에 예치된 예금의 35%에 해당하는 추가분의 금을 확보하고 있어야 했다.

이 모든 규제가 각 연준 지구에 적용되었다. 어느 한 준비은행의 초과 준비금이 다른 준비은행의 부족분을 자동으로 상쇄하는 것은 아니었다. 당시의 한 추정에 따르면, 미국 중앙은행의 이런 연방제 구조 때문에 필요 금 준비금이 4억 달러 혹은 세계 전체 준비금의 약 4%가 더 증가한 것으로 나타났다.[8]

그래서 1920년대 미국은 세계 다른 나라의 금 준비금을 위한 거대한 저수조가 되었다. 1920년대 말에는 세계 전체 금 준비금의 약 40%를 쌓아 두고 있었지만 연준의 초과 준비금—법정 필요 준비금을 제외한 후 남는 준비금—은 극히 작았다. 그래서 미국 중앙은행이 확장적 공개 시장 조작을 할 수 있는 여지가 매우 작았다.[9]

더욱이 확장적 공개 시장 조작이 가장 필요한 시점에 이런 제약이 실제로 문제가 되었다. 불황기에는 대출 기회가 사라지기 때문에 회원 은행들은 여유분의 유동성을 연준에서 빌린 차입금을 상환하는 데 사용하였다. 그 결과로 회원 은행 어음에 대한 연준의 재할인이 감소했기 때문에 적격 증권 역시 감소했다. 그러면 더 많은 양의 금이 준비금 부족분을 채우는 데 사용되어 확장적 공개 시장 조작의 여지는 더욱 줄어들게 된다.

국제 준비금의 수요와 공급에 영향을 미친 혁신들 외에 전간기 국제금본위제의 세 번째 중요한 변화는 통화량 조절의 수단에 관한 것이다. 1914년 이전에는 중앙은행 할인율이 핵심적인 정책 수단이었다. 중앙은행은 다른 금융 기관을 위해 어음을 재할인하는 조건을 변경함으로써 은행권 전체가 경제에 신용을 제공하는 규모와 조건에 영향을 미칠 수 있었다. 신용의 조건과 가용성이 국가 간 금의 흐름에 강력한 영향을 미쳤다.

그런데 할인율정책이 광범위하게 사용된 나라들에서 공개 시장 조작은 빈번히 사용되지 않았다. 중앙은행들 중 잉글랜드은행과 독일제국중앙은행만 1880~1914년에 공개 시장 조작을 상당한 규모로 실시했다. 이 두 은행조차 할인율이 금의 유출을 억제하지 못하는 경우에만 그 수단을 사용했다.[10]

1920년대에는 할인율정책의 효과에 관한 새로운 문제들이 제기되었다. 1차 대전의 결과로 국채가 금융시장에 쏟아져 들어왔다. 할인율 작동의 기초가 되는 상업 어음이나 대부가 국내 유동성에서 차지하는 비중이 이제 크게 줄어들었다. 시장의 상당 부분이 할인율 변화의 영향을 받지 않을 수 있게 된 것이다.

그런데 이런 공공 부채액 덕분에 편리한 개입 수단이 만들어졌다. 예를 들어 잉글랜드은행은 90일 만기 재무부 단기 채권의 매매를 통해 개입이 가능해졌다.[11] 잉글랜드은행은 이런 단기 채권을 상당한 규모로 보유하고 있었으며, 거의 언제나 시장에 활발히 참여했다. 신용을 축소하고 싶을 때는, 잉글랜드은행은 할인율을 인상함과 동시에 할인율 인상의 효과를 높이기 위해 재무부 채권을 매각했다. 마찬가지로 은행이율을 인하할 때는 시장 이자율도 같이 움직이도록 하기 위해 재무부 채권을 같이 매입했다.[12]

미국 연방준비법에 따라 준비은행들은 은행 인수 어음이나 환어음뿐 아니라 정부 증권도 매매할 수 있는 권한을 갖고 있었다. 연준이사회는 1922년에 처음으로 이 기법을 도입했다. 그때까지 증권 거래에 관한 결정은 개별 준비은행에 위임되어 있었다. 처음에는 준비은행이 재무부 증권의 거래보다 지방채 매매와 인수를 더 많이 했다. 1921년 11월부터 준비은행들은 자신들의 수익 자산을 보충하기 위해 재무부의 조작에 개입하면서 정부 증권을 대량 매입하기 시작했다.[13] 이런 경험 때문에 연준의 증권 거래를 집중화하고 준비은행 할인정책을 감독하기 위한 공개시장위원회를 구성했다. 이 위원회의 의장은 뉴욕연방준비은행 총재가 맡았는데, 벤저민 스트롱이 초대 의장이었다. 그리고 위원은 다른 네 명의 연방준비은행 총재들로 구성되었다. 연준이사회와 시카고연방준비은행 간 논쟁 직후인 1928년이 되어서야, 할인정책의 최종 결정 책임을 개별 연방준비은행이 아닌 공개시장투자위원회Open Market Investment Committee가 맡는 관행이 확고해졌다.[14] 그러나 전체 시스템의 증권 거래를 조정하는 데 이 위원회가 주도적 역할을 할 것이라는 점은 1923년에 이미 인정되었다.

주로 뉴욕에서 실시한 공개 시장 조작은 곧 핵심적 통화 관리 수단이 되었다. 그것은 국제적 금 유출입이 국내에 미치는 영향을 무효화하기 위한 조심스러운 수단으로 이용되었다. 잉글랜드은행과 마찬가지로 연준도 1920년대에 여러 차례 공개 시장 조작을 사용했다. 불행히도 연방준비법에 규정된 연준의 매우 엄격한 금 준비 규정 때문에 연준이 개입할 수 있는 공개 시장 매입 규모는 매우 제한적이었다.

프랑스중앙은행과 독일제국중앙은행의 재량은 훨씬 더 작았다. 이 두 중앙은행에 가해진 제약은 전후 인플레이션의 유산이었다. 옳든 그르든, 프랑스 정치인들은 1922~1926년 인플레이션의 원인이 통화 증발을 통한 재정 적자 지원 때문이라고 생각했다.[15] 1928년 안정화법은 프랑스중앙은행이 정부 재정 적자의 화폐화 압력을 다시 받지 않도록 하기 위해서 제정되었다. 공개 시장 조작의 허용은 세 가지 경우로 제한되었다. 첫째, 프랑스중앙은행이 신설된 재무부의 부패 관리 기구(감채기금 Caisse d'Amortissement)의 90일물 채권을 재매입할 수 있도록 허용했다. 프랑스중앙은행은 과거에 이 채권의 시판을 지원했다. 둘째, 중앙은행은 경상 계정을 개설한 외국 발권 은행을 대신해서 어음과 단기 증권을 매입할 수 있었다. 셋째, 중앙은행은 일부 외환 거래를 할 수 있었다.[16]

이런 제한 때문에 프랑스중앙은행은 1927년부터 나타난 대규모 금 유입을 억제할 수 있는 능력이 떨어졌다. 1926년까지 프랑스인들은 지속적 인플레이션으로 인한 자본 손실을 피하기 위해 보유 현금을 최소화하려고 했다. 프랑의 가치가 다시 고정되자, 그들은 현금 잔고를 늘리기 시작했다. 해외 자산을 처분하고 국내 통화를 획득하려고 하자, 프랑의 가치는 금 수입점까지 상승했다. 금이 유입되어 프랑스중앙은행에서 프랑으로 태환되었다. 1927년부터 프랑스에서 나타난 화폐 수요의 급격한 증가는 신뢰성 있는 안정화에 수반되는 일반적인 현상이었다. 하지만 그것이 대량의 금 유입을 통해서만 달성될 수 있었던 것은 프랑스 금본위제의 독특한 구조 때문이었다.

프랑스중앙은행의 행동을 제한하는 규제에는 조작의 여지를 줄 수 있는 허점이 전혀 없었다. 1928년에 중앙은행의 과거 정부 대출을 결제하는 과정에서 중앙은행 앞으로 약 60억 프랑어치의 감채기금 채권이 발행되었다. 이때 이 채권을 시중에 매각했다면, 차후에 시장 유동성을 증가시키고 이자율을 낮추며 "금 유입 사태 gold avalanche"를 억제하기 위해 그 채권을 재매입할 수 있었을 것이다. 그러나 이 60억 프랑의 감채기금 채권은 프랑스 전체 통화 공급의 5%

도 채 되지 않았다.[17] 더욱이 금 유입이 문제가 되는 시기에는 이런 과정의 첫 단계, 즉 공개 시장 매각은 해외의 강한 반발의 원인이 된 프랑스의 금 누적을 오히려 심화했을 것이다. 따라서 프랑스중앙은행이 이런 증권시장을 발전시키지 않은 것은 놀랄 만한 일이 아니다.

프랑스중앙은행 총재인 에밀 모로^{Emile Moreau}는 중앙은행이 감채기금 채권을 사고파는 것을 1930년 1월에 딱 한 번 제안했다. 그가 제안한 공개 시장 매각 규모는 25억 프랑으로 통화 공급량의 겨우 1.7%에 불과했을 뿐만 아니라 조작의 방향도 엉뚱했다. 프랑스로 금이 지속적으로 유입되는 상황에서 모로는 중앙은행 포트폴리오에 있는 증권들을 매각할 것을 제안했다. 중앙은행의 이사들은 그런 공개 시장 조작이 금본위제 조정 메커니즘과 위험할 정도로 부합하지 않는다며, 모로의 제안을 거부했다.[18]

외국 중앙은행들을 대리해서 행한 거래가 광범하게 이루어졌다면 파리의 단기자금시장 상황에 영향을 미쳤을 수도 있었을 것이다. 그러나 그런 조작의 주도권은 외국이 쥐고 있었다. 프랑스중앙은행은 외화 표시 어음을 프랑으로 매입하거나 곧바로 외환을 매입함으로써 국내 신용 증가를 시도했을 수도 있었다. 하지만 그렇게 했다면 프랑 환율의 절하 압력이 발생했을 것이다. 따라서 이런 방식의 개입 시도는 항상 환율 제약과 충돌했다.[19]

독일제국중앙은행의 제약도 비슷했다. 인플레이션 재발 위험을 최소화하기 위해 독일 정치인들은 중앙은행의 행동의 자유를 제한했다. 이런 경향은 연합국에 의해서도 강화되었다. 독일 정부가 배상금 지불을 피하기 위해 인플레이션을 유발하는 사태가 다시는 일어나지 않도록 하겠다는 연합국의 의지가 확고했다. '1924년 은행법 ^{Bank Law of 1924}' 조항에 따르면 제국중앙은행은 대부분의 팽창적 공개 시장 조작에 참가하는 것이 금지되어 있었다. 도즈 플랜에는 제국 중앙은행에 의한 정부 채무 할인이 최고 4억 마르크로 제한되어 있었다. 40% 준비율 의무는 1924년 은행법뿐만 아니라 1930년 헤이그 협정에도 포함되어 있었다. 결정적인 순간에, 특히 1931년 여름에 이 40%의 비율이 실질적인 구속이 되었다. 이 준비율을 위반하면, 인플레이션의 공포를 재점화하고 조약에 명기된 독일의 의무를 위반할 위험이 있었다. 따라서 설사 무대응의 대가가 은행시스템의 붕괴라고 하더라도, 금융시장에 추가로 유동성을 공급할 수 있는 제국중앙은행의 능력은 제한되어 있었다.

작동의 문제점: 유동성

개입의 한계가 문제의 전부는 아니었다. 전문가들은 불충분한 유동성이 시스템의 작동을 교란할 수 있다고 우려했다. 그런 우려는 근거가 없었을 뿐만 아니라 금본위제 안정에 대한 더욱 직접적인 위협에서 관심을 돌리게 만들었다.

유동성 문제는 소위 세계적 금 부족에서 발생했다. 제노바에서 수없이 논의된 금 기근 문제가 1920년대 내내 금융 전문가들의 뇌리를 떠나지 않았다. 1925년 금융 전문가들은 영국왕립인도통화금융위원회British Royal Commission on Indian Currency and Finance에 금 생산이 금 수요를 충족할 정도로 이뤄지지 못할 수 있다고 경고했다. 그들은 금 수요가 연간 3%씩 증가할 것으로 전망했다.[20] 1928년 국제연맹 금융위원회는 이 문제를 연구하기 위해 금대표단Gold Delegation을 구성했다. 왕립국제문제연구소Royal Institute of International Affairs는 1929년 금의 국제적 기능에 관한 연구 그룹의 구성을 승인했다.[21] 이런 조치들에 공통된 전제는 금의 불충분한 공급이 세계 경제의 디플레이션 압력

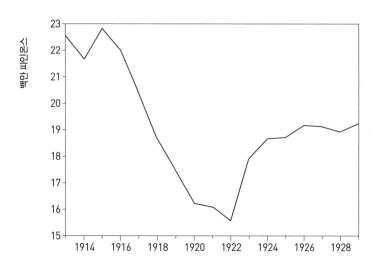

그림 7.3 **1913~1929년 세계 금 생산.**

1차 대전 이후에도 세계 금 생산이 과거 수준을 회복하지 못하자, 세계 유동성 부족 위험에 대한 우려가 고조되었다.

출처: United States Director of the Mint(1944), 102쪽.

과 적자국 국제수지 문제의 원인이라는 것이다.

당시 사람들이 그런 가설에 끌리게 된 이유를 짐작하기는 어렵지 않다. 1920년대 후반의 특징은 지속적인 디플레이션이었다. 영국의 도매 물가는 금본위제로 복귀한 1925년 4월에서 1929년 1월 사이에 15% 하락했다.[22] 더욱이 세계 금 생산은 1차 대전 동안 꾸준히 하락했다. 그림 7.3에 나타난 바와 같이, 1921년 이후의 생산 회복에도 불구하고 금 생산은 전전 수준에 미치지 못했다. 중앙은행 금 준비금 규모는 1913년에서 1928년 사이에 겨우 13% 증가했다. 반면에 중앙은행들의 은행권과 요구불 예금의 달러 가치는 1913년에서 1925년 사이에 2배 이상 증가했으며, 1925~1928년에도 연간 4%의 속도로 계속 증가했다.[23] 이것이 의미하는 바는 통화용 금 잔고의 완

황금 족쇄

만한 증가로는 중앙은행이 화폐와 신용의 증가하는 수요를 충족시킬 수 없다는 것이다. 그 결과는 디플레이션과 더욱 강해지는 국제수지 압력이었다.

그러나 당시 어려움에 대한 설명으로서 이런 주장은 사실 측면에서 정확하지 않다. 1930년 국제연맹 금대표단은 은행권과 중앙은행 당좌 예금 합계에 대한 금 준비금 비율이 1913년 48%에서 1925년 41%로 하락하는 정도였다고 보고했다. 41%는 법정 금 준비율을 여전히 크게 상회하는 수준이었는데, 법정 준비율은 중앙은행 보유 외환 준비금의 양에 따라 다르지만 29%에서 34% 수준이었다. 금화의 유통 퇴장과 중앙은행 금고로의 집중 때문에 금 생산 감소에 비해서는 준비율 하락 폭이 작았다. 1913년에서 1928년 사이에 유통에서 누출된 30억 달러의 금화는 거의 그대로 법정 금 준비율의 증가로 이어졌으며, 이 기간의 새로운 금 생산은 중앙은행의 추가 수요를 충족시킬 수 있는 완충 역할을 할 수 있게 되었다.[24] (표 7.2 참조.)

그러면 왜 당시 사람들은 금 부족의 유령에 사로잡혀 있었을까? 당시의 금 준비율 및 그것과 법정 하한선의 관계를 규명하기 위해 국제연맹 전문가들이 2년 이상 연구를 했을 뿐만 아니라, 가용한 금의 공급이 원칙적으로 충분하다는 사실이 밝혀진 후에도, 실제로 금의 공급이 수요에 미치지 못할 가능성이 여전히 있었다. 미국 연준과 프랑스중앙은행이 위험할 정도로 금을 흡수하고 있었다. 1929년 미국과 프랑스에 의한 금의 순수입은 그해 금 생산의 거의 두 배에 이르렀다. 이런 한없는 욕망에 재갈을 물리지 않으면 금의 생산이 전전 수준을 회복한다 해도 부족할 것이다.

이미 존재하는 금을 긴급한 문제를 완화하기에 충분할 정도로 국가들 사이에 다소 재분배를 한다고 하더라도 앞으로의 금 생산이

표 7.2 **법정 필요 금 준비금, 실제 금 준비금 및 금 스톡 합계의 과부족**(백만 달러)

(1)		(2) 가정별 법정 필요 금 준비금			(3) 실제 금 준비금의 과부족			(4) 실제 보유 통화용 금 스톡의 과부족		
대륙	연도	(I)	(II)	(III)	(I)	(II)	(III)	(I)	(II)	(III)
유럽	1913	1,294	1,245	1,157	756	805	893	3,204	325	3,341
(러시아 제외)	1927	3,334	2,965	2,543	170	539	961	503	872	1,294
	1928	3,602	3,314	2,900	643	931	1,345	719	1,002	1,421
러시아	1913	721	721	721	66	66	66	302	320	320
	1927	134	97	—	-37	—	97	-37	—	97
	1928	145	92	—	-53	—	92	-53	—	92
유럽	1913	2,015	1,966	1,878	822	871	959	3,524	3,573	3,661
(러시아 포함)	1927	3,468	3,062	2,543	133	539	1,058	466	872	1,391
	1928	3,747	3,406	2,900	590	931	1,437	666	1,007	1,513
북미	1913	1,252	1,252	1,252	199	199	199	834	834	834
	1927	2,947	2,947	2,947	1,259	1,259	1,259	1,661	1,661	1,661
	1928	2,850	2,850	2,850	1,087	1,087	1,087	1,482	1,482	1,482
남미	1913	339	339	339	3	3	3	79	79	79
	1927	702	680	658	5	27	49	91	113	135
	1928	731	706	684	47	72	94	200	225	247
아시아	1913	252	201	67	-51	—	134	-32	19	153
	1927	899	684	565	-166	49	168	-166	49	168
	1928	938	717	593	-205	16	140	-205	16	140
아프리카 및	1913	27	27	27	64	64	64	270	270	270
오세아니아	1927	175	120	90	33	88	118	164	219	249
	1928	177	117	87	30	90	120	161	221	251
합계	1913	3,885	3,785	3,563	1,137	1,137	1,359	4,675	4,775	4,997
	1927	8,191	7,493	6,803	1,264	1,962	2,652	2,216	2,914	3,604
	1928	8,443	7,796	7,114	1,549	2,196	2,878	2,304	2,951	3,633

주: (I)은 전액 금 보유 가정, (II)는 현재 금 준비율 유지 가정, (III) 전액 외화 자산 보유 가정.
출처: League of Nations(1930), 98쪽.

미래의 수요를 충당할 수 있을까 하는 문제는 그대로 남았다. 국제연맹은 중앙은행들이 부채 대비 3분의 1 수준의 준비율을 확보하는 데 필요한 금의 규모를 추정하여 이것을 금 생산 예측치와 비교했다. 그 결과, 중앙은행 부채가 연 2% 이상의 속도로 증가하면 가까운 장래

표 7.3 **1930년 국제연맹의 통화용 금의 과부족 전망**(단위: 백만 달러)

연도	금 생산 전망치 (A)	비통화용 금 수요 (B)	통화용 가용 규모 (C=A-B)	필요 준비금 규모 (준비율 1/3, 은행권 및 당좌 예금의 평균 증가율 가정) (D)		가용 규모 과부족 (E=C-D)	
				3% p.a	2% p.a	3% p.a	2% p.a
1930	404	180	224	253	167	-29	57
1931	402	182	220	260	170	-40	50
1932	410	184	226	269	174	-43	52
1933	407	186	221	276	178	-55	43
1934	403	188	215	285	180	-70	35
1935	398	190	208	294	184	-86	24
1936	397	192	205	302	188	-97	17
1937	392	194	198	311	192	-113	-6
1938	384	196	188	321	196	-133	-8
1939	370	198	172	330	200	-158	-28
1940	370	200	170	340	204	-170	-34

주: p.a.는 연율을 의미함.
출처: League of Nations(1930), 100쪽.

에 준비금이 한계에 이를 것이라고 전망했다. (표 7.3 참조.) 1920년대 후반에 은행권과 당좌 예금 규모는 이보다 두 배나 빠른 속도로 증가했다.[25] 금 부족이 당시 문제의 원인이 아니라고 일축하던 어빙 피셔Irving Fisher 같은 전문가들조차 장래에 심각한 부족 현상이 발생할 수 있다고 생각했다.[26]

이후에 이 예측치를 비판한 사람들은 국제연맹이 과도한 비관주의와 모호한 가정에 빠져 있었다고 공격했다. "채굴 비용의 추가 상승과 금광석의 고갈 등" 근거를 찾기 어려운 가정을 하고 있었기 때문에 금 생산 예측치도 신뢰하기 어려웠다.[27] 1930년대의 실제 생산은 국제연맹의 비관적인 전망치를 훨씬 넘어섰다. 그러나 이것은 주로 1929년의 물가 급락에 따른 금 생산의 실질 비용 하락 때문이었다. 그런데 물가 하락은 국제연맹 금융위원회가 기필코 피하고자 했던 바로 그 재앙이었다.[28] 실제 생산이 국제연맹의 예측치를 초과했다고 해서 초기의 금 부족 우려에 근거가 없었다고 할 수는 없다.

준비금의 제약이 정말 현실화될지, 또 언제 현실화될지는 금 준비금 보완을 위한 중앙은행의 외환 이용 성향에 달려 있었다. 법적으로는 중앙은행이 상당한 규모의 외환 준비금을 보유할 수 있었지만, 법률이 그것을 강제하지는 않았다. 만약 중앙은행들이 허용된 범위의 최대한으로 외환을 보유하면, 은행권과 당좌 예금 보증에 필요한 금 준비율은 34%에서 29%로 줄어들 수 있었을 것이다.[29] 14억 달러의 절감은 1928년 전체 금 보유액의 거의 15%에 해당했다.

그런데 중앙은행이 외환으로 금을 보완하도록 하자, 새로운 문제들이 발생했다. 준비 통화국인 미국과 영국이 국제수지 적자를 기록할 때만, 다른 나라들이 이들의 자산을 획득할 수 있었다. 연준이 미국 국제수지의 약화를 허용하지 않는다면, 외국 중앙은행이 달러 예금을 새로 늘릴 때마다 미국은 그에 대응해서 금을 확보하려고 할 것이다. 만약 미국이 국제수지 적자를 내려고 하지 않을 경우, 다른 나라는 금을 지불하지 않으면 달러 준비금을 획득하지 못할 것이다.[30] 결국 이 시스템의 성공을 위해서 다른 금본위제 국가들의 달러 준비금 축적이 필요하다고 한다면, 1920년대의 국제통화체제는 해외 대부, 수용적 통화정책, 미국의 금 유입 불태화 중단을 필요로 했다는 주장이 더욱 설득력을 갖는다.

물론 다른 준비 통화국, 즉 영국의 공식 자산을 쌓아 두는 것도 가능했을 수 있다. 그러나 런던 예금의 규모가 잉글랜드은행의 금 보유량에 비해 점점 커지면 스털링을 금으로 태환할 수 있는 잉글랜드은행의 능력에 대한 회의가 결국 표면화되었을 것이다. 연준은 미국의 국제수지 흑자를 줄이는 팽창정책을 통해 잉글랜드은행이 직면한 직접적 압박을 완화할 수 있었다. 다른 나라들은 런던 대신 뉴욕앞으로 자산을 축적할 수 있었다. 그러나 뉴욕 예금 규모가 미국 금준비금에 비해 점점 커지면 언젠가는 달러 태환성에 대해 동일한 의문이 나타나게 될 것이다. 장기적으로 이 시스템의 유동성 증가는 금중심지의 외국인 예금에 의존하게 되어 있었다. 그러나 외국인 예금의 규모가 통화용 금 스톡에 비해 증가함에 따라 준비 통화의 금 태환에 대한 의문이 불가피하게 나타날 수밖에 없었다. 태환이 중지되거나 준비 통화가 평가 절하되면 외국 채권자들은 자본 손실을 피하기 위해 런던과 뉴욕에 있는 자신들의 잔고를 인출하기 위해 몰려들것이다. 금환본위제에서 외환 부분이 청산되면 세계 경제는 극심한디플레이션 압력에 직면하게 될 것이다.

금환본위제 구조가 갖고 있는 이런 결점은 2차 대전 이후에 상당한 주목을 끌었다. 1947년에 이미 로버트 트리핀이 이 문제가 갓 출범한 브레턴우즈체제를 위협할 것이라고 경고했다.[31] 그런데 이보다거의 20년 일찍 펠릭스 믈리나르스키^{Feliks Mlynarski}는 자신의 1929년저작에서 거의 동일한 경고를 한 바 있었다. 믈리나르스키는 "외환준비금 축적의 지속적 증가가 금환본위제의 가장 핵심적 특징"이라고 지적했다.[32] 그러나 준비 통화 국가의 금 스톡에 비해 외국인 예금의 규모가 증가하면 준비 통화의 태환성에 대한 신인도 하락은 불가피하게 되어 있었다.

"금환본위제를 채택한 은행들은 해외의 금 준비금에 점점 더 의존하게 될 것이다. 그리고 금 중심지 역할을 하는 은행들은 외국 은행이 갖고 있는 예금에 점점 더 의존하게 될 것이다. 만약 이 시스템이 상당 기간 지속되면 금 중심지는 외환 준비금을 축적해 놓고 있는 은행에 과도하게 의존하는 위험에 빠질 수 있다. 반대로 금환본위제를 채택한 은행들은 금 중심지에 대한 과도한 의존에 빠질 수 있다. 후자는 자신의 금 수취 권한 행사가 곤란해지면서 위험에 빠질 수 있는 반면, 전자는 갑작스러운 준비 예금 유출이 발생할 경우에 신용 구조에 커다란 교란이 발생해 위험에 직면할 수 있다."[33]

이런 "갑작스런 준비 예금 유출"을 야기하는 작은 교란이 금환본위제의 청산으로 이어질 수 있었다. 뒤에서 살펴보겠지만 1931년에 이런 충격은 오스트리아와 독일에서 은행 패닉의 형태로 나타났으며, 그 충격이 런던으로 파급되고 뒤이어 스털링의 평가 절하가 있은 후에 뉴욕으로 확산되었다.

작동의 문제: 조정
금을 기반으로 통화가 안정되었다고 해서 조정 필요성이 사라진 것은 아니었다. 새로 태환성을 회복한 통화가 과대평가되어 있던 나라에서는 조정을 위해 임금과 물가의 추가 하락과 국제수지 적자를 해소할 수 있는 지출의 추가 감소가 필요했다. 그렇지 않으면 준비금을 계속 상실해 결국 태환성 위기에 직면하게 될 것이다. 환율이 과소평가된 국가에서는 국제수지 흑자를 없애고 적자국에 대한 압박을 덜기 위해 물가나 지출이 상승해야 한다.
전문가들은 조정이 어느 정도 필요한가를 두고 논쟁을 벌였다.

많은 전문가들은 환율과 균형 물가나 비용 사이의 관계가 1913년 당시와 같을 것이라고 가정했다. 물가 지수를 달리하면 결론이 약간 달라질 수 있을지 모르지만, 통화 안정화 이후 영국의 물가는 약 10% 정도 더 높고 프랑스의 물가는 10% 정도 더 낮다는 것이 대체로 합의된 견해였다.[34]

그러나 영국과 프랑스의 재화 가격이 처음에 기준선에서 10% 벗어나 있었다고 해도, 왜 5년 후에는 물가, 비용 및 지출이 불균형을 해소할 수 있는 수준으로 조정되지 않았을까? 케인스와 그의 동료들은 임금 조정의 장애물을 강조했다. 노동 비용의 불완전한 유연성은 영국 경제의 오랜 특징이었다.[35] 이것은 1920년대에 임금이 하방 경직적이었다는 뜻이 아니다. 임금은 아주 점진적으로 하락했는데, 1925년 4월에서 1929년 1월 사이의 전체 임금 하락 폭은 1.5%에 불과했다.[36] 따라서 임금과 비용의 이런 느린 조정이 영국의 대외 균형 회복 실패의 원인으로 지목되었다.

임금이나 물가의 하방 경직성이 아무리 만연했다 하더라도, 수지가 흑자일 때 경직성 때문에 임금과 물가가 상승하지 못했다고 주장하는 사람은 아무도 없었다. 사실 두 변수는 상승했다. 프랑스의 명목 임금은 1926년 4분기와 1929년 1분기 사이에 7%가 상승했으며 실질 임금은 10% 이상 상승했다.[37] 미국의 임금 역시 명목상으로뿐 아니라 실질적으로도 상승했다. 하지만 조정은 제대로 이루어지지 않았다. 임금과 물가의 상승은 금 유입을 중단시키기에 충분하지 않았다. 프랑스와 미국은 전간기 금본위제 유지 기간 내내 국제수지 흑자를 기록했다.

따라서 문제는 노동시장의 비유연성을 뛰어넘는 것이었다. 문제의 핵심은 국내 지출의 비탄력성이었다. 그리고 이런 비탄력성의

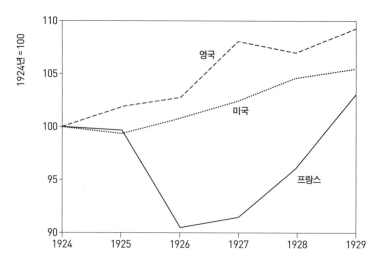

그림 7.4 **1925~1929년 연평균 실질 임금.**

주: 연평균 명목 임금을 GNP 디플레이터로 조정한 것임.
프랑스에서는 인플레이션으로 생산 비용이 감소했는데, 이것은 명목 임금이 물가 상승에 후행하여
조정되는 경향이 있음을 의미한다. 이것은 지속적인 효과를 나타냈다. 1926년 안정화 이후 3년
동안 국내 노동 비용과 해외 노동 비용 간의 격차는 해소되지 않았다.
출처: Phelps, Brown, and Browne(1968), 부록 3.

원인은 중앙은행의 정책, 즉 국제 준비금 흐름이 국내에 미치는 효과
를 불태화한 정책에서 찾을 수 있다.

국내 통화 공급의 감소를 초래하는 국제수지 적자는 국내 지출
의 감소도 초래하게 되어 있었다. 임금과 물가가 탄력적이라면, 지
출 감소의 결과로 화폐 단위의 물가나 비용도 인하되어 국내 고용에
는 아무런 영향이 없었을 것이다. 반대로 만약 두 변수가 탄력적이지
않다면, 국내 통화 공급과 국내 지출의 감소는 생산과 고용의 침체를
초래했을 것이다. 하지만 결과가 임금이나 물가 변동의 형태로 나타
나든 아니면 생산이나 고용 변동의 형태로 나타나든, 명목 지출은 하
락하고 그 결과로 적자국의 국제수지는 개선되었어야 했다.

지속적인 대외 적자는 기대하던 명목 지출의 조정이 이뤄지지 않았음을 의미했다. 국제수지 적자가 국내 통화 공급을 감소시키면서 국내 지출을 축소시키는 것을 방해하는 어떤 요인이 있었다. 당시 전문가들은 이를 설명하기 위해 금환본위제 작동의 고유한 특징인 비대칭성에 주목했다.[38] 금본위제 국가가 수지 적자를 기록하면, 현금 유통액의 축소 압력이 있어야 했다. 그러나 그 나라가 준비금 중심지인 경우, 교역 상대국이 축적한 자산이 외국인 예금의 형태로 환류하는 경향이 있었다. 미국이 세계 나머지 국가에 대해 수지 적자를 기록하면, 외환 준비금에 목마른 다른 나라들은 그들이 축적한 자산을 뉴욕에 예치했다. 미국의 적자는 외국인 예금의 증가로 상쇄되어 금 준비금의 감소가 발생하지 않게 된다. 미국의 통화 공급이 줄어드는 경향은 나타나지 않았으며 수지 적자를 해소할 수 있는 물가나 지출의 하락도 없었다. 따라서 대외 제약은 준비 통화 국가에 대해서는 구속력을 갖지 않았다. 프랑스중앙은행은 1928년에 이미 이런 비대칭성 때문에 연준이 지나치게 확장적인 통화정책을 추구한다고 불평했다. 대공황 발발 이후 프랑스의 비평가들은 이런 정책이 월가의 활황과 10월의 주식시장 붕괴 그리고 결국에는 주기적인 위기를 낳았다고 비난했다.[39]

　　물론 유사한 비대칭성이 전쟁 전에도 존재하여 조정을 방해했다. 그리고 프랑스와는 대조적으로 외국의 다른 전문가들은, 미국 정책의 문제는 과도한 팽창이 아니라 과도한 긴축이었다고 주장했다. 1920년대 대부분의 기간 동안 연준은 금본위제의 게임 규칙이 요구한 미국 통화 공급의 급속한 증가를 허용한 것이 아니라 오히려 유입되는 금을 계속 불태화했다. 미국으로의 지속적인 금 유입은 다른 나라의 국제수지 포지션을 약화시켰다. 이것이 국제통화체제의 긴장을 유발한 주요 원인이었다.[40] 이 관행은 금환본위제의 작동에 고유한 비대칭성과는 아무런 관계가 없었다. 순수 금본위제하에서도 흑자국은 유입되는 준비금을 불태화할 수 있었다. 금환본위제에서 규율이 사라졌다는 생각은, 국제수지 제약이 준비 통화 국가들에게는 아무런 구속력을 갖지 않기 때문에 이 나라들은 지속적 적자를 기록해도 무방하다는 인식에 바탕을 두고 있었다. 즉 미국처럼 지속적인 흑자를 기록해도 무방하다는 뜻이 아니었다. 분명히 문제의 뿌리는 다른 곳에 있었다.

　　문제는 오히려 불태화정책에 있었다.[41] 국제수지 흑자국은, 국내 수출업자가 획득한 금을 국내 통화로 교환함으로써 발생하는 국내 통화 공급 증가를 상쇄하기 위해 중앙은행 금고에 있는 증권을 매각함으로써 불태화를 한다. 반대로 적자국은 금의 상실로 인한 통화 공급의 직접적 감소를 상쇄하기 위해 공개 시장 매입을 하게 된다. 래그너 넉시는 1922년부터 1938년까지의 연간 통계를 이용하여, 금본위제의 게임의 규칙, 즉 준비금이 유입되면 국내 통화 신용 공급을 늘리고 준비금이 유출되면 통화 신용 공급을 줄이는 규칙을 준수한 중앙은행은 극히 일부에 불과했음을 보였다. 중앙은행들이 준비금의 증감을 불태화하여 금융 자산이 국내 공급에 미치는 영향을 무효화하는 일이 훨씬 더 빈번했다. 평균적으로 볼 때, 중앙은행들이 준비금 증감을 불태화하지 않은 경우는 전체 기간의 3분의 1 정도에 불과했다. 전간기 금본위제 전성기 동안에는 이 비율이 오히려 더 낮았다. 즉 1928년 21%, 1929년 20%, 1930년 35%, 1931년 19%였다.[42] 준비 통화 국가뿐만 아니라 다른 나라에서도 이런 불태화는 거의 같은 정도로 이루어졌다. 그리고 흑자국만큼이나 적자국에서도 불태화는 만연했다.[43]

물론 적자국이 준비금 유출을 무한정 허용하게 되면 태환성 위기의 위험에 빠지게 된다. 이런 나라들은 준비금을 상실하면 결국 국내 신용을 줄이지 않을 수 없었다. 그 시점이 언제냐가 문제였다. 1920년대에 적자국들은 다양한 압력 때문에 이 심판의 날을 뒤로 미루었다.[44] 불태화정책이 지속되는 한, 국제 준비금의 이동을 야기하는 대외 불균형도 지속될 수밖에 없었다. 만약 적자국이 계산을 잘못해 이 정책을 지나치게 길게 유지하면 자본 흐름이 가속화되어 시정 조치를 취할 기회를 잡기도 전에 금본위제에서 탈락할 수도 있었다.

국제 협력의 역할

금본위제 유지 의지에 대한 신뢰가 떨어지면서 이런 위험은 더욱 고조되었다. 민간 자본은 더 이상 정책 당국자의 시정 조치를 예상하며 자동으로 안정화의 방향으로 흘러가지 않았다. 그런 조치가 언제 취해질지, 나아가 취해지기나 할 것인지에 대한 의구심이 증폭되었다. 중앙은행가들이 민간 투자자들이 떠난 자리를 대신 차지해야 했다. 그러나 어떤 중앙은행도 위기를 막기에 충분한 정도의 양을 단독으로 풀 수 있을 만큼 준비금을 충분히 보유하고 있지 않았다. 중앙은행가들은 최종 대부자 기능을 하는 데 협력함으로써만 심각한 조정 문제에 직면한 외국의 중앙은행을 지원하고, 그래서 약한 고리의 파괴로 인해 금본위제가 붕괴하는 것을 막을 수 있었다.

중앙은행 간 협력이 유동성과 조정 문제에 대한 명확한 해법이었다. 중앙은행들이 경쟁적으로 금 확보에 골몰하는 것이 아니라 준비금 비율을 동시에 인상 혹은 인하함으로써 유동성 문제를 처리하고 물가 수준을 안정시킬 수 있었다. C. H. 키쉬C. H. Kisch와 W. A. 엘킨W. A. Elkin은 중앙은행의 활동 지침을 마무리하는 협력에 관한 장에서 다음과 같이 서술했다. "중앙은행은 자기 스스로나 상대방이 금 확보 경쟁에 뛰어들도록 해서는 안 된다. 이 경쟁은 금의 현물 가격을 높이는 결과를 초래하고, 생산 조건이 이 인상된 가치에 조정되고 있는 동안에 경제적 고통의 시기가 나타날 것이다."[45]

1차 대전 이전에 잉글랜드은행의 할인율은 국제적으로 정책의 구심 역할을 했다. 잉글랜드은행은 국제시장에서 독보적인 지위를 차지하고 있었기 때문에, 잉글랜드은행이 할인율을 인상 혹은 인하 하면 다른 중앙은행들도 이를 따르곤 했다. 잉글랜드은행은 외국 중앙은행들도 반응할 수 있다는 점을 인식하고 있었으며, 할인율정책을 결정할 때 이 점을 고려했다.[46] 그래서 사실상의 정책 조정이 어느 정도 이루어졌다. 그렇다고 해서 위기의 시기에 명시적인 협력의 필요성이 소멸된 것은 아니었다. 그러나 정상적인 시기에는 협력의 필요성이 최소화되었다. 1920년대 국제 경제에서는 이전과는 대조적으로 다른 중앙은행이 따를 수 있는 명확한 선도자가 더 이상 없었다. 따라서 비협조적인 금 확보 경쟁을 근절하기 위해서는 체계적이고 제도화된 협력이 필요했다.

외환 준비금과 민간 외국인 예금의 확산으로 협력의 중요성은 더욱 높아졌다. 외국인 예금들 사이의 상호 연계로 금 평가 안정성의 상호 의존 관계가 심해졌다. 국제수지 위기로 어느 한 나라가 외국인 예금을 동결하면, 다른 나라도 유동 자산을 이용할 수 없게 되어 자신을 방어할 수 없게 되고, 그래서 결국 국제수지 위기가 국경을 넘어 확산된다. 이런 위험의 정도가 어느 정도인지는 1931년 여름에 드러났다. 이때 위기가 전염되어 빈에서 베를린과 부다페스트로, 결국에는 런던까지 미쳤다. 그러나 전문가들은 "중앙은행이 해외에 자산을 보유하게 되면 중앙은행의 영향력이 미치지 않는 나라에서 취

하는 금융정책의 안정성과 항상성에 의존하게 된다"는 사실을 이미 인식하고 있었다.[47]

1924년부터 통화 및 금융정책을 국제적으로 조율하려는 노력들이 점점 강화되고 있었다. 영국, 독일, 프랑스, 미국의 중앙은행은 마르크의 안정화를 최종적으로 가능하게 한 1924년 차관 협상 동안에 서로 긴밀히 접촉했다. 오스트리아, 헝가리, 그단스크, 에스토니아, 그리스, 불가리아는 모두 국제연맹의 후원으로 국제 차관을 받았다. 다른 유럽 국가들에 안정화 차관을 지원하는 과정에서 국제 협력이 부각되었다. 영국은 1925년에 미국의 신용을 제공받았다. 프랑스와 이탈리아는 1920년대 중반경에 안정화 차관을 받았다. 잉글랜드은행, 프랑스중앙은행, 독일제국중앙은행, 스위스중앙은행, 뉴욕연방준비은행, 일본중앙은행은 벨기에에 신용을 제공하는 과정에서 협력을 했다. 1927년 폴란드중앙은행의 신용 지원 요청에 14개 중앙은행들이 반응을 보였다. 이와 같은 국제 협력 덕분에 1929년 루마니아의 통화 개혁도 가능했다. 장기 차관의 궁극적인 원천은 민간 부문이었지만 중앙은행이 차관의 제공을 지지할 수도 있고 저지할 수도 있었다. "많은 경우에 차입국의 중앙은행이 외국 중앙은행의 신용을 동시에 제공받지 않으면 모건, 로스차일드, 베어링과 같은 세계적인 거대 금융 가문은 안정화 차관의 제공을 거부했다."[48] 안정화를 지원하는 과정에서 국제 협력은 예외적인 일이 아니라 일반적인 일이었다.

중앙은행들의 협력이 갑자기 줄어든 점은 1928년부터 전간기 금본위제가 직면한 문제의 원인이었을 수 있다. 전간기 통화 협력 분야의 최고 전문가인 스티븐 V. O. 클라크^{Stephen V. O. Clarke}에 따르면 1928년 6월까지는 협력이 "상당히 훌륭했다." 그런데 그 이후부터는 "실패라고 할 수밖에 없다."[49] 클라크는 금본위제 중심국들 사이의 협력이 감소한 원인을 1928년 벤저민 스트롱의 사망에서 찾았다.

스트롱과 몬태규 노먼은 1916년에 만났다. 스트롱이 죽기 전 10여 년간 주고받은 두 사람의 서신을 보면 우애와 상호 존경이 깊어지고 있음을 알 수 있다.[50] 노먼과 스트롱의 우정과 격이 없는 관계 덕분에 협력의 기반이 자연스럽게 마련되었다. 노먼은 중앙은행들 간의 '연대'나 협력을 강력히 신뢰했는데, 그는 협력의 중요성을 스트롱에게 수차례 각인시키려고 노력했다. 그 결과로 금본위제하에서 협력의 역할에 대해 처음에는 확신하지 못하던 스트롱도 이를 받아들이게 되었다.[51] 그러나 1928년에 두 사람의 건강, 특히 스트롱의 건강이 악화되면서 서신의 빈도와 협력의 정도도 같이 줄어들었다.

조지 L. 해리슨George L. Harrison이 스트롱의 뒤를 이어 뉴욕연방준비은행 총재가 됐을 때 "대서양 양안 사이의 친밀한 관계는 사라져 버렸다."[52] 영국과 프랑스의 금융 협력 시도는 사람들 사이의 오해와 불신으로 좌절되었다. 노먼은 프랑스의 3인방, 즉 모로, 리스트Rist, 케네Quesnay와 냉랭한 관계를 유지했으며 이들과의 회합에 계속 불참했으며 대화도 거부했다. 프랑스 측에서는 대담한 성격의 소유자인 독일제국중앙은행 총재 할마르 샤흐트Hjalmar Schacht와 친분을 가진 노먼이 친독일 성향이라고 의심했다.[53] 1927년 이후부터는 실질적 협력을 위해서 프랑스중앙은행의 적극적 참여가 필요했다. 영국과 미국 모두 프랑스의 협력을 이끌어 낼 수 있는 위치에 있지 않았다.

그런데 스트롱의 사망 1년 전인 1927년 여름부터 이미 협력은 줄어들고 있었다. 안정화 차관 제공을 위한 협력에는 주요 중앙은행들의 참여 의사가 강했다. 이것은 예외적 시기의 예외적인 차관이었다. 그 규모도 잉글랜드은행이나 연준의 전체 자산에 비해 작았다.

그러나 안정화 차관으로 국제통화체제가 재건되자, 각 중앙은행가들은 자신들이 선호한 모델, 즉 각국이 자국의 일을 전적으로 책임지는 분산형 금본위제로 되돌아갔다.

더욱이 어떤 의미에서는 1928년 이전에는 협력의 의지가 정말 시험대에 오른 경우가 없었다. 연준이 미국의 정책 변화에 대한 해외의 요구를 수용할 때는 국내 경제 상황도 이미 그 방향으로 기울어져 있었다. 많은 사람들이 국제 협력이 꼭 필요하다고 한 시기에 연준은 해외의 실질적 조정에 도움을 주기 위해 국내 정책을 확실히 변경한 적이 없었다. 국제 협력의 순간으로 널리 알려진 두 시기, 즉 1924년과 1927년에 미국은 통화 안정과 준비금 축적을 필요로 하는 나라들을 위해 금 방출을 요구받았다. 협력을 위해서는 준비은행의 할인율을 인하해 런던에서 뉴욕으로 흘러 들어오는 단기 자금을 되돌려야 했다. 두 시기 모두, 이런 조치는 국내 경기 침체를 타개하기 위한 국내 신용 확대라는 연준의 정책 방향과 일치했다. 1928~1929년에 처음으로 연준의 국내 목표와 국제 목표 사이에 부조응이 나타났다. 국제수지가 취약한 외국 중앙은행을 돕기 위해서는 할인율을 낮추거나 국내 신용을 확대해야 했다. 그러나 연준은 대내적으로 과잉 유동성이 주식시장 붐과 투기에 기름을 끼었을 것으로 걱정했다. 국제 협력이 국내 목표와 충돌했을 때, 결국은 국내 목표가 우위를 차지했다.

1927년 통화정책

국내 목표의 우위는 1927년과 1929년의 스털링 위기에 대한 대조적인 대응에서 분명히 드러난다. 1927년의 경우, 1926년 탄광 파업으로 인한 상품 수출 감소로 영국의 무역수지가 악화되었다. 노사 관계

의 불안으로 단기 자금 저류지로서 런던의 매력이 떨어져 자본 계정
도 악화되었다. 1927년 봄에 어려움이 닥치기 전에도 스털링 선물은
프랑에 대해 이미 2% 할인되었다.

해외의 사건들은 영국의 어려움을 가중시켰다. 다른 나라의 통
화 안정으로 스털링 예금을 대신할 수 있는 매력적 대안들이 확대되
었다. 금을 확보하고자 하는 나라들은 런던 금시장에 눈을 돌렸다.
독일은 제국중앙은행의 준비금을 확충하기 위해 1926년 후반에 600
만 파운드 이상의 금을 런던에서 끌어들였다.[54]

그리고 1927년 봄에 독일의 통화정책은 더욱 긴축적인 방향으
로 선회하기 시작했다. 1926년에 전례 없이 대규모로 해외 장기 자
본 및 단기 자본이 독일로 유입되었다. 샤흐트와 제국중앙은행의 그
의 동료들은 자신들의 국가가 배상금을 지불하면서 동시에 이 막대
한 부채를 상환할 능력이 있는지 걱정했다. 그래서 제국중앙은행은
자본 유입을 억제하기 위해 1927년 1월 할인율을 5%로 인하했다.[55]
그러나 독일이 국제수지에 미친 영향은 샤흐트나 제국중앙은행의
다른 관리들이 예상한 것보다 훨씬 더 강력했다. 중앙은행의 금 준비
율은 1월 초 52%에서 3월 초 44% 이하로 내려가 40%의 하한선에
위태로울 정도로 근접했다.[56] 이에 대응하여 제국중앙은행은 방향을
전환해 신용 긴축을 단행했다. 그러자 대부분의 사람들이 할인율의
인상을 예상했다.[57] 인상 시의 높은 이자율을 노린 자본은 다시 독일
로 흘러들었으며, 이로 인해 영국의 국제수지 압박이 가중되었다.

이것으로 충분하지 않았는지, 잉글랜드은행은 동시에 프랑스에
서도 압박을 받았다. 1926년 여름, 푸앵카레의 안정화로 5년여 간 진
행된 자본 수출이 중단되었다. 프랑스 투자자들은 자금을 다시 본국
으로 들여오기 시작했다. 자본의 재유입은 1927년까지 이어졌으며

황금 족쇄

프랑이 공식적으로 안정화되기 이전부터 프랑의 절상을 예상한 외국인들이 자금을 들여오면서 유입된 자본이 더욱 증가했다. 프랑 제르미날로의 복귀 확률이 낮은 것처럼 보였을 수 있다. 평가 절상에 대한 프랑스 국민의 집착은 "수술이 이미 끝나서 의식이 돌아왔는데 수술받을 것을 걱정하는 환자"의 집착에 비유되었다.[58] 그러나 로스차일드와 다른 주요 금융 기관들은 평가 절상을 위해 적극적으로 로비를 벌이고 있었다. 푸앵카레는 여기에 동조적인 것으로 알려졌다. 만약 전전 평가 수준으로 절상되면, 프랑 표시 자산에 투자한 투자자들은 상당한 자본 이득을 얻을 수 있었다. 이로 인해 투기적 자본이 해협 건너 잉글랜드은행에서 계속 유출되는 결과가 나타났다.

잠시 동안 프랑스중앙은행은 외국 통화를, 즉 주로 스털링을 매입하고 프랑을 매각함으로써 통화의 절상을 계속 억제했다. 1926년 11월 말 이후 6개월 동안 거의 1억 5000만 파운드에 해당하는 외환을 축적했다.[59] 그러나 프랑스 관리들은 외환 보유에 대해 결코 마음이 편치 않았다. 그들은 외환본위제의 열렬한 지지자가 아니었다. 제노바 회의 이후 이들은 금환본위제를 영국의 계략이라고 생각했는데, 금환본위제 위에다 스털링 본위제를 슬쩍 갖다 올리고 국제 금융 중심지로서의 런던의 지위를 뒷받침하려는 계략이라는 것이다. 그러면 파리는 손해를 입게 될 것이다. 동유럽 국가들이 스털링을 기초로 한 금환본위제를 채택하면, 그 지역은 영국의 영향권에 들어가게 되어 독일을 외교적으로 포위하려는 프랑스의 노력은 무산될 것이다. 나아가 외환 준비금을 보유하는 관례가 확산되면, 준비 통화 국가에는 금본위제의 원칙이 더 이상 적용되지 않을 것이다. 과거 프랑스 정치인들이 금본위제의 원칙을 저버리고 과도한 신용 창출에 빠져든 것처럼 준비 통화 국가들도 앞으로 그렇게 할 것이다. 이런 모든 이유로 프랑스중앙은행은 1927년 봄에 자신의 금 준비금을 금으로 전환하려는 시도를 했다.

프랑스중앙은행 총재로 새로 임명된 에밀 모로는 5월에 스털링을 대가로 3000만 파운드의 금을 제공하라고 잉글랜드은행에 요청했다. 이것은 1927년 2월까지 6개월 동안 독일이 영국에서 흡수한 금의 두 배를 넘는 규모였다. 이 거래가 이루어지면 프랑스중앙은행의 스털링 보유량이 줄어들 뿐 아니라, 잉글랜드은행은 할인율을 인상해서 프랑의 절상 기대를 더 부추길 수 있는 프랑스로의 자본 유입을 억제해야 할 것이다. 모로는 프랑 제르미날의 복구가 필요하다고 강하게 확신하고 있던 인물은 아니었다. 그는 스털링의 평가 절상 이후에 영국이 겪고 있던 경제적 어려움을 알고 있었다. 동시에 모로는 잉글랜드은행이 시정 조치를 취하도록 압박을 강화하기 위해 시장에서 스털링을 내놓고 달러를 매입했다.[60]

잉글랜드은행의 입장에서 보면 모로의 조치는 "은밀하고 (중략) 불쾌하며 (중략) 또 변덕스러운 것이다. 환율에는 완전히 무관심하고 또 우리의 민감한 시장 상황에서 그 정당성을 설명하기가 너무나 어려운" 것이었다.[61] 영국은 이런 조치가 자국에 미칠 영향, 즉 잉글랜드은행 할인율 인상을 우려했기 때문에 이를 비난했다. 할인율 인상은 잉글랜드은행이 가장 피하고 싶은 것이었다. 영국 경제는 이미 취약한 상태에 있었다. 할인율의 인상은 노사 관계를 다시 불안하게 할 것이라고 노먼이 경고했다. 다른 한편, 국내 신용을 억제하지 않으면 스털링 위기로 이어질 수 있었다. 하지만 프랑스 관리들은 이런 위험을 무릅쓸 생각은 없었다. 만약 영국이 금본위제를 포기하게 되면 아직 금본위제로 복귀하지 않은 나라들은 복귀를 머뭇거릴 것이다. 금평가의 안정성에 대한 불확실성이 커지면 프랑과 같이 강한 통화에 대한 신인도조차 위태로워질 수 있었다. 그래서 푸앵카레는 모로에게 잉글랜드은행에 대한 압박을 완화하라고 압력을 넣었다.[62] 그러자 프랑스중앙은행은 5월 말에 있을 노먼의 프랑스 방문 때까지 런던에서의 금 매입을 연기했다.

노먼은 프랑스중앙은행 방문 기간 중에 두 나라 사이의 국제수지 불균형을 시정하기에 영국보다 프랑스가 더 유리한 위치에 있다고 주장했다. 아마도 투기적 자본 이동을 종식시킬 프랑의 즉각적인 법적 안정화를 의미했을 것이다. 프랑스 관리들은 노먼의 주장을 신뢰하지는 않았지만 영국의 불안정한 상황에 대한 노먼의 설명에서 깊은 인상을 받았다. 프랑스중앙은행 사무국장인 피에르 케네Pierre Quesnay는 곧바로 런던을 방문했다. 프랑스중앙은행 관리들은 잉글랜드은행이 국내 신용 긴축 조치를 취하고 있음을 확인하고, 또 프랑스 정부에게 6000만 파운드의 추가 전쟁 채무가 있다는 영국 재무부의 경고에 놀라서 결국 영국에 동의했다. 그들은 3000만 파운드의 금을 이전에 요구한 60일이 아니라 6개월에 걸쳐 넘겨 주어도 된다고 양보했다. 그리고 잉글랜드은행의 입지를 약화시킬 수 있는 스털링의 공개 시장 매각과 같은 다른 조치들은 유예했다.

하지만 결정적인 협력 조치는 프랑스나 영국이 아니라 미국에서 나왔다. 노먼과 스트롱은 그 이전 몇 개월 동안 계속 연락을 주고받고 있었다. 모로는 노먼의 프랑스중앙은행 방문 기록을 스트롱에게 전달했다.[63] 따라서 스트롱은 영국이 어느 정도 곤란한 상태인지 알고 있었다. 스트롱은 영국과 프랑스 사이의 합의에 힘을 보태기 위해 미국이 런던에 보유하고 있던 1200만 파운드어치의 금을 스털링으로 교환하는 데 합의했다. 연준은 사실상 프랑스중앙은행이 청산하겠다고 주장한 스털링 중 상당 부분을 흡수하는 데 동의한 것이다.

스트롱, 노먼, 샤흐트 그리고 모로의 자문관 자격으로 참석한 프랑스의 저명 경제학자 샤를 리스는 7월 초에 롱아일랜드에서 비공식 회합을 가졌다. 그 후에 연준은 할인율을 인하하고 8000만 달러의 공개 시장 매입을 실시했다. 뉴욕의 이자율 인하로 금이 미국에서 유출됨으로써 잉글랜드은행의 포지션이 강화되었다. 영국과 프랑스 모두 체면을 살릴 수 있었다. 독일은 잉글랜드은행에 해를 입힐 수 있는 재정 거래를 삼가겠다고 약속했다.[64]

따라서 1927년의 이런 이야기는 국제 협력의 훌륭한 사례였다. 미국, 영국, 프랑스, 독일은 영국의 적자와 다른 나라의 흑자를 줄이기 위해 동시에 행동에 나섰다. 영국은 국내 신용을 약간 축소한 반면, 미국은 대폭 늘렸다. 프랑스는 외환을 금으로 변환하는 것을 연기했다. 그리고 독일은 수익을 얻을 수 있는 재정 거래 기회를 포기하기로 합의했다.

그러나 정책의 거래 조건은 분명히 불공평했다. 프랑스, 독일, 영국의 조정은 미미했다. 반면에 미국은 통화정책에 상당한 변화를 주었다. 문제는 왜 그랬을까 하는 것이다. 연준이 큰 거부감 없이 정책 방향을 대폭 전환한 데는 분명히 미국 경제의 악화가 영향을 미쳤다. 미국의 산업 생산은 완연한 하락세가 분명해지기 얼마 전이지만 5월부터 이미 하락세를 보이기 시작했다. (미국의 산업 생산은 5월과 11월 사이에 사실 11% 하락했다.) 공개시장위원회와 연준이사회 논의에 참석한 사람들은 신발, 섬유, 석유 등의 산업 경기 하강에 대해 언급했으며, 몇몇 경우에는 침체가 임박했다고 암시했다.[65] 연준 내에서 스트롱의 영향력이 정점에 있었을 수 있지만, 그럼에도 스트롱은 할인율 인하의 필요성에 대해 연방준비은행 총재들을 설득해야 했다. 설사 영국의 문제가 없었다고 해도 연준은 아마 1927년에 할인율을

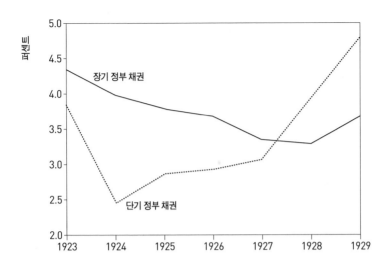

그림 7.5 **1923~1929년 미국의 이자율.**

미국의 단기 이자율은 1927년 이후 뚜렷이 상승했다. 수준이 낮기는 하지만 장기 이자율도 뒤따라 상승했다.

출처: Hamilton(1987), 표 2.

인하했을 것이다.

국제 상황을 고려함으로써 통화 팽창에 동력을 더한 것이 도움이 되었을 것이다. 1927년에 미국의 통화정책은 더욱 긴축적인 방향으로 변하기 시작했다. 미국의 통화 공급 증가율은 하락하고 있었다. 장기 정부 채권 수익률은 이미 하락을 멈추었다. 반면에 단기 정부 채권의 수익률은 상승 추세에 있었다(그림 7.5를 보라). 연준은 월가의 과도한 투기를 걱정하여 이미 긴축을 시작하고 있었다. 통화 긴축으로 미국 경제가 침체의 먹잇감이 될 가능성이 농후해지고 있었다. 국제적 요인이 연준을 팽창적인 방향으로 선회하도록 압력을 넣었다는 점에서 대외 영향은 국내외 양쪽 모두에 바람직한 것이었다.

물론 이것은 1927년 미국 통화정책에 대한 전통적인 설명과는 반대되는 평가이다. 당시 사람들은 주식시장 붐의 원인이 미국의 과도한 팽창정책에 있으며, 그 붐의 결과로 나타난 월가의 붕괴가 그 뒤의 대공황의 원인이 되었다고 비난했다. 이런 시각을 그대로 이어받아 역사가들도 연준이 1927년에 추가로 긴축을 하지 않은 것을 비난했고 국제 협력이 그런 실패에 일정한 역할을 했다고 의심했다.[66] 1927년에 연준이 긴축을 더 했다면 주식시장이 그만큼 상승하는 것을 분명히 막을 수 있었을 것이다. 그러나 경기 침체가 발생했을 때 이 정책이 침체를 완화했을 것이라는 증거는 그 어디에도 없다.[67]

1927년의 경험은 국제 협력과 금환본위제에 대한 미국의 열정이 식게 했다. 그 결과, 외국인 예금들 간의 상호 연결망에 의존해서 준비금을 확보하고 있던 이 시스템이 전염성을 지닌 신인도 위기에 더욱 취약해졌다. 이것은 하이브리드형 시스템의 안정을 위해서는 체계적이고 항상적인 중앙은행 간 협력이 필요하다는 사실을 한층 부각시켰다. 사실 1927년 스털링 위기는 스트롱과 그의 동료들에게 그런 시스템의 위험이 그 편익을 능가한다는 확신을 갖게 했다. 스트롱은 프랑스중앙은행이 잉글랜드은행에 스털링의 금 태환을 요청할 권한이 있었음을 인정했다. 그러나 이러한 일반적 요구가 스털링의 금 평가뿐만 아니라 금본위제 전체를 무너뜨릴 위험이 있었다. 지난한 협상이 적절한 시기에 타결되었기 때문에 이런 결과를 피할 수 있었다. 위기 관리를 위해 협력이 필요한 다음번에는 계속된 배상금 문제, 전쟁 채무를 둘러싼 대서양 양측의 논쟁, 중동에서의 영국과 프랑스의 갈등 혹은 국내의 정치적 반대가 협력을 가로막거나 지연시킬 수 있었다. 1927년 위기 직후, 스트롱은 노먼에게 다음과 같은 서신을 보냈다.

"발권 은행들이 지금 미국에만 10억 달러 이상의 어음과 잔고를 유지하고 있습니다. 이에 근접한 금액을 런던에서도 보유하고 있으며 다른 금본위제 국가에도 상당한 잔고를 유지하고 있음은 말할 나위가 없습니다. 사실 지난번에 당신에게 쓴 것처럼, 이런 상황이 금본위제 유지를 확고히 하는 데 도움이 되기보다 금본위제를 훼손할 수 있는 지점에까지 이르렀다는 쪽으로 저의 생각이 기울었습니다. 세계 여러 지역에서 나타나는 신용 구조의 복제는 영국과 미국처럼 통화의 금 기반이 확고한 몇 나라의 수중에 쌓인 소량의 금에 의해서 지탱되고 있기 때문입니다."[68]

이 문제에 대한 해법은 금환본위제에서 더욱 전통적인 금 기반 체제로 후퇴하는 것이라고 스트롱은 결론지었다.[69] 중앙은행들은 외환 준비금을 청산함으로써 작은 교란이 해외 예금 인출 사태와 준비 통화 국가의 태환성 위기를 초래할 수 있는 위험을 제거할 수 있었다. 전통적 금본위제로의 복귀가 세계적인 금 부족 위험을 다시 초래할 수 있지만, 이것은 중앙은행들이 법정 준비율을 인하하기로 합의하면 피할 수 있었다. 전통적인 금본위제로 복귀하면, 안정을 위한 체계적인 국제 협력은 더 이상 필요하지 않게 될 것이다.

그래서 1927년 중반부터 스트롱은 해외 중앙은행가들에게 금환본위제와 거리를 두라고 말하고 국제 협력에 대해서는 열정을 보이지 않게 되었다. 미국은 막대한 준비금을 보유하고 있으면서 순수 금본위제의 잠재적 문제점을 간과하는 경향이 있었다. 미국의 이런 입장은 점점 국제적인 지지를 받았다. 많은 금 준비금을 보유한 다른 한 나라, 즉 프랑스는 금환본위제를 확산시키려는 영국의 시도를 늘 저지했다. 프랑이 안정되고 프랑스중앙은행이 상당한 규모의 외환 준비금을 축적하자, 프랑스의 견해가 국제적 영향력을 확보했다. 프랑스와 독일은 최소한의 외환 잔고를 보유하고 있으면서 준비금 구성 중 금의 비율을 높이려고 했다. 독일제국중앙은행은 마르크에 대한 상방 압력을 억제하기 위해 외환을 매입하는 대신에 금 수입점까지 통화가 절상되도록 내버려두거나 지금을 매입했다. 미국도 그해 말경에 영국을 거쳐 프랑스에서 획득한 스털링을 청산했다.[70]

그러나 중앙은행들은 외환 준비금의 역할을 축소해 국제 협력의 필요성을 줄이겠다고 했지만, 일의 순서가 뒤바뀌었다. 외환 준비금의 중요성이 아직 줄어들기도 전에 바로 협력에 대해 시큰둥한 태도를 취한 것이다. 해외 잔고를 줄이려는 프랑스와 독일의 조치들에도 불구하고 외환에 대한 의존은 계속 심해졌다. 24개 유럽 국가의 외환 준비금은 1927년 말에 50억 달러를 약간 넘은 수준이었는데 1928년 말에는 60억 달러를 넘어섰다.[71] 전체 준비금 중 외환의 비중은 거의 변하지 않았다. 자신이 희망하던 국제 통화 관계의 변화가 달성되어 협력이 필요없게 되었음이 증명되기도 전에 중앙은행가들은 협력을 외면한 것이다.

1928~1929년의 통화정책

그 결과는 곧 나타났다. 연준은 과거에는 자국 번영을 심각히 위협하는 상황에 대응하기 위해 국내 신용 긴축이 필요한데도 국제 상황을 고려해서 자제하려고 했지만, 이제는 더 이상 자제하지 않았다. 연준이 생각한 번영의 심각한 위협이란 주식시장 붐이었는데, 이로 인해 금융 자원이 바람직한 곳이 아닌 투기에 사용되고 있다고 판단했다. 1928년 미국의 통화정책이 점점 긴축 방향으로 가면서 미국의 해외 대부는 종지부를 찍었다. 뉴욕은 단기 자본의 원천이 아니라 종착지가 되었다. 그러는 사이에 프랑스는 계속 대량의 금을 수입했다. 프랑스중앙은행이 공개 시장 조작을 통해 화폐 수요 증가를 수용하지 못하도록 한 법률 때문에, 그 화폐 수요는 금 수입을 통해서밖에 충족될 수 없었다. 이 시기에 프랑스는 타의 추종을 불허하는 최대 금 수입 국가였다. 프랑스의 금 준비금은 1928년에 9억 5400만 달러에서 12억 5300만 달러로 증가했다. 프랑스 한 나라의 금 준비금 증가액인 3억 달러는 전 세계 금 준비금의 3%에 해당하는 규모였다.

미국의 정책과 프랑스의 정책이 이렇게 결합되자, 세계 다른 지역의 국제수지 압력이 증가했다. 1929년에는 압력이 강화되었다. 프랑스는 그해 상반기에 2억 달러의 금을 추가로 획득하면서 전 세계 준비금의 2%를 다른 나라에서 빼 갔다. 미국도 마찬가지였다. 준비은행들은 1월에서 7월 사이에 어음과 정부 증권의 보유량을 4억 8000만 달러 줄였는데, 다른 조건이 불변이라면 미국의 본원 통화가 그만큼 줄 수밖에 없었다. 미국 국민은 같은 기간에 2억 1500만 달러어치의 금을 수입해 통화 잔고의 일부를 보충했다. 처음에 줄어든 미국 통화 잔고 중 다른 일부는 미국 상업 은행들이 보충했는데, 이 은행들은 할인 창구를 이용해 연준에서 2억 3700만 달러를 추가로 차입했다.[72]

영국은 엄청난 영향을 받았다. 농산품 가격 하락으로 외곽의 스털링 지역 중 상당 지역이 적자에 빠졌다. BIS의 추정에 따르면, 이 지역들의 국제수지 적자 규모가 1928년에는 8100만 파운드, 1929년에는 9900만 파운드였다.[73] 스털링 지역 국가들은 미국에서 차입이 불가능하게 되자 런던의 잔고를 인출하여 이 적자를 메웠는데, 그 결과로 영국의 국제수지가 악화되었다.

잉글랜드은행과 연준은 런던의 이자율을 인상하거나 뉴욕의 이자율을 인하함으로써 자본이 대서양을 건너 미국으로 흘러 들어오는 것을 늦추고 스털링에 대한 압박을 완화할 수 있었을 것이다. 그러나 1927년처럼 이번에도 잉글랜드은행은 할인율 인상을 피하고 싶었다. 영국의 산업 생산은 안정 혹은 상승 중이었지만 실업률은 높은 상황이었다. 총선이 다가오는 상황에서 이자율의 인상은 심각한 정치적 반발을 불러올 수 있었다.

뉴욕의 이자율 인하가 시기적으로 더 적절해 보였다. 그러나 연준은 그것이 주식시장 붐에 기름을 끼었지 않을까 우려했다. 많은 사람들의 눈에는 주식시장 열기가 이미 위험한 수준에 와 있었다. 연준은 이자율을 인하한 것이 아니라 1928년 상반기에 도리어 준비은행의 할인율을 인상했다. 금융권에서 유동성을 흡수하기 위해 공개시장 매각을 사용했다. 미국의 경제 상황에 비추어 보면, 연준의 긴축 조치 채택은 더욱 주목할 만하다. 1928년 중반에 미국의 공장 고용은 1924년 이후 최저 수준이었다. 산업 생산은 2월과 6월 사이에 변화가 없었다. 1차 산품 가격은 상승할 기미가 없었다. 경제 상황이 취약한데도 연준이 신용 긴축을 고집한 것은 주식시장 상황에 대한 우려가 얼마나 깊었는지를 보여준다.

1928년 초와 1929년 초 사이에 취해진 조치들은 주가 상승을 늦추지 못했다. 월가의 끝없는 신용 수요에 가장 직접적으로 노출되어 있던 뉴욕연방준비은행의 해리슨과 그의 동료들은 추가 금리 인상과 신용 긴축을 취하라고 압박했다. 연준 내의 다른 사람들은 이미 허약해진 경기 상황에 미칠 영향을 더 우려했다. 연준이사회의 아돌프 밀러의 주도 아래, 이들은 전반적인 신용 긴축에 대한 대안으로 '직접적 압력' 정책을 제안했다. 주식 중개인과 주식시장 투자자에 대한 대출을 위해 회원 은행들이 연준에서 차입하는 것을 억제하는 행정 지도를 사용할 것을 권고했다. 그러면 정당한 공업 및 농업 차입자의 신용을 줄이지 않으면서 월가에 대한 신용 제공은 줄일 수 있었다.

계속 인상되는 높은 이자율이 미국 경제에 미칠 영향을 우려할 이유가 이미 충분히 있었다. 1928년 7월에 이미 연방공개시장투자위원회는 "현재의 고금리가 수개월 더 계속되면 지금부터 6개월에서 1년 후에 경기 상황이 영향을 받게 될 것이다"는 경고를 들은 바 있었다. 1929년 4월 1일에 공개시장투자위원회 위원들이 회람한 한 보고서는 높은 금리가 이미 경기에 악영향을 미치고 있는 세 가지 이유를 열거하고 있었다. 첫째, 고금리로 주택 착공 등의 건설 활동이 둔화되었다. 둘째, 많은 주와 지방 정부의 프로젝트 및 철도 프로젝트가 연기되었다. 셋째, 미국에서의 외국인 차입을 위축시키고 영국, 네덜란드, 독일, 이탈리아의 단기자금시장을 긴축시킴으로써 이 국가들의 구매력이 감소해서 미국 수출품에 대한 수요가 줄어들었다. 그리고 사실, 1928년에서 1929년 초에 연준이 이미 실시한 공개 시장 매각의 결과로 뉴욕 지역에서 은행 준비금은 거의 하락하지 않았다. 따라서 월가에 대한 대출도 거의 줄어들지 않았을 것이다. 이 조치의 주된 효과는 다른 지역의 준비금 감소였다.[74]

이사회 이사들은 직접적 압력 정책에 공감했는데, 1919~1920년에 마지막으로 그 정책을 사용했을 때 성공적이었던 것으로 보였기 때문이다. 전후 채무 관리가 무엇보다 급했기 때문에, 1919년에 연준은 점점 위험해지는 주식시장 붐의 억제를 목적으로 이자율을 인상할 수는 없었다. 그래서 연준은 행정 지도를 사용했고 회원 은행들에게 투기적 투자를 하지 말도록 위협했다.[75] 1920년에 아주 짧은 경기 침체의 비용만 치르고 주시시장 붐이 꺾였다.[76]

연준이사회가 다른 경로를 선호하는 개별 연방준비은행들에 대해 우위를 확보하면서 직접적 압력은 다시 연준의 공식 정책이 되었다. 1929년 2월 14일, 뉴욕연방준비은행의 이사들은 뉴욕연방준비은행의 할인율 인상을 만장일치로 찬성했다. 워싱턴 DC의 연준이사회는 이 결정을 거부하고 대신에 직접적 압력을 선호했다.[77] 이와 꼭 같은 사태—뉴욕연방준비은행은 할인율 인상을 결정하고 연준이사회는 거부하는 상황—가 이후 네 달 동안 10번이나 반복되었다. 연준은 직접적 압력을 계속 신뢰하면서 회원 은행들에게 투기꾼을 위해 재할인을 하지 못하도록 했다. 문제는 투기꾼을 식별하기 어렵다는 점이었다. 그래서 직접적 압력 정책의 결과로 일부 공업 및 농업 차입자들이 신용을 거부당하는 일이 벌어졌다. 6월 중순, 연준이사회는 이것을 계속 유지하기 어렵다고 판단했다. 전통적인 수확 및 출하 시기인 늦여름과 초가을에 신용 수요가 증가할 것을 예상하여, 이사회는 회원 은행들이 재할인을 더 자유롭게 이용할 수 있도록 했다. 금리 인상으로 그전에는 달성할 수 없었던 것, 즉 투기 목적의 차입 억제를 이제는 달성할 수 있을 것으로 기대하면서 뉴욕연방준비은행이 8월에 할인율을 인상하도록 허용했다.

　　이사회는 이자율 대신 직접적 압력을 사용한 데 대해 줄곧 비난을 받았다. 직접적 압력 정책은 자금의 전용 가능성 때문에 아무 효과가 없었다는 평가를 받고 있다.[78] 회원 은행들의 주식 중개인 대출을 위한 재할인을 억제하는 데 연준이 성공했다 하더라도, 바로 이런 이유 때문에 차입의 필요가 없는 다른 은행들은 대출 자금을 중개인 대출로 전환했던 것이다. 비판적인 사람들은 주가가 1929년 중반에 성층권에 도달하기 전에 준비은행 할인율을 인상해 주식시장 붐을 꺾어 놓았어야 한다고 주장한다.

　　　　　　　　　　　　　　　　　　　　　　　　　황금 족쇄

은행들이 대출 포트폴리오를 조정할 수 있었던 것은 분명한데, 문제는 그게 어느 정도냐 하는 것이다. 증거는 결코 명확하지 않다. 1929년 1월에서 6월 사이에 보통주의 가격 상승 폭은 사실 3% 미만이었다.[79] 주가의 가장 급격한 상승은 행정 권고가 완화된 직후인 7월과 8월에 나타났다. 직접적 압박이 1월과 6월 사이의 주식 가격 안정에 기여했는지는 확실하지 않지만, 그 정책이 정말 효과가 없었는지도 역시 분명하지 않다.

이런 조치를 할 때 국제적인 고려는 거의 아무런 역할을 하지 못했다. 연준이 이자율 인상을 통해 경제 전반의 가용 신용을 억제하느냐 아니면 월가에서 실물 부문으로 자금을 돌리기 위해 행정 지도를 사용하느냐 하는 문제는 원칙적으로는 외국 중앙은행들에게는 관심의 대상이 되지 않았어야 했다. 연준이 경제 전체적으로 이자율을 인상하면 상대적으로 취약한 해외의 중앙은행, 가장 대표적으로는 잉글랜드은행이 느끼는 국제수지 압력은 더욱 강했을 것이다. 높아진 달러 수익률을 좇아 자금이 추가로 런던에서 빠져나갔을 것이다. 반대로 연준이 신용을 주식시장에서 국내의 산업이나 유통 분야로 돌렸다면, 그 역시도 영국의 자금은 뉴욕의 은행들로 흘러 들어가 더 매력적인 금리로 주식 중개인들에게 다시 대출되었을 수 있다. 미국 재무부 관리 출신으로서 모건 그룹에서 일하던 러셀 레핑웰은 미국 내부 사정을 근거로 직접적 조치보다 금리 인상을 선호했지만 어떤 정책이 다른 정책에 비해 유럽 중앙은행들에 압력을 덜 줄 것이라고 생각하지는 않았다.[80]

직접적 압력을 사용하면 미국 경제에 대한 국내 신용 공급이 전반적으로 더 컸을 것이기 때문에 런던 자금의 인출은 다소 작았을 것이다. 뉴욕의 은행들과 다른 중개 기관들이 증권 중개인의 대출에 대한 금리 인상을 반영하도록 예금 금리를 조정하지 못하게 되면, 런던에서의 자금 인출은 훨씬 더 줄어들 수 있을 것이다. 준비금을 미국에 잃게 되는 나라들에게는 해외 중앙은행의 전통적 동지인 뉴욕연방준비은행이 선호한 금리 인상보다 연준이사회가 선호한 직접적 압력정책이 좀 더 유리할 수 있었을 것이다.

흥미롭게도 잉글랜드은행은 이사회의 직접적 압력정책보다 뉴욕연방준비은행의 금리인상정책을 선호했다. 잉글랜드은행은 세계에서 여전히 가장 독보적인 금융시장인 런던시티의 시각으로 문제를 바라보았다. 런던 시장의 경험에 따르면, 행정 지도를 통해 신용을 배분하려는 시도는 기껏해야 제한된 효과밖에 얻을 수 없었다. 주식시장의 거품을 가라앉히려면 연준이 금리를 일시적으로 올려야 한다는 것이 노먼의 결론이었다. 거품이 가라앉은 후에는 자본 유입 억제를 위해 금리가 인하될 수 있었다. 잉글랜드은행은 단기적으로는 불편할지 모르지만 장기적으로는 혜택을 누리게 될 것이다.

1929년 2월에 노먼은 이 문제를 협의하기 위해 뉴욕으로 건너갔다. 뉴욕연방준비은행의 신임 총재인 조지 해리슨은 처음에는 금리를 올려 투기적 신용 수요를 꺾는 "예리하고 기민한 조치"를 취한 다음에야 금리를 인하할 수 있다는 데 동의했다.[81] 2월 5일 화요일에 해리슨은 이 사안을 연준이사회에 맡겼다. 연준의 궁극적인 목표는 "기업, 유통 및 산업에 저금리를 제공하기 위해 가능한 한 신속히 (중략) 인하된 위치로 복귀하는" 것이 되어야 한다고 해리슨은 주장했다. 그러나 당시의 "과도한 신용 사용"이 지속되는 한, 정부 증권의 매각과 연준 할인율의 인하를 통해 이 목표를 달성하는 것은 불가능했다. 기존의 고금리가 지속되는 한, "우리 국내 업계에 직접적으로 해로운 결과를 초래할 뿐만 아니라 해외에 징벌적 할인율을 야기해

황금 족쇄

우리 수출시장에 간접적이지만 심각한 영향을 미칠 불황을 초래할 수도 있을 것이다."

이사회는 동의를 거부하며 "이자율 인상은 연준이 취할 수 있는 가장 심각한 조치이며, 사람들은 최후의 수단으로서가 아니라면 인상을 해서는 안 된다고 생각한다"며 해리슨에 맞섰다. 노먼은 빈손으로 런던에 돌아왔다. 잉글랜드은행의 준비금 유출이 증가해 노먼의 배가 영국에 도착하기도 전에 그의 동료들은 할인율을 5.5%로 인상할 수밖에 없었다. 런던과 유럽 전역에서의 이자율 상승은 전 세계적인 신용 위축을 심화해서 대공황의 무대를 마련하는 데 일조했다.

그러나 문제는 연준이사회가 이자율 인상 대신 행정 지도를 통한 신용 할당을 선택한 것이 아니었다. 오히려 문제는 연준이 주식시장 붐의 종식을 우선순위에 두었다는 점이다. 이것이 신용 축소를 불가피하게 하고 영국의 국제수지를 악화시켰다. 그러나 연준만 비난할 일이 아니었다. 노먼 자신을 비롯한 외국의 중앙은행가들은 자신들이 최대의 피해자가 될 수 있는데도 미국의 이런 정책을 승인했다. 미국 경제와 마찬가지로 자신들의 경제도 신용 위축의 효과를 받을 수밖에 없었고, 미국의 정책으로 가장 심각한 위협을 받는 것은 바로 자신들의 금 평가였다.

협력의 장애물

1928년 벤저민 스트롱의 사망 전에도 중앙은행들 간 협력이 순조로웠던 것은 아니었다. 예외적인 위기를 겪은 나라들에게 안정화 차관이 예외적으로 제공되었지만, 이 차관도 장기간의 금융 혼란을 겪은 후에 채권국의 자산에 비해 작은 규모로 제공되었을 뿐이다. 그 후에 외국의 압력을 완화하고 국제 금융의 바퀴가 원활히 돌아가도록 국내 정책이 간헐적으로 조정되었다. 해외 상황은 기껏해야 내부적 이유로 정책 변화가 필요할 때 구실을 제공하는 역할을 했을 뿐이다.

스트롱과 노먼이 10여 년간 쌓은 신뢰와 친밀감을 해리슨과 노먼은 공유하지 못했기 때문에 영국과 미국 사이의 협력도 점점 어렵게 되었다. 정책 조정을 체계화하고 제도화할 수 있는 장치들이 없는 상태에서, 조정 노력은 그때그때 이루어질 수밖에 없었기 때문에, 인간적인 관계가 중요했다. 미국의 통화정책 결정 권한이 뉴욕에서 워싱턴으로 넘어가면서 10여 년에 걸쳐 구축된 런던과 뉴욕 간 접촉이 점점 쓸모없어졌다. 뉴욕연방준비은행 관리들에 비해 국제적 금융 문제에 덜 익숙했던 연준이사회 이사들은 국제 협력의 장점을 부분적으로 인식하고 있던 해리슨만큼도 그 의의를 깨닫지 못하고 있었다.

그리고 국내 통화정책과 국제 통화 문제 사이의 연계를 알고 있던 미국 관리들조차 이상하게도 이 문제를 다루는 데 주저했다. 벤저민 스트롱이 남긴 유산 중 하나는 금환본위제의 불안정에 대한 깊은 불안감이었다. 외국 정부 기관에 의한 뉴욕 내 예금이 증가하면서 미국의 금융시스템은 먼 이국에서 발생하는 교란에 더욱더 취약해졌다. 당장에는 국제 협력을 통해 그런 교란을 통제할 수도 있었다. 미국의 관점에서 보면, 장기적 해법은 집단적이든 일방적이든 관리의 필요성을 줄이는 방향으로 국제통화체제를 전환하는 것이었다. 불행히도 정책 담당자들은 이런 전환이 완료되기 전에 협력을 도외시했다.

제8장

외형의 균열

일반적으로 미국의 산업 생산이 하락하기 시작한 1929년 8월이나 월가의 붕괴가 나타난 10월에 대공황이 시작된 것으로 생각한다. 그러나 그해 여름이 되기 훨씬 전부터 세계의 많은 지역에서 경제 활동의 침체가 이미 시작되었다. 호주와 네덜란드령 동인도에서는 경기 악화가 1927년 말에 가시화되었다. 불황은 1928년에 바로 독일과 브라질로 번졌으며 1929년 상반기에는 아르헨티나, 캐나다 및 폴란드로 확산되었다.[1] 미국에서 경기 하강이 시작되기 오래전부터 이미 중부 유럽, 중남미 및 동양의 여러 지역에서 경기 하강이 나타나고 있었다.

　미국 경제는 계속 확장 국면에 있었지만 미국 내의 여러 사건들이 세계 다른 지역의 경기 둔화에 직접적인 원인으로 작용하였다. 점점 긴축적인 연준의 통화정책 때문에 미국의 해외 대부가 1928년 여름에 줄어들었다. 외국 중앙은행들은 자신들의 금 평가를 방어하기 위해 어쩔 수 없이 금리를 올리고 신용을 축소해야 했다. 1차 산품 생산국들, 특히 중남미 국가들은 필사적인 외환 확보 다툼 속에서 수출을 늘렸다. 이것은 1차 산품의 가격 하락을 촉진했고 따라서 국제 수지의 악화를 재촉할 뿐이었다.

1928~1929년 연준의 통화 긴축은 국제금본위제 작동을 통해 다른 나라의 더욱 극적인 통화 긴축을 유발했기 때문에 매우 심각한 결과를 낳았다. 미국과 캐나다의 통화 공급(M1) 증가율은 1927년에서 1928년 사이에 2% 포인트 하락했다. 유럽에서는 하락 폭이 4% 포인트였고 중남미에서는 5% 포인트였다(표 8.1 참조). 1928년에서 1929년 사이에 미국과 캐나다의 통화 증가율은 다시 5% 포인트 감소했고, 유럽, 중남미, 극동 지역에서도 각각 5% 포인트 더 줄어들었다. 자신들의 금 평가를 유지해야 했던 외국 중앙은행들은 국제수지 적자와 준비금 상실로 인해 금본위제에서 이탈해야 하는 상황을 막기 위해 미국의 이자율 상승에 보조를 같이 맞출 수밖에 없었다. 이들 중 많은 나라는 이미 상품 무역에서 적자를 기록하고 있었으며 대외적 안정을 위해 미국으로부터의 자본 수입에 완전히 의존하고 있었다. 따라서 미국의 해외 대부 감소는 이들의 대외 포지션에 엄청난 충격을 주었다. 국내 지출의 대폭 감소만이 금본위제의 지속적 유지를 위한 유일한 선택인 경우가 종종 있었다.

전 세계 경기 위축이 극심했던 원인 중 적어도 일부는 여기서 찾을 수 있다. 불안정 요인이 그렇게 강력했던 이유는 단지 미국뿐만 아니라 세계 전체적으로 정책이 긴축으로 선회했기 때문이었다. 이러한 선회의 근저에는 국제금본위제가 있었으며, 이것은 여러 나라의 경제정책을 서로 묶어 놓는 역할을 했다.

나아가 미국의 초기 경기 하락이 심각했던 이유 중 하나도 바로 이런 연결 때문이었다. 1929년 3분기에 미국 경제가 위축되기 시작

표 8.1 **M1의 연간 증가율 변화**(단위: % 포인트)

	1926~1927년	1927~1928년	1928~1929년
북미	5.20	3.04	-0.91
중남미	12.14	7.53	2.66
유럽	11.54	7.82	2.45
극동	1.38	5.37	0.20

주: 모든 수치는 역내 국가의 단순 평균이다. 북미는 캐나다 미국, 중남미는 아르헨티나, 브라질, 칠레, 콜롬비아, 우루과이, 베네수엘라, 엘살바도르, 멕시코, 유럽은 벨기에, 프랑스, 네덜란드, 폴란드, 스위스, 오스트리아, 독일, 불가리아, 체코슬로바키아, 헝가리, 이탈리아, 유고슬라비아, 덴마크, 핀란드, 노르웨이, 스웨덴, 영국, 아일랜드, 극동은 호주, 뉴질랜드, 일본을 가리킨다.
출처: 국제연맹, 『통화 및 중앙은행 비망록*Memorandum on Currency and Central Banks*』(각 호). 단 미국의 1926~1927년 수치는 Friedman and Schwartz(1963). (국제연맹 자료에는 미국의 1926년 수치 중에서 주 정부와 지방 정부의 예금이 누락되어 있다.)

했을 때 해외 경제가 이미 침체 상태에 있었기 때문에, 미국의 경기 하락 속도도 매우 빨랐다. 미국의 긴축적 통화정책은 이미 취약한 상태에 있던 외국의 국제수지에 압박을 가중시켰고, 그 결과로 외국 중앙은행들은 긴축적 통화정책을 취할 수밖에 없었다. 그래서 미국 생산자들은 국내시장 매출을 해외시장 매출로 전환시켜 생산과 고용을 유지할 수가 없었다.

이때 행동의 여지가 상당히 넓었던 중앙은행은 연준과 프랑스중앙은행뿐이었다. 두 은행 모두 경제 활동의 위축을 상쇄하기 위한 확장적 정책을 취하지 않았다. 바로 얼마 전의 사건들이 두 기관의 최고 책임자들의 시야와 행동을 옥죄고 있었다. 연준은 1920~1921년 침체기 동안 추구한 청산 전략의 효과가 비교적 양호했다는 기억을 갖고 있었기 때문에, 여러 조건이 변한 지가 한참 된 1930~1931년에도 그 정책을 고수했다. 마찬가지로 인플레이션 정책의 정치적 비용을 기억하고 있던 프랑스중앙은행 역시 디플레이션이 현실적이고 실재하는 위험이 되었을 때도 소극적인 태도를 취했다.

배경

먼저 경기 침체를 겪은 지역들의 공통된 특징은 1920년대 후반에 자본을 대규모로 수입했다는 점이다. 당시의 불안한 경제적 균형은 정확히 이런 자본 유입에 의존하고 있었다. 독일은 5년 동안 도즈 플랜에 따라 지불해야 할 연간 배상금을 즉시 지불했다. 연합국들은 1924년부터 1929년까지 독일에게서 약 20억 달러의 이전 수입을 얻었다. 이 돈의 상당 부분은 전쟁 채무의 원리금 상환의 형태로 다시 서유럽에서 미국으로 흘러 갔다. 미국은 1926년 중반부터 1931년까지 전쟁 채무 계정으로 약 10억 달러를 수취했다.[2] 미국이 이 자금을 다시 독일에 대부하면 자금이 다시 서쪽으로 환류해서 순환은 균형을 맞추게 된다. 1929년까지 배상금 지불이 독일의 자본 수입을 초과한 경우는 한 해도 없었다.

중부 및 동부 유럽은 전통적으로 파리와 베를린에서 자금을 조달했다. 1920년대 중반에는 두 금융 중심지 모두 해외에 대부를 할 수 있는 상황이 아니었다.[3] 그래서 이 지역들의 새 정부는 뉴욕에 대부를 요청했고, 뉴욕은 이에 응했다. 미국의 대부가 유럽으로만 향한 것은 아니었다. 자본은 캐나다, 중남미 등 세계의 다른 지역으로 흘러 들어갔다(표 8.2 참조). 1차 산품 수출국에 대한 대부는 무역 불균형을 메우기 위해 필요했다. 미국은 전통적으로 유럽에 대해 상품 무역 흑자를 기록한 다음에 미국 산업에 원자재를 공급하는 지역과의 적자에 그 흑자를 사용했다. 유럽은 1차 산품 수출국에 대해 흑자를 기록해 순환을 완료했다. 1차 산품 수출국이 1920년대에 커피, 소고기, 밀, 양모, 주석 및 고무를 수출해 벌어들인 외환은 유럽산 제조품

표 8.2 **1926~1931년 미국의 단기 및 장기 순 포트폴리오 대부**(단위: 백만 달러)

	세계		남미		중미		캐나다	
연도	단기	장기	단기	장기	단기	장기	단기	장기
1926년	-38.0	724.0	28.0	260.1	-2.5	11.7	39.4	174.5
1927년	-70.7	1,081.4	-64.9	287.3	0.2	14.1	41.0	193.8
1928년	-83.6	760.8	-0.5	208.2	1.0	15.1	2.8	150.1
1929년	-33.7	-67.3	0.2	26.2	-1.8	5.0	6.6	217.1
1930년	65.4	471.6	72.6	51.8	-0.3	65.2	36.0	266.7
1931년	-29.7	-146.7	-11.2	-20.7	-0.3	-13.2	12.7	148.8

주: 미국에서 발행된 달러 대부의 액면가에서 해외 수취액 및 기존 채무 상환액을 뺀 추정치이다.
단기 대부는 만기가 5년 이하인 대부이다. 캐나다 수치에는 뉴펀들랜드의 차입금이 포함되어 있다.
출처: Lewis(1938), 628~629쪽.

수입과 점점 증가하는 미국산 제조품 수입을 충당하기에는 충분하
지 않았다. 1차 대전 이전에는 이런 상황에서 원자재 생산국들이 유
럽에서 자금을 조달했지만, 이제는 미국이 자금 수요에 대응했다.

1928년 여름에 연준의 정책이 점점 긴축적으로 되면서 미국의
해외 대부도 줄어들었다.[4] 국내 투자가 해외 투자보다 더 매력적이게
되었다. 해외 채권 발행이 설사 신용도가 가장 높은 차입자를 대상으
로 한 것이라고 해도, 양 시장 접근이 모두 가능한 금융 기관의 구미
를 더 당긴 것은 해외 채권 발행보다 두 자릿수 이자율의 뉴욕 증권
중개인 대출이었다. 미국의 순 포트폴리오 대부가 1927년 10억 달
러 이상에서 1928년에는 7억 달러 미만으로 줄어들었고, 1929년에
는 마이너스가 되었다. 1927년에서 1928년 사이의 30% 하락은 실제
변화의 속도보다 낮은 것이었다. 1928년에는 미국의 거의 모든 해외
대부가 그해 전반기에 이루어졌다.

그 결과로 과중한 조정 부담이 채무국에게 지워졌다. 달러 대부

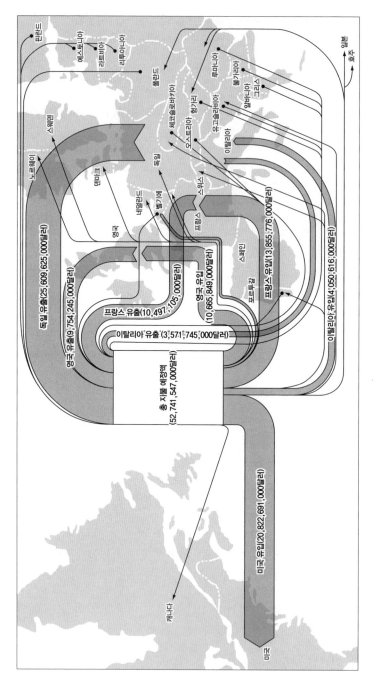

전쟁 채무 지불 관련 자금의 흐름(1931년 7월 1일 현재)

황금 족쇄

의 원리금 상환 비용이 연간 약 9억 달러에 이르렀다.[5] 1928년 여름 내내 새로운 대부를 통해 이 지불금을 조달했다. 그런데 갑자기 그것이 중단된 것이다. 원리금 상환을 위해서 차입국들은 경상수지를 신속히 적자에서 대폭 흑자로 전환해야 했다. 이들이 마련해야 하는 9억 달러는 도즈 플랜에 따라 독일이 지불해야 하는 연평균 이전 금액의 약 2.5배에 해당하는 것이었다. 이만 한 재원을 원리금 상환에 투입하기 위해서는 급격한 지출 감축이 수반되어야 했다. 채무국들은 허리띠를 졸라매는 통화정책과 재정정책으로 국내 지출을 억제하고 국제수지를 개선하며 공공 채무 원리금에 필요한 재원을 동원했다. 그 결과로 국내 수요에 대한 하방 압력은 불가피했다.

그 영향이 모든 나라에 동일했던 것은 아니다. 독일과 남미를 위한 채권 발행이 갑자기 줄어들었다. 그런데 캐나다와 중미에 대한 발행은 상대적으로 높게 유지되었다. 독일의 해외 채권 발행액은 1927년 3분기와 1928년 2분기 사이의 분기 평균 5억 7800만 라이히마르크에서 1928년 3분기에는 1억 1400만 라이히마르크로, 1928년 4분기에는 2억 7300만 라이히마르크로, 1929년 1분기에는 2억 3500만 라이히마르크로, 1929년 2분기에는 7500만 라이히마르크로 떨어졌다. 독일은 주로 은행권을 통해 조달한 단기 차입으로 그 격차를 메우려고 했다. 거의 2년 동안 독일 관리들은 대외 부채 규모의 증가에 대해 우려의 목소리를 냈다. 미국의 국무부와 상무부는 미국 투자자들에게 계속 경고를 보냈다. 독일이 지불해야 하는 배상금을 주목하면서, 수출시장이 계속 성장하지 않으면 독일이 기존 채무의 원리금 상환을 하지 못할 수 있다고 우려했던 것이다. 1929년에 정점에 이른 배상금 지불액은 독일 전체 상품 수출의 15%에 이르렀다. 국제 금융의 지평선에 태풍 구름이 형성되자, 미국 투자자들은 발을

뺐다.[6]

국무부와 상무부는 남미의 차입에 대해서도 비슷한 경고를 했다. 남미 국가들의 차입 규모는 독일만큼은 아니었지만 몇몇 국가는 수출 대비 원리금 상환액 비율이 높았다. 독일 대부에 영향을 미친 이유와 비슷한 이유로 미국 투자자들은 1928년 여름에 남미를 위한 신규발행시장에서 발을 뺐다.

중미의 상황은 달랐다. 이 지역은 미국의 특별한 영향권에 있었다. 조약이나 군사 점령을 통해 쿠바, 도미니카공화국, 아이티, 니카라과 등의 금융을 워싱턴 D.C.가 기본적으로 통제했다. 따라서 민간 투자자들이 이 중미 국가들에게 제공한 차관에 대해서 미국 정부가 실질적으로 보증을 했으며 디폴트나 지불 거부 가능성은 없었다.[7] 남미에 대한 대부와 마찬가지로 중미에 대한 미국의 대부는 뉴욕의 금리 인상으로 위축되었다. 그러나 국제 상황의 악화와 독일 및 남미 채권의 위험 증가로 중미에 대한 대부가 다른 해외 대부에 비해 더 매력적이게 되었다. 1930년에 미국의 해외 대부가 일시적으로 회복되었을 때 중미 지역이 선호되었다.

미국 군대의 주둔이 중미 발행시장에 영향을 미친 것처럼, 캐나다와의 밀접한 정치 및 경제 관계가 캐나다 채권시장에 영향을 미쳤다. 캐나다는 수출을 미국에 크게 의존하고 있었으며 자금 조달 역시 뉴욕에 의존했다. 캐나다 정부는 자국민에게뿐만 아니라 미국의 채권 보유자들에게도 채무 상환 의무를 태만히 하지 않을 것처럼 보였다. 캐나다 경제는 1928년에 미국의 대부 급감으로 엄청난 영향을 받았다. 시장 금리 상승으로 미국의 대부가 말랐음은 물론이고 캐나다 자본이 뉴욕으로 흘러 들어갔다. 그러나 1929년 주식시장 붕괴 이후 캐나다는 낮은 국가 위험도 덕분에 유리한 조건으로 미국 시장

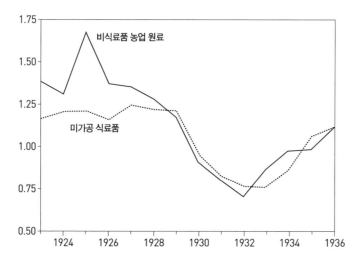

그림 8.1 제조품 대비 식료품 및 비식료품 농산물의 가격

비식료품 농산물의 가격은 제조품 가격에 비해 1925년 정점에서 꾸준히 하락했다. 1929년 경기
침체가 시작된 이후 식료품 및 비식료품 농산물의 상대 가격 모두 더욱 하락했다.
출처: Grilli and Yang(1988), 부록 I, 5, 7~9열.

에 재진입할 수 있었다.

해외 대부의 급감은 수출품 가격 하락으로 신음하던 나라들에
게 특히 고통스러웠다. 비식료품 농산물 및 광산물의 가격은 수년째
계속 하락하고 있었다(그림 8.1 참조).[8] 1차 산품의 주 수입국인 미국
의 농산물 출하 가격은 1925년에서 1926년 사이에 7% 하락했으며
1926년에서 1927년 사이에는 다시 4% 하락했다.[9] 일정량의 농산물
수출로 얻는 외환의 액수가 계속 줄었다. 반면에 원리금 상환액은 명
목 기준으로 고정되어 있었다. 더욱이 농산물 가격의 하락은 계속 다
른 물가의 하락 속도를 넘어섰다. 교역 조건이 악화된 전형적인 농업
국가에서 가용 외환 중 점점 더 많은 부분이 수출 능력 확대와 경제
다변화에 필요한 자본재 수입에 사용되었다.

1929년 가을에 공업국에서 1차 산품 수요가 급감하자, 농산물 가격 역시 급락했다(그림 8.1 참조). 농산물 수출품의 평균 가격은 1929년에서 1930년 사이에 20% 하락했고 1930년에서 1931년 사이에는 25% 하락했다. 명목 금액이 고정된 외채의 원리금 상환은 점점 더 힘겨워졌다. 자본 장비와 여타 제조품의 수입 역시 힘들어졌다. 1차 산품 가격은 그 생산국들에게 필요한 수입 제조품의 가격보다 더 빠른 속도로 계속 하락했다.[10]

1929년 마지막 몇 개월 동안의 1차 산품 가격 급락은 이 수출국들의 교역 조건 악화 추세를 가중시켰기 때문에 매우 치명적이었다. 장기 추세 자체는 1920년대 국제 결제 패턴이 불균형한 결과였다. 대부 붐은 1차 산품 생산의 확대를 유발하여 과잉 공급과 물가에 대한 하방 압력을 심화했다. 1920년대의 해외 대부가 지자체의 수영장과 골프장 건설에 모두 탕진된 것은 아니었다. 해외 자금 덕분에 농장, 플랜테이션 및 광산에서 생산을 확대할 수 있었다. 먼 지역까지 철로가 연장되었으며 도로의 건설과 개량도 이루어졌다. 항만 시설도 확충되었다. 트랙터와 농기구의 매입에도 신용이 사용되었다. 모든 1차 산품 생산국은 생산 능력을 확충하여 수출 수입과 국민 소득의 확대를 기대할 수 있었다. 그러나 세계 수요가 비탄력적인 상황에서 모든 나라가 이렇게 하자, 가격과 수출 수입이 떨어졌다.[11]

다른 변화들도 농산물의 가격 하락을 심화했다. 1차 대전은 경작 면적의 확대를 촉진했다. 가뭄에 견디고 성장 속도가 빠른 밀 품종이 보급되면서 한계 경지에서 경작이 이뤄졌다. 시비법과 병충해 방제법이 개선되어 수확량이 급격히 증가했다. 트랙터와 콤바인의 사용으로 생산 비용이 줄어들었다. 식물육종학의 발전과 기계 조작 및 수송의 발전은 다양한 농작물의 공급을 촉진했다. 이런 모든 이유

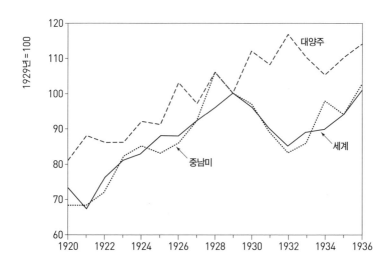

그림 8.2 **1920~1936년 1차 산품 생산량(육류 및 우유 제외).**

1차 산품 생산자들은 가격 하락에 대응하여 1929년부터 생산량을 줄이기 시작했다. 필사적인 외채 상환 노력을 하면서 수출을 늘린 호주와 뉴질랜드만이 예외였다.
출처: 국제연맹, 『세계 생산 및 물가*World Production and Prices*』(각 호).

때문에 생산량은 그림 8.2와 같이 1929년까지 계속 증가했다.

가격 하락은 생산량 증가와 결합하여 재고 증가를 부추겼다. 밀 재고량은 1925년에서 1929년 사이에 두 배 이상 증가했다. 설탕, 커피, 면화의 재고량은 최소 25% 증가했다.[12] 1차 산품 시장은 많은 점에서 주식시장이나 채권시장과 같은 특징을 보였다. 1차 산품 거래업자들은 가격 회복 시 얻게 될 자본 이득을 예상하여 재고를 확보했다. 한 시장의 전망에 영향을 미치는 사건이 다른 시장으로도 확산되었다. 따라서 대공황이 시작되자, 거래업자들은 수요 감소에 대한 전망을 수정하여 시장에 재고를 쏟아 내기 시작했다. 1차 산품 가격의 급락이 가속화되었다.

1929년 4분기에 1차 산품 가격이 왜 그렇게 엄청난 속도로 하락했는가에 관한 논쟁이 있었다. 킨들버거는 월가의 붕괴 때문에 증권 중개인 대출을 하는 미국 은행들이 압박을 받았다고 주장한다. 이 대출이 부실해지고 미국 내 은행들이 뉴욕에 예치해 놓은 제휴 은행 잔고를 인출하자, 뉴욕의 은행들이 유동성 확보 경쟁을 벌였다. 이들은 1차 산품 중개인에게 대출한 자금을 회수했으며 재고 유지 자금이 필요한 중개인들의 추가 대출을 거부했다. 재고가 시장에 쏟아져 나와 유동성 패닉이 야기되고 1차 산품 수출 지역의 위기가 악화됐다.

그렇지만 신용 할당이 1929년 마지막 몇 개월간의 급격한 1차 산품 가격 하락의 일차적 원인이었다는 직접적인 증거는 없다.[13] 뉴욕에서 아무리 그럴듯해도, 런던과 같은 다른 금융 중심지에서 동일한 메커니즘이 작동했을 가능성은 낮다. 런던에서는 은행들이 유사한 규모의 중개인 대부를 하지 않았으며 주가 폭락 과정에서 동일한 압박을 겪지 않았다. 가격이 하락하는 상황에서, 아무리 유동성이 풍부한 은행이라도, 1차 산품 재고에 투자하거나 자금 상환 능력이 부족한 사람들에게 자금을 제공하는 것은 당연히 주저했다. 여전히 신용을 확보할 수 있었던 생산자와 1차 산품 중개인들은 이제 공업국이 침체로 접어들고 산업용 원자재 수요가 하락할 것이기 때문에 모두 재고를 청산하려고 했다. 더욱이 유럽과 미국에서 1차 산품 수입 수요가 계속 감소하고 있었기 때문에, 부채 부담이 큰 나라들은 채무 상환에 필요한 외환 획득을 위해 필사의 노력을 하면서 1차 산품 수출을 늘렸다. 재정 적자가 심해져서 금 평가가 위협을 받자, 이 나라들은 그전에 시장을 지탱하던 상품-가격 안정화 체제를 중지할 수밖에 없었다. 단지 신용 할당뿐만 아니라 이런 모든 요인들이 1차 산품 가격 하락의 원인으로 작용했다.

선택

채무 부담이 큰 1차 산품 수출국들 앞에는 세 가지 길이 있었다. 앞에서 설명한 바와 같이, 정통적인 대응은 금 태환을 방어하고 부채 상환을 지속하기 위해 수출을 촉진하고 수입을 억제하는 것이었다. 정부는 공공 지출을 줄였다. 세금, 특히 수입 관세를 인상했다. 수출 지원금을 도입했다. 1929년까지 거의 모든 채무국들이 이 길을 선택했다. 아르헨티나, 오스트리아, 호주, 브라질, 불가리아, 콜롬비아, 독일, 그리스, 헝가리, 폴란드, 베네수엘라가 모두 이런 수단을 사용하여 1928~1929년에 무역수지를 대폭 개선했다. 그러나 1929년 여름 이후의 1차 산품 가격 폭락으로 아무리 과감한 조정을 해도 충분하지가 않게 되었다. 경제 위기 악화 혹은 노동자 계급으로의 부담 전가의 원인으로 지목된 긴축정책에 대한 저항이 중부 유럽 및 중남미에서 고조되었다. 1930년에 독일 정부가 추가로 예산 삭감을 시도하자, 독일 사민당이 연정에서 빠졌는데, 이 사건은 일반적 현상 중 가장 생생한 사례에 불과했다.

두 번째 대안은 외환을 필수 수입품에 집중시키기 위해 외채 상환을 유예하는 것이다. 이것은 채무국들이 1931년 이후에 마지막으로 선택한 대안이었다. 그러나 1929년에서 1930년 사이에 채무국들은 이를 피하기 위해 상당한 노력을 했다. 디폴트를 하게 되면 국제 자본시장에 접근하기 어렵게 된다. 월가 붐이 종결된 이후에 채무를 성실히 상환한 채무국만이 해외에서 차입을 할 수 있을 것이라고 금융 전문가들은 전망했다. 실제로 1930년대에는 어떤 나라도 상당한 규모의 차입을 할 수가 없었다. 미국의 대부는 1930년에 일시적으로 회복되었지만 1931년에는 완전히 중단되었다.[14]

그러나 1929년에 이것을 예측하기란 불가능했다. 1930년 이후 국제채권시장의 붕괴 자체가 만연한 채무 상환 문제를 많은 부분 반영했다. 그 이전의 국가 부도 사례는 고립적으로 발생했으며 제3국에 파급된 피해는 최소한에 그쳤다. 멕시코와 소련이 채무 상환을 거부하고 1920년대 자본시장에서 퇴출되었을 때, 다른 나라들은 별 영향을 받지 않았다. 이것은 채무 상환을 지속하면 자본시장 접근의 유지로 보상을 받을 것이라는 믿음의 근거였다. 더욱이 정책 담당자들은 디폴트가 통상 보복을 유발하지 않을까 두려워했다. 원리금 상환을 유예한 나라들은 미국 수출시장에 접근하지 못할 수도 있었다. 사실, 통상 보복은 거의 나타나지 않았다. 그러나 1929년에는, 프랭클린 D. 루스벨트가 1932년 대통령 선거에서 승리해서, 채권 보유자를 위해 무역정책을 사용하는 것을 완강히 반대하는 코델 헐Cordell Hull 을 국무부 장관으로 임명하리라고는 아무도 예상하지 못했다.

세 번째 선택은 금본위제를 중지하는 것이었다. 환율이 절하되는 것을 용인할 생각이 있다면 국내 지출 축소를 위한 정책을 굳이 추진할 필요가 없었다. 그러나 채무 상환 중지와 마찬가지로 이 선택역시 선뜻 채택할 수 없었다. 태환성은 한 정부의 금융체제가 질서를 유지하고 있음을 보여주는 신호였으며, 금본위제는 국내 저축자와 해외 투자자에게 신뢰를 가져다주는 것이었다.[15] 신인도를 유지하기 위해 각국은 통화 절하의 폭을 위장하려고 노력했다. 그들은 태환을 사실상 중단했으면서도 법적으로는 태환을 유지했다. 그들은 외환을 공식 가격 기준으로 할당했다. 외환 할당은 외환의 암시장 가격이 공식 가격을 훨씬 상회할 수 있음을 의미했다. 그러나 이런 정책은 금본위제의 중요 특징들이 얼마나 사라졌는지 알지 못하게 함으로써 국가의 신용도에 미치는 피해를 억제하고 보복의 위험을 줄이며 국내 정치적 파장을 최소화했다.

환율절하정책은 큰 이점을 지니고 있었다. 통화를 절하함으로써 한 나라의 수출품 경쟁력이 국제시장에서 더 올라갈 수 있었다. 수입품과의 경쟁에서 한숨을 돌리게 된 국내 생산자들은 생산을 확대하려고 할 것이다. 1차 산품의 국내 명목 가격은 환율 절하 폭만큼 상승할 것이다. 국내 통화 비용이 시차를 두고 조정되는 한, 생산과 수출의 확대 유인이 발생하게 될 것이다. 외환 수익이 증가하여 원리금 상환이 더 용이해지며 국제자본시장에 대한 접근도 보장될 것이다. 이것은 채무 부담이 가장 큰 1차 산품 생산국들이 결국에는 채택할 수밖에 없는 대안이었다.

호주: 전형적 1차 산품 생산국

호주는 세 번째를 선택한 최초의 국가군에 속했다. 과대평가된 영국 파운드에 통화 가치를 고정시킨 정책 때문에, 호주는 대공황이 닥치기 전부터 이미 수출용 1차 산품 생산에서 어려움이 커지고 있었다. 높은 통화 가치는 비용 대비 국내 통화 표시 가격의 상승을 막았다. 임금 기준이 영연방 및 주 중재 재판소에 의해 정해졌기 때문에 노동 비용은 천천히 반응했다. 중재를 통한 임금 상승 폭은 직업별, 성별, 지역별 최저 임금을 결정했다. 그리고 일반적으로 적용 기간은 1~3년이었다. 중재 재판소는 결국에는 물가의 하락 추세를 반영하는 수준으로 임금을 낮추었지만, 임금은 수출 물가보다는 생계비에 연동되었다. 호주의 교역 조건은 악화되고 있었기 때문에 생계비(여기에는 1차 산품에 비해 가격이 상대적으로 상승한 수입품, 임대료, 서비스가 포함되었다)는 수출 물가 지수보다 더 천천히 떨어졌다. 이 때문에 수출용 1차 산품 생산자에 대한 압박이 심해졌다. 1928년에서 1929년 말 사이에 호주의 수출 물가는 약 25% 하락했다. 비농업 부문의 명목 임금 하락 폭은 5% 미만이었다. 영연방 법원은 1931년까지 생계비 대비 명목 임금의 인하 압박을 수용하지 않았다.[16]

호주가 위기에 빠졌을 때 준비금은 9500만 파운드 수준이었으며 그중 절반은 런던에 외환 형태로 보유하고 있었다.[17] 해외 차입이 점점 어려워지고 1929년 2분기에 무역수지가 흑자에서 적자로 전환되자, 이 준비금에 세금이 부과되었다. 처음에 호주는 런던 자금(호주은행의 런던 내 예금)을 인출해서 국제수지 적자를 메웠다. 1930년 중반경에는 이 자금의 규모가 1928년의 4분의 1 미만 수준으로 떨어졌다. 그렇게 되자, 금으로 국제수지를 결제할 수밖에 없게 되었다. 호주는 1929년 후반에만 소유하고 있던 전체 금의 약 5분의 1, 즉 1000만 파운드를 잃었다.

정책의 최우선 목표는 국가 신인도를 유지하는 것이었다. 런던에서의 차입은 이미 어려웠다. 1928년 이후 런던 투자자들은 1차 산품 가격이 하락하면 호주가 기존 채무를 제대로 상환하지 못할 것이라고 우려하고 있었다.[18] 대공황이 강타했을 때 당국은 소비를 억제하고 수입을 줄이며 국내 재화를 수출로 전환하는 디플레이션정책을 채택했다. 공공 지출은 삭감되었다. 새로운 관세와 물품세가 부과되었다. 그러나 국가의 '경직적인' 임금 시스템 때문에 조정은 매우 제한적이었다.[19] 준비금의 상실로 통화에 대한 신인도가 악화되고 파운드에 대한 하방 압력이 나타났다. 1929년 12월경, 시장 환율은 평가보다 2.5% 낮은 수준이었다. 이것은 금본위제에서 허용된 최대 절하 폭이었다. 할인율이 더 올라가면 금 수출점을 넘어서게 되어, 은행들은 국내 통화를 주고 대신 금을 요청해서 그 금을 런던에 수출하려는 강력한 유인을 갖게 될 것이다.

채무 상환을 유예하면 남은 준비금을 아끼는 데는 도움이 되었

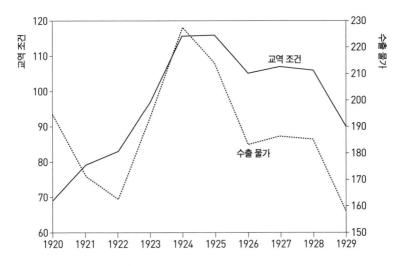

그림 8.3 **1920~1929년 호주의 교역 조건과 수출 물가(1911년=100).**

호주의 수출 물가는 1924년 정점 이후 점점 악화되었는데, 그 결과로 대외 균형을 유지하는 것이 매우 복잡해졌다.
출처: Copland(1934), 14쪽.

을 것이다. 1927~1928년에 공공 채무의 상환액이 수출액의 17%에 해당했는데, 이 비율은 1930~1931년 무역이 급감하면서 25%로 올라갔다.[20] 25%는 1929년에 독일이 배상금 지불과 민간 부문 채무 상환에 쓴 금액의 수출 대비 비중과 거의 같은 수준이다. 하지만 경제 전략이 해외 차입 능력에 달려 있던 영연방의 정부에게 디폴트는 상상할 수 없는 것이었다. 1930년 1월에 집권한 스컬린Scullin 정부의 첫 번째 성명 중 하나는 외채 상환 약속을 재확인하는 것이었다.

이 목표를 달성할 수 있는 방법은 그렇게 확실하지 않았다. 임금을 삭감하면 국내 총지출을 줄이고 수출품 생산 확대를 촉진할 수 있을 것이다. 하지만 이것은 생계비 유지를 약속한 중재 재판소 시스템과 배치되었다. 스컬린은 임금의 핵심 중재 기관인 영연방 조정중재 법원을 유지하겠다고 맹세하고 선출되었는데, 유권자들은 이것을 생활수준 유지 맹세로 받아들였다. 그럼에도, 대공황이 심각해지자, 그는 이러저러한 다른 대안들을 고려하지 않을 수 없었다. 1931년 2월, 영연방 법원은 실질 임금의 10% 인하를 시도했다. 그러나 법원은 명목 임금만 결정했을 뿐이고 물가 변화에 따라 달라지는 실질 임금을 정하지는 못했다. 그리고 물가는 계속 하락해서 생산 비용의 인하 효과는 사라져 버렸다. 더욱이 영연방 법원은 최저 임금만 정했을 뿐, 노동자와 고용주가 임금 인상을 위해 협상하는 것을 막을 수는 없었다. 실질 임금은 하락하지 않았다.[21] 거의 동시에 뉴사우스웨일스 주의 노동당 정부는 주 채무에 대해 디폴트를 시도했다. 그러나 채무 상환의 책임을 지고 있던 영연방 정부는 이 조치를 거부했다.

통화의 추가 절하가 예상되자, 자본 도피가 발생하면서 문제는 더욱 악화되었다. 수출업자들은 외환의 본국 송금을 연기했다. 수입업자들의 해외 구매는 가속화됐다. 가능한 조정 형태 중에서 노동 비용 인하와 채무 상환액 감소 방안이 배제되자, 지불 위기는 조금씩 다가올 수밖에 없었다.

통화 절하가 명확한 해법이었다. 그러나 아직 어느 나라도 그것을 시도한 적이 없었다. 정부와 은행권 내의 대다수는 여전히 건전한 금융을 환율 안정과 동일시했다.

준비금 감소를 늦추기 위해, 정책 당국은 은행이 외환 할당을 하도록 유도했다. 선례가 이미 있었다. 전쟁 전에 뉴질랜드와 호주는 수입업자에 대한 신용을 할당함으로써 환율 약세를 방어한 바 있었다.[22] 이제는 은행들이 카르텔을 형성하여 제한된 양의 외환을 평가 환율로 공급했다. 외환의 공식 가격, 즉 공식 환율 유지의 목적은 금 수출 유인을 제거하는 것이었다. 하지만 이런 조치의 결과로 외환 가격을 훨씬 더 높이 쳐 주는 암시장이 나타날 수밖에 없었다. 이런 외환 가격의 할인으로 은행들의 카르텔 협정 위반 유인은 점점 더 강해졌다.

그래서 의회는 1929년 12월에 상업 은행들이 보유한 금의 징발과 커먼웰스은행Commonwealth Bank(정부 소유지만 독립적으로 운영되는 상업 은행이며 중앙은행으로서의 기능이 점점 강해지고 있었다)으로의 집중을 위한 법률을 마련했다. 그다음 달에는 금을 보유한 시민들도 금을 커먼웰스은행에 인도하여 은행권과 교환하도록 했다.[23] 이런 노력 덕분에 환율이 금 수출점 이하로 떨어져도 정화의 감소는 나타나지 않았다. 태환의 사실상의 중지로 금본위제의 핵심 요소 중 하나가 정지되었다. 하지만 커먼웰스은행 이사회 의장이었던 로버트 깁슨 경Sir Robert Gibson처럼 그 결정에 관여한 사람들 중 일부는 그것을 제대로 이해하지 못했던 것 같다.[24] 1930년 4월 런던외환거래소 환율은 평가의 94%에서 고정되었고, 그해 대부분의 기간 동안 그 수준을 유지했다. 이 수준조차 호주 통화가 상당히 과대평가된 것이었다. 1930년 말에 은행들의 고시 환율은 평가보다 8.5% 낮았지만 외부 시장에서 호주 파운드 시세는 무려 18%나 할인된 수준에서 결정되었다.

정부는 다시 한 번 정통적인 처방을 취했다. 새로운 수입 관세와 수입 금지 조치가 도입되었다. 1930년 8월부터 주 정부와 연방 정부는 또다시 긴축 조치를 시행했다. 1929~1930년 회계 연도와 1930~1931년 회계 연도 사이에 연방 정부 및 주 정부의 지출은 표 8.3과 같이 약 10% 삭감되었다.[25] 가용 외환을 가장 효율적으로 사용하기 위해 은행의 준비금을 한곳으로 모았다. 그러나 암시장 할인이 증가하면서 은행들이 외환 할당 협정을 위반하게 하는 유인도 증가했다. 공식 통제가 없는 상태에서 카르텔 협정의 집행이 점점 어려워

표 8.3 **1928~1935년 호주 연방 정부 및 주 정부 재정**(단위: 백만 호주 파운드)

	1928~1929년	1929~1930년	1930~1931년	1931~1932년	1932~1933년	1933~1934년	1934~1935년
지출							
채무 상환	61.1	63.1	68.3	66.1	60.6	58.9	57.3
사업	76.5	71.1	54.4	45.6	43.2	43.9	50.6
사회	32.6	32.8	32.6	31.0	40.8	40.8	40.6
1차 산업	8.8	8.8	7.0	7.4	7.6	8.3	9.6
법률 및 국방	19.9	20.0	18.7	16.9	15.9	16.7	17.9
기타 공공사업	10.3	8.1	3.9	2.4	2.1	2.6	8.9
기타	21.9	20.7	19.2	17.9	17.0	19.5	19.6
합계	230.7	224.6	204.5	187.2	187.2	190.1	199.5
수입							
조세	88.9	92.1	86.3	86.7	93.5	90.8	95.2
사업	72.2	67.8	59.1	57.7	58.2	57.8	61.5
토지 수입	5.1	4.5	3.6	3.6	8.9	3.9	4.0
기타	22.2	21.3	21.6	20.3	19.8	20.2	19.4
합계	188.3	185.7	170.6	168.3	175.3	172.7	180.1
적자	42.4	38.9	34.0	18.9	11.9	17.4	19.4

주: 반올림을 해서 항목의 합이 합계와 일치하지 않을 수 있음.
출처: Barnard(1986a).

졌다. 1931년 1월 뉴사우스웨일스은행이 이탈했으며 외환 할당도 중지되었다. 그달 말에는 은행 고시 환율이 평가 대비 30%나 낮은 수준으로 떨어졌으며, 그 수준에서 고정되었다.[26] 체면을 유지하고 런던시장에서의 국가 신인도 저하를 최소화하기 위해 금본위제의 다른 구성 요소들, 특히 커먼웰스은행 은행권 발행과 정화 준비금 사이의 법적 연계는 유지되었다. 하지만 수입 물가와 수출 물가에 미치는 영향으로 보면, 이것은 평가 절하나 마찬가지였다.[27]

다른 채무국의 대응

아르헨티나의 상황도 비슷하게 전개되었다. 호주와 마찬가지로, 아르헨티나도 국내 개발에 필요한 재원을 외국 자본에 크게 의존하고 있었다. 1925~1929년에 외채 상환액이 전체 수출의 31%를 차지해 호주보다도 훨씬 높았다.[28] 자본 수입이 대폭 줄어들면 막대한 규모로 상환을 해야 했기 때문에 자본시장의 접근성 유지가 무엇보다 중요했다.

호주와 마찬가지로 해외 대부의 급감과 1차 산품 가격의 하락은 아르헨티나 경제를 강타했다. 뉴욕의 콜 금리 인상이 부에노스아이레스에서 단기 자금을 끌어 갔다. 1928년 2월에서 1929년 말 사이에는 신규 해외 대부가 이뤄지지 않았다. 1929년 5월까지의 1년 동안, 밀 가격은 약 30% 하락했다. 1928년 상반기와 1929년 상반기 사이에 수출액이 8% 감소했다.[29]

아르헨티나의 금본위제는 두 기관에서 관리하고 있었다. 하나는 페소 지폐를 금으로 전환해 주는 태환국Caja de Conversión(즉 안정화청Stabilization Office)이었으며, 다른 하나는 초과 금 준비금을 보유하고 있던 방코데라나시온Banco de la Nacion이었다. 두 기관은 잉글랜드은행의 발권국 및 은행국과 기본적으로 같은 역할을 했다. 방코데라나시온은 태환국에서 은행권을 금과 교환해서 매입함으로써 금 준비금 대비 은행권 유통액의 비율을 높이고 통화 공급에 탄력성을 줄 수 있었다. 그리고 방코데라나시온은 금의 국제적 이동이 국내에 미치는 영향을 불태화하는 장치를 사용할 수도 있었다. 1927~1928년 금 채굴과 풍부한 해외 대부로 상당한 규모의 국제수지 흑자가 발생했을 때 증가한 금의 대부분은 태환국이 아니라 방코데라나시온의 준비금으로 들어갔다. 그래서 은행권 유통액이 증가하지 않았다.

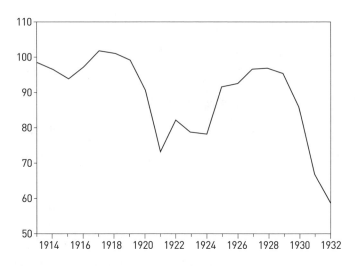

그림 8. 4 **1913~1932년 미국 달러 대비 아르헨티나 페소의 환율.**
아르헨티나 페소는 1927~1928년에 잠시 안정을 되찾았다가 그 후 금본위제에서 이탈하여
1929년에 절하되기 시작했다.
출처: Peters(1934), 166쪽.

　　1880년대 인플레이션과 같은 과잉을 되풀이하지 않기 위한 노력은 칭찬할 만하긴 하지만, 불태화정책 때문에 아르헨티나의 이자율은 영국과 미국의 대부를 억제할 수 있을 만큼 충분히 떨어지지 않았다. 마찬가지로 1928년 여름 이후 국제수지가 악화되었을 때 금 수출은 태환국이 아니라 방코데라나시온의 준비금에서 나왔다. 따라서 은행권 유통액의 변화와 디플레이션을 통한 조정이 거의 없었다. 1928년 여름 이후에도 은행 신용은 줄어든 것이 아니라 오히려 늘어났다.[30]

　　국제 상황이 악화되자, 이런 안정화정책은 예상대로 준비금의 지속적인 감소로 이어졌다. 이 정책을 지속하면 태환성 위기에 직면할 수밖에 없었다. 아르헨티나 정책의 주목할 만한 특징은 위기가 발

　　　　　　　　　　　　　　　　　　　　　　　황금 족쇄

생하기 전에 금본위제가 중지되었다는 점이다. 1929년 12월에 태환국이 폐쇄되었다. 더 이상 국내 통화를 자유롭게 금으로 바꿀 수가 없었다. 아르헨티나를 제외하면, 1931년에 영국이 금본위제를 포기하기 전까지는 금본위제를 중단하려고 한 나라는 없었다.

아르헨티나의 이런 특별한 태도는 교착 상태에 빠져 있던 재정에서 이유를 찾을 수 있다. 아르헨티나 정부의 재정은 1920년대 내내 상당한 적자 상태에 있었다. 해외 차입이 가능한 한, 재정 적자는 태환에 아무런 위협이 되지 않았다. 하지만 국제자본시장의 문이 일단 닫히게 되면, 적자와 금본위제는 양립 불가능하게 되었다. 국내 장기채무시장은 그 심도가 깊지 않았다. 즉 은행이나 일반 국민 모두 국채를 많이 보유하지 않았다. 정부는 유동 부채에 대한 채권을 방코데라나시온에 양도하는 대신에 은행권을 수취해서 적자를 메울 수밖에 없었다. 이 은행권은 방코데라나시온이 태환국에 금을 건네주고 획득한 것이다. 1928~1929년에 유동 부채는 50%가 증가했다.[31] 방코데라나시온이 "소화 불가능한 이 큰 덩어리"를 흡수하기 위해서는 그에 상응하는 은행권 유통액의 증가가 필요했다. 그런데 이것은 환율을 압박하고 국제수지를 악화시켰으며 금의 추가 상실로 이어졌다.[32] 예산이 균형을 달성하지 못하면 태환은 조만간 중지하게 되어 있었다. 태환을 일찍 중지하면 그나마 채무 상환에 사용할 수 있는 국제 준비금을 아낄 수 있었다.

정치인들은 예산 균형을 포기했다. 대공황이 발발하기 직전 즈음, 직접 과세를 통해 조달한 수입은 전체 정부 수입의 겨우 10%에 불과했다.[33] 수입 관세가 정부 수입의 주 수입원이었는데, 무역은 급감하는 상황에 있었다. 1924년과 1928년에 정부가 제출한 소득세안은 의회에서 저지당했다. 대공황의 발발로 국영 철도와 우편 부문에서 대규모 적자가 발생했다. 그 서비스를 이용하던 사람들은 요금 인상에 강력히 반발했다. 중앙에서 지출 통제가 거의 이뤄지지 않았다. 각 부처 장관들은 지출 계획을 개별적으로 제출했으며 자신들의 예산을 목숨 걸고 지켰다. 이런 요구를 조정하는 역할은 의회에 맡겨졌다. 종종 의회는 그 기능을 하지 못했다.[34] 예산 전쟁에서 패하면 준비금이 고갈되기 전에 태환을 중지하는 편이 더 나았다.

아르헨티나의 시각에서 보면 금본위제 이탈 결정의 선례가 없었던 것도 아니었다. 아르헨티나는 해외 대부에 의존하고 있었기 때문에 금 태환을 유지하기가 항상 어려웠다. 태환을 중지하는 것이 자본시장 불안정에 대한 전통적인 대응이었다. 태환의 중지가 인플레이션과 연관되었을 수 있지만 유럽만큼 그렇지는 않았다.

브라질은 망설이다가 아르헨티나의 뒤를 따랐다. 1929년 외채의 원리금 상환액이 수출 총액의 약 20%에 이르렀다. 커피가 수출의 주요 원천이었는데, 어느 외국 논평가가 지적했듯이 커피는 "무역수지 뿐만 아니라 국내 금융수지의 중심축" 역할을 했다.[35] 1927년에 새로운 커피 방어 체계가 마련되었다. 재무부 산하에 있으면서 재편된 커피연구소Coffee Institute가 커피 수출을 규제하고 내부적으로는 잉여 재고의 매입과 저장을 책임지고 있었다. 무역수지 악화에 더해 1929년 이후 커피 가격이 50% 하락하면서 연방 재정이 극도로 악화되었다.

국제수지에 미치는 영향을 최소화하기 위해 통화 당국은 자신들이 할 수 있는 모든 것을 했다. 브라질안정화청Brazilian Stabilization Office과 방쿠두브라질Banco do Brasil은 아르헨티나의 상응하는 기관과 동일한 기능을 수행했다. 아르헨티나와 마찬가지로 방쿠두브라질과 안정화청 사이의 금 이전을 통해 정화의 이동을 불태화할 수 있었다. 뿐만 아니라 안정화청과 재무부 그리고 방쿠두브라질이 방출한 은

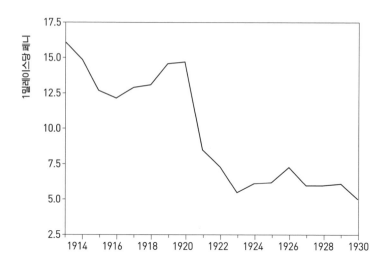

그림 8.5 **1913~1930년 브라질 밀레이스의 파운드 스털링 대비 환율.**
브라질 밀레이스는 6년 동안 상대적 안정을 구가했지만 1930년부터 다시 절하되기 시작했다.
출처: Fritsch (1989), 187쪽.

행권의 단지 일부만 금으로 태환이 가능했다. 방쿠두브라질의 위기 대응책 중 하나는 금 태환이 가능한 은행권을 가능한 한 많이 확보하는 것이었다. 금 태환 은행권을 확보할 수 없는 투자자들에게는 통화의 금 태환이란 불가능한 것이었다. 정부는 이런 수단을 사용하여 1929년 하반기에 금의 상실을 최소화했다.

태환이 사실상 중지되자, 밀레이스*를 스털링이나 달러와 연결하는 메커니즘이 없어졌다. 1930년 1월에 밀레이스의 가치는 평가 대비 93% 미만으로 떨어졌다(그림 8.5). 완만한 절하로 자본시장 접근에 문제가 발생하지는 않았지만, 통화가 더 불안해지면 그렇게 될 위험이 있었다. 이 문제의 장기적 해법은 기대한 바대로 커피 가격과

———
• 브라질의 전통적인 화폐 단위로, 1943년까지 사용되었다.

해외 대부가 회복되는 것이었다. 하지만 커피 가격이 회복되지 않자, 통화 가치의 하락을 역전시키기 위한 금의 수송이 시작되었다. 덕분에 밀레이스의 가치가 평가 수준으로 다시 올라갔으며, 커피 1600만 자루 이상을 담보로 하여 상파울루 주가 획득한 차관을 런던과 뉴욕에 예치할 수 있었다. 기대하던 커피 가격의 회복이 다시 좌절되자, 은행들은 (글자 그대로) 커피 자루를 떠안게 되었으며 이 때문에 어느 정도 규모가 되는 차관을 다시는 제공하려고 하지 않았다.

커피 방어 체계에 따라 당국은 세계 가격 수준보다 훨씬 높은 가격으로 커피를 매입할 수 있었다. 이 때문에 재정 적자가 더욱 심해졌고 차입 자금은 금세 없어졌다. 커피 생산업자와 투기꾼들의 정부 자금 수요 때문에 지출 감축은 불가능했고, 그들에게 자금을 제공한 은행들의 할인 수요 때문에 긴축적 통화정책을 강화할 수도 없었다. 무역의 급감으로 수입 관세가 가장 중요한 수입 원천인 연방 정부의 수입이 크게 줄었다. 그 사이에 생활수준은 악화되어 세금 인상에 대한 저항도 고조되었다. 1930년 3월 대통령 선거 이후 정치적 혼란의 심화와 더불어 준비금의 누출도 가속화되었다. 그해 5월에 금의 운송이 다시 중지되었고 밀레이스의 절하가 다시 나타났다.

브라질은 준비금을 줄여 가며 외채의 원리금 상환을 계속했지만, 영국의 비공식적 자본 통제의 강화와 1930년 10월 혁명*이 투자자의 신인도에 미친 영향으로 인해 남아 있던 해외 차입의 기회마저 사라졌다. 브라질 당국은 밀레이스의 절하를 억제하기 위해 금을 실어다 날랐지만, 아무런 성과가 없었다. 1930년 말경에는 금 준비금이 소진되었고 방쿠두브라질의 외환 준비금도 거의 바닥났다. 외환의 매각 권한은 공식적으로 방쿠두브라질로 한정되었고 이 은행은 외환을 고정 가격으로 할당했다. 11월 말 무렵, 방쿠두브라질의 독점권도 폐지되었다. 통화 절하와 그 이후의 디폴트 외에 다른 대안은 없었다.

브라질의 경험은 대외 차입이 예산 및 국제수지 제약을 완화할 수 있는 여력을 보여준다. 캐나다는 훨씬 더 생생한 사례를 보여준다. 1928년, 뉴욕의 높은 콜 금리는 국경 북쪽으로부터 단기 자금을 끌어들였다. 캐나다는 그해 동안 금 준비금의 25%를 잃었다. 다른 채무국과 마찬가지로 처음에는 준비금의 감소를 불태화했다. 재정부는 허가 은행chartered bank●●들을 위해 증권을 손쉽게 재할인했다.[36] 뉴욕의 콜 금리가 8%에 이르렀지만 재정부는 1928년 4분기부터 1929년 말까지 4.5%의 할인율을 유지했다. 이런 금리 차 때문에 은행들은 정부에서 차입하여 뉴욕에 대출하려는 유혹을 물리치기 어려웠다. 정부가 할인율 인상을 거부하고 은행권 발행의 축소를 주저하자, 금 준비율은 법정 하한선 밑으로 내려갔다. 정책 당국은 뒤늦게야 이 정책이 금 태환에 미치는 위협을 인식했다.[37] 1929년 말에 재정부는 법령을 개정하지도 않고 자치령 은행권의 금 태환을 그냥 중지했다. 호주처럼 은행들은 비공식적인 금 수출 제한에 동의했다. 금본위제의 세 가지 구성 요소 중 두 가지, 즉 태환과 자유로운 금 수출이 중지되자, 금의 국내 통화 가격 고정이라는 세 번째 요소도 뒤를 이어 중지될 수밖에 없었다.

● 대통령 선거에서 낙선한 자유연맹Liberal Alliance의 지도자 제툴리우 바르가스Getúlio Vargas 가 1930년에 군 장교들의 지원을 받아 권력을 장악한 사건을 일컫는다. 혁명 후, 그는 입법권과 행정권을 장악하고 연방 의회와 지방 의회를 해산한 후 1934년까지 헌법 없이 통치하였다. 그의 집권은 1945년까지 계속되었다.

●● 영국 정부는 캐나다 자치령의 은행업을 엄격히 제한했는데, 영국 정부로부터 은행 영업 및 은행권 발행 허가를 받은 은행을 허가 은행이라고 한다. 1817년에 최초로 허가 은행이 탄생했으며 초기에 그 수가 매우 제한되었다.

무역수지가 1928년 1억 5200만 달러 흑자에서 1929년 9100만 달러 적자로 크게 변화했는데도 캐나다 달러의 가치가 조금밖에 하락하지 않은 것은 놀랍다. 캐나다 달러 환율의 할인 폭이 1%를 넘는 경우는 드물었다.[38] 그 이유 중 일부는 월가의 붕괴 이후 미국 금리가 하락하면서 미국에서 캐나다로 단기 자본이 유입되었기 때문이다. 캐나다 통화에 대한 할인을 가능한 한 조속히 사라지게 하겠다는 정부의 약속이 자본 유입을 더욱 촉진했다. 이런 약속이 신뢰를 얻는 동안에는 안정적 자본 유입이 캐나다 달러의 가치를 떠받쳤다.[39]

그러나 환율 변동에 가장 민감하게 반응하는 자본 이동 유형인 순 단기 자본 이동의 규모는 이 기간 내내 크지 않았다. 늘 장기 채권의 발행이 더 중요했다. 다른 나라에 대한 미국의 대부 추세와 달리, 캐나다에 대한 미국의 장기 대부는 1928년 7900만 달러에서 1929년 1억 3300만 달러로 증가했다. 따라서 캐나다 달러 안정의 열쇠는 캐나다가 뉴욕시장 접근을 신속히 회복하는 데 달려 있었다. 금 평가 회복의 바람은 장기 대부를 촉진한 여러 요인들 중 하나에 불과했다. 다른 요인들로는 미국과 캐나다 간 상품, 노동력, 단기 자금의 활발한 이동, 외국인 직접 투자 등이 있었는데, 이 모든 요인들 때문에 캐나다는 달러 채무에 대한 디폴트를 가능한 한 피하려고 했다. 캐나다가 결과적으로 향유한 자본시장 접근성이 캐나다 달러의 안정을 뒷받침한 핵심 요인이었다.

독일의 위태로운 균형

독일에서 일찍 침체가 시작된 이유에 관한 전통적인 설명은 모두 같은 요인들을 강조한다. 독일에 대한 미국의 대부가 1928년 3분기부터 크게 감소했다. 국제수지가 악화되어 이자율 상승 압력이 생겼으

표 8.4 **1925~1930년 독일의 소득, 수출 및 외채 상환액**(단위: 10억 라이히마르크)

연도	순 국민 소득 (시장 가격)	정부 경상 수입 (차입 제외)	수출	배상액	해외 이자 지불액
1925년	67.3	12.9	9.5	1.1	0.3
1926년	65.5	14.7	10.7	1.2	0.5
1927년	80.5	17.1	11.1	1.6	0.7
1928년	84.0	18.7	12.6	2.0	0.9
1929년	79.5	18.9	13.6	2.3	1.2
1930년	71.9	18.8	12.2	1.7	1.4

출처: 정부 수입(중앙 정부와 지방 정부 모두 포함) 및 이자 지불액은 Schuker(1988), 25, 44~45쪽. 시장 가격 기준의 순 국민 소득은 Hoffmann(1965), 248~249쪽. 배상액은 Holtfrerich(1986b), 152쪽. 해외 이자 지불액은 배당금과 기타 자산 수익을 포함. 수출은 Webb(1989).

며 자본 부족이 발생해 투자 수요를 위축시켰다.[40] 그 결과로 독일의 경제 상황은 미국보다 먼저 악화되었다. 시장 가격으로 측정한 실질 순 국민 생산 증가율은 1926~1927년의 14%에서 1927~1928년의 1.5%로 하락했다.[41] (표 8.4의 순 국민 생산 수치들은 실질 가격 기준이 아니라 명목 가격 기준이다.) 1928년 하반기에 이미 중요한 많은 경제 지표들이 하락하고 있었다. 1929년에 수출시장이 위축되자 독일은 다시 두 번째 충격을 받았다.

이런 전통적인 견해와 부합하기 어려운 몇 가지 사실들이 있다.[42] 1927년에서 1928년 사이에 독일의 국제수지는 악화되었지만 전체적으로는 여전히 줄곧 흑자를 유지했다. 제국중앙은행의 국제 준비금도 계속 증가했다. 따라서 국내 신용 위기를 유발할 만큼 국제 수지 문제가 심각했느냐는 명확하지 않다. 더욱이 국제 준비금과 통화 지표는 다른 방향으로 움직였는데, 이는 국제수지 문제가 독일의 신용 상황을 좌우했다는 전제와 쉽게 부합하지 않는다. 독일 경제가

1928년과 1929년에 신용 경색을 겪었다고 하지만, 그 발단이 국제수지 추이와 부합하지 않는 것으로 보인다. 호주, 캐나다, 아르헨티나, 브라질 등과 달리, 독일은 1929년에 금 태환이 중지되고 통화가 절하될 수밖에 없는 상황이 아니었다. 결국 외부 충격이 독일의 침체를 설명할 수 있을 만큼 심각하지 않았음을 의미한다.

사실, 국내 신용과 국제 준비금이 동시에 움직이지 않았다는 점이나 독일이 외부 충격 흡수에 성공했다는 점 모두 독일 침체에 관한 전통적 설명을 부인하는 것은 아니다. 충격을 흡수할 수 있는 독일의 독특한 능력에는 수많은 요인들이 영향을 미쳤다. 외채 상환 부담이 무겁기는 했지만 외채 상환의 수출 대비 비중은 다른 많은 채무국에 비해 낮았다. 수출액은 비교적 높은 수준을 유지했다. 제조품 수출국인 독일은 1차 산품 생산국처럼 교역 조건의 악화와 그에 따른 수출 대비 채무 비율의 상승을 겪지 않았다. 국내의 희생을 통해 얻은 것이 세계 물가 변동 때문에 탈취되거나 하지는 않았던 것이다.

더욱이 계속 좋은 성과를 유지하면 배상금에서 양보를 얻어 낼 수 있다고 정부가 주장할 수도 있었다. 1929~1930년의 집권당이었던 중도 좌파 연정은 신속한 배상금 이전이 영 플랜* 협상에서 유리한 결과를 가져올 것이라는 전제를 바탕으로 경제 전략을 추구했다. 특히 배상 금액이 삭감되면 회복 촉진을 위해 세금 인하를 할 수 있을 것으로 예상했다.[43] 남미 채무국에게는 조정을 촉진할 수 있는 그

---

* 영 플랜은 도즈 플랜에서 결정된 독일의 배상이 현실적으로 이행되기 어렵게 되자 배상액 삭감과 배상 기한 축소를 내용으로 채택된 계획이다. 1929년 초에 위원회가 처음 구성되었으며 미국의 기업가이며 도즈 플랜 협상에 참여한 오언 D. 영Owen D. Young이 위원장을 맡았고 1930년 초에 계획이 채택되었다. 배상금 총액은 1320억 금마르크에서 1120억 금마르크로 삭감되었다. 하지만 이 계획의 수립 중에 대공황이 발생해 실행은 곧 불가능해졌으며 1932년에 공식 폐기되었다.

런 당근이 없었다.

당근뿐만 아니라 채찍도 있었다. 만약 독일이 초기 수지 적자를 해소하지 못했다면 심각한 결과가 초래되었을 것이다. 금 준비율이 40% 아래로 떨어지면 태환에 대한 신뢰가 위협을 받았을 것이다. 금본위제 중지와 통화 절하가 불가피했을 것이다.[44] 정책 담당자들은 초인플레이션에 대한 기억이 여전히 생생한 상황에서 통화 절하가 초인플레이션을 재점화하지 않을까 하고 걱정했다. 인플레이션이 우려되면 자본 도피가 발생하여 금융시장 혼란과 투자 위축을 초래할 수 있었다. 더욱이 통화가 절하되면 배상금 협상에서 양보를 얻어 낼 것이라는 독일의 희망도 물거품이 될 것이다. 따라서 설사 다른 나라가 금본위제를 버렸다고 해도, 다른 지역의 상황과 달리 독일 자체가 금본위제에서 이탈할 유인은 거의 없었다.[45]

이러한 고려 사항들 때문에 통화와 재정 부문에서 급격한 긴축이 이루어졌다. 1928년 내내 할인율은 7%에 머물렀는데, 이는 파리(3.5%), 런던(4.5%), 뉴욕(3.5~5%)의 중앙은행 할인율보다 훨씬 높은 수준이었다. 그해 말경에 월간 단기 금리는 거의 9%로 올라갔다. 1929년 1분기를 제외하면 1928년 3분기에서 1929년 4분기 사이의 모든 분기에 단기 이자율이 1928년 초반보다 더 높았다. 연평균 콜 금리는 1927년 6.1%, 1928년 6.7%, 1929년 7.7%였다.[46]

1929년 4월에는 제국중앙은행의 결의를 분명히 확인할 수 있었다. 점점 더 긴축적인 미국의 통화정책 효과 때문에, 미국에서의 차입이 이미 크게 줄어들었다. 베를린의 고금리에 유인된 단기 자본은 전과 달리 뉴욕보다는 파리에서 유출된 것이었다.[47] 새 배상금 협상의 전망에 대해 프랑스가 갑자기 우려를 나타내면서 이런 자본 유입이 중단되었다. 독일 내 은행 예금이 3월 말과 5월 말 사이에 5% 감

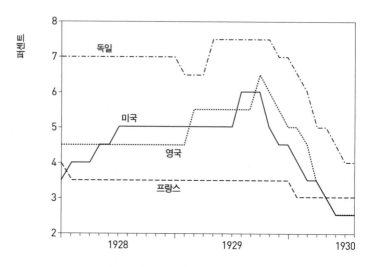

그림 8. 6 **1928년 1월~1930년 8월, 중앙은행 할인율.**
제국중앙은행은 독일의 빈번한 국제수지 문제 때문에 할인율을 다른 중앙은행보다 더 높게 유지할 수밖에 없었다.
출처: 『은행 및 통화 통계』, 439, 656~659쪽.

소했는데, 인출의 이유가 외국인들의 불안감 때문이라고 많은 사람들이 생각했다. 제국중앙은행은 4월에만 거의 10억 라이히마르크의 준비금을 잃었다. 5월 첫째 주에 금 준비율은 떨어져서 법정 하한선인 40%에 위험할 정도로 근접했다. 제국중앙은행은 이에 대응해 할인율을 7.5%로 인상하고 신용을 할당했다.

통화 부문의 이런 추세는 재정에도 영향을 미쳤다. 1925년에서 1927년 사이에 주 정부와 지방 정부는 재정 적자를 기록했고, 이 적자의 일부는 해외 차입으로 조달되었다(표 8.5 참조). 1928년 여름부터 해외 차입이 더욱 어려워졌고 각 주의 세수도 줄어들었다. 그래서 공공 지출을 줄이지 않을 수 없었기 때문에, 그전 몇 해 동안의 추세가 역전되어 경제에 또 하나의 긴축 충격이 가해졌다.[48] 그럼에도 제

황금 족쇄

표 8.5 1925/1926년~1928/1929년 독일의 정부 수입, 정부 지출 및 채무(단위: 백만 라이히 마르크)

	1925/1926년	1926/1927년	1927/1928년	1928/1929년
지출				
제국[1]	7,445	8,542	9,315	10,088
연방 주[1]	4,123	4,357	4,585	4,564
기초 자치 단체[1]	6,734	7,422	8,029	8,461
한자 도시	528	595	640	675
사회 보험[2]	2,449	4,070	4,107	5,079
총지출	21,279	24,986	26,676	29,667
수입				
제국	7,333	7,689	8,961	9,650
연방 주	3,577	3,942	4,144	3,994
기초 자치 단체	6,387	7,124	7,541	7,713
한자 도시	503	583	628	645
사회 보험[2]	2,835	4,598	4,921	5,815
총정부수입	20,635	23,936	26,195	27,817
적자	644	1,050	481	1,850

1. 제국, 연방 주, 기초 자치 단체, 한자 도시의 지출에는 기타 공공 기관에 대한 지출이 포함되어 있다. 총지출에는 이것이 제외되었다. 제국의 수입과 지출은 일반 예산과 특별 예산을 합한 것이다.
2. 실업 보험이 포함되어 있다.
출처: 제국의 수치는 Reparation Commission(1930), 104~105쪽. 사회 보험은 Balderston (1990), 표 7.2. 기타 지방 정부의 수치는 James(1986), 52쪽.

국 정부의 재정 적자 확대 때문에 공공 부문의 통합재정수지 적자는 계속 확대되었다. 하지만 제국 정부의 증가된 지출 중 상당 부분은 실업 보험 등의 사회 보험 프로그램 계정에 대한 중앙 정부 보조금 이었다. 1928년 1월에서 1929년 1월 사이에 실업 수당을 수령한 노동자 수가 130만 명에서 190만 명으로 증가했다. 그리고 추가로 13만 8000명의 노동자가 '위기 구제 수당'을 받았다.[49] 따라서 공공 지출 증가 중 상당 부분은 경기 둔화에서 비롯되었다. 불변 고용 기준 으로 계산하면 재정정책이 훨씬 덜 확장적이었던 것으로 나타날 것이다.

이런 정책 대응은 얼핏 자본 부족 가설과 부합하지 않는 것으로 보이는 독일의 당시 상황들을 설명해 준다. 국제수지 적자를 방지하는 데 필요한 수준 이상으로 금리가 올라갔다. 지출, 특히 투자 지출이 위축되었다. 생산물은 수출을 위해 풀렸다. 국내 생산의 정체에도 불구하고 수출 수입은 1927년에서 1928년 사이에 14%가 증가했다. 상품 수입은 감소했다. 금리 상승으로 단기 자본이 해외에서 유입되었다. 그러나 제국중앙은행의 긴축정책 때문에 본원 통화량은 1928년 하반기에 감소했다. 제국중앙은행이 금 상실을 최소화하기 위해 긴축 기조를 채택했으며 그 결과로 준비금이 오히려 증가했음을 상기하면, 1928년에 국내 금융 집계액과 국제수지가 다른 방향으로 움직였다는 것은 그리 놀랄 일이 아니다.[50]

이런 급진적인 조치가 있긴 했지만, 국제적 지원이 없었다면 독일은 외부 충격을 흡수할 수 없었을 것이다. 1930년 4월 영 플랜에 따라 독일이 부담의 일부를 덜었다. 1929년 2월부터 논의가 시작되었다. 그다음 해의 상황을 보면서 협상 참가자들은 경기 상황의 악화로 독일의 지불 능력이 약해졌음을 인정하지 않을 수 없었다. 영 플랜은 독일의 연간 배상 금액을 25억 라이히마르크에서 20억 라이히마르크로 감축했다. 그리고 1929년 9월부터 1930년 3월까지의 기간 동안의 채무를 7억 라이히마르크로 줄이는 특별 감축도 있었다.[51]

1924년 도즈 플랜이 정한 선례에 따라, 영 플랜 채무 재조정의 핵심 내용 역시 안정화 차관이었다. 1930년에 12억 라이히마르크의 차관이 독일에 제공되었는데, 이 자금으로 그해 배상금 상환액의 거의 대부분을 조달했다. 하지만 독일은 상업성 채무를 상환하기 위해 외환을 마련해야 했다. 제국은 국내 지출의 축소를 통해 이를 마련했는데, 1929년 무역수지의 균형이 1930년에는 16억 라이히마르크의 무역 흑자로 바뀌었다.[52] 차관이 없었다면 훨씬 더 큰 폭의 무역 흑자와 국내 지출 긴축이 필요했을 것이다. 지출은 GNP의 2%만큼 더 떨어졌어야 했으며, 이는 정치적으로 실현 불가능했을 것이다. 이런 의미에서 영 플랜은 독일의 금본위제 유지에서 결정적인 역할을 했다.

영 플랜 차관은 독일을 위한 주요 외국 차관 중 마지막 차관이었다. 뉴욕 자본시장의 회복이 일시적인 것에 불과했다는 점이 명확해지자, 독일이 해외로 지불할 자금을 두 배로 늘릴 수 있겠느냐 하는 의구심이 표면화되었다. 준비금 상실이 1930년 9월 선거 이후 다시 나타났는데, 이 선거에서 나치는 놀랄 만한 득표를 기록했다.

제국이 진 채무의 만기가 짧았기 때문에 상황은 더욱 아슬아슬했다. 1930년 말에 독일의 외채 중 100억 라이히마르크는 만기가 3년 미만이었다. 외국인 직접 투자를 제외하면, 이것은 전체의 절반에 해당했다. 상당 부분의 외채는 독일 은행권의 채무였다.[53] 외국 은행 예금자나 여타 해외 예금자들이 독일을 신뢰하지 못해 자금을 인출하면, 그 규모는 영 플랜 차관으로 얻은 자금의 총액보다도 더 클 수 있었다. 그러면 독일 은행시스템 전체가 위태로워질 것이다. 은행의 부채는 은행 자산보다 유동성이 더 높은 상태였다.[54] 영 플랜의 협상이 교착 상태에 빠진 1929년 프랑스인 예금 인출은 미래를 암시하는 사건이었다. 1930년에 더욱 심각한 인출 사태가 빈발하자, 영 플랜 채권을 판매하고 있던 영국과 미국의 은행들이 개입해 독일의 포지션을 뒷받침하기 위한 신용을 제공했다. 은행들이 이미 채권을 모두 처분한 상태에서도 독일을 위해 다시 그렇게 할 수 있을지는 불투명했다.

확산

1929년 말에는 불황이 거의 전역에서 나타났다. 프랑스와 스웨덴 그리고 주변부 경제의 몇 나라만 예외였다. 미국 경기가 하강하면서 하강 소용돌이가 가속화되었다.

1929~1930년에 미국의 실질 GNP가 경기 침체 첫 해의 통상적인 속도보다 두 배나 빠른 속도로 감소했는데, 미국의 이런 급격한 경기 위축의 원인에 대해서는 논란이 계속되고 있다. 주식시장 붕괴 전의 긴축적 통화정책, 주식시장 붕괴 자체, 소비 지출의 약화 그리고 농업 부문 침체의 금융 충격, 이 모든 것이 통상적 속도의 미국 GNP 감소를 유발한 원인으로 작용했을 수 있다.[55] 하지만 세계 다른 지역의 경제 상황 악화의 역할이 없으면, 설명은 불완전할 수밖에 없다.[56] 해외의 성장 둔화와 국제수지 문제의 심화는 미국 경제의 악화에 분명히 영향을 미쳤다. 1차 산품 생산 지역의 소득 감소와 채무국의 수입억제정책은 미국의 수출 증가를 제한했다. 미국의 제조품 수출액은 산업 생산이 감소하기 훨씬 전인 3월에 이미 정점에 도달했다. 계절적 요인이 하락에 미친 영향은 작은 부분에 불과했다(그림 8.7 참조).[57] 해외시장 상황의 악화가 미국 경기 악화를 모두 설명하기에는 수출이 미국 생산에서 차지하는 비중이 크지 않았다. 하지만 수출은 미국의 번영을 끝낸 또 하나의 원인이었다.

대공황의 최초 단계는 채무국과 채권국에서 다른 형태로 나타났다. 대부의 감소는 차입 국가의 자본수지를 악화시켰지만 대출 국가의 자본수지는 개선시켰다. 1931년 이전에는 이렇다 할 만한 국가 디폴트가 없었기 때문에 채권국들은 해외에서 이자 수입을 계속 수취했다. 채무국의 교역 조건 악화는 채권국에게는 교역 조건의 개선이었다. 이런 이유로 채권국의 국제수지는 표 8.6과 같이 큰 폭의 흑

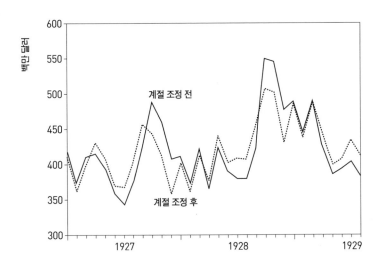

그림 8.7 **1927~1929년 미국 제조품 수출액.**

미국의 제조품 수출은 산업 생산이 하강하기 6개월 전인 1929년 3월에 정점에 도달했다. 계절적 요인은 그해 2분기 수출 감소의 극히 일부에 불과했다.

출처: Tinbergen(1934). 계절 조정을 함.

자를 보였다.

준비금은 주요 해외 순 채권국, 즉 프랑스, 벨기에, 네덜란드, 스위스, 영국 및 미국으로 쏠렸다.[58] 결과는 중앙은행의 대응에 달려 있었다. '게임의 규칙'에 따르면 준비금이 증가한 나라는 통화를 확대해야 하고 잃은 나라는 통화 긴축을 해야 했다. 이런 상쇄 조치의 결과로 대공황의 충격이 앞의 국가에서 뒤의 국가로 재분배되겠지만, 이 상쇄가 전 세계적 침체를 반드시 악화시켰을지는 불분명하다. 마찬가지로 모든 중앙은행이 '규칙'을 위반하여 국제 준비금 변동을 불태화하기로 했다면 국제수지의 적자나 흑자는 국내의 통화 및 신용에 아무런 영향을 미치지 않고 또 세계적 불황의 강도나 발생 확률에도 직접적인 영향을 미치지 않았을 것이다.

표 8.6 **1929~1931년 채권국과 채무국의 금 및 국제 준비금 합계의 변화**(단위: 백만 스위스 프랑)

	1929년		1930년		1931년 전반		1931년 후반	
	금	준비금 합계	금	준비금 합계	금	준비금 합계	금	준비금 합계
6개 채권국	2,831	1,566	4,284	4,650	3,168	3,132	1,936	-450
26개 채권국	-1,515	-1,637	-1,728	-2,276	-1,136	-2,568	-2,200	-3,556

주: 채권국은 미국, 영국, 프랑스, 벨기에, 네덜란드, 스위스. 채무국은 독일, 이탈리아, 스웨덴, 체코슬로바키아, 오스트리아, 헝가리, 불가리아, 그리스, 폴란드, 리투아니아, 라트비아, 핀란드, 덴마크, 노르웨이, 그단스크, 유고슬라비아, 포르투갈, 루마니아, 스페인, 캐나다, 호주, 인도, 아르헨티나, 칠레, 브라질, 일본.
출처: Brown(1940), 제2권, 850~851쪽의 자료를 이용하여 계산.

실제 대응은 이 양 극단의 사이에서 나타났다. 준비금을 잃은 중앙은행들은 결정의 순간을 뒤로 미룰 수는 있었지만 금 태환을 방어하기 위해 국내 신용을 곧 줄일 수밖에 없었다. 금본위제를 지키기 위해서는 준비금 감소와 더불어 국내의 통화, 신용, 물가가, 궁극적으로는 경제 활동도 위축되어야 했다. 통화의 절하가 허용된 나라들은 이런 제약을 받지 않았다. 표 8.7을 보면 1928~1930년에 준비금과 통화성 대내 부채의 급격한 감소로 금본위제에서 이탈한 채무국들은 통화가 절하되어 1930~1931년에는 그전 해 통화 공급 감소의 약 절반을 회복할 수 있었다.

준비금이 증가한 중앙은행 측에서는 국내의 통화 및 신용의 공급을 늘릴지 아니면 준비금 유입의 영향을 불태화할지를 선택할 수 있었다. 유입을 불태화한 경우에는 채무국 중앙은행 금고의 금 출혈을 계속 유발했으며, 채무국들은 긴축 노력을 배가하지 않을 수 없었다. 따라서 채권국의 불태화는 통화 공급의 증가를 억제했는데, 표 8.7의 첫 행에서 이런 추세를 분명히 확인할 수 있다. 채권국에서 금

표 8.7 **통화 공급 증가율(연말 기준, 국가별 증가율의 산술 평균)**

	1929~1930년		1930~1931년	
	본원 통화	M1	본원 통화	M1
채권국	8.4	0.6	22.1	1.0
통화 절하 채무국	-8.5	-16.8	1.6	7.1
기타 채무국	-4.1	0.1	-1.5	-8.6

본원 통화는 현금, 동전, 상업 은행의 중앙은행 등 통화 당국 예치금의 합계. M1은 현금, 동전, 은행 당좌 예금의 합계.
채권국은 미국, 영국, 프랑스, 벨기에, 네덜란드, 스위스.
통화 절하 채무국은 캐나다, 브라질, 칠레, 페루, 베네수엘라, 호주, 뉴질랜드.
기타 채무국은 독일, 이탈리아, 스웨덴, 체코슬로바키아, 오스트리아, 헝가리, 불가리아, 그리스, 폴란드, 리투아니아, 라트비아, 핀란드, 덴마크, 노르웨이, 그단스크, 유고슬라비아, 포르투갈, 루마니아, 스페인, 아르헨티나, 일본.
출처: 국제연맹, 『1929~1934년 상업 은행 비망록*Memorandum on Commercial Banking, 1929-1934*』의 자료를 이용하여 계산.

준비금에 기초한 통화로 대부분 구성된 본원 통화가 M1과 같은 광의의 통화 공급량 지표보다 훨씬 더 빠르게 증가했다. M1이 증가하지 않은 것은 경기 하강으로 인한 통화 수요 정체를 반영하며, 또 은행 파산의 위험이 증가한 미국과 같은 나라에서는 예금에서 현금으로의 이동을 반영한다. 그러나 문제는 통화 공급이 준비금과 비례해 증가할 수 없는 상황에 대해 채권국 중앙은행들이 대처하지 않았다는 점이다. 원칙적으로 이들은 광의의 통화량을 증가시키기 위해 서로 조정하여 팽창 조치를 취할 수도 있었을 것이다. 그렇게 하지 않음으로써 채무국이 짊어져야 할 긴축적 통화 조정 부담이 더욱 가중되었다.

채무국과 채권국 사이의 이런 조정 부담의 전가에 더하여 채권국들 간의 지불 관계에도 변화가 있었다. 월가의 붕괴 이후 미국의 금리는 인하되었다. 유럽에서 유입된 자금들이 다시 돌아갔다. 1929

년 마지막 두 달 동안, 미국은 그해 들어 처음으로 금을 상실했다. 유럽의 통화들은 달러 대비 강세를 나타냈다.

월가의 붕괴 이후 중앙은행들은 할인율을 인하했다. 뉴욕연방준비은행은 금리를 11월 초에 6%에서 5%로 인하하고 그달 말에는 다시 4.5%로 내렸다. 그 후에도 뉴욕의 금리는 0.5%씩 계속 인하되어 1930년 6월에는 2.5%가 되었다. 그림 8.6과 같이 유럽의 중앙은행들도 미국의 뒤를 따랐다. 월가의 붐이 정점에 있을 때 잉글랜드은행의 할인율은 뉴욕연방준비은행 금리보다 0.5% 높았는데, 그 후 뉴욕 금리를 따라 할인율을 인하해 1930년 여름에 다시 뉴욕 금리보다 0.5% 높은 상태가 되었다. 독일의 제국중앙은행은 연준보다 1.5% 높은 수준에서 할인율을 유지했다. 전통적으로 할인율 변경에 소극적인 프랑스중앙은행조차 1930년 초와 1931년 초 사이에 할인율을 몇 차례에 걸쳐 0.5%씩 낮추었다. 주요 중앙은행들이 앞사람 따라 하기를 하면서 이자율 인하의 조정에 성공한 것이다.

1930년 초에는 월가의 외국인 자금 청산과 채권국들 사이의 준비금 이동이 마무리되었다. 미국의 금 감소는 멈췄다. 하지만 채권국들은 채무국을 희생시키면서 준비금을 계속 늘리고 있었다. 그렇게 하면서 다른 지역의 대공황을 악화시키고 있었다. 이렇게 획득한 준비금의 상당한 부분이 두 나라에 축적되었다. 프랑스와 미국이 그 두 나라였다. 연준과 프랑스중앙은행 모두 경기 침체에 단호하게 대응하지 못했다. 금 유입을 막을 정도로 충분한 신용 확대를 하지 않았다.

미국의 정책 대응 이해

사실 연준은 월가 붕괴 직후에 대응에 나섰다. 확장적인 공개 시장 조작을 펼쳐서 10월과 11월 사이에 정부 증권 보유량을 두 배로 늘렸다. 11월과 12월 사이에 같은 액수만큼 다시 늘렸다. 그 결과로 금이 유출되었다. 찰스 하디Charles Hardy 같은 당시의 논평가들은 1929년 10~12월의 공개 시장 매입을 "거대한" 규모라고 표현했다.[59]

그런데 연준이 이런 공개 시장 매입을 시작한 것은 주식시장 붕괴로 인한 단기자금시장의 압박을 줄이기 위한 것이지, 경기 하강에 대응하기 위한 것은 아니었다는 데 유의해야 한다. 뉴욕의 당좌 예금이 인출되어 내륙으로 빠져나가자, 주식 중개인 대출을 한 뉴욕 은행들은 혼란에 빠졌다. 주식시장 붕괴 직후, 뉴욕연방준비은행이 나서서 1억 3200만 달러어치의 정부 증권을 매입했다. 연준 전체로는 11월까지 매주 2500만 달러씩 증권을 매입했으며 12월에는 주당 매입 규모를 4000만 달러로 늘렸다.

나아가 주식시장 붕괴 직후 뉴욕연방준비은행이 취한 공개 시장 매입은 연준이사회나 공개시장투자위원회의 승인을 받은 것도 아니었다. 이사들 중 조지 해리슨만큼 뉴욕 단기자금시장의 절박함을 이해하는 사람도, 그리고 그해 초반 내내 자신들의 특권을 끝까지 지키기 위해 뉴욕과 워싱턴 사이에서 벌어진 할인율정책 갈등에 노심초사한 사람도 없었다.[60] 뉴욕연방준비은행에 대한 질타가 이어졌다. 해리슨은 10월과 같은 그런 특별한 상황에서는 개별 준비은행의 이사들이 판단을 하고 결정을 내릴 수 있는 권한이 있다고 항변했다. 사실 공개시장투자위원회의 설치를 결정한 1923년 합의에 따르면, 각 준비은행은 연준 시스템 계정과 분리된 별도의 자기 계정으로 증권을 매입할 권한을 보유하고 있었다.[61] 하지만 이사회의 입장에서 보면 뉴욕연방준비은행이 설사 법률 조항은 어기지 않았다고 하더라도 그 정신은 위반한 것이다. 이사회는 통화정책의 궁극적 책임은 이제 워싱턴에 있다고 주장했다. 이사회는 뉴욕연방준비은행의 할인율 변경 시도에 대해 여러 차례 거부권을 행사한 바 있었는데, 뉴욕이 허가받지 않은 공개 시장 매입을 더 이상 하지 않겠다고 약속하지 않으면 다시 거부권을 행사하겠다고 위협했다. 11월 초순에 뉴욕은 결국 굴복했다. 이사회의 로이 영^{Roy Young} 총재는 이사회가 "전례없이 광범위한 권한을 갖고 있으며, 이사회가 그런 권한을 갖고 있는한, 권한을 자유롭게 행사할 것"이라고 잘라 말하면서 해리슨의 반발을 묵살했다.[62]

주식 중개인 대출의 중지에 따른 뉴욕 단기자금시장의 혼란이 조정되자 공개 시장 조작도 멈추었다. 문제는 조작이 왜 계속되지 않았느냐는 것이다. 뉴욕 단기자금시장의 조정으로 공개 시장 매입을 촉발한 압박은 사라졌지만, 산업 생산의 급속한 감소에 대응해 공개 시장 매입을 연장할 수도 있었을 것이다. 11월 12일, 해리슨이 의장을 맡은 공개시장투자위원회는 기존의 공개 시장 매입 한도의 상향을 권고했지만, 연준이사회는 이 결정을 수용하지 않았다. 이사회는 결국 2주 후에야 이 결정을 승인했다. 하지만 이 결정에 따른 공개 시장 매입 중 극히 일부만이, 그것도 그해 말에야 행사되었다. 그해 공개 시장 매입 규모는 점차 줄어들었다. 경제 상황을 몰랐다는 것은 이유가 되지 않는다. 왜냐하면 이즈음에는 이사회도 경기 침체에 대해 충분히 알고 있었기 때문이다.

공개 시장 매입을 추가로 하지 않은 이유는 청산정책에 대한 이사회의 의지 때문이었다. 통화정책 담당자들은 투기 과열에 가담한 사람들이 그 대가를 치르도록 해야 한다고 생각했다. 미국 산업의 생산성을 회복하기 위해 과잉 생산 능력에 대한 투자도 제거되어야 했다. 추가로 공개 시장 매입을 해서 청산이 제대로 이루어지지 않으면 무모한 투자 행위에 보상을 주고 또 그런 행위를 유도하게 될 것이다. 통화 확대는 새로운 투기 과열을 점화시켜 결국에는 다시 시장 붕괴를 가져오고 더 파국적인 침체를 불러오게 될 것이다 허버트 후버에 대한 재무부 장관 앤드루 멜론의 유명한 조언, 즉 "노동력을 정리하고 주식시장을 정리하고 농부를 정리하고 부동산을 정리해서 체제의 썩은 부분을 도려내야 한다"는 말은 당시 재무부뿐 아니라 연준이사회 내에서 팽배해 있던 견해를 잘 함축하고 있다.[63]

이런 견해는 1923년에 발간되어 영향력이 컸던 연준이사회 『10주년 보고서_Tenth Annual Report_』에 아로새겨져 있었으며, 1928~1929년 주식시장 상승에 크게 놀라기도 했던 연준 이사 아돌프 밀러도 1930년에 이 견해를 지지했다. 밀러의 견해에 따르면 공개 시장 매입을 지금 시작하면 또 한 번의 주식시장 투기와 붕괴 그리고 더 심각한 불황에 불을 붙이게 될 것이다. 시장이 이런 위험을 알고 있는 상황에서 신용 확대는 신인도만 훼손할 것이다.[64]

이런 견해에 대한 권위 있는 설명이 1923년에 등장했다는 것은 결코 우연이 아니다. 1920~1921년 불황기에 청산정책을 충실히 따랐고, 그 덕분에 미국 경제는 불황에서 신속히 탈피했다. 그 후 약 10년간 활황이 이어졌다. 연준의 관리들은 이 경험에서 청산은 유익하다는 교훈을 얻었다. 그들은 1920~1921년 경기 하강에서 미국 경제가 신속히 회복한 것이 특별한 상황 덕분이었다는 점을 깨닫지 못했다. 1920~1921년에 독일, 영국, 스웨덴 같은 나라들은 금본위제로 복귀하지 않았기 때문에 미국의 통화 긴축에 반드시 동조할 필요가 없었다. 1차 대전 직후 유럽의 많은 생산 시설은 아직 유휴 상태에 있었기 때문에 미국 수출품에 대한 수요는 막대했다. 1921년의 전례 없는 풍년도 미국 경제의 조정을 순조롭게 했다. 연준 관리들은 이런 독특한 상황이 미국 경제의 빠른 회복과 그 후의 성장에 얼마나 기

여했는지를 알지 못했다.[65]

연준 이사들의 견해를 모두 이 한 방향으로만 묘사하는 것은 지나친 면이 있다. 일부 연준 이사들은 몇 차례에 걸쳐 경기 위축 억제를 위해 경제에 유동성을 공급해야 한다는 목소리를 냈다. 하지만 경제가 바닥을 친 다음에는 할인율 인하가 회복을 촉진할지 모르지만, 할인율 인하로 경기 위축을 막지는 못할 것이라는 견해가 대다수 견해였다. 회복을 위한 건실한 기초를 마련하기 위해서는 청산이 이루어져야 한다는 것이었다.

1928년에 벤저민 스트롱이 세상을 떠나지 않았다면 상황이 달랐을 것이라고 말하는 사람들이 종종 있다.[66] 그의 사망으로 연준은 가장 역동적인 지도자이자 가장 통찰력 있는 정책 결정자를 잃었다. "해리슨은 연준의 다른 사람들이 공개 시장 매입 프로그램에 동의하게 하려고 여러 차례 노력했지만, 지도력이 부족했고 다수가 자신의 의견을 받아들이도록 설득하는 데 실패했다. 스트롱이 살아 있었다면 그렇게 했을 것이다"고 연준 비평가들은 기술하고 있다.[67]

사실, 뉴욕연방준비은행의 해리슨이나 다른 관리들보다 내륙의 연준 총재들이 청산정책을 더 선호하기는 했지만, 뉴욕과 워싱턴 사이의 갈등은 그다지 심하지 않았다. 해리슨 역시 청산주의 입장에 공감하는 바가 없었던 것도 아니었다. 그는 1930년 전반에는 공개 시장 매입을 밀어붙였지만 그해 후반에는 개입에 대한 회의가 깊어졌다. 연준 이사이면서 전직 재무부 차관이었던 C. S. 햄린C. S. Hamlin은 워싱턴의 견해를 논리적으로 대변하는 사람이었는데, 그가 유일하게 불황에 대한 조치를 일관되게 역설했다.[68] 다른 연준 이사들은 청산 과정의 지속과 심해지는 불황에 대응하는 조치 사이에서 오락가락했다. 1930년 6월처럼 이사들이 입장을 바꾸어 충분한 숫자가 확보되었을 때, 완만한 정도의 공개 시장 매입을 승인할 수도 있었다. 하지만 같은 달 후반과 마찬가지로 이사들은 다시 입장을 바꾸기도 했다. 우유부단함이 당시의 특징이었다.

자세히 들여다보면 청산주의적 주장, 즉 1930년에 연준은 신용 조건을 완화할 의지뿐 아니라 능력도 없었다는 주장은 설득력이 없다. 연준이 여신의 청산을 상쇄할 능력이 없었다는 주장은 1929년 말의 공개 시장 조작이 통화 및 여신의 공급을 증가시키지 못했다는 사실에서 출발했다. 시중의 현금은 11월 내내 일정한 수준을 유지하고 나서 7개월 연속 감소했다. 준비은행 여신 총액은 10월과 11월 사이에 증가한 후에 1930년 첫 5개월 동안 급격히 감소했다. 상당한 양의 금 유입에도 불구하고 연준의 국내 자산은 1930년에 감소했다.

연준 회원 은행이 연방준비은행에서 할인한 어음의 규모가 감소하여 연준의 공개 시장 매입을 상쇄했기 때문에 연방준비은행의 여신이 감소했다. "연방준비은행들은 자신들의 직접적이고 완벽한 통제 아래 있던, 유리한 여신 확대 수단인 미국 정부 채권 보유액을 계속 늘려갔다. 하지만 그렇게 시장에 풀린 자금은 재할인의 축소를 통해 다시 되돌아오거나, 그렇지 않으면 연준시스템으로 갔을 인수 어음의 매입에 사용되었다."[69] 결국 여신을 확대하려는 시도는 회원 은행의 할인 축소로 좌절되었다.

사실 연준은 할인 규모가 줄어든 이유를 너무나 잘 알고 있었으며 할인 축소를 억제하기 위해서 어떻게 해야 하는지도 알고 있었다. 1922년에 처음으로 공개 시장 조작으로 할인율정책을 보완했을 때 연준의 정책 방향을 정하기 위해 공식화된 리플러-버지스 원칙 Reifler-Burgess doctrine에 따르면, 할인율 변동과 공개 시장 조작 사이에는 반드시 조정이 있어야 한다.[70] 이 원칙은 다음과 같다. 공개 시장 매입이 먼저 상업 은행 예금의 증가를 가져왔다. 그다음에 상업 은행은 늘어난 자금을 이전의 연준 차입금을 상환하는 데 사용할지 아니면 다른 투자에 사용할지를 결정해야 했다. 경제학 논리에 따르면 이 은행들은 두 대안의 한계 수익을 일치시키려고 할 것이다. 차입 자금의 상환에서 얻는 수익은 할인율에다, 할인 창구 이용 은행이 포기한 연준의 선의라는 비용을 합한 것이 될 것이다. 차입 자금의 규모가 커지면 연준의 거부 비용도 아마 증가할 것이다. 다른 투자의 한계 수익은 은행이 대출 수요 곡선을 따라 내려가면서 하락하게 될 것이다. 따라서 금융시스템에 유동성을 추가로 공급하기 위해 공개 시장 매입을 사용했을 때, 은행들은 연준에 대한 재할인을 줄이고 새로운 투자를 일부 늘렸다. 대출 수요가 비탄력적인 불황기에는 은행들이 추가 유동성의 대부분을 대출 증가보다는 연준 차입금 상환에 사용할 것이다.

하지만 연준은 할인율을 낮춤으로써 재할인의 상환 유인을 줄이고 대신에 회원 은행들이 대출과 투자에 추가 유동성을 사용하도록 유도할 수 있었다. 1930년에 연준은 계획된 속도로 이렇게 하지 못했다. 뉴욕연방준비은행의 할인율은 1929년 말의 4.5%에서 1930년 중반의 2.5% 사이에 있었다. 그러는 동안에 콜 금리는 1929년 말 4.5%에서 1930년 중반 2.5%로 연준 할인율보다 먼저 떨어졌다.[71] 은행이 연준 차입을 줄이는 것이 콜 자금을 대출하는 것만큼이나 이익이었다. 1930년 초의 매우 불안정한 상황에서 그렇게 하는 것이 위험도 더 낮았다.

연준이 이미 낮은 수준의 이자율을 통화 완화의 증거로 잘못 이해했기 때문에 할인율을 더 신속히 인하하지 못했다는 견해들도 있다.[72] 일부 이사들은 실제로 이런 인상을 가지고 있었을 수 있다. 하

황금 족쇄

지만 통화 상황을 다르게 이해한 사람들도 변화를 시도할 생각이 없었다. 핵심 쟁점은 통화 상황에 여유가 있었느냐 아니냐가 아니었다. 통화 완화가 이로우냐 해로우냐가 쟁점이었다. 지배적이었던 청산주의 견해에 따르면, 통화 완화는 해로웠다. 통화가 풍부하다면 더 이상 그렇게 되는 것을 막아야 했다. 통화가 빠듯한 상황이라면 더욱 그렇게 하는 것이 더 유익했다. 따라서 연준은 할인율을 2.5% 밑으로 인하하는 것을 반대했다. 이사회의 대다수는 월가 붕괴 이후 금융시스템으로 유입된 추가 현금이 회원 은행의 재할인 축소를 통해 중앙은행으로 다시 환류했을 때 걱정을 한 것이 아니라 오히려 안심했다.

유럽의 파급 효과

연준의 공개 시장 매입이 중지되자, 금의 유출은 중지되고 유입이 나타났다. 미국의 금 수입으로 국제수지가 상대적으로 취약한 국가들에 대한 압박이 가중되었다. 프랑스의 금 수입으로 어려움은 더욱 커졌다. 경기와 화폐 수요가 상대적으로 양호한 상태를 유지한 상황에서 프랑스중앙은행은 1930년 내내 금을 수취했다. 하지만 그해 초부터 말까지 중앙은행의 국내 자산 규모는 거의 변하지 않았다. 프랑스는 여전히 경기 침체의 영향권 밖에 있었다. 따라서 신용정책의 완화 압력은 거의 존재하지 않았다. 중앙은행이 '불건전한' 통화정책을 취해야 한다는 인식은 프랑스 관리들의 생각과는 완전히 배치되는 것이었다. 통화 팽창은 1926년에 마지막으로 경험한 인플레이션과 사회 혼란 같은 이미지를 상기시켰다. 1930년 1월에 이미 프랑스중앙은행 이사회는 프랑스 내의 통화 '과잉'이 새로운 인플레이션을 야기할 수 있다고 경고했다.[73]

그런 사태가 일어나는 것을 피하기 위해 1928년에 새로운 법률들이 제정되었는데, 이 법률들에 따라 프랑스중앙은행은 대부분의 공개 시장 조작을 할 수 없게 되었다.[74] 프랑스 할인시장이 협소해 국내 신용 상황에 상대적으로 거의 영향을 미치지 않는 할인율 인하는 여전히 가능했다.[75] 그 결과로, 1프랑의 금이 추가되면 35%의 금 준비율하에서는 이론상으로는 약 3프랑의 유통 은행권 증가가 가능했지만, 실제로는 겨우 1프랑 정도 증가했다. 자금의 대체 사용처가 점점 줄어들어 상업 은행들이 재할인을 통해 중앙은행에서 차입한 자금을 상환하면, 금의 유입에도 불구하고 중앙은행의 국내 자산은 증가하지 않을 수 있다.

랠프 호트리 같은 외국 비평가들은 모로와 그의 동료들이 금 수입 위에 '신용의 구조물'을 쌓지 않았다고 비판했다. 프랑스가 국내 여신을 늘려 금 유입을 막지 않은 것은 금본위제의 게임의 규칙을 위반한 것이라고 주장했다. 호트리는 여신 확대를 촉진하기 위해 프랑스중앙은행의 운영에 관한 법률 개정을 촉구했다.[76] 이런 조언은 프랑스인들의 마음속에 뚜렷이 남아 있는 인플레이션에 대한 공포를 이해하지 못한 것이다.

사실, 프랑스의 정책 결정자들은 디플레이션을 반전시키려는 조치들이 반생산적이라고 생각했다. 그들은 대공황의 원인이 외환 준비금 축적에 의해 뒷받침된 과도한 팽창적 통화정책에 있다고 생각했다. 그런 정책이 없었다면 미국 물가가 1913년 수준보다 60%나 높았던 1925년에 세계 금본위제가 어떻게 재건될 수 있었겠는가?[77] 외환 준비금이 청산되고 있었기 때문에 필요한 디플레이션 조정이 마침내 이루어질 수 있었다. 이 조정이 확실히 이루어지지 않으면 또 한 번의 투기 과열의 무대가 만들어지고, 결국에는 훨씬 더 처참한

황금 족쇄

현대 마이다스의 빈곤함

출처: 『수 시티 트리뷴*Sioux City Tribune*』.

붕괴가 발생할 것이다.[78]

　하지만 프랑스 경제도 금의 국제적 이동의 영향이 완전히 차단된 것은 아니었다. 금의 유입은 시중에 있는 현금의 증가로 이어졌다. 그 결과로 수요와 물가가 상대적으로 높은 수준을 유지했다. 따라서 프랑스 소비자들은 수출 감소에도 불구하고 해외 상품의 수입을 계속했다. 프랑스의 무역 적자는 결국 1928년 4% 미만에서 1929년에는 12%로, 1930년에는 18%로 확대되었다. 수출에 비해 수입이 더 늘었지만, 그렇다고 프랑스 내 금의 축적을 중지시킬 만큼은 아니었다. 프랑스 관리들은 여전히 무역 적자의 증가를 금본위제 조정 메커니즘 작동의 증거로 들면서 자신들이 게임의 규칙을 어기고 있다는 영국의 주장을 반박했다.[79]

하지만 무역수지는 국제수지의 구성 요소 중 하나에 불과했다. 프랑스의 관광 수입은 1929년과 1930년에 여전히 높은 수준이었다. 따라서 무역 적자의 증가가 자본 유입을 억제하지는 못했다. 다른 통화의 안정성에 대한 불신이 높아지면서 자본은 준비금 잔고가 비정상적으로 크고 또 그 증가가 가속화되고 있던 프랑스로 유입되었다.[80] 따라서 무역수지의 변화가 '금 벼락'을 억제하지는 못했다.

자본 유입 때문에 이자율은 낮았지만, 프랑의 강세 덕분에 세금 인상이나 정부 지출 축소의 압력은 거의 없었다. 저금리와 소비자 지출의 안정 덕분에 투자도 안정되었으며, 국제수지 압박이 없어서 정부는 공공사업 프로그램을 이어 갈 수 있었다. 이런 요인 때문에 1930년 말 내내 프랑스는 대공황의 바다 한가운데서 번영의 섬으로 남아 있었다. 다른 나라들은 상대적으로 경기가 좋은 프랑스 시장에 자기 상품을 수출할 수 있어 좋았지만, 파리로의 자본 도피로 고통을 겪었다. 프랑스중앙은행이 금을 계속 쌓아 가고 있는 한, 두 번째 효과가 더 컸다.

국제수지 문제로 늘 곤란하던 영국조차 다른 채권국과 마찬가지로 월가의 붕괴 이후 준비금을 늘려 갔다. (그림 8.8 참조.) 1930년 1분기 이후 금의 수입이 점점 줄었지만 잉글랜드은행은 그해 내내 외환 보유액을 늘려 갔다. 준비금은 1929년 4분기와 1930년 4분기 사이에 15% 증가했다.[81] 잉글랜드은행 관리들은 미국 관리들보다 불황의 심각성을 더 빨리 깨달았다. 하지만 1929년 중반 이후 영국의 통화 공급 대비 잉글랜드은행 국제 준비금의 비율은 하락했다(그림 8.8 참조). 노먼과 그의 동료들은 준비금 유출을 불태화하면서 국제수지가 국내 경제에 더 이상 디플레이션 압력을 가하지 못하도록 했다. 하지만 이제 준비금 수준이 낮아져 잉글랜드은행은 프랑스중앙은행

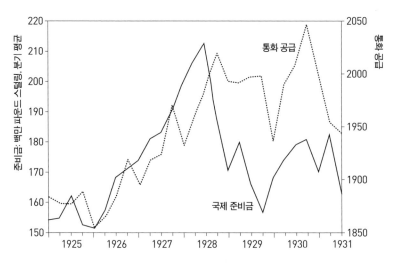

그림 8.8 **1925~1931년 영국의 통화 공급과 국제 준비금.**

영국의 현금 유통액과 잉글랜드은행의 준비금은 '게임의 규칙'에 따라 변동하는 경향이 있었다. 하지만 1928년 이후 잉글랜드은행은 준비금 유출을 불태화해 준비금의 감소가 통화 공급에 완전히 반영되지 못하도록 했다.

출처: Moggridge(1972).

이나 미국 연준보다 먼저 할인율을 인하할 수는 없었다.[82] 나아가 이미 이루어진 할인율 인하도 국내 경기에 거의 영향을 주지 못했다. 경제가 침체된 상황에서 추가 할인 수요도 거의 없었다. 1930년 내내 은행 외부의 현금이나 청산 은행의 예금 규모는 거의 변하지 않았다. 1929년 2월 위기에 대한 기억이 아직 생생한 상태에서 잉글랜드은행은 확장적인 공개 시장 조작에 나서는 것을 주저했다. 스털링의 약세로 경계심이 높아졌다.

미국과 프랑스가 좀 더 확장적인 정책을 취했더라면 잉글랜드은행도 뭔가를 좀 더 해 볼 수 있었을지도 모른다. 하지만 프랑스중앙은행과 연준 사이의 협조는 간헐적인 외환시장 개입에 한정되었다. 1930년 9월에 스털링 환율이 금 수출점 이하로 절하되었을 때 뉴욕연방준비은행은 달러를 내놓고 1720만 파운드의 스털링을 매입했다.[83] 11월에 프랑스중앙은행은 파리에서 총재의 표현대로 "소액"의 스털링을 매입했다.[84] 통화 절하로 금 채굴의 수익성이 점점 높아진 호주나 다른 금 생산 지역에서 새로 채굴된 금의 반입이 증가한 덕분에 잉글랜드는 그나마 1930년 후반기를 버틸 수 있었다. 하지만 이것은 문제의 시작일 뿐이었다.

결론

1930년 말경, 세계 전체의 경기 위축이 결정적인 단계에 도달했다. 프랑스와 미국은 위험한 속도로 다른 국가의 금을 빨아들이고 있었다. 여전히 금본위제를 고수하던 국가들은 준비금을 잃으면서 긴축 정책을 강화하는 것 외에 다른 선택이 없었고, 그래서 과거에 겪은 수출 및 자본 수입 감소의 고통이 이 국가들의 경제에 미치는 충격은 심해졌다. 1930년 마지막 몇 달 동안 제1차 은행 위기가 미국을 강타했을 때, 미국 경제는 가장 심각한 경제 위기를 겪는 나라가 될 상황에 처한 듯했다.

재앙을 피하기 위해 정부 관리들은 조치를 취해야 했다. 금본위제를 고수하는 한, 의미 있는 부양 조치를 취하려면 국제적 공조가 필요했다. 핵심적인 문제는 정책 결정자들이 필요한 합의를 도출해낼 수 있느냐 하는 것이었다.

제9장

위기와 기회

1930~1931년 겨울에 나선형 하강은 한층 가속화되었다. 그때까지 대공황에 겨우 견뎌 온 일부 나라들도 이제 그 광풍에 굴복했다. 1931년 광공업의 실업은 위기 수준까지 올라갔다. 미국은 25%, 영국은 21%, 독일은 34%였다.[1]

경기 하강 2년 후에는 시장의 자기 균형화 경향이 나타났어야 했다. 자산 가격은 이미 헐값 수준으로 떨어져 있었다. 실직자 무리들이 애타게 일자리를 찾으면서 임금 하락 압력이 있었다. 따라서 회복에 유리한 조건으로 보였다. 겨울눈이 녹듯이 투자자들의 비관적 전망도 같이 녹았다. "경제와 금융 상황이 확실히 풀리는 것처럼 보였다"고 국제연맹은 판단했다.[2]

하지만 상황은 개선되기는커녕 1931년 하반기에 도리어 확연히 악화되었다. 금융 위기와 국제금본위제의 붕괴가 세계 경제에 새로운 충격을 던졌다. 금융 불안정이 확산되면서 통화 완화는 통화 경색으로 바뀌었고 투자자들의 열기도 식었다. 봄과 여름에 오스트리아,

헝가리, 독일은 금 태환을 중지하고 외환 거래를 제한할 수밖에 없었다. 9월에는 위기가 영국으로 퍼졌으며 스털링도 금본위제에서 이탈했다. 9월에 9개 나라가 영국의 뒤를 이어 금본위제에서 빠져나갔고 10월에는 5개 나라가, 11월과 12월에도 여러 나라들이 그 뒤를 따랐다. 국제 경제는 세 그룹으로 쪼개졌다. 세 그룹은 영국과의 교역이 점점 늘어난 스털링 지역 그룹, 외환 통제 뒤에 숨은 중부 유럽 국가 그룹, 그리고 무역 장벽 뒤로 몸을 피한 금본위제 그룹(미국, 네덜란드, 벨기에, 프랑스, 스위스, 폴란드)이었다. 금블록 국가들은 불확실성 때문에 외환 준비금을 청산했는데, 그 결과로 국제수지 압력이 미국으로 넘어가면서 연준이 더욱 긴축적인 정책을 채택하도록 압박받았다.

불황이 2년간 계속되면서 거의 모든 나라에서 은행시스템이 매우 취약해졌다. 은행들의 상황이 얼마나 악화되었는지 밝혀지자 금융 위기가 점화되었다. 하지만 그것은 단순한 우연이 아니었다. 대화재가 순식간에 번져 나갔다. 금본위제로 인해 개별 중앙은행이 국내의 최종 대부자로서 움직일 수 있는 범위가 제한되었기 때문에, 진화 노력도 좌절되었다. 관리들이 불을 끄기 위해 국내 은행에 유동성을 추가로 공급하면, 그것은 금본위제 방어보다 은행시스템의 안정을 더 우선시한다는 신호로 읽혔다. 예금자들은 평가 절하 전에 미리 그 나라에서 돈을 빼 내기 위해 달려들었다. 국제수지 위기가 불가피한 것처럼 보이자, 은행권에 주입된 유동성이 곧 다시 빠져나왔다.

금본위제 이탈 외에 이런 딜레마에서 벗어나는 유일한 탈출구는 국제 협력이었다. 국제적 지원은 약세 통화를 지지할 수 있었고 고군분투하는 중앙은행들에게 도움이 될 수도 있었다. 그러면 중앙은행은 준비금 고갈이나 금본위제 이탈 없이 국내 은행시스템 안정에 필요한 유동성을 얼마든지 공급할 수 있었을 것이다. 금융 안정에

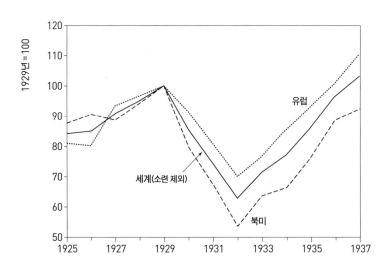

그림 9.1 **1925~1937년 세계 제조업 생산 지수.**
전 세계의 생산이 1933년 이전에는 경기 침체의 영향에서 회복될 기미가 거의 없었다.
출처: League of Nations(1939).

대한 위협이 사라지면 해외 대부 상환이 가능했다.

국제 통화 협력의 책임을 맡을 새로운 기구, 즉 국제결제은행 (BIS)이 1930년에 설립되었다. 하지만 놀라울 정도로 아무런 역할을 하지 못했다. BIS는 중앙은행 간 협력뿐만 아니라 독일 배상금 이전의 관리도 맡고 있었다. 두 가지 기능을 한 기관에 합쳐 놓은 것이 치명적이었다. 국내 정치의 제약 때문에―특히 미국의 지속적인 전시 채무 수취를 위협할 수 있는 어떠한 배상금 관련 조치도 의회가 반대했기 때문에―연준은 BIS에 가입도 하지 못했다. 연준이 BIS 정기 회의에서 제외된 상태에서는, 필요할 때 수시로 조율하려는 노력이 필요했다. 협상이 시작되자마자 익숙한 세 가지의 협력 장애물, 즉 국내 정치의 제약, 국제 정치 분쟁, 서로 다른 인식 틀이 다시 표면화되어 1931년 금융 위기에 대한 공동 대응 시도를 좌절시켰다. 협력이 가장 절실히 요구되는 단 한 번의 기회에 국제 협력은 이뤄지지 않고 있었다.

국내 금융시스템과 국제금융시스템의 연결

1931년 봄에는 낙관적 전망의 근거들이 몇 가지 있었다. 미국의 1차 은행 위기는 심각하기는 했지만 오래가지는 않았다. 그림 9.2에 나타 난 바와 같이, 1931년 2월경에는 추가로 영업 정지된 미국 상업 은행 들의 예금액이 1930년 12월 수준의 10% 미만으로 떨어졌다.[3] 연준 이사회의 산업 생산 지수는 12월에서 4월 사이에 7% 상승하였다. 철 도 화물 운송량은 1월에서 3월 사이에 7% 증가했다. 다우존스 산업 평균은 약 8% 반등했으며 다른 나라에서도 주식 가격 회복세가 나 타났다. 파리와 취리히가 할인율을 인하해서 자본이 독일로 다시 유 입되고 금도 영국으로 유입되었다. 미국의 경제 예측가들은 최악의 시기가 지났다면서 기업인들에게 투자 계획을 다시 실행에 옮기라 고 촉구했다.[4]

지평선 위의 어두운 구름은 과다 채무국의 이전 문제였다. 1차 산품 가격이 아직 회복되지 못하고 있는 한, 이들의 채무 상환 능력 에는 경기 낙관이 아무 소용 없었다. 이 와중에, 1930년 여름에 미국 이 도입한 스무트-홀리 관세법Smoot-Hawley Tariff과 다른 나라의 관세 인상은 문제를 악화시켰다. 채무국이 당면한 어려움은 이자율에 반 영되었다. 일반적으로 유럽 금융 중심지들이 할인율을 인하하면, 세 계 다른 지역도 이에 동조해 할인율을 내렸다. 하지만 1931년에는 그렇지 않았다. 북미와 서유럽의 할인율 인하에도 불구하고 중남미 와 중부 유럽 채무국 중앙은행들은 수요를 줄이고 자본 도피를 억제 하기 위해 고금리를 유지할 수밖에 없었다. 채무국 중에서 루마니아

황금 족쇄

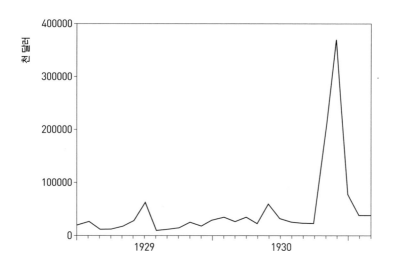

그림 9.2 **1929년 1월~1931년 3월, 지불 정지된 은행 예금.**

미국 은행 파산의 정도를 여기서는 영업 정지 은행들의 목록에 새로 추가된 은행들의 예금액으로 측정했는데, 이 지표는 1930년 말의 상승 속도와 같은 속도로 1931년 초에 감소했다.

출처:『연준 월보』(1937년 9월), 909쪽.

만 유일하게 1931년 초기 몇 달간 할인율을 겨우 인하했다.

많은 남미 국가들에서는 가장 엄격한 정책조차도 충분하지 않은 것으로 나타났다. 뉴욕에서 자금을 차입할 수 없었던 볼리비아는 1931년 1월에 이자 지불을 중지했다. 주요 남미 채무국들이 차례차례 그 뒤를 이었다.[5] 이자 지불의 중지는 수입 억제와 세금 인상의 필요성을 줄였기 때문에 긴축정책이 완화될 수 있었다. 남미의 고채무 국가들에게 디폴트는 평가 절하와 더불어 국내 경제정책의 통제권을 되찾는 데 필요한 전제조건이었다.

하지만 채무 디폴트의 파장은 단순히 고채무국에 그치지 않았다. 디폴트로 채권국의 이자 소득이 줄어들면서 일부 채권국, 특히 영국이 이미 겪고 있던 국제수지 압박이 강화되었다. 1931년 스털링 위기에 이르는 기간 동안, 영국 국제수지 항목 중 가장 많이 감소한 항목은 해외 수취 이자 및 배당금 소득이었다.

디폴트는 또한 국제 대부의 조종을 울렸다. 자본시장은 1930년부터 회복되기 시작했다. 하지만 남미 국가의 디폴트가 재발했다. 1931년에 미국과 영국의 대부는 전년도 전반기의 3분의 1 수준으로 떨어졌다. 디폴트는 해외 채권 투자의 특별한 위험을 단적으로 보여주었으며, 그 결과로 채권자들은 남미뿐만 아니라 다른 지역에 대해서도 대부를 하려고 하지 않았다.

대출의 급감으로 중부 유럽의 금융 상황이 크게 바뀌었다. 1920년대 통화 안정화 이후 중부 유럽 전역의 기업과 정부는 자금 조달을 해외 채권 발행에 의존해 왔다. 이것이 갑자기 불가능하게 된 것이다. 이제 차입자들은 국내 은행권을 통해 자금을 조달하려고 했다. 하지만 국내 은행들 자체가 해외 자금에 크게 의존하고 있었다. 독일, 오스트리아, 헝가리의 은행들은 외국인 예금에 크게 의존하고 있었다. 이 나라들의 민간 및 공공 차입자들은 교역과 대부의 급감에도 불구하고 해외 채무의 원리금 상환을 계속했다. 이 나라들의 국제수지는 눈에 띄게 악화되었다. 그 결과로 중앙은행이 금 본위 평가를 계속 방어할 수 있을까 하는 의구심이 자랐다. 이런 의구심 때문에 평가 절하 시에 입게 될 자본 손실을 피하려는 외국인 예금 인출이 촉발되었다. 인출 압박을 받고 있던 국내 은행들은 차입자들의 수요에 대응할 수가 없었다.

영국, 독일, 오스트리아, 헝가리 모두 외국인 예금의 인출이 금본위제 붕괴를 가져온 금융 위기의 촉매가 되었다. 외국인 예금은 특히 유동성이 높고 신인도의 변화에 민감하게 반응했다. 은행 투자의 낮은 유동성과 금융 상황에 대한 불완전한 정보 때문에 신인도 상실이 다른 곳으로 퍼져 나갔다. 한 은행이 예금자들의 요구에 대응하지 못하자, 경쟁 은행들의 상황도 의심스러워졌다. 은행권 전체가 압박을 받는 상태에서 개별 은행들이 유동성 확보를 위해 제휴 은행에 의존할 수도 없었다. 최종 대부자 역할을 하는 중앙은행이 유일하게 도움을 줄 수 있는 곳이었다.

여기서 금본위제가 등장한다. 평가 절하를 예상한 외국인들이 예금을 인출하자, 이들이 두려워하는 바로 그런 일이 일어날 가능성이 더욱 높아졌다. 국내 통화 표시 자산이 외환으로 전환되자, 환율 고정을 고수하는 중앙은행은 국내 통화 매입에 금과 외환을 사용할 수밖에 없었다. 준비금은 위험한 수준으로 떨어졌으며 금 태환의 유지 가능성에 대한 의구심은 더욱 커졌다. 준비금 누출의 가속화는 불가피했다. 금 평가를 방어하기 위해 중앙은행은 이자율을 인상하고 여신을 억제할 수밖에 없었는데, 그 결과로 은행 위기는 악화되었다. 사실, 통화 당국의 우선 목표는 금본위제 방어였기 때문에 국내 은행 보호를 위해 강력하게 개입할 수 없었다.

어느 한 나라의 중앙은행이 환율 위기의 위험을 무시하고 국내 은행시스템 지원을 선택한다고 해도, 금본위제 때문에 그 효과는 크지 않았다. 중앙은행은 증권을 매입하고 상업 은행이 보유한 어음을 할인하여 현금을 추가로 공급함으로써 은행권에 유동성을 주입할 수 있었다. 어떤 방법을 쓰든, 금 준비율 감소는 가속화되었다. 몇몇 중앙은행은 불환 지폐의 발행을 증가시키거나 준비금으로 뒷받침되지 않는 은행권에 부과되는 세금을 납부하면, 금 준비율을 법정 하한선 이하로 낮출 수 있었다. 이를 통해 명목상으로는 은행권에 대한 유동성 주입의 여지가 넓어졌다. 하지만 준비율의 하락으로 태환에 대한 신인도가 하락하면 은행에 대한 압박은 완화되지 않을 것이다.

최종 대부자 활동은 평가 절하의 공포를 고조시켰고, 이것은 다시 인출과 자본 도피 그리고 국제 준비금의 감소를 촉발했다. 은행권에 추가 투입된 유동성은 국내 금융의 안정을 가져오지도 못하고 다시 빠져나왔다.

국내 금융 불안정과 국제 금융 불안정이 서로 상호작용을 했다. 각국이 금본위제를 유지하는 한, 유일한 출구는 최종 대부자 역할을 공동으로 하는 것뿐이었다. 다른 중앙은행들이 곤경에 처한 중앙은행에 자금을 빌려주고 또 다른 방식으로 약세 통화를 지원하면, 준비금 제약은 문제가 되지 않을 것이다. 모든 중앙은행의 여유 준비금을 통화 약세 국가가 이용할 수 있게 되면 통화 투기자들도 다시 신뢰하게 될 것이다. 국내의 최종 대부자는 금 평가에 대한 신인도를 훼손하지 않으면서 은행권에 준비금을 투입할 수 있을 것이다. 추가된 유동성이 평가 절하 공포 때문에 다시 누출되는 일은 일어나지 않을 것이다.

BIS는 국제적 지원 활동을 위한 확실한 장을 마련했다. 만약 BIS 회원국들이 오스트리아중앙은행National Bank of Austria과 독일제국중앙은행에 대한 지원 종합 계획에 합의할 수 있었다면, 다음에는 국제 공조를 통한 통화 팽창과 같은 더욱 광범한 대공황 대응 계획으로 눈을 돌릴 수도 있었을 것이다. 1930년 BIS 설립은 최후 단계의 배상금 협상의 결과물이었다. 1924년에 합의된 도즈 플랜에 따라 채무를 재조정한 결과, 독일의 의무는 독일 통화로 표시된 배상금을 지불하는 것에 한정되었다. 그것을 외환으로 전환하는 것은 배상금위원회의 책임이었다. 대신에 배상금지불사무국Agent General for Reparations Payments은 독일제국 정부가 부담스러워 할 정도로 독일의 경제정책에 개입할 수 있는 권한을 가졌다. 1930년 영 플랜의 채무 재조정에 따라 독일의 '이전 보호transfer protection'는 철회되었다. 즉 배상금위원회가 아니라 독일제국이 마르크에서 외환으로의 환전을 책임지게 되었다. 이 업무를 덜기 위해 BIS가 창설되었고, BIS는 배상금과 관련된 외환시장 교란을 최소화하는 임무를 맡게 되었다.

1926년 벨기에 안정화의 영웅이자 배상금 협상 대표단이었던 에밀 프랑키가 주도한 BIS 설계팀이 구상한 대로, 배상금 이전과 관련된 외환시장 교란을 최소화하는 것은 BIS의 임무 가운데 하나에 불과했다.[6] 그것에 더해 BIS는 배상금과 관련된 위탁 관리 기능을 부여받았으며, "중앙은행 간 협력의 촉진"을 요구받았다.[7] 이것은 의미 있는 출발이었다. 1920년 브뤼셀과 1922년 제노바에서 제안된 유사 조직들은 무산되었다. 그래서 BIS는 최초의 결과물이었다.[8]

BIS 관리들 자신은 중앙은행 간 협력의 촉진을 조직의 "제1 목표"로 보았다.[9] 그들은 1936년 보고서에서 일반적 협력의 목적 중 하나를 "공통의 통화 원칙을 발전시키고 통화와 관련된 이론, 문제 및 행동에 관한 공동 합의에 기초해 가장 폭넓고 가능성 있는 조치 수단을 확보하는 것"이라고 서술했다. 바로 이것이 이 책에서 줄곧 공통의 인식 틀이라고 한 것이다. 이런 인식 틀이 없었던 것이 1920년대와 1930년대의 중앙은행 간 실질적 협력을 늘 가로막는 조건으로 작용했다. 그리고 더욱 체계적인 정책 조정이 이루어지면 중앙은행들이 "서로에게 어떻게 하면 피해를 주지 않을지 알게 될 것이며, 특히 어느 중앙은행이 이웃 시장에 참가하고 있을 때 그럴 것"이라고 BIS 관리들은 주장했다. 그래서 결국은 정책들이 국경을 넘어 미치는 부정적 파급 효과를 고려하게 될 수도 있을 것이다. 이렇게 되면 중앙은행들이 "경기 변동을 완화하고 경제 활동의 전반적 수준에서 더 높은 균형을 달성하는 데 기여할 수 있게 될 것"이다. 결국에는 정기적인 협의와 정보 교환이 신뢰를 형성하고, 각국이 상대방에 대한 정보를 가진 상태에서 정책 결정을 하게 될 것이다.

배상금 이전에 대한 감독 기능과 통화정책 조율 기능을 한 기구 안에 둔 것은 불행하게도 나쁜 결과를 낳았다. 독일 배상금은 연합국의 전쟁 채무와 연계되어 있었다. 그런 연계를 알고 있던 미국 의회는 연준의 가입을 불허했다. BIS는 J. P. 모건과 뉴욕 퍼스트내셔널뱅크First National Bank가 주도하는 미국 상업 은행 컨소시엄의 참여를 독려했다. 그리고 이를 통해 미국 단기자금시장의 교란 요인을 억제하기 위해 개입할 수 있는 통로를 마련했다. 하지만 중앙은행 간 협조에 관한 사안에서는 J. P. 모건과 뉴욕 퍼스트내셔널뱅크가 연준의 대체 기관이 될 수 없었다. 연준이 가입하지 않은 상태에서 BIS가 중요 중앙은행들의 정기적 협의의 장이 되는 것은 불가능했다. "공통의 통화 원칙을 발전"시키고 "경기 변동 완화"에 필요한 조치들을 조정하는 것은 여전히 어렵게 되었다. 정기적 협의를 위한 적절한 장이 없는 상태에서, 국제 협력은 너무나 미약하고 또 너무나 느렸다.

오스트리아 위기

유럽의 최대 단기 채무국 네 나라를 중요도 순으로 열거하면 독일, 영국, 헝가리, 오스트리아였다. 이 네 나라는 1931년 여름에 가장 심각한 금융 위기를 겪었다. 영국 맥밀란위원회에 따르면, 외국인들은 런던에 약 20억 달러의 예금과 스털링 어음을 보유하고 있었다.[10] 표 9.1에 요약된 독일 전체 은행권의 단기 채무는 영국의 60% 수준이었다. 오스트리아 은행권과 헝가리 은행권의 단기 채무는 각각 1억 2000만 달러와 1억 3000만 달러였다.[11]

오스트리아는 이 나라들 중 맨 먼저 금융 위기를 겪었다. 대공

표 9.1 **주요 유럽 국가의 단기 부채**(단위: 백만 달러)

국가	날짜	단기 부채					
		중앙 정부	지방 정부	중앙은행	기타 은행	기타 채무자	합계
오스트리아	1932년 9월	14.1	0.3	121.9		19.4	155.7
헝가리	1931년 11월	42.8	21.8	25.3	106.7	124.0	320.3
불가리아	1931년 12월	4.2	3.4	1.1	10.3	23.4	42.4
폴란드	1931년 12월	0.4	—	5.1		27.9	33.4
루마니아	1932년	—	—	13.5	23.7	41.9	79.1
덴마크	1932년 12월	—	—	25.0		36.2	61.2
핀란드	1932년 12월	7.5	1.4	4.7	24.4	17.5	55.5
노르웨이	1933년 1월		2.2	19.7		106.9	128.8
독일	1932년 9월	148.0		193.6	918.4	963.3	2,223.3

출처: League of Nations(1933b), 269쪽.

황으로 모든 나라의 은행 상황이 취약해졌지만, 오스트리아의 은행 시스템은 특히 취약했다. 은행과 산업 간의 긴밀한 관계는 오스트리아의 전통이었다. 오스트리아에서는 19세기 중반 이후 겸업 은행 제도universal banking •가 일반화되었다. 은행과 산업 사이의 공생 관계는 1차 세계 대전으로 오히려 더 강화되었는데, 은행들은 군수 산업의 자금 조달, 개발 및 경영에 직접적인 지원을 했다.[12] 하지만 1차 대전으로 오스트리아-헝가리제국이 분열되면서 산업계에 대한 대출 범위가 축소되었다. 대형 산업 은행들의 포트폴리오가 지역이나 산업 측면에서 점점 집중되어 대공황에 대한 금융시스템의 취약성이 고

• 겸업 은행 제도란 상업 은행의 고유 업무인 예금 및 대출 업무와 투자 은행의 고유 업무인 증권 관련 업무를 한 은행이 동시에 맡는 은행 제도를 가리킨다. 겸업 은행 제도와 달리, 위 두 업무가 분리되어 있는 은행 제도를 전업 은행 제도specialized banking라고 한다.

조되었다. 더욱이 1920년대의 초인플레이션은 은행 자본금의 실질 가치를 떨어뜨렸는데, 자본금의 가치는 그 이후에 다시 완전히 회복되지 않았다.[13] 이런 이유들 때문에 오스트리아의 대형 은행들은 대공황이 닥쳤을 때 큰 충격을 받을 수밖에 없었다.

이런 문제는 오스트리아 최대 예금 은행이던 크레디트안슈탈트 Credit-Anstalt의 영업에서 뚜렷이 드러났다. 크레디트안슈탈트는 1920년대의 합병 움직임에 주도적으로 참여했다. 1929년 보덴크레디트안슈탈트 Bodenkreditanstalt를 흡수하면서 자산 총액이 오스트리아의 다른 모든 주식회사 은행들을 합친 것보다 많았다. 1930년 대차 대조표는 중앙 정부의 지출 총액과 대등한 규모였다. 그런 상태에서 예금이 동결되자, 소비자 행동에 미치는 효과는 정부 지출의 대규모 감축 효과와 비교할 수 있을 정도였다.[14] 크레디트안슈탈트가 겪은 모든 경제적 어려움은 오스트리아 경제 전반에서 체감할 수 있었다.

이 기관의 자금 상황이 국민들에게는 알려지지 않았고, 정부도 상황을 1931년 5월 위기 직전에야 알았지만, 상황은 이미 여러 해 동안 계속 악화일로를 걷고 있었다. 5월 11일에야 은행 간부들이 정부에 전년도의 손실 규모를 알리면서 부실 대출 규모가 크레디트안슈탈트의 공식 자본금을 이미 완전히 잠식했음을 인정했다.[15] 불과 며칠 후, 상황이 일반인에게 공개되었다.

오스트리아 정부는 오스트리아중앙은행과 협력하여 크레디트안슈탈트의 방어에 나섰다. 은행의 규모가 특히 컸기 때문에, 은행 붕괴 시의 엄청난 파급 효과를 무시할 수 없었다. 그리고 여러 해 동안 정부는 대공황의 여파로 곤경에 처한 국내 기업들을 지원하라고 크레디트안슈탈트에 압력을 넣었는데, 이로 인해 은행의 어려움이 가중되었다. 1929년의 보덴크레디트안슈탈트의 흡수는, 중앙은행이 보덴크레디트안슈탈트에 제공한 재할인의 손실을 입지 않도록 하기 위해 크레디트안슈탈트의 회장이 마지못해 떠안은 것이었다. 크레디트안슈탈트는 정부 지원을 끌어내기 위해 이런 사실을 주저 없이 정부 관리들에게 상기시켰다.

정부는 곧바로 은행 자본금을 확충했으며, 그 대가로 은행의 주식을 확보했다. 크레디트안슈탈트의 부채 뒤에 정부의 확고한 신뢰와 자금 지원이 있다는 사실이 분명해지자, 빈의 로스차일드는 유동성을 추가로 주입했다. 정부는 상황이 허락하면 가급적 빨리 새로 획득한 주식을 처분할 계획이었다. 이것이 어렵다는 것이 예상보다 빨리 확인되었다. 정부에 제공되고 5월 둘째 주에 일반에 공개된 손실 정보는 이미 4개월 이상 지난 것이었다. 1931년 1분기의 실제 손실은 분명히 훨씬 더 컸다.[16] 뿐만 아니라 크레디트안슈탈트가 1930년 손실을 축소해서 발표했을 것이라는 의심이 널리 퍼져 있었다. 이런 소문 때문에 국내외 예금자의 대규모 인출이 야기되었다.[17] 사람들은 비너방크페어아인Wiener Bankverein 같은 빈의 다른 대형 은행들도 비슷한 정도의 손실을 입었을 것으로 생각했다. 전체 은행권의 상환 능력에 의문이 제기되었다. 허버트 후버가 지적한 것처럼 "불안감이 수은처럼 금융계 구석구석으로 흘러들기 시작했다."[18]

오스트리아와 독일이 관세 동맹 체결을 논의했다는 사실이 알려지면서 프랑스의 경계심이 고조되었다. 프랑스는 이것을 베르사유 조약 폐기의 첫 단계라고 생각했는데, 베르사유 조약의 초석 중 하나가 오스트리아와 독일의 정치적 경제적 분리였다.[19] 프랑스 예금은 빠른 속도로 본국으로 환류했다.

이 기간 내내 오스트리아의 무역수지가 적자였다고 해서 안심할 일은 아니었다. 1930년처럼 단기 자본이 계속 유입되는 한, 무역수지 적자에 상응하는 자금을 조달하는 데 문제는 없었다. 하지만 자본 도피가 나타나면 국제수지가 적자로 되어 준비금을 상실했다. 이런 준비금 상실은 다시 중앙은행의 은행시스템 지원 여력을 제한했다.

1924년 이후 오스트리아중앙은행은 보유하고 있던 증권을 매각하거나 연금 유통액 증가율을 최소화하기 위해 할인을 줄이면서 금유입을 계속 불태화했다. 이런 정책 때문에 경제 성장률은 억제되었지만, 다른 한편으로 중앙은행이 상당한 정도의 초과 준비금을 쌓을수 있었다. 금과 태환 통화의 유동 준비금은 법정 하한선인 적격 부채의 33.3% 부근에 머물렀지만, 중앙은행은 2차 준비금인 달러와 스털링 자산을 충분히 보유하고 있어서 위기 직전인 4월 30일에 국내부채 대비 대외 준비금의 비율이 72%까지 올라갔다.[20] 따라서 오스트리아중앙은행은 독일제국중앙은행이나 잉글랜드은행이 위기에처했을 때보다 훨씬 더 강한 포지션을 갖고 있었다. 따라서 오스트리아의 위기가 막을 내리기까지는 독일이나 영국의 위기에 비해 더 긴시간이 소요되었다.

크레디트안슈탈트의 어려움이 알려지자, 중앙은행은 은행권을위해 주저하지 않고 어음을 할인해 주었다. 5월 21일까지 2주일 동안 중앙은행의 어음 보유액은 6900만 실링에서 3억 5000만 실링으로 증가했다. 중앙은행은 어음 할인을 통해 5월 7일부터 5월 말 사이에 은행권 유통액을 2억 3500만 실링, 즉 25% 이상 증가시켰다. 은행권의 이런 증가율은 초인플레이션 종결 뒤 실링의 금 태환이 회복된 이후에 전례가 없었다. 많은 사람들이 초인플레이션 시기와 비교하지만, 이런 비교가 오스트리아 국민들을 안심시킨 것은 아니었다. 10년 전처럼 오스트리아 예금자들은 1차 산품으로 옮겨 갔다. 섬유, 가구, 신발, 보석류에 대한 수요가 엄청나게 증가했는데, 이번에

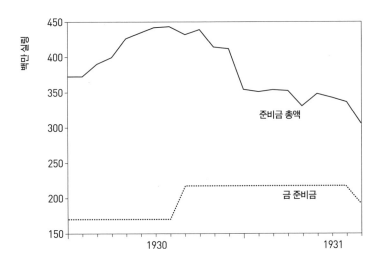

그림 9.3 **1930~1931년 오스트리아의 금 준비금 및 준비금 총액.**

1930년 마지막 몇 달 동안 오스트리아의 대외 준비금이 줄어들기 시작하면서 1931년 봄에 발발한 금융 위기의 무대가 만들어지고 있었다.

출처: 『이코노미스트 매거진*Economist Magazine*』(각 호).

는 실업이 빠르게 증가하는 시점에 이런 일이 발생했다.[21] 은행권 증가로 중앙은행의 금 준비율이 크게 낮아졌으며 당국의 금 태환 유지 의지에 의문이 제기되었다. 그 결과로 은행 예금을 인출한 사람들 중 다수는 외환으로 옮겨 갔다. 같은 달 말까지 중앙은행의 국제 준비금이 1억 2200만 실링, 즉 전전 수준의 약 3분의 1이 줄어들었다. 만약 이런 속도로 준비금 감소가 계속되었다면, 은행권의 추가 발행이 없다고 해도 3개월 내에 법정 하한선 밑으로 떨어졌을 것이다. 하한선에 가까워지면서 국제 준비금의 인출은 분명히 더욱 가속화되었다.

준비금 감소를 막기 위해 세 가지 조치가 취해졌다. 첫째, 신인도를 유지하기 위해 중앙은행은 해외 차입을 물색했다. 하지만 협상을 통해 합의에 이르기 어려웠다. 5월 15일에 이미 프랑스중앙은행은 차관 제공에 원칙적으로 동의했지만, 민족주의적인 피에르 라발이 이끄는 프랑스 정부는 외교적 양보를, 구체적으로는 독일의 관세 동맹 계획의 포기를 요구했다.[22] 미국과 영국과 벨기에는 지분을 둘러싸고 다투었다. 크레디트안슈탈트에 대한 1억 달러의 외국인 단기 채권 중 작은 부분인 겨우 1400만 달러의 차관을 확보하기 위해 BIS와 무려 3주간 지루한 협상을 했다.[23]

지연은 치명적인 결과를 낳았다. BIS의 여신은 1주일 내에 모두 소진되었다. 『이코노미스트』의 베를린 통신원은 크레디트안슈탈트에 대해 다음과 같이 적었다. "그런 기관의 파산은 가장 심각한 결과를 초래하겠지만, 소방대가 현장에 신속히 도착했더라면 불길은 번지지 않았을 수도 있었다는 것은 처음부터 명확했다. 불길이 그렇게 넓게 퍼진 것은 무엇보다 크레디트안슈탈트에 대한 실질적인 국제 지원이 여러 주 동안 지연되었기 때문이다."[24]

2차 차관 확보 노력도 오스트리아가 관세 동맹을 포기해야 한다는 프랑스의 주장 때문에 좌절되었다. 벨기에가, 그리고 더욱 놀랍게도 이탈리아가 프랑스를 지지했다.[25] 잉글랜드은행은 단독으로 430만 파운드의 차관를 제공했고 BIS는 그 뒤를 이었다. 하지만 유보적인 태도 때문에 신인도를 회복하는 데는 거의 도움이 되지 않았다.[26]

그 후에 다른 형태의 국제 통화 협력도 이루어지지 않았다. 프랑스중앙은행과 연준은 자신들의 어음 할인을 늘리거나 빈으로 준비금을 이전시킬 수 있는 다른 조치들을 취하지 않았다. 프랑스중앙은행은 금 유입을 막을 수 있는 확장적인 공개 시장 조작을 시작할 수 있는 여력이 여전히 부족했다.[27] 연준이사회 총재들은 1931년 초 몇 달 동안 결정을 거의 못하다가 미국 은행시스템의 불안정이 커지자 1억 달러의 증권 매입을 승인했다. 하지만 매입이 진행되기 전

황금 족쇄

에 한 달 반 이상이 그냥 지나갔다. 이 매입마저 자신들의 대차 대조표를 강화하려는 개별 준비은행들의 증권 매입으로 곧 상쇄되었다.[28] 프랑스와 미국의 정책은 오스트리아에게 아무 도움이 되지 않았다.

오스트리아 중앙은행 포지션을 방어하기 위한 두 번째 조치는 할인율 인상이었다. 금리 인상은 투자를 국내로 유인하고 자본 도피를 억제하기 위한 것이었다. 하지만 중앙은행의 행동은 혼란스러울 정도로 느렸다. 위기가 시작된 지 한 달이 지난 6월 8일에야 할인율을 5%에서 6%로 인상했다. 7월 23일에야 할인율이 10%에 도달했다. 오스트리아가 유럽 국가들 중 처음으로 패닉에 빠진 나라였기 때문에 오스트리아 당국은 그 패닉이 국가 전체 상환 능력에 대한 위협이라기보다 국지적인 교란, 즉 크레디트안슈탈트의 문제라고 생각했다. 위기가 시작되었을 때 막대한 준비금을 보유하고 있었기 때문에, 실링의 태환성이 위기에 처했다는 사실을 깨닫는 데 시간이 걸렸다.

하지만 이런 요인들이 적용되지 않은 다른 나라들도 할인율 인상을 주저하는 것이 뚜렷했다. 따라서 분명히 다른 요인들이 작용하고 있었다. 다른 나라와 같이 오스트리아에서도 할인율 인상을 주저한 것은 그 할인율 인상이 아무 효과가 없고 오히려 문제를 악화시킬 수 있다는 두려움 때문이었다. 연율 10% 혹은 심지어 15%의 이자율도 평가 절하 시에 입게 될 40%의 자본 손실과 같은 것을 보상할 수는 없었다.[29] 더구나 투자자들이 징벌적 할인율을 중앙은행이 곤경에 처했다는 증거로 해석할 위험이 있었다. 할인율 인상이 투자자들을 안심시키는 것이 아니라 오히려 자본 도피를 촉진할 수도 있었다.

할인율 인상의 한계를 인식하고 있고 또 국제 협력도 기대하기 어려운 상황에서 오스트리아 당국은 제3의 선택, 즉 자본 통제 외에는 다른 대안이 없었다. 자본 통제를 실시하면서 실링의 태환도 중지했다. 오스트리아가 5월 말에 얻은 1400만 달러의 해외 여신에 대해서 동결 합의가 이루어졌다. 외국 은행들은 향후에 유리한 조건으로 처리하기로 약속을 얻은 대신에 예금을 인출하지 않기로 했다. 특히 오스트리아 정부는 부실 은행의 예금을 적절히 관리하겠다고 약속했다. 대부자들은 이런 동결 조치로 1400만 달러의 차관 자금이 자본 도피에 의해 사라지는 일이 없기를 기대했다. 오스트리아는 절연을 기대했다.

하지만 대내 유출의 위험이 남아 있는 한, 대외 유출의 위험을 없애기 위한 외환 통제만으로는 부족했다. 그래서 중앙은행은 국내 예금자들이 금과 외환을 요청하지 못하도록 유도했다. 빈의 대형 은행들과 협조하여 외환을 할당했다. 크레디트안슈탈트의 문제가 알려지자마자 커피 가게*의 거래에서 달러의 실링 가격이 이미 오르기 시작했다. 9월경 커피 가게에서 외환은 10~15%의 프리미엄이 붙은 채 거래되고 있었다.[30] 오스트리아는 사실상 금본위제가 작동하는 곳이 더 이상 아니었다.

위기가 독일로, 그리고 영국으로 확산되고 암시장 할인이 증가하면서 비공식적 외환 규제가 붕괴하기 시작했다. 우량 고객들의 입장에서는 거래 은행에서 외환을 요청한 다음에 그 외환을 커피 가게 시장에서 15%의 프리미엄을 붙여 재판매하고자 하는 유인이 있었다. 중앙은행에서 외환을 확보하지 못한 은행들은 우량 고객을 잃을 위험이 있었다. 은행들 스스로 그런 사업 기회를 미리 차지하고 자기

---

* 17세기 이후 영국을 비롯한 유럽 각국의 커피 가게에서는 상업 활동이나 금융 거래와 관련된 다양한 정보가 유통되었다. 그리고 실제로 많은 거래가 이루어지기도 하였다. 이런 전통이 이어져 커피 가게가 환전소 역할을 하는 경우도 있었다.

계정 앞으로 외환을 요청하려는 유인이 점점 더 커졌다. 당국은 공식적으로 통제를 할 수밖에 없게 되었다.

영국의 평가 절하 이후 첫 영업일인 9월 21일, 오스트리아중앙은행은 외환 판매를 '정당한' 수입 수요로 제한했다. 2주 후에 재무부는 우편환을 통한 송금을 불허했다. 그리고 이틀 후, 1차 외환통제법을 공포했다. 중앙은행에 외환 거래 독점권이 부여되었다. 환율 시세의 공표가 금지되었다. 1차 산품 수출업자들이 중앙은행에 의무적으로 납입금을 통보하고 예금을 하도록 해서 수취 외환이 중앙은행에 반드시 양도되도록 했다. 공식적으로는 금 평가가 유지되었지만 금의 국내 가격과 암시장 할인이 곧바로 평가를 40% 상회하는 수준까지 올라갔다.[31]

오스트리아가 명시적인 평가 절하 대신에 외환 통제를 선택한 것은 채 10년도 지나지 않은 초인플레이션의 경험이 남긴 유산이었다. 대중의 마음속에서 인플레이션과 평가 절하는 동의어였다. 정책 결정자들에게 두 현상이 구별되기는 했지만, 인과 관계를 갖고 있었다. 영국은 인플레이션 없는 평가 절하의 가능성을 아직 보여준 적이 없었다.

위기의 확산

이런 어려운 상황이 빈에만 국한되었다면 국제금본위제는 1932년까지 비틀거리면서 유지되었을 수도 있었다. 오스트리아는 호주, 캐나다, 아르헨티나, 브라질처럼 태환을 중지하고 명시적으로 통화를 평가 절하한 채무국 대열에 합류하는 것으로 끝났을 수도 있다. 하지만 오스트리아의 위기는 곧 헝가리로 확산되었다. 그 후, 비슷한 문제가 독일과 영국에서도 표면화되었으며 국제 금융 중심지의 금 본위 통화 중 두 개가 몰락하게 되었다.

헝가리의 금융 위기는 이웃 오스트리아의 사건들과 직접 연결되어 있었다. 크레디트안슈탈트는 부다페스트 최대 은행의 지배적 지분 소유주였다. 빈에서 위기가 발발하자, 외국 투자자들은 곧 이 은행과 다른 헝가리 금융 기관에서 예금을 인출했다. 5월 15일을 전후로 부다페스트에서 예금 인출 사태가 일어났다.

농산물 수출국이었던 헝가리는 이미 교역 조건의 하락과 국제 수지의 악화를 겪고 있었다. 헝가리의 배상금을 재조정한 1930년 헤이그 협정의 일부로 국제시장에서 장기 차관을 발행하는 계획이 있었다. 1931년 대부의 급감으로 이것은 불가능하게 되었다. 그래서 헝가리중앙은행Hungarian National Bank이 최종 대부자로서 개입해 사용할 수 있는 재원이 거의 없었다. 6월 셋째 주에 9개 중앙은행과 BIS의 컨소시엄이 헝가리중앙은행에 1000만 달러의 3개월짜리 여신을 제공했다. 이 재원은 빠르게 소진되었다. 7월에 은행들과 주식시장이 폐쇄되었다. 정부가 외국인 예금을 동결하고 외환 통제를 실시한 이후에야 은행과 주식시장이 다시 문을 열었다.

헝가리와는 대조적으로, 크레디트안슈탈트의 독일 내 투자는 상대적으로 크지 않았다. 일반적인 생각과는 달리, 독일 은행들의 빈 내 잔고는 얼마 되지 않았다. 따라서 오스트리아 동결 조치가 독일 은행들 포지션의 유동성에 미친 영향은 아주 작았다. 이를 근거로 일부 사람들은 오스트리아의 위기와 독일의 위기가 전반적으로 서로 별개라고 주장했다.[32] 이런 관점에서 보자면, 오스트리아의 위기는 크레디트안슈탈트의 문제 때문이었지만, 독일의 위기는 배상금 양보를 위한 브뤼닝 총리의 6월 6일 항의와 국제 외교 차원에서의 긴장 고조 때문에 야기되었다.

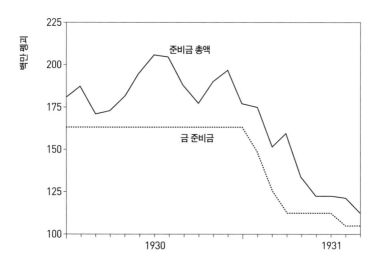

그림 9. 4 **1930~1931년 헝가리의 금 준비금 및 준비금 총액.**

오스트리아에 관한 그림 9.3처럼 헝가리의 준비금도 1931년 중반의 중부 유럽 금융 위기에 앞서 꾸준히 감소하고 있었다.

출처: 『이코노미스트 매거진』(각 호).

그런데 오스트리아 위기는 예금의 직접적인 연계가 없었다고 해도 독일의 금융 안정을 저해할 수 있었다. 두 나라의 경제 및 은행 시스템은 뚜렷한 유사성이 있었다. 독일 금융 상황에 대한 적기 정보가 부족한 상태에서 투자자들은 오스트리아 위기를 경고로 받아들였다. "세상은 베를린과 빈의 은행 및 경기 상황을 명확히 구분하지 않는다"고 『이코노미스트』는 설명했다.[33] 오스트리아가 동결 합의를 한 것도 독일 포지션의 약화로 이어졌다. 오스트리아의 자산이 동결된 것을 확인한 프랑스와 영국의 투자자들은 유동성 확보를 위해 독일로 발길을 돌릴 수밖에 없었다. 그리고 오스트리아가 외국인 예금을 동결했다면 이웃 나라들, 특히 독일도 그럴 수 있었다. 아직 시간이 있을 때 투자자들은 서둘러 자금을 본국으로 보냈다.

독일의 국제수지는 이미 위태로운 상황이었다. 무역수지는 1930년에 흑자였지만, 겨우 배상금을 지불할 수는 있지만 상업성 채무의 원리금을 지불하기에는 부족한 수준이었다. 대외 균형을 위해서는 해외에서의 자본 이전이 계속 필요했다. 1930년에 영 차관Young Loan과 제한된 규모의 상업성 차입 덕택에 자본이 유입되었지만 그 규모는 크게 줄었다. 3월 뮐러Mueller 정부의 붕괴, 7월 브뤼닝의 의회 해산 결정 그리고 9월 선거에서 나치의 부상* 등이 모두 국제시장의 불안 요인으로 작용했다. 선거 직후에 제국중앙은행은 2억 5000만 달러의 금과 외환을 상실했으며, BIS는 마르크의 지원에 나설 수밖에 없었다.

신인도가 핵심 변수였다. 1930년 중반 현재, 독일 전체 은행 예금의 절반 이상이 외국에서 유입된 것이었다. (표 9.2 참조.) 그해 말, 독일에 대한 외국인 단기 채권은 제국중앙은행 대외 준비금 총액의 3배를 넘었다.[34] 외국인들이 그 돈을 인출하려고 하자, 독일 은행시스템은 물론 금 평가마저 그 희생물이 될 위기에 처했다.

경제의 불확실성과 더불어 정치 불안 때문에 잠재적 투자자들은 몸을 사렸다. 이들이 주저하면서 금융 상황은 더욱 악화되었다. 전통적으로 산업계와 밀접한 관계를 유지하고 있던 은행들은 기업의 주식에 많은 투자를 하고 있었으며, 종종 자신들이 대출한 기업의 주식에도 투자했다. 대출의 담보 역시 주식인 경우가 많았다. 따라서 주식 가격의 하락은 은행의 대차 대조표에 큰 충격을 초래했다.

1930년 말에 대형 은행들은 상당한 규모의 자본 손실을 입었음

---

* 1930년 9월 총선에서 나치당(NSDAP)은 크게 선전하여 의석수가 기존의 12석에서 107석으로 증가했으며, 단숨에 사회민주당(SDP)을 뒤이은 제2당이 되었다.

황금 족쇄

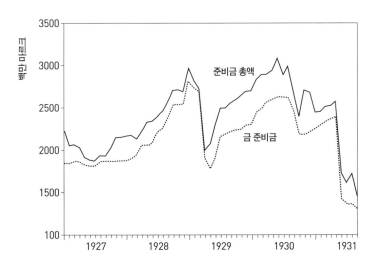

그림 9.5 **1927~1931년 독일제국중앙은행의 금 준비금 및 준비금 총액.**

오스트리아나 헝가리와 마찬가지로 독일도 1931년 5월에 금융 위기가 발발하기 훨씬 전부터 대
외 준비금의 감소를 겪기 시작했다. 위기가 발발하자 준비금은 급속히 빠져나갔는데, 이는 독일
은행권이 갖고 있던 비정상적 규모의 외국인 예금 때문이었다.
출처: 『이코노미스트 매거진』(각 호).

을 인정했다. 이들은 자본 확충을 위해 이윤의 일부를 유보했다. 공
표된 대차 대조표가 손실 규모를 숨기기 위해 분식되었음을 언급하
며 이런 조치의 적절성에 대해 의문을 제기하는 비판도 있었다.[35] 이
런 비판이 옳다면 이윤이 급락하는 상황에서 은행이 할 수 있는 일
은 거의 없었을 것이다.

크레디트안슈탈트 위기는 베를린에서 즉각적인 인출 사태를 야
기했다. 브뤼닝이 이 사건을 자신의 배상금 양보 요구를 재확인하는
데 사용하자, 시장의 동요가 더욱 심해졌다. 제국중앙은행은 신인도
를 유지하기 위해 은행권에 유동성을 주입했다. 6월과 7월에 중앙은
행은 실제로 베를린의 6대 대형 은행의 포트폴리오에 들어 있던 어

표 9.2 독일 은행들의 대외 포지션(단위: 10억 라이히마르크)

날짜	대외 채무	대외 채권		순 채무	
		제국중앙은행 포함	제국중앙은행 제외	제국중앙은행 포함	제국중앙은행 제외
1926년 말	3.5	2.7	1.8	0.8	1.7
1927년 말	5.7	2.7	2.3	3.0	3.1
1928년 중반	6.0	2.9	2.3	3.1	3.7
1928년 말	7.6	3.7	3.2	3.9	4.4
1929년 중반	7.2	3.8	3.3	3.4	3.9
1929년 말	8.6	4.4	3.6	4.2	5.0
1930년 중반	9.2	4.7	3.7	4.5	5.5

출처: Madden and Nadler (1935), 396쪽.

음의 절반 이상을 재할인해 주었다.[36]

그런데 6월 후반에도 금융 불안은 계속 고조되었는데, 제국중 앙은행의 추가 할인 여력은 거의 바닥나고 있었다. 6월 둘째 주 초에 중앙은행은 6억 3000만 라이히마르크의 금을 상실했는데, 이는 그달 초의 전체 금 준비금의 4분의 1을 넘어서는 규모였다. 6월 21일에 초 과 준비금은 거의 제로 수준으로 떨어졌다. 제국중앙은행은 은행권 에 신용을 할당할 수밖에 없어서 할인을 선별적 우량 어음으로 제한 했다.[37] 이 제한은 독일이 엄격한 외환 통제를 실시할 때까지 2개월 동안 유지되었다.

이런 신용 공급의 억제로는 충분하지 않았다. 은행권의 패닉은 7월에 최고조에 이르렀다. 패닉을 촉발한 것은 유명한 섬유 회사인 노르트볼레Nordwolle의 파산이었다. 이 회사의 파산은 주 거래 은행이 자 외국인 예금의 의존 비율이 높은 것으로 알려진 대형 은행인 다 나트방크Danat Bank의 예금 인출 사태를 야기했다.[38] 노르트볼레의 손실이 7월 첫째 주에 발표되었다. 다나트방크에 대한 예금 인출이 곧 시작되었다. 은행들의 추가 파산 위험을 피하기 위해 정부는 수일 내에 다나트방크의 예금을 보증하고 다른 은행의 현금 지불을 중지시켰다.

중앙은행이 중지 사태를 막지 못한 것은 준비금에 대한 압박 때문이었다. 제국중앙은행의 6월 23일 주보를 보면, 잉글랜드은행에서 500만 달러의 익일불 예금overnight deposit을 지원받아 금본위제법을 겨우 준수했음을 알 수 있다. 그다음 주 말, 초과 준비금은 사실상 제로가 되었다. 준비금 총액은 적격 부채의 40.1%로 법정 하한선을 겨우 넘은 상태였다. 금본위제법의 준수와 추가 할인은 양립할 수가 없었다.

이런 제약을 완화하기 위해 원칙적으로는 다양한 조치를 취할 수 있었다. 정부는 태환과 금 준비율 규정을 완전히 중지하는 포고를 발표할 수도 있었다. 외국인 예금을 동결할 수도 있었다. 외환 통제를 부과할 수도 있었다. 하지만 이 중 어떤 것을 선택해도 독일 채권이 거래되는 시장은 망가질 수밖에 없었을 것이다. 그러면, 불과 1년 전인 1930년에 독일제국중앙은행의 정책 제한을 헤이그 협정에 명문화한 연합국들의 반발을 부를 것이다. 독일이 금본위제 조항을 수정하기 위해서는 BIS나 영 플랜 중재 재판소의 동의가 필요했다.[39]

사실 독일은행법은 중앙은행이 부족분에 대해 발권세를 납부하면 제국중앙은행 이사회가 준비율을 40% 미만으로 낮출 수 있도록 하고 있었다. 1931년 후반에 외환 통제가 도입되자, 제국중앙은행은 실제로 이 경로를 택하게 된다. 하지만 금본위제를 유지한 상태에서 준비율이 40% 밑으로 떨어지는 것을 허용하면, 사실상 태환성의 미래에 대한 신인도를 훼손할 위험이 있고, 제국중앙은행의 남은 금과 외환 준비금의 인출 사태를 야기할 수 있었다. 투기적 공격으로 준비금이 청산되면 제국중앙은행은 마르크 지지를 위한 외환시장 개입 능력을 모두 상실하게 된다. 뒤이어 통화 절하와 인플레이션이 나타날 수 있다. 독일의 중앙은행가들과 금융 측면에서 정통의 입장을 견지한 브뤼닝 정부는 금본위제법의 훼손에 따른 인플레이션 가능성을 두려워하고 있었다. 따라서 신인도를 유지하기 위해서는 어떤 비용을 치르든 40%의 준비율을 유지해야 했다. 인플레이션에 대한 방화벽 설치를 위해 외환 통제가 실시되면, 상황은 달라지게 된다. 그러나 금 태환이 계속 유효한 상황에서 준비율을 40%로 유지하는 것은 신인도에 결정적이었다.

따라서 준비금이 보충될 때만 추가 개입이 가능했다. 브뤼닝은 예산 균형, 경상수지 강화, 해외 투자자의 신뢰 회복을 위해 긴급 명령을 사용했다. 6월 5일, 실업 수당과 위기 지원금이 6% 삭감되었다. 공무원 월급은 4~8% 삭감되었다. 참전 연금도 7% 인하되었다. 추가 소득세가 부과되었으며 설탕세와 석유세가 인상되었다. 국내 경제에 미치는 충격에도 불구하고, 이런 조치들이 결국에는 대외 포지션을 강화할 수도 있었다. 하지만 실제로는 즉각적 효과가 거의 없었다. 준비금을 보충할 수 있는 길은 해외의 지원뿐이었다.

제국중앙은행에 대한 해외 지원은 낙관적인 분위기 속에서 이뤄졌다. 재무부 장관과 총리를 지냈고 1930년에 할마르 샤흐트의 후임으로 제국중앙은행 총재에 임명된 한스 루터Hans Luther는 6월 19일에 크레디트안슈탈트 위기로 야기된 인출 사태에 대응해 잉글랜드은행, 연준, BIS로부터 1억 달러의 차관을 들여올 수 있는지를 몬태규 노먼에게 타진했다. 6월 24일, 세 기관과 프랑스중앙은행 사이의 협상은 이 금액을 제공한다는 합의로 마무리되었고, 돈은 1주일 후에 사용할 수 있도록 했다.

이 지원 소식으로 시장의 동요는 멈추었고 제국중앙은행의 준비금 감소는 일시적으로 중단되었다. 하지만 노르트볼레의 파산과 다나트방크의 예금 인출 사태로 자금은 모두 소진되었다.[40] 7월 3일, 제국중앙은행 준비율이 법정 하한선을 넘었다. 제국중앙은행 자회사인 금할인은행Gold Discount Bank은 1920년대에 뉴욕 은행들의 컨소시엄과 5000만 달러의 크레디트 라인을 협상한 적이 있었다. 정부는 전액을 즉시 인출해 준비율을 43.6%로 높였다.[41] 하지만 준비율은 곧 다시 하락하기 시작했다. 루터는 다시 독일기업협회 회원들이 금할인은행에 5억 마르크를 빌려주고 금할인은행이 그 돈을 돌려 금융권에 주입하는 방안을 제시했다. 모든 기업가들은 다른 사람이 참여하기만을 바랄 뿐, 자발적으로 먼저 나서서 자금을 내놓지 않았다.[42] 준비금은 계속 감소했다. 7월 9일, 제국중앙은행은 더 이상 다른 여지가 없게 되자 다나트방크에 대한 지원을 중지했다. 그랬는데도 7월 15일에 중앙은행 준비금은 법정 하한선 아래로 내려갔다.

5월에 영국, 프랑스, 미국은 오스트리아에 1400만 달러의 자금을 제공하는 데 주저한 바 있었다. 이번에는 제국중앙은행의 루터가 앞으로 수 주 동안 어려움을 헤쳐 나갈 수 있도록 10억 달러의 자금을 빌려달라고 요청했다. 그는 런던으로, 파리로, 바젤로 부리나케 돌아다녔지만 아무런 소득도 얻지 못했다. 몬태규 노먼은 오스트리아에 대한 자금 제공으로 잉글랜드은행의 위험도가 이미 올라갔다며 난색을 표했다. 배상금과 관련한 불확실성이 계속 남아 있는 한, 독일에 추가로 여신을 제공하기는 어렵다고 주장했다. 프랑스중앙은행의 클레망 모레Clément Moret는 지원 조건으로 독일 정부가 브뤼닝의 배상금 협상 재개 요구를 폐기할 것을 요구했다.[43]

뉴욕연방준비은행의 조지 해리슨은 루터가 지금 '거액'을 요청하고 있다는 사실을 프랑스중앙은행으로부터 듣고는, 그가 추가 여신 지원을 준비하기 전에 독일이 먼저 충족시켜야 할 금융 및 경제 조건들을 내밀었다.[44] 이런 조건들 중 대부분을 충족시키기 위해서는 제국중앙은행의 신용억제정책이 필요했다. 신용 억제는 독일 관리들이 필요하다고 생각하던 것과는 정반대였다. 해리슨은 제국중앙은행이 직면한 딜레마를 이해하지 못했다. 은행은 금본위제를 방어하기 위해 그가 제안한 대로 국내 여신을 억제할 수 있었다. 하지만 금융시스템의 붕괴 위험을 무릅쓸 준비가 되어 있을 때만 그렇게 할 수 있었다. 해리슨은 프랑스중앙은행 총재에게 다음과 같이 전보를 보냈다. "신용 할당은 물론 극단적이고 또 동의하기 어려운 조치이다. 하지만 과거에 독일에서 치명적인 결과를 초래하지 않고도 그런 조치가 효과적으로 실시된 적이 있었다. 오히려 몇몇 경우에는, 신용 할당이 독일의 자본을 불러들이고 자금의 추가 유출을 억제하는 데 가장 큰 도움이 되었다. 이번이라고 그런 효과를 거두지 못할 이유가 없다고 생각한다."[45] 해리슨이 몰랐던 것은 과거 독일의 국제수지 문제들은—예를 들어 1927년의 경우—국내 은행시스템이 붕괴 직전인 시기에 발생한 것이 아니었다는 점이다. 통화 당국이 위기를 이해하는 방식이 다르면, 제안하는 정책 처방도 달라지고 협조적 대응 노력도 어려워진다는 것을 다시 한 번 확인한 셈이었다.

협상은 결론도 내지 못한 채 8월로 이어졌다. 정부가 외환 거래를 제국중앙은행으로 집중하고 외국인 예금을 동결하는 포고를 발표한 이후에야 다나트방크 파산 이후 정지되었던 은행들이 다시 영업을 재개할 수 있었다. 독일은 외국인 예금 동결로, 향후 인플레이션의 위험을 바로 물리치기 위해 자금을 빌려올 수 있는 능력은 희생할 수밖에 없었다. 이런 초기 외환 통제는 별로 효과가 없었다. 초인플레이션 동안 상공인들은 해외 자회사를 이용해 자본을 해외로 빼돌리는 방법을 터득했는데, 자본 통제가 다시 실시되자 그때의 지식을 다시 동원했다. 해외 채권자들과의 동결 합의 이후, 9월에 더욱 엄격한 통제가 도입되었다.

따라서 국제 협력의 실패가 독일의 금본위제 이탈에 결정적인 역할을 했다. 영국, 프랑스, 미국이 아마도 동일한 비율로 분담하고 나머지는 규모가 작은 중앙은행과 BIS가 떠안는 방식으로 독일에 여신을 제공할 수 있었을 것이다. 독일의 금융 곤경에 대한 호소는 파리에서는 배상금 채권국에게 양보를 얻어 내려는 불순한 시도로 치부되었다. 독일과 오스트리아의 관세 동맹을 포기하고 소형 전함의 건조를 중지하라는 모레의 주장은 이미 국내 정치 기반이 취약해진 브뤼닝 정부로서는 받아들이기 어려웠다.

몬태규 노먼을 필두로 한 잉글랜드은행 관리들과, 대통령 자신을 포함한 후버 행정부의 유력 인사들은 위기에 대한 독일의 평가에 공감하는 편이었으며 프랑스와 같은 외교적 양보를 고집하지도 않았다. 하지만 프랑스가 관세 동맹과 전함에 대해 양보할 의향이 있었다고 해도, 배상금 문제는 여전히 남았을 것이다. 배상금 지불 유예가 선언될 때까지는 신용을 더 제공해 봐야 밑 빠진 독에 물 붓기였다. 연준과 잉글랜드은행의 자금은 결국 프랑스중앙은행으로 들어가게 될 것이다. 노먼은 프랑스가 배상금을 양보하지 않자, 7월 초에 제국중앙은행에 대한 여신을 거부했다. 후버 행정부는 여신을 제공하면 프랑스에 대한 타협 압력이 약해질 것이라는 이유로 반대했다. 뉴욕연방준비은행의 조지 해리슨은 제국중앙은행에 스스로 조치를 강구할 수밖에 없을 것이라고 통보했다.[46]

결국 필요한 국제 여신의 제공 여부는 배상금 지불 유예 협상에 달려 있었다. 대공황이 발발한 이후, 독일 관리들은 줄곧 하나만 주장했다. 즉 금융 위기로 자신들의 요구가 더욱 절박해졌다는 것이다.[47] 후버는 6월 22일 반응을 보였는데, 정부 간 채무 및 배상금의 원리금 지불에 대해 1년간 지불 유예를 제안했다.[48] 베를린은 그 제안을 환호했으며, 런던은 "미국 측의 매우 훌륭한 조치"라고 화답했다. 후버의 발표 뒤 첫 거래일인 6월 22일 월요일, 베를린 주식시장의 매입 열기는 광분에 가까워 오후까지 주식 대부분의 가격을 확인할 수가 없었다. 영업 종료 시점에 많은 주식이 20%가량 상승했다. 베를린에 이어 월가 주가도 상승했다.

하지만 파리는 후버의 계획을 "의아할 정도로 경악스러운" 느낌으로 받아들였다.[49] 지불 유예는 영 플랜과 헤이그 협정의 거부를 향한 첫 걸음이라고 생각했다. 프랑스는 지불 유예로 나아가기 위한 전제조건으로 독일의 관세 동맹 포기를 거듭 요구했다. 이 요구는 독일 민족주의자들의 반발과 브뤼닝 정부에 대한 지지 약화를 불러올 것이 확실했다.

이 조건이 충족된다고 해도 프랑스가 지불 유예에 동의하지 않을 것이라는 의구심이 널리 퍼져 있었다. 프랑스 총리 피에르 라발은 독일의 배상 의무에 변화가 있어서는 안 된다고 고집하는 의회에 답변을 내놓아야 했다. 모든 양보를 반대하는 우파와 정부 붕괴를 희망하는 에두아르 에리오 휘하의 급진파 사이에서 그의 운신의 폭은 좁을 수밖에 없었다. 라발은 영 플랜에 따른 그 해의 무조건부 배상금 납부액을 지불하라고 요구하는 것 외에 다른 선택의 여지가 없었다. 하지만 그는 중부 유럽의 신용 수요에 대응할 수 있도록 그 배상금을 BIS에 다시 빌려주겠다고 제안했다. 국내 이해관계자들의 반발을 피

표 9.3 **후버의 지불 유예안의 금융 효과**(단위: 천 파운드)

정부	유예 수취액	유예 지불액	순손실(-) 혹은 순이익(+)
미국	53,600	0	-53,600
영국	42,500	32,800	-9,700
프랑스	39,700	23,600	-16,100
이탈리아	9,200	7,400	-1,800
벨기에	5,100	2,700	-2,400
루마니아	700	750	+50
유고슬라비아	3,900	600	-3,300
포르투갈	600	350	-250
일본	600	0	-600
그리스	1,000	650	-350
캐나다	900	0	-900
호주	800	3,900	+3,100
뉴질랜드	330	1,750	+1,420
남아프리카공화국	110	0	-110
이집트	90	0	-90
독일	0	77,000	+77,000
헝가리	0	350	+350
체코슬로바키아	10	1,190	+1,180
불가리아	150	400	+250
오스트리아	0	300	+300

출처: 『이코노미스트』(1932년 6월 11일).

하기 위해 라발은 BIS 대출이 독일 정부가 아니라 금융과 상업의 수요자들에게 제공되어야 한다고 명시했다. 후버 행정부를 대표해 협상하고 있던 미국 재무부 장관 앤드루 멜론은 프랑스가 제안한 것처럼 정부 차관을 금지하고 자금을 독일에서 다른 중부 유럽 지역으로 돌리게 되면 지불 유예가 무력화될 것이라면서 반대했다. 그리고 미국은 유예된 지불금이 후버가 제안한 25년이 아니라 5년 이내에 완납되어야 한다는 프랑스의 요구에 반대했다.

협상은 삐걱거리다 결국 중단되었다. 후버는 결국 프랑스의 동의가 없어도 진행하겠다고 으름장을 놓았다. 프랑스는 자국이 참여하든 하지 않든 간에 전쟁 채무와 배상금의 이전이 중지될 것임을 깨닫고 평소와 다름없는 모습으로 참여해 체면을 유지하려고 했다. 그리고 무조건적인 연불 금액annuity은 장부상으로 BIS에 이전하고, BIS가 그 돈을 다시 독일 철도에 대출하는 방안을 고집했다.[50] 그때는 국제 차관을 조직해서 외환 통제를 피하기에는 이미 너무 늦었다.

따라서 프랑스와 영국 그리고 미국이 국제 지원 활동을 조직하지 못한 것이 독일 금본위제 이탈의 궁극적 원인이었다. 이 실패는 결국 전쟁 채무와 배상금에 관한 계속된 논란 때문이었다. 프랑스는 전쟁 채무 재조정으로 얻는 것보다 배상금 포기로 잃는 것이 더 컸기 때문에 프랑스에게 무리한 양보를 요구했다고 주장할 수도 있다. 하지만 표 9.3에 나타난 바와 같이, 미국은 전쟁 채무 회수액을 상쇄할 정부 간 채무가 없었기 때문에 직접적인 희생은 미국이 훨씬 더 컸다.[51] 문제는 미국의 리더십 부족이 아니었다. 협력의 실패, 특히 프랑스가 협조하려고 하지 않은 것이 문제였다.

영국의 금본위제 포기

영국 은행시스템의 독특한 구조 때문에 1931년의 스털링 위기는 다른 나라의 금융 문제와 달랐다. 영국의 은행들은 상당히 집중되어 있고 전통적으로 보수적이며 또 산업과의 연계가 약했기 때문에 대공황을 상대적으로 잘 견뎌내고 있었다. 다른 나라에서만큼 은행들이 투자 포트폴리오에서 큰 타격을 입지 않았다. 미국에서는 은행 주가가 제조업 기업의 주가보다 더 빨리 하락했다. 이와 대조적으로 영국

표 9. 4 주요국의 총예금 대비 현금 자산의 비율(6월 말 기준)

정부	1929년	1930년	1931년	1932년
프랑스	7.4	9.7	13.9	33.6
영국	11.3	11.5	11.7	11.5
미국	7.3	7.4	7.6	8.2
이탈리아	6.9	6.6	6.2	5.9
독일	3.1	2.7	3.6	3.4
폴란드	8.5	8.8	10.7	9.0
스웨덴	2.1	2.3	2.1	3.8
체코슬로바키아	6.7	7.3	7.2	7.4
남아프리카공화국	10.3	10.0	9.1	10.1
아르헨티나	17.9	14.2	13.4	17.5
호주	15.6	13.4	19.2	17.8
캐나다	13.3	12.1	10.9	12.2
칠레	14.4	12.6	9.5	26.4
일본	9.1	9.0	10.1	9.8
뉴질랜드	12.3	13.0	13.7	11.5

출처: League of Nations (1933b), 232쪽.

에서는 은행 주식이 더 잘 버텼다. 1930년 12월까지도 영국 은행 주식은 1928년 말 이래로 3%밖에 하락하지 않았다. 오스트리아와 독일의 위기가 절정에 이른 1931년 6월의 영국 은행들 주가는 1928년 말의 90% 수준이었다.[52]

은행들은 예금자의 요구를 수용할 수 있을 만큼 풍부한 준비금을 보유하고 있었으며, 런던할인시장에 대출한 자금 중 상당 부분도 단기간에 회수할 수 있었다(표 9.4 참조). 할인업소들은 청산 은행의 유동 준비금을 수익성은 높지만 유동성은 다소 떨어지는 환어음으로 전환하는 업무에 전문화되어 있었다. 은행들이 할인업소에 빌려준 자금을 회수하면 할인업소들은 어음을 잉글랜드은행에서 재할인할 수밖에 없었다. 은행시스템에서 예금 수취 기능과 유동성 전환 기능이 분리되어 있었기 때문에, 은행들은 또 하나의 절연층을 갖고 있었다. 할인업소로 달려가는 예금자는 아무도 없었다. 청산 은행들은 자신들과 거래하는 할인업자들에 대해 충분한 정보를 갖고 있었으며 잉글랜드은행은 필요시에 재할인을 해 준다는 약속을 지켰다. 따라서 영국의 금융시스템은 상대적으로 위기의 영향을 덜 받고 있었다.

하지만 오스트리아와 독일처럼 조정 부담은 최종적으로 중앙은행이 지고 있었다. 잉글랜드은행의 운신의 폭은 제한되어 있었다. 대외 계정이 계속 취약한 것이 문제였다. 영국의 국제수지는 전통적으로 서비스수지(해운 수입, 외국인을 위한 금융 및 기타 서비스, 해외에서의 이자 및 배당금 수취) 등의 흑자로 지탱되었다. 일반적으로 이런 수입이 영국의 상품 수입과 해외 대출의 자금 공급원이 되었다. 경상수지가 균형을 달성한 1930년에는 2억 8300만 파운드의 상품수지 적자가 해운 수입 1500만 파운드, 관광 수입 1700만 파운드, 금융 및 기타 서비스 수입 4000만 파운드, 그리고 가장 중요한 이자, 이윤 및 배당금 수입 2억 1500만 파운드로 상쇄되었다.[53] 서비스 수입이 받쳐 주고 자본 유출이 크지 않는 한, 이런 포지션은 지속 가능했다. 하지만 서비스 수입이 감소하고 자본 도피가 나타나면 준비금에 대한 압력이 발생하게 된다.

1930년에서 1931년 사이에 서비스수지의 모든 항목이 악화되었다(표 9.5 참조). 교역 위축으로 해운 수입이 1000만 파운드 감소했다. 국제 투자와 무역 신용 수요의 감소로 금융 서비스 수익이 2500만 파운드 감소했다. 그리고 무엇보다 중요한 것은 해외 수취 이자, 이윤 및 배당금 수입이 6000만 파운드 감소한 것이다. 이자율 하락과 해외 기업의 수익 감소가 원인이었다. 이런 요인들 때문에 1929

표 9.5 **1920~1931년 영국 국제수지 중 서비스수지(백만 파운드)**

	1920년	1921년	1922년	1923년	1924년	1925년	1926년	1927년	1928년	1929년	1930년	1931년
정부[1]												
지출	70	55	36	30	24	19	20	19	19	19	17	17
수입	71	80	25	26	17	27	30	34	34	33	36	27
해운												
지출	116	88	86	89	92	86	88	81	76	88	87	85
수입	290	146	111	128	123	97	102	117	104	114	103	93
여행												
지출	22	22	22	24	26	30	31	29	33	33	33	31
수입	50	53	44	47	49	48	51	55	56	55	50	39
금융 및 기타 서비스												
지출	27	16	15	16	19	19	18	18	18	18	15	12
수입	60	60	60	60	60	60	60	63	65	65	55	30
이자, 이윤 및 배당금[2]												
지출	46	44	60	64	65	63	63	63	64	64	62	48
수입	292	222	237	240	261	295	300	302	304	307	277	211
민간 이전												
지출	18	14	13	17	12	11	12	12	11	11	7	7
수입	21	19	19	19	20	18	17	19	19	18	19	19
서비스수지 합계												
지출	299	230	232	240	238	228	232	222	221	233	221	200
수입	784	580	496	520	530	545	560	590	582	592	540	419
잔액	485	341	264	280	292	317	328	368	361	359	319	219

1. 군대의 이전 지출 및 개인적 해외 지출 포함. 이자 수취 및 지불 제외(아래 이자, 이윤 및 배당금에 포함).
2. 지출에는 비거주자의 영국 세금 지불은 제외됨. 수입에는 영국 거주자의 해외 세금 납부가 제외됨.
출처: Feinstein(1972), T84쪽.

년에서 1930년 사이에 이자, 이윤 및 배당금 수취액이 이미 4000만 파운드 감소했다. 1930년에서 1931년 사이에 다시 6000만 파운드가 감소했는데, 이는 남미의 디폴트와 오스트리아, 헝가리 및 독일의 영국 예금 동결과 이자 수익 송금 금지 조치 때문이었다. 오스트리아 위기 때문에 500만 파운드 이상의 영국 예금이 유동성을 잃게 되었다. 반면에 독일 위기로 영국에 대한 채무 중 최소 7000만 파운드가 동결되었다.[54] 중남미나 중부 유럽의 채무국들과 마찬가지로 영국의 경우에도 채무 위기와 태환성 위기가 서로 연결되어 있었다.

서비스수지의 감소가 국제수지의 다른 항목의 개선으로 상쇄되지 않으면, 그것은 곧 국제 준비금의 상실을 의미했다. 스털링을 방어하기 위해서는 무역수지를 줄이고 자본 유입을 유도하는 것이 필요했다. 불행히도 스털링의 미래 안정성에 대한 불신이 고조되면서 단기 자본은 반대 방향으로 이동했다. 1931년 1월에 이미 미국 달러 대비 1개월 및 3개월 선물 환율이 할인의 방향으로 변동했다.[55] 수 주 내에 노동당 소속의 총리 램지 맥도널드는 태환성 위기의 위험에 대해 경제자문위원회에 문의했다. 그 후 오스트리아와 독일의 위기로 영국의 어려움은 가중되었다. 중부 유럽의 외환 통제 실시로 금 본위 통화 중 다른 약세 통화의 태환성에 대한 불신이 고조되었으며, 여러 통화 중 스털링이 가장 두드러졌다. 다나트방크가 파산한 7월 13일에 잉글랜드은행에서 금의 유출이 시작되었다. 이틀 후, 달러나 프랑 대비 스털링 환율은 급격히 절하되었다. 7월 18일로 끝나는 주에 잉글랜드은행은 1000만 파운드의 준비금을 잃었다. 그달 말까지 은행은 5600만 파운드 이상의 금을 잃었다.[56]

준비금의 상실을 막기 위해 재정 및 통화 수단을 좀 더 적극적으로 사용했어야 하는가를 두고 역사가들은 논쟁을 벌인다.[57] 자본 계정 강화를 위한 전통적 수단인 할인율 인상을 시행할 때 주저함이 있었다. 잉글랜드은행은 7월 말까지 아무 조치도 취하지 않다가 7월 말이 되어서야 서둘러 2번 연속 할인율을 인상했다. 그 이후 금본위

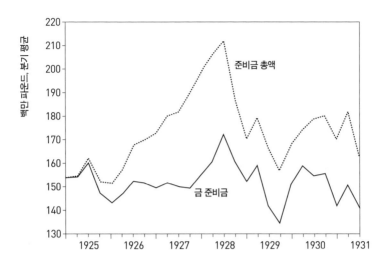

그림 9.6 **1925~1931년 잉글랜드은행의 금 및 외환 준비금.**

잉글랜드은행은 1928년부터 일련의 국제수지 문제에 직면했는데, 이것은 준비금 상실의 형태로 나타났다.

출처: 『잉글랜드은행 통계 요약*Bank of England Statistical Summary*』.

제가 붕괴하기까지 7주 동안 추가 인상은 없었다.

잉글랜드은행이 왜 아무런 대응도 하지 않았는가에 대한 전통적인 설명은 몬태규 노먼의 건강 악화 때문이었다는 것이다. 이것은 1928년 이후 연준이 아무 조치도 취하지 않은 것이 벤저민 스트롱의 불의의 사망 때문이라는 설명과 흡사하다고 볼 수 있다. 잉글랜드은행 총재는 1931년 7월 29일에 탈진으로 쓰러졌으며 그 후 몇 달 동안 벌어진 사건에서 거의 아무런 역할도 하지 못했다.

그런데 미국의 경우와 마찬가지로, 한 개인의 건강 상태를 강조하는 이런 설명은 너무 안이하다. 노먼과 그의 동료들은 한동안 할인율 인상이 국내 경제에 미치는 영향에 대해 조심스러워했다. 실업률이 20%를 넘는 상황에서 적극적인 할인율 인상은 노동당 의원들의 반발을 불러올 수 있었다. 할인율 인상으로 중앙은행에 대한 압력을 줄이는 데 성공할 수 있을까 하는 의구심도 언제나 있었다. 스털링 평가의 유지 의지에 대한 어떤 의심도 없던 19세기에는 할인율을 충분히 인상하면 "달에 있는 금이라도 끌어올" 수 있었다. 1920년대까지만 하더라도 2포인트의 할인율 인상은 서비스수지 악화를 상쇄하고도 남을 만큼의 자본을 해외에서 끌어왔을 것이다.[58] 하지만 할인율의 힘은 금에 대한 의지의 신뢰도에 따라 달랐다. 1차 대전과 그 이후의 과정에서 영국이 위기 시에 태환을 중지할 수도 있다는 것이 드러났다. 오스트리아와 독일의 조치는 1931년이 그런 시기가 될 수 있음을 시사했다. 할인율 인상이 확신을 주는 것이 아니라 반대로 영국이 처한 곤경의 심각성을, 따라서 태환 중지 가능성을 보여주는 지표로 받아들여질 수 있었다.

전전 금본위제의 안정은 신뢰성뿐만 아니라 국제 협력에 의존했다. 스털링이 성공적으로 방어되기 위해서는 외국 중앙은행들이 지원할 의사가 있음을 명확히 했어야 할 것이다. 이들은 아주 제한된 정도로만 그 의지를 표명했다. 7월 마지막 주에 잉글랜드은행은 프랑스중앙은행과 연준에서 2500만 파운드의 공동 신용matching credits을 확보했다. 그 금액으로는 부족했다. 이것은 잉글랜드은행이 7월 후반에 잃은 준비금 규모보다도 작았다. 외국 신용이 은행의 금고를 일시적으로 채우긴 했지만, 해외 여신이 국제수지 불균형을 시정할 기회를 주지는 않았다. 프랑스와 미국의 대부는 8월 7일부터 이용 가능했는데, 그 후 3주 이내에 거의 소진되었다. 그리고 이후에는 추가로 신용을 얻는 것이 거의 불가능해 보였다. 연준은 점점 자신의 포지션을 걱정했다. 조지 해리슨은 추가 신용을 다른 곳에서 확보해야 할 것이라고 잉글랜드은행에 언질을 주었다.[59]

세금 인상과 정부 지출 감소는 국내 수요를 줄이고 무역수지를 축소함으로써 대외 유출 억제에 도움이 될 수도 있었다. 재정 삭감이 수입량과 수출량을 줄이는 속도가 느리다고 해도, 개선되고 있다는 소식이 알려지면 시장의 신뢰를 회복하고 자본 유출을 억제할 수 있었을 것이다. 통화 투기자들은 재정 상황을 유심히 지켜보고 있는 상황이었다.

정부 부문의 전체 예산이 1920년대 내내 흑자 상태에 있었지만, 1930~1931년에 적자로 반전되었다. 이런 변화의 직접적 원인은 실업 보험 기금의 적자 확대였다. 실업자 수가 250만 명 수준으로 증가하면서 보험 지급에 따른 예산 적자가 1억 파운드에 이를 것으로 추정되었다.[60]

외국 은행들이 더 좋은 조건으로 신용을 제공하지 않은 것은 영국이 재정 적자를 해결하지 못할 것이라는 우려 때문이기도 했다. 유럽 대륙과의 비교는 프랑스의 1920년대 인플레이션과 할 수 있는데, 그때 역시 공공 부문의 적자가 문제였다. 프랑스중앙은행 관리들이 보기에, 재정 적자를 해결하지 않으면 추가 대부는 밑 빠진 독에 물 붓기 같았다. J. P. 모건이 전반적인 예산의 긴축, 특히 실업 급여 삭감을 파운드 지지를 위한 미국 측의 대부 조건으로 할 것이라는 점을 영국 재무부 관리들은 알고 있었다.[61]

노동당 정부는 관련 삭감에 영향을 미칠 수 없음이 드러났다. 노동당 정부는 소수당 정부였다. 1929년 총선에서 노동당은 287석, 보수당은 261석, 자유당은 59석을 얻었다. 따라서 정부의 존망은 자유당의 지지를 계속 확보할 수 있느냐에 달려 있었다. 노동당 내각에서 노동자 계급 유권자들의 목소리를 외무부 장관인 아서 헨더슨 Arthur Henderson이 대변하고 있었는데, 이들은 실업 수당과 공공 기관

종사자 보수의 대폭 삭감에 반대했다. 자유당은 세금 인상을 반대했는데, 특히 수입품 관세 인상에 반대했다. 타협을 통해서만 예산 전쟁에서 이길 수 있었다. 노동당 정부의 능력 중 가장 떨어진 것이 바로 이 타협 능력이었다.

문제의 심각성을 처음 드러낸 곳은 조지 메이 경^{Sir George May}이 위원장으로 있던 국가지출위원회^{Committee on National Expenditure}였다. 1931년 7월 31일에 정부는 그해 예산 적자가 1억 2000만 파운드로 전망된다는 보고서를 발표했다. 그리고 2400만 파운드의 세금 인상과 9700만 파운드의 지출 감축, 특히 6700만 파운드의 실업 보험 지출 감축(급여 20% 삭감 포함)을 권고했다. 내각이 이 권고를 논의하기 위해 소집되었을 때는 노동당 정부의 시무룩한 재무부 장관 필립 스노우든이 예산 적자 추정치를 50% 가까이 상향 수정해 놓은 상태였다. 메이의 위원회가 권고한 고통스러운 희생만으로도 충분하지 않았던 것이다. 노동당 정부는 아주 힘겹게 5600만 파운드의 지출 삭감을 제안했는데, 여기에는 2200만 파운드의 실업 보험 지출 감축도 포함되어 있었다(하지만 기준 급여율의 삭감은 포함되지 않았다). 이 규모로는 예산 적자 감축에 큰 의미가 없었다. 대치 상황이 이어지면서 8월 23일에 노동당 정부도 무너졌다.

이후, 거국 내각^{National Government}이 구성되었으며 무너진 노동당 정부의 전직 총리인 램지 맥도널드가 주도했다. 내각은 맥도널드를 포함한 노동당 출신 4명, 보수당 출신 4명, 자유당 출신 2명으로 구성되었다. 새 정부는 9월 10일에 예산 감축 계획을 발표했다. 노동자가 가장 큰 타격을 보지만 모든 집단이 삭감의 부담을 분담하도록 되어 있었다. 지출은 7000만 파운드 감축되고 세금은 7500만 파운드 인상되었다.[62] 세금 인상은 소득 과세와 맥주, 담배 및 연료에 대한 간접세로 나뉘었다. 실업 급여율은 10% 감축되었으며 수급 기간도 축소되었고 실업 보험 납부액은 인상되었다. 이런 조치로 정부는 뉴욕의 J. P. 모건에서 2억 달러를, 그리고 파리에서 동일한 금액을 차입할 수 있었다. 하지만 그 무렵에는 이미 중앙은행의 준비금이 고갈된 상태라서 그런 감축으로 충분할까 하는 의구심이 나타났다.

거국 내각에 대한 노동당 지지자들은 지출의 추가 감축이 전혀 내키지 않았다. 공공 부문의 급여 감축으로 인버고든Invergordon에서 해군 수병의 동요와 항해사들의 시위가 있었다. 언론들은 그 시위를 폭동이라고 묘사했지만, 그것은 과장이었다.[63] 하지만 인버고든 사건이 금융시장을 혼란시킬 만한 이유가 있었다. 이 사건은 정부가 공공부문 급여의 추가 삭감으로 예산 균형을 달성할 수 없다는 것을 보여주었으며, 정부가 실업 보험의 급격한 감축을 시도하면 훨씬 더 광범한 소요 사태가 발생할 수 있음을 시사했다. 정부 내 보수당과 자유당 출신 각료가 추가 세금 인상을 저지할 수 있는 상태에서 예산의 교착 상태를 해결할 명확한 해법이 없었다. 자본 도피가 나타나면서 잉글랜드은행의 남은 준비금마저 위태롭게 되었다. 영국은 9월 19일에 금 태환을 중지할 수밖에 없었다. 이것으로 전간기 금본위제라는 전 세계의 짧은 실험은 수치스러운 종말을 맞게 되었다.

정치권이 분열되어 아무런 재정적 타협을 이루지 못했다는 것, 특히 다수 대표 선거제도를 가진 영국에서 그런 일이 일어났다는 것은 놀라운 일이다. 1929년 총선은 당 재편기에 실시되었는데, 그것이 부분적인 이유가 될 수 있다. 추가 오른쪽으로 움직였을 때 보수당이 의회 내 다수당이 되었다. 하지만 1929년에 추가 다시 왼쪽으로 이동했을 때, 상승세의 노동당과 하락세의 자유당으로 지지가 나뉘었다. 노동당과 자유당은 팽창기에는 추구하고자 하는 정책에서 대체로 합의를 이루었지만, 경제 및 금융 위기의 시기에 재정 조정의 부담을 어떻게 나눌지에 대해서는 합의하지 못했다.[64] 노동당 정부의 붕괴로 추는 다시 오른쪽으로 움직였다. 1931년 10월 총선에서 거국내각을 지지한 보수당은 472개 의석을 획득해 다수 대표제의 특징이라고 할 수 있는 거대 다수당이 되었다. 예산 문제에는 지출 삭감과, 보수당의 애용 수단인 관세 부과로 대응했다. 하지만 10월경이면 금융 위기가 한참 지난 다음이었다. 영국은 이미 금본위제에서 이탈한 상태였다.

소결

1920년대의 불안정한 균형은 금본위제 붕괴를 위한 무대를 만들어 놓았다. 다자 간 결제의 모습은 미국의 경상수지 흑자 재환류 의지에 달려 있었다. 처음에 미국은 대규모의 대부를 했다. 하지만 1928년부터 대부가 급감하면서 채무국에게 심각한 문제가 발생했다. 이러한 어려움의 절정은 채무 디폴트였는데, 그 결과로 대부의 일시적 감소는 항구적 급감으로 전환되었다. 오스트리아와 독일은 가장 심각한 영향을 받은 국가군에 속했다. 여러 금융 문제 앞에서 오스트리아중앙은행과 독일제국중앙은행은 국내 금융시스템의 안정과 금본위제 유지 중 하나를 택할 수밖에 없었다. 이들은 머뭇거리다가 결국 국내 금융 안정을 선택했는데, 외국인 예금을 동결하고 금 태환 대신 외환 통제를 택했다. 채무 디폴트와 예금 동결은 이미 국제수지 포지션이 취약해진 영국에 새로운 충격으로 작용했다.

따라서 뉴욕에서, 중남미 및 중부 유럽으로 그리고 다시 런던으로 이어지는 금융 연결 고리를 통해서 불안정 요인이 전달되어 결국은 금본위제 붕괴를 초래했다. 그런 충격은 보통은 금 태환 유지에 대한 신뢰와 국제 협력으로 완화되었다. 하지만 1931년에는 금본위제의 신뢰성이 점점 약화되었다. 국내 압력 단체의 영향 때문에 금본위제 유지가 다른 목표보다 우선하게 될지 의심받기 시작했다. 대공황이 심화되고 있어서 파산을 방치했을 때의 비용이 증가하고 있었다. 이런 상황 때문에 불신이 고조되자, 시장의 안정화 기능은 약해지고 대신에 중앙은행의 부담이 점점 커졌으며 국제 협력의 중요성이 고조되었다.

하지만 필요한 협력은 나타나지 않았다. 영국의 재정 긴축에 대한 저항과 독일의 정치적 불안정 때문에 민간 은행들은 대부를 하려고 하지 않았다. 국제 정치적 갈등, 특히 얽히고설킨 배상금 문제와 독일의 중부 유럽 관세 동맹 계획은 프랑스 정부를 주저하게 만들었다. 연준이 홀로 그 부담을 감당할 수는 없었다. 설사 연준이 중앙은행 간 협력이 가져다 줄 이익을 제대로 이해하고 있었다고 해도, 연준만으로는 부족하고 프랑스나 다른 나라 중앙은행의 협력이 필요했을 것이다. 스털링 방어를 위해 영국이 요구한 엄청난 규모의 지원금액은 말할 것도 없고, 1931년 여름에 독일이 요청한 10억 달러만 해도 미국의 초과 준비금과 맞먹는 규모였다. 연준이 지원액 전체를 부담해 자신의 여유 준비금은 전혀 없게 되는 상황은 상상하기 어렵다. 보유하고 있던 준비금 전액은 곧 달러 방어를 위해 필요하게 되었다.

따라서 국제 협력이 이루어지지 않는 상태에서 일방적 안정화 조치를 취하려 할 때 금본위제는 넘을 수 없는 장벽이었다. 팽창적 통화정책 및 재정정책이 금 태환 유지와 양립하기 어려웠을 뿐만 아니라, 국내 금융 불안정을 억제하려는 노력도 무위로 돌아가고 오히려 해롭기까지 했다. 국내 금융 패닉이 전염되어 여러 나라로 번지는 상황에서도 통화 당국은 그냥 방관하고 있었다.

하지만 위기는 한편으로는 기회였다. 금본위제에서 이탈할 수밖에 없게 되자, 새로운 정책 대안들이 생겨났다. 팽창적 조치들을 일방적으로 취하는 데서 금본위제가 더 이상 제약으로 작용하지 않았다. 팽창정책을 위한 국제 협력이 더 이상 필요하지 않게 된 것이다. 하지만 팽창정책을 추진하기 위해서는 다른 장애물들을 극복해야 했다. 특히 금본위제의 종말이 금융 혼란과 정치적 혼란을 동반하는 새로운 인플레이션 시대의 시작을 의미할 것이라는 두려움이 대표적 장애물이었다. 팽창적 조치의 채택에 대한 두려움이 최종적으로 극복되기까지 상당한 시간이 허비되었다.

임시 조정

1932년은 과도기의 해였다. 금본위제를 아직 포기하지 않은 국가들은 포기 여부를 결정해야 했다. 이미 금 태환을 중지한 국가들은 확장적 조치를 할 것인지 아니면 기존의 소극적인 정책 노선을 유지할 것인지를 결정해야 했다. 그런 결정적인 정책 결정은 대공황으로부터의 경제 회복 경로를 결정할 것이다.

평가 절하 결정에 영향을 미친 요인은 두 가지였다. 하나는 국내 이익집단의 찬반 압력이었으며 다른 하나는 금 태환 중지라는 최종적 순간에 인플레이션에 대해 어떤 기억을 갖고 있었는가 하는 것이었다. 평가 절하가 내수시장용 재화 대비 교역 가능 재화의 상대 가격을 높이는 경향 때문에 이익집단의 정치가 작동했다. 평가 절하는 금본위제 제약을 완화함으로써 정부가 물가 하락을 중단시키기 위한 협조적 조치를 준비할 수 있게 했다. 따라서 교역 가능 재화 생산자들과 농민들 그리고 부채에 시달리던 다른 집단들은 평가 절하를 선호한 반면, 채권자들과 국내시장 판매에만 전적으로 의존하는

재화 생산자들은 반대했다.[1]

　수출재에 특화한 나라에서는 생산자들이 통화 절하를 강하게 압박했다. 주요 수출시장이 영국이나 이미 통화가 절하된 다른 나라인 경우에는 양자 간 환율 안정과 시장 점유율 상실 방지를 위해 맞대응 요구가 특히 강력했다. 예를 들어 영국 유제품과 치열한 시장 점유율 경쟁을 벌이고 있던 덴마크와 뉴질랜드에서는 정부가 국내의 강력한 평가 절하 압력에 직면했다. 반대 극단에는 프랑스와 미국이 있었는데 이 두 나라는 국제 무역 의존도가 낮았기 때문에 평가 절하의 정치적 압력이 더 약했다. 수입품과 경쟁하는 부문은 관세와 쿼터 부과를 통해 설득할 수 있었는데, 그러면 수출업자들만 평가 절하를 요구하는 고립된 소수가 된다. 덴마크와 뉴질랜드가 이 시기에 일찍 평가 절하를 한 반면, 프랑스와 미국은 계속 금본위제를 유지한 것은 우연이 아니었다.

　평가 절하 결정은 또한 채권자와 채무자 간의 정치적 줄다리기의 결과였다. 물가 하락으로 모기지 채무의 실질 가치가 크게 증가한 농민들은 평가 절하를 압박하는 집단의 선두에 있었다. 하지만 미국의 농민들은 프랑스와 벨기에의 농민들에 비해 부채를 훨씬 많이 지고 있었다. 프랑스와 벨기에에서는 1920년대 인플레이션으로 이미 모기지 부채가 경감되어 있었다. 따라서 미국 농민들은 평가 절하를 위해 치열한 로비를 펼쳤다.[2] 미국처럼 농업 지역이 은 채굴 지역인 경우, 농민들은 정부가 은을 매입해 주조하도록 만들기 위해 평가 절하 로비 집단과 연대할 수도 있었다. 이런 관점에서 보면 미국이 프랑스보다 3년 앞서 평가 절하를 한 것도 놀라운 일이 아니다.

　국제 금융 중심지를 갖고 있던 나라들, 특히 네덜란드와 스위스에게는 통화의 안정성이 통화 가치의 수준보다 더 중요했다. 이 나라

황금 족쇄

들의 경우, 당국들이 길더나 프랑 방어에 주저하는 모습을 보이면 외국인들은 암스테르담이나 취리히에서 예금이나 국제 금융 거래를 하는 것을 피하게 될 것이다. 네덜란드와 스위스가 제일 마지막으로 금본위제를 이탈한 것은 이런 이유 때문이라고 할 수 있다.

하지만 금융 안정의 상징으로서 금본위제가 갖는 가치는 다른 나라의 결정에서 명확히 드러났다. 10년 전 예산 합의 실패로 지속적 인플레이션을 경험한 나라들에서는 정책 결정자들이 금본위제를 포기하면 과거와 같은 파멸적 결과가 다시 발생할까 봐 두려워했다. 1936년 평가 절하 이후 프랑스 사례가 보여주듯이, 그런 위험이 실제로 있었다. 하지만 벨기에의 사례가 보여주듯이, 인플레이션이 불가피한 것도 결코 아니었다. 그런데도 이런 두려움 때문에 프랑스 정책 결정자들은 평가 절하를 가능한 한 늦추려고 노력했다.

더욱 주목할 것은 금본위제를 이미 포기한 나라에서도 같은 두려움이 정부의 행동에 계속 영향을 미쳤다는 점이다. 그런 나라의 정책 결정자들도 태환 중지가 인플레이션과 금융 혼란으로 이어지는 문을 열지 않을까 걱정했다. 당시의 지배적인 견해에 따르면, 이제 금본위제가 사라졌기 때문에 정치가들은 예산 원칙을 준수하겠다는 의지를 재확인하고 중앙은행가들은 인플레이션과 계속 싸울 것임을 과시하는 것이 무엇보다 중요했다. 태환 중지가 인플레이션의 전조가 아님이 명확해진 후에야 비로소 정책 결정자들은 더욱 적극적인 조치를 취하려 할 것이다.

따라서 새로이 갖게 된 자유에 대한 정부의 초기 대응은 극도로 조심스러웠다. 금본위제를 포기한 대부분의 산업 국가에서 정책 결정자들은 통화 공급을 늘리고 이전의 디플레이션을 역전시키기 위해 확장적 공개 시장 조작을 실시하는 것을 망설였다. 이런 망설임 때문에 1932년에 경기 회복 속도가 둔화되었다. 금본위제법의 포기는 빠른 성장으로의 회귀를 위한 필요조건이었지만 충분조건은 아니었다. 그것을 위해서는 억제정책을 유지하도록 부추긴 금본위제의 에토스까지도 버려야 했다.

새로운 국제 경제 환경

스털링 절하의 1차 효과는 외환시장 압력을 런던에서 뉴욕으로 이전한 것이었다. 스털링 예금으로 입은 손실은 중앙은행가들에게 외환 준비금 보유에 따른 특별한 위험을 생생하게 상기시켰다. 이들은 신속히 움직여 달러 잔고를 청산하면서 미국에 금으로의 태환을 요구했다. 연준은 금본위제를 방어하기 위해 확장적 공개 시장 조작을 삼갔다. 연준이 미국의 2차 은행 파산 파동의 충격을 상쇄하기 위한 조치를 전혀 취하지 않으면서, 미국의 통화 공급은 연쇄적으로 축소되었다.

스털링 절하의 2차 효과는 다른 20여 개국도 금본위제를 포기하도록 만든 것이다. 영국과 같이 외환시장 압력을 겪은 나라들은 다른 선택의 여지가 거의 없었다. 하지만 1931~1932년에 금본위제에서 이탈한 다른 나라들은 자발적으로 그렇게 했다. 통화 절하로 국내 수요가 국내 생산품으로 이동했고 수출용 상품은 국내시장과 국제시장 모두에서 더 경쟁력을 얻게 되었다. 수요 진작으로 산업 생산의 하락세가 멈추고 투자자들은 자신감을 되찾았다. 영국을 따라 금본위제에서 이탈한 대부분의 나라에서 1932년에 회복이 시작되었다. 하지만 통화 절하로 수입품 수요가 줄어들고 수출품의 경쟁력이 올라가면서 금본위제 잔류 국가들의 어려움이 심해졌다.

이야기가 여기서 그쳤다면, 세계 경제는 1932년에 안정되었을 것이다. 통화 가치가 절하된 나라의 수출은 증가한 반면, 금본위제 국가의 수출은 계속 하락했을 것이다. 절하된 나라의 산업 생산은 올라가고 금본위제 잔류국의 생산은 떨어졌을 것이다. 절하된 나라의 국제수지 흑자는 통화 유통량의 증가를 가져오고 잔류국의 국제수지 적자는 은행권 유통량의 감소를 초래했을 것이다. 금본위제 이탈국들이 국제 준비금의 증가 속도보다 빨리 통화 공급량을 자유롭게 증가시켰다면, 이 나라들의 경기 촉진이 금 상실 국가가 채택할 수밖에 없었던 긴축 조치를 상쇄하고도 남았을 것이다. 그래서 세계 전체 교역과 생산은 증가하는 방향으로 움직이기 시작했을 것이다.

현실은 그렇지 않았다. 세계 교역의 달러 가치는 1931년에서 1932년 사이에 다시 16% 감소했다. 국제연맹의 제조업 생산 지수는 또 13% 하락했다(그림 10.1 참조).[3] 통화 절하 국가의 경기는 비틀거리며 회복하는 정도인 반면, 금본위제 국가, 특히 미국과 프랑스의 생산은 급격히 감소했다. 1933년에야 세계 전체의 생산 회복이 시작되었다.

국제 무역의 급감은 통화 절하에 대한 보복으로 금본위제 국가들이 무역 장벽을 치는 맞불 작전의 양상이 벌어졌기 때문이다. 평가 절하 국가들이 환율 변경으로 수요를 자국 상품으로 돌리려고 했던 것과 마찬가지로, 금본위제 국가들도 수입 관세와 쿼터 부과를 통해 이런 이동을 상쇄하려고 했다. 이들은 부분적으로만 성공을 거두었다. 금본위제 국가의 무역수지는 1932년에 악화되었다. 평가 절하 국가의 무역수지는 개선되었다. 하지만 무역수지가 개선되었다고 하더라도, 그 개선은 수출 증가의 결과가 아니라 수입 감소의 결과였다. 한 집단은 평가 절하로 수입을 억제하고 다른 집단은 상업적 제한을 부과해 그렇게 했다. 양측의 조치 모두 국제 무역의 하락을 심화했다.

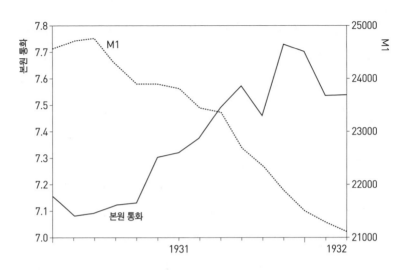

그림 10.1 **1931년 1월~1932년 3월의 미국 본원 통화와 M1**(단위: 백만 달러).

1931년 마지막 분기에 연준은 미국 경제에 본원 통화(주로 현금)를 추가로 주입했지만, 미국 통화 공급량의 지속적인 감소를 막지 못했다.

출처: Friedman and Schwartz(1963).

하지만 이런 정책이 세계 전체의 산업 생산 수준에는 큰 영향을 미치지 않았어야 했다.[4] 경기 안정화에 실패한 것은 무역 장벽의 상승 때문이 아니라, 통화 절하 국가의 통화 신용 공급이 증가한 것보다 금본위제 국가의 통화 신용 공급이 더 빠르게 감소하는 경향 때문이었다. 이것은 부분적으로는 외환 준비금이 금으로 전환된 데서 비롯되었다. 스털링 절하로 막대한 자본 손실을 입은 벨기에중앙은행 같은 중앙은행들은 해외 잔고를 즉시 청산했다. 프랑스중앙은행은 1931년 마지막 몇 달 동안 달러 잔고를 청산하기 시작했으며, 거의 모든 외환 준비금이 금으로 전환될 때까지 여러 해 동안 이 작업을 계속했다.

하지만 일정 시점에 통화용 금의 세계 공급량은 고정되어 있기

황금 족쇄

세계 무역 침체의 4대 기수

출처: 『세인트루이스 포스트-디스패치*St. Louis Post-Dispatch*』.

때문에 모든 나라가 외환 준비금을 동시에 금으로 대체할 수는 없었다. 그들이 상대방으로부터 금을 획득하기 위해서는 중앙은행 할인율을 인상하고 국내 여신을 억제하는 등 각고의 노력을 해야 했다. 1931년 말에서 1932년 말 사이에 금본위제 잔류국의 준비금 상실 규모는 통화 절하 국가의 준비금 증가 규모의 두 배 수준이었다.[5] 이런 불일치가 나타난 이유는 평가 절하로 외환 준비금 보유의 위험이 증가하자 외환 준비금을 청산했기 때문이다. 중앙은행들은 앞 다투어 외환 준비금을 금으로 전환했다. 이자율 인상을 통해 상대방의 금을 추가로 가져올 수도 있었지만 집단 전체로 보면 결국 일정량의 금이 여기저기 옮겨 다닐 뿐이었다. 따라서 준비금 청산과 그에 병행한 정책들 때문에 통화 공급에 대한 세계적 압력이 심해졌다.

결국 이 압력은 금 생산 증가로 완화되었다. 금본위제 국가의 상품 가격 하락과 절하된 통화로 표시한 금 가격의 상승은 금 채굴의 수익성을 높였다. 새 금광은 시베리아, 호주, 뉴질랜드, 캐나다에서 그리고 일본에서도 개발되었다.[6] 과거에는 채굴 수익성이 없었던 낮은 질의 금광석이 이제 생산되기 시작했다. 미국, 캐나다, 남아프리카공화국에서는 기존 금광이 확장되었다. 극동 지역에서는 퇴장되어 있던 금이 풀렸다. 이런 방출과 채굴 증가 때문에 프랑스, 벨기에, 스위스, 네덜란드, 폴란드, 미국 등의 중앙은행이 경쟁적으로 금을 확보하기 위해 이자율을 인상하고 통화성 부채를 축소할 필요가 줄어들었다. 하지만 금 채굴의 증가가 중앙은행 금 준비금에 완전히 반영되기까지는 수년이 더 걸렸다.

진짜 문제는 황금 족쇄에서 풀려난 나라들이 새로 얻은 자유를 제대로 활용하지 못했다는 점이다. 이들은 공개 시장 매입을 통해서 통화 공급을 훨씬 더 빨리 증가시킬 수가 있었다. 공개 시장 매입을 동반하지 않더라도, 평가 절하는 국내 생산물 대비 수입품 가격을 높여 수요를 국내 생산물로 전환시키기 때문에 회복을 촉진할 수 있었다. 하지만 각국이 통화 신용 공급을 확대했더라면 회복은 훨씬 더 빨랐을 것이다. 그렇게 했다면 내수를 촉진하고 평가 절하 국가의 수지 흑자를 최소화하여 금본위제 잔류국에 대한 압력도 완화할 수 있었을 것이다. 세계 전체의 통화 신용 공급은 축소가 아니라 확대되었을 것이다. 경기 하강세가 억제되었을 것이다.

하지만 확장적 공개 시장 조작은 많이 이루어지지 않았다. 금 준비율 제약을 더 이상 받지 않는데도 통화 공급을 신속히 확대한 중앙은행은 거의 없었다. 중앙은행들은 할인율 인하와 상업 은행의 대출 확대 독려 그리고 초과 준비금의 축소에 만족했다. 하지만 확장

표 10.1 **연간 M1 변화율(연말 기준)**

블록	1931~1932년	1932~1933년	1933~1934년
금본위제 국가	-8.58	-4.37	-0.90
외환 통제 국가	-9.44	-2.26	0.44
스털링 지역 국가	-0.85	3.33	2.13
기타 통화 절하 국가	13.95	8.13	8.82

주: 국가별 통계의 단순 평균.
금본위제 국가: 프랑스, 네덜란드, 폴란드, 스위스.
외환 통제 국가: 불가리아, 독일, 헝가리, 유고슬라비아
스털링 지역 국가: 호주, 뉴질랜드, 영국, 덴마크, 노르웨이, 스웨덴, 핀란드.
기타 통화 절하 국가: 브라질, 멕시코, 엘살바도르, 콜롬비아, 칠레.
체코슬로바키아와 이탈리아는 1932~1933년 금블록에서 1933~1934년에 외환 통제 국가로 변
했다. 미국은 1931~1932년 금블록에서 1932~1933년 기타 통화 절하 국가로 바뀌었다.
출처: League of Nations(1936).

의 충격은 약했다. 스털링 지역의 통화 공급은 1931년 말에서 1932년 말의 기간 동안 거의 변하지 않았다(표 10.1 참조). 외환 통제를 실시한 동유럽 국가들은 인플레이션에 대한 기억이 아직 생생한 상태에서 통화 공급 확대를 망설였다. 금본위제가 수년 동안 실질적으로 중단된 중남미에서만 1932년에 통화량의 상당한 증가가 있었다.

왜 통화를 절하한 유럽 국가들은 통화 확대를 망설였을까? 이들의 행동을 여전히 크게 제약하고 있었던 것은 금본위제가 마지막으로 중단되었던 시기에 형성된 태도였다. 1920년대 초는 인플레이션, 사회 혼란 및 정치 불안으로 각인되어 있었다. 국내 이익집단들이 소득 분배와 과세 부담에 대해 타협하고 금본위제를 재도입함으로써 자신들의 약속을 확약할 때만 이런 혼란은 소멸되었다. 중앙은행가들은 그때와 같은 일이 재발하지 않을 것이라는 확신이 들 때까지는 금본위제 정지의 이점을 활용하는 데 주저했다.

따라서 황금 족쇄를 벗기 위해서는 정책 결정자들이 금본위제의 제도만이 아니라 금본위제의 에토스도 버리는 것이 필요했다. 제도의 해체가 자동으로 이런 에토스의 해체를 의미하지는 않았다. 금본위제를 방어해야 하는 법적 의무가 더 이상 유효하지 않았는데도, 정치적 제약과 두려움이 종종 정책 결정자의 손을 계속 묶어 놓았다.

달러에 대한 압력

스털링의 절하가 허용되자 영국에서 미국으로 빠져나간 자본이 돌아왔다. 프랑스, 벨기에, 네덜란드, 스위스를 포함한 다른 유럽 국가들 역시 미국 금의 흡수처가 되었다. 미국의 무역수지는 여전히 강했지만, 해외의 통화 절하로 인한 미국의 경쟁력 약화 때문에 무역수지가 악화될 것으로 예상되었다. 두 개의 핵심 준비 통화 중 하나가 평가 절하되었다는 것은 다른 하나 역시 절하될 수 있음을 강하게 시사했다. 연준의 확장 조치 채택 압력이 커질수록 달러의 평가 절하 위험도 높아졌다. 미국 실업률의 지속적 상승 역시 그런 압력을 심화했다. 1932년은 선거의 해이기 때문에 의회는 확실히 연준에 더욱 적극적으로 대응하라고 주문할 것이다. 따라서 투자자들은 달러 예금을 청산했으며 중앙은행들은 달러 준비금을 미국의 금으로 바꾸었다.

프랑스의 뉴욕 내 예금이 가장 심각한 위협이 되었다. 금환본위제를 오랫동안 반대해 온 프랑스는 1926~1927년 안정화 과정에서 프랑의 절상 억제를 위해 개입한 바 있는데, 이때 획득한 외환 잔고를 꾸준히 금으로 바꾸어 오고 있었다. 스털링의 절하로 프랑스중앙은행은 금으로의 전환을 더욱 절박하게 생각했다. 프랑스중앙은행은 1931년 9월 19일 6250만 파운드를 스털링으로 보유하고 있었는

황금 족쇄

데, 그날 35%의 자본 손실을 입었다. 그래서 그와 유사한 위험에 대한 노출을 최소화하고 달러 잔고를 금으로 전환함으로써 프랑에 대한 신뢰를 높이려고 했다. 영국이 금 태환을 중지한 지 이틀 후인 9월 21일에 클레망 모레 프랑스중앙은행 총재는 뉴욕의 조지 해리슨에게 전신을 보내서, "뉴욕연방준비은행의 프랑스 잔고 중 일부를 금으로 태환하는 데 반대가 있는지 그리고 얼마나 태환할 수 있는지"를 질의했다.[7]

미국이 금을 상실하고 있을 때 프랑스중앙은행이 달러 청산을 확대한 것은 달러에 대한 신인도를 치명적으로 약화시키고 금본위제 전체를 불안정하게 만들 위험이 있었다. 프랑스의 지배적인 인식은 경제 회복을 위해서는 금융 안정이 필수적이라는 것이었다. 그리고 금본위제의 유지는 금융 안정을 위해 결정적이었다. 달러가 절하되면 미국 수출품은 국제시장에서 경쟁력을 높일 수 있게 될 것이고, 그러면 프랑스 등 유럽 수출국들의 어려움은 가중될 것이다. 그러면 다음의 투기적 공격 대상은 당연히 프랑스 프랑이 될 것이다. 따라서 어떤 대가를 치르더라도 달러의 평가 절하만은 피해야 했다. 라발 총리가 이끈 프랑스 대표단이 프랑스중앙은행의 달러 예금을 일시적으로라도 존치하기 위한 조건을 협상하기 위해 10월에 미국을 방문했다. 후버 모라토리엄Hoover Moratorium*으로 허를 찔린 프랑스는 전쟁 채무와 배상금에 관해 미국이 다시는 일방적인 조치를 취하지 않을 것임을 약속하라고 요구한 것으로 알려졌다.[8]

해외 인출이 진행되는 동안, 미국 국민들은 또 한 번의 은행 파

───────

* 미국 대통령 허버트 후버는 1931년 6월에 대공황기의 세계 금융 혼란을 완화하기 위해, 1차 대전 배상금과 전시 채무의 상환을 1년간 유예하자고 제안했다.

산 파동에 놀라 예금을 현금으로 전환했다. 통화 당국의 고전적 대응은 징벌적 이자율로 대출을 자유롭게 하는 것이다. 약간의 논란이 있은 후, 뉴욕연방준비은행의 할인율은 8월 8일 1.5%에서 2.5%로 인상되었고, "금 손실과 현금 수요"에 대응해 1주일 후에 3.5%로 인상되었다.[9] 연준은 유동성을 필요로 하는 국내 은행들을 위해 자유롭게 할인을 해 주었다.[10] 연방준비은행의 여신 잔고는 1931년 7월에서 10월 사이에 50% 증가했다(그림 10.2). 11월의 재발을 제외하더라도 본원 통화(기본적으로 유통 현금과 상업 은행의 연준 예금의 합)는 그해 하반기에 꾸준히 증가했다.

하지만 예금의 현금 전환 때문에 이런 조치들은 광의의 의미에서 미국의 통화 공급량 감소를 막지는 못했다. 8월에서 11월 사이에 M2(유통 현금과 상업 은행의 요구불 예금 및 저축 예금의 합)는 8% 감소했다. 그림 10.1에 나타난 바와 같이 M1(현금과 요구불 예금의 합)은 같은 기간 동안 5% 감소했다. 이것은 연간 감소율이 아니다. 단 3개월 사이에 5%가 감소한 것이다. 연간 감소율로 25% 이상의 M1 감소는 연준의 짧은 역사에서 유례가 없는 일이었다.[11]

원칙적으로 연준은 통화 공급의 감소를 막기 위해 확장적 공개 시장 조작을 사용할 수 있었다. 하지만 연준은 금 평가를 위협할 수 있다는 우려 때문에 그렇게 하지 않았다. 금 잔고는 9월과 10월 사이에 11% 감소했다. 준비율은 여전히 법정 하한선을 넘었지만 추세는 명확했다. 준비은행의 여신 잔고는 1931년 10월에 최고점을 기록했으며, 연준은 그 후부터 회수를 시작했다. 12월에 한 차례 공개 시장 매입이 증가한 적이 있었는데, 이것은 스털링 위기 직후 매입한 90일물 어음의 만기 도래로 인한 연방준비은행 어음 포트폴리오의 감소를 상쇄하기 위한 것이었다. 하지만 연준의 전반적으로 신중한 접근

황금 족쇄

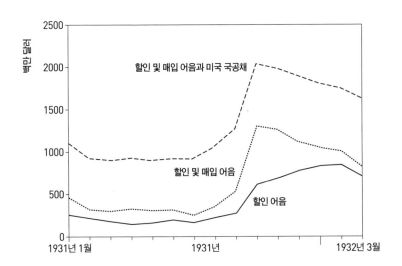

그림 10. 2 **1931~1932년 연준 여신과 그 구성.**
일반적 비판과 달리, 연준은 사실 1931년 7월에서 10월 사이에 상당한 양의 국내 여신을 추가로
시장에 공급했다.
출처: 『은행 및 통화 통계』(1943년), 371쪽.

과는 다른 예외적 조치였다. 11월부터 시작된 준비은행 여신 잔고의
감소로 그림 10.1과 같이 금 준비금은 안정을 되찾았다. 하지만 증가
하지는 않았다. 따라서 1932년 1분기 동안 어음의 만기가 계속 도래
해도 연준은 어음 포트폴리오를 보충할 움직임은 보이지 않았다.

연준이 예금 청산을 상쇄할 만큼 충분한 규모의 공개 시장 매입
을 했더라면 달러가 금본위제에서 이탈하게 되었을지 여부는 말하
기 어렵다. 1931년에서 1932년 1월 사이에 M1은 약 20억 달러 감소
했다(그림 10.2 참조). 20억 달러는 연준이 소유한 금의 약 3분의 2에
해당하는 규모였다. 적격 부채를 뒷받침하는 데 필요한 금을 제외한
이후의 가용 금의 2.5배(그리고 10월의 금 손실 이후의 가용 금의 약 5배)에
해당했다. 화폐 수요가 불변이라고 가정하면 20억 달러의 공개 시장

매입은 20억 달러의 준비금 감소로 이어졌을 것이고, 그러면 미국은 금본위제 이탈이 불가피했을 것이다. 하지만 공개 시장 매입으로 은행시스템에 대한 신뢰가 회복되었다면, 화폐 수요가 충분히 증가해서 통화 공급 증가가 연준에서의 금 유출로 이어지는 것을 막았을 수도 있을 것이다. 하지만 게임의 규칙을 명백히 위반하는 대규모 공개 시장 매입은 외국 예금자들, 특히 평가 절하를 우려하고 있던 프랑스인들을 안심시키지는 못했을 것이다. 이런 만일의 사태를 예상해서, 화폐 수요는 증가하지 않고 오히려 감소했을 수도 있을 것이다.

1932년 2월 글래스-스티걸법Glass-Steagall Act 제정 전에 연준은 초과 금 문제에 사로잡혀 있었다.* 연준은 금본위제 국가의 전형적 준비금 의무와 같이 유통 은행권의 40%에 해당하는 금을 보유해야 할 의무 외에, 은행권의 60%에 해당하는 금액의 다른 특정 자산을 보유하도록 되어 있었다.[12] 전체 준비 자산의 60%까지는 '적격 증권'을 이용할 수 있었는데, 적격 자산은 상업 어음, 농업 어음, 산업 어음 그리고 준비은행들이 매입한 은행 인수 어음으로 제한되어 있었다. 만약 준비은행들이 보유하고 있는 적격 증권이 연준 유통 은행권의 60%에 미치지 못하고 대신에 포트폴리오에 국채와 기타 비적격 어음이 있으면, 부족분은 별도의 금으로 보충하도록 되어 있었다. 전체 금 보유량에서 연준 유통 은행권의 40%에 해당하는 양과 적격 증권 보유액이 은행권의 60%에 미치지 못해 추가로 준비해야 하는 금을 뺀 것이 초과 금free gold이다.[13]

---

* 일반적으로 글래스-스티걸법은 상업 은행과 투자 은행의 겸업을 제한한 '1933년 은행법Banking Act of 1933'을 지칭한다. 하지만 1932년의 글래스-스티걸법은 1933년 은행법의 초기 형태로서 연준의 재할인 대상 자산의 범위를 정부 증권으로 확대한 것이 주요 내용이다.

황금 족쇄

이런 초과 금 조항들은 공개 시장 조작에 직접 영향을 미쳤다. 만약 연준이 100달러의 국채를 매입해 100달러의 현금을 유통에 주입하면, 100달러의 금을 추가로 확보해야 했다. 연준이 추가로 획득한 국채는 적격 어음이 아니기 때문이다. 공개 시장 매입으로 동일한 규모인 100달러만큼 초과 금이 줄어들게 된다. 따라서 초과 금 준비금 1달러로 매입할 수 있는 국채 규모는 40%의 준비율을 적용했을 때의 2.5달러가 아니라 실제로는 1달러에 불과했다.

영국의 금 태환 중지 직후, 초과 금의 규모는 8억 달러 수준이었다. 첫 달의 준비금 손실로 초과 금의 규모는 4억 달러로 급격히 줄어들었다.[14] 이 규모에서 연준은 국채를 4억 달러밖에 매입할 수 없었다. 같은 기간의 통화 공급 감소액 20억 달러와 비교하면 극히 미미한 수준이었다.

연준 회원 은행들이 적격 증권인 상업 어음이나 은행 인수 어음을 재할인하도록 유도할 수 있었다면, 연준은 초과 금의 제약을 회피할 수 있었다. 그러면 연준은 초과 금 1달러에 대해 2.5달러어치의 재할인과 어음 인수를 할 수 있었다. 연준이 충분한 규모의 재할인과 어음 인수를 유도할 수 있었다면 남은 4억 달러의 초과 금으로 10억 달러의 본원 통화를 추가로 공급할 수 있었을 것이다. 하지만 연준을 통해 얻은 현금을 사용해 매력적인 투자 기회를 많이 발굴한 회원 은행이 거의 없었다. 이들이 상업 어음 재할인에 적극적이지 않으면 연준이 시장에 참가해 자기 계정으로 적격 어음을 매입했어야 할 것이다.[15] 만약 연준이 보유하고 있던 초과 금을 최대한 이용해서 그렇게 했더라도 당시 M1 감소의 절반밖에 상쇄할 수 없었을 것이다.

더욱이 연준의 초과 금이 소진될 때까지 어음 매입을 계속하면 달러 태환성에 대한 신뢰가 약화될 위험이 있었다. 연준은 이후의 금 준비금 감소의 몇 배만큼 본원 통화를 줄여야 했을 것이다. 의회의 압력 때문에 중앙은행은 이런 일이 일어나는 것을 그대로 두지 않았을 수도 있다. 통화 축소를 망설이는 조짐이 있으면 외국인들은 금본위제 규정의 수정을 예상해 달러 표시 자산을 청산하려고 할 수 있다. 적절한 오차 허용 범위를 감안할 때, 초과 금의 최소 규모는 5억 달러 정도라고 생각했다.[16] 1931년 10월 8일, 프랑스중앙은행 총재로 최근에 임명된 클레망 모레는, 초과 금이 5억 달러로 감소하면 미국 내 외국인 예금이 초과 금의 약 3배에 이르는 상황에서 크게 우려할 만한 사태가 벌어질 것이라고 이사회에 보고했다.[17] 1932년 벽두부터 외국인 인출과 이어마킹ear marking●이 주당 1억 달러 규모로 나타났다. 그 후 재무부 장관 오그던 밀스Ogden Mills가 "2~3주 안에 우리는 금본위제를 이탈할 수밖에 없게 될 것이다"고 말한 데는 과장이 있었을 수 있다.[18] 연준이 2~3주 이상의 여유가 있었다고 해도, 뉴욕연방준비은행의 W. 랜돌프 버지스W. Randolph Burgess가 설명한 바와 같이, 연준이사회는 "유럽의 금 인출 사태 앞에서 충분하지 않은 규모의 (중략) 초과 금" 때문에 제약을 받고 있다고 느꼈다.[19]

평가 절하의 공포는 또 하나의 결과를 가져왔다. 이 공포가 추가 예금 청산으로 이어지면 공개 시장 매입도 은행 위기를 완화하지 못할 수 있었다. 외국인들은 평가 절하에 따른 자본 손실을 피하기 위해 미국 은행에서 자금을 인출하려고 할 것이다. 유진 메이어Eugene Meyer 총재는 1932년 한 상원 위원회 증언에서 평가 절하의 공

● 이어마킹이란, 외국 은행들이 뉴욕에 있던 예금 등 금융 자산을 금으로 태환한 후 현물의 금을 본국으로 운송하지 않고 자신의 계정 하에 그대로 보관해 두는 것을 말한다. 이때 금괴에 소유주의 인장이 찍히게 되는데, 이것이 가축의 귀에 표시를 해 두는 것과 비슷하기 때문에 흔히 이어마킹으로 불린다.

황금 족쇄

꼬리 잃은 여우

출처: 『로스앤젤레스 타임스*Los Angeles Times*』.

포가 개입을 무력하게 만들었다고 주장했다. "외국인들이 우리나라 앞으로 된 어음을 대량으로 보유하고 있고 미국인들이 공포에 사로잡혀 자금을 해외로 송금하고 있음을 고려할 때, 당시 준비은행들의 증권 매입은 현실성이 없었다. 10월에 금을 잃지 않으면서 그런 성격의 조치를 취하는 것은 불가능했을 것이다. (중략) 당시에는 매입이 안정화 효과를 거두지 못했을 것이다."[20]

　　지나서 돌아보면 그것이 근거 없는 공포이거나 적어도 상당히 과장된 것이라고 말할 수 있을 것이다. 하지만 근거가 있든 없든, 그런 공포가 1931년 4분기와 1932년 1분기에 연준의 정책에 심각한 영향을 미친 것은 분명하다.

평가 절하의 확산

외국인 예금이 중요한 비중을 차지하거나 국제수지 포지션이 이미 취약한 다른 여러 나라들도 비슷한 압력에 시달렸다. 모든 나라가 미국처럼 민첩하게 금본위제 방어에 나서지는 않았다. 스웨덴이나 캐나다와 같은 일부 나라들은 바로 영국의 뒤를 이어 금본위제에서 탈퇴했다. 대외 포지션이 좀 더 강한 다른 나라들은 자발적으로 금본위제에서 이탈했다. 9월 말에는 스웨덴, 덴마크, 노르웨이, 캐나다를 포함한 9개 나라가 이미 금 태환을 중지한 상태였다. 10월에는 핀란드, 포르투갈, 볼리비아, 엘살바도르가, 12월에는 일본이 금본위제 이탈에 합류했다. 1932년 상반기에는 8개국이 추가로 금본위제에서 이탈했다. 1931년 절정기에는 금본위제를 채택한 나라가 47개국에 이르렀다. 1932년 말에는 금본위제 잔류 국가 중 그나마 의미 있는 나라는 벨기에, 프랑스, 이탈리아, 네덜란드, 폴란드, 스위스, 미국뿐이었다.[21]

금 태환의 중지는 한 가지 문제를 해결했지만 한 가지 문제를 새로 만들었다. 정부는 환율을 어떻게 해야 할지를 결정해야 했다. 극단적으로 금에 다시 고정시킬 수 있었는데, 이 경우에 평가는 아마도 과거보다는 낮을 것이다. 반대쪽 극단으로는 환율이 자유롭게 변동하도록 허용할 수도 있었다. 세 번째 대안으로, 자신의 통화를 주요 교역 대상국의 통화에 연계시킬 수 있었다. 이 중에서 어느 것을 택하느냐는 1930년대 나머지 기간 동안 불황과 회복의 경로를 규정하는 중요한 결정이 되었다.

영국과 밀접한 경제 관계를 가진 국가는 결정이 명확했다. 이 나라들은 스털링을 따라 금에서 이탈하지 않았더라면 수출 경쟁력의 하락과 생산의 감소를 더 심하게 겪었을 것이다. 평가 절하를 해

황금 족쇄

서 스털링에 고정함으로써 환율의 불확실성을 억제했다. 그렇지 않았다면 환율의 불확실성으로 수출이 큰 타격을 입을 가능성이 있었다. 이 나라들은 차입을 해외 런던시장에 크게 의존하고 있었던 만큼, 스털링에 고정함으로써 환율 변동으로 인한 원리금 상환의 국내 통화 비용 변화의 위험을 최소화할 수 있었다. 이집트, 인도, 이라크, 포르투갈은 즉각 금본위제를 포기하고 평가 절하 이전의 환율로 스털링에 고정했다. 이미 금본위제에서 이탈한 호주는 12월에 자국 통화를 스털링에 고정시켰다. 어느 나라보다도 금본위제 투자를 많이 한 남아프리카공화국은 1년을 기다린 후에 금 태환을 중지하고 1931년 이전 환율로 스털링에 고정했다. 스칸디나비아 국가들과 일본은 통화 가치의 변동을 허용했다가 1933년에 스털링에 고정했다.

캐나다는 영연방 국가들 중에서 유일하게 다른 길을 택했다. 1930년 중반부터 이미 통화의 사실상의 평가 절하를 공식적으로 인정하자는 의견이 상당한 힘을 얻고 있었다(제8장 참조). 스털링의 하락으로 평가 절하를 주장하는 로비 집단의 목소리가 더욱 힘을 얻었다. 영국의 금 태환 중지 후 몇 주 이내에 캐나다는 사실상의 금 수출 제한을 공식적 금 수출 금지로 대체했다. 캐나다 달러는 더욱 절하되었다. 하지만 자국 통화가 스털링에 따라 변동하도록 허용하면 대미 수출에 타격을 줄 수 있었다. 상당 폭의 절하는 미국 달러 표시 차입금의 원리금 상환액을 국내 통화로 표시했을 때의 비용을 크게 증가시킬 수 있었다.[22] 캐나다는 미국과의 경제 관계의 중요성을 고려하여 절충점을 찾았는데, 스털링에 고정한 것이 아니라 스털링과 달러의 바스켓에 고정하고 두 통화에 동일한 가중치를 부여한 것이다.

이렇게 해서 캐나다 달러는 미국에 대해서는 절하되었지만 스털링에 대해서는 절상되었다. 영국으로의 수출은 더욱 어려워졌다.

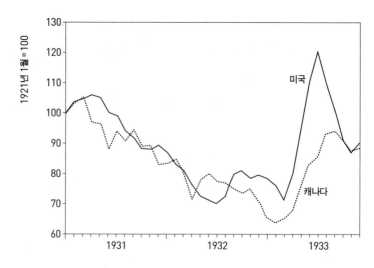

그림 10.3 **1931~1933년 미국과 캐나다의 산업 생산.**

1931년 9월부터 캐나다의 환율은 미국 달러에 대해 절하되었지만, 캐나다 정부는 1933년에 미국의 경기 회복이 시작될 때까지 생산의 감소를 막지 못했다.

출처: 국제연맹, 『월간 통계 보고*Monthly Statistical Bulletin*』(각 호).

캐나다 밀 생산업자들은 호주 파운드와 아르헨티나 페소의 급격한 절하 때문에 불리한 위치가 되었다. 미국으로의 수출은 더욱 수월해 졌지만, 미국 경제가 침체 상태에 있고 캐나다 수출품은 신문 인쇄 용지와 같이 수요가 가격에 비탄력적인 생산품에 특화되어 있어서, 그 효과는 크지 않았다.[23] 영국의 산업 생산과는 대조적으로 캐나다 의 산업 생산은 계속 하락했다. 그림 10.3에서 분명히 볼 수 있는 바와 같이, 캐나다의 산업 생산은 미국의 산업 생산과 더불어 1933년 이 되어서야 회복하기 시작했다.

이런 것은 평가 절하를 옹호하는 근거가 되었다. 평가 절하를 반대하는 근거는 10년 전의 인플레이션 과열의 재발 방지였다. 이런

황금 족쇄

주장은 프랑스, 벨기에, 이탈리아, 폴란드 그리고 이제 외환 통제를 실시하고 있는 중부 유럽 국가들에서 특히 비중 있게 받아들여졌다. 이런 나라에서는 인플레이션이 공공 지출 수준 및 세금 배분에 관한 사회적 합의를 도출하지 못했다는 징표였다. 인플레이션은 양립 불가능한 주장을 절충하는 시장의 방식이었다. 하지만 인플레이션은 소득을 채권자에게서 채무자에게로 재배분함으로써, 사회를 유산자 계급과 노동자 계급이 지배하는 경쟁적 분파들로 양분화했다. 분배 갈등 해결과 인플레이션 억제의 실패 때문에 정치 불안과 금융 혼란이 약 10년간 지속되었다. 소득 분배 및 조세 부담을 둘러싼 타협은 장기간의 소모적 과정을 거치고 난 후에야 겨우 이루어졌다.

금본위제는 그런 타협을 상징했다. 금본위제를 포기한다는 것은 그 논쟁을 다시 시작하고 1920년대 후반에 어렵게 마련한 취약한 합의마저 산산조각 내는 것을 의미했다.

"불과 몇 해 전에 통화가 붕괴한 나라들에서 다시는 그런 일이 일어나지 않도록 하겠다는 굳은 결심이 나타났다. 인플레이션으로 인한 저축의 파괴와 경제적 무질서 때문에 엄청난 대혼란이 야기되었다. 따라서 이것이 어떤 대가를 치르더라도 피해야 하는 기본적 악으로 비춰진 것은 너무나 자연스러웠다. 이런 나라들 중 많은 나라에서 사실 인플레이션과 평가 절하를 동일시하는 경향이 있었다."[24]

타협의 상징이 번영과는 양립하기 어려운 것처럼 보였다면 오래 유지되지 못했을 것이다. 하지만 금본위제는 양립 불가능하기는 커녕 이 나라들에서 경제 회복을 위해 꼭 필요한 것으로 간주되었다.

그것의 불가결성은 대공황의 원인에 관한 특별한 해석의 필연적 귀결이었다. 유럽의 많은 지역에서 대공황은 금본위제의 룰을 따르지 않은 중앙은행들에 의한 과잉 신용 창출의 결과로 이해되었다.[25] 이 견해에 따르면 1차 대전의 종결 이후 세계의 생산 능력이 통화용 금의 공급보다 더 빨리 확대되었다. 화폐 수요도 생산 능력과 같이 증가했기 때문에, 이에 상응하는 실질 통화 잔고의 공급 증가를 위해서는 물가 하락이 필요했다. 금본위제하에서 1873~1893년과 같은 완만한 디플레이션은 정상적인 반응이었다. 하지만 1920년대에는 중앙은행이 외환 준비금 창출을 통해 물가의 하방 조정을 봉쇄해 버렸다. 1920년대 중반에 연준의 지나치게 수용적인 정책도 같은 방향으로 작용했다. 그 결과로 나타난 신용의 자유로운 공급이 금융시장에서 투기를 부채질해 자산 가격을 지속 불가능한 수준으로 올림으로써 1929년 가을의 금융시장 붕괴를 위한 무대를 마련했다. 이런 충격으로 중앙은행들은 앞 다투어 외환 준비금을 청산했다. 물가는 더 현실적인 수준으로 갑자기 떨어졌다. 갑작스런 디플레이션은 결코 순탄하지 않았다. 그 결과로 채무자들의 파산 사태가 발생했으며 투자를 위축시키고 경제 활동에 혼란을 초래했다. 이런 것들이 결국 전 세계가 지금 겪고 있는 대공황을 야기한 것이다.

이 견해에 따르면, 대공황은 중앙은행들이 이전에 추구한 비현실적 정책의 불가피한 결과였다. 지금 디플레이션이 진행되는 것을 막는 것은 또 한 번의 투기 과열 시대를 개막하고 종국에는 다시 불황을 야기할 위험이 있었다. 과잉 유동성이 사라지고 물가가 지속 가능한 수준으로 떨어지도록 놓아 두는 것이 더 나은 방법이었다. 조정이 제대로 이루어질 때만 투자자들이 건전한 금융의 새 시대가 멀지 않았다는 확신을 갖게 될 것이다. 그럴 때에야 비로소 회복이 시작될

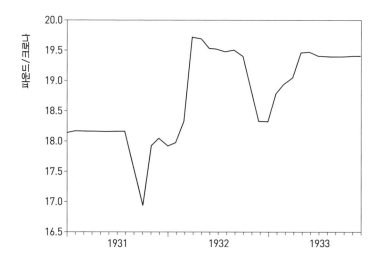

그림 10. 4 **1931~1933년 스웨덴과 영국 사이의 환율.**

1931년 9월에 영국이 금본위제를 포기하자, 스웨덴 크로나는 스털링에 대해 절상되었지만, 그 후 스웨덴이 금본위제를 포기하면서 방향은 역전되었다. 그 후 크로나는 1932년에 급격히 절하되었는데, 이 해에 스웨덴중앙은행은 크뤼게르^{Kreuger} 사건$^\bullet$으로 위험에 처한 은행에 추가 유동성을 공급했다.

수 있을 것이다.[26]

　10년 전에 높은 인플레이션을 겪은 나라들에서 정책의 역할에 대한 이런 견해가 가장 강하게 지배했다. 하지만 1920년대에 인플레이션을 겪지 않았으면서 이제는 금본위제를 포기한 나라들에서도 이런 견해가 상당히 우세했다. 이런 나라들의 정책 결정자들은 태환 중지의 위험을 측정하기 위해 이웃 나라의 경험에 눈을 돌렸다. 그

● 스웨덴의 성냥 재벌인 이바르 크뤼게르$^{Ivar\ Kreuger}$는 1920년대와 1930년대 초에 투자자들에게 비현실적으로 높은 수익률을 보장하는 방식으로 소위 폰지 금융 거래를 했다. 특히 외국에서의 성냥 제조업 독점권 획득을 근거로 높은 배당금을 보장한다며 대량의 증권을 발행했다. 이 금융 사기 사건은 1932년 3월 크뤼게르의 사망으로 큰 후유증을 남기고 종결되었다.

결과, 이들은 통화정책과 재정정책을 아주 신중하게 결정했다. 태환 중지가 인플레이션의 위험을 가져오지 않는다는 확신을 갖기까지 1년 이상이 소요되었다. 업계와 기업의 신용 수요를 수용하는 것에서 물가안정화정책으로, 그리고 그 후에는 경기회복정책으로 점진적으로 이동해 갔다. 하지만 변화는 매우 천천히 이루어졌다. 한 논평가는 일관된 물가 안정화 프로그램을 처음으로 채택한 나라 중 하나인 스웨덴에 관해 다음과 같이 기술했다. "스웨덴중앙은행Riksbank 이사회는 1932년 초에도 스웨덴이 마치 금본위제를 아직 포기하지 않은 듯이 정책을 결정했다."[27]

금본위제는 1931년에 해체되었지만 그 정서는 정책 형성에 계속 영향을 미치고 있었다. 그런 정서가 더 이상 지배적이지 않은 곳에서조차 마찬가지였다. 제약에서 벗어나 더 팽창적인 정책을 실시할 수 있는 자유의 여지가 새로 만들어졌지만, 정책 결정자들은 그것을 제대로 활용하지 않았다. 그 결과로 얼마 동안 회복 역시 불완전한 상태가 되었다.

초기 대응

영국의 금본위제 포기 직후에 급격히 하락하던 스털링은 회복하기 시작했다.[28] 1931년 12월 초 3.25달러의 저점에서 그해 말에는 3.40달러로 상승했다. 그후 스털링 환율은 계속 강세를 유지해 1932년 2월에는 3.70달러에 이르렀다.

정책 결정자들과 영국 국민들은 인플레이션에 대한 우려를 드러냈지만 금본위제로의 복귀를 희망하는 정서는 거의 찾아보기 어려웠다. 1925년 전전 평가의 회복은 그 옹호자들이 예상한 이익을 결코 가져다주지 않았다. 금으로의 복귀는 번영이 아니라 침체와 실업만 가져다주었다. 금본위제가 국제 무역의 신속한 확대에 도움이 될 것이라는 희망도 좌절되었다. 시티에 돌아가는 이익도 평가 절하 때문에 모두 사라져 버렸다. 금본위제에서 일단 이탈하자, 영국 정부와 잉글랜드은행이 예전 같은 금본위제를 다시 회복할 것이라고 생각하는 사람은 거의 없었다. 스털링 평가는 더 이상 평시의 환율 안정과 동의어가 아니었다. 런던에 예금을 둔 투자자들과 스털링으로 거래를 하던 사람들이 자신들의 거래를 헤지해야 할 필요가 새로 생긴 것이다. 이들은 포트폴리오를 다변화하고 다른 금융 중심지와 국제 금융 거래를 했다. 따라서 1931년 이후 금본위제 복귀 주장은 1925년보다 약했다.[29]

하지만 환율이 자유롭게 변동하도록 하는 것 역시 바람직하지 않았다. 왜냐하면 환율 변동으로 영국 업계가 의지하고 있던 수출 무역이 타격을 입을 위험이 있었기 때문이다. 잉글랜드은행은 재무부의 요청으로 환율 변동을 줄이기 위해 개입했다. 은행의 최우선 관심사는 국제 준비금을 보충하는 것이었다. 처음에는 스털링을 매각하고 외환을 매입함으로써 환율을 낮게 유지하는 것을 선호했다. 왜냐하면 이런 매각으로 외환 보유액을 보충할 수 있었기 때문이다.[30] 랠프 호트리와 같은 재무부 관리들은 환율을 3.40달러 정도로 낮게 유지하기 위해 어음, 증권, 해외 자산의 매입을 권고했다. 그들이 내세운 이유는 수출 촉진, 무역수지 개선, 고용 촉진이었다. 이후에 세계 물가가 상승하기 시작하면 물가 안정과, 아마도 환율 안정을 위한 국가 간 (예를 들어 영국과 미국 간) 협정을 성사시키는 것이 바람직할 수 있었다.[31]

6개월이 지난 2월에는 반대로 디플레이션이 인플레이션의 악순환을 촉발할 수 있다는 우려를 잠재우는 데 성공했음이 증명되었다.

잉글랜드은행은 할인율을 인하했다. 그해 초 6%이던 할인율이 6월에는 2%로 낮아졌다. 1월에 5%이던 단기 재무부 채권의 수익률이 9월에는 1% 아래로 떨어졌다. 하지만 중앙은행의 정책은 이자율 인하 외의 영역에서는 여전히 소극적이었다. 본원 통화량(일반인의 현금 보유액과 잉글랜드은행 예치금의 합)은 1931년 1분기에서 1932년 2분기 사이에 약간 떨어졌다. 그 후에야 잉글랜드은행의 통화성 부채가 증가하기 시작했다.[32]

할인율의 인하와 그에 따른 시장 이자율 하락으로 외국 투자자들에게 스털링 자산의 매력이 줄었으며, 다시 환율이 떨어지기 시작했다. 당국은 통화의 절하를 완화하기 위해 스털링을 매입했다. 이를 위한 메커니즘이 외환평형계정Exchange Equalisation Account(EEA)이었는데, 이 계정은 외환시장 개입을 목적으로 1932년 7월에 처음 만들어졌다. EEA의 자산은 재무부의 통제를 받았지만 일상적 운용은 잉글랜드은행이 맡고 있었다. EEA의 개입에도 불구하고 환율 절하가 계속되어 1932년 마지막 몇 달간은 3.15달러 수준으로 떨어졌다.[33]

스털링 가치가 처음에는 금본위제 통화에 대해 15% 상승했다가 다시 같은 폭으로 하락하는 이런 요동이 있었다고 해서 대영제국 국가들이 파운드 고정을 포기하지는 않았다. 하지만 다른 나라들은 파운드 고정을 주저했다. 일부 국가들은 시간을 가지면서 자국 통화 가치를 낮추고 수출시장에서 입지를 강화할 수 있는 기회로 삼았다.

이해관계가 가장 크게 걸린 나라들 중에는 덴마크와 뉴질랜드가 있었는데, 이 두 나라는 영국의 주요 유제품 수입 대상국이었다. 덴마크는 전체 수출품의 60%를 영국에 수출하고 있었다.[34] 덴마크는 수입 장벽으로 독일 시장에 대한 접근이 제한되자, 영국시장에 특히 의존하게 되었다. 영국시장이 중요한 상황에서 덴마크는 스털링에 대해 (자국 통화 가치를 - 옮긴이) 안정화하는 방안을 다른 스칸디나비아 국가들보다 더 신속하게 고려했다. 덴마크중앙은행Danish National Bank은 금본위제에서 이탈한 바로 직후에 스털링 페그Sterling peg를 채택하기 위해 잉글랜드은행에 25만 파운드의 여신을 요청했다. 이 요청은 해외 대부를 억제한다는 영국의 공식 정책과 부합하지 않는다는 이유로 거부되었다.[35]

덴마크 크로네 가치는 처음에 빠르게 하락했는데, 1931년 4사분기에 금 본위 통화 대비 약 3분의 1이 떨어졌다. 덴마크에서 두 번째로 큰 금융 기관에 대한 신인도가 갑자기 사라지면서 은행권 전체에서 예금 인출이 발생할 위험이 나타났다. 하지만 금본위제가 정지되어 있었기 때문에, 중앙은행은 필요한 은행들에게 자유롭게 할인을 해 주었다. 중앙은행은 1931년 마지막 몇 달간 일시적으로 어려움에 빠진 은행들의 여신 제공 요청에 모두 응했다. 이렇게 해서 초기 단계의 은행 위기를 잠재웠다.

영국 수출품 시장에서 덴마크의 주된 경쟁자이던 뉴질랜드가 자국 통화 가치를 평가 이하로 크게 떨어지도록 놔 두자, 덴마크 수출업자들은 전통적 양자 간 환율에서 스털링을 고정하는 데 반대하며 점점 더 강력한 로비를 펼쳤다. 1931년 1월에 이미 뉴질랜드 파운드는 10%나 절하되었다. 1932년 뉴질랜드 정부 위원회 중 하나가 스털링 대비 25%로 통화를 절하해야 한다고 권고했다. 이런 권고가 받아들여질 것으로 예상되자, 외환시장에서 뉴질랜드 파운드의 가치가 더욱 떨어졌다.

덴마크는 이런 상황을 면밀히 주시하고 있었다. 1932년 4월에 크로네의 가치가 처음으로 전통적 스털링 환율 이하로 떨어졌다. 그해 하반기에 중앙은행은 물가 인상과 환율 절하를 위한 신용확대정

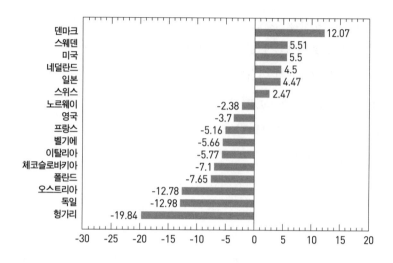

그림 10.5 **1931~1932년 본원 통화 변화율(은행권, 주화 및 중앙은행 예치 요구불 예금).**

국내 신용 확대를 위해 당국이 적극적으로 움직인 덴마크, 스웨덴, 일본, 그리고 국제 준비금의 최종 귀착지인 미국, 네덜란드, 스위스에서만 1931년 말에서 1932년 말 사이에 본원 통화가 증가했다.

출처: League of Nations(1939)를 이용하여 계산.

책을 예고했다. 확장적 공개 시장 조작으로 중앙은행의 증권 보유액은 1931년 말 4900만 크로네에서 1932년 말 1억 4500만 크로네로 증가했다. 그 결과로 1932년에 본원 통화(현금, 주화 및 중앙은행 예치금)가 그림 10.5에 나타난 나라들 중에서 가장 빠르게 증가했다. 영국 파운드 대비 크로네 가치가 다시 20% 더 떨어지도록 용인했다. 덴마크와 뉴질랜드 간 양자 환율은 금본위제 수준으로 회복했으며 두 나라 모두 스털링 대비 25% 할인된 수준에서 통화 가치를 안정시켰다.[36]

덴마크의 많은 수출시장 상황이 계속 악화되는 상태에서 덴마크중앙은행의 확장적 공개 시장 조작만으로는 광의의 통화 공급량 증가에 충분하지 않았다. 공개 시장 조작은 1932년 M1 하락 폭을 크

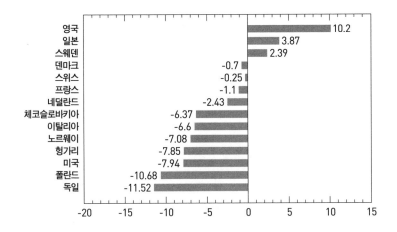

그림 10.6 **1931~1932년 통화 공급량(M1) 변화율.**
1931년 말에서 1932년 말 사이에 영국, 일본, 스웨덴에서만 통화 공급의 상당한 증가가 있었다.
출처: League of Nations(1939).

지 않게 하는 정도의 역할만 했다. (그림 10.6 참조.) 국내 수요가 크게
상승하지 않는 상황에서 덴마크 환율이 절하된 주요 영향은 무역 적
자 축소였다. 1931년 1억 3500만 크로네의 적자는 1932년에 균형으
로 전환되었는데, 이것은 주로 수입 감소의 결과였다. 수출은 1932년
에도 계속 감소했는데, 독일의 수입 제한, 프랑스의 수입 쿼터, 영국
의 일반 관세 등이 덴마크의 유제품 수출을 억제했기 때문이다. 하지
만 1933~1934년에는 수출이 회복되었다. 1933년이 되자 덴마크의
산업 생산은 증가하기 시작했다.

스웨덴 역시 자국 통화 가치가 스털링에 비해 하락하는 것을 용
인했다. 스웨덴은 영국과 마찬가지로 평가 절하를 선택할 여지가 거
의 없었다. 1931년 처음 몇 달간은 스톡홀름으로 자본이 유입되었다.
독일의 위기로 이런 흐름의 방향이 역전되었다. 독일에 자금이 묶이
게 된 외국 은행들은 아직 유동성이 있던 스웨덴 내 잔고를 인출했

다. 스웨덴중앙은행의 국제 준비금이 7월에 감소하기 시작했다. 스털링 위기로 영국의 교역 대상국 환율에 대한 의구심이 제기되면서 유출은 가속화되었다. 스웨덴은 국제 준비금이 풍부한 나라가 아니었다. 9월 21일에 스웨덴중앙은행 준비금은 거의 법정 하한선까지 떨어졌다. 정부는 해외 차입으로 태환을 방어하려고 했지만, 영국의 금본위제 포기가 있던 그 주말을 거치면서 협상은 결렬되었다.[37] 9월 27일에 중앙은행은 정부에 태환 책임의 면제를 요청했다.

영국과 마찬가지로 스웨덴도 준비금을 보충해 이전보다 더 낮은 평가 수준에서 금본위제로 복귀하는 선택을 할 수도 있었다. 처음에 태환 중지는 두 달로 한정되었다. 그리고 재무부 장관은 정부가 가능한 한 조속히 금본위제로 복귀하려고 한다고 발표했다. 스웨덴은 1920년대에 지속적인 환율 절하를 겪은 나라는 아니지만 "대부분의 경제 전문가들 사이에서도 인플레이션의 우려가 광범하게 확산되어 있었다."[38] 노조와의 합의를 갱신해야 했는데, 인플레이션 기대로 매우 큰 폭의 임금 인상 요구가 나타날 위험이 있었다. 노조 지도자와 해외 투자자들을 안심시키기 위해 중앙은행은 할인율을 8%로 인상하고, 수입업자에 대한 여신을 제한하도록 상업 은행에 압력을 넣었다.[39]

인플레이션이 나타나지 않자, 관리들은 다른 방안을 고민했다. 하나의 대안은 스털링 페그였다. 당국이 두 통화를 연계시킬 것으로 예상한 투자자들은 크로나의 가치를 스털링에 따라 올리거나 내렸다. 하지만 스웨덴에게는 영국으로의 수출이 덴마크만큼 중요하지 않았다. 스웨덴 관리들은 무역 촉진을 위한 환율 안정보다는 생산과 투자 촉진을 위한 물가 안정의 필요성을 더 강하게 느꼈다.

다른 나라의 정책 담당자들과 달리, 스웨덴 당국이 다른 목표보다 물가 안정에 초점을 맞추어야 했던 이유가 그렇게 명확한 것은 아니었다. 경제학자들이 즐겨 하는 설명은 당연하게도 경제 자문의 힘이다. 빅셀Wicksell, 카셀, 올린은 번영의 전제조건으로 물가 안정의 중요성을 꾸준히 강조했다. 카셀은 재무부 장관과 매우 가까운 조언자 중 한 사람이었다. 이런 경제학자들은 다양한 신문 칼럼을 통해 자신들의 견해를 널리 알렸다. 그 결과로 스웨덴의 국민들과 정책 결정자들은 다른 나라들과 달리 "물가 수준에 주의를 기울이고 있었다."[40]

잉글랜드은행이 물가 안정에 부합하는 정책을 취할 것이라는 보장은 없었다. 따라서 카셀, 다비드손Davidsson, 헥셰르Heckscher는 스털링에 대한 고정보다는 통화정책을 위한 물가 수준 목표의 개발을 스웨덴중앙은행에 권고했다.[41] 중앙은행은 이런 목적으로 소비자 물가 지수를 개발했다.

스웨덴중앙은행이 물가 수준을 준거로 통화정책을 수립하기로 결정했다고 해도, 그 목표가 현재 수준에서의 물가 안정인지 아니면 1929년 물가로의 복귀인지 여부는 결정되지 않았다. 결국, 물가 안정이라는 목표는 물가가 대공황 이전 수준으로 회복될 때까지 점진적 인플레이션을 유도하는 정책으로 대체되었다. 하지만 전환은 1933년에야 완료되었는데, 이 해에 스웨덴 의회는 통화 당국에 "국내 도매 물가의 완만한 상승" 유도를 지시하는 보고서를 채택했다. 1932년 말경에 이미 경제 전문가들의 의견이 이런 입장으로 기울었다. 중앙은행 관리들의 생각은 달랐는데, 이들은 계속 인플레이션을 우려했다. 중앙은행 이사회는 해외의 물가 변동에 의한 스웨덴 물가 수준의 교란을 방지하겠다는 의지를 재확인했지만, 그 이상의 다른 조치는 없었다. 그들은 기껏해야 가장 소극적인 물가 인상 조치만 사

용했다.[42]

스털링 대비 크로나의 가치는 1932년 초까지도 전통적인 평가 이상을 유지했다. 3월, 화려한 기업가이자 악명 높은 금융 투기꾼인 이바르 크뤼게르의 자살로 상황이 바뀌었다. 크뤼게르가 담보물을 위조한 사실이 밝혀지면서 그가 거느린 재벌과 관련된 기업들 그리고 주 채권자인 스칸디나비스카은행Skandinaviska Bank의 상환 능력에 의문이 제기되었다. 예금자들은 자금을 인출했고 금융 위기의 그림자가 드리워졌다.

하지만 금 태환을 이미 중지한 상태였기 때문에, 스웨덴중앙은행은 덴마크중앙은행과 마찬가지로 자유롭게 수용할 수 있었다. 크뤼게르 위기 직후에 2억 크로나 이상의 정부 증권을 매입했다. 계속 금본위제를 유지하면서 은행 위기를 경험한 오스트리아, 독일, 헝가리, 미국 등과는 대조적으로, 스웨덴에서는 은행시스템 지원을 위한 중앙은행 개입이 자유로웠다. 스웨덴중앙은행은 추가 유동성 공급과 양립하기 어려운 환율 수준 유지에 집착하지 않았다.

신인도에 대한 충격과 더불어 국내 여신의 확대 역시 그림 10.4와 같이 환율에 대한 압박으로 작용했다. 은행 위기 직전에 스털링 대비 1% 프리미엄을 유지하고 있던 크로나가 7.5% 디스카운트 수준으로 급락했다. 여신 증가와 크로나의 하락에도 가시적인 인플레이션이 발생하지 않음을 확인한 스웨덴중앙은행은 반전을 위한 조치를 취하지 않았다. 따라서 스웨덴은 1931년 말에서 1932년 말 사이에 본원 통화가 크게(약 6%) 증가한 얼마 되지 않은 나라 중 하나였다.[43]

위기가 지나가자, 크로나는 잃은 것을 다시 회복하기 시작했다. 1932년 여름 내내, 스웨덴중앙은행은 통화 절상을 억제하고 물가 하락을 막기 위해 스털링과 달러를 매입했다.[44] 뒤의 그림 10.8에 나타난 바와 같이, 중앙은행은 상당한 금액의 외국인 예금을 쌓고 있었다. 그런데도 크로나의 스털링 대비 환율이 12월에 거의 과거 수준까지 상승했다.[45] 금 본위 통화 대비 환율의 절하 덕분에 스웨덴 수출업자의 경쟁력이 강화되었다. 스웨덴 신문 인쇄 용지 가격은 유럽시장에서 캐나다의 경쟁 업체 가격보다 더 낮게 유지할 수 있었다. 무역적자는 1932년에 33% 감소했고 1933년에는 0으로 떨어졌다.[46] 크뤼게르 위기 직후에는 산업 생산이 하락했지만 1932년 4분기에는 회복이 진행되었다.

일본은 1932년 본원 통화 공급이 증가한 소수의 국가 중 하나였다. (다시 그림 10.5를 보라.) 일본은 1923년 대규모 지진과 1927년 은행 위기를 겪은 이후 1930년까지 금 태환을 회복할 수 없었다. 그 즈음에는 금본위제가 정말 경제 성장의 엔진인지 더 이상 명확하지 않았다. 야당 입헌정우회(立憲政友會) 의원들은 통화 확대를 압박했다. 하지만 여당인 입헌민정당(立憲民政黨)은 전통적으로 인플레이션을 반대하는 입장이었으며, 통화정책에 관해 전 중앙은행 총재인 재무상 준노스케 이노에(井上準之助)의 영향을 받고 있었는데, 그는 전전 평가의 회복을 주장했다.[47]

그 시점이 더 이상 나쁠 수가 없었다. 유럽과 미국의 경기가 하강으로 반전된 직후에 금본위제로 복귀하면서 일본 산업의 경쟁력이 악화되었다. 일본중앙은행은 1930년 내내 금 보유액 감소를 겪으면서 통화 공급을 줄일 수밖에 없었다. 스털링의 절하로 인해 이미 어려운 상태에 있던 포지션이 더욱 악화되었다. 영국과 일본의 섬유 기업들은 아시아에서 직접 경쟁하고 있었다. 따라서 금융시장은 즉시 엔화를 과대평가된 통화로 간주했다. 일본중앙은행은 영국의 금본위제 정지 이후 3개월 동안 3억 5000만 엔의 금을 상실했다. 중앙은행은 할인율을 7%로 인상했다. 국내 여신은 점점 줄어들었다. 정치인들은 이미 수출시장을 잃을 위험이 있는 상황에서 국내 산업에 대한 내수의 추가 위축을 우려하는 목소리를 내기 시작했다.

하지만 궁극적으로 일본의 금본위제 붕괴를 가져온 것은 금 태환과 산업 회복 간의 양립 불가능이 아니라 대외 제약과 일본의 군사적 야심 간의 양립 불가능이었다. 금 태환의 방어를 위해서는 재정 긴축이 필요했다. 하지만 만주 침략의 비용을 고려할 때 정부 지출의 대폭 삭감은 불가능했다. 이로 인해 금본위제와 만주사변 모두에 집착한 입헌민정당은 난처한 입장에 빠졌다. 12월 13일에 정부는 야당으로 넘어갔다. 4일 후 신임 재무상 다카하시 고레키요(高橋是淸)는 금 수출을 다시 금지했다.

독일, 프랑스, 벨기에와는 달리, 일본은 금 태환 회복 이전에 인플레이션과 급격한 신용 확대를 경험하지 않았다. 1922년에서 1924년 사이에 물가는 안정되어 있었다. 1925년에서 1930년 사이에는 물가가 하락했을 뿐만 아니라 영국이나 미국보다도 더 빠른 속도로 하락했다. 계속되는 연립정부들은 국내 정치를 지배하지 못했으며, 재정 부담에 대한 논쟁으로 연립정부들의 통치 능력은 약화되었다. 유럽과 같이 환율 절하가 인플레이션이나 정치 혼란으로 연결되지는 않았다. 따라서 불환 법정 화폐의 발행(일본중앙은행의 발행 가능 미보증 현금 및 주화의 양)은 1932년 7월 1억 2000만 엔에서 10억 엔으로 증가했다. 첫 한 달 동안 엔화는 30% 절하되었으며 금 수출 금지 이후 첫 해 동안 60% 절하되었다. 스털링이나 다른 불태환 통화보다 훨씬 더 빠른 속도로 절하되었다. 그렇다고 해서 일본 관리나 기업인들이 인플레이션의 위험을 모르고 있었다는 뜻은 아니다. 1932년 상반기에 환율 절하로 임금 상승이 야기될 수 있다는 우려가 기업계 내에서 고조되었다. 일본중앙은행은 통화 가치 하락을 둔화하기 위해 개입을 시작했다. 7월에 정부는 1차 외환 통제법인 자본도피방지법 Capital Flight Prevention Act을 발효했다. 11월에는 모든 은행에 외환 매입을 보고하도록 했다. 다음 해 봄에는 훨씬 더 엄격한 외환 통제가 실시되었다.[48]

하지만 군사비 지출 조달의 필요성이 통화 팽창의 주요 동기가 되었다. 정부는 정부 지출을 삭감한 것이 아니라 오히려 증가시켰다. 외환 통제로 일본 투자자들이 해외 증권을 매입할 수 있는 기회가 제한되었기 때문에, 이들은 대신 국내 채권을 흡수했다. 우체국 예금 수익률의 감소도 같은 효과를 가져왔다. 일반 국민들에게 처분되지 않은 채권 잔액은 중앙은행에 직접 매각되었다.[49] 본원 통화는 1931년 말에서 1932년 말 사이에 4% 이상 증가했다. 본원 통화는 광의의 통화량보다 더 빨리 증가했는데, 이는 정부가 수요에 선행하여 금융계에 유동성을 주입했음을 시사한다.[50]

평가 절하 이후 12개월도 지나지 않아 스털링 대비 엔화 가치는 30% 프리미엄에서 40% 디스카운트로 하락했다. 일본 의류는 독일에서는 현지 가격의 절반을 조금 넘는 가격으로, 노르웨이에서는 국내 생산업자들이 수입 방적사에 지불한 비용보다 약간 높은 가격으로, 콩고에서는 벨기에 경쟁 업체의 가격보다 30~50% 낮은 가격으로 판매되었다고 한다. 일본의 전구, 기계, 레이온 제품 및 가공식품이 처음으로 해외시장에 등장했다.[51] 수출 증가의 주도로 산업 생산이 빠르게 회복되었다.

금블록의 지속

환율 절하로 평가 절하 국가들이 경쟁 우위를 확보하면서 남은 금본위제 국가들에 대한 압박이 강화되었다. 금블록 국가의 수출업자들은 국제 경쟁에서 점점 어려움을 겪으면서 생산을 줄여 갔다. 경기 촉진 조치를 도입하려는 정책 담당자들의 노력은 국제수지 악화 때문에 번번이 좌절되었다.

계속 금 평가 방어를 고수한 국가들이 사용할 수 있는 대안은 수입 장벽, 외환 통제, 통화 긴축이었다. 미국의 스무트-홀리 관세법 도입 직후에, 농업 침체에 대응하여 대부분의 나라들은 이미 관세율을 올린 상태였다. 해외의 평가 절하에 대한 대응으로, 이번에는 수입세와 쿼터를 추가로 부가했다. 프랑스는 1931년 7월부터 원자재와 식료품 수입에 대해 쿼터를 부과했다. 영국의 금본위제 포기 이후 6개월 동안 이런 조치가 크게 확대되었다. 1932년 2월에 밀 재배업자들은 프랑스의 제분용 밀의 90%는 국내산이어야 한다는 법안 도입에 성공했다. 쿼터시스템이 제조품으로 확대되면서 1933년 초에는 쿼터가 적용되는 비율이 과세 대상 수입품의 약 20%에 이르렀다. 네덜란드는 1931년 9월에 모든 수입품의 관세를 25% 인상했다. 그리고 벨기에, 스위스와 더불어 네덜란드 역시 프랑스와 유사한 쿼터시스템을 도입했다.[52]

중부 유럽에서는 외환 통제가 관세를 보완했다. 독일은 스털링의 절하 이후 라이히마르크에 대한 압력을 억제하기 위해 금 및 해외 자산 소유자들에게 보유액을 신고하고 그 자산을 제국중앙은행에 매각하도록 하는 규제를 도입했다. 중앙은행은 수입업자들만 외환을 이용할 수 있도록 제한하고 수출업자들에게는 취득한 외환을 중앙은행에 반드시 내놓도록 했다. 스털링 환율의 절하에 대해, 오스트리아는 외환을 할당하고 또 수출업자에게는 외환을 중앙은행에 양도하도록 강제하는 방식으로 대응했다.[53] 하지만 프랑스, 벨기에, 네덜란드, 스위스는 외환 통제가 금본위제의 정신에 부합하지 않는다고 생각하여 채택하지 않았다.

통화 절하를 한 나라들도 관세와 쿼터를 부과하고 있었기 때문에 이런 조치가 금본위제 국가들의 국제수지 악화 억제에 별 도움이 되지 않았다.[54] 금블록 국가들은 세 번째 대안, 즉 통화 긴축을 채택할 수밖에 없었다.

얼마만큼의 물가 하락이 필요하느냐는 국제수지 불균형의 심각성에 따라 달랐다. 대외수지가 상대적으로 강건했던 프랑스의 경우, 필요한 디플레이션의 정도가 소폭에 그쳤다. 1931년에도 프랑스의 국제수지는 여전히 흑자를 유지하고 있었다. 무역 적자는 오히려 줄어들었는데, 이는 관세와 쿼터가 외국의 평가 절하 영향을 상쇄하는 데 성공했기 때문이었다. 하지만 대외 계정의 다른 항목들의 악화를 반전시킬 수 있는 조치는 거의 없었다. 1932년에 전쟁 채무와 배상금 수취가 사라지고 해외에서 채무 불이행 사태가 발생하면서 해외 투자의 이자 수익이 1931년의 3분의 1을 약간 넘는 수준으로 떨어졌다. 1931년에 매우 중요한 역할을 한 단기 자본 유입이 1932년에는 완전히 사라졌다. 1931년 금융 위기 과정에서 프랑스로 도피해온 투기 자본은 국제수지의 중요한 수취 항목이었다. 1931년의 단기 자본 유입액은 무역 적자의 4배 그리고 무역 적자와 장기 해외 대부 합계의 3배에 이르렀다. 1932년에는 그 규모가 0으로 떨어졌다.

하지만 무역 적자가 축소되면서 프랑스의 대외수지는 아슬아슬하게 균형을 유지했다. 강건한 국제수지 때문이라기보다 해외 예금의 청산에 더욱 열중한 덕분이기는 했지만, 프랑스중앙은행은 1932

년 상반기 내내 금을 계속 쌓아 갔다. 그해 동안 중앙은행의 금과 외환 준비금 총액이 2.5% 남짓 하락하는 데 그쳤다(그림 10.7 참조). 중앙은행은 금본위제의 법정 기준을 엄격히 준수했기 때문에 소폭의 준비금 감소는 소폭의 통화 공급 감소로 나타났다. 1932년 동안 본원 통화는 5% 감소했으며, 현금, 주화 및 상업 은행 요구불 예금의 합(M1)의 감소 폭은 그보다 약간 작았다.[55]

하지만 북미와 세계 다른 지역의 경기 침체가 계속되는 한, 통화 안정이 곧 경제 안정을 담보하는 것은 아니었다. 프랑스의 물가와 생산은 계속 하락했다. 1932년 프랑스 GNP는 실질 가치 기준으로 7% 감소했으며, 산업 생산은 13% 하락했다.

정부의 재정 수입 역시 경기 위축과 더불어 감소하면서 재정 적자가 불가피했다. 대외수지가 균형을 유지하고 프랑스중앙은행의 금 준비금이 부채의 약 75% 수준에 이르는 한, 프랑에 대한 직접적 위협은 없었다. 하지만 10년 전에 재정 적자가 초래한 결과를 아직 생생히 기억하고 있는 프랑스 국민들에게 재정 적자는 위험한 신호로 읽혔다. 국가에 세금을 내느니 차라리 국가를 위해 목숨을 바치려고 하는 그런 국민들에게서 연립정부가 협조를 끌어낼 수 있을지에 대해 외국 투자자들은 확신이 없었다. 앞으로 닥쳐올 어려움을 예상해 자본이 유출되기 시작했다. 1933년에 프랑보다는 달러가 투기꾼들의 일차적 목표물이 되었지만, 그다음은 프랑스 프랑이라는 것이 점점 확실해졌다. 1932년 말 무렵에 프랑스중앙은행은 이미 준비금을 잃기 시작했다.

재정 적자 해소는 결코 쉬운 일이 아니었다. 프랑스 선거제도는 1927년에 비례 대표제 요소를 축소하는 방향으로 개편되었지만 정치권은 여전히 분열되어 있었다. 1932년 선거로 프랑스에서는 1926

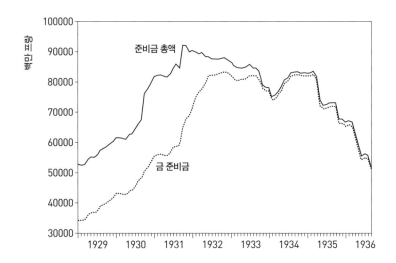

그림 10. 7 **1929~1936년 프랑스의 금 준비금과 준비금 총액.**

프랑스중앙은행의 국제 준비금은 1932년 초에 최고점에 이르렀다. 그럼에도 중앙은행은 1934년
까지 상대적으로 강한 포지션을 유지했는데, 1934년에 준비금의 감소가 급격히 가속화되었다.
출처: 『은행 및 통화 통계』(1943년), 641~642쪽.

년 이후 최초의 좌파 다수당이 출현했지만, 정부는 안정적 다수 의석
확보에 실패했다. 사회당은 급진당^{Radicals}과의 협력을 지지하는 좀
더 온건한 '사회주의적 삶^{Vie Socialiste}'파와 공산당과의 협력을 지지
한 '사회주의 논쟁^{Bataille Socialiste}'파로 분열되었다. 정치 스펙트럼에
서 중도 좌파에 위치한 급진당은 그 자체가 농민, 독립 자영업자, 장
인, 공무원 등을 대표하는 온건 정치인들의 느슨한 연합체였다.[56] 이
집단들 중 상당수가 사회주의에 적대감을 갖고 있었기 때문에, 급진
당 지도자인 에리오는 사회당이 연정 참여 조건으로 제시한 최소한
의 요구조차 거부할 수밖에 없었다. 에리오는 처음에는 좌우의 다양
한 반체제 인사들의 지원을 받아 불안정한 소수당 정부를 구성할 수
밖에 없었다.

제10장 • 임시 조정   503

급진당은 지지 계층이 다양했기 때문에 일관된 경제 프로그램을 갖고 있지 않았다. 당의 모든 지지자들이 동의할 수 있는 하나의 경제 목표는 금융 안정의 유지였다. 1920년대 인플레이션 기간 동안 급진당이 집권을 했는데, 프랑의 붕괴로 정부도 붕괴했으며, 그 후 6년간 보수 정당이 연속 집권했다. 그래서 이런 사태의 재발 방지를 위해서는 금본위제의 방어가 필수적이었다.

에리오의 신정부는 소폭의 증세와 지출 감축(5%의 공무원 임금 삭감 포함)을 결합하는 방식으로 재정 문제를 해결하고자 했다. 사회주의 성향의 노동총연맹Confederation of Labor과 연계된 강력한 노조로 조직되어 있던 공공 부문 노동자들이 정치적 압박을 가하며 파업에 돌입했다. 금융위원회에 대한 사회당 의원 및 좌파 급진당 의원의 거부권 행사로 군비 지출 삭감을 제외한 모든 재정 감축안이 의회에서 부결되었다. 양 집단은 공공 부문의 임금 삭감이 노동자 계급의 생활 수준에 미칠 영향에 대해 반감을 갖고 있었다. 그들은 대신 부유층에 대한 증세를 요구했다. 하지만 우파 정당들 역시 재산세와 소득세 인상을 저지할 수 있을 만큼의 힘은 갖고 있었다. 에리오의 허약한 연정은 겨우 6개월 후에 붕괴되었다. 몇몇 일회성 항목을 재정 수입 계정에 포함하는 방식으로 예산 적자를 은폐했지만, 그것은 다음 해의 재정 위기를 악화시키게 되는 임시방편에 불과했다.[57] 1933년에 대한 금융 전망이나 정치 전망이 1923년의 전망과 점점 닮아 가기 시작했다.

금블록에 속한 유럽 국가들 중 폴란드를 제외한 나라들(벨기에, 네덜란드, 스위스, 체코슬로바키아)은 1932년에 위험에 처하지 않았다. 몇몇 나라들이 심각한 경제 혼란을 겪었지만, 재정 전망은 그만큼 비관적이지 않았다. 벨기에의 사정이 가장 불안했다. 프랑스에 비해 벨기에 경제는 수출 의존도가 높았으며, 영국과의 무역이 중요했기 때문에 스털링의 절하는 벨기에에게 큰 충격이 아닐 수 없었다. 농업 부문은 이웃 나라의 통화 절하 영향에 특히 취약했다. 따라서 공업과 농업에 많은 대출을 하고 있던 금융 중개 기관들은 상대적으로 취약한 위치에 있었다. 수출업자들이 평가 절하를 압박하기 시작하면서, 수출업자들의 반대로 금융의 이익은 당연히 저지되었다.[58]

하지만 이 모든 고려 사항들이 예산을 통제 가능한 수준으로 유지해야 하는 것만큼 중요하지는 않았다. 예산 균형이 달성되면 태환성 방어가 상대적으로 쉬웠다. 스털링 절하 이후에 뉴욕은 주요 금융 중심지에 금을 빼앗겼는데, 브뤼셀도 그중 하나였다. 1932년에 미국의 국제수지 문제가 다시 표면화되었을 때 벨기에는 미국에서 훨씬 더 많은 양의 금을 들여왔다.[59] 벨기에 은행시스템의 문제점이 제대로 알려지기 전까지, 벨기에는 금융 자본의 안전한 피난처 역할을 했다.

네덜란드나 스위스의 경우에도 마찬가지였다. 네덜란드의 금 준비금은 계속 예금의 3분의 2 이상을 유지했다.[60] 그림 10.8에 나타난 바와 같이, 네덜란드중앙은행은 1932년 한 해 동안 상당한 양의 외환을 획득했다. 자본 유입 결과, 그림 10.5와 같이 본원 통화 공급량이 실제로 4% 이상 증가했다. 광의의 통화량은 약간 감소했다. 심각한 통화 긴축은 그 후 몇 년 동안에도 아직 뚜렷하지 않았다. 하지만 프랑스와 마찬가지로 네덜란드에서도 경제 안정을 달성하는 데는 통화 안정만으로 부족했다. 산업 생산은 하락세를 지속했는데, 1931년에서 1932년 사이에 12%가 하락했다.[61]

경제 상황의 지속적 악화에도 불구하고 평가 절하에 대한 압박은 거의 나타나지 않았다. 암스테르담을 국제 금융 중심지로서 유지

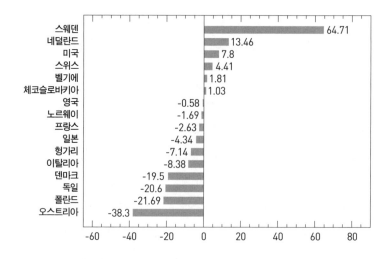

그림 10.8 **1931년 말~1932년 말의 금 및 외환 준비금 변화율(단위: %).**

1932년 하반기에 대규모 외환을 획득한 스웨덴을 제외하면, 대외 준비금을 새로 축적한 주요국은 금본위제를 계속 유지하고 있던 나라들이었다. 즉 네덜란드, 미국, 스위스, 벨기에, 체코슬로바키아였다. 금본위제 국가들 중에서 이 기간 동안 준비금을 상실한 나라는 프랑스뿐이었다.

하고자 하는 욕구가 그 압박을 상쇄했다. 그리고 네덜란드의 독특한 정치 지형 때문에 평가 절하 압력이 나타나지 못했다. 네덜란드에서는 정치가 경제 노선에 따라 조직되어 있지 않았다. 하나의 경제적 이해관계가 있어도 그 이해관계는 다시 가톨릭, 프로테스탄트, 자유주의, 사회주의 등의 '자월런Zuilen'으로 분열되었다.[62] 경제적 이해관계는 같지만 사회적 혹은 종교적으로 차이가 있는 분파들이 연정을 구성하는 것보다는 차라리 가톨릭의 한 자월런이 가톨릭의 다른 자월런과 연대하는 것이 오히려 더 쉬웠다. 그 결과로 경제 노선은 다르지만 사회적 혹은 종교적 공통성으로 연결된 연정이 나타났다. 이것은 자본과 노동 그리고 교역재 생산 부문과 비교역재 생산 부문 사이의 분배적 갈등을 억제했다. 따라서 노조와 농업 로비 집단은 상

황금 족쇄

당한 기간 동안 평가 절하에 대한 실질적 압력을 행사할 수 없었다.

미국은 1920년대에 인플레이션을 겪지도 않았고 국제 은행 업무에 크게 의존하지 않는데도 금본위제에 대한 집착이 강한 나라였다. 청산주의자들이 연준이사회를 지배하고 또 이사회가 독립적으로 정책을 결정할 수 있는 한, 평가 절하의 가능성은 낮았다. 청산주의자들은 초과 유동성이 해소되고 물가가 현실적인 수준까지 인하된 이후에야 지속적 회복이 가능하다고 생각했다. 금융시스템이 다시 확고히 뿌리를 내린 다음에야 투자자들이 희망을 갖게 될 것이다. 금본위제가 계속 유지될 때만 그런 회복이 가능했다. 따라서 이사회에 그냥 맡겨 두었다면 청산이 진행되도록 그냥 두고 보았을 것이다.

그런데 의회는 선거를 앞두고 연준에 이런 재량을 부여하고 싶지 않았다. 우선, 의원들은 연준 은행권에 대한 담보 의무를 자유화하여 자유 금 문제를 해소했다. 그리고 연준이 팽창적 공개 시장 조작을 취하도록 압력을 넣었다.[63] 이사회는 그 압력에 굴복했다. 공개시장위원회의 지시에 따라 12개 준비은행이 1932년 2월에서 6월 사이에 10억 달러 이상의 증권을 매입했다. 조지 해리슨은 이 프로그램을 실시한 이유를 프랑스중앙은행 총재 클레망 모레에게 다음과 같이 설명했다. "이 정책은 디플레이션을 막고, 매우 급격히 감소하고 있는 여신 규모를 어느 정도 끌어올리기 위한 전체 프로그램의 일환이다."[64]

결과는 기대한 것과 달랐다. 도매 물가는 3월에 5% 상승하고 4월에 다시 3% 상승했지만 산업 생산은 안정을 찾지 못했다. (그림 10.3에 나타난 바와 같이 산업 생산은 1932년 초반 내내 하락 추세를 유지했다.) 이것은 통화 팽창이 경제 회복에는 도움이 되지 못하고 인플레이션만 야기할 것이라는 일부 이사들의 예상을 확인해 주는 결과를 가져왔다.

경기가 반등하지 않은 이유를 찾기는 어렵지 않다. 기업가들은 연준의 팽창 조치가 일시적 조치에 그칠 것이라고 충분히 예상할 수 있었다. 의회는 7월이면 휴회하게 되어 있었고 의원들은 선거 운동을 위해 각자의 지역구로 돌아갈 것이었다. 의회의 압력이 약화되면 연준은 자신들이 선호하던 무대응 정책으로 다시 돌아갈 수 있었다. 이런 것을 알고 있던 미국 기업가들은 1932년 초의 공개 시장 조작이 수요의 지속적 증가와 경영 여건의 항구적 개선을 의미하는 것이라고 생각하지 않았다.[65]

연준의 공개 시장 매입으로 야기된 대외 누출로 무대응 정책의 복귀가 더욱 시급하게 되었다.[66] 미국은 3월부터 6월까지 매달 금 유출을 겪었다. 6월에 금의 순수출 규모가 2억 600만 달러에 이르렀는데, 이는 스털링이 평가 절하된 다음 달에 마지막으로 겪은 수준이었다. 준비은행들이 외국인 계정으로 이어마크한 금의 양도 역시 증가했다. 3월에서 6월 사이에 미국의 금 잔고가 11% 감소했다. 프랑스는 다시 달러를 금으로 전환하기 시작했다. 잉글랜드은행은 영국의 달러 예금을 대가로 금을 이어마크해 줄 것을 연준에 요청했다. 5월과 6월에 유럽에서 운송해 온 미국 지폐의 양이 2700만 달러 이상으로 증가했는데, 1년 전의 같은 기간에는 그 규모가 거의 무시할 만한 수준이었다. 『뉴욕 타임스*The New York Times*』는 5월 8일자 기사에서 평가 절하의 우려 때문에 유럽인들이 달러 표시 지불의 수취를 망설이고 있다고 경고했다.[67]

공개 시장 조작이 중지되지 않았다면 태환이 중지되어야 했을 것이라는 증거들은 많이 있었다. 알려진 바에 따르면, 월가에서는 미국이 6월 말 이전에 금본위제를 이탈할 확률이 3분의 1은 될 것이라고 예상했다.[68] 담보 의무는 연준 지구별로 적용되고 있었는데, 일부 연방준비은행들의 경우에 이미 법적 담보 규정을 위반할 수 있는 위험한 수준에 근접해 있었다. 초과 금 준비금을 보유한 준비은행들은 1920년의 경우처럼 준비금이 부족한 준비은행들의 이자부 자산과 스왑을 할 수 있었다. 하지만 그렇게 하면 또 다른 금융 불안정이 발발할 경우에 연준 지구 은행들을 위해 개입할 수 있는 능력이 줄어든다. 따라서 초과 준비금을 보유한 준비은행들은 그렇지 않은 준비은행들을 도우려고 하지 않았다. 결국 극심한 압박을 받던 은행들은 공개 시장 매입 프로그램에 대한 지지를 철회했다.[69]

연준이 원래대로 돌아가는 것은 예상할 수 있는 일이었다. 금본위제나 청산에 대한 소신을 위협할 수 있는 일은 아직 발생하지 않았던 것이다. 연준이 다시 돌아갈 것을 정확히 예상하고 있던 생산자들과 투자자들이 아무 움직임을 보이지 않은 것이다. 미국의 경제 회복이 시작되기 위해서는 더욱 근본적인 환경 변화, 특히 금본위제의 포기가 필요했다.

제11장

달러와
세계 경제 회의

1933년 초는 그 어느 때보다도 국제 경제의 미래가 불확실한 시기였다. 1931년에 금본위제에서 이탈한 많은 나라에서는 경제 상황이 이미 호전되기 시작했지만, 북미와 많은 유럽 국가들에서는 상황이 계속 악화되었다. 계속 금본위제를 유지하고 있던 나라들과 평가 절하한 나라들 간의 국제수지 긴장은 완화될 기미를 보이지 않았다. 프랑스의 에리오 정부는 1932년 말에 붕괴했는데, 겉으로는 돌아오는 대미 전쟁 채무 할부금 납부 여부를 둘러싼 갈등 때문이었지만 사실상은 프랑의 안정화에 필요한 예산 절감에 실패했기 때문이었다.[1] 무능한 조제프 폴-봉쿠르Joseph Paul-Boncour가 이끈 그다음 정부 역시 필요한 재정 조치들을 추진할 능력이 없었다. 영국의 거국 내각은 재무부 장관 네빌 체임벌린Neville Chamberlain의 제국주의적 이상과 램지 맥도널드 총리의 국제주의 사이의 중간 노선을 선택해 조심스럽게 나아갔다. 히틀러 치하의 독일은 점점 더 고립주의적 경제정책을 채택했다. 미국의 신임 대통령 프랭클린 루스벨트의 국제 경제 노선은 여전히 불투명한 상태였다.

전체적 상황은 국제 협상에 결코 유리하지 않았다. 하지만 바로 이런 순간에 세계 각국은 국제 공조를 바탕으로 대공황에 대응하기 위한 필사의 노력을 시작했다. 환율 안정, 국제 무역의 재건, 과도한 부채의 해소, 경기 회복 촉진 등을 시도하기 위해 1933년 6월에 런던에서 세계 경제 회의World Economic Conference를 개최한 것이다.

그 회의는 완벽한 실패로 끝났다. 이미 분열되어 있던 국제통화 체제는 다시 몇 개의 통화 블록으로 쪼개졌다. 금본위제 국가에서는 디플레이션 압력이 오히려 강화되었다. 국제 무역은 여전히 낮은 수준에서 벗어나지 못하고 있었다. 정부 간 부채 문제는 연합국 간 갈등의 핵으로 그대로 남아 있었고, 상업 채무의 디폴트 여파로 국제자본시장은 회복되지 못하고 있었다.

일반적으로는 이 회의의 실패 책임을 미국 루스벨트 대통령에게 돌린다. 루스벨트 대통령이 그 행사 중간에 달러의 금 본위를 중지함으로써 환율 안정 합의를 위한 협상 노력을 물거품으로 만들었다는 것이다. 한 개인의 행동을 강조하는 이런 설명은 결코 만족스러운 설명이 아니다. 사실 그 회의 실패의 배후에는 협력을 저해하는 더욱 구조적인 장애물들이 존재하고 있었다. 프랑스, 영국, 미국의 정책 담당자들은 경제 위기의 성격을 완전히 서로 다르게 이해하고 있었기 때문에, 환율 안정 합의를 도출하는 협상을 할 수가 없었다. 문제의 진단에 대한 서로의 생각을 공유하지 못한 상태에서 공조 방안을 내놓는다는 것은 불가능했다. 그 회의 도중에 달러를 평가 절하하기로 한 루스벨트의 결정은 이런 더 깊은 불화의 징후에 불과했다.[2]

일군의 국가들이 다른 문제에 대한 상대 국가의 양보를 대가로

황금 족쇄

환율 문제에 양보했다면 국제적 합의가 달성될 수도 있었다. 예를 들어 프랑스의 수입 관세와 쿼터 완화 약속을 대가로 영국과 미국은 자국 통화의 안정에 확신을 가질 수도 있었다. 만약 프랑스 소비자들이 미국 제품과 영국 제품의 구매를 늘렸다면, 잉글랜드은행과 미국 연준은 국내 여신을 확대하고 소비를 촉진해도 국제수지를 적자로 만들지 않을 수 있었을 것이다. 프랑스는 자신들이 고대하던 환율 안정을 얻을 수 있었을 것이다. 미국과 영국은 자신들이 중요하게 생각하던 확장적 통화정책을 추구할 수 있었을 것이다. 양보의 교환을 세 나라 정책 담당자들 모두 승리라고 생각했을 것이다.

하지만 여기서 국내 정치는 합의를 막는, 넘을 수 없는 장애물이었다. 피해를 입는 부문의 대내적 압력 때문에 프랑스의 에두아르 달라디에Edouard Daladier 정부는 무역에서 양보를 할 수가 없었다. 미국의 경우, 루스벨트가 달러를 안정화하는 것은 불가능하지는 않았지만, 경기 부양과 은의 화폐화 요구 때문에 정치적으로 상당히 부담스러운 일이었다.

따라서 양립 불가능한 인식 틀과 대내의 정치적 제약이 결합되면서 그 회의가 실패로 끝나게 되었다. 하지만 그것이 완전히 경제적 재앙은 아니었다. 영국은 파운드 스털링의 변동이라는 보호막 뒤에서 국내 경기 활성화를 위한 저금리 통화정책을 계속 추구할 수 있었다. 마찬가지로 미국은 달러의 평가 절하 덕분에 경제 안정화를 위한 정책을 추진할 수 있었다. 하지만 1934년이 되어서야 이런 정책의 결과가 금융시장에서 나타나고, 미국의 경기 회복이 진행되었다. 이 두 나라와는 대조적으로 금본위제를 계속 유지한 나라들에서는 침체와 세계 경제 회의 실패에 따른 고통이 이어졌다.

협상의 배경

세계 경제 불균형 문제를 다루기 위한 국제 회의가 얼마 동안 검토 되었다. 중부 유럽과 중남미의 채무국들은 디플레이션, 관세, 대외 채무 및 환율 불안정이 서로 얽혀 있다는 점을 꾸준히 주장해 왔다. 이들은 이 문제들 중 어느 하나도 다른 문제들과 분리해서는 해결할 수 없음을 깨달았다. 국제 경제 문제의 한 부분만을 고려한 영 플랜 협상의 결과에 실망한 독일은 1930년에 이미 이 문제들 전체를 다루 는 회의를 개최하자는 의견을 제시한 바 있었다.[3] 이 가능성은 1931 년 후버 모라토리엄에 관한 프랑스와 미국 간 논의에서 다시 한 번 제기되었고, 1932년에는 미국 국무부 장관 헨리 스팀슨Henry Stimson 과 영국 관리들 사이의 논의에서 검토되기도 했다.[4]

정지 작업은 1932년 로잔 회의Lausanne Conference에서 이루어졌 다. 대공황의 지속 기간과 심도로 인해 영 플랜 상환 계획의 비현실 성이 백일하에 드러나자, 로잔 회의에서 마침내 독일 배상금은 무효 화되었다. 독일이 30억 금마르크어치 채권을 채권국에게 양도하기로 합의하는 대신에, 대표단은 배상금 지불 계획을 철회했다. 이미 사문 화된 배상금이 이로써 실질적으로 매장되었다. 마침내 이 부담에서 벗어난 독일은 무역을 자유화할 수 있었으며 로잔 회의 대표단도 그 런 기대를 갖고 있었다. 대표단은 유럽 무역의 회복 방안을 강구하 기 위해 스트레자회의Stresa Conference라는 위원회를 구성했다. 벨기 에, 네덜란드, 룩셈부르크는 관세 협상에 나서서 서유럽 무역이 회복 의 길로 들어설 수 있게 하라는 압력을 받았다. 1932년 7월 제네바에 서 이루어진 이들의 합의는 상대방 제품에 대한 관세를 10% 즉각 인 하하고 이후에 추가로 인하하는 계획을 담고 있었다. 마지막으로 로 잔 의정서는 국제연맹이 전 지구적 차원에서 국제 문제를 다루기 위한 "국제 통화 및 경제 회의"를 소집해 줄 것을 요구했다.

　　이런 회의의 성공 가능성을 낮추는 명백한 세 가지 장애물이 있었는데, 바로 전쟁 채무 논란, 보호주의 발흥, 환율정책에 관한 근본적 의견 불일치가 그것이었다. 배상금 종결에 관한 영국과 프랑스의 결정이 전쟁 채무에 대한 미국의 양보를 끌어내는 데는 실패했다. 1932년 여름에 후버 대통령은 자신의 전쟁 채무 모라토리엄을 한 해 더 연장할 것을 제안했으며, 이 제안은 의회의 지지를 얻었다. 하지만 미국 국민들은 전쟁 채무 상환이 유럽의 국제수지 문제에 미칠 영향을 제대로 이해하지 못했다. 미국 국민들은 대부분 전쟁 채무 무효화에 반대했으며, 모라토리엄의 연장을 그 길에 한 발짝 더 다가가는 것이라고 판단했다. 후버의 제안은 채택되지 않았다.

　　후버 모라토리엄이 만료되자 영국과 프랑스는 상환 계획 협상을 재개하고자 했다. 하지만 양국은, 미국 정치인들이 유세 목적으로 강경 노선을 채택해야 할 절박성이 줄어들게 될 1932년 11월 선거 이후까지 협상을 미루는 방안을 곧 생각해 냈다. 유럽인들 역시 새로운 미국 대통령과 의회가 좀 더 수용적인 태도를 보일 것으로 기대했다. 루스벨트의 승리 이후, 영국 정부와 프랑스 정부는 로잔 배상금 합의의 비준 여부가 미국의 전쟁 채무 양보에 달려 있음을 분명히 했다. 동시에 유럽의 다른 국가들도 전쟁 채무 협상의 재개를 요구했으며 동일한 내용의 문서를 워싱턴에 전달함으로써 자신들의 연대를 확인했다.

　　대통령 당선자 루스벨트는 선택의 폭을 제한하고 싶지 않았기 때문에, 유럽 채무국들과 협의하는 과정에서 곧 떠날 후버 행정부와 협력하기를 거부했다.[5] 레임덕 상태의 정부가 사태를 주도할 수 있는 위치에 있지 않았기 때문에 유럽 국가들은 일방적으로 대응했다. 프랑스, 벨기에, 폴란드, 헝가리, 에스토니아 등은 1932년 12월 15일에 도래한 전쟁 채무 할부금을 지불하지 않았다. 영국은 잉글랜드은행 금고에 있는 9550만 달러어치의 금을 이어마킹하는 방식으로 12월 15일자 지불에 대응했다. 만약 미국이 이 금을 본국으로 가져가려고 하면 잉글랜드은행도 달러 잔고를 청산해서 연준에 그에 상응하는 금액의 금을 영국 앞으로 이어마크할 것을 요청하겠다는 위협이 숨겨져 있었다.

유럽 각국의 디폴트는 미국 여론에 불을 지펴 미국의 세계 경제 회의 참여를 위협했다. 루스벨트 행정부는 국내 반대라는 유령과 불참 위협을 거론하며 전쟁 채무를 세계 경제 회의의 의제에서 빼겠다는 유럽의 동의를 이끌어냈다. 하지만 궁극적으로 협상의 결렬을 초래한 것은 전쟁 채무 말소에 대한 미국의 반대가 아니라 다른 문제들이었다. 그렇긴 하지만, 미국이 고집을 부린 전쟁 채무 문제의 특수성 때문에 논의는 훨씬 복잡하게 되었다.

무역 협상을 위한 여건도 여의치 않았다. 대공황이 심화되는 만큼, 거의 모든 나라에서 보호 관세에 대한 지지도 그만큼 고조되었다. 농산물 가격의 추가 하락으로 고통을 겪고 있던 프랑스 농부들은 더 엄격한 수입 쿼터를 요구했으며 무역 자유화를 위한 모든 대화를 거부했다.[6] 로잔 회의와 동시에 오타와에서 영연방 국가 회의가 열렸다. 오타와 협정Ottawa Agreements에 따라 영국시장에 대한 특혜 접근권이 영연방 생산자들에게 확대되었고, 영국 생산자들에게는 인도와 자치령 시장에 대한 특혜 접근권이 주어졌다. 이로써 약 1세기에 걸친 영국의 자유 무역이 종말을 맞았다. 서유럽과 중부 유럽이 무역 차별을 거부하도록 압력을 받고 있던 바로 그때, 영국은 사실상 무역 차별을 채택한 것이다. 오타와 협정은 영국의 국제 경제 재건 열망과 대영제국 내 경제 동맹 강화 야심 간의 갈등을 뚜렷이 보여주었다. 이런 모든 이유 때문에 관세 감축이 이루어질 가능성은 희박해 보였다.

모든 문제들 중에서 대립이 가장 심한 문제는 환율 문제였다. 프랑스 정부와 벨기에 정부는 통화와 금융의 불안정이 대공황의 원인이라고 지적하며, 안정 회복과 경제 위기 종식을 위해서는 영국의 금본위제 복귀가 핵심이라고 생각했다. 이와는 대조적으로 영국 관리들은 통화 확대의 이점과 가변 환율로 인한 행동의 자유를 이미 느끼고 있었다. 이들은 자국의 환율을, 결국은 자국의 통화정책을, 완전히 다른 전망에 따라 움직이는 프랑스중앙은행 같은 기관의 통화정책에 연계하려고 하지 않았다. 어떤 회의를 가든 스털링의 안정화가 핵심 의제일 것이라고 알고 있던 상태에서, 영국은 통화 팽창에 대한 다른 나라의 약속이 없는 상황에서는 양보할 마음이 없었다. 한편, 인플레이션에 대한 프랑스의 두려움 때문에 의미 있는 약속이 나올 가능성은 극히 희박했다. 국제 회의에서 어떤 것이 도출될 수 있는지를 질문받았을 때 잉글랜드은행의 몬태규 노먼은 "아무것도 없다"고 대답했다.[7]

미국의 입장은 알기 어려웠다. 허버트 후버는 프랑스 관리들처럼 대공황의 원인이 금융 불안정에 있으며, 금본위제의 유지가 지속적 회복을 위한 선결조건이라고 믿었다. 후버는 영국의 금본위제 복귀를 협상의 핵심 목표로 생각했다. 그는 그 회의가 공화당이 아직 미국 외교를 담당하고 있을 1932년 12월에 소집되기를 희망했다.

루스벨트의 압도적 승리는 이런 희망을 산산조각 냈다. 국제 금융과 관련하여 새 대통령 당선자의 목표가 무엇인지는 결코 분명하지 않았다. 프랑스와 다른 나라들이 전쟁 채무에 대해 디폴트를 한 상황에서 그 회의에 참가하는 데 동의하는지조차 분명하지 않았다.

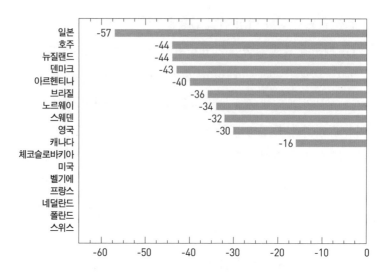

그림 11.1 **1929년 금 평가 대비 주요 통화의 할인율**(1933년 3월 31일 기준).

1933년 3월 현재, 미국 달러나 외환 통제가 없으며 금 태환이 가능한 소수 유럽 국가(벨기에, 프랑스, 네덜란드, 폴란드, 스위스)의 통화에 비해 다른 통화들의 가치는 이미 급격히 하락해 있었다.
출처: 국제연맹, 『경제 조사 (1933~1934년)』*Economic Survey(1933-34)*, 271쪽.

루스벨트는 참가를 결정할 무렵에 이미 달러의 평가 절하로 마음이 기울어 있었다. 그의 생각은 영국의 정책 결정을 이끈 생각에 점점 가까워졌다. 1933년 여름 무렵에는 루스벨트는 이미 미국 물가를 대공황 이전 수준으로 회복하기 위해 무엇보다 통화 팽창이 필요하다고 생각하고 있었다. 프랑스가 통화 팽창에 나서지 않으려고 하는 상황에서, 그는 환율 안정에 반대하기로 결심했다.

환율 문제에 대한 이견에도 불구하고 모두에게 이익이 되는 합의를 도출할 수 있는 가능성은 여전히 있었다. 영국과 미국이 환율 안정에 동의하고 그 대가로 프랑스는 관세와 쿼터를 감축하는 데 동의할 수 있었다. 그렇게 함으로써 프랑스가 원하는 환율 안정을 달성할 수 있었을 것이다. 미국과 영국의 상품에 대한 프랑스의 수입이

황금 족쇄

증가하면, 잉글랜드은행과 연준은 스털링과 달러의 안정을 위협받지 않으면서 자신들이 우선적으로 하려던 확장정책을 추구할 수 있었을 것이다. 이런 조치들이 결합되면 우선 관세와 쿼터 그리고 통화 절하를 초래한 국제수지 압박을 완화하는 데 도움이 되었을 것이다.

이런 일련의 주고받기는 미국이 금본위제를 포기한 후에도 여전히 실현 가능했다. 1933년 4월 이전이었다면 영국의 안정화 합의, 프랑스의 자유화 합의, 미국의 전쟁 채무 포기 혹은 관세 인하 합의가 상호 수용 가능한 조합이었을 것이다. 1933년 4월 이후에는 영국은 안정화를, 프랑스는 자유화를, 미국은 달러 안정화와 전쟁 채무 혹은 관세에 관한 양보를 해야 했을 것이다. 루스벨트가 선수를 쳤다면 프랑스(그리고 아마 영국)의 관세 인하 양보 폭이 더욱 올라갔을 것이다. 하지만 그것이 국가 간 주고받기의 기본 구성에 큰 변화를 주지는 않았을 것이다.

세 나라의 관리들은 양보를 어떻게 주고받으면 서로에게 이익이 되는지를 알고 있었다. 관세 양보와 환율 안정의 교환이 런던 회의에 앞서 열린 전문가위원회의 의제 초안에 담겨 있었다. 미국의 재무부 장관 오그던 밀스는 후버 행정부의 마지막 몇 달 동안 이 거래의 대강을 그렸다. 프랑스 재무부 내 관리들은 통화 불안정이 프랑스의 수입 쿼터 때문이라고 비난하는 나라들로부터 무역 자유화와 통화 안정화를 맞교환하자는 요구를 받게 될 것으로 예상하고 있었다.[8]

그런데 여기에 국내 정치가 개입되었다. 대내적 압력 때문에 프랑스는 관세 양보를 할 수가 없었다. 미국에서는 통화 팽창과 은의 화폐화 압력 때문에 루스벨트가 달러 안정화를 주저했다. 협상 참가자들이 수용할 수 있는 정책 교환이 있을 수 있었지만, 그들은 정작 국내에서는 그 정책에 대한 지지를 끌어낼 수가 없었다. 당시 마흔

살의 나이로 미국 국무부 경제 자문관을 맡은 루스벨트의 핵심 세력 중 한 명인 허버트 페이스$^{Herbert\ Feis}$가 그 후에 쓴 것처럼 전문가위원회가 구상한 프로그램은 "하나의 핵심적 이유 때문에 잘못된 것이다. 그 이유는 바로 관련 정부들이 그것을 집행할 수 있는 상황이 더 이상 아니었다는 점이다."[9]

달러의 평가 절하

달러 평가 절하의 전조는 루스벨트가 취임하자마자 맞은 은행 패닉이었다. 은행 파산의 북소리가 계속 고조되고 있었다. 2월 중순에 발생한 은행들의 인출 사태로 미시건 주지사 윌리엄 A. 콤스톡^{William} $^{A.\ Comstock}$은 일주일간 미시건 주 은행권 전체에 문을 닫도록 지시했다. 인출 사태와 은행 영업 정지가 미국 전역으로 확산되었다. 루스벨트의 최초 대응은 전국적인 은행 영업 정지 선언이었다.

미국 은행시스템이 취약한 원인은 대공황의 누적된 효과라고 일반적으로 얘기된다.[10] 채권 가격 하락과 대출의 디폴트로 은행의 자본 포지션은 약해져 있었다. 파산의 시점은 의회가 결정했다고 할 수 있는데, 은행 구제를 위한 공적 자금의 사용에 비판적이던 의회가 재건금융공사$^{Reconstruction\ Finance\ Corporation}$(RFC)에 의해 제공된 대출을 공표하도록 명령했다. 1932년에 설립된 RFC는 5억 달러의 자본금으로 출발했고, 필요로 하는 은행에게 특별 대출을 제공할 수 있는 권한을 갖고 있었다. 의원들은 RFC가 보유 자금의 많은 부분을 대형 은행 지원에 사용하는 것에 비판적이었다. RFC 자문위원회에 속한 은행가들의 진실성과 중립성에 의문을 제기했다. 존 낸스 가너^{John} $^{Nance\ Garner}$ 하원 의장은 1932년 11월부터 RFC의 당월 대출 현황을 공표하도록 했으며, 1933년 초에는 가너와 뉴욕 주 상원 의원 해밀턴 피시^{Hamilton Fish}가 1932년 7월 이전의 모든 수취 기관을 공표하도록 했다. RFC 운영에 관한 정보 공개로 심각한 곤경에 빠진 특정 은행들이 드러났다. 예를 들어 디트로이트의 유니언가디언트러스트컴퍼니^{Union Guardian Trust Company}가 RFC로부터 1600만 달러 이상의 자금을 대출받았다는 사실이 알려지면서 애향심과 전통 의식으로 유명한 디트로이트는 풀이 죽었다. "애향심과 전통 의식을 고취하는 데서 금융 건전성은 중요한 역할을 했다."[11] 가디언트러스트는 다른 지방 은행과 신탁 회사를 지배한 지주 회사의 일부였기 때문에 공포가 전염되고 확산되는 통로 역할을 했다. 그 은행은 자동차 산업과 밀접히 연계되어 있었다. 따라서 은행의 위태로운 상황 때문에 지역 경제 전체의 안정성에 대한 공포가 고조되었다.[12]

미시건 주의 영업 정지로 인해, 정상적이었다면 지방 은행에서 발행한 수표로 처리했을 대금 지불을 위해 이웃 주들에서 자금이 인출되었다. 미시건에 기반을 둔 기업들은 임금 지급 대금을 시카고와 뉴욕 시에서 마련했다. 그 결과로 이 도시들의 은행에서 현금이 빠져나가자, 일리노이와 뉴욕 전역의 예금자들이 불안해졌다. 미시건 주가 은행 영업 정지를 발표한 지 4일 후에 시카고연방준비은행은 7500만 달러 이상의 현금을 잃었다. 주 의회는 인출 가능한 고객 잔고의 비율을 제한했는데, 이것이 예금자들의 불안을 더 고조시켰다. 3월 2일에 11개 주가 은행 영업 정지를 선포하였으며, 그 외 다른 주들은 주의 은행국장이 인출 한도를 제한할 수 있도록 하는 법을 이미 시행 중에 있었다.[13]

연준은 은행권의 유동성 수요에 민감했다. 하지만 3월 초순에 연준의 금 준비율은 45%로 떨어져 있었다. 따라서 추가 유동성 공급은 금본위제법을 위반해 금 태환 중지를 불가피하게 할 위험이 있었다. 외국인들은 평가 절하로 인한 자본 손실을 피하기 위해 달러 잔고를 청산했다. 스털링은 1월 7일 3.34달러에서 2월 11일 3.43달러로 상승했다. 미래의 달러 움직임에 대한 대략적 시장 예측 지표라 할 수 있는 선물 환율은 할인 폭이 계속 확대되어 2월 18일에는 2.25센트에 이르렀다. 미시건 주의 은행 영업 정지가 발표된 지 이틀 후인 2월 16일 "미시건 주의 은행 상황에 대한 프랑스의 우려를 반영해, 금융인들의 표현을 빌리자면 맥빠진 시장에서 달러는 오늘 주저앉았다"고 AP통신이 파리 발로 전했다.[14] BIS의 미국인 이사 중 한 명이며 연준에서 오랫동안 일한 게이츠 맥개러^{Gates McGarrah}는 2월 23일 유럽에서 해리슨에게 전화를 해 "미국 은행 상황에 대해 유럽 내에 상당한 우려와 걱정이 있다"는 경고를 전했다.[15]

잉글랜드은행은 2월 첫 3주 동안 1억 5000만 달러를 매입하여 스털링이 더 이상 오르지 못하도록 개입했다. 하지만 노먼은 달러 보유액을 더 이상 늘리고 싶지 않았다. 그는 2월 24일에 해리슨에게 연준이 잉글랜드은행 앞으로 이어마크해 놓은 금을 요청할 계획이라는 경고를 전했다.[16] 2월 한 달 동안 연준은 수출과 이어마크를 통해 1억 7400만 달러 이상의 금을 잃었다.[17] 잉글랜드은행이 달러 잔고를 태환하겠다는 이 위협을 실제로 이행했더라면 그 규모는 두 배로 늘었을 것이다.

금이나 해외 증권을 획득할 위치에 있는 미국인들도 비슷한 방식으로 대응했다. 그 결과로 미국 은행권으로 유입된 유동성 중 많은 부분이 거의 즉시 다시 누출되었다. 내국인들은 금화와 금 증서를 퇴장시킴으로써 평가 절하의 위험에 대응했다. 그림 11.2에 나타난 바와 같이 재무부와 연방준비은행들 밖에 있는 금화와 금 증서의 규모가 2월에 큰 폭으로 증가했다. 영국의 금본위제 포기 직후처럼 미국

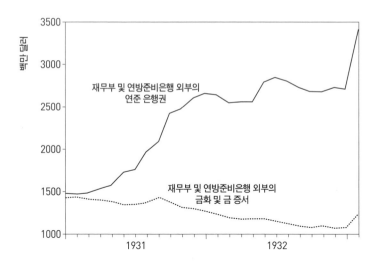

그림 11.2 **금화, 금 증서 및 연준 은행권 유통액.**

1933년 초에 은행 패닉이 본격화되었을 때 미국 예금자들은 예금을 더 안전한 연준 은행권과 금화 및 금 증서로 전환했다.

출처: 『1933년 연방준비은행 연례 보고서*Annual Report of the Federal Reserve Bank for 1933*』, 142쪽.

예금자들도 평가 절하 시 미국 통화 보유로 인해 입게 될 자본 손실을 피하려고 금으로 갈아탔던 것이다.[18]

금 상실 규모는 준비은행에 따라 차이가 있었다. 뉴욕이 가장 큰 압박을 받았다. 뉴욕연방준비은행은 국내 예금자의 인출로 어려움을 겪고 있는 지구 내 은행들을 지원해야 했을 뿐만 아니라, 외국인 예금의 대부분이 뉴욕의 은행들에 예치되어 있었다. 그리고 미시건과 국내 다른 지역의 혼란은 뉴욕 대리 잔고의 청산으로 이어졌다. 3월 4일에 미국의 통화용 금의 준비금이 연준의 은행권과 예금 부채의 44%였는데, 뉴욕연방준비은행의 그 비율은 이미 법정 하한선인 40%로 떨어져 있었다.[19] 뉴욕연방준비은행은 추가로 금을 확보할 때까지 어떤 종류의 어음도 재할인할 수 있는 능력이 없었다. 미국의 제1의 금융 중심지에 있는 상업 은행들이 유동성 확보를 위해 기댈 곳이 어디에도 없었던 것이다. "그래서 금 준비율 40% 조항은 병목이 되었으며, 결국 은행의 전면적 폐쇄를 불가피하게 한 핵심 요인이 되었다"고 두 명의 전문가가 일갈했다.[20]

원칙적으로 뉴욕연방준비은행은 13년 전에 자신이 유동성을 제공한 바 있는 다른 지구에서 추가의 금을 가져올 수도 있었다.[21] 2월 21일부터 3월 2일까지 2주 동안 다른 준비은행들은 뉴욕연방준비은행을 대신해 2억 1000만 달러어치의 어음을 할인함으로써 방법은 다르지만 뉴욕연방준비은행이 금 준비금을 보충할 수 있도록 지원했다.[22] 연준 전체의 초과 금 준비금의 주요 예치 은행이던 시카고연방준비은행은 3월 1일 7500만 달러의 정부 채권 매입과 4000만 달러의 환매 조건부 어음 인수를 통해 뉴욕연방준비은행에 1억 500만 달러를 대출해 주었다. 이런 거래가 없었다면 뉴욕연방준비은행의 3월 1일 동향 보고서에는 준비금이 법정 하한선 이하로 내려간 것으로 기록되었을 것이다.[23]

연준 지구 간의 협력이 3월 3일 철회되었다. 시카고연방준비은행은 뉴욕연방준비은행을 위한 1억 5000만 달러의 정부 증권의 추가 매입이나 재할인을 거부했다. 시카고연방준비은행 자체도 문제를 안고 있었다. 미시건 주 거주자들은 일리노이 주 은행들에서 인출할 수 있는 돈은 모두 인출한 상태였다. 이웃 미시건 주의 은행 영업 정지로 지역 예금자들 사이에서 신인도가 약해진 상태였다. 시카고 지구 내의 외곽 은행들은 현금 인출 사태를 겪고 있었다. 상대적으로 강건한 루프Loop 지역* 은행들은 전면적 모라토리엄이 있을 것으로

---

* 시카고의 중심 지역.

황금 족쇄

예상한 기업과 개인들의 현금 인출로 어려움을 겪고 있었다. 외국인들이 뉴욕에서 최대한 신속히 금을 빼내 가고 있는 상황에서 시카고 은행가들은 뉴욕에 자금을 제공한다고 해서 상황이 크게 개선되지는 않을 것이라고 생각했고, 오히려 자신들의 상황만 어려워질 것이라고 믿었다. 이들은, 뉴욕의 금 감소는 정책의 근본적 변화에 의해서만 막을 수 있다고 생각했다. 그리고 정책이 어떻게 변해야 하는가에 대해서는 연준 전체의 합의가 불가능했다.[24]

금고에 7500만 달러의 연준 은행권을 갖고 있던 시카고퍼스트내셔널뱅크는 시카고연방준비은행이 뉴욕에 더 이상 금을 제공하지 않겠다고 약속하지 않으면 은행권을 금으로 태환하겠다고 위협했다.[25] 시카고연방준비은행은 그 위협에 굴복했다. 다음 날 연준이사회는 이 사태를 다루었지만 시카고연방준비은행에 뉴욕과 협조하라고 강요하지는 않았다.[26] 준비금이 법정 하한에 이른 뉴욕연방준비은행은 지구 내 상업 은행들에게 추가 유동성을 공급할 수 있는 여력이 없었다. 미국의 최대 금융 중심지가 무너진 상태에서 전면적 모라토리엄은 지척에 있었다.

도대체 무엇이 위기를 촉발했는가? 상업 은행의 투자 포트폴리오가 악화된 것이 분명히 일정한 역할을 했다. 하지만 이런 악화는 이미 상당 기간 동안 진행되고 있었는데, 왜 그것이 3월 첫 주에 패닉으로 이어졌는지는 결코 명확하지 않다. 마찬가지로 재건금융공사(RFC) 활동의 효과 역시 분명하지 않다. RFC 대출에 관한 공표가 특정 은행의 명성에 타격을 입혔을 수는 있지만, RFC가 필요한 은행에 유동성을 공급하고 있다는 사실은 은행권에 대한 신뢰를 강화했어야 했다.

신인도 약화와 연준의 최종 대부자 능력 훼손을 가져온 1933년

3월의 새로운 요인은 달러의 평가 절하 예상이었다. 루스벨트가 달러를 절하할 수 있다는 우려 때문에 예금자들은 연준 은행권을 금으로 태환하기 위해 기초 여건이 강건한 미국 은행에서조차 예금을 인출했다. 퇴임하는 재무부 장관 오그던 밀스는 "1933년 은행 패닉과 금 유출은, 금본위제 유지가 아니라 (중략) 신정부가 결국 단행한 것 즉 금본위제 포기에 대한 두려움이 뚜렷해지고 커지면서 발생했다"고 말했는데, 이는 적어도 절반은 사실이다.[27]

　　루스벨트는 선거 운동 기간에 평가 절하 문제를 거론하지 않았으며 통화 문제의 논의는 카터 글래스Carter Glass 같은 민주당 내 건전 통화론자들에게 맡겨두었다.[28] 민주당 선거 공약에서는 통화 문제에 관해 상세한 안을 제시하지는 않고 단지 "어떤 일이 있어도 건전한 통화를 유지"하겠다는 약속만 했다. 하지만 코넬대학교의 농업경제 학자 조지 워렌Geroge Warren 같은 대통령 당선자의 일부 경제 자문관들은 1차 산품의 달러 표시 가격의 안정화와 필요시 이 가격의 지지를 선호하는 것으로 알려졌다.[29] 다른 금본위제 국가의 통화 팽창이 없다면 이 제안은 사실상 평가 절하와 같은 것이었다.

　　신임 대통령은 통화 팽창 압력을 받을 것이 확실했는데, 통화 팽창이 설사 평가 절하를 초래할 위험이 있다고 해도 불가피했다. '국가 가격 및 구매력 회복위원회'가 대변한 업계의 영향력 있는 소수는 확장 조치를 지지했다. 300명의 위원들은 물가 상승을 위해 필요하다면 금본위제도 포기해야 한다고 주장했다. 1933년 초 이후 의회 내에 인플레이션을 지지하는 정서가 고조되고 있었다.[30] 농장 압류 비율이 증가하자 오클라호마 주의 엘머 토머스Elmer Thomas와 존 심슨John Simpson 그리고 텍사스 주의 톰 코널리Tom Connally 같은 농업 주 출신 상원 의원들은 물가를 1920년대 수준까지 회복시킬 수 있는 통화정책을 채택하라고 압력을 넣었다. 토머스는 물가를 1921~1928 년 수준까지 상승시킬 수 있도록 미보증 통화를 충분히 발행하는 것을 지지했다. 코널리는 달러의 금 함유량을 3분의 1 줄이는 방안, 즉 33%의 평가 절하에 상당하는 방안을 제시했다. 1월 상원에 제출된 코널리의 개정안은 기각되었지만, 그 개정안에 대한 동조적 의견은 평가 절하 로비의 영향력이 증대하고 있음을 잘 보여주었다. 루이지 애나 주 하원 의원 휘이 롱^{Huey Long}과 몬태나 주 상원 의원 버턴 휠 러^{Burton Wheeler}는 정부에 은 매입을 요구할 수 있는 법안 통과를 위해 로비를 했다. 롱의 안에 따르면 시장 시세로, 그리고 휠러의 안에 따르면 금과 은의 전통적 가격 비율인 16대 1로 매입을 하고 그 가격은 은행권이나 완전한 법정 화폐의 지위를 가진 증서로 지불하도록 되어 있었다. 이런 제안이 달러의 금 태환 지속과 양립할 수 없다는 점을 아무도 부정하지 않았다. 토머스는 당시에 영국이 누리고 있던 평가 절하의 이점을 거론했으며, 10년 전에 프랑스와 이탈리아가 통화 절하의 경기 촉진 효과를 누린 점을 언급했다.[31]

해외의 상황 변화는 일방적 조치를 옹호하는 의회의 입지를 강화했다. 1932년 하반기 동안의 스털링 하락으로 미국 수입품의 가격이 하락해 미국 생산자의 경쟁력 악화가 심해졌다. 프랑스가 12월분 전쟁 차관의 상환을 거부하자, 의회 내 국제주의자의 입지가 약해졌다.

루스벨트는 평가 절하를 검토할 수 있다는 의견을 개인적으로 종종 내비쳤다. 그는 선거에서 승리한 지 한 달이 지난 후 올버니의 한 모임에서 그런 의견을 밝혔다. 언론인 및 유력 기업인들과의 대화에서 실질적 경기 확대 조치가 불가피하게 평가 절하로 귀결될 수 있음을 인정했다. 그는 내각을 구성할 후보들에게 이 방안을 배제하지 않고 있음을 분명히 했다. 그는 공개적으로 평가 절하를 지지한 농무부 장관 지명자 헨리 월리스Henry Wallace 같은 인물을 행정부에 임명함으로써 의심을 증폭시켰다.

루스벨트의 의도를 둘러싼 추측이 난무했다. 어떤 이는 다음과 같이 회고했다. "1월 하순 동안 은행과 금융가에서는 새 정부에서 어떤 형태로든 소프트 머니soft money●가 나올 수밖에 없을 것이라는 웜 스프링스Warm Springs●●발 소문이 꽤 무성했다. 루스벨트의 정치적 측근으로 널리 알려진 월가의 큰손들은 사업 동료들에게 달러의 평가 변경 분위기가 무르익고 있다고 은밀히 전했다."[32] 루스벨트가 전면적 경기부양정책을 공언했다는 1월 30일자 『워싱턴 헤럴드Washington Herald』 기사가 연방 의회 의사록에 기록되었다. 은행가와 경제 분석가, 그리고 대통령까지 포함한 후버 행정부의 관리들은 퇴임을 앞두고 새로 취임할 대통령에게 평가 절하에 대한 반대를 분명히 할 것을 촉구했다.[33] 공화당원들은 루스벨트가 평가 절하에 대한 반대 의사 피력을 거부하는 것이 평가 절하에 대한 지지를 암시하는 것이라고 받아들였다.[34]

선거와 취임 사이의 대통령 부재 기간은 4개월이나 지속되었다. 달러 매도에 이보다 더 유리한 환경은 있을 수 없었다. 루스벨트는 평가 절하 공포를 억제하기 위한 어떤 조치도 거부했다. 그는 시장을 안심시키기 위한 발언도 하지 않았다. 설사 그가 그렇게 했다고 해도 투자자들은 한쪽 방향으로의 도박 유혹을 가졌을 것이다. 평가 절하

● 소프트 머니란 중앙은행이 준비금을 확보하지 않은 상태에서 발행한 화폐를 가리킨다.
●● 조지아 주의 웜스프링스는 프랭클린 루스벨트 대통령이 요양을 위해 자주 방문한 온천 지역이다. 그곳에 있던 루스벨트의 별장은 "작은 백악관The Little White House"이라 불렸다.

의 예상이 빗나가면 투자자들은 거래 비용만 지불하고 이전에 매각한 달러를 재매입할 수 있었다. 예상이 맞으면 달러 자산에 대한 상당한 자본 손실을 피하게 될 것이다. 따라서 어느 경우든 달러 잔고를 금 증서나 외환으로 전환할 유인이 있었다. 뉴욕연방준비은행의 조지 해리슨은 미국이 내부적인 은행 인출 사태뿐만 아니라 초기 단계의 태환성 위기를 겪고 있음을 깨닫고 있었다. 2월 23일에 그는 동료 이사들에게, 이 위기가 "은행에 대한 불신에서 비롯된 통화의 퇴장 이상이며, 본질적으로 통화에 대한 불신을 보여주는 것으로서 달러의 평가 절하 논의에서 야기된 것"이라고 경고했다.[35]

루스벨트의 취임이 다가오면서 금의 유출이 가속화되었다. 『월스트리트 저널Wall Street Journal』에 따르면 유럽 금융 중심지의 투자자들이 달러 도피의 선봉에 서 있었다. 3월 1일로 끝나는 주에 연준은 이어마킹을 통해서 1억 1600만 달러어치의 금을 잃었다. 한 추정에 따르면 3월 3일 단 하루에만 1억 100만 달러 이상의 금이 뉴욕에서 이어마크되었다.[36]

대량의 예금이 현금과 금으로 빠져나가는 사태가 시작되고 있었다. 루스벨트의 취임일이 끝나갈 무렵에는 모든 주에서 은행 업무가 전면 혹은 부분적으로 제한되었다. 3월 3일 금요일 연준이사회와 금융권의 대표들은 후버에게 전국적 은행 영업 정지를 선포하도록 압박했다. 루스벨트의 동의를 받지 못한 퇴임 대통령은 이를 받아들이지 않았다. 중개인 대출이 불가능하고 출혈 투매 조짐이 나타나자 뉴욕증권거래소와 전국의 다른 거래소들은 3월 4일 거래를 중지했다. 은행권은 루스벨트의 개입 여부와 상관없이 3월 6일 월요일에 은행 문을 닫을 예정이었다. 루스벨트는 1차 대전의 유물인 대적통상법Trading with the Enemy Act이 대통령에 부여한 권한에 따라 월요일 은행 영업 정지를 선포했는데 이것은 불가피한 사태를 인정한 데 불과했다.

평가 절하 예측이 은행 위기에서 중요한 역할을 한 것처럼, 금융 안정을 회복하는 데도 뚜렷한 역할을 했다. 루스벨트는 취임을 하자마자 달러 가치 하락을 적극적으로 시도할 수도 있었다. 하지만 그가 그렇게 하지 않자, 그를 평가 절하 추진론자일 거라고 생각한 사람들은 놀랐으며, 통화에 대한 신인도가 회복되었다. 3월 5일에 신임 재무부 장관 윌리엄 우딘William Woodin은 미국이 금본위제에서 이탈하지 않았음을 단언했다.[37] 3월 6일 런던의 『타임스Times』는 미국이 금에서 이탈할 가능성은 거의 없다고 독자들에게 단언했다. 3월 7일에 유나이티드프레스United Press 통신사는 "미국이 달러의 과거 금 본위 평가를 회복하고 유지할 수 있어야 한다"는 『데일리 텔레그래프Daily Telegraph』의 견해를 전했다.[38] 루스벨트는 3월 8일 첫 기자회견에서 금본위제는 안전하다고 주장했다. 며칠이 지나고 루스벨트가 미국의 금본위제를 포기하지 않자, 자금이 은행으로 다시 유입되기 시작했다. 루스벨트의 은행 영업 정지와 다른 긴급 조치들이 일시적 조치일 뿐이라는 공감이 확산되었다.[39]

사실, 실질적 영업 정지가 되기 위해서는 은행의 현금 지불 제한과 더불어 금 수출 권한 제한이 있어야 한다. 3월 9일에 루스벨트는 하원의 긴급 법안 통과를 밀어붙였는데, 이 법안에 따르면 대통령은 금이나 은의 수출, 퇴장 혹은 이어마킹을 규제 혹은 금지할 수 있는 권한을 갖게 되며 재무부 장관은 일반인이 보유하고 있는 모든 금화와 지금, 금 증서의 제출을 요구할 권한을 갖게 된다. 은행 문을 다시 연 직후에도 은행들은 아직 대부분의 외환 거래를 할 수 없었으며 금이나 금 증서의 지불도 금지되어 있었지만, 외국 정부 및 중앙은행 그리고 BIS 앞으로 이어마크된 금의 수출은 허용되었다. 허가는 필요했지만 받을 수 있었다. 금본위제는 폐지되지 않고 있었다. 금 지불의 제한이 임시적 긴급 조치로 받아들여지는 한, 달러 가치가 하락할 이유가 없었다. 프리드먼과 슈워츠는 그 제한이 정확히 이런 방식으로 이해되었다고 설명한다. 그들은 "자유로운 금 수출의 중지를 아마도 은행 긴급 상황의 일부로 간주했으며 그래서 일시적인 것으로 예상했다."[40]

시장 참가자들은 그 상황이 지속 가능한 것으로 충분히 생각할 수 있었다. 어쨌든 미국의 국제수지는 기본적으로 강건한 상태를 유지하고 있었다. 3월 3일에 달러는 프랑스 프랑 대비 3.95센트로 내려앉았다. 그로부터 10일 후 달러 거래가 재개됐을 때 미국 환율은 3.92센트로 회복되었다. 그다음 달 동안 프랑 등 다른 금 본위 통화 대비 달러의 환율은 계속 금 수출입점 내에 머물렀다. 연준의 금 보유액은 3월 11일에서 4월 19일 사이에 7억 달러 이상 상승했다.

평가 절하 우려가 잦아들자, 예금 청산이 중단되었다. 3월 11일에서 4월 19일 사이에 사람들이 현금을 다시 예금으로 전환하자, 연준 은행권 유통액은 8억 3800만 달러 줄었다. 민간의 금 수출 금지 조치가 중요한 역할을 한 것 같지는 않다. 예금자들이 달러 잔고를 더 이상 금으로 전환할 수는 없었지만, 외환 매입이 정당한 영업 활동으로 취급되는 한에서는 달러를 외환으로 교환하는 것은 가능했다. 뉴욕의 새로운 은행들에게 투기적 외환 거래가 금지되었을지 모른다. 하지만 런던과 파리에서 달러를 자유롭게 파는 것은 여전히 가능했다. 외국 중앙은행 측의 달러 매입으로 환율 안정이 유지된 것 같지도 않다. 예를 들어 프랑스중앙은행의 외환 보유액은 2월 말과 3월 말 사이에 감소했으며, 3월 말과 4월 말 사이에도 줄어들었다.[41] 정부보다는 일반인들이 달러 보유 의사를 새로 보였다. 평가 절하 공포가 없는 상태에서 자금이 달러와 미국 은행시스템으로 다시 유입되었다.

아마도 다른 요인들이 금융 안정의 신속한 회복에 기여한 듯했다. 3월 7일 연준이사회는 다른 준비은행들에게 뉴욕연방준비은행을 대신해서 연준 지구 간 재할인을 재개하도록 강제했다. 이 덕분에 뉴욕연방준비은행은 회원 은행들을 위해 재할인을 할 수 있었다. 하지만 다른 변화가 없었다면 연준 전체로는 금을 계속 잃었을 것이다. 결국에는 연준의 초과 금 준비금이 모두 고갈되었을 것이며 준비율 제한이 다시 압박으로 작용했을 것이다. 아마도 루스벨트의 낙관적 분위기가 긍정적인 심리 효과를 가져왔을 것이다. 은행 영업 정지는 아마 공포의 전염을 단절시킴으로써 예금자들의 마음을 진정시킨 것으로 보인다. 어떤 은행이 영업을 재개할 수 있는 상황인가를 판단하는 기준이 자의적인 상황에서 상상하기 어렵지만, 은행에 대한 연방의 감독 강화도 신뢰 회복에 도움이 되었을 수 있다.[42] 이런 심리 효과가 얼마나 유효했는지는 알기 어렵다. 어쨌든 이런 것들과 더불어 나타난 정책상의 근본적 변화는 금본위제에 잔류하겠다는 루스벨트의 결정이었다.

달러의 강세는 4월 중순 내내 계속되었다. 이 시점에서 상황이 갑자기 악화되었다. 환율은 금 수출점 부근까지 절하되었으며 재무부는 하락을 막기 위해 금 수출을 허가했다.* 4월 셋째 주에 5억 달러어치의 금이 네덜란드로 수출되었다. 이것은 극히 일부에 불과했

---

* 미국이 평가 절하를 하거나 금본위제를 중지할 것이라는 예상 때문에 달러 가치가 급락하였는데, 미국 재무부는 이런 예상을 반전시키고 미국이 계속 금본위제에 잔류할 의사가 있음을 보이기 위해 금 수출을 허가한 것으로 이해할 수 있다.

다. 네덜란드 투자자들이 달러 투매를 위해 1억 2500만 달러를 동원했다는 보고서가 돌아다녔다. 4월 15일에서 17일 사이에 다시 프랑스로의 900만 달러어치 금 수출이 허가되었다. 하지만 달러가 강세로 전환될 조짐은 나타나지 않았다.[43]

시장의 급작스런 변화는 미국의 정책 전환에 대한 예상 때문이었다. 3월 중순까지도 결정을 내리지 못하고 있던 루스벨트가 결국 평가 절하를 선택한 것이다. 4월 중순경 시장에는 그의 의도에 관한 풍문이 돌았다. 대공황을 끝내기 위해서는 물가를 1929년 수준까지 올리는 것이 필요하다고 대통령은 이미 확신하고 있었다. 4월 19일자로 발간된 『비즈니스위크*Business Week*』의 한 기사는 "워싱턴과 월가는 임박한 인플레이션에 관한 얘기로 시끌시끌하다"고 전했다.[44] 물가를 이 수준으로 회복시키기 위해서는, 이 문제에 관한 프랑스의 견해에 따르면, 금 태환 유지에 부합하는 것 이상의 통화 팽창이 필요했다. 『뉴욕 타임스』는 4월 11~15일에 대해, "그 주에 시장의 논의는 대체로 통화의 절하를 기정사실화하는 분위기였다"고 설명했다.[45]

현실주의자였던 대통령이 비등하는 의회의 압력에서 영향을 받았음에 틀림없었다. 1933년에 농업 세력과 은 본위 세력이 마침내 의회에서 실질적 동맹을 결성했다.[46] 16대 1의 비율로 은의 무제한 주조를 허용하는 버튼 휠러 상원 의원의 농장법 수정안을 둘러싼 논쟁에서, 은 채광 주 출신의 의원들은 농민들의 곤경을 거론하며 물가 인상을 위한 통화 조치들을 제안했다. 농업 지역 출신의 상원 의원들은, 유권자들의 어려움은 공업 지역도 마찬가지라는 점을 강조했다. 4월 17일 상원은 휠러 수정안을 33대 43으로 부결시켰다. 서부의 7개 은 채광 주 출신의 상원 의원 14명 전원은 수정안에 찬성표를 던졌다. 그리고 20명 가까운 중서부와 남부 출신 상원 의원들이 이들에

가세했다. 행정부는 최소 10명의 상원 의원이 단지 이 조치의 극단적 성격 때문에 지지를 유보했다는 사실을 알고 있었다.[47] 이 표결과 동시에 달러 가치가 금 수출점까지 하락했는데, 이것은 결코 우연의 일치가 아니었다.

루스벨트는 더욱 온건한 토머스 수정안Thomas Amendment을 승인함으로써 이 압력의 방향을 돌리려고 했다. 루스벨트의 핵심 조언자였던 레이먼드 몰리Raymond Moley에 따르면, 이때까지만 해도 대통령은 특정한 경제 프로그램을 염두에 두고 있지 않았으며, 상원 내 인플레이션주의자들의 반대를 완화하는 방법으로 토머스 수정안에 동의했다. "냉정한 사실은, 인플레이션 운동이 4월 18일 무렵에는 가공할 만한 힘을 얻은 상태였기 때문에 루스벨트도 그 운동을 막을 수는 없으며 기껏해야 조정하는 노력을 할 수 있을 뿐임을 깨달았다는 것이다"고 몰리는 기록했다.[48] 토머스 수정안과 금 수출 금지는 인플레이션주의 압력에 대응하여 루스벨트가 취할 수 있는 가장 보수적인 조치였다.[49]

토머스 수정안을 통해 루스벨트는 여러 방식으로 인플레이션을 촉진할 수 있는 권한을 갖게 되었다. 그는 연준에 최대 30억 달러의 정부 증권을 매입하라고 지시할 수 있었다. 만약 연준이 거부하면 30억 달러의 지폐를 발행할 수 있는 권한이 있었다. 그는 달러의 금 함량을 줄일 수도 있었다. 그는 은의 주조를 승인할 수도 있었다. 설사 루스벨트가 의회의 비등하는 인플레이션 압력을 수용할 수밖에 없었다 하더라도, 그는 이런 선택지들에 대해 불만이 없었을 것이다. 왜냐하면 이런 방안들이 자신의 개입주의적 성향에 부합했으며 더 급진적인 제안들을 거부할 수 있도록 했기 때문이었다.

연준이사회 전원이 반대했는데도, 루스벨트는 수출 허가증 발급 중지를 통해 금 수출을 금지했다. 당시의 상황에서 선택의 여지가 거의 없었다. 수출 금지가 이루어지지 않았다면, 대규모 공개 시장 매입을 요구하는 토머스 수정안의 조항 때문에 연준의 금 준비금에 대한 또 한 차례의 인출 사태가 벌어졌을 것이다.

달러 가치가 갑자기 떨어졌다. 4월 15일과 4월 22일 사이에 스털링 가격은 3.44달러에서 3.81달러로 상승했다. 방향이 잠시 역전되기도 했지만 스털링 가격은 5월 초에 4달러 이상으로 상승했다. 그 후 스털링 가격은 루스벨트의 의중과 세계 경제 회의의 결과에 대한 정보를 기다리면서 불안정하게 오르락내리락 했다.

세계 경제 회의

4월 19일에 루스벨트가 달러의 금본위제 포기를 선언한 시점에는 전문가들의 준비 회의가 장관 및 국가 정상들 간의 협의에 자리를 넘겨준 상태였다. 맥도널드와 에리오는 미국 대통령을 만나기 위해 이미 미국으로 이동 중이었다. 맥도널드는 승선한 배의 게시판에 붙은 신문을 통해 미국의 평가 절하를 알았다고 한다.

환율 문제의 파괴적 성격을 인식하고 있던 세 지도자는 세계 경제 회의에서 발표할 것으로 누구나 기대하고 있던 국제 통화 합의를 위해 타협을 시도했다. 루스벨트의 자문관들은 프랑 및 파운드 대비 달러 환율을 4월 이전의 수준보다 25% 낮은 수준에서 안정화할 것을 제안했다. 대통령은 15% 절하에 만족하자고 했다. 그는 환율이 바람직한 수준을 벗어나는 경우에 개입을 위해 사용할 수 있는 공동 안정화 기금을 조성하자고 제안했다. 이런 정황들에 비추어 볼 때 안정화에 대한 그의 의지는 진지했던 것으로 보인다.[50] 하지만 프랑스와 영국은 환율 수준과 공동 기금 둘 다 수용하지 않았다. 세 나라는

6월 12일에 런던에서 열릴 회의에서 통화 안정을 위한 협약을 논의하자는 데만 합의했다.

6월 15일 세 나라 정부는 잠정 합의안을 마련했다. 이들은 회의에서 스털링 환율을 4달러로 하고 변동 폭을 상하 12센트 이하로 하자는 데 합의했다. 이 합의는 다양한 예외 규정을 담고 있어 엄격하지는 않았다.[51] 불행히도, 이런 발표가 있기 전에 시장에는 잘못된 정보들이 난무했다. 런던에 있던 미국 대표단이 대통령과 그의 자문관들에게 협상의 진전 상황을 제대로 전달하지 않았다고 워싱턴은 볼멘소리를 했다.[52] "어느 수준이든 고정 비율의 안정화를 거론하는 여기의 여러 보도들을 보면, 어떤 보도는 4달러 근처를 말하고 또 다른 보도들은 다른 환율을 말하고 있다"고 루스벨트가 말했다.[53] 상대적으로 높은 수준에서 안정될 것이라는 예상이 나오면서 달러 가치가 상승하기 시작했다. 6월 16일 하루에만 금 본위 통화 대비 4%가 절상되었다.

그 결과는 치명적이었다. 금 태환 중지 이후 큰 폭의 강세를 보이던 금융시장과 상품시장이 다시 하락세로 반전되었다. 주식 가격은 급락했다. 상품 가격도 하락 반전했다. 모든 전문가들은 그 원인이, 재안정화된 달러를 지지하기 위해 연준과 재무부가 긴축통화정책을 재개할 수밖에 없을 것이라는 투자자들의 두려움에 있다고 생각했다. 이런 반응 앞에서 환율정책과 관련하여 루스벨트가 갖고 있던 모든 불확실성의 여지가 사라졌다. 그는 국내 물가 안정 및 경기 회복 목표와 부합하지 않더라도 한동안은 환율을 안정시키자는 자문관들의 제안을 거부했다. 6월 17일, 뉴욕연방준비은행 부총재 랜돌프 버지스는, 이제 워싱턴에서는 일시적 안정화도 "국내 경기와 물가 회복에 심각한 충격"을 줄 것으로 판단하고 있다고 대서양 너머에 있는 상관 조지 해리슨에게 전화로 설명했다.[54] 미국 대표단은 루스벨트의 생각을 다음과 같이 전달했다.

"워싱턴의 미국 정부는 일시적 안정화 조치가 지금은 시기상 적절치 않다고 판단한다. 적절한 시점이 아니라고 판단하는 이유는 미국 정부가 최우선의 노력을 집중해야 하는 것은 물가 인상이라고 생각하기 때문이며, 이런 노력에 방해가 되고 또 급격한 **물가 하락**을 야기할 수 있는 것은 어떤 것이든 일시적 안정화에 대한 당장의 합의 실패 이상으로 이번 회의에 피해를 줄 것이라고 생각하기 때문이다."[55]

달러는 다시 하락했다. 루스벨트는 달러가 "지나치게" 하락할 때만 개입하라고 지시했다. 6월 30일에 레이먼드 몰리를 비롯한 일군의 사람들이 합의한 2차 안정화 계획도 루스벨트가 다시 거부했다. 이때 그는 유명한 "폭탄 선언"을 했는데, 그는 환율 안정화 시도를 "소위 국제 은행가들의 낡은 집착"이라고 조롱하고 경기 회복을 위해 환율 안정이 필요하다는 주장을 "그럴듯한 오류"라고 일축했다.[56]

미국과 영국 모두, 환율 안정 자체에 관심이 없었다. 두 나라 모두 이제 물가 안정과 행동의 자유를 더 중요하게 생각했다. 두 나라 모두 환율 유연성을 포기하려고 하지 않았다. 왜냐하면 환율이 유연해지면 국내 물가 수준 목표에 부합하는 정책을 추진하기가 더 쉬웠기 때문이다. 프랑스, 네덜란드, 스위스가 물가를 인상하고 팽창적 정책을 펼칠 의사를 보인다면, 그때는 영국과 미국도 자국 통화를 금본위제 국가의 통화에 연계할 수 있을 것이다. 미국 대표단 성명서에

"그녀는 뉴욕의 여왕, 금에 관한 얘기를 할 때면 늘 그녀 얘기를 하지."

출처: 『데일리 익스프레스*Daily Express*』, 런던.

"우리는 미국의 상품 가격에 관심이 있다"고 적혀 있었다. "외환 표시 달러 가치가 얼마인지는 우리의 당면 관심사도 아니고 관심사일 수도 없다." 이런 입장은 영국 재무부 장관 네빌 체임벌린이 앞서 한 언급, 즉 환율 안정의 선결조건은 "물가와 비용 간의 균형을 회복할 수 있을 정도의 전반적 상품 도매 물가의 상승"이라는 입장을 확대 재생산한 것이었다.[57]

　프랑스 등의 금본위제 국가들이 동조할까 하는 의문을 갖는 것은 당연했다. 통화 팽창을 위해서는 프랑스중앙은행이 확장적 공개시장 조작에 참가할 수 없게 되어 있는 법률을 개정해야 했을 것이다. 세계 경제 회의의 전문가준비위원회 2차 모임에서 이 문제가 제기되었다. 이때 영국은 금본위제 복귀의 조건 중 하나로 금의 더 균등한 국제적 배분을 위해 프랑스가 자국의 핵심적 은행 규정들을 수정할 것을 요구했다. 영국은 금 준비율을 낮추고 확장적 공개 시장 조작을 허용할 것을 제안했다. 영국 재무부의 프레더릭 필립스 경Sir Frederick Phillips은 "이런 정책에서 프랑스중앙은행의 실질적 협조를 얻을 가능성은 극히 희박해 보이는 것이 사실이다"고 시인했다. 그럼에도 영국 대표단은 회의 처음부터 자신의 정책 선언문에서 프랑스를 지목하지는 않았지만 이런 요구를 반복했다.[58]

　프랑스는 받아들일 생각이 없었다. 인플레이션의 공포가 이미 만연해 있었다. 프랑스 관리들은 부주의한 신용 팽창이 투자자의 신뢰를 깨트릴 수 있다고 계속 주장했다. 프랑스는 세계의 물가 인상 시도를 인위적이고 비생산적인 것이라고 일축했다. 교역과 투자를 촉진할 환율 안정이야말로 경기 회복을 위한 필요충분조건이라고 주장했다.[59]

　따라서 스털링이나 달러를 프랑에 묶어 놓는 것은 미국과 영국의 정책 결정자들의 목에 성가신 장애물을 매달아 놓겠다는 것이었다. 이에 비해서 일방적인 통화 팽창은, 비용은 거의 들지 않으면서 잠재적 이익은 상당한 것이었다. 프랑스의 반론은 같이 행동하는 것이 일방적인 팽창보다 우월하다는 것이었다. 일방적으로 채택한 팽창 조치는 이웃 나라 물가의 억제 경향 때문에 그 효과가 줄어든다고 주장했다. 이 근린궁핍화 효과는 맨 먼저 시작한 나라에 돌아가는 이익을 최소화한다. 환율 변화 또한 무역과 투자를 위축시킨다. "가치의 척도가 불확실성과 우연에 달려 있다면 우리가 어떻게 재화 유통을 회복시킬 수 있을까?" 하고 프랑스 총리 에두아르 달라디에가 반문했다. "항상 목전에 절하된 통화로 상환받을 위험이 있다면 누가 돈을 빌려주려 하겠는가?" 하고 외무부 장관 조르주 보네^{Georges} Bonnet가 맞장구쳤다.[60]

영국이나 미국도 공동 보조의 장점을 부정하지는 않았다. 영국 대사관이 미국 국무부에 보낸 어느 메모에도 "본국 정부는 (중략) 핵심 중앙은행들 사이의 상호 조율된 행동이 특정 국가들만의 고립된 노력에 비해 세계 상황을 개선하는 데 더 효과적일 것이라고 확신한다"고 밝히고 있다.[61] 하지만 두 나라는 팽창정책에 대한 프랑스의 유보적 태도에 비추어 볼 때 정책 조율의 실현 가능성이 없다고 판단했다.

프랑스가 무엇인가 반대 급부를 제시했더라면, 환율과 통화 문제에 관해 그래도 영국과 미국에게서 양보를 얻어 낼 수도 있었을 것이다. 반대 급부로 가장 가능성 높은 것은 관세와 쿼터의 축소였다.[62] 영국 협상단은 스털링을 안정화하면 프랑스의 무역 자유화는 그 부대 조건이라고 생각했다. 스털링의 절하와 프랑스의 통화 팽창 모두를 배제하고 나면, 프랑스의 상품 수입이 증가하지 않는 한, 잉글랜드은행은 국제수지의 제약을 받게 된다. 전문가준비위원회의 미국 대표단 역시 영국의 안정화, 독일의 외환 통제 철회, 미국의 전쟁 채무 탕감에 대한 프랑스의 반대 급부로서의 무역 자유화를 강조했다. 런던에 온 미국 대표단 단장인 코델 헐은 관세와 쿼터 철폐에 큰 비중을 두었다.

불행히도 달라디에 정부는 그런 양보안을 제시할 수 있는 위치에 있지 않았다. 그 정부는 1932년 5월에서 1936년 5월 사이의 정치 불안기에 차례로 집권한 11개 내각 중 하나에 불과했다. 이 시기 연립 여당의 중심인 급진당은 의회에서 소수당이었다. 달라디에는 다른 당의 지지를 잃지 않기 위해 사회당과 중도 우파에게 계속 양보

현상 수배 – 교통경찰

출처: 『뉴욕 타임스』.

할 수밖에 없었다.

달라디에 정부는 특히 대부분 농촌 지방^{agricultural départements} 출신 의원들의 지지에 의존했는데, 이 지방들이 급진당, 프랑스연맹 Federation Française, '사회주의적 삶'의 의원들을 당선시킨 곳이었다. 1933년 봄에 농산물 가격이 하락하자, 달라디에는 이런 의원들에게서 밀의 최저 가격을 정하는 매우 포괄적인 조치들을 도입하라는 강한 압력을 받았다.[63] 이런 효과를 거둘 수 있는 법안이 상원에서 만장일치로 통과했으며, 하원에서는 거의 만장일치에 가까웠다.

수입 제한이 완화되면 국내 밀 가격을 지지하기 위한 모든 시도는 분명히 무산될 것이었다. 따라서 농업 관계자들은 정부가 통상에서 양보할 가능성에 대해 예의주시하고 있었다. 각 도(道)에는 선출직 대표들과 부처 관리들을 정기적으로 만나 로비를 하는 농업회의소Chamber of Agriculture가 하나씩 있었다. 프랑스 재무부 기록물에는 통상 부문에서의 양보를 맹렬히 비난하는 내용으로 농업회의소들이 보낸 편지로 가득 차 있다.[64] 나아가 특정 산품 생산자의 이익을 대변하기 위해 특별 협회들이 조직되었다. 1930년대에 전체 농업인 중 절반이 그런 조직에 소속되어 있었다. 이런 조직들은 "프랑스 역사상 처음으로 실질적인 영향력을 가진 압력 집단"이라고 할 수 있다.[65] 이들은 하원 의원들에게 특히 집중적으로 로비를 했다. 농업인은 전체 유권자의 3분의 1에 불과했지만, 농촌 유권자들이 전체 선거구의 절반 이상에서 유권자의 다수를 차지했다.[66]

농업부 장관 앙리 퀘이유Henri Queuille와 더불어, 달라디에 내각에서 보호주의의 핵심 대변자는 통상부 장관인 루이 세르Louis Serre였다. 4월 초, 런던 회의에서 내세울 프랑스의 입장을 결정하는 어느 장관급 회의에서 세르는 다른 나라가 쿼터와 관세의 인하를 요구할 것이라고 지적했다. 그는 농업과 공업에 제공하는 보호의 수준을 낮추지 않으면서 나중에 인하의 여지를 마련하기 위해서는 관세를 즉각 인상해야 한다고 제안했다. 그때 참석한 사람들은 프랑스의 관세와 쿼터 정책을 팔아먹는 것은 받아들일 수 없다는 데 뜻을 같이했다.[67] 따라서 달라디에 내각은 다른 나라가 환율을 안정시키고 통화정책을 프랑스중앙은행의 정책에 맞추기로 약속하는 대가로 무역 자유화를 제안할 수 있는 위치가 아니었다.

하지만 이 모든 사실이, 달러의 부침과 금본위제에 대한 루스벨트의 조소적 언급이 국제 합의를 위한 협상 노력을 꼬이게 만들었음을 부정하는 것은 아니다. 그러나 설사 달러가 금본위제에 남아 있었다고 하더라도, 국내의 정치적 장애 요인들과 통화정책의 기능에 관한 프랑스, 영국, 미국 사이의 이견 때문에 협조적 해법을 도출하기 위한 협상은 벽에 부딪혔을 것이다.

국제적 금융 파장

런던 경제 회의는 우여곡절 끝에 형식적인 결의안들을 채택하고 폐막되었지만, 실질적인 문제에 대해서는 아무 합의도 하지 못했다. 금본위제 국가들은 이 결과가 낳은 고통을 겪어야 했다. 전문가들은 달러 절하를 보면서 스털링의 경쟁적 절하를 예상했다. 스털링이 절하되면, 영국의 교역 상대국인 덴마크나 스웨덴 같은 나라들도 그 뒤를 따를 것이고, 그 결과로 금블록의 국제수지가 악화될 것이었다. 6월에 이미 금 본위 통화들에 대한 투기적 매도가 있었는데, 그중에서도 네덜란드 길더가 가장 두드러졌다. 네덜란드는 스칸디나비아의 이웃 국가들과의 교역 비중이 높았을 뿐만 아니라, 자국 투자자들이 보유한 도즈 플랜과 영 플랜 채권의 원리금 상환 중지를 둘러싸고 독일과 갈등을 빚고 있었다. 독일은 네덜란드가 보복으로 자산을 동결하는 것을 막기 위해 암스테르담에 있던 잔고를 인출했다.

금본위제 국가들은 네덜란드의 대외 포지션 지원을 위해 움직였다. 달러 안정화의 조종을 울린 루스벨트의 7월 3일 "폭탄 선언" 후에, 프랑스, 벨기에, 네덜란드, 스위스, 이탈리아는 공동 성명을 발표했다. 이 성명은 금본위제에 대한 의지를 확인하고 평가 방어를 위해 협력할 것이라는 의지를 담고 있었다. 서명 국가들은 가장 취약한 금본위 통화를 지원하는 데 사용할 수 있는 공동 준비금을 조성하기로 약속했다. 중앙은행 총재들은 5일 후에 파리에서 만나 이 합의를 공식화했다. 길더 지원에 금블록 전체의 준비금이 사용될 수 있다는 사실이 알려지자, 길더에 대한 투기적 공격이 잦아들었다.

영국의 대응은 스털링 지역을 공식화하는 것이었다. 아일랜드를 제외한 모든 영연방 국가 대표단은 대영제국 통화 선언British Empire Currency Declaration에 서명했다. 이 선언은 금 구매력의 과도한 변동이 없도록 하겠다는 자신들의 약속을 반복했다. 비용 대비 물가의 관계가 대공황 이전 수준으로 회복될 때까지는 통화정책이 확장의 방향으로 설정되어 있었다.

대영제국 통화 선언은 이상적으로는 국제금본위제로의 복귀를 통해 환율이 더 넓은 지역에서 안정되도록 하는 것이 바람직하다는 점을 확인했다. 하지만 스털링 지역과 금블록의 회원국들이 팽창정책에 서로 합의할 때만 양 지역 간의 환율 안정이 가능했다. 그런 합의가 없는 상태에서 가맹국들은 스털링 페그를 채택함으로써 환율 안정의 혜택을 조금이라도 얻고자 했다.[68] 안정에 대한 이런 열망을 알고 있던 프랑스는 금블록 국가들이 발표한 선언에 같이 서명할 것을 영국에 요청했다. 영국 정부는 거부했다. 체임벌린은 영국이 이 선언에 서명하면 물가 안정에 대한 영연방 국가들의 의지를 의심받게 될 수 있다고 경고했다. 영국이 통화 긴축으로 선회한 것에 대한 우려 때문에 스털링 지역이 분해되고 통화 불안정이 재발할 수도 있었다.[69]

대영제국 통화 선언은 영연방에 속하지 않는 다른 나라들도 "훨씬 더 광범위한 지역에 걸쳐 환율 안정을 확보할 수 있는" 스털링 페그를 채택하도록 유도했다.[70] 점증하는 달러 불안정과 스털링 지역의 공식화로 이 선택의 매력이 커졌다. 덴마크, 스웨덴, 아르헨티나는 곧바로 스털링 지역에 합류했다. 스털링에 연계한 환율 안정은 런던 내 외환 준비금 예치의 위험을 최소화했다. 스털링 지역 15개 국가들의 준비금 중 외환의 비중은 1931년 말에 전체 준비금의 37%였다가

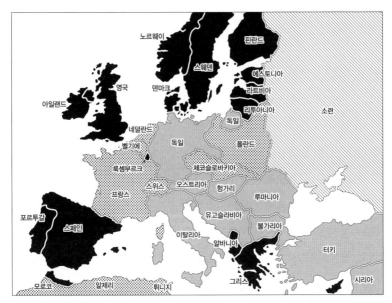

이 지도는 『더 리스너*The Listener*』 편집인의 허락을 받아 재수록한 것이다. 1934년 구축 이후 체코슬로바키아와 벨기에는 평가를 변경해 오고 있다. 미국은 지금 완전한 금본위제를 유지하고 있지만, 재무부 장관에 따르면 24시간 단위로만 유지되고 있다.

금본위제를 성공적으로 유지하거나 재건한 국가

이론적으로는 금 통화 수준을 유지하지만 금 수출 금지나 외환 통제를 도입하고 있는 국가 (금본위제 제외)

금본위제 이탈 국가

은본위제 국가

내부 통화 통제 국가

1933년 말에는 51%로 증가했다.[71] 따라서 스털링 지역의 결속력 강화는 그 이전 몇 년간 나타난 외환 준비금 청산을 역전시키는 데 도움이 되었다.

이와 대조적으로 미국은 다른 나라로 하여금 달러에 페그하거나 뉴욕에 외환 준비금을 예치하도록 촉구하는 일이 거의 없었다. 그 결과로 유럽 통화들 대비 달러 가치는 변동했는데, 이는 달러가 핵심 통화로서 위상이 높아지는 데 거의 아무런 도움이 되지 않았다.

미국 통화정책의 방향은 독특한 사람들에게서 나왔다. 루스벨트는 농산물의 달러 가격과 금의 달러 가격 간의 상관관계를 나타낸 농업경제학자 조지 워렌의 도표에서 강한 인상을 받은 상태였다. 7월부터 다시 시작된 곡물 가격 하락으로 고통을 받던 농업 부문의 압력이 점점 거세지는 상황에서, 대통령은 금 가격을 조작함으로써 1차 산품 가격을 변경하려는 워렌의 프로그램을 받아들였다. 9월에 대통령은 모든 자유금시장에서 새로 채굴된 국내산 금을 최고가로 모두 매입하도록 재건금융공사에 지시했다. 재건금융공사는 미국 정부가 무조건 보증하는 채권을 발행하여 매입 자금을 조달할 수 있는 권한을 갖고 있었다. 9월과 10월에 이뤄진 금 매입 가격은 온스당 29 달러부터 32달러를 약간 상회하는 수준까지였다. (과거 금본위제하에서 금 평가는 온스당 20.67달러였다.) 10월 25일부터 워렌, 연방 농업위원회 의장 헨리 모겐소Henry Morgenthau, 제스 존스Jesse Johns는 금 가격을 점점 더 높게 정하기 위해 매일 아침 대통령 침실에서 만났다.

모든 결과가 루스벨트와 그의 자문단이 바라던 대로인 것은 아니었다. 워렌이 생각한 금 가격과 1차 산품 가격 사이의 연계는 두 가지 중요한 이유, 즉 금의 달러 가격과 환율의 연계 그리고 환율과 1차 산품 가격의 연계 때문에 실현되지 않았다. 미국의 금 수출 금지

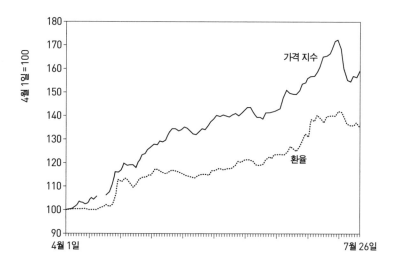

그림 11.3 **1933년 스털링 환율과 미국의 주요 1차 산품 가격 지수.**

1933년 4월에 미국이 금본위제에서 이탈하자 미국의 1차 산품 가격의 상승 속도가 환율 절하 속도보다 훨씬 더 빨랐다.

출처: Kindleberger (1973), 222~223쪽.

조치 때문에 금의 달러 가격과 환율 사이의 연계가 느슨해졌다. 수출 금지는 미국 금시장과 유럽 금시장 사이의 재정 거래를 교란했다. 수출 금지가 없었다면, 금시장 간 재정 거래로 인해 프랑스 프랑의 달러 가격과 금의 달러 가격은 같은 비율로 인상되었을 것이다.[72] 하지만 재정 거래가 단절되면서 환율은 어느 정도 독립적으로 움직일 수 있었다. 프랑과 달러 간 환율은 현재 금의 달러 가격이나 미래 상황에 대한 예측에 따라 움직였다. 처음에 달러는 루스벨트가 바라던 대로 절하되었다. 11월 중순의 프랑 가격은 6.52센트였다. (과거 금본위제 평가 기준으로는 3.92센트였다.) 그 후 환율 안정화 소문이 시장에 널리 퍼졌다. 미국 재무부의 금 매입가에 뚜렷한 변화가 없었는데도 달러 가격이 회복되어 프랑의 가격은 5.91센트로 떨어졌다.

달러 환율과 미국 1차 산품 가격 간의 연계 역시 뚜렷하지 않았다. 4월 1일에서 7월 18일 사이에는 워렌이 예측한 바와 같이 환율이 절하되고 1차 산품 가격도 상승하였다. 하지만 그림 11.3에 명확히 나타난 바와 같이, 1차 산품 가격은 환율보다 훨씬 더 빠르게 상승했다. 무디스의 주요 1차 산품 가격 지수는 70% 이상 상승했다. 하지만 그림에 표시된 환율인 스털링의 달러 가격은 40% 남짓 상승했다.

이런 차이는 영국 통화정책에 대한 예상에서 비롯되었다.[73] 런던에 모인 대표단들이 보고서를 제출하고 결의안 초안을 작성하기 직전인 7월에 1차 산품의 달러 가격과 스털링의 달러 가격 간의 차이는 더 벌어졌다. 앞의 통화 그룹●은 가벼운 어조의 성명서를 제출했다. 영국 정부는 분명히 이 회의 결과에 구애를 받지 않을 것이었다. 영국은 국내 상품 가격에 상승 압력을 가하는 정책들을 자유롭게 채택할 것이었다. 사실 영국의 도매 물가는 4~7월에만 약 5% 상승한 상태였다.[74] 1차 산품의 달러 가격 상승은 런던에서의 예상 달러 절하율뿐만 아니라 1차 산품의 스털링 가격 예상 증가율을 반영한 것이다.

잠깐 동안은 영연방의 정책이 워싱턴에 유리한 방향으로 진행됐다. 루스벨트의 정책과 마찬가지로 영연방의 정책 역시 미국 상품 가격에 상승 압력을 가했다. 하지만 이런 상황이 계속되리라는 보장이 없었다. 9월경 1차 산품의 달러 가격은 절대적으로, 그리고 스털링-달러 환율과 비교하여 상대적으로도 떨어지기 시작했다. 1933년 상반기 동안 연율 2.5% 이상으로 증가하던 영국의 통화 공급량이 하반기에는 훨씬 더 빠른 속도로 감소했다.[75] 영국의 1차 산품 가격은

● 1933년 런던 세계 경제 회의에 모인 중앙은행 대표들을 가리킨다.

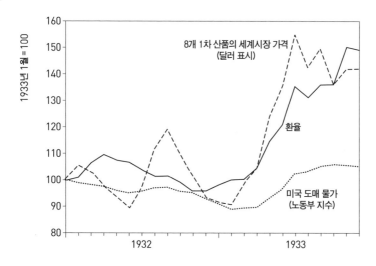

그림 11. 4 **1932~1933년 스털링-달러 환율과 달러 표시 1차 산품 가격.**

스털링–달러 환율과 미국 1차 산품 가격 사이에 긴밀한 상관관계는 없었다. 4~7월에 1차 산품 가격은 환율보다 더 빨리 상승했지만, 그 후에는 1차 산품 가격이 환율에 비해 떨어졌다.

출처: Survey of Current Business(1936 supplement).

상승을 멈추었으며 미국에서는 상승세가 둔화되었다.

달러 평가 절하의 충격

미국 주가는 1933년 3월 저점에서 빠르게 회복되었다. 주가는 7월 이후 다시 하락했지만 12월에도 3월 대비 63% 높은 수준이었으며, 은행 패닉과 미국 주식시장 폐쇄 이전인 1월에 비해서도 40% 높은 수준이었다.[76] 기존 시설과 장비에 대한 주식시장의 평가 상향에 대해 투자의 반응은 즉각적이었다. "기계 설비"[원문 그대로임]에 대한 신규 주문이 4월의 저점에서 5개월 연속 빠르게 증가했다. 1933년 1분기와 4분기 사이에 투자재 생산이 58% 증가했다.[77] 하지만 그 이후 다시 감소했다. 소비의 반응은 훨씬 더 불균등했다. 물가 상승이 임금 상승을 아직 동반하지 않았기 때문에, 운좋게 일자리를 가진 사람들에게 인플레이션은 임금 하락을 의미했다. 투자 지출 증가의 효과가 경제 전체로 퍼져 나갈 때까지 급격한 소득 증가와 그로 인한 소비 증가의 여지는 거의 없었다. 산업 생산은 1933년 4~12월에 전년 대비 약 15% 높은 수준에서 움직였지만 그 변동성은 여전히 컸다 (그림 11.5 참조).

정책의 경기 촉진 효과가 매우 제한적이었기 때문에 미국의 생산 회복은 결코 지속적이지 않았다. 루스벨트는 재무부에 국제시장에서의 금 매입을 통해 개입할 수 있는 권한을 부여했지만, 통화 공급 증가를 목적으로 연준에 정부 증권을 대량 매입함으로써 이런 조치를 지원하라고 강요할 수는 없었다. 연준은 대통령의 압력에 따라 5월 말에서 10월 말 사이에 소액의 정부 증권을, 즉 3억 8500만 달러 규모의 증권을 매입했다. 하지만 이 규모는 국내시장에 거의 영향을 미치지 않았다. 미국이 금 수출을 계속 하면서, 본원 통화(유통 현금과 연준 내 민간 예금의 합)는 사실 1933년 3~12월에 5600만 달러, 즉 1.3% 감소했다. M1(현금과 상업 은행 요구불 예금의 합)은 그 기간 동안 3.7% 증가했으며 M3(현금과 모든 은행 예금의 합)는 1.8% 증가했다.[78] 이 규모는 작은 것이었다. 금의 달러 가격 상승은 달러의 절하와 국내 상품 가격의 상승을 의미했지만, 통화와 신용의 공급 증가가 없는 상태에서 국내 수요 증가로 이어지지는 않았다.

달러 절하와 더불어 미국 수출품에 대한 해외 수요도 강하게 회복되지 않았다. 달러 가격의 하락은 미국의 무역수지에 거의 영향을 미치지 않았다. 미국 수출업자들은 그해 여름 내내 추가 절하가 있을 것으로 예상하고 있었다. 그들은 외환의 달러 가격 상승이 계속 이어지자 추가 이익을 기대하며 수출을 유보하고 있었다. 반대로 수입업

황금 족쇄

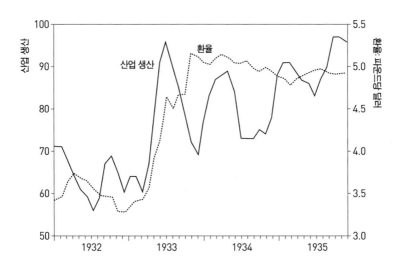

그림 11.5 **달러-파운드 환율과 미국의 산업 생산.**

1933년 4월에 시작된 달러의 절하는 산업 생산의 급속한 회복과 시기상으로 일치했다. 하지만 생산 증가는 지속되지 않았다. 산업 생산은 1933년 마지막 몇 달 동안 다시 하락했으며 그 이후 불규칙하게 변동했다.

출처: 『당해 사업 조사*Survey of Current Business*』(각 호).

자들은 수입에 필요한 외환의 매입 가격의 상승 가능성을 피하기 위해 해외 구매를 앞당겼다. 미국의 수입액은 1932년에서 1933년 사이에 10% 증가했다. 수출은 반대로 정체되었다. 그 결과는 무역수지의 악화로 나타났다.

따라서 달러 절하에도 불구하고 미국의 수출 상품에 대한 해외 수요가 크게 증가하지 않은 상태에서 내수 부양 조치도 미미하면서 1933년 미국 산업 생산의 회복은 제한되었다. 금 태환 중지 직후에 생산은 강한 회복세를 보였는데, 이는 다양한 형태의 광범위한 확장 조치가 나올 것이라는 투자자들의 기대 덕분이었다. 미국의 금본위제 이탈이 급격한 통화 팽창의 신세기가 시작됐음을 알리는 것이 아님이 명확해지자, 생산은 다시 하락했다.[79]

루스벨트의 1차 뉴딜의 초석이라고 할 수 있는 전국산업부흥법 National Industrial Recovery Act(NIRA)* 역시 미국의 생산과 고용 회복을 계속 지연시킨 데 일조했다. 1933년 6월 16일에 입법된 NIRA는 그 시행 첫 해에 2300만 명이 고용된 450개 산업이 채택한 "공정 경쟁" 규약의 근거가 되었다. 1934년 1월경에는 미국 산업의 80%가 여기에 참여했다.[80] 모든 규약이 시간당 40센트를 최저 임금으로 설정했고, 많은 규약이 산업 임금의 전체 구조를 상향 조정하였다. 환율 절하는 국제 교역재의 달러 가격을 인상했지만, 생활비를 상승시켜 노동 비용의 상승 압력으로도 작용했다. 노동 비용에 영향을 미치는 NIRA의 조항들은 비용 상승 압력을 증폭시켜 평가 절하에 따른 공급 측 반응을 줄이는 결과를 가져왔다. 하지만 3년이 지난 후의 프랑스 상황과는 대조적으로, 미국의 여러 정책들이 모두 도움이 된 것은 아니었고, 그와 동시에 평가 절하의 경기 부양 효과를 모두 무력화할 정도는 아니었다.[81]

미국 수출업자들이 적극적으로 대응하지 않았기 때문에 미국 상품이 다른 나라에서 넘쳐 나지도 않았다. 그리고 국제적 자본 이동이 무역수지 추이를 상쇄하지도 못했다. 환율을 계속 절하하는 루스벨트의 정책이 완료되었다는 증거를 발견할 때까지 통화 거래자들이 달러를 매입할 이유는 전혀 없었다. 따라서 미국은 1933년 말까지 금 수출을 계속했다. 덕분에 근린궁핍화 효과는 최소화되었다.[82]

---

* 전국산업부흥법은 산업 회복과 실업자 구제를 목표로 1933년 6월에 제정되었다. 이 법은 각 산업별로 노사 및 공익 대표가 소위 '공정 경쟁 규약code of fair competition'을 채택할 수 있도록 했다. 생산량, 가격, 임금, 노동 시간 등을 규정한 이 규약은 대통령의 인가를 받으면 법적 효력을 가졌다. 그리고 이 법에 따라 독점금지법의 효력이 정지되어 카르텔이 용인되기도 했다. 1935년 미국 대법원이 입법권 부당 위임 등의 이유로 이 법을 위헌으로 판결하면서, 이 법은 소멸했다.

루스벨트의 금 매입 프로그램에서 비롯된 미래 달러 변동의 불확실성이 미국 경제를 자극하는 효과는 매우 작았고, 외국에 대한 부정적 파급 효과 또한 크지 않았다.

그런데 1934년부터 근린궁핍화 효과가 맹렬히 나타나기 시작했다. 루스벨트가 1월에 평가 절하된 달러를 안정시키자, 미국 무역 수지는 강하게 반등했다. 수출업자들은, 환율이 계속 절하되면서 달러 표시 가격이 추가 상승할 것이라고 기대하며 붙잡고 있던 상품들을 선적하기 시작했다. 수입 재화의 매입에 속도를 내야 할 이유가 더 이상 없었다. 미국으로의 대규모 자본 유입이 곧 시작되었다. 추가 절하를 예상하며 달러를 내다팔던 투기꾼들이 이제는 포지션을 맞추었다. 재무부는 달러 안정화 이후 2달 동안 6억 5000만 달러어치의 금을 확보했다. 히틀러의 행동이 점점 불안을 고조시키자, 유럽 자본이 미국으로 이동하기 시작했다. 1933년 미국의 자본 유출이 1934년 유입으로 완전히 상쇄되고도 남았다. 그리고 1935년에는 자본이 전례 없는 규모로 미국에 유입되었다. 금의 지속적 유입이 통화 유통액을 증가시키면서, 1933년 12월에서 1934년 12월 사이에 미국의 본원 통화량이 14% 이상 증가했다. M1은 15% 증가했으며 M2는 11% 증가했다. 달러 예금의 매력을 높인 국내 금 가격의 안정과, 유럽에서의 자본 이탈이 통화량의 팽창을 가져오고 미국 경제의 회복을 가속화했다.[83]

만약 연준이 국내 여신을 더욱 급속히 늘렸다면, 해외에서의 이런 금과 자본의 유입이 최소화될 수도 있었을 것이다. 미국 경제 회복과 관련된 통화 및 신용 수요의 증가는 금융 자본과 금의 유입을 필요로 하지 않으면서 국내 재원으로 충족될 수 있었을 것이다. 연준이 국내 여신을 좀처럼 확장하지 않은 것은 국제 자본 이동의 방향에 영향을 미칠 수 있는 연준의 능력을 보여주는 것이었다. 예를 들어 1934년 8월 초순경에 루스벨트는 토머스 수정안에 따라 자신에게 부여된 권한을 이용하여 미국 내 모든 은을 90일 이내에 현금과 교환할 수 있도록 했다. 동시에 미국 정부는 런던, 상하이 등 다른 중심지에서 은을 구입하기 시작했다. 현금 유통액이 증가했다.[84] 1월 이후 처음으로 9월에 금이 순수출로 전환되었다. 8월 말과 9월 말 사이에 현금 유통액 6000만 달러의 증가는 1900만 달러어치의 금 보유액 감소로 이어졌다.[85]

그러나 1934년 8월의 은 매입과 같은 몇몇 예외적 조치를 제외하면, 미국의 통화정책은 여전히 대체로 소극적이었다. 달러 절하로 대외 제약이 완화되었기 때문에 더 이상 그럴 필요가 없었다. 통화용 금이 온스당 20.67달러에서 35달러로 올라갔기 때문에, 재무부는 기존의 금 보유 비율 규정을 위반하지 않으면서 30억 달러어치의 지폐나 금 증서를 추가로 발행할 수도 있었다.[86] 그렇게 하는 대신에, 평가 절상으로 얻은 이익의 대부분은 1934년에 설립된 외환안정화기금Exchange Stabilization Fund에 할당되었는데, 사실 과도하게 강한 상태에 있는 달러를 지지하기 위해 추가 재원이 필요하지 않은 상황이었다. 연준도 팽창 조치를 시작하지 않았다. 연준이사회는 "1934년 동안 연방준비은행에 의한 추가적인 공개 시장 증권 매입이 없었다"고 기록했다.[87] 연준 할인율은 시장의 단기 금리보다 높은 수준이었기 때문에 할인 창구가 통화 팽창의 메커니즘으로 기능하지 못했다.[88]

따라서, 1934년 미국의 통화량 증가는 전적으로 외환 보유고 누적의 결과였다. 금의 유입이 실제보다 훨씬 더 많은 규모의 통화량 증가를 가져올 수도 있었다. 1934년 1월과 12월 사이에 미국의 금 준비금은 14억 900만 달러 증가했지만 현금 유통액은 겨우 2억

4700만 달러 증가했다. 1935년 1월과 12월 사이에 금 준비금은 17억 3400만 달러에 이르렀지만 현금 유통액은 5억 200만 달러 증가하는 데 그쳤다.[89] 미국의 정책은 해외에서의 금 유입을 극대화하고 금블록 국가에 대한 압력을 강화하겠다는 뚜렷한 목적을 갖고 있었던 것으로 보인다.

미국이 더 확장적인 조치를 취하지 않은 이유는 다시 한 번 인플레이션 공포에서 찾을 수 있다. 국내 여신 확대는 잠재적 인플레이션 효과 때문에 우려를 자아냈다.[90] 상업 은행에 초과 준비금을 계속 쌓으면서 이런 우려가 더욱 고조되었다. "현재의 초과 준비금 수준이 조만간 인플레이션 압력을 유발할 것이 확실하다. 이 압력이 강하게 작동하기 전에 억제하지 않으면 통제 불가능할 수도 있다"는 세인트루이스연방준비은행 총재 윌리엄 맥체스니 마틴William McChesney Martin, Sr.의 발언 속에는 "보편적 두려움"이 녹아 있었다.[91]

미국의 산업 생산은 차츰차츰 증가하기 시작했다. 하지만 미국의 정책 결정자들이 새로 얻은 자유를 제대로 활용하지 못해 회복 속도가 느렸다. 금은 계속 미국으로 쏟아져 들어왔지만, 불태화로 인해 미국 경제의 부양 효과는 최소화되고 금본위제 잔류 국가에 대한 압력은 가중되었다. 평가 절하는 연준과 루스벨트 행정부를 황금 족쇄에서 해방시킬 수도 있었지만, 이들은 그 자유를 십분 활용하지 못했다. 프랑스, 벨기에 및 유럽의 다른 금블록 국가들이 가장 큰 피해를 입게 될 것이었다.

제12장

3국 협정을
향하여

금본위제의 마지막 흔적은 1934년에서 1936년 사이에 산산이 부서져 국제 무대에서 완전히 사라졌다. 금블록의 국가들은 하나씩 하나씩 태환을 중지할 수밖에 없었다. 달러의 평가 절하는 국제시장에서 미국 상품 가격을 인하함으로써 금블록 국가들의 국제수지 압박을 크게 강화했다. 미국으로 금융 자본과 금이 대량으로 유입됨으로써 이 나라들의 중앙은행 금고에서 빠져나가는 준비금 규모가 계속 증가했다. 그 이후 평가 절하가 있을 때마다 금본위제에 잔류한 소수 국가에 대한 압박은 더욱 강화되었다. 이 나라들은 금 평가를 방어하기 위해 새로운 디플레이션 조치를 취하려 했다.

하지만 1930년대 중반경에 디플레이션 반대론자들이 마침내 새로운 경제 조치 실시를 저지할 수 있을 정도로 충분한 힘을 확보하게 되었다. 금본위제를 포기한 나라에서 평가 절하와 경제 회복 사이의 연관성이 점점 부정할 수 없게 되었다. 반대로 디플레이션과 금본위제의 방어는 금융 원칙 옹호론자들이 예언한 경제 안정도, 경제 회복도 가져오지 않았다. 오히려 채무자, 임금 소득자, 실업자들의 부담만 가중시켰다. 1933년 이후 이 집단들은 금융 안정이라는 대의를 위한 희생 요구에 격렬히 저항했다. 정책 결정자들은 서로 모순되는 두 방향으로 끌려 갔다. 1935년 프랑스 정부의 딜레마에 대해 한 영국 관리가 묘사한 것처럼, 프랑스는 "금융 당국의 내핍에 대한 집착과 그에 반대하는 의회의 저항으로 찢겨" 있었다.[1]

프랑스, 벨기에, 스위스, 네덜란드, 폴란드의 정부는 서로 양립 불가능한 이 두 방향으로 끌려 가 명확한 행동을 하지 못했다. 금융권의 혼란은 정치 영역으로 확산되었다. 정치적 혼란은 다시 금융 혼란을 가져왔다. 결국 계속된 정책의 진퇴양난과 파괴적인 정치 투쟁을 거친 후에야 프랑스와 금블록의 다른 나라들은 어쩔 수 없이 평가 절하를 선택했다.

먼저 금본위제에서 이탈한 다른 나라들과 마찬가지로 금블록 국가에서도 평가 절하 이후 경제의 성장이 재개되었다. 이런 일반적 경향의 유일한 예외가 프랑스였다. 1936년 프랑의 평가 절하 이후에는 성장의 재개가 아니라 인플레이션과 경제적 정체가 시작되었다. 통화 절하를 한 다른 어느 나라에서보다 프랑스에서 10년 전의 높은 인플레이션에 대한 기억이 생생했다. 그 기억이 이렇게 생생한 이유는 그와 관련된 정치 문제가 전혀 해소되지 않은 채 그대로 남아 있었기 때문이다. 다른 어느 나라에서보다 프랑스에서 소득 분배 문제를 둘러싼 치열한 갈등이 여전했다. 노동자들은 평가 절하의 보상으로 명목 임금 인상을 요구했으며, 명목 임금 인상을 달성할 수 있는 유리한 위치에 있었다. 프랑스의 장기 침체와 연이은 중도파 총리들의 무능으로 정치권력은 또 한 번 이동했으며 이번에는 좌파로 넘어갔다. 1936년에 권력을 획득한 인민전선Popular Front 정부가 노동자의

황금 족쇄

임금 인상 요구에 동의함으로써 생산이 정체되었다. 평가 절하 이후, 생산비는 상승하고 경기는 하락했는데, 이는 다른 나라의 반응과는 정반대였다. 공급을 억제한 프랑스의 정책은 수요 증가와 맞물려 경기 회복보다는 인플레이션을 야기했다.

프랑스 경험의 교훈은 평가 절하가 경기 회복의 필요조건일 뿐이고 충분조건은 아니라는 것이다. 평가 절하는 공급과 수요를 자극하는 정책의 일방적 채택을 가능하게 했지만, 곧 그런 정책의 채택으로 이어진다는 뜻은 아니었다. 지속적 회복을 위해서는 일련의 팽창 정책이 일관되게 실행돼야 했다.

1937년 미국의 경험은 이 점을 더욱 부각시킨다. 1937년의 긴축적 통화정책 및 재정정책은 미국의 재침체를 초래했다. 미국은 평가 절하가 불안정을 유발하는 조치들의 채택을 막는 자동 안전 장치가 아님을 알게 되었다. 하지만 1929년의 상황과는 대조적으로, 이번에는 금본위제 제약 때문에 다른 나라들이 미국의 선례를 따라야 할 필요가 없었다. 다른 나라의 정책은 경기 부양의 방향을 유지했으며 그 결과로 유럽 경제는 안정적 성장세를 계속 이어 갔다. 해외 수요가 미국 경제를 1937년 불황에서 벗어나도록 도와주었기 때문에 미국도 결국 수혜자였다.

국제체제의 긴장

다른 나라들은 루스벨트의 환율절하정책이 자국 경제에 미치는 피해를 최소화하기 위해서 자국 통화도 달러를 따라 하락하도록 허용했다. 1933년 3월 31일 이후 1년 동안 스털링 지역 통화들은 금블록 통화들과 비교하여 8% 더 절하되었다. 루스벨트가 계속 달러의 하락을 적극적으로 유도하는 동안, 달러 표시 자산의 자본 손실을 피하

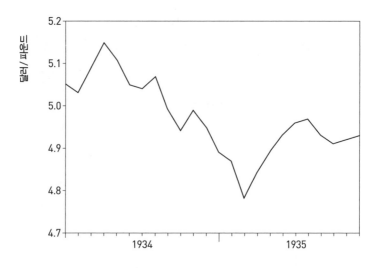

그림 12.1 **1934~1935년 스털링-달러 환율.**

미국이 1934년 초에 금 페그를 재개하자 달러 대비 스털링의 가격은 하락했다. 그 결과로 영국의 교역 대상국인 다른 유럽 국가들이 겪는 경쟁 압력이 더욱 커졌다.

출처: 『당해 사업 조사』(각 호).

기 위해 단기 자본은 계속 뉴욕에서 런던으로 흘러 들어갔다. 따라서 스털링의 하락은 달러 하락에 비해 폭이 크지 않았다. 스털링의 달러 가격은 1933년 11월 5.15달러까지 올라갔다. 영국 당국은 달러 대비 파운드의 절상을 억제하기 위해 개입했는데, 스털링을 매각하고 금 과 외환을 사들였다. 그 결과로 잉글랜드은행의 금 준비금은 1933년 에 50% 이상 증가했다.

1934년 1월에 루스벨트가 금의 국내 통화 가격을 35달러로 고 정하자, 자본 흐름의 방향이 역전되었다. 스털링 지역의 주변부 회원 국들은 런던의 잔고를 줄이기 시작했으며 영국의 금 준비금 증가세 는 멈췄다. 그림 12.1과 같이 1934년 봄부터 스털링 및 그와 연계된 통화의 가치가 꾸준한 하락세를 나타냈다. 채 1년도 지나지 않아 스

황금 족쇄

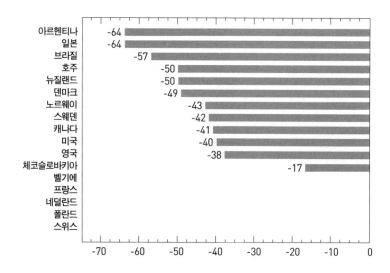

그림 12.2 **1929년 금 평가 대비 통화별 절하율(1934년 3월 31일 기준).**

1934년 3월 현재, 금블록 국가들(벨기에, 프랑스, 네덜란드, 폴란드, 스위스)의 통화에 비해 다른 통화들은 훨씬 더 큰 폭으로 이미 절하되어 있었다.
출처: 국제연맹, 『경제 조사(1933~1934년)』, 271쪽.

표 12.1 **1929~1936년 산업 생산 증가율**

	1929~1932년	1929~1933년	1929~1934년	1929~1935년	1929~1936년
금블록 국가	-28.17	-22.60	-21.84	-20.60	-13.94
외환 통제 국가	-35.70	-31.70	-21.24	-10.28	-2.30
스털링 지역 국가	-8.75	-2.53	8.88	18.05	27.77
기타 통화 절하 국가	-17.48	-1.63	3.26	14.13	27.06

주: 각국 통계의 단순 평균임.
금블록 국가: 벨기에, 프랑스, 네덜란드, 폴란드, 스위스
외환 통제 국가: 오스트리아, 체코슬로바키아, 독일, 헝가리, 이탈리아
스털링 지역 국가: 덴마크, 핀란드, 뉴질랜드, 노르웨이, 스웨덴, 영국
기타 통화 절하 국가: 브라질, 콜롬비아, 칠레, 멕시코, 코스타리카, 과테말라, 니카라과, 엘살바도르, 미국
출처: League of Nations(1938a), Mitchell(1975), Butlin(1984), Urquhart and Buckley(1965), Thorp(1984)를 이용하여 계산.

털링-달러 환율은 4.86달러의 전통적 수준으로 복귀했다.

1차 평가 절하는 완료되었다. 승자는 평가 절하가 팽창정책의 기회라고 가장 명확히 인식한 스웨덴과 일본 같은 나라였다. 미국이나 영국처럼 환율이 절하된 다른 나라들 역시 수혜자였다. 금본위제에서 이탈한 거의 모든 나라들과 마찬가지로, 영국과 미국에서 경기 회복이 나타났다. 이 나라들의 정책 결정자들은 자신들의 황금 족쇄를 끊어 버린 이후, 경기 회복을 촉진하기 위해 더욱 확장적인 통화정책 및 재정정책을 채택할 수 있었다.

패자는 금본위제에 잔류한 나라들이었는데, 이 나라들의 통화는 이 무렵 스털링이나 달러 대비 67% 절상되었다. 금블록 전역에서—프랑스, 벨기에, 네덜란드, 스위스, 폴란드, 체코슬로바키아에서—경제 상황이 계속 악화되었다. 1934년 금본위제 잔류 국가들의 산업 생산은 1929년 수준보다 22% 낮은 상태였다(표 12.1). 스털링 지역의 산업 생산은 1929년 대비 9% 상승했다. 1934년에 금본위제를 이탈한 다른 나라들의 경우에는 3% 상승했다.[2]

미국은 국제체제, 특히 금블록에 대한 압력의 일차적 진원지였다. 금과 금융 자본은 끊임없이 미국으로 유입되었다. 미국 생산자들은 새로 마련된 경쟁 우위를 금블록에 대한 수출 확대에 이용했으며, 제3국에서도 금블록 국가들을 몰아냈다.[3] 금본위제에 잔류한 거의 모든 나라들이 무역 적자와 국제 준비금의 완만하지만 꾸준한 감소에 시달렸다(표 12.2와 그림 12.3 참조).

해외의 통화 투자자는 물론이고 금블록 국가들의 정부 관리들도 프랑스 상황을 특별히 관심 있게 지켜보았다. 금블록 유지를 위해서는 프랑의 안정이 결정적이었다. 프랑스의 참여가 없었다면, 금본위제의 유지가 참가국에 환율 안정을 가져다주고 국제 무역을 촉진할 것이라는 주장에 아무런 힘이 실리지 않았을 것이다. 벨기에, 네덜란드, 스위스, 폴란드, 체코슬로바키아는 의미 있는 통화 지역을 만드는 것이 거의 불가능했다. 프랑이 절하되면 금 역시 더 이상 국제 통화 관계의 개념적 기초가 될 수 없을 것이고, 다른 금 본위 통화도 뒤이어 분명히 절하될 것이다.

미국에서 금본위제를 포기하기로 루스벨트가 결정한 거의 직후부터 프랑스중앙은행은 금과 외환 준비금을 잃기 시작했다. 1933년 동안 국제 준비금 총액의 10%(그해 하반기에만 8%)를 잃었다. 1934년에는 무역 적자를 줄이고 해외에서 금융 자본을 끌어들여 준비금 포지션을 1933년 초 수준까지 다시 올렸다. 1934년 무역 적자는 1933년의 절반 수준으로 줄었는데, 수입 쿼터와 디플레이션 정책에 얼마나 열정적이었는지를 인상적으로 보여주는 결과이다. 하지만 쿼터가 완화되었다면 프랑스 정책 담당자들은 국내 디플레이션이 충분하지 못하다는 것을 빨리 알았을 것이다. 1929년에서 1934년 말 사이에 프랑스의 (환율 조정 후) 도매 물가는 미국 대비 14%, 영국과 스웨덴 대비 18%, 그리고 일본에 비해서는 무려 93% 상승했다(이 수치들은 표 12.3의 둘째 열에 나와 있으며, 다른 나라와 대비한 수치도 있다).[4] 얼마 동안은 자본 유입이 나머지 무역 적자를 메웠다. 해외 투자자들은 프랑스중앙은행의 견고한 포지션에 여전히 신뢰를 보내고 있었다.

프랑스 사람들은 자국이 당장 금본위제에서 이탈할 위험이 거의 없다고 안도할 수 있었다. 오스트리아중앙은행이 1931년 위기에 빠졌을 때 통화성 부채 대비 국제 준비금 비율이 현재 프랑스중앙은행의 수준과 유사했지만, 일단 신인도가 흔들리고 자본 도피가 시작되자 오스트리아가 금본위제에서 이탈하는 데 채 6개월도 걸리지 않았다는 사실을 이들은 잊고 있었다. 프랑스의 경우, 신인도 충격이

표 12.2 중앙은행과 정부의 금 준비금(백만 금 달러)

	1934년 말	1935년 말	1935년 증감	1936년 말	1936년 증감
그룹 1 (1936년 금 준비금 감소 국가)					
프랑스	5444.8	4395.4	-1049.4	2995.2	-1400.2
스페인	740.1	734.7	-5.4	718.4[1]	-16.3
이탈리아	517.8	269.7	-248.1	208.2	-61.5
체코슬로바키아	112.0	112.5	+0.5	91.0	-21.5
독일	31.9	33.3	+1.4	26.8	-6.5
폴란드	95.6	84.4	-11.2	74.8	-9.6
남아프리카공화국	183.6.	212.0	+28.4	203.0	-9.0
그리스	39.7	34.2	-5.5	26.3	-7.9
호주	5.6	5.6	0	3.7	-1.9
캐나다	133.9	189.0	+55.1	188.4	-0.6
에콰도르	5.4	4.1	-1.3	3.1	-1.0
합계	7392.1	6151.7	-1240.4	4315.7	-1536.0
그룹 2 (1936년 금 준비금 불변 국가)					
알바니아	2.3	2.5	+0.2	2.5	0
알제리	14.0	14.0	0	14.0	0
우루과이	81.7	76.8	-4.9	76.8	0
오스트리아	45.4	45.8	0.4	45.7	-0.1
벨기에령 콩고	2.9	2.9	0	2.9	0
덴마크	60.4	53.5	-6.9	53.5	0
이집트	54.8	54.8	0	54.8	0
에스토니아	12.6	15.5	+2.9	15.5	0
인도	274.5	274.5	0	274.5	0
라트비아	15.1	15.2	+0.1	15.2	0
뉴질랜드	24.7	23.1	-1.6	23.1	0
합계	939.0	974.8	+35.8	1031.9	+57.1

1. 1936년 7월.
2. 1934년 9월.
3. 소련 제외.
na. 미확인.
출처: Board of Governors of the Federal Reserve System (1943), 544~555쪽을 이용해 계산.

발생하면 준비금이 얼마나 위험한 속도로 줄어들 수 있는지를 잠깐 설명한 1934년 초의 스타비스키Stavisky 사건이 잘 보여주었다.

프랑스의 재정적 교착 상태에 비추어 보면 1931년의 전례는 특

	1934년 말	1935년 말	1935년 증감	1936년 말	1936년 증감
그룹 3 (1936년 금 준비금 증가 국가)					
포르투갈	67.6	68.1	+0.5	68.2	+0.1
불가리아	18.9	19.4	+0.5	20.2	+0.8
모로코	7.4	7.3	-0.1	8.0	+0.7
그단스크	7.8	3.9	-3.9	5.6	+1.7
헝가리	23.4	23.4	0	24.9	+1.5
페루	19.4	20.0	+0.6	20.1	+0.1
칠레	28.9	29.3	+0.4	29.5	+0.2
콜롬비아	19.3	15.7	-3.6	19.1	+3.4
터키	22.0	23.6	+1.6	25.7	+2.1
루마니아	103.9	109.1	+5.2	113.6	+4.5
유고슬라비아	53.2	42.7	-10.5	48.5	+5.8
리투아니아	8.8	6.1	-2.7	12.4	+6.3
노르웨이	61.2	84.0	+22.8	97.6	+13.6
핀란드	13.7	20.1	+6.4	30.4	+10.3
벨기에	589.6	610.5	+20.9	631.9	+21.4
일본	393.6	425.4	+31.8	462.8	+37.4
네덜란드	575.1	439.5	-135.6	491.5	+52.0
스웨덴	159.4	185.0	+25.6	240.0	+55.0
아르헨티나	403.4	443.7	+40.3	500.7	+57.0
스위스	626.6	455.7	-170.9	657.2	+201.5
소련	744.3	839.3[2]	+95.0	na	na
영국	1,584.3	1,648.4	+64.1	2,584.5	+936.1
미국	8,238.0	10,125.2	+1,887.2	1,125,736	+1,132.4
합계[3]	12,593.2	14,333.0	+1,739.9	16,819.8	+2,486.7

히 불안감을 더했다. 미국과 스털링 지역의 통화 절하 이후에 프랑스 무역수지를 균형으로 되돌리기 위해서는 국내 지출의 추가 감축이 필요했다. 하지만 정부가 직접 통제할 수 있는 지출 항목, 즉 정부 예산이 계속 통제를 벗어난 상태에 있었다. 재정 균형의 회복 방법에 관한 합의가 없다는 것은 내각의 불안정을 통해서 명백히 드러났다. 1932년 6월에서 1934년 2월 사이에 급진당 주도 내각이 6차례 교체

표 12.3 **1929년 구매력 평가 대비 물가 수준(1929년=100)**

나라	프랑스의 물가			영국의 물가		
	1933년 12월	1934년 12월	1935년 5월	1933년 12월	1934년 12월	1935년 5월
독일	92.5	74.5	73.9	72.3	62.6	62.8
헝가리	111.8	80.6	75.3	87.2	67.8	63.9
오스트리아	98.4	83.1	80.6	76.8	69.9	68.5
체코슬로바키아	91.6	86.6	84.0	71.5	72.8	71.4
스위스	100.4	87.0	87.3	78.5	73.3	74.2
이탈리아	112.6	98.0	92.1	88.0	82.5	78.4
폴란드	108.5	98.7	98.8	84.8	83.0	84.0
불가리아	129.7	104.4	99.1	101.3	88.0	84.2
프랑스	—	—	—	78.1	84.2	85.0
중국	134.5	119.0	101.9	105.1	100.2	86.7
알바니아	119.6	107.4	102.0[1]	93.5	90.6	86.7[1]
네덜란드	119.6	101.4	102.6	93.5	85.1	87.2
페루	127.7	110.1	104.9	99.6	92.6	89.2
포르투갈	109.0	103.3	107.0	85.2	87.0	90.9
미국	136.3	114.3	108.3	106.6	96.2	92.0
유고슬라비아	133.4	115.3	110.9	104.1	97.2	94.3
남아프리카공화국	106.8	99.2	114.7[1]	82.8	83.0	97.6[1]
벨기에	115.2	102.9	115.4	90.0	86.8	98.0
핀란드	123.9	115.9	116.1	96.7	97.5	98.6
그리스	137.0	116.0	116.2	107.0	97.7	98.8
영국	128.0	118.7	117.6	—	—	—
스웨덴	130.9	118.2	118.0	102.3	99.4	100.4
노르웨이	129.1	118.6	118.5	100.8	100.0	100.8
캐나다	139.6	122.4	120.6	109.1	103.1	102.5
뉴질랜드	136.1	126.6	123.5	106.0	105.7	104.9
덴마크	138.2	124.5	128.2	108.0	104.8	109.0
에스토니아	126.7	127.4	130.6	98.8	107.2	111.0
스페인	158.4	132.7[2]	132.7[2]	123.7	113.0[2]	113.0[2]
칠레	188.0	150.9	139.7	147.0	127.1	118.8
인도	152.8	145.3	139.9	119.3	122.3	119.0
호주	152.1	141.6	144.7[1]	118.4	118.4	122.9[1]
아르헨티나	132.8	152.9	151.2[1]	103.9	128.8	128.5[1]
일본	206.0	193.9	190.7	160.8	163.4	162.0

1. 4월.
2. 11월.
1929년 각국의 일반 도매 물가 수준과 (a)프랑스 및 (b)영국 수준 사이의 비율을 100으로 한다. 그 이후 시기에 대해 이러한 도매 물가 수준의 비율(1929년 100 기준)은 구매력 평가 환율로 간주할 수 있는데, 표의 수치는 이 시기의 실제 환율을 구매력 평가 환율 대비 비율로 나타낸 것이다.
출처: League of Nations(1935c), LXXX쪽에서 발췌.

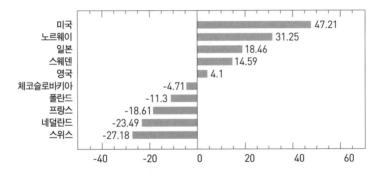

그림 12.3 **1934~1935년 금 및 외환 준비금 변화율(연말 기준).**

미국은 1935년에 금을 대량 획득했는데, 주로 금블록 잔류 국가(폴란드, 프랑스, 네덜란드, 스위스)의 준비금 감소 덕분이었다.

출처: League of Nations(1939).

되었다. 사회당은 연립정부를 지지했지만 참여는 계속 거부했다. 광범위한 지지가 없는 상태에서 이 중 어느 정부도 예산 문제와 관련해 진전을 이루지 못했다. 모든 내각이 지출 삭감에 대한 좌파의 반대와 세율 인상에 대한 우파의 저항 사이에서 옴짝달싹하지 못했다. 논쟁이 오래 이어질수록 정치 지형은 점점 더 양극화되었다. 우파에서는 크루아드푀Croix de Feu* 같은 민족주의적 보수 조직이 세력을 넓히고, 좌파에서는 공산당이 지방 선거에서 승리를 거두었다.

모두가 합의한 유일한 목표는 금본위제 방어였다. 이와 견해를 달리한 사람들은 소수의 확실한 반대론자들뿐이었다. 급진당 언론인인 베르트랑 드 주브넬Bertrand de Jouvenel은 프랑과 달러가 동시에 절

───

* '불의 십자가'라는 뜻으로 1차 대전 참전 군인들이 만든 파시즘 성향의 프랑스 우익 정치 단체이다. 의회주의와 보통 선거를 배격하고 국가권력에 의한 강력한 통제 경제를 주장했다. 1934년 2월에 다른 우익 단체들과 같이 폭동을 일으켰고, 이에 자극을 받은 좌파 정당들이 인민전선을 형성하여 1936년 총선에서 과반을 획득하였다.

하되어야 한다고 1933년 초에 제안했다. 사회당 부총재 바르텔레미 몽타뇽Barthelemy Montagnon은 영국을 따라 팽창정책과 평가 절하를 할 것을 주장했다. 전 재무부 장관인 온건파 폴 레노Paul Reynaud는 1934년부터 평가 절하 캠페인을 시작했다.

이들의 제안은 지지를 거의 얻지 못했다. 재무부와 프랑스중앙은행 관리들은 평가 절하가 폭발적인 인플레이션을 초래할 것이라고 후임 총리들에게 경고했다.[5] 금본위제 원칙의 폐기는 불합리한 임금 요구를 초래하여 연쇄적인 물가 인상, 그리고 회복에 필요한 공장 및 설비 투자에 아무 도움이 되지 않을 이자율 상승을 야기할 것이라고 경고했다. 어떤 비용을 치르더라도 금융 안정을, 다시 말해서 금본위제를 유지할 때만 필요한 투자가 이루어질 것이라고 주장했다.

각료들이 어쨌든 평가 절하 옹호론을 수용하는 것은 국가 재정 문제의 관리 능력이 없음을 드러내는 것이었다. 소득 분배 논쟁을 억제하고 재정 타협을 이루기 위해서는 금본위제 방어와 그에 따른 물가 안정 달성으로 회복의 기반을 마련해야 함을 설파하는 수밖에 없었다. 문제는 연립정부가 대외 균형 유지의 선결조건인 재정적 희생에 대한 지지를 얻어 낼 능력이 있는가였다.

1934년은 그런 연정 형성의 마지막 기회였다. 이를 드러낸 것이 스타비스키 사건이었는데, 이 사건은 바욘Bayonne의 지방 공설 전당포와 연결된 사소한 사기꾼 한 사람과 카미유 쇼탕Camille Chautemps 총리 내각의 식민지 장관 알베르 달리미에Albert Dalimier를 연결시킨 스캔들이었다.[6] 이 사건으로 달라디에 정부의 뒤를 이은 쇼탕 정부가 무너지고 달라디에가 재집권했다. 달라디에는 경시 총감이자 스타비스키의 동료인 샤프Chiappe의 말을 듣지 않으려고 했다. 하지만 샤프는 보수파들이 가장 아끼는 사람이었는데, 달라디에의 결정으로

　　　　　　　　　　　　　　　　　황금 족쇄

1934년 2월 6일 우파의 폭력 시위가 벌어졌다. 그것으로 그의 내각은 종말을 맞았다.

이런 소용돌이 속에서 급진당의 통치 능력에 대한 신뢰가 약화되었다. 당의 지도자들이 재정 타협을 성사시킬 수도 있다는 마지막 희망마저 우파들의 폭력적인 반대 의사 표출과 급진당 지도력에 대한 신뢰의 상실로 사라졌다. 프랑스중앙은행은 결국 2월 처음 2주 동안 260만 프랑어치의 금을 잃었다. 프랑의 평가 절하를 예측하는 미국 언론들이 점점 늘어 갔다. 프랑스중앙은행과 재무부의 이목을 끈 『뉴욕 헤럴드New York Herald』의 한 기사에서 월터 리프먼Walter Lippmann은 프랑스의 평가 절하가 불가피하다고 결론을 내렸다.[7]

정치 위기와 프랑에 대한 위협은 정치적 특별 조치를 정당화할 수 있을 정도의 중대한 문제로 인식되었다. 이미 72세의 고령인 전직 대통령 가스통 두메르그Gaston Doumergue가 이끌고 4명의 전직 총리가 포함된 국민연합 정부가 곧바로 출범했다. 두메르그는 포고령을 통해 세금을 인상하고 정부 지출을 축소할 수 있는 전권을 부여받았다. 4월에 그는 공무원 임금과 참전용사 연금 삭감을 위해 이 권한을 사용했다.

두메르그의 내핍은 적자를 약간 줄였는데, 더 중요한 것은 거대 연정에 재정 균형에 필요한 포고령 발표 권한을 위임함으로써 재정 정책을 정쟁의 대상에서 제외하려는 국가의 의지를 보여준 점이다.[8] 그 결과로 국제 자본 이동에서 반응이 나타났다. 프랑스중앙은행의 금 준비금은 2월에서 9월 사이에 10% 이상 증가했다.[9]

하지만 금융 통설orthodoxy의 옹호론자들이 재차 예언한 바와 같이 두메르그의 내핍이 경기 침체를 완화하는 데 실패하자, 국민연합 정부의 인기도 시들해졌다. 두메르그 포고령은 임금 소득자와 여타 저소득층에게 부담만 더한 채 대공황에 대처하지도 못하고, 프랑의 지위를 확고히 하지도 못한 것이다. 좌파 정당들은 이번이 보수파의 지출 삭감 필요성 주장에 응하는 마지막 기회라고 맹세했다.

　다른 금블록 국가들의 정치 문제는 프랑스만큼 심각하지 않았지만, 당시의 경제 상황은 오히려 더 어려웠다. 벨기에, 네덜란드, 스위스 모두 1933년 말과 1934년 말 사이에 금 준비금이 감소되었다.[10] 그리고 모두 무역 적자를 겪었다. 모두 경쟁력 악화를 겪었다. 네덜란드 식민지의 고무 등 생산물 시장 상황이 개선되면서 네덜란드 상황은 개선되었다. 하지만 금블록의 다른 지역에서는 상황이 계속 악화되었다.

붕괴 도미노

1933년 세계 경제 회의의 결렬 이후에 프랑스, 벨기에, 네덜란드, 스위스, 이탈리아, 폴란드, 체코슬로바키아가 형성한 금블록은 형성 6개월이 지나지 않아 무너지기 시작했다. 체코슬로바키아는 1934년 2월에 평가 절하를 했다. 명목상으로는 금본위제를 유지하고 있던 이탈리아는 외환 통제를 엄격히 실시하고 있어 금블록의 지위가 무의미했다. 벨기에는 투기적 압력에 시달리다가 1935년 3월에 평가 절하를 할 수밖에 없었다. 1936년 9월에 프랑스, 스위스, 네덜란드가 평가 절하를 하면서 금본위제의 자취가 완전히 사라졌다.

　지금부터는 이 나라들에서 벌어진 금본위제의 최후 격동에 대해 설명할 것이다. 그런데 이 금융 혼란들의 파장은 국경을 넘어 확산되었다. 연쇄적인 평가 절하가 금본위제 잔류 국가들의 경쟁력을 약화시켰다. 외국의 국내시장 잠식을 억제하기 위해 이 나라들은 쿼터를 더욱 엄격히 하고 통화 절하를 한 나라의 수입품에 대해 관세를 부과했다. 1933년에서 1934년 사이에 벨기에의 수입은 7% 감소했으며 스위스에서는 10%, 네덜란드에서는 14%, 프랑스에서는 19%가 감소했다. 이것은 서방 세계에서 다른 어느 지역보다도 큰 폭의 감소였다.[11] 하지만, 수입이 성공적으로 억제된다고 해도, 통화 절하 국가에 대한 수출 감소를 상쇄하기 위해 할 수 있는 것이 거의 없었다. 금블록 국가들은 불가피한 실업 상승으로 정부 지출과 수입의 격차가 더욱 커졌으며, 그 결과로 예산 절감이 더욱 필요했다. 국제적 긴장으로 유럽 전역에서 군사비 지출이 증가하면서 예산 압박이 더욱 심해졌다. 재정 적자를 해소하고 준비금 감소를 막기 위해 필요한 획기적 조치가 나오지 않을 수 있다고 생각한 투자자들은 금융 자본을 해외로 옮기기 시작했다.

그러는 사이에 실업이 증가해 디플레이션정책에 대한 반대가 나타나고, 결국에는 금본위제에 대한 비판이 고조되었다. 다른 나라에서 나타난 평가 절하의 유익한 결과를 부정하기가 점점 어렵게 되었다. 예를 들어 평가 절하 이후에 급속히 경기를 회복한 벨기에는 디플레이션과 금 태환에 대한 프랑스 내 옹호론의 관에 마지막 못질을 했다. 1935년 여름, 벨기에의 평가 절하 이후 파리를 중심으로 벌어진 프랑스 금본위제 포기 운동이 결국 상당한 정치적 지지를 획득하기 시작했다.

언제나 그렇듯이 통화 절하의 효과는 동반되는 정책에 달려 있었다. 금본위제 제약이 완화된 후에 국내 여신이 대폭 확대된 나라에서는 산업 생산이 급속히 회복되었다. 신용 확대로 내수가 진작되었다. 수출은 2차적인 역할을 했다. 즉 통화 팽창은 국내 물가를 인상하는 경향이 있었기 때문에 명목 환율의 절하는 국제 경쟁력에 거의 영향을 미치지 않았다. 통화 당국이 더욱 조심스럽게 대응한 나라에서는 물가가 같은 정도로 상승하지 않았다. 명목 환율의 절하는 국제 경쟁력을 향상시켜 수출을 촉진했다. 국내 여신 확대 폭이 작다는 것은 그만큼 내수 증가도 작다는 의미였다. 수출 수요가 어느 정도 보완하기는 했지만, 생산과 고용의 회복이 앞의 국가들만큼 뚜렷하지 않았다.

이 두 유형은 체코슬로바키아와 벨기에의 대조적인 경험에서 그대로 나타났다. 두 나라 모두 해외 무역에 크게 의존하는 소규모 산업 국가였다. 두 나라 모두 1934~1935년에 평가 절하를 했다. 하지만 두 나라는 평가 절하 이후 매우 다른 통화정책을 추구했다. 벨기에에서는 평가 절하가 급속한 통화 팽창을 가져왔다. 그 결과로 벨기에 경제는 내수 주도의 역동적인 경기 회복을 보였다. 체코슬로바키아에서는 더 보수적인 통화정책이 추진되었다. 회복은 느렸으며 수출시장에 더 많이 의존했다.

위기가 연장되고 그 끝에 이르러서야 평가 절하가 이루어졌다. 체코슬로바키아보다는 벨기에에서 더 그러했다. 영국은 벨기에의 주요 시장 중 하나이고 영국 생산자가 국제시장에서 벨기에의 1차적 경쟁자였기 때문에 스털링의 하락은 벨기에 경제에 특히 큰 타격을 주었다. 벨기에 공업 육체 노동자의 실업률은 1930년 4%에서 1932년 20%로 증가했으며 1935년까지 그 수준에 머물렀다.[12]

벨기에 정부는 처음에는 정통적인 처방을 취했다. 예산 균형을 위해 소득세, 물품세, 수입 관세를 인상했지만 아무런 효과가 없었다. 공무원 월급, 노령 연금 및 실업 수당이 삭감되었다. 하지만 임금 인하정책은 점점 강한 저항에 직면했다. 1933년에 시간당 명목 임금은 1931년 대비 이미 11% 감소한 상태였다.[13] 추가 삭감을 하면 모기지 지불과 같은 고정 부채를 감당하지 못하게 할 수도 있었다. 사회당 지도자 앙리 드 망^{Henri de Man}은 노동자 계급을 동원해 추가 삭감에 저항했다.

그런데 디플레이션정책은 은행시스템의 취약성이라는 또 다른 장애물에 부닥쳤다. 1933년에 벨기에의 정책 결정자들이 직면한 문제는 2년 전 오스트리아와 독일이 겪은 문제와 흡사했다. 벨기에의 은행은 1920년대 후반에 급속히 팽창했다. 은행의 부채는 1927년에서 1930년 사이에 50% 증가했다. 하지만 자본금 규모는 그에 비례해 증가하지 않았다. 상업 은행의 자산 중 기업 대출과 기업 주식 매입이 가장 빠르게 증가했기 때문에 은행 수익성은 경기 침체에 매우 취약했다.[14] 벨기에의 몇몇 소형 은행들이 1933년에 어려움에 봉착했다. 주요 은행 중 하나인 알헤메이네방크베레이니힝^{Allgemeene Bankvereeniging}은 대출 손실 때문에 자본금의 3분의 1을 상각해야 했다. 1934년 3월에 주요 사회주의 은행인 벨기에노동자은행^{Banque Belge du Travail}은 채무를 상환하지 못했다. 같은 해에 다른 대형 은행들도 비슷한 상황에 처했다.[15]

은행 위기로 인해 벨기에중앙은행이 최종 대부자로 개입하여 금본위제법을 위반할 정도로 국내 여신이 증가하고 금 태환에 대한 신인도가 훼손될 가능성이 제기되었다. 사회당은 벨기에노동자은행이 법정 관리를 피할 수 있는 모든 조치를 강구하라고 정책 당국을 압박했다. 이와는 대조적으로 벨기에 보수 정당들은 대표적인 사회주의 은행의 파산 가능성을 반겼으며 정부에 개입하지 말라고 경고했다. 특히 금 태환을 위협할 수 있는 어떤 조치에도 반대했다. 정부는 우편예금은행^{Postal Savings Bank}이 대출을 해 주되, 벨기에노동자은행이 아니라 이 사회주의 은행에 자산을 예치해 지불 능력이 위태로워진 다른 중개 기관들에 대출하는 것을 승인하는 방식으로 타협점을 찾았다.[16] 그리고 중앙은행은 1934년 봄과 여름에 금 준비금 감소에도 불구하고 할인율을 인하했다. 은행시스템의 압력을 완화하기 위해 금본위제 게임의 규칙을 분명히 위반하고 있었던 것이다. 1931년의 오스트리아나 독일, 1933년의 미국처럼 이것은 통화시장의 불안정을 키워서 평가 절하의 가능성이 무시할 정도가 아니라고 생각한 투자자들의 은행 잔고 청산을 부추겼다.

은행시스템을 위해 더욱 체계적인 개입이 분명히 필요했다. 하지만, 아마도 미국의 재건금융공사가 한 것처럼 저축은행에 대폭적인 여신 지원을 할 것을 주장한 좌파 정치인들은, 사회당 지지자를 고객으로 둔 은행의 곤경에 동조적이지 않는 보수파의 반대에 직면했다. 금본위제 방어를 중요하게 생각한 사람들로서는 어느 입장을 지지해야 할지 막연했다. 의회가 미국의 노선을 따라 은행 법안을 부결하면 전체 금융시스템이 붕괴될 것이다. 반대로 찬성하면 큰 폭의 여신 증가가 있게 되고 중앙은행의 금 준비금 적정성에 의문이 제기돼, 중앙은행이 은행시스템에 주입한 추가 유동성이 다소 누출되고 말 것이다. 입법의 교착 상태는 두 방안을 최악으로 결합하는 결과를 낳았다. 1934년 말, 문제 은행에 여신을 제공하는 기관 설립에 관한 법안이 결국 통과되었다. 단기적으로는 법안 통과가 은행시스템을 공고화했다. 하지만 장기적으로는 중앙은행의 금본위제 방어 능력을 갉아먹고 외국인 예금의 청산을 촉발해 은행들의 포지션을 약화시켰다.

균형과는 거리가 먼 벨기에의 국제 무역과 국제수지도 문제를 더 복잡하게 만들었다. 신망 있는 경제학자들은 대외수지의 회복을 위해서 벨기에의 임금과 물가를 25%에서 30% 더 낮추어야 한다고 경고했다. 만약 스털링과 달러가 금 본위 통화에 비해 계속 하락하

황금 족쇄

면 이 인하 폭은 더 커져야 할 것이다. 벨기에의 대표 경제학자인 페르낭 보드위앵Fernand Baudhuin은 경제적 비용이 주체할 수 없는 수준에 이르렀다고 주장하며 유명 신문에 평가 절하를 옹호하는 글을 연재했다. 1934년 9월에 보드위앵은 재무부 장관 자문관으로 임명되었다. 1926년에 국민연합 정부의 정무 장관으로서 통화 안정화를 지휘한 바 있으며 벨기에 소시에테제네랄의 총재이자 금융권 유력 인사인 에밀 프랑키는 평가 절하에 대한 반대 소신을 누그러트리고 있는 것으로 알려졌다.[17] 중앙은행 자문관들도 개인적으로는 통화 팽창을 위해 평가 절하가 필요하다는 점을 인정했다.

하지만 평가 절하는 일반인들과 많은 정책 담당자들의 머릿속에서는 여전히 인플레이션을 의미했다. "벨기에인들은 1920년대 프랑의 절하를 뚜렷이 기억하고 있었으며, 평가 절하를 인플레이션 과정의 일부로 회고했다. 따라서 많은 사람들은 인플레이션과 평가 절하가 서로 묶여 있다고 생각했다"고 어느 벨기에 전문가가 기록했다.[18]

그런데도 좌파의 거세지는 반대 때문에 중앙은행 관리들은 동요했다. 1934년 여름에 디플레이션정책이 완화되었다. 위에서 설명한 바와 같이, 경기 회복과 은행시스템에 대한 압력 완화를 위해 중앙은행 할인율이 인하되었다. 예상된 결과는 외국인 예금의 청산과 준비금의 감소였다. 따라서 은행시스템에 유동성을 주입하려는 당국의 노력은 효과가 없었다.

프랑이 결국은 절하될 수밖에 없을 것이라는 확신이 고조되자 점점 더 많은 사람들, 즉 개인들과 기업들이 예방 조치를 취하고 자금을 외환에 투자하려고 했다. 이것은 1934년과 1935년 예금 인출의 일차적 원인이었다. (중략) 많은 경우, 자신이 거래하는 은행의 건전성을 전혀 의심하지 않지만 프랑 잔고를 없애고 싶은 사람들이 예금을 인출했다.[19]

중앙은행은 환율을 방어하기 위해 금을 내줄 수밖에 없었다. 금의 감소 규모가 커지면서 1934년 9월에 정부는 금 평가 방어를 위해 프랑스에 지원을 요청했다. 벨기에 상품에 대한 프랑스의 쿼터 완화 제안을 파리는 거부했다. 프랑스는 벨기에에서 주로 유리 제품과 가죽 제품을 수입했는데, 이 제품들은 이미 프랑스 기업들과 치열한 경쟁을 벌이고 있는 분야였다. 따라서 이해관계 집단들이 무역 자유화에 관한 모든 제안을 봉쇄할 능력을 갖고 있었다. 프랑스가 벨기에에 차관을 제공하는 제안들도 아무런 구체적 성과를 보이지 못했다. 해외 차관이 잠시 숨 쉴 틈을 주었을지 모르지만, 근저에 있는 수지 불균형 문제를 해결하는 데는 아무 도움이 되지 않았을 것이다. 사실 독일의 배상금 경험에서 보듯, 프랑스가 벨기에에 상환에 필요한 시장 접근을 허용하지 않으면 차관은 역효과만 가져올 수 있었다.

1934년 후반에 스털링이 달러나 금블록 통화에 비해 하락하자, 벨기에의 국제수지에 대한 압박이 심해졌다. 중앙은행은 일방적 통화 팽창과 금 태환 간의 양립 불가능을 강조하는 보고서를 정부에 제출했다. 예상 밖으로, 중앙은행조차 평가 절하가 추가 디플레이션보다 낫다는 의견을 제시했다.[20]

11월에 정부가 붕괴되고 알버트 퇴니스가 이끄는 더 보수적인 내각으로 교체되었다. 새 내각 구성원 중 세 명은 대기업 및 대형 금융 기관과 확실히 연관되어 있었다. 1926년의 영웅인 프랑키가 정무 장관이 되었다. 사회주의자들은 소시에테제네랄이 브뤼셀에 새

지점을 개설했다고 불평하면서 새 정부 참가를 거부했다. 금융 상황은 계속 악화되었다. 재무부는 네덜란드에서 10만 길더의 차관을 확보해 시간을 벌었다. 네덜란드 은행가들은 금으로 상환할 것을 명시함으로써 평가 절하 위험에 대비했다.[21]

하지만, 프랑스 관리들이 차관 요청을 받은 9월에 예상한 바와 같이, 차관 제공은 한숨을 돌릴 시간을 벌어 주었을 뿐이었으며 벨기에의 대외 채무를 증가시킴으로써 장기적으로는 포지션을 약화시켰다. 1935년 3월에 환율은 잠시 안정을 되찾았지만 곧 현물시장과 선물시장에서 급격히 절하되었다. 영국 정부가 철강 수입을 제한하기로 결정하여 벨기에의 주요 수출시장 중 하나가 봉쇄된 것이 위기의 직접적 도화선이 되었다. 퇴니스는 프랑스 총리와 협의하기 위해 파리를 긴급 방문했다. 구체적인 지원은 이루어지지 않았다. 그의 자문관들은 평가 절하를 권고했다.[22]

무슨 조치든 해야 했던 퇴니스는 외환 통제를 실시했다. 통제 포고령은 상품 수입 목적을 제외하고는 신설된 중앙외환청Central Exchange Office의 허가 없이는 외환 매입을 금지했다. 중앙은행을 제외하고는 금 수출도 금지되었다. 처음에 이런 제한들은 상당히 효과적이었으며 현물 환율이 안정을 되찾았다. 하지만 외환 통제 포고령이 벨기에 통화에 대한 수요를 만들어 내지는 못했다. 곧 벨기에 은행권을 얼마에서든 팔려고 런던, 파리, 암스테르담으로 실어 나르는 비행기들에 관한 얘기가 무성해졌다.[23] 환율은 다시 절하되기 시작했다. 환율을 뒷받침하기 위해 중앙은행은 다시 준비금 감소를 감수할 수밖에 없었다.

위기 통제에 실패한 퇴니스 내각은 1935년 3월 19일에 사퇴했다. 외환 거래는 혼돈으로 빠져들었다. 젊고 경험이 일천한 레오폴트Leopold 국왕은 주요 정당들에게 정부를 구성하라고 설득했지만 실패했다. 결국 정치 경험이 거의 전무한 중앙은행 이사인 파울 판 제일란트Paul Van Zeeland를 수장으로 하는 거국 연합 내각이 구성되었다. 새 정부에는 3개 주요 정당 대표가 포함되었다. 5명의 사회당 소속 대표에는 앙리 드 망 등의 열렬한 디플레이션 반대론자들이 포함되었다. 내각 중 상당수가 평가 절하를 지지하는 것으로 알려졌다. 투자자들이 평가 절하의 불가피성을 예상하고 프랑을 매각하자, 당국은 통화 지지를 위해 개입할 수밖에 없었다. 3월 28일로 끝나는 2주 동안, 중앙은행은 금 준비금 잔고의 약 10%를 잃었다. 브뤼셀의 주요 은행 금고 속에 현금이 남아 있지 않다는 말이 돌았다. 그런 상황에서 브뤼셀 증권거래소가 폐쇄되고 외환시장 개입이 중지되었다. 벨기에 통화는 곧 금 대비 12% 할인된 수준으로 급락했다.

판 제일란트에게 닥친 위기는 2년 전 미국의 프랭클린 루스벨트가 직면한 위기와는 완전히 달랐다. 판 제일란트의 대응은 비슷했다. 의회에서 행한 일련의 감동적 연설에서, 그는 팽창을 촉진하기 위해 국가의 통화 관련 법률 개정을 요구했다.[24] 4년 전 영국처럼 금 태환 중지가 돌이킬 수 없는 현실이 되자, 평가 절하의 이익을 가장 소리 높여 부인하던 사람들이 이제는 평가 절하를 받아들였다. 판 제일란트는 벨기에의 과대평가된 통화 때문에 수출이 위축되고 은행권의 여신이 제한될 수밖에 없었다고 비판했다. 총리가 이제 금본위제를 금융 안정의 보증 수표가 아니라 실업의 근본 원인으로 묘사했다. 판 제일란트는 평가 절하야말로 노동시장과 수출을 위한 활력소라고 주장했다. 의회도 이에 동의했다. 24시간 내에 의회도 금 태환을 정지하고 국왕에게 최대 30%까지 평가 절하할 수 있는 권한을 부여하는 법안을 채택했다.

황금 족쇄

3월 31일 일요일에 벨기에 프랑은 28% 절하되었다. 루뱅대학교 경제연구소Institute of Economic Sciences의 계산에 따르면 이 절하 폭은 벨기에 수출품의 경쟁력을 회복하기 위해 필요한 상대 가격 변화와 정확히 일치했다.[25] 더 큰 폭의 평가 절하는 영국의 보복이라는 엄청난 위험을 초래할 수 있었다. 내각은 이런 위험을 더욱 줄이기 위해 스털링 지역에 합류하는 방안을 논의했다. 하지만 그렇게 할 경우에 금본위제 이탈이 항구적이라는 뜻으로 비칠 수 있었다. 중앙은행 총재는 아직 이 점을 부정하고 있었다. 대신 금블록 통화 대비 환율을 더 낮은 새로운 수준으로 고정시키기 위해 외환평형계정이 만들어졌다.

새로운 통화법에 따라 중앙은행은 금 준비금의 국내 통화 표시 금액을 33% 증가시킬 수 있었다. 그에 따라 정부는 "경기회복정책을 집행할 때" 자본 이득을 활용할 수 있게 되었다.[26] 자본 이득의 20%는 중앙은행 및 여타 공공 채권자에 대한 정부 채무를 상환하는 데 사용되었다. 30%는 시장 개입에 이용하기 위해 외환평형기금Exchange Equalization Fund으로 이전되었다. 그러나 중요한 것은 나머지 부분이 통화 팽창을 뒷받침하기 위해 사용되었다는 점이다. 국공채 가격의 지지를 위해 8억 프랑의 자본금을 가진 국채기금Fons de rentes이 설립되었다. 1935년 마지막 3분기 동안 이 기금으로 약 6억 프랑어치의 국채를 매입했다. 이 매입으로 은행의 대차 대조표가 강건해져 이자율 인하 압력이 나타났으며, 국내 신용 공급도 확대되었다. 공업, 상업 및 농업 기업들에 대한 대출을 위해 재할인보증기구 Institute of Rediscount and Guarantee가 창설되었다. 이 기구는 중앙은행에서 무제한 재할인을 할 수 있었다. 이런 조치들이 모두 합쳐져 통화 공급이 급격히 늘었다. 1933년 말에서 1935년 말 사이에 은행권 유통액이 22% 증가했다.[27]

표 12. 4 체코와 벨기에의 평가 절하 영향(B. = 벨기에, C. = 체코슬로바키아)

분기 평균	산업 생산 (1929년=100)		건설 경기 (1929년=100)		무역						도매 물가 (1929년=100)		생활비 (1929년=100)	
					수입 (10억, 자국 통화)		수출 (10억, 자국 통화)		무역수지 (백만)					
	B.	C.	B.	C.	B.	C.	B.	C.	B.	C.	B.	C.	B.	C.
1933년	71.4	60.2	92.6	51.9	3.71	1.46	3.51	1.46	-198	+6	58.9	72.2	82.6	90.7
1934년 1분기	67.5	62.2	76.5	30.6	3.65	1.42	3.56	1.47	-83	+29	56.7	72.1	80.9	89.3
2분기	65.1	69.8	92.4	65.1	3.34	1.59	3.30	1.67	-41	+76	55.5	73.6	77.0	89.9
3분기	64.6	67.9	77.0	49.9	3.16	1.56	3.14	1.97	-22	+405	55.4	75.4	79.1	90.4
4분기	67.5	66.1	62.0	30.7	3.56	1.79	3.44	2.17	-115	+382	54.9	75.8	80.5	89.4
1935년 1분기	66.5	64.8	76.1	27.3	3.23	1.35	3.30	1.58	+62	+233	54.9	76.5	76.9	89.3
2분기	71.5	67.4	133.1	44.4	4.32	1.54	3.83	1.70	-492	+160	64.2	77.8	77.1	90.9
3분기	71.2	69.4	105.6	51.5	4.31	1.64	3.96	1.85	-347	+208	65.2	77.1	80.9	92.8

출처: League of Nations(1937b), 52쪽.

평가 절하와 더불어 나타난 급격한 통화 팽창 덕분에 경기 회복이 빠르게 진행되었다. 여신 증가가 내수를 자극하자, 생산과 고용이 빠르게 회복되었다. 1935년 1분기와 2분기 사이에 산업 생산이 8% 증가했으며, 그해 4분기까지 다시 11% 증가했다.[28] (표 12.4 참조.) 서방 국가들 중 1935년 3월에서 1936년 3월 사이에 산업 생산의 증가 폭이 가장 큰 나라는 벨기에였다. 평가 절하 이후 첫 분기에 주가는 39% 상승했다. 국내 투자의 한 지표인 건설 경기는 74% 상승했다.[29]

통화 팽창은 자연스럽게 물가 상승 압력을 낳았다. 1935년 1분기에서 4분기 사이에 환율은 28% 절하되고 동시에 도매 물가는 19% 상승했다. 인플레이션 악순환의 공포가 여전히 남아 있었다. 정부는 창구 지도와 규제를 통해 물가 상승을 억제하려고 했다. 가게 주인들은 "부당한 생계비 인상 반대. 우리는 성실히 정부에 협조합니다"라는 문구를 내붙였다.[30] 하지만 과잉 설비가 막대한 상황에서 인플레이션이 통제를 벗어날 정도로 수요 압력이 크지는 않았다. 정부의 인플레이션 저지 캠페인은 무엇보다 환율 절하와 인플레이션의 관련성이 여전히 강하게 남아 있음을 보여주었다.

상대 가격의 급격한 변화가 없었기 때문에 벨기에 무역수지도 개선되지 않았다. 수출 규모는 크게 변하지 않은 반면, 수입은 급격히 증가했다.[31] 하지만 자본수지 개선 폭이 경상수지 악화를 압도했다. 여신 확대에도 불구하고 평가 절하 이후의 호황은 은행시스템의 안정 회복과 결합되어 급속한 자본 유입 증가를 불러왔다. 중앙은행의 금 준비금이 즉각 증가했으며 1936년 내내 증가세를 유지했다.

체코슬로바키아는 평가절하정책 자체로는 벨기에와 매우 흡사했지만, 평가 절하 이후에 벨기에와는 다른 경로를 밟았다. 1934년 무렵이 되자, 국제 경쟁력을 유지하고 금본위제를 방어하기 위한 물가 및 비용 인하라는 정통적 정책이 실패한 것으로 평가되었다. 2월에 정책 당국은 크라운의 일회성 절하를 결정했다. 공식 통계에 따르면, 환율 변화에 조정된 도매 물가가 미국이나 영국에 비해 평균 17% 상승한 것으로 나타났다. 따라서 당국은 이 차이를 제거하기 위해 17%의 환율 절하를 결정했다. 평가 절하 이후에 체코 물가는 완만한 상승세를 보였지만, 평가 절하로 인한 경쟁력 향상을 모두 없애버릴 정도의 속도는 결코 아니었다.[32]

물가 변화는 해외 무역에 곧 반영되었다. 체코의 수출 규모는 1934년 1분기와 2분기 사이에 14% 증가했으며 후반기에는 더 빠른 속도로 증가했다. 수입 규모 역시 증가했지만, 그 속도가 수출보다는 낮았다. 무역수지는 1933년의 균형 상태에서 1934년의 대폭 흑자로 변했다. 무역보다는 완만했지만, 제조업 활동 역시 같은 방향의 반응을 보였다. 산업 생산은 평가 절하가 있던 그 분기에 12% 이상 뛰어 오른 후에 다시 떨어졌지만, 1934년 1분기 수준까지 하락하지는 않았다.

　　수출 급증, 산업 생산의 완만한 반응, 물가의 상대적 안정은 상대적으로 소극적인 통화정책 때문이었다. 평가 절하는 국내 여신 증가의 기회로 활용되지 못했다. 금 준비금에서의 17%의 자본 이득은 통화 공급 증가를 뒷받침하는 것이 아니라, 중앙은행에 대한 정부 채무의 상환에 사용되었다.[33] 중앙은행은 평가 절하 시의 법정 최저 현금 준비율을 35%에서 25%로 인하한 것을 활용하지도 못했다. 현금 유통액은 전반적으로 일정한 수준을 유지했고 중앙은행의 할인과 대출에도 거의 변화가 없었다. (표 12.5 참조.) 국내 여신의 증가가 없었기 때문에 내수에 대한 자극도 크지 않았다. 물가 상승 압력이 거의 나타나지 않았다. 생산 확대의 유일한 유인은 체코의 수출 제조품의 경쟁력 향상이었다. 평가 절하 이후의 회복에 따른 통화 수요 증가는 금과 자본의 유입으로 흡수되었다. 벨기에의 경우처럼 금본위제 포기가 경제 회복의 관건이었지만 평가 절하 이후의 여러 국내 정책들이 매우 달랐기 때문에 체코슬로바키아의 회복은 아주 다른 경로를 밟았다.

프랑스의 위기

1935년 말경에 이런 가장 최근의 환율 변화가 국제체제 전반으로 확산되었다. 금블록의 잔존 국가들(프랑스, 스위스, 네덜란드, 폴란드)을 제외하면 1929년 금 평가 대비 통화의 가치가 평균 70% 정도 하락했다.[34] 주로 중남미와 아시아 지역의 몇몇 통화들이 훨씬 더 큰 폭으로 절하되었다. 한편, 주로 중부 유럽에 위치한 일부 국가들은 외환 통

표 12.5 **1933~1935년 체코슬로바키아의 금융**(단위: 백만 크라운)

월말 기준	1933년 12월	1934년 6월	1934년 12월	1935년 6월	1935년 12월
중앙은행					
금	1,708[1]	2,663	2,680	2,691	2,690
외환	918[1]	13	229	325	80
어음 잔고	1,234	895	892	757	602
증권 담보 대출	461	546	422	346	731
유통 은행권	5,906	5,524	5,640	5,780	5,761
당좌 예금	871	630	766	742	411
일반 상업 은행 자산					1935년 9월
현금	2,194	2,079	2,417	2,705	2,562
할인 어음	2,053	1,784	1,991	1,941	2,184
투자 및 증권	3,100	2,958	2,971	3,224	3,287
대출 채권	13,461	13,572	13,505	13,231	13,369
예금					
상업 은행	19,608	19,431	19,618	20,002	20,363
저축은행[2]	32,239	31,915	32,300	32,594	32,538

1. 새로운 평가로 계산하면 각각 20억 4800만 크라운 및 11억 1200만 크라운임.
2. 보헤미아, 모라비아-실레시아, 슬로바키아의 저축은행. 보헤미아와 모라비아-실레시아의
인민신용저축조합people's credit and savings associations, 보헤미아의 지역농업신용저축조합districit
agricultural credit and savings associations. 슐츠-델리취 라이파이젠 협동신용조합Schultze-Delitsch and
Raiffeisen co-operative credit associations의 예금은 제외.
출처: League of Nations (1936d), 60쪽.

제를 통해 통화 가치를 인위적으로 지지했다. 하지만, 대략적으로 보
면, 일방적 평가 절하를 통해 불태환 통화들의 상대 가격은 대공황
이전 수준을 회복했다.

    통화 불안정과 외교적 긴장의 소용돌이 속에서 국제 무역은 의
미 있는 회복을 하지 못했다. 1935년에 교역량 증가율은 3% 미만에
그쳤다. 1932~1935년의 추세가 계속된다면 교역량은 1942년이 되
어서야 1929년의 수준을 회복했을 것이다. 관세와 수량 제한이 되돌

려질 조짐은 거의 없었다. 독일은 유럽의 중남부 지역 국가들과 새로운 양자 협상을 시작했다. 오스트리아와 헝가리는 이탈리아와 청산 협정을 새로 체결했다. 유일한 희망의 빛은 1934년 미국 의회에서 통과된 호혜통상협정법Reciprocal Trade Agreements Act*이었는데, 이 법은 양자 간 관세 인하의 근거를 마련해 주었다. 하지만 국제적 긴장 고조는 무역의 미래에 불길한 징조를 드리웠다. 프랑스의 평가 절하가 있기 직전 해에 히틀러는 라인란트의 재무장을 금지한 로카르노 조약을 폐기했다. 이탈리아는 에티오피아를 침공했다. 만주의 일본 군대와 몽골의 소련 군대 간 국경 충돌의 빈도가 점점 높아졌다.

국제 무역의 느린 회복에도 불구하고 통화 절하는 여전히 유익한 효과를 가져왔다. 평가 절하는 더욱 팽창적인 정책을 추구할 수 있게 함으로써 내수 기반의 회복을 촉진했다. 1933~1935년에 이런 정책의 추진으로 세계 산업 생산이 연간 약 10% 증가했다.[35] 이런 성장률이 유지된다면 1937년에는 산업 생산이 다시 1929년 정점 수준을 넘어서게 될 것이다. 1935년 재무장 덕분에 경기 촉진 효과가 부분적으로 나타나기 시작했지만, 중공업, 특히 제철, 석탄, 조선 분야의 경기는 여전히 침체되어 있었다. 미국에서 회복 속도가 빨라지면서 1차 산품 수요가 마침내 늘기 시작했다. 1935년 무렵에는 주요 1차 산품의 재고가 1932년 수준 대비 20% 하락한 상태였다. 1차 산품 가격의 연쇄 하락이 마침내 멈추었다.

금블록 회원국들만 이런 세계적 회복 추세에 동참하지 못했다. 팽창 조치와 금 태환성 유지 사이의 양립 불가능성은 여전히 넘기

---

* 상대국이 미국에 대하여 관세상의 양보를 제공했을 때 미국도 그 나라의 수입품에 대해 최고 50%까지 관세율을 인하할 수 있는 권한을 대통령에게 부여한 법률이다. 이 법에 따라 미국은 1939년까지 중남미 국가들을 비롯한 20개국과 통상 협정을 체결하였다.

어려운 장애물이었다. 프랑스는 1935년에 금 준비금의 20%를 잃었고 네덜란드는 25%, 스위스는 40%를 잃었다. 벨기에의 평가 절하 직후인 1935년 5월에 이런 어려움은 더욱 가중되었다. 디플레이션에 대한 내부 불만 때문에 벨기에가 금본위제에서 이탈하자, 남아 있던 회원국들의 결의가 흔들렸다. 1935년 초의 몇 달간 스털링 가치가 하락하자, 이들의 경쟁력이 더욱 약해졌다. 미국으로 자본과 금이 계속 흘러 들어간 것이 더욱 치명적이었다. 1935년 미국은 사실상 전 세계 금 생산의 전량, 동유럽의 방출분 그리고 프랑스, 네덜란드, 스위스의 준비금 상실분의 절반을 흡수해 버렸다.

1934년 영국에서 나타난 바와 같이, 디플레이션에 대한 반대가 1935년에 다른 금블록 국가들에서도 나타났다. 프랑스에서는 공무원과 참전용사들이 모여 연금과 임금 삭감에 반대했다. 네덜란드에서는 벨기에 위기 이후 추가 긴축에 대한 반대가 커졌다. 벨기에의 평가 절하로 해운화물이 로테르담에서 안트베르펜으로 옮겨 가자, 로테르담의 해운업자들은 암스테르담의 정책에 대해 더욱 비판적으로 변했다. 긴축안에 대한 반대로 1차 콜레인Colijn 내각이 무너졌다. 스위스에서는 저항이 국민 발의 형태를 띠었는데, 국민 발의의 내용은 공공 부문 일자리 창출, 임금 삭감 억제를 위한 임금과 물가 결정 집중화, 자본시장 통제, 농업 및 무역에 대한 금융 지원 등이었다. 분명히 스위스인들도 루스벨트의 뉴딜에 대해 알고 있었다. 1935년 6월에 기각되기는 했지만 이 발의는 인상적인 지지를 얻었으며 상당한 양의 자본 도피를 야기했다.[36]

프랑스에서는 경제 전문가로 명성을 얻은 중산층 자유주의자인 피에르-에티엔 플랑댕이 이끄는 내각이 1934년 11월에 구성되었는데, 이 내각은 경기 회복을 최우선 정책으로 삼았다.[37] 정치적 중도파인 플랑댕은 다른 어느 총리보다도 프랑스를 경제 위기에서 구해 낼 수 있는 좋은 위치에 있었다. 플랑댕은 통화 절하가 정치적으로 수용 불가능하다는 전제하에서 방법을 모색했다. 하지만 추가 디플레이션 역시 더 이상 가능하지 않다는 것을 깨달았다. 이렇게 되자, 그의 입장은 어느 쪽에서도 지지를 받을 수 없었다.

플랑댕의 공식 전략은 경제 성장을 통해 프랑스가 대외 제약*을 극복할 수 있다고 가정했다. 회복이 되면 수출 산업의 유휴 설비를 재가동시켜 무역수지를 강화할 수 있다고 그는 주장했다. 그러면 세수가 늘고 실업 수당 지출이 줄어서 재정 문제도 해결될 것이다.[38] 플랑댕이 개인적으로 통화 팽창과 금 태환 유지가 양립할 수 있다고 믿었는지는 확실하지 않다. 알려진 바에 따르면, 그는 자신의 정책이 평가 절하의 위험을 안고 있음을 잘 알고 있었고, 필요하다면 그런 선택을 할 용의도 있었던 것으로 보인다.[39]

"플랑댕의 실험"은 생산과 고용 촉진을 위한 다양한 조치를 포함하고 있었다. 정부와 프랑스중앙은행은 더욱 유연한 신용정책을 추구했다. 플랑댕은 영국의 통화 공급 확대 경험을 인용하여 금리 인하가 경제 회복의 관건이라고 말했다. 그의 정부는 재정 부문에서도 긴축 노력을 하지 않았다. 미국의 뉴딜에서 영감을 얻은 플랑댕은 프랑스 산업의 카르텔화를 위한 입법을 추진했다. 실업의 부담을 분산시키기 위해 노동 시간의 단축과 초과 노동의 억제를 유도했다.[40]

정부는 재정 균형화를 위한 정책 대신, 채권의 추가 발행을 감수했다. 업계의 차입에 적용되는 장기 금리의 상승을 피하기 위해 플랑댕은 추가로 장기 차입을 하지 않겠다고 약속했다. 정부 차입은 단

• 여기서 '대외 제약'이란 금 태환 유지에 필요한 국제수지의 균형 유지를 의미한다.

기자금시장으로 옮겨 갔다. 프랑스중앙은행은 재무부 단기 채권의 할인을 유도했다. 클레망 모레 총재는 이 프로그램과 금 태환은 양립할 수 없음을 알았기 때문에 협조하고 싶지 않았다. 1935년 1월, 플랑댕은 중앙은행 총재를 더 순종적인 장 타네리Jean Tannery로 교체했다. 재무부 단기 채권의 발행 한도가 50% 인상되었고, 프랑스중앙은행은 이 채권을 담보로 민간 차입자에게 30일 만기 대출을 제공하는 것에 동의했다.

예상대로, 이 정책은 대외 제약과 충돌했다. 1935년 1월에서 3월 사이에 수입이 12% 증가했다. 어떤 점에서 무역의 일부 증가는 정상적이었지만, 이때 수입은 수출보다 두 배나 빠른 속도로 증가했다.[41] 벨기에의 위기는 프랑스 상황을 악화시켰을 뿐이었다. 다른 상황에서는 벨기에 자본이 인근 프랑스로 빠져나올 수도 있었다. 하지만 플랑댕의 부양정책이 실시되는 상황에서 벨기에의 위기는 프랑스 프랑의 신인도를 떨어뜨리는 역할을 할 뿐이었다. 프랑스중앙은행은 3월에는 아주 소량의 금과 외환을 잃었지만 4월에는 상당한 규모의 금과 외환을 잃었다. 5월에는 영국 전문가들이 "프랑으로부터의 매우 격렬한 도피"라고 묘사한 사태가 시작되었다. "장기적인 관점에서 볼 때 프랑스가 어떻게 금본위제의 정지나 프랑의 추가 평가절하를 피할 수 있을지 알 수 없다"고 어느 영국 관리가 논평했다.[42]

당연하게도, 프랑스중앙은행은 외환시장에 개입할 수밖에 없었다. 금 준비금은 1935년 5월에 2% 감소했고 6월에는 위험한 수준인 11%가 감소했다. 프랑스 대외 포지션의 급격한 변화는 그림 12.4에 분명히 나타나 있다. 신인도의 하락은 네덜란드와 스위스로 빠르게 확산되었다. 이 세 나라의 중앙은행들은 준비금 감소를 막기 위해 할인율을 인상했다. 프랑스의 할인율은 1주일 사이에 2.5%에서 6%로

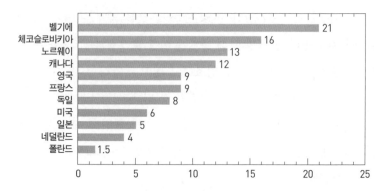

그림 12.4 **1935년 3월~1936년 3월, 산업 생산 변화율.**

벨기에와 체코슬로바키아의 산업 생산은 평가 절하 이후에 급격한 회복세를 보였다.
출처: League of Nations(1936b), 15쪽.

인상되었는데, 전통적으로 이 정책 수단의 사용을 꺼린 중앙은행에게 이것은 매우 예외적인 일이었다.

하지만, 재정이 적자 상태인 한, 여신 축소만으로는 충분하지 않았다. 금리 인상은 이자 부담만 올리고 재정 위기를 악화시킬 뿐이었다. 플랑댕은 통화 팽창과 회복이냐 아니면 디플레이션과 금 태환이냐 중 하나를 선택해야 했다. 그는 후자를 선택했다.

대외 위기는 플랑댕의 일방적 통화팽창정책이 낳은 불가피한 결과였다. 하지만 이 시기에 관한 문헌들은 다르게 해석한 것 같다. 정부와 중앙은행 간의 음모와 갈등을 강조한다. 중앙은행이 더 순종적이었다면 플랑댕의 부양 노력이 좌절되지 않았을 것이라고 주장한다. 주주 총회에서 독점적 투표권을 가진 악명 높은 "200대 재벌 가문"들이, 재무부 채권 할인에 대한 중앙은행의 적극적 협조에 반대함으로써 정부의 부양 프로그램을 좌절시켰다고 설명한다. 금융에 관해 교조적이던 로스차일드 가문과 방델 가문의 지배하에 있던 중

황금 족쇄

앙은행 이사회는 플랑댕이 임명한 타네리 총재를 조종해 재무부의 추가 할인 요구를 거부하도록 했다. 재무부는 심각한 난관에 봉착했다. 재무부의 현금 잔고는 이틀을 넘기지 못할 수준인 경우가 빈번했다.[43]

당시에 이런 음모를 강조한 데는 정치적 이유가 있었다. 즉 좌파는 1936년 총선의 선거 운동에서 프랑스의 경제 문제를 "200대 재벌 가문"의 탓으로 돌리는 것이 유리했다.[44] 하지만 정치적 이득과 건전한 경제학은 다른 문제다. 사실, 프랑스중앙은행이 정부의 요청에 순순히 응해 재무부 채권을 더 많이 할인했다면 금 태환 위기는 더 일찍 도래했을 것이고, 더 심각했을 것이다. 플랑댕 내각의 재무부가 대외 제약에서 벗어날 수 없었던 것처럼, 중앙은행 이사회 역시 그럴 수 없었다.

1935년 5월 첫 주에 플랑댕은 프랑을 방어하기 위해 세금 인상과 정부 지출 삭감을 위한 법령 발동을 요구했다. 하지만 한 프랑스 관리가 영국 정부의 수석 경제 고문 프레더릭 리스-로스Frederick Leith-Ross에게 상황을 묘사한 것처럼, 5월 프랑스의 여론은 "점점 평가 절하를 감수하는 쪽으로 기울고 있었으며", 추가 디플레이션을 점점 반대하는 방향으로 가고 있었다. 벨기에의 선례가 여론에 심대한 영향을 미친 결과, 평가 절하 주장의 입지가 강화되었다.[45] 더욱이 디플레이션 조치들은 경기를 부양하겠다는 플랑댕의 약속과 분명히 모순되는 것이었다. 이런 모순이 그의 지지도를 떨어뜨렸다. 자신이 신뢰하지도 않는 정책을 지지해 달라는 그의 요청을 국민들은 한심하다고 생각했다. 의회는 그에게 부여된 전권을 박탈했으며, 그 후 플랑댕 정부는 무너졌다.

뒤이어 등장한 연립정부는 일주일도 채 버티지 못했다. 그때 거

M. 라발이 국가 경제 회복에 일격을 가하다.

출처: 『위마니테*Humanite*』, 파리.

의 탈진 상태가 된 의회는 피에르 라발 총리의 신정부에 법령권을
부여했다. 라발은 경제와 금융에 대한 무지를 가장할 목적으로 철저
히 실용적인 촌뜨기 이미지를 만들었다.[46] 촌뜨기 같은 정부는 분수
에 맞게 살아야 한다고 주장했다. 그는 곧바로 플랑댕의 부양 조치
를 폐기하고 디플레이션 조치를 담은 5백 개 이상의 법령을 발동했
다. 디플레이션이라는 알약에 당의를 입히기 위해 명목액 표시 채무
를 갱신했다. 임대료와 모기지는 일방적으로 10%씩 삭감되었다. 다
른 법령에 따라 디플레이션 조치 이전에 체결된 계약은 채무자들이
파기할 수 있었다. 정부 프로그램을 대중의 구미에 맞게 만들기 위해
라발은 다시 영국의 스털링 환율 안정을 유도하려고 했다.[47] 영국 정
부는 그에 대해 일체 고려하지 않았다.

예산 측면에서는 8만 프랑을 초과하는 소득과 무기 생산 기업 이윤에 대해 추가 세금이 부과되었다. 정부는 모든 유형의 공공 지출을 일방적으로 10%씩 삭감했다. 삭감은 지방 정부와 식민지 행정 기관 그리고 철도에도 적용되었다. 국제적 긴장의 고조에도 불구하고, 일부 국방비 항목에도 적용되었다. 라발은 10% 기준을 공무원 임금에도 적용하려고 했지만, 반발 때문에 철회했다. 공공 부문 종사자의 임금은 1934년 가스통 두메르그 집권하에서 이미 10% 삭감되었다. 그들의 불만은 이제 터져 나올 기세였다. 브레스트Brest와 툴롱Toulon 해군 조선소의 파업은 정부가 기관총으로 위협하자 겨우 진정되었다. 양측의 타협으로 공무원 임금은 3~5% 삭감되었다.

디플레이션 전략의 관점에서 보면 이것은 결정적인 실패였다. 라발이 자신이 희망한 공공 부문 임금 삭감 폭의 2분의 1 혹은 3분의 2도 달성하지 못하자, 직접적으로는 예산 적자가 확대되었을 뿐만 아니라 다른 집단들도 예산 삭감 요구를 수용하려고 하지 않았다. 이탈리아에서는 무솔리니가 임금, 월급, 물가, 임대료 및 기타 고정 부과금에 대한 전반적 삭감 조치를 두 번이나 단행했다. 하지만 프랑스 같은 민주주의 국가에서는 수없이 많은 개별 집단들과 협상을 거쳐야만 그런 삭감을 할 수가 있었다. 어느 한 곳에서 실패하면 전 과정이 파탄에 이를 수 있었다.[48]

공식 추정에 따르면, 실제 집행된 조치들로 예산 적자 중에서 약 100억 프랑, 즉 재정 수입의 약 25%를 줄였지만, 이는 예산 균형 달성에 필요한 삭감분의 겨우 절반에 불과했다.[49] 더욱이 공식 추정은 디플레이션에 따른 경기 위축 효과 및 그에 따른 재정 수입 감소 효과를 고려하지 않은 것이다. 정부의 다른 조치들이 이런 효과를 강화할 것이 분명했다. 플랑댕은 예산에 계상되지 않는 몇 가지 대규모

프로그램을 물려주었는데, 정치적 이유 때문에 라발 역시 이를 이어
갈 수밖에 없었다. 잉여 농산물 재고를 시장 가격 이상으로 구매하는
농산물 가격 지지 프로그램이 대표적이었다. 독일 나치 정권의 위협
이 점증하는 상황에서, 일부 군사비 지출 항목도 공식 예산 이외 항
목으로 편성되어 라발의 예산 삭감 법령에서 제외되었다. 더욱이 디
플레이션에 대한 저항 완화에 필요한 카르텔 재조직 및 노동시장 개
입 법령들은 분명히 공급을 억제하고 재정 수입을 줄이는 효과를 갖
고 있었다.

　무엇보다도 중요한 것은 전년도 경제 상황을 기초로 공식 예산
이 추정됐다는 점이다. 프랑스 경제 상황이 계속 나빠지고 있었다면,
재정 수입도 악화되어 적자 폭도 확대될 것이었다. 재정 긴축이 지
출을 감소시키고 불황을 악화시키는 한, 그 효과도 증폭될 것이었다.
라발의 고통스러운 긴축 때문에 재정 수입은 예상액의 절반에 그친
것으로 나타났다.[50] 그리고 국민들의 반발로 추가 긴축 조치는 실시
하지 못했다. 라발 정부는 예산 적자 상태로 갈 수밖에 없었다.

　적자는 채무의 증가를 의미했다. 하지만 평가 절하 우려가 고조
되는 상황에서 투자자들은 신규 발행 국채에 대해 추가 이자율을 요
구했다. 더욱이 재무부 채권의 이자 지불 삭감에 관한 라발의 법령
때문에 프랑스 투자자들은 더욱 조심스러워 했다. 랑트[rentes]●의 수
익률은 1935년 1분기 3.75%에서 1935년 4분기에 4.08%로 올라갔
다.[51] 12월의 장기 차입은 어려움을 겪다가 겨우 성사되었다. 기관들
은 장기 채무를 추가로 발생시키기를 주저했는데, 이자율 인상도 한
이유였지만 그로 인해 기업 투자용 차입이 어려워질 수 있다는 우려

─────────
● 랑트는 프랑스 장기 국채를 의미한다.

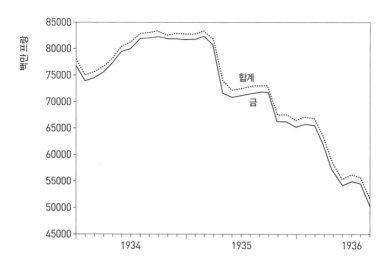

그림 12.5 **1934~1936년 프랑스중앙은행의 국제 준비금.**

프랑스중앙은행의 금 준비금은 1935년 봄에 벨기에가 평가 절하를 한 이후에 급격히 감소하기 시작했다.

출처: Board of Governors of the Federal Reserve System(1943).

도 이유로 작용했다.

대안은 재무부 단기 채권을 발행해 프랑스중앙은행이 그 채권을 할인하도록 유도하는 것이었다. 1920년대를 경험한 사람들은 이것을 극도로 싫어했다. 하지만 5년간의 디플레이션으로 경기 회복에 실패하고 군사비 지출 압력이 고조되자, 놀랍게도 이 정책에 대한 비판이 진정되었다. 1935년 여름부터 정부 지출을 조달하기 위해 단기 국채가 발행되었고 점점 더 큰 규모의 채권이 프랑스중앙은행에서 할인되었다. 기술적으로는 1936년 1월에 단기 국채 발행이 법정 한도에 이르렀다. 30억 프랑의 해외 차관이 도입되었지만 일시 처방에 불과했다.

유일한 방안은 단기 국채의 발행 한도를 높이고 중앙은행의 신용을 계속 확보하는 것이었다. 1936년 상반기에 프랑스중앙은행은 신규로 발행하는 단기 국채의 약 3분의 2를 할인했다.[52] 통화 당국은 할인 규모를 숨기기 위해 공식 문서에서는 단기 국채 할인과 다른 채권의 할인을 합쳐 놓았다. 이런 속임수는 오히려 역효과를 냈다. 국제연맹은 1936년 봄에 "(할인) 증액 전부가 단기 국채 할인 때문인 것으로 짐작된다"고 설명했다.[53]

라발의 유연한 신용정책은 계속된 예산 적자와 더불어 물가 상승 압력을 낳았다. 고조되는 의회의 평가 절하 요구는 인플레이션에 기름을 끼얹었다. 프랑스 도매 물가는 1935년 7월에서 1936년 2월 사이에 17% 상승했다. 물가는 다른 나라에서도 상승하고 있었지만, 그 속도가 프랑스보다는 낮았다. 국제연맹 조사 대상국 중 1936년 3월로 끝나는 1년 동안 프랑스보다 물가 상승률이 높았던 나라는 벨기에뿐이었다(그림 12.6 참조).[54] 벨기에는 이미 금본위제를 떠난 상태였지만, 프랑스는 그렇지 않았다.

국제수지에 미치는 효과도 예상할 수 있었다. 상품 수출액은 급격히 하락했다. 그 차이를 메울 수 있는 자본은 유입되지 않고 있었다. 1936년 3월로 끝나는 1년 동안 프랑스중앙은행은 금 준비금의 20%를 잃었다. 3월 28일 토요일의 프랑스중앙은행 특별 이사회에서 할인율은 3.5%에서 5%로 인상되었다. 정부가 성(聖)금요일에 금 수출 금지 조치를 단행하고 프랑의 평가를 절하할 것이라는 소문이 파리에 퍼지기 시작했다.[55] 재무부 장관의 강력한 부정에도 불구하고 프랑스중앙은행의 금 출혈은 계속되었다. 중앙은행은 4월과 5월에만 9%의 금 준비금을 잃었다. 금 준비율이 아직은 법정 한도를 상회했지만 추세는 명확했다.

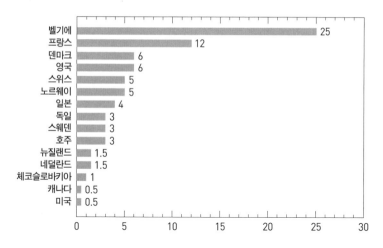

그림 12.6 **1935년 3월~1936년 3월 도매 물가의 변화**(단위: % 포인트).

1936년 3월로 끝나는 1년 동안 프랑스보다 물가 상승률이 더 높았던 나라는 벨기에뿐이었다. 하지만 이미 평가 절하를 단행한 벨기에와는 달리, 프랑스는 여전히 금본위제를 유지하고 있었다.
출처: League of Nations(1936b), 15쪽.

인민전선의 경제적 귀결

디플레이션에 대한 반발이 비등점에 이르렀다. 라발은 긴축 프로그램에 대한 불만 때문에 1936년 1월에 사임할 수밖에 없었다. 알베르 사로Albert Sarraut가 그의 뒤를 이었는데, 그의 내각은 봄 선거 때까지 유지된 선거 관리 내각이었다. 긴축정책은 중간 계층에 타격을 입혔는데, 이들은 급진당에 특히 표를 몰아주었다. 그 결과로 급진당 지도자들은 좌파의 다른 정당과 협상에 나설 수 있었다. 사회당과 공산당은 1935년 5월 지방 선거에서 성공적으로 협력했기 때문에 사회당과 협상한다는 것은 곧 공산당과 협상한다는 것을 의미했다. 사회당-공산당 연합은 급진당의 전통적인 강세 지역인 농촌에서 급진당에 위협을 줄 정도의 득표를 했다. 급진당 당원들은 오랫동안 공산당에 대해 의구심을 갖고 있었지만, 점점 더 많은 당원들이 연립정부에 참여할 수밖에 없다고 생각하게 됐다. 1935년 7월, 세 정당은 힘을 합쳐 국내외 파시즘에 대항하기로 결의했다. 라발의 "고통의 법령"이 이들의 연대 강화를 부추겼다.[56] 1936년 1월에 급진당 간부들이 사회당과 공산당에 합류하면서 인민전선이 형성되었다. 1936년 의회 선거를 앞두고 세 정당은 미국의 뉴딜을 모델로 하는 경제 프로그램을 만들었다.

인민전선을 구성한 세 정당은 1936년 4월 선거에서 득표율이 1932년보다 겨우 2% 느는 데 그쳤다. 하지만 연대 덕분에 의회를 장악할 수 있었다. 급진당과 공산당의 중간 지대를 장악하며 두 정당보다 더 많은 득표를 한 사회당의 지도자 레옹 블룸Leon Blum이 자연스럽게 인민전선 정부의 수장이 되었다. 루스벨트처럼 블룸 역시 위기의 분위기 속에서 집권했다. 그의 취임은 농성 파업의 물결과 더불어 시작되었다. 공장과 상점 및 공공장소는 임금 인상과 노동 시간 단축 그리고 노동 조건 개선을 요구하는 노동자들이 점거했다. 생산은 6월에 6% 감소했다. 자본 도피가 일어나면서 프랑의 태환성이 위협받았다. 프랑스 시민들이 스털링 은행 계좌 개설을 준비하면서 런던의 시티 여기저기서 프랑스어로 주고받는 대화가 점점 늘어났다.

자유로운 사고를 하는 지성인인 블룸은 루스벨트처럼 특정한 국제 경제 전략을 고집할 생각이 없었다. 루스벨트처럼 블룸도 선거운동 기간에 평가 절하 옹호자들과 일정한 거리를 유지하면서 "평가 절하와 디플레이션을 모두 반대"한다는 슬로건을 내걸었다. 이 전략은 루스벨트의 첫 번째 대통령 선거 때처럼 경제적 정통 우파의 반대를 피하기 위한 것이 아니었다. 왜냐하면 블룸은 이들의 표를 가져올 가능성이 전혀 없었기 때문이다. 오히려 블룸은 극좌파의 지지를 얻기 위해 평가 절하와 거리를 유지하는 것이 필요했다. 공산당은 평가 절하를 강력히 반대했다. 평가 절하는 시장의 힘에 대한 정부의 퇴패를 상징할 뿐만 아니라, 생활비 인상과 생활수준 하락을 통해서만 경제 성장을 회복할 수 있음을 뜻하는 것이었다.

루스벨트와 마찬가지로, 평가 절하를 반대하는 블룸의 진정성에 대해 의구심이 있었다. 워싱턴의 미국 재무부 장관 헨리 모겐소와 그 측근들은 블룸이 취임하기 전에 이미 평가 절하를 결심했을 것이라고 생각했다.[57]

인민전선 정부의 공식 전략은 수요 촉진을 통해 경제 성장을 회복하는 것이었다. 블룸은 전임 총리 플랑댕과 마찬가지로 수요 주도 성장과 대외 제약 사이의 충돌을 부정하며 경제활성화정책, 특히 수출촉진정책이 국제수지도 결국 강화할 것이라고 주장했다. 정부는 2000만 프랑 규모의 공공사업 지출을 제안했으며, 1936년에는 300만 프랑 규모로 공공사업을 할 계획이었다. 이 지출은 단기 국채를 프랑스 중앙은행에서 할인해서 충당할 계획이었다.

이런 수요 측면의 조치들과 더불어, 직무 공유를 장려하고 공급을 제한하는 조치들도 같이 내놓았다. 인민전선 정부는 루스벨트의 뉴딜에서 이 프로그램의 아이디어를 얻었다고 분명히 밝혔다.[58] 고용주들은 노조 인정, 단체 교섭 특권, 임금 인상에 관한 마티뇽 합의 Accord de Matignon에 서명하도록 강요받았다. 라발 집권기의 선례를 따라 주당 노동 시간이 다시 단축되었지만, 이번에는 임금 삭감이 병행되지 않았다. 정부는 유급 연차 휴가와 주 40시간 노동을 입법화했다. 고임금 노동자의 경우에는 7%, 저임금 노동자의 경우에는 15%까지 임금이 인상되었다. 고용주나 블룸 정부 모두 선택의 여지가 크지 않았다. 노사 불안을 잠재우기 위해서는 사용자의 양보가 필요했다. 연립정부 내에서 사회당과 공산당의 지지를 얻기 위해서는 입법 조치가 필요했다. 그리고 프랑스 "뉴딜"에는 의무 교육 연한 연장과 군수 산업의 국유화가 포함되었다. 소맥 유통의 규제와 가격 지지를 위해 미국 농업조정국Agricultural Adjustment Administration과 유사한 국가 소맥청National Wheat Office이 만들어졌다.

플랑댕이나 라발과 마찬가지로, 블룸도 저금리를 경제 회복의 핵심으로 생각했다. 그의 다른 정책은 기업 측의 지지를 못 얻었지만 이 정책은 지지를 얻었는데, 기업 측은 인건비 상승의 보완책으로 저금리를 요구했다.[59] 전임 총리 플랑댕처럼 블룸도 중앙은행의 협력을 이끌어 내기 위해 프랑스중앙은행 총재를 교체했다. 그리고 총재가 지지를 이끌어 내야 하는 이사회도 재구성했다. 이사들은 전통적으로 은행의 200대 최대 주주(총선에서 문제가 된 악명 높은 "200대 재벌 가문")가 선출했다. 블룸의 개혁 이후에는 20명의 이사 중 단 두 명만 주주가 선출했다. 대다수는 정부가 임명했다. 새로운 노동 입법으로 생산자들이 부담하게 된 비용과 동일한 액수의 여신을 중앙은행이 3%의 이자율로 업계에 제공하도록 하는 법률이 채택되었다. 국가는 이 여신을 보증했다. 그리고 정부는 중앙은행에 민간의 단기 국채 매입에 부족함이 없도록 충분히 여신을 제공하라고 요구했다.

주 40시간 노동은 그해 가을부터 단계적으로 도입되었다. 하지만 임금 인상은 즉각 단행되었다. 휴일 임금을 감안했을 때, 명목 인건비는 처음에 18~20% 상승했다.[60] 통화 팽창과 적자 재정이 경제를 촉진할 수 있다는 것은 플랑댕과 라발이 이미 보여주었다. (산업 생산은 1935년 하반기에는 3%, 1936년 첫 4개월 동안에는 6% 증가했다.) 하지만 인민전선 정부에서는 수요 촉진이 임금 상승과 다른 공급 제한 조치로 상쇄되고도 남았다. 또한 수요 증가와 공급 감소로 도매 물가가 7월에는 4%, 8월에는 2% 상승하였다. (이것은 연율이 아니라 물가

수준의 절대적 변화 폭이다.) 국내 비용 상승과 산업 생산 감소로 수출도 위축되었다. 평가 절하에 대한 예상이 널리 퍼졌다. 카요와 같은 보수 정치인조차 정부가 임금과 물가의 추가 상승 압력을 억제할 수 없음을 깨닫고, 필요한 조정을 위해서는 평가 절하를 해야 한다고 주장했다.[61] 자본이 유출되자 중앙은행에서 금도 누출되었다.

대외 포지션을 보강하기 위해 표준적인 처방이 이루어졌다. 자본 도피를 억제하기 위해 투자자들의 해외 자산 등록을 의무화했다. 민간 부문이 퇴장시킨 금의 회수를 유도하기 위해 소액권 국채가 발행되었다.[62]

이런 조치들이 8월 은행 휴무일August Holiday과 겹치면서 금융 불안은 일시적으로 완화되었다. 하지만 9월 들어 금 준비금이 다시 감소하기 시작했다. 이전에 평가 절하를 반대했던 리스나 제르맹-마르탱Germain-Martin 같은 유명인사들이 차례차례 금본위제 진영에서 이탈했다. 『르 탕Le Temps』의 금융 편집인 프레데릭 제니Frédéric Jenny와 『랭트랑지장L'Intransigeant』의 금융 편집인 미셸 미트자키스Michel Mitzakis가 주도한 금융 전문 언론들도 뒤를 이어 굴복했다. 금본위제와 인민전선의 경제 프로그램이 서로 양립 불가능하다는 사실이 점차 인식되었다. 엄격한 외환 통제를 실시하지 않는 한, 평가 절하는 불가피한 것으로 받아들여졌다.

스털링 가치를 낮추기 위해 프랑을 매입하던 영국 외환평형계정은 재앙의 징조를 알아차리고 프랑을 금으로 바꾸기 시작했다.[63] 통화 위기가 심화되었다. 블룸 정부는 금화 매각을 금지하고 외환 매입을 제한했으며 여행자에게 금의 해외 반출을 신고하도록 했다. 평가 절하의 소문을 퍼뜨리거나 환 투기를 하는 사람들에 대한 처벌 규정을 강화했다. 8월 말까지 50건이 기소되었으며 15명의 외국인이 이 규정에 따라 추방되었다.

예상대로 이런 최후의 수단은 신뢰를 회복하기보다는 오히려 떨어뜨렸다. 9월 둘째 주에 평가 절하 우려 때문에 프랑의 가치가 급락했다.[64] 9월 하반기에 상황이 엄중해졌다. 프랑스중앙은행은 몇 주 더 버틸 수도 있었을 것이다. 하지만 남아 있는 금이 군자금으로서 필요할 것이라는 작전 참모의 주장이 받아들여졌다. 9월 26일, 정부는 중앙은행의 프랑 지지 중지를 승인했는데, 이는 금본위제의 실질적인 포기였다. 1931년 9월에 영국의 평가 절하로 시작된 금본위제의 해체는 5년 후 거의 비슷한 날짜에 끝이 났다.

조율된 평가 절하

지금까지의 모든 평가 절하는 일방적으로 이루어졌다. 하지만 이제는 평가 절하를 국제적으로 조율해야 한다는 주장이 특히 설득력을 얻었다. 1931년 영국, 1933년 미국과 달리 프랑스는 보복을 두려워할 만했다. 영국이 평가 절하를 했을 때, 다른 주요국들은 여전히 금평가를 유지하고 있었다. 미국이 평가 절하를 했을 때, 영국은 미국의 경쟁력 변화를 상쇄하기 위해 스털리의 가치 하락을 허용할 수 있었다. 하지만 미국 경제는 무역 의존도가 매우 낮은 대규모 경제였기 때문에 루스벨트 행정부는 이를 괘념치 않았다. 그리고 프랑스와 많은 유럽 국가들은 어쨌든 여전히 금본위제를 유지하고 있었다. 이제는 프랑의 가치 하락을 상쇄하기 위해 스털링 가치도 하락할 수 있다고 충분히 생각할 수 있게 되었다. 1934~1935년에 달러의 가치 하락을 상쇄하기 위해 실제로 스털링 가치가 하락한 바 있었다.[65] 달러 가치가 다시 고정되었지만 미국은 금의 국내 통화 가격의 추가 인상 가능성을 배제하지 않았다.

황금 족쇄

영국과 미국이 나선다면, 경쟁적 평가 절하를 통해 프랑스 수출품 가격이 경쟁국의 가격에 비해 하락하는 것을 막을 수도 있었다. 그렇게 되면 프랑의 절하는 팽창적인 통화정책 및 재정정책을 유도하는 한에서만 프랑스 경제에 도움이 될 것이었다. 이 점에서는 통화 절하를 인플레이션에 곧바로 연결시키는 대중들의 인식이 다른 제약 요인으로 작용했다. 1936년 여름의 물가 상승이 인플레이션 공포를 더욱 부채질했다. 블룸 정부는 투자자의 신뢰를 유지하기 위해 비교적 보수적인 입장을 취할 수밖에 없었다. 따라서 경쟁적 통화 절하를 피하는 것이 성공적 평가 절하를 위해 반드시 필요한 것으로 인식되었다.[66]

5년간의 중구난방식 환율 변화가 협상의 길을 마련했다. 1935년 1월에 이미 프랑스는 모든 금블록 통화가 조율된 평가 절하를 하고 그 후에 통화를 안정시키고 무역 장벽을 완화하는 구상을 영국과 논의했다. BIS는 1935년 연차 보고서에서 안정화 옹호론을 다시 펼쳤다. 그해 7월에 BIS 이사들은 환율의 협조적 관리를 지지하는 발표를 했다.

미국과 영국의 상황 역시 협상 분위기를 형성하는 데 일조했다. 영국 관리들은 행동의 자유를 계속 고집하면서도 통화 불안정의 파괴적 효과를 점점 더 걱정하기 시작했다. 이들은 경쟁력 불균형을 제거하고 역투기의 유인을 없애기 위해 프랑의 일회성 평가 절하를 제안했다.[67] 그리고 이들은 스털링의 추가 절하를 필요로 하게 될 미국의 보복 위험을 최소화하기 위해 프랑의 평가 절하가 제한적으로 이루어질 수 있을 것으로 기대했다. 이들은 이 문제를 논의할 의사가 있었다. 하지만 이들은 1933년처럼 3국간 협상이 달러와 프랑 간 균형 회복의 장이 되는 게 아니라 오히려 프랑스와 미국이 공동으로 스털링 안정화를 압박하는 장이 될 수 있다고 우려했다. 영국의 협조를 끌어내기 위해서는 프랑스와 미국의 압박이 강하게 작용해야 했다.

앨빈 핸슨^{Alvin Hansen}이나 제이콥 바이너 같은 미국 국무부와 재무부 자문관들도 통화 불안정의 확산이 미국 경제 회복의 지속을 가로막는 중요한 장애 요인이라고 경고했다. 더욱이 미국 물가가 상승하는 상황에서 인플레이션에 대한 워싱턴의 우려는 점점 고조되고 있었다. 미국 관리들은 프랑의 평가 절하를 인플레이션 유발적인 자국 통화의 평가 절하로 상쇄해야 되는 상황을 피하고 싶었다. 루스벨트 정부는 1935년에 이미 통화 안정에 관해 프랑스와 논의할 의향을 갖고 있었다. 영국 주재 미국대사관 경제 담당관은 미국 정부가 "기본적으로" 환율 안정에 관해 대화할 의지가 있음을 1월에 이미 프랑스 측 담당관에게 전달했다. 재무부 장관 모겐소는 방송 인터뷰에서 더욱 광범한 지역에서의 통화 안정을 협의할 의사가 있음을 재확인했다.[68] 미국은 영국 및 프랑스와 3자 협의를 할 의향은 있었지만, 1933년 런던 회의와 같은 다자 간 안정화 협상에 관한 프랑스의 제안은 회피했다. 6월 20일 프랑스 재무부 장관 뱅상 오리올^{Vincent Auriol}의 특사인 엠마뉘엘 모니크^{Emmanuel Monick}가 미국, 영국, 프랑스뿐만 아니라 다른 모든 관련국들이 참여하는 회의를 워싱턴의 미국 재무부 관리들에게 제안했을 때, 모겐소는 "나는 세계 통화 회의에 앉아 있느니 차라리 창밖으로 뛰어내릴 것이다"고 단호히 말했다.[69]

모겐소가 희망한 것은 20~25%를 넘지 않는 수준에서 프랑스가 단독으로 평가 절하하는 것이었으며, 이에 대해서는 이미 루스벨트의 동의를 얻은 상태였다. 프랑스가 만약 평가 절하 폭을 이 수준으로 억제한다면, 모겐소는 미국이 보복하지 않겠다고 약속할 준비가 되어 있었다. 아마 영국에게도 비슷한 약속을 받아 낼 수 있었을 것이다. 하지만 새로 구성된 인민전선 정부에게 단독의 평가 절하는 수용 불가한 것이었다. 선거 기간에 통화 안정을 지키겠다고 약속했기 때문에 블룸이 이제 와서 25% 평가 절하를 하면 몹시 난처하게 될 것이었다. 하지만 평가의 변경이 국제 합의의 일부인 것처럼 되면, 정부는 혐오해 마지않는 평가 절하 대신에 "통화 조정"이나 "재조정"으로 설명할 수도 있었다. 블룸이나 그의 내각을 위해 그런 합의는 정치적으로 필요했다. 모겐소가 설명한 것처럼, 프랑스 정부는 "(평가 절하를) 포장해서 그것을 프랑스 국민들에게 마치 프랑스의 성과물인 양, 매력적으로 보이게 만들어야만 했다."[70]

다자 회의 제안을 아무도 받아들이지 않자, 블룸과 오리올은 주요 3개 통화에 한정해 협의하자는 제안을 다시 내놓았다. 9월 첫 날, 오리올은 스털링, 달러, 프랑에 대해 제한된 범위의 변동 폭을 명시한 협정문 초안을 회람시켰다. 이 제안에 따르면 세 나라는 상호 합의가 있을 때를 제외하고는 평가 절하하지 않도록 되어 있었다. 양자 간 환율의 안정 유지를 위해 상호 조율된 지원 조치를 하도록 되어 있었다. 위기가 끝난 후에는 금 태환으로 복귀한다는 계획이었다. 미국은 다소 긍정적이었지만, 영국은 이것이 자국의 손발을 다시 묶는 조치라고 생각해서 오리올의 계획을 "가망이 없다"며 거부했다.[71]

시간이 촉박해지자 프랑스는 고정 환율 제안을 철회했다. 그리고 궁극적인 금 태환 복귀 요구 역시 철회했다. 남은 것은 경쟁적 평가 절하와 보복성 무역정책을 하지 않겠다는 세 나라의 의지 표명과, 프랑스의 평가 절하 폭이 수용 가능한 수준이라면 평가 절하를 상쇄하지 않겠다는 암묵적 이해뿐이었다. 프랑스가 국내 정치적 이유 때문에 평가 절하를 정치적 성과물로 "포장"하려고 하면서 3국 간 환율 협상이 시작되었다는 모겐소의 평가는 사실과 크게 다르지 않았다.

런던과 워싱턴에서 문안 검토가 끝난 후, 성명서가 세 나라 수도에서 동시에 발표되었다.[72] 소위 3국 협정Tripartite Agreement의 선언문은 환율 불안정을 최소화하기 위해 주요 3국이 협력할 것을 확약한 것이었다. 이들은 어떤 나라도 앞으로 "비합리적인 경쟁 우위를 확보하기 위해" 환율을 조작하지 않을 것이라고 선언했다. 세 나라 정부는 국제 자유 무역을 유지하고 외환 통제에 반대한다는 점을 재확인했다. 다른 나라도 초청해 비슷한 성명을 발표하고 3국 클럽에 가입하도록 했다.

프랑스 의회가 특별 회기를 소집해 프랑의 평가 절하에 관한 법률을 통과시키는 동안, 외환시장과 주식시장은 1주일간 휴장되었다. 평가 절하는 25%에 그쳤다. 금은 정부 승인을 받은 경우에 한해 수출이 가능했다. 프랑스중앙은행 준비금은 금의 국내 통화 가격 상승을 반영해 상향 조정되었다. 이 자본 이득은 대부분 신설된 외환평형기금 계좌에 예치되었다.

프랑스의 이탈로 금블록 회원국의 잔류 이익도 사라졌다. 스위스와 네덜란드도 곧 프랑스를 따라 금본위제를 포기했다. 다른 국가들은 이 기회에 자신들의 환율을 조정했다. 이탈리아의 리라는 달러 수준으로 절하되었다. 체코의 크라운은 두 차례에 걸쳐 절하되었다. 프랑스 프랑이나 스위스 프랑에 고정되어 있던 터키, 그리스, 라트비아는 스털링 지역에 합류했다. 3국 협정은 새로운 협력 시대의 도래로 묘사되었다. 『뉴욕 타임스』는 "한줄기 빛이 민족주의 먹구름을 뚫고 비쳤다. 국제 협력은 아직도 가능했다"고 적었다.[73] 구체적 성과라고는 한 차례의 경쟁적 평가 절하의 방지에 불과한 합의에 대해 이런 평가는 과찬이었다. 3국 협정은 국제 통화 질서의 재건을 의미하는 것이 아니었다. 주요 양자 간 환율은 안정되지 않았으며 금본위제로의 복귀도 없었다. 그 협정이 생산과 고용 안정을 위한 의미 있는 진전도 아니었다. 팽창적 통화정책 및 재정정책을 조율할 수 있는 국제 합의가 이루어진 것도 아니었다. 관세 장벽도 줄어들지 않았다.

3국 협정을 겉치레, 즉 프랑스가 국내용으로 만들어 낸 공허한 선언 이상이 아니라고 깎아내리는 분위기가 만연했다.[74] 사실 3국 협정은 그 이상이었다. 3국 협정은 프랑스의 평가 절하를 제한하고 평가 절하를 상쇄하기 위한 달러의 평가 절하 필요성을 제거함으로써 35달러라는 금 가격을 공고히 하여 국제체제에 명목 기준을 제시했다. 또한 영국의 상쇄용 평가 절하 필요성을 제거함으로써 프랑스는 외환시장을 재개장한 10월 2일부터 1937년 3월까지 스털링 대비 프랑 환율을 약 105에 고정시킬 수 있었다. 프랑스는 그 이후 다시 환율 절하를 실시했지만, 그때는 안정이 상당 기간 유지된 이후였다.[75]

3국 협정으로 어떤 형태로든 외환시장 개입과 연관된 위험이 줄어들었으며, 정부는 단기적 통화 변동에 더 적극적으로 대응할 수 있었다. 9월 중순에서 10월 중순 사이의 협상에서 처음에는 영국과 프랑스가, 다음에는 미국이 상대국이 획득한 모든 외환을 금으로 상환하겠다고 합의했다. 매일 아침에 3국 외환평형기금은 상대국에 누적된 자국 통화를 그날 마감 시점에 금으로 태환할 경우에 적용할 가격을 발표했다. 이것은 하루 동안의 지지 조작의 위험을 줄이는 효과를 가져왔다.[76]

통화가 지속 가능한 수준에 가깝게 조정됨으로서, 각국 정부는 준비금을 급속히 고갈시키지 않으면서도 개입을 통해 외환 변동을 완화할 수 있었다. 1936~1937년의 겨울 동안, 프랑스는 프랑을 지지하기 위해, 그리고 영국은 스털링의 절상을 억제하기 위해 개입했다. 두 통화의 달러 가격은 상대적으로 안정되어 있었다. 프랑은 1937

년 4월에 다시 한 차례 하락했지만 1938년 말경에 다시 안정을 되찾았다. 스털링은 1938년 하반기에 5달러에서 4.68달러로 하락했지만, 그 외의 시기에는 스털링-달러 환율이 상당히 안정되어 있었다.

따라서 3국 협정 이후 3년 동안 국제금융시장에는 그 이전의 4년 동안에 비해 혼란이 훨씬 적었다. 클라크는 3국 협정 이후 첫 6개월 동안 스털링-달러 환율의 변동 폭이 1934~1935년 혹은 1936년 처음 3분기 동안보다 작았다고 지적한다.[77] 사실 이런 현상은 일반적이었다. 표 12.6의 윗부분에 나타난 바와 같이 1937~1939년 동안 스털링 대비 미국, 프랑스, 벨기에, 네덜란드, 스위스 환율의 변동 폭은 1932~1936년에 비해 평균 절반도 되지 않았다. 유일한 예외가 프랑스 프랑이었는데, 1937년 하반기에 다시 시작된 불안정 때문이었다. 환율 안정성의 제고로 외환시장 거래 참가에 따른 위험이 줄어들었다. 즉 표 12.6의 아랫부분에 나타난 바와 같이 환 리스크 프리미엄(사후적으로 선물 환율과 선물 계약 만기 시점의 실제 현물 환율의 차이로 측정)이 3국 협정 이후에 3분의 1 가량 줄어들었다.[78]

그 결과로 각국 금융시장 간의 정상적 관계가 재정립될 수 있었다. 국제자본시장 통합 정도의 명확한 지표인 이자율 격차의 변동성(표 12.6에서는 런던의 실질 금리와 파리, 브뤼셀, 암스테르담, 취리히, 뉴욕의 실질 금리 간의 차이로 측정) 역시 1936년 이후 3분의 1이 감소했다.[79]

프랑의 평가 절하와 그에 따른 통화 조정은 금본위제 시대의 종말을 초래했다. 주요 통화 중 금에 여전히 고정된 통화는 미국 달러뿐이었다. 다른 나라들은 금시장과 외환시장에서 자유로운 거래를 허용하지 않았다. 1937년 외환 통제를 실시하지 않으면서 대공황 이전의 금 평가를 유지한 유일한 나라는 알바니아뿐이었다는 사실이, 금본위제의 종말을 가장 상징적으로 웅변하고 있었다.[80]

황금 족쇄

표 12.6 **3국 협정 전후의 환율 및 이자율 변동성**

	평균		표준 편차	
	전	후	전	후
현물 환율 변화율				
미국	2.17	0.46	3.42	0.43
프랑스	1.28	1.90	1.34	3.85
벨기에	1.86	0.47	4.59	0.44
네덜란드	1.33	0.46	1.31	0.57
스위스	1.35	0.40	1.33	0.43
합계	1.60	0.74	2.76	1.77
환 리스크 프리미엄				
미국	-1.92	0.24	7.44	1.39
프랑스	1.86	-3.68	2.77	7.90
벨기에	-0.87	1.10	9.38	2.33
네덜란드	1.70	0.07	2.87	1.29
스위스	1.63	0.03	2.80	1.14
합계	0.48	-0.45	5.78	3.81
실질 이자율 격차				
미국	0.62	0.07	1.33	1.12
프랑스	-1.64	-1.13	2.21	2.04
벨기에	-1.46	-1.12	2.18	1.23
네덜란드	-0.87	0.49	2.07	0.93
스위스	-1.09	-0.32	1.36	1.05
합계	-0.89	-0.40	1.87	1.33

주: 3국 협정 이전 기간은 1932년 1월에서 1936년 8월까지이며, 이후 기간은 1936년 10월부터 1939년 6월까지이다.
출처: 본문 참조.

후유증

다른 나라의 선례대로라면, 프랑스는 평가 절하와 더불어 대공황에서 벗어났어야 했다. 하지만 당시 그 정책의 지지자들은 실망했다. 파리의 실질 주가는 1936년에서 1937년 사이에 상승은커녕 10%나 하락했다. 산업 생산은 기껏해야 하락을 멈춘 정도였다. 프랑스 산업 생산은 1936년 4사분기에서 1937년 2사분기 사이에 분기 평균 2% 상승한 후에 1937년 3사분기에는 대공황 이전 수준으로 다시 하락했다. 2차 회복 역시 멈췄다. 1938년 초가 되어서야 산업 생산은 1936년 3분기 수준에 다시 근접했다. 평가 절하 이후, 실업의 일부 감소와 자본재 생산의 일부 증가가 나타났다. 하지만 금본위제에서 먼저 이탈한 다른 나라와 비교하면, 그 개선의 정도가 작았다.

프랑스의 대외 포지션에서도 개선이 없었다. 프랑스의 무역수지는 1936~1937년에 급격히 악화되었다. 평가 절하 후 4개월 동안 자본 도피가 다시 나타났다. 당국이 개입하여 프랑의 절하 폭을 억제했다. 하지만 프랑스중앙은행의 준비금은 계속 감소했으며, 결국 정부는 중앙은행에 대한 차입정책을 포기할 수밖에 없었다. 1937년 6월, 블룸은 법령권을 요청했다. 이 요청은 거부되었고, 정권은 붕괴되었다. 다시 주식시장이 폐쇄되었다. 정부는 다시 프랑을 절하했지만 대외수지는 회복되지 않았다.

이 프로그램이 실패한 이유에 대해 인민전선은 우파의 적대성을 강조했다. 정치 지도자들의 주장에 따르면, 프랑스의 평가 절하가 영국에 비해 효과가 작은 이유는 산업계와 금융계의 이익 집단들이 평가 절하를 단행한 좌파 정부의 발목을 잡았기 때문이라는 것이다.[81] 예금자들은 자금을 국내에서 사용하지 않고 자산을 해외로 계속 빼돌렸다. 제조업자들은 평가의 변화로 프랑스 경제의 경쟁력이 회복된 다음에도 투자 프로젝트를 진행하려고 하지 않았다. 투자의 소극적 반응이 프랑스 평가 절하에서 가장 특이한 점이었다. 1933년 미국의 경우, 평가 절하 이후 한 분기 동안 투자재 생산이 50% 이상 증가했는데, 이에 비해 프랑스 투자는 1936~1937년에 회복되지 않았으며 1938년에는 다시 하락했다.

정부에 비판적인 사람들은 예금자와 투자자들의 불신에는 충분한 이유가 있었다고 주장한다. 블룸 행정부는 평가 절하 후 한 해 동안 대규모 재정 적자를 기록했다. 반대파에 따르면, 투자자들은 금본위제 제약의 소멸로 이렇다 할 부양 조치의 채택이 가능해졌다기보다 인민전선 정부가 무책임한 재정정책 및 금융정책을 위해 모든 수단을 사용할 수 있는 길이 열린 데 대해 걱정했다. 평가 절하와 재정적자가 경기를 촉진한 것이 아니라 인플레이션과 금융 혼란 그리고 자본 도피의 우려를 고조시켰다. 정부 비판론자들에 따르면 서툰 통화정책과 금융정책이 신인도 위기를 악화시켰다. 프랑을 낮아진 새로운 수준에서 조기에 안정시키는 데 실패하자, 자본 도피의 방향을 역전시키기가 훨씬 더 어려워졌다.[82]

3년 전 미국의 경험과 비교해 보면, 이런 설명들에 의문이 든다. 미국의 평가 절하는 경제를 성공적으로 회복시키는 계기가 되었다. 하지만 루스벨트 프로그램에 대한 불확실성이 처음에는 블룸 정부의 불확실성만큼이나 팽배해 있었다. 루스벨트의 노동시장 및 상품시장 개입이 광범위했다. 달러는 낮아진 새로운 수준에서 곧바로 안정되지 않았다. 미국 연방 정부의 예산 적자는 1932년에는 지출의 59%, 1933년에는 57%로 GNP의 약 5% 수준이었다. 이 점에서 프랑스 역시 상당히 비슷했는데, 1936년에는 지출의 30% 혹은 GNP의 7%였으며 1937년에는 각각 32%와 7%였다.[83] 사실 1930년대에 평가 절하를 한 대부분의 나라들이 상당한 규모의 재정 적자 상황에서 평가 절하를 했다. 프랑스가 결코 특별한 사례가 아니었다.

프랑스가 평가 절하에 실패한 더 중요한 원인은 다른 경제정책에 있었다. 이런 정책들은 경제에 대규모의 부정적 공급 충격을 주었다. 임금 상승 압력은 끝이 없었다. 마티뇽 합의 직후 파업이 주춤했지만 그다음 해에 파업이 다시 시작되었다. 1936~1937년에 주당 평균 노동 시간은 46시간에서 40시간 남짓으로 떨어졌다.[84] 노동자들은 노동 시간 단축에 따른 주당 수입의 하락을 막기 위해 시간당 임금의 추가 인상을 요구했다. 파리와 인근 지역에서는 시간당 임금이 1936년 6월을 100으로 할 때 1936년 9월에는 115, 1936년 12월에는 121, 1937년 3월에는 150, 1937년 6월에는 159로 상승하였다. 파리 이외 지역의 경우, 상승 폭이 이보다 낮기는 했지만 그래도 높은 수준이었다.[85] 임금 상승률이 같은 기간의 물가 상승률을 항상 앞질렀다. 통화가 절하된 나라에서 흔히 나타나는 것과는 달리, 1936~1937년에 파리에서는 실질 임금이 떨어진 것이 아니라 오히려 급격히 상승했으며, 다른 지역에서는 완만하게 상승했다(그림 12.7 참조).

정상적이라면 주당 노동 생산성 상승의 일부는 주당 노동 시간 하락과 관련 있었을 것이다. 1936~1937년에는 노사 갈등 때문에, 혹은 국제연맹의 중화된 표현에 따르면 "노동자와 고용주 간 호의적 관계의 결여" 때문에, 생산성 상승이 최소화되었다.[86] 노동 생산성의 상승은 실질 노동 비용의 상승에 비하면 보잘것없었다.[87] 기업은 노동 비용 상승을 이겨 내기 위해 할 수 있는 노력을 다했지만, 국내 규제와 국제 경쟁 때문에 그럴 여지가 별로 없었다.

결국 블룸 정부가 실시한 프랑의 평가 절하는 디플레이션으로 야기된 두 가지 기본적 왜곡, 즉 실질 생산비 상승과 이윤율 하락을 역전시키는 데 실패했다. 임금 상승이 비용 상승 압력을 야기한 상황에서 생산 확대의 유인이 거의 없었다. 비용이 물가 상승 압력을 유발하고 있었기 때문에 교역 조건의 개선도 거의 없었다. 따라서 수출 증가도 거의 없었다. 이윤율도 개선되지 않았기 때문에 투자를 늘릴 유인도 거의 없었다. 물가 상승, 무역수지 악화 및 환율 상승에 대한

황금 족쇄

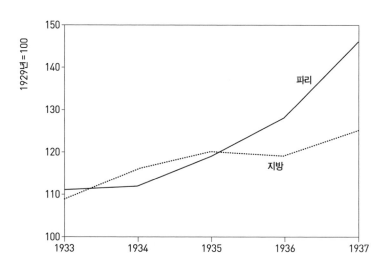

그림 12.7 **1933~1937년 프랑스의 실질 임금.**

프랑스의 통화 절하는, 다른 나라의 경우와는 달리, 실질 임금과 생산 비용의 유의미한 하락을 가져오지 않았다.

출처: ILO Yearbook(1938), 357쪽.

정부의 대응은 재정 축소였다. 수요 압력에 대응해 공급을 촉진하는 것이 아니라 공급 제약을 수용하기 위해 수요를 줄였다.

미국과의 비교는 다시 한 번 흥미로운 점을 보여준다. 전국산업부흥법의 규정들은 달러의 평가 절하 이후 미국의 임금과 물가 인상에 기여했다. 미국 제조업의 시간당 평균 임금은 1933년에서 1934년 사이에는 20%, 1934년에서 1935년 사이에는 2% 상승했다. 도매 물가는 이 두 해 동안 각각 14%와 7% 상승했다.[88] 이 수치들에 따르면 실질 임금은 1933~1934년에 6% 상승한 후 1934~1935년에 5% 하락한 것이다. 미국 경기가 회복하기 시작하면서 노동 생산성이 높아졌다고 가정하면 혹은 적어도 노동 생산성이 하락하지는 않았다고 가정하면, 미국의 단위 노동 비용 상승은 평가 절하 이후 프랑스의 노동 비용 상승의 극히 일부에 지나지 않았다.

새로운 국제 환경

전 세계 산업 생산은 몇 해 동안 꾸준히 상승한 후 1937년 초반에 하락으로 반전했다. 그해 4사분기에는 고용도 감소하고 있었다. 침체는 1938년까지 지속되었으며 그 후 성장이 재개되었다.

프랑스의 문제가 세계적 침체의 한 요인이었지만, 미국에서 비롯된 경기 위축 충격이 훨씬 중요했다. 미국은 여전히 세계 다른 지역 수출품의 7분의 1 이상을 구매하고 있었다. 미국은 단일 국가로는 최대의 자본 수입국이었다. 1937년에 미국은 본격적인 침체를 겪고 있었다. 1929년과 마찬가지로 미국의 경기 둔화가 특히 심각했다. 1937년 8월에서 1938년 1월 사이에 미국의 산업 생산은 약 30% 하락했는데, 이는 벨기에를 제외한 다른 공업국보다 4배 이상 빠른 것이었다.[89]

미국 불황에 대한 일반적 설명은 과도한 재고의 누적이었다. 미국의 경제 분석가들은 기업가들의 과도한 낙관주의 때문에 기업들이 수요에 앞서 생산을 늘렸다고 주장했다. 자동차, 철강 및 섬유 산업에서 재고가 급격히 증가했다. 결국 재고가 과도하다는 것이 인식되자, 생산 규모가 축소되었다. 그 결과로 불황은 불가피했다.[90]

사실, 재고 누적이 불황의 근본 원인인가에 대해서는 의심의 여지가 있다. 과도한 재고는 독립된 원인이라기보다 오히려 경기 둔화의 결과라고 할 수 있다. 수요 증가세가 둔화되자, 기업은 재고를 늘렸고, 이것이 결국 생산 감축을 가져왔다.[91]

재고 과잉을 낳은 수요 둔화의 원인은 무엇이었을까? 그 답은 경제정책이었다. 1937년 12억 달러에 이르는 철도 부문의 고령자 은

퇴 및 실업 신탁 기금세는 그해 연방 재정 적자의 45%에 해당하는 규모였다. 1936년에 소비 지출을 촉진시킨 17억 달러 규모의 참전 군인 지원금은 1937년에는 없었으며, 다른 형태의 공공 지출이 이것을 대체하지도 않았다. 재정정책이 중립적이었다면, 불황기에 조세 수입은 감소하고 소득 유지를 위한 지출은 증가해서 재정 적자가 더 확대되었을 것이다. 사실, 연방 재정 적자는 1936년 44억 달러에서 1937년 27억 달러로 줄어들었다. GNP 대비 비중은 5.3%에서 3.0%로 하락했다. 불변고용재정수지라는 개념을 고안한 E. 캐리 브라운^{E.} Cary Brown의 계산에 따르면, 이 수지는 1936년 50억 달러에서 1937년에는 6억 달러로, GNP 대비 비율로는 2.5%에서 0.1%로 바뀐 것으로 나타났다.[92]

재정 측면에서의 이런 변화와 더불어 통화정책도 더욱 긴축적인 방향으로 변했다. 1935년 가을부터 연방공개시장위원회는 초과 준비금으로 인한 인플레이션의 가능성에 대해 우려를 나타내기 시작했다. 1935년 하반기와 1936년 초의 연준이사회에 제출된 일련의 자료들은 은행시스템의 유동성 누적으로 언제든 인플레이션이 다시 시작될 수 있다고 경고했다. 1935년 연차 보고서에서 이사회는 다음과 같이 지적했다. "적어도 이 초과 준비금의 일부를 흡수할 수 있는 조치를 가능한 한 빨리 취해야 한다는 것이 위원회의 의견이다. 이것은 신용의 추가 확대를 억제하기 위한 것이 아니라 신용 팽창이 과도해졌을 때 연준이 효과적으로 조치를 취할 수 있는 상태로 만들기 위한 것이다."[93] 상품 가격이 급격히 상승하는 상황에서 연준은 필요 준비금 비율을 1936년 8월에 50% 그리고 1937년 초에 다시 50% 인상했다. 동시에 재무부는 금과 자본 유입의 불태화를 한층 강화했다.

1929년과 같이 1937년에도 세계 경제에 주된 불안정 요인을 준

것은 미국이었다. 하지만 1937년의 결과는 달랐다. 1929~1930년에는 미국의 산업 생산이 약 20% 감소하고 유럽에서는 약 10% 감소했다. 1937년 1분기와 2분기 사이에 미국의 산업 생산은 12% 이상 떨어졌지만, 유럽의 산업 생산 감소 폭은 1.5%에 불과했다. (유럽 수치에서 소련은 제외되었다. 그림 12.8 참조.) 1929년과 1937년의 차이가 국제 경제 내 미국 지위의 하락에서 비롯된 것은 아니었다. 1937년에도 미국은 여전히 세계 최대 상품 수입국이었다. 1937년에 미국이 흡수한 금의 양은 다른 흑자국을 모두 합한 것보다 2.5배나 많았다. 하지만 1937~1938년 미국의 불황은 1929~1930년에 비해 다른 나라에 미친 충격이 훨씬 더 작았다.

이런 차이의 원인은 단순하다. 다른 나라들은 금본위제에서 해방되어 있었기 때문에 미국의 디플레이션 조치에 디플레이션 조치로 똑같이 대응할 필요가 없었다. 북미의 통화 공급 증가율은 1936~1937년 0%로 떨어졌지만, 유럽의 통화 공급은 1935~1936년보다 약간 낮은 수준인 연간 약 7%로 계속 증가했다(표 12.7 참조).

미국 외의 다른 지역에서는 대폭적인 재정 긴축도 없었다. 영국은 1937년에 야심 찬 군사 지출 프로그램을 시작했는데, 그중 4분의 1은 정부 차입을 통해 재원이 마련됐다. 재무장에 재정 지출의 상당 부분을 쏟은 독일과 일본에서 재정 지출은 높은 수준을 유지했다. 이런 나라들이 계속 금본위제를 유지했더라면, 이런 규모의 군사비 지출은 불가능했을 것이다.[94] 결국 미국의 불황은 영국, 독일, 일본의 경기에 이렇다 할 영향을 미치지 않았다.

1937년에 미국의 금 수요는 거의 전적으로 프랑스와 일본, 두 나라에 의해 충족되었다. 이 두 나라는 금 감소에 대응해 디플레이션 조치를 하지 않고 통화의 절하를 용인했다. 중남미 국가들은 1937년

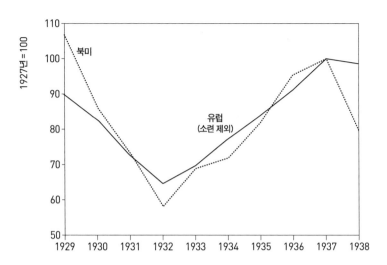

그림 12.8 **1929~1938년 유럽과 북미의 산업 생산.**
1929~1932년과 달리, 1937~1938년 유럽의 산업 생산은 북미의 산업 생산과 유사한 추세로 변동하지 않았다. 유럽의 정책 결정자들은 금본위제 포기로 얻은 행동의 자유를 이용하여 미국보다 더 팽창적인 정책을 채택했다.
출처: League of Nations(1938a), 103쪽.

하반기 동안에 환율의 대폭 절하를 용인했다. 중부 유럽 및 동유럽 뿐만 아니라 몇몇 중남미 국가도 외환 통제를 강화해 대외 충격에서 스스로를 더욱 보호했다. 1938년 하반기에 환율 절하는 스털링 지역으로 확산되었다. 이런 환율 변화 덕분에 미국의 디플레이션과 세계 다른 지역의 팽창정책이 양립 가능할 수 있었다.

피상적으로 보면 1929년과 1937년의 유사성은 놀라울 정도였다. 1929년처럼 미국은 세계 경제에 불안정 요인을 던졌다. 미국의 긴축정책은 경기 둔화와 1937년 10월 19일 주식시장 붕괴로 이어졌다. 하지만 이번에는 침체가 공황으로 치닫지는 않았다. 1938년 하반기에 들어서 미국과 다른 나라의 생산은 다시 상승 추세로 전환했다.

표 12.7 M1 증가율의 변화(단위: % 포인트)

	1935~1936년	1936~1937년
북미	17.61	-0.07
중남미	12.36	4.37
유럽	8.83	6.56
극동	9.08	10.24

주: 모든 수치는 개별 국가의 단순 평균임. 북미: 캐나다, 미국. 중남미: 아르헨티나, 브라질, 칠레, 콜롬비아, 우루과이, 베네수엘라, 엘살바도르, 멕시코. 유럽: 벨기에, 프랑스, 네덜란드, 폴란드, 스위스, 오스트리아, 독일, 불가리아, 체코슬로바키아, 헝가리, 이탈리아, 유고슬라비아, 덴마크, 핀란드, 노르웨이, 스웨덴, 영국, 아일랜드. 극동: 호주, 뉴질랜드, 일본.
출처: 국제연맹, 『통화 및 중앙은행 비망록』(각 호).

미국의 정책 담당자들이 경험에서 배운 것이 한 이유가 될 수 있었다. 연방 지출이 증가했으며, 경기 둔화에 대응해 재무부의 금 불태화 프로그램이 중지되었다. 새로운 은행 규제 안전망이 금융 위기의 확산을 막았다. 또 다른 이유는 세계적으로 군사비 지출이 급격하게 증가함으로써 생긴 부양 효과에서 찾을 수 있을 것이다. 하지만 핵심적 요인은 다른 나라들이 더 이상 이열치열로, 즉 디플레이션에 대해 디플레이션으로 맞서는 식으로 대응할 필요가 없었기 때문이었다. 이제 이들은 황금 족쇄에서 해방되었기 때문에 미국보다 더 팽창적인 정책을 추구하는 것이 가능했을 뿐이다.

| 제13장 |

결론

금본위제 작동의 문제점과 유례없는 실업률 상승은 1930년대 경제 위기의 두 가지 주요 측면 이상이었다. 두 가지는 서로 얽혀 서로를 강화하는 방식으로 연결되어 있었다. 이것이 이 책의 핵심 주제이다. 금본위제의 문제점은 1929년에 시작된 생산 급감과 실업 증가의 직접적 원인이 되었다. 생산과 고용의 연쇄적 하강은 금본위제의 작동을 더욱 어렵게 만들면서 경기를 더욱 위축시켰다. 하지만 독감을 앓고 있는 환자의 고열처럼, 증세의 심각성이 임박한 회복을 알리는 시점이 다가왔다. 생산과 고용 급감이 극도로 심해지면서 금본위제가 더 이상 유지 불가능하게 되었다. 국제 무대에서 금본위제 장치가 사라지자 경기 회복이 시작되었다.

전간기 금본위제가 가진 문제들은 금본위제의 작동 환경을 1차 대전 이전 상황과 비교할 때 비로소 이해할 수 있게 된다. 1차 대전 이전의 국제통화체제의 작동은 금 태환성 유지 의지에 대한 신뢰와 국제 협력에 달려 있었다. 이 신뢰는 중앙은행가나 다른 정부 관리들이 정책을 잠재적으로 양립 불가능한 목표들에 맞추라는 압력에서 자유로웠기에 유지될 수 있었다. 그런 독립성은 통화정책과 실업 간의 관계가 명확히 이해되지 않았음을 의미했다. 국제통화정책이 국내에 미치는 영향에 대해 가장 큰 관심을 가진 사람들은 아직은 정치적 영향력이 미미했다. 전간기에 통화정책 결정자들에게 조율된 그리고 때로는 고통스러운 대응을 요구하며 금본위제를 송두리째 뒤흔들었던 것과 같은 종류의 재정적 혼란은 1차 대전 이전에는 흔치 않았다.

전쟁 이전의 금본위제 유지 의지에 대한 신뢰는 당시의 독특한 정치적 경제적 상황 덕분이었다. 하지만 금본위제의 지속은 한편으로는 국제 협력에 달려 있었다. 비상 시기가 아닐 때에도 금본위제의 원활한 작동을 위해서는 중앙은행들의 정책 조율이 필요했다. 위기 시에는 약세 통화 지지를 위해 집단적 지원이 필요했다. 집단적 지원을 통해 가장 취약한 상황에 빠진 나라를 지원함으로써, 위기가 불안정한 구조물 전체를 붕괴시킬 수 있는 위험을 최소화했다. 종종 안정화 개입에 필요한 재원이 금본위제를 유지하는 어느 한 나라가 보유한 재원을 초과했기 때문에 집단적 지원이 필요했다. 사실, 대부분의 심각한 위기 상황에서 공격 목표가 된 것은 정상 시기에 최강의 지위를 차지하고 있던 잉글랜드은행이었다.

이런 설명은 고전적 금본위제가 최근 문헌들이 전형적으로 묘사하는 것보다 사실은 더 다극적인 체제였음을 의미한다. 하지만 모든 나라와 모든 통화가 동등했다는 뜻은 아니다. 조지 오웰George Orwell의 『동물 농장Animal Farm』에 나오는 표현을 빌리자면, 어떤 통화는 다른 통화보다 더 평등했다. 하지만 "가장 평등한" 통화, 즉 영국의 파운드조차 때로는 해외의 집단적 지원이 필요했다. 국제 협조가

황금 족쇄

없었다면 고전적 금본위제의 마지막 사반세기 동안 스털링의 금 태환이 최소한 두 번은 중지되었을 것이다. 잉글랜드은행의 태환 중지가 국제금본위제에 치명적 타격이 되지 않을 수도 있었을 것이다. 하지만 그런 조치가 있었다면 투자자들이 스털링 잔고를 보유하고 외국 정부가 스털링 준비금을 보유하려는 욕구가 분명히 약화되었을 것이다. 그 이후에 국제금본위제의 작동 방식은 매우 달라졌을 것이다. 따라서 1913년 이전에 금본위제 작동에서 영국과 잉글랜드은행이 독특한 역할을 했다고 가장 강력히 주장하는 사람들조차 국제 협력의 중요성을 인정해야 한다.

하지만 필요한 상황이 있을 때마다 국제 협력이 자동으로 이루어지지는 않았다. 오랜 기간의 학습과 적응을 거친 후인 1차 대전 직전의 수십 년 동안에만 국제 협력이 빈번히 이루어졌다. 1920년대와 달리, 전쟁 채무와 배상금의 실타래처럼 국제적 분열을 유발하는 논란거리가 없었기 때문에 국제 협력이 가능했다. 통화정책 결정자들이 정치적 압력으로부터 독립성을 유지할 수 있었기 때문에 중앙은행 간 협력에 대한 내부 반대는 약했다. 오랜 기간에 걸쳐 형성된, 금융 관리에 관한 공통된 인식이 국제 통화 협력을 가능하게 한 틀이 되었다. 따라서 국제 협력의 정도는 19세기 및 20세기 초의 고유한 정치적, 경제적, 지성적 환경이 어우러져 형성된 독특한 구조에 의존하고 있었다.

1차 대전은 이런 환경을 바꿔 버렸다. 정치적 압력으로부터의 중앙은행의 독립성이 훼손되면서 금본위제 유지 의지의 신뢰성도 훼손되었다. 전후 유럽의 인플레이션 및 안정화 경험을 거치면서 긴축적 통화정책과 실업 사이의 연결고리에 대한 명시적 분석이 정립되어 널리 알려졌다. 이런 분석의 구체적 내용은 나라마다 달랐지만,

이런 분석이 이루어진 모든 곳에서 통화정책이 국내 경제 상황에 영향을 미칠 수 있다는 인식이 강해졌다. 고금리와 신용 수축으로 피해를 입는 개인과 집단들은 그런 정책의 실행에 점점 더 강력히 저항했다. 노동자 계급의 정치적 영향력 증가로 인해 통화정책의 목표를 고용에 맞추어야 한다는 압력이 높아졌다. 재정 불균형과 분배상의 갈등은 통화정책 결정자들의 중압감을 더욱 증폭시켰다.

금본위제 유지 의지의 신뢰성에 그림자가 드리워졌다. 민간 자본이 1차 대전 이전처럼 안정화의 방향으로 움직이는 경향이 더 이상 나타나지 않았다. 시장이 정부 개입의 필요성을 최소화하는 것이 아니라 오히려 정책 당국이 표명한 의지를 성급히 그리고 반복적으로 시험했다.

그런 시험들 때문에 국제 협력이 한층 더 필요해졌다. 하지만 과거에 이런 협력을 가능하게 했던 결정적 전제조건들이 전쟁으로 모두 와해되었다. 전쟁 채무와 배상금을 둘러싼 국가 간 정치적 대립이 온갖 소용돌이를 일으켰다. 전쟁 경험에서 촉발된 정치 개혁으로 정부의 지위가 약화되었다. 즉, 전후 행정부는 정치적 지지를 위해 특정 이해관계 집단에 의존해야 하는 상황이었기 때문에, 국제적 양보에 대한 내부의 반대를 극복하기가 점점 더 어려워졌다. 전쟁 동안 혹은 그 이후에 각국이 인플레이션에 대해 서로 다른 경험을 했기 때문에 상반된 인식 틀을 형성하게 되었는데, 이런 차이가 국제 통화 문제에 공동으로 대응하는 합의를 가로막는 장애물로 작용했다.

이런 변화 때문에 금본위제가 대공황으로 난타를 당했을 때 그 충격을 버틸 수 없었던 것이다. 하지만 대공황은 금본위제 작동과 관계없이 단순히 1929년에 불쑥 나타난 불운이 아니었다. 그 이전의 금본위제 작동이 대공황의 발발에서 중요한 역할을 했다. 문제의 근본 원인은 1차 대전에 있었다. 이 전쟁이 1920년대 전 시기를 관통한 국제 결제 패턴의 불균형을 낳았다. 이 불균형이 국제통화체제의 압박을 크게 가중시켰다. 전쟁으로 미국의 경쟁력이 강화되었으며 미국은 순 대외 채무국에서 순 대외 채권국으로 변모했다. 전쟁의 결과로 배상금과 전쟁 채무 상환 자금이 서쪽으로 흘러가는 구조가 형성되었다. 전쟁은 미국의 국제수지 포지션을 근본적으로 강화한 반면에 세계 다른 지역의 국제수지는 약화시켰다. 따라서 국제 결제 패턴과 전간기 금본위제의 안정성은 미국이 자국의 국제수지 흑자를 재환류하려는 의지가 있느냐에 달려 있었다.

1928년에 연준이 통화 긴축을 하고 미국의 해외 대부가 감축되었을 때 국제통화금융시스템이 압박을 받았다. 미국에서 유럽 및 중남미로의 자본 유입이 사라지자, 외국의 국제수지 적자가 확대되었다. 준비금 감소로 어려움을 겪고 있던 중앙은행들은 긴축 외에 다른 방법이 없었다. 이미 국제수지 포지션이 취약해진 나라들에서는 가장 급격한 조치가 필요했다. 일반적으로 대부분의 다른 나라들은 미국보다 더 취약한 국제수지 상황에 있었다. 연준의 통화 긴축은 이미 취약해진 외국의 국제수지 상황에 추가 압박을 가했으며, 그 결과로 다른 나라에서는 훨씬 더 심각한 통화 긴축이 촉발되었다. 단순히 미국의 통화정책 변화만이 아니라 일련의 사건들이 결합되면서 1929년 경기 하강의 토대가 형성되었다.

이런 사실을 인식하면 지금까지 잘못 이해된 대공황의 여러 측면들이 꼭 맞아떨어지게 된다. 예를 들어 미국의 경기 하강이 가시화되기 전부터 이미 자본 수입국에서 경기가 둔화되고 있었던 이유는, 미국 정책과 국제 결제 패턴의 불균형 사이의 상호작용으로 인해 다른 나라도 1928년에 훨씬 더 긴축적인 통화정책을 채택하고 연준보다 훨씬 더 급격히 정책을 전환할 수밖에 없었기 때문이다. 또 다른 예를 들자면, 미국의 경기 하강은 시작 단계에서 매우 심각했기 때문에 먼저 시작된 다른 나라의 침체가 미국 수출의 때이른 감소로 이어졌다.

마찬가지로 금본위제라는 제약이 한 역할을 이해하면, 대공황이 진행된 이후에 통화 및 재정 당국이 대응 조치를 취하지 않은 이유도 이제 알 수 있게 된다. 일방적으로 공공 지출을 확대하고 통화 및 신용을 추가로 공급하는 조치는, 국제수지 적자 상태에 있지 않은 국가에서는 국제수지 적자를 초래하고 이미 적자 상태에 있어 중앙은행이 대응 노력을 하고 있던 나라에서는 적자를 더욱 확대시킬 것이 분명했다. 어느 경우든 금 태환은 위협을 받게 될 것이다. 어려움에 빠진 은행시스템에 유동성을 공급하는 것조차 정부의 금본위제 유지 의지를 의심하게 만들 수 있었다. 이러한 의심은 은행 예금의 유출을 유발해 국내 금융 불안정 문제를 한층 악화시켰을 것이다. 막대한 금 준비금을 보유하고 있던 연준과 프랑스중앙은행은 다른 중앙은행들만큼 즉각적으로 위협을 받지는 않았다. 하지만 이들의 운신의 폭 역시 매우 한정되어 있었다.

이 지점에서 국제 협력이 작동했어야 했다. 확장적 조치들을 국제적으로 조율했다면 각국 정부는 경기 부양과 금 태환 유지 사이의 진퇴양난에서 빠져나올 수 있었을 것이다. 그리고 국제적 차관을 제공함으로써 곤경에 따진 은행시스템에 대한 유동성 공급을 원활히 할 수 있었을 것이다. 하지만 국가 간의 정치적 대립, 국내 정치의 제약, 상호 모순된 인식 틀 등이 협력을 가로막는 넘을 수 없는 장애물이 되었다. 협력에 실패한 상황에서 금본위제의 포기가 경기 회복에 필요한 전제조건이 되었다.

이들이 황금 족쇄를 벗어던져 버리자 정책 담당자들이 이용할 수 있는 정책 선택지들이 새로 나타났다. 이들은 통화 공급을 확대할 수 있었다. 그리고 곤경의 징후가 나타나면 바로 은행시스템에 유동성을 공급할 수 있었다. 정부 지출 수준을 올릴 수 있었다. 각국은 환율에 대한 충격을 상쇄하기 위한 외국 정부의 지원 없이도 이런 조치들을 일방적으로 취할 수 있었다.

중요한 것은 평가 절하 자체가 아니라 확장적 정책이었는데, 금본위제의 포기로 이런 정책의 채택이 가능해졌다. 1930년대의 연쇄적 평가 절하가 2국 간 환율의 지속적 변화 없이도 긍정적인 효과를 낳은 이유가 바로 여기에 있었다. 연쇄적 평가 절하로 1937년이 되면 통화들 사이의 상대 가격은 사실 1931년 수준으로 되돌아갔다. 이런 긍정적 효과는 평가 절하 이후에 각국이 취한 확장적 정책이 국내 경제를 안정화하는 영향을 준 것에서 비롯되었다. 확장적 조치가 이루어진 경우에는 그런 정책 변화를 통해 얻은 대내 이득이, 평가 절하 때문에 무역 대상국에 입은 피해보다 더 컸다. 이것은 금본위제를 포기한 모든 나라에서 마찬가지였기 때문에, 결국 모든 나라가 금본위제를 포기한 시점에서는 세계 경제 전반의 경기가 촉진되었다.

금 태환을 중지한 정부가 부양 조치를 취할 것이라는 보장은 없었다. 금본위제의 포기로 부양 조치가 가능해졌지만, 반드시 그렇게 해야 하는 것은 아니었다. 회복을 위해서는 금본위제 법령뿐만 아니라 금본위제의 정신도 버려야 했다. 정부가 그런 정신을 버리고 조심스럽게 확장적 조치를 시험하기 위해서는 금 태환 중지 후 대체로 6개월에서 1년의 시간이 필요했다. 일부 국가의 정책 담당자들은 부양정책의 모든 가능성을 배제한 채 엄청난 기간 동안 금본위제 방어에 노력을 쏟았다.

대공황에 대한 경제정책 대응에서 이처럼 국가별로 차이가 있었던 데는 정치적 동맹의 변화에서도 일부 이유를 찾을 수 있다. 하지만 단순히 채권자와 채무자의 수를 늘어 놓거나 교역재 및 비교역재 생산자들의 정치적 영향력을 가늠하려고 하면, 1930년대 경제정책 결정의 배경이 되는 정치경제학의 특수성을 놓치게 된다. 1930년대에 금본위제에 매달릴지 아니면 답답한 외환 통제를 실시하는 대신에 자국의 환율 절하를 용인하고 부양 조치를 취할지를 결정한 것은 10년 전 인플레이션 경험이었다. 1920년대 내내 인플레이션에 시달린 나라들은 통화 절하의 수용과 통화 공급 확대를 꺼렸다. 20세기의 가장 파국적인 디플레이션이 진행되는 와중에도 이 나라들은 통화 절하와 통화 팽창을 계속 인플레이션과 연결시켰다. 다른 나라에서 평가 절하와 팽창정책이 긍정적 효과를 낳고 있음을 보여주는 부정할 수 없는 증거를 보고서도 이들은 평가 절하와 팽창정책을 줄기차게 거부했다.

하지만 대공황의 심도와 지속성을 정책 결정자들의 근시안적 사고의 탓으로만 돌리는 것은 충분히 만족스러운 설명이 되지 않을 뿐만 아니라 또 사실과도 다르다. 이 나라들의 정책 담당자들이 금본위제 포기를 거부한 것은, 포기할 경우에 인플레이션이 재발할 수도 있다는 합당한 우려 때문이었다. 1920년대의 오랜 인플레이션은 소득 분배와 세금 부담을 둘러싼 치열한 대립의 부산물로서 사회를 병들게 했다. 선거제도의 구조 때문에 약체 정부가 연이어 들어선 나라에서는 이런 소모적 분배 전쟁을 평화롭게 끝내기가 특히 어려웠다. 인플레이션 비용이 인내할 수 없는 정도에 이르러서야 휴전이 선언되었다.

금본위제의 재건으로 분배를 둘러싼 이해관계 집단 간의 협약

황금 족쇄

이 확정되었다. 금본위제는 예산정책에 대한 암묵적인 행동 준칙을 동반했다. 금본위제의 재건이 중앙은행 독립성을 보장한 것은 아니지만 독립성을 높이는 데는 기여했다. 그리고 분배상의 결과가 명확한 정책의 형성을 규정하지는 않았지만, 최소한 방향을 제시하는 제도적 장치들은 만들어졌다.

금본위제를 포기하면 1936년 프랑스의 경우처럼 이 문제들의 고삐가 다시 풀릴 수 있었다. 정부가 약한 나라에서는 집권 행정부가 정치적 지지를 대가로 다양한 특수 이해관계 집단에게 양보를 할 수밖에 없었기 때문에 그럴 위험이 특히 높았다. 강한 정부냐 약한 정부냐는 많은 요인이 좌우했는데, 그중에서도 선거제도의 구조가 특히 중요했다. 전간기 동안 정부 불안정과 분배 갈등을 치유하기 가장 어려웠던 나라는 비례 대표 선거제도를 가진 나라들이었다. 이 제도는 정당의 난립과 연립정부 그리고 취약한 행정부를 가져왔다.

시간이 가면 경제정책처럼 정치제도도 환경 변화에 대응해 바뀔 수 있었다. 하지만 새로운 정치제도를 형성하는 데는 많은 비용이 따랐으며, 이 비용이 변화의 장애로 작용했다. 그리고 정치제도의 변화는 정치적 합의를 필요로 했다. 정치제도 자체가 합의의 장애물이 된 경우에 바람직하지 않은 상황이 고착될 수도 있었다. 그 결과로 1930년대에 여러 나라의 정책 담당자들은 금본위제라는 구속복을 벗으려고 발버둥쳤지만 그럴 수 없었다. 이런 무능의 결과로 이 나라들은 대공황의 손아귀에서 벗어나지 못했다.

전간기의 거울에 비친 전후 세계

역사의 렌즈를 통해 살펴보면 2차 대전 종말 이후 60년 동안의 두드러진 특징은 1930년대 대공황만큼 심각한 경기 격변이 없었다는 점이다. 주기적인 불안정은 계속되었지만 전간기의 경험에 필적할 만한 규모는 아니었다.

변화에 대한 휘그식 역사 해석Whig interpretation of history●에 따르면 경제의 안정성이 높아진 것은 사회적 학습과 그에 따른 제도적 설계가 개선된 덕분이다. 이런 시각에서 보면, 정부와 유권자들은 1930년대의 경제적 파국에서 중요한 교훈을 얻었다. 이들은 국가 은행시스템의 안정성을 위협할 수 있는 금융 과열을 억제하는 규제가 필요함을 절감했다. 그리고 은행 예금자들의 패닉을 억제할 수 있는 장치로 예금보험제도가 필요하다는 것도 깊이 깨달았다. 각국 정부는 자동 안정화 장치, 즉 민간 지출이 감소할 때 정부 지출이 자동으로 증가하는 실업 보험 같은 프로그램을 도입했다. 전간기와 비교하면 경제 안정을 위해 통화재정정책을 더 능숙하게 활용했다.

전후 국제통화체제의 변화는 이런 해석과 썩 부합하지는 않는다. 2차 대전 동안 혹은 그 직후에 국제통화제도는 분명히 전면적으로 개혁되었다. 이 개혁을 추동하고 방향을 제시한 영국과 미국의 재무부 계획은 1920년대 금환본위제의 문제점에 대응하고 1930년대 국제 통화 혼란의 재발을 막는 것을 주요 목표로 하고 있었다.[1] 하지만 국제 통화 안정의 황금기가 1944년 브레턴우즈에서 탄생한 새로운 제도 덕분이라고 보기는 어렵다. 새로운 국제 통화 질서를 향한 첫 발, 즉 영국의 태환성 회복은 철저히 실패했으며 그래서 1947년

● '휘그식 (역사) 해석'이란 과거를 자유와 계몽의 고양을 향한 필연적 과정의 일부로, 혹은 과거를 현재의 발전에 이르는 과정의 일부로 해석하는 것이다. 처음에는 영국의 정치사를 의회 민주주의의 발전 과정이라는 시각에서 해석하는 경향을 지칭하기 위한 용어로 사용되었으며, 의회의 권한을 강조하는 휘그당에서 이름을 따왔다. 영국 역사가 허버트 버터필드Herbert Butterfield가 1931년에 이 용어를 처음으로 사용했다.

황금 족쇄

에 곧바로 철회될 수밖에 없었다. 1949~1950년에도 일련의 중요한 평가 절하 조치들이 1930년대의 경쟁적 평가 절하의 특징을 띠면서 취해졌다. 약 10년이 지난 1958년에야 유럽 국가들이 마침내 통화 태환성을 회복하는 데 성공했다. 이때부터 작동하기 시작했다고 할 수 있는 브레턴우즈체제는 겨우 13년간 존속했다. 이 체제는 첫 번째 큰 충격, 즉 1960년대 말의 미국 인플레이션의 가속화를 경험하자마자 바로 붕괴되었다. 미국이 1971년에 달러의 금 태환을 중지한 이후, 주요 통화들은 1930년대처럼 서로 간의 환율이 다시 큰 폭으로 변동하게 되었다.

당시에 경기 변동의 불안정이 감소하고 있었음을 고려하면, 전후 국제 통화 관계의 혼란은 쉽게 이해하기 어렵다. 1920년대와 1930년대에는 국제 통화 영역의 문제들이 경기 불안정 심화에서 주도적인 역할을 했다. 국제 통화 문제가 전후에 국제경제체제의 재건을 통해 거의 해결되지 않았는데도 경기 변동의 불안정은 상당히 약화되었다.

2차 대전 이후의 국제 통화 경험을 이렇게 특징 짓는 것은 아마 지나치게 부정적이라고 할 수 있다. 중요한 것은 국제 통화 질서의 구체적 사실들의 차이, 예를 들어 태환성이냐 불태환성이냐 혹은 고정 환율이냐 변동 환율이냐가 아니라, 전후 개혁에 의해 국제 통화 협력을 규칙화할 수 있는 기회가 생겼다는 것이었다.[2] IMF와 세계은행은 여러 나라가 정기적으로 만나 정보를 교환하고 통화 전략을 협의하며 국내 경제정책의 대외적 파급 효과를 서로 공유할 수 있는 장소를 마련해 주었다. BIS, 유럽경제공동체(EEC) 집행위원회, OECD의 경제정책위원회, G10 회의는 정보와 의견을 교환할 수 있는 기회를 추가로 제공했다.[3] 정책 변화가 고립적으로 이루어지면 아무도 이득을 볼 수 없고 협조해서 이루어지면 관련된 모든 나라가 혜택을 볼 수 있는 그런 국내 정책들의 조율이 규칙적인 협의 덕분에 1920년대에 비해 더 쉬워졌다. 공격받는 통화에 대한 공조 지원을 조율하는 확실한 장이 확보됨으로써 어떤 통화든 국제통화체제의 약한 고리가 되면 그 통화를 보호하기 위해 국제 지원 활동을 조직하는 것이 1920년대에 비해 더 쉬워졌다.[4]

2차 대전 이후에 통화정책이 훨씬 더 정치화되었음을 생각하면, 이런 새로운 변화는 한층 더 중요하게 다가온다. 국내적으로 어떤 경제적 정치적 비용을 치르든, 환율 방어 준비가 되었다는 정부 관리들의 발표는 1920년대보다 훨씬 더 신뢰성이 떨어졌다. 국제 협력의 진전이 특정 환율의 유지 의지에 대한 신뢰 저하를 어느 정도 상쇄할 수도 있었다. 이제는 협력 과정이 규칙화될 수 있는 방법도 있었고, 2차 대전 이후에는 1920년대의 전쟁 채무나 독일 배상금 같은 격렬한 논란거리로 유럽과 미국을 분열시키거나 협력 노력을 훼손하지도 않았다. 동유럽에서 나타난 공동의 외부 위협을 의식하고 있었던 것이 오히려 반대의 효과를 낳았다. 케인스 모델이 확산되면서 여러 나라의 정책 결정자들이 공통의 인식 틀을 갖게 되었으며, 그 결과로 국제 협력의 노력이 한층 원활해졌다.

국제 통화 협력에 필요한 기반은 1913년 이전 상황과 매우 유사했다. 정상 시기에는 주도 국가가, 즉 2차 대전 이후에는 미국이 국제적 차원에서 정책들을 조율하는 초점 역할을 했다. 연준은 미국 경제의 안정 지원에 필요한 방향대로 여신을 확대하거나 축소했다. 국제 경제 거래 및 그에 따른 경기 변동의 국제적 동조화에서 미국의 비중이 큰 상황에서, 다른 중앙은행들은 연준의 뒤를 따랐다.[5] 중앙은행들이 자신들의 정책을 성공적으로 조율하는 한, 각 중앙은행은

황금 족쇄

환율 안정을 위협하지 않으면서 경기 변동을 완화할 수 있었다. 위기 시에는 공조 활동이 필요했다. 영국 파운드를 위한 3개월 만기 여신 조율을 위해서는 1960년대부터 BIS 월례 회의가 이용되었다. 그 후 영국도 2개의 "바젤 그룹 협정Basle Group Arrangements"을 통해 국내 채권자 집단에서 장기 여신을 얻었다. 위기에 빠진 통화가 달러인 경우에는 다른 나라들이 금풀제gold pooling, 준비금 스왑 등의 장치를 통해 협조해서 연준을 지원했다.[6] 이런 점 역시 1913년 이전에 영국이 한 역할과 놀라울 정도로 흡사했다.

간헐적 협조로는 브레턴우즈체제를 1971년 이후까지 지속시키는 데 적절하지 않다는 사실이 결국 드러났다. 따라서 그 과정을 제도화하자는 제안이 2차 대전 이후에 왜 채택되지 않았는지를 질문하는 것이 중요하다. 협조적 행동을 규율하는 일련의 공식 규정과 절차 그리고 집행 체계를 왜 확립하지 못했을까? 역설적이게도 그런 제안을 거부한 막강한 경제 패권국이 있었기 때문에 실패했다. 전후 통화 재건에 관한 해리 덱스터 화이트 계획의 최초 미발표 초고에서 국내 통화재정정책에 대한 국제적 감시에 관한 조항을 삭제한 것은 바로 미국 관리들이었다.[7] 그 조항에 관한 화이트의 최초 구상은 지나치게 야심적이어서 비현실적이었을 수 있다. 하지만 미국의 리더십이 강한 상황에서 세계 각국의 정책 결정자들은 국제 협력의 강화를 위해 국내 통화재정정책의 자율성을 일부 희생할 수도 있었을 것이다. 선출된 공무원들이 급진적 대안에 가장 수용적인 태도를 가질 때가 바로 1944년과 같은 예외적인 상황이었다. 영국이 자국의 자율성을 기꺼이 양보하기 위해서는 다른 나라들도 완전 고용 유지를 위해 노력할 것이라는 확신이 있어야 했다. 그리고 다른 나라들에게는 국제적 감시가 공평할 것이라는 믿음이 필요했다. 이것이 가능했는가는 우리가 결코 알 수 없을 것이다. 세계의 압도적 경제 패권국이며 세계 전체 자유 금 준비금의 대부분을 보유한 국가로서 국내 정책에 대해 최대의 자율성을 가질 수 있었던 미국의 관리들이 양보하려고 하지 않았다.

전후의 국제 통화 제도의 구조에 대한 미국의 영향력은 거기서 끝나지 않았다. 미국의 국제적 레버리지는 유동성 문제에 대한 양보 압박을 저지할 수 있을 정도로 막강했다. 케인스의 주도 아래 작성된 영국의 전후 통화 재건 계획에는 일시적인 국제수지 적자를 겪을 수밖에 없는 국가들에 최대 260억 달러의 신용을 제공할 수 있도록 하자는 제안이 들어 있었다. 미국은 핵심적인 국제수지 흑자 국가로서 신용의 거의 대부분을 미국이 제공해야 할 것이라고 예상하고, 전체 규모는 50억 달러로 하고 미국의 의무 한도는 20억 달러로 제한하려고 했다. 최종 타협은 미국이 제시한 액수에 훨씬 더 근접한 수준에서 이루어졌다. 즉 총액은 88억 달러, 미국의 의무 한도는 27억 5000만 달러였다.

이 신용은 IMF에 각 회원국이 납입한 금의 양에 의해 제한되었다. 따라서 미국의 이기심 때문에 통합 준비 자산의 집중된 제공을 통해 국제 준비금의 세계적 공급을 조절하려는 영국의 계획이 좌절되었다. 케인스는 결국 IMF로 진화한 새로운 국제 결제 동맹이, 국제 결제 시 각 회원국이 수취해야 하는 신용 증권을 창출할 권리를 가져야 한다고 제안했다. 이 기구는 국제 경제의 확장에 따른 유동성 수요를 충족시킬 수 있도록 신용 공급을 조절하게 되어 있었다. 하지만 이 신용 증권이 모두 미국의 손에 들어가게 되면, 이것은 결국 미국 재화의 구입에 필요한 달러를 찍어내는 데 필요한 인쇄기를 외국 손에 쥐어주는 것이 되었다. 의회의 반대를 예상하여 화이트는 새로운 국제 통화 도입에 반대했다. 브레턴우즈체제는 유동성을 금과 달러에 의존할 수밖에 없게 되었다. 1920년대의 믈리나르스키 역설 Mlynarski Paradox이 트리핀의 딜레마라는 강한 모습으로 재등장했다.[8]

협상의 주도권을 미국이 쥐고 있었던 점이 브레턴우즈체제에서 국제 조정 메커니즘이 제대로 만들어지지 못한 원인이었다. 미국의 반대 때문에 흑자국에 대한 제재가 제도화되지 못했다. 결국 아무 효과도 없었던 희소 통화 조항을 제외하면, 브레턴우즈 합의로는 준비금을 계속 늘리는 나라에게 조정을 유인할 방법이 없었다. 전쟁 이후에 미국이 주요 흑자국이 될 것으로 예상한 미국 관리들은 자신들의 영향력을 이용하여, 달러 평가 절상이나 국제 준비금에 대한 과세를 강제할 수 있는 조항들을 제거했다.

압도적 패권국이 국제적 안정에 도움이 되는 합의 도출을 촉진하는 상황을 상상할 수도 있다. 패권국이 자신의 영향력을 국제 관계의 협조적 구조화 및 관리에 필요한 제도를 만들어 내는 데 사용하는 경우이다. 그런 제도의 적절성을 내구성과 복원력 측면에서 평가한다면, 이 주장을 2차 대전 이후의 국제 통화 관계에 적용하기는 어렵다. 미국 관리들이 편협한 내부적 이익을 희생하라는 국제 사회 압력에 저항할 수 있었던 것은 바로 전후의 국제 경제에서 미국이 압도적 우위에 있는 덕분이었다. 미국의 헤게모니가 2차 대전 이후 국제 통화 질서의 기초가 되었을 수 있다. 하지만 그것은 또한 그 이후의 국제 통화 불안정을 야기한 모순의 원인이 되기도 했다.

국제 협력이 필요하다는 것으로 마무리하는 것은 몹시 추운 겨울날의 저녁 식사를 미지근한 수프로 대신하는 것과 같을지 모른다. 하지만 전간기 경험에서 얻을 수 있는 명확한 교훈이 하나 있다면, W. 아서 루이스W. Arthur Lewis가 1920년대와 1930년대에 대한 자신의

고찰에서 설명한 바와 같이 "국제 협력이 없으면 우리는 모두 패배하게 된다"라는 것이다.[9]

또 하나의 교훈은 경제 협력이 쉽게 이루어질 수 있는 환경에 관한 것이다. 일부 정치 이론과는 반대로, 국제통화관계의 역사를 보면 경제력이 국가들 사이에 상대적으로 균등하게 배분되어 있을 때 협력을 위한 튼튼한 기초가 가장 성공적으로 마련될 수 있음을 알 수 있다.[10] 압도적 패권국은 협력의 외양으로는 다른 나라를 잠시 속일 수 있다. 하지만 중요한 것은 협력의 내면이다. 압도적 패권국이 강요한 국제통화제도는 패권국의 자기 이익을 반영하고, 그래서 패권국의 상대적 경제력이 기울기 시작하자마자 적절성을 상실해 버리고 마는 경향이 있었다. 이런 제도는 결국 경제 협력에 필요한 튼튼한 기초를 제공하는 데 실패했다. 위에서 부과된 것보다는 상호 합의를 기초로 마련된 협력 메커니즘이 훨씬 더 강한 복원력을 발휘했다. 이것이 바로 금본위제의 마지막 20년 경험이 시사하는 것이다. 1990년대 유럽공동체의 통화 개혁이 진전을 이룬 것도 이런 견해에 부합한다.

따라서 세계 경제가 점점 다극화하는 것이 재앙의 징조는 아니다. 그런 변화의 결과는 세계 각국이 유럽공동체 회원국의 선례와 같이 그 기회를 경제 협력의 기초를 제도화하는 기회로 활용할 수 있느냐의 여부에 달려 있다. 국제적 정치 갈등을 억제하기 위한 방안들, 국제 협력 조치에 대한 특수 이해관계 집단의 반대를 완화하기 위해 정치적 선호들을 모아 낼 수 있는 효율적 메커니즘, 경제 관리에 관한 공통의 인식 틀 개발 등이 이 과정을 촉진할 수 있다.[11] 이런 것은 모두 원칙적으로 사회와 정부의 통제권 내에 있는 문제들이다. 전간기 동안에는 이런 것들이 통제권을 벗어났고, 파국으로 귀결되었다.

황금 족쇄

2016년 6월 23일, 영국은 유럽연합(EU) 탈퇴냐 잔류냐를 결정하는 국민투표를 실시하였다. 투표 당일만 하더라도 잔류가 우세할 것으로 예상되어 각국의 증권 시세는 상승세를 보였다. 하지만 하루가 지난 24일 개표 결과, 52%의 영국 국민은 EU 탈퇴를 선택했다. 영국이 유럽 통합에 참여한 43년의 역사는 이로써 종지부를 찍었다. 이 여파로 이틀 동안 영국과 미국의 주가는 5%, 독일과 일본의 주가는 7% 가량 하락하는 등 국제 금융이 격랑에 휩싸였다. 20세기 초 20여 년 동안 전쟁의 참화에 시달린 후, 전쟁을 막기 위해 거의 두 세대의 유럽인이 공들여 왔던 유럽 통합의 노력도 영국의 브렉시트Brexit 선택 때문에 수포로 돌아갈 수 있다는 우려가 나타나고 있다. 영국의 국민투표 실시는 D. 캐머런D. Cameron 수상이 당내 우파 세력을 제어하기 위해 선택한 정치적 도박과도 같은 것이었다. 영국 국민들의 브렉시트 선택 역시 경제적 합리성으로 설명하기는 쉽지 않다.

　이처럼 한 나라의, 때로는 세계 전체의 경제 흐름은 경제적 합리성이나 논리로 설명되지 않는 경우가 많다. 일상의 변화를 뛰어넘는 큰 격변은 더더욱 그러하다. 경제란 결코 진공 속에서 작동하는 것이 아니며, 사회적 관계 속에서 또 정치적 공간 속에서 그리고 그 시대의 지배적 인식과 관념 속에서 작동하는 것이다. 현대의 경제학은 경제 모델을 통해서, 때로는 수학식과 그래프로 표현 가능한 매우 단순화된 모형을 이용하여 세상을 설명하는 데 익숙하다. 이런 접근은 중요하지 않은 요인들을 잠시 사상한 상태에서 관심 있는 요인들 간의 관계를 직관적으로 이해하는 데 유용하다. 하지만 현실의 경제는 경제적 요인뿐만 아니라 비경제적 요인들이 서로 얽혀 때로는 예상대로 때로는 예상과는 다르게 상호작용하는 복잡성의 총체이다. 실제 경제의 작동 과정을 그나마 온전히 이해하기 위해서는 이론화를 위해 편의상 망각한 요인들을 되살려 내야 한다는 점을 대부분의 경제학자들은 알고 있지만, 선뜻 그렇게 하지 못한다. 다양한 요인들을 고려하여 현실을 종합적으로 이해한다는 것은 웬만한 사람은 엄두도 내지 못할 정도의 번거로운 과제이고, 많은 변수와 다양한 사실(事實)들 속에서 길을 잃고 헤매는 것으로 끝날 공산이 큰 작업이기 때문이다.

아이켄그린 교수는 이 책『황금 족쇄』에서 바로 이런 담대한 작업을 하고 있다. 세계 자본주의 역사상 가장 극적인 경험이라고 할 수 있는 1930년대의 대공황을 총체적으로 이해하려는 시도를 하고 있는 것이다. 우선 이 경제적 사건의 배경, 원인, 결과를 경제적 변수뿐 아니라 정치 사회적 요인까지를 고려하여 이해하려고 한다는 의미에서 총체적이다. 심지어 당시 지식인과 정책 결정자들의 생각을 지배한 인식의 틀, 역사적 경험이 형성한 트라우마까지도 고려한다. 또한 1차 대전의 전쟁 비용 분담을 둘러싼 계층 간의 갈등, 참전의 결과로 확대된 노동자들의 영향력 등이 세계 금융 불안과 경기 침체에 어떤 영향을 미쳤는지를 설명한다. 대부분의 경제학자들의 글에서는 찾아보기 어려운 접근이다. 총체적 이해의 두 번째 의미는 한 나라의 범위가 아니라 국제적 시각에서 이 시대 경제를 이해하려고 한다는 뜻이다. 이를 위해 국제수지, 자본 이동, 국제 금융 중심지의 변화 같은 경제적 측면은 물론이고, 1차 대전이 남긴 국가 간 갈등이나 불신과 같은 국제 정치의 측면까지 두루 고찰하고 있다. 또한 미국, 영국, 독일과 같은 주요국뿐만 아니라 스웨덴, 핀란드와 같은 유럽의 작은 나라들, 그리고 아르헨티나나 브라질과 같은 주변부의 나라들도 그의 지적 현미경 아래 놓여 있다. 이런 접근 방식 때문에 이 책은 경제 전문서적임에도 불구하고, 세계 경제의 무대에서 파노라마처럼 펼쳐지는 한 편의 대서사시를 읽는 느낌을 주기도 한다.

이러한 다면적인 접근 혹은 정치경제학적 접근이 흔히 빠지기 쉬운 함정은 검증되지 않는 단정적 서술이다. 지적 긴장감과 치밀함의 끈을 놓으면 나태한 단정과 자의적 해석으로 빠지고, 아주 나쁜 경우에는 음모론과 같은 자극적 서술에까지 이르러 독자를 현혹하기도 한다. 최근 국제 금융이나 통화 제도에 관한 일부 서적에서 이런 위험한 경향이 발견된다. 하지만 이 책을 그런 류의 책과 비교할 수는 없다. 총체적 접근의 방식을 채택하면서도, 엄밀성의 끈을 결코 놓지 않는다. 저자는 이 책에서 수많은 통계를 통해 그리고 역사적 기록을 통해 자신의 해석을 뒷받침하고 있다. 저자가 대서양을 오가며 정부 문서 기록보관소에서 문서를 뒤지며, 중앙은행 총재들이 남긴 전보와 메모까지 확인하는 것을 보면 학자의 엄밀성을 새삼 느낄 수 있다. 사실에 대한 치밀한 확인이 자의적 역사 해석을 차단하는 1차 방어선이라면, 사실에 대한 이론 정합적 해석은 2차 방어선이라고 할 수 있다. 내가 이 책을 번역하겠다고 했을 때, 아이켄그린은 이 책이 그의 저술들 중 학문적 밀도가 가장 높은 책이라고 말했다. 사실 이 책 이후에 국제 금융에 관해 그가 쓴 많은 책과 논문은 이 책을 자양분으로 해서 파생된 것이라고 할 수 있다. 대공황과 금본위제의 붕괴 과정에 대한 깊은 이해는 그에게 현대의 국제 금융 상황을 조망할 수 있는 렌즈를, 그리고 깊은 연구를 요하는 문제를 발굴할 수 있는 탐침을 제공한 것으로 보인다. E. H. 카E. H. Carr의 표현을 빌리자면, 과거가 현재에게 던지는 역사의 대화를 들을 수 있었던 것이다.

이 책은 1929년의 불황이 왜 대공황으로까지 이어지게 되었는지를 설명한다. 이에 대한 저자의 주장은 한국어판 서문과 제1장에 잘 요약되어 있다. 핵심은 금본위제라는 세계적 범위의 고정환율제가 정책 당국의 손발을 묶는 족쇄 역할을 함으로써 팽창적 경제정책을 사용하지 못하게 했다는 것이다. 이 책의 제목『황금 족쇄』는 결국 국제금본위제에 대한 은유이다. 금본위제하에서라도 국제적 정책 공조가 이루어졌다면 대공황을 피할 수도 있었는데, 1차 대전이 남긴 국가 간의 반목과 갈등, 그리고 글로벌 경제에서 자신이 가진 지위와 역할을 제대로 인식하지 못한 미국의 협소한 시각이 국제적 협력을 불가능하게 했다는 것이 저자의 주장이다.

이 책이 내 손에 처음 들어온 것은 1993년이었는데, 이 책을 처음 읽을 때의 흥분과 희열은 지금도 생생하다. 지금 그 책을 펼쳐 보면 거의 모든 쪽에 밑줄이 그어져 있고 여백에는 메모가 가득하다. 당시 내가 몰두했던 문제는 국제적 환경, 혹은 만약 견고한 구조물과 같은 국제경제체제가 존재한다면, 그것이 한국 경제에 미치는 영향력에 관한 것이었다. 당시만 하더라도 한국의 진보적 학자 중 다수는 국제 질서 혹은 세계경제체제가 규정하는 힘 때문에, 한국의 발전은 한계에 부딪히거나 설사 발전을 하더라도 선진국과 달리 종속적인 형태의 발전을 할 것으로 생각했다. 종속 이론 혹은 그 변형된 형태의 이론을 수용하고 있었던 것이다. 하지만 나는 국제 경제 질서 혹은 국제경제체제라는 것을 엄밀히 정의하지 않은 채 사용하고, 때로는 한국 경제가 가진 만병의 원인을 모두 거기서 찾으려는 접근 방식에 대해 깊은 회의를 품고 있었다. 그래서 국제경제체제의 구체적 실체가 무엇인가를 고민하게 되었고, 그 한 형태가 국제통화체제일 수 있다는 생각에 이르렀다. 국제통화체제의 가장 고전적 형태는 역시 금본위제였다. 이런 연유로 나는 예상치 않게 역사를 연구하게 되었다. 하지만 역사 자체가 나의 주된 관심은 아니었다. 역사적 사례를 통해서 국제통화체제의 생성과 발전, 그리고 그것이 개별 국가에 미치는 영향을 이해하고 싶었을 뿐이었다.

이런 문제의식을 가진 나에게 『황금 족쇄』는 그야말로 지적 희열을 느끼게 한 책이었다. 결국 나는 이 책의 일부 주장을 반박하는 것으로 박사 학위 논문을 썼고, 나의 주장을 저자와 견주어 보기 위해 아이켄그린 교수가 있는 버클리 캘리포니아대학교로 가 연구를 하기로 결심했다. 아이켄그린은 일면식도 없는 신참 박사인 나를 자기 대학의 방문 학자로 받아 주었다. 내가 버클리에 머문 2000년에는 대외 요인으로서 국제통화체제에 대한 관심은 뒤로 물러나게 되었다. 1997년 외환 위기를 겪은 지 얼마 되지 않은 때여서 국제적 자본 이동이 개발도상국이나 신흥시장의 금융 위기에 미치는 영향이 중요한 관심사가 되어 있었다. 그래서 정작 『황금 족쇄』의 문제는 제쳐두고, 나는 국제적 자본의 투자 행태에 관해 아이켄그린과 같이 연구를 하였다.

이렇게 해서 대공황과 국제통화체제의 문제는 한동안 나의 관심에서 멀어졌다. 그런데 2010년 초부터 나는 대외경제정책연구원 (KIEP)에서 국제경제실장을 맡게 되었다. 2008년 미국의 서브프라임 모기지 사태로 촉발된 글로벌 금융 위기의 충격에서 벗어나기 위해 세계 각국이 발버둥을 치고 있던 시기였다. 돌이켜 보면 참으로 숨 막히는 역사적 순간들이었다. 중국 경제는 4조 위안이라는 막대한 규모의 경기 부양 조치 덕분에 회복을 넘어 과열을 향해 가고 있었지만, 미국에서는 최초의 흑인 대통령 오바마의 정책들이 의회의 반대로 번번이 좌절되고 있었다. 결국 미국은 양적 완화라는, 이름도 이상한 정책 수단에 매달릴 수밖에 없었다. 더 큰 문제는 유럽에서 벌어졌다. 2010년 1월 그리스의 재정 적자 규모가 당초 발표된 것보다 훨씬 크다는 것이 알려지면서 그리스 국채 금리가 급등하기 시작했다. 하지만 그것은 시작일 뿐이었다. 유럽에서 위기는 잠시 잦아드는 듯했다가 다시 더 큰 불길로 번지는 일이 반복되었다. 이듬해인 2011년 초에는 일본 동북부 지방에서 초강력 쓰나미가 발생해 일본 경제 역시 충격에 휩싸였다. 유럽의 위기는 아일랜드와 포르투갈로 확산되었다. 이른바 선진국의 국채가 시장에서 소화되지 않는 초유의 사태가 벌어진 것이다. 소규모 국가의 위기는 EU와 IMF가 어떻게 막을 수 있었지만, 위기가 스페인과 이탈리아 같은 나라로 번지면 세계 경제가 어떻게 될지 짐작조차 어려웠다.

우리 실의 연구원들은 매주 세계 경제 동향을 점검하는 회의를 가졌다. 세계 경제에 거의 매주 새로운 이슈가 등장하였다. 토의를 통해 깊이 있는 분석이 필요한 이슈를 선별한 후, 보고서를 작성해 발표하고 정부에도 전달하였다. 세계 경제의 지각이 변동하고 있다는 것을 느낄 수 있었다. 중국은 고속 성장의 경제적 기반을 발판으로 패권 국가가 되려는 야심을 표면화하고 있었다. 미국은 이 위기에서 성공적으로 헤쳐 나올 수 있을지 불투명했다. 유럽에서는 평화와 부활을 목표로 추진되었던 담대한 프로젝트, 즉 경제 통합이 파탄의 위험에 직면해 있었다. 통화 통합은 이제 오히려 경제 회복의 발목을 잡고 남유럽과 북유럽 사이의 반목과 갈등의 원인이 되고 있었다. 독일을 비롯한 북유럽은 위기에 빠진 남유럽 국가들에게 한편으로는 금융 안정을 위해 다른 한편으로는 징벌의 의미로 긴축을 강요하였다. 통화 간 환율의 고정에서 더 나아가 환율 자체를 소멸시켜 버린 유로체제는 긴축과 불황의 악순환을 강제하는 메커니즘이 되어 버린 것이다. 이는 금본위제하에서 발생한 1930년대의 대공황과 너무나 흡사한 상황이었다.

이런 사태를 지켜보면서 나는 다시 『황금 족쇄』를 떠올리게 되었고 번역을 하기로 결심했다. 하지만 연구원의 업무만으로도 거의 매일 야근을 해야 하는 상황에서 번역은 밤 10시 이후에나 시작할 수 있었다. 그 후 여러 가지 사정과 게으름 때문에 작업이 중단되기도 하여 결국 4년 이상이 걸려서야 초벌 번역을 끝낼 수 있었다.

이 방대한 책의 번역은 오랜 시간과 인내를 요구하는 작업이었다. 그럼에도 한 시대의 세계 경제를 총체적으로, 세밀하게 그리고 논리적으로 설명하는 저작을 한국 독자들에게, 특히 경제학을 연구하고 공부하는 사람들에게 소개하고 싶었다. 기본적 개념과 이론, 모델을 설명하는 경제학 교과서는 복잡한 현실 경제를 이해하기 위한 수단이며 연습의 도구이지 종착지가 아니다. 경제가 작동하는 정치적, 사회적 공간을 동시에 이해하지 않고는 경제를 제대로 이해하지도 올바른 해결책을 내놓을 수도 없다. 대공황과 당시 국제금융체제에 대한 이 책의 해석이 모두 옳지 않을 수 있다. 하지만 세상을 이렇게 다면적 시각에서 총체적으로 이해하려고 할 때만 제대로 된 경제학자가 될 수 있고, 일부 사람들의 조롱의 대상에서 벗어날 수 있으며 세상에 도움이 되는 해법을 제시할 수 있다는 것이 나의 생각이다.

이 책의 번역 과정은 번역이라는 학문적 활동에 대해 내가 다시 생각하는 계기가 되었다. 그래서 마지막으로 이에 대해 몇 마디 덧붙이고자 한다. 번역은 여러 가지 측면에서 사회적 기여가 매우 큰 데도 불구하고, 사회적 인정과 보상은 너무 작다는 것이 나의 생각이다. 경제학적으로 표현하면, 그 결과로 번역은 사회적 죄석 생산량에 훨씬 못 미치게 과소 생산되고 있다. 인류가 축적한 지식의 대부분은 영어를 비롯한 외국어의 형태로 축적되어 있다. 우리나라 사람들의 외국어 능력이 최근 빠르게 향상되고 있지만, 여전히 극히 소수의 전문가들만이 전 세계에서 창출되는 지식에 접근하고 있다. 사실 박사학위를 가진 경제학자라고 해도 아주 좁은 영역의 짧은 논문을 주로 읽을 뿐이다. 영어에 비교적 능숙하다고 해도 영어 원서를 읽을 때는 한글 번역서를 읽을 때에 비해 적어도 곱절 혹은 서너 배 이상의 시간이 걸리고, 그래서 읽기를 포기하는 경우가 허다하다. 전문가들도 이렇다면 비전문가들은 말할 것도 없을 것이다. 이는 결국 영어를 모국어로 사용하지 않는 우리에게 세계에서 창출되는 지식의 상당 부분이 거의 원천적으로 우리 시야에서 차단되어 있음을 뜻한다.

번역은 인류가 창출하고 쌓은 지식에 대한 전문가는 물론이고 일반인들의 접근성을 결정적으로 높이는 작업이다. 이것은 한 나라의 지식과 대화의 평균적 수준을 높이는 결과를 가져올 것이다. 부끄럽지만 한국 사회의 지식 창출 능력, 특히 사회의 운영과 작동 원리를 이해하고 분석하는 사회과학 분야에서의 지식 창출 능력은 아직많이 부족한 것이 사실이다. 따라서 이 분야에서 우리의 평균적 지식 수준을 높이기 위해서는 훌륭한 책의 번역이 꼭 필요하다. 이것은 개인의 지식을 넓힐 뿐만 아니라, 특정 주제에 대한 사회 전반의 지식 부족과 편견을 바로잡고 이해의 수준을 높일 것이다. 이것은 보이지 않는 엄청난 사회적 자산이다. 사회의 평균적 지식 수준이 높아지면, 뛰어난 개인은 그 평균에서 출발하면 되기 때문에 더 큰 성취를 이룰 수 있다. 번역은 새로운 지식의 창조 과정은 아니지만, 고도의 새로운 지식을 창조할 수 있는 토대를 형성한다. 이런 의미에서 대학 교육을 받은 정도의 일반인들이 다소 지적 긴장을 유지하면서 읽을 수 있는 수준의 책을 번역하는 것은 매우 중요하다. 앞으로 번역에 대해 더 많은 보상과 보람이 주어지는 문화적 환경이 만들어져 좋은 번역서들이 쏟아져 나오기를 기대한다.

끝으로 쉽게 사람들의 흥미를 끌기 어려운, 그러면서도 부피가 있는 이런 책을 번역해 출판하자고 제안했을 때 선뜻 응해 준 미지북스에 고마움을 전하고 싶다. 그리고 무엇보다 이 책을 정말 옮긴이보다도 더 꼼꼼히 읽으면서 문장 하나하나를 다듬어 준 박선미 선생께 정말 깊은 감사의 뜻을 전하고자 한다. 박 선생은 때로는 번역자가 잘못 번역한 것을 찾아내고 또 때로는 원서에 잘못된 것까지 찾아내 주었다. 이런 경우 나는 지은이에게 확인을 하였고, 지은이 역시 그 치밀함에 놀라워했다. 물론 그럼에도 불구하고 잘못되고 서투른 부분이 남아 있다면 모두 옮긴이의 부족함 때문이다.

2016년 어느 더운 여름날
박복영

| 후주 |

제1장 | 머리말

1. 이것은 1차 대전 이전에 경기 침체나 금융 패닉이 없었다는 뜻은 아니며, 1929년에 시작된 위기만큼 심각하게 세계적 범위에서 발생한 위기는 없었다는 말이다. 제2장에서 1914년 이전에 발생한 위기의 경과와 관리에 대해 비교적 상세히 살펴볼 것이다.

2. 특히 Kindleberger (1973)를 참조하라. 킨들버거 이론의 중요한 선구자는 브라운(Brown 1940)이다. 그는 금본위제의 중심부와 주변부의 구분을 강조하고 전간기 시스템의 결함은 중심부 나라들의 불안정화 영향 때문이라고 주장했다. '헤게모니 안정론'이라는 용어는 커헤인(Keohane 1980)이 처음 만들었다.

3. 국제 금융의 영역에서 유의미한 경쟁 대상이 분명히 존재하지 않았던 시기, 즉 2차 대전 직후도 이 패러다임에 그다지 부합하지 않는다(Eichengreen 1989a 참조). 1944년 미국은 국제 금융 안정을 위해 자신의 행동의 자유를 훼손할 의사가 없었는데, 정확히 그 이유 때문에 궁극적으로 브레턴우즈체제를 붕괴로 이끈 모순이 만들어지게 된 것이다. 이 문제는 제13장에서 다시 다룰 것이다.

4. 전전 금본위제의 작동에서 신뢰와 협력이 한 역할을 논의할 때 대상이 되는 시기는 1880년부터 1913년까지의 기간이다. 오로지 이 기간에만 그 체제의 신뢰성을 유지하고 국제 협력을 원활히 하는 데 필요한 모든 정치적, 경제적 요소들이 동시에 존재했다.

5. 이 주장은 변동 환율에 대한 타깃존의 효과를 설명하기 위해 Krugman (1988)과 Miller and Weller (1989)가 발전시킨 이론과 유사하다. Buiter and Grilli (1990)는 이런 접근을 금본위제의 분석에 적용하는 것의 문제점에 대해 논의한다. 그러나 이런 주장이 고전적 금본위제의 작동에 관한 실증 분석의 기초로 과거에 이용된 적이 없었다. 그러나 Nurkse (1944)는 이 문제와 맞닿아 있는 안정적 자본 이동과 불안정적 자본 이동에 대해 실증 분석을 하고 있다. 여

기서는 신뢰성이 나라나 시기에 상관없이 같은 정도로 유지된 것처럼 간략히 설명하고 지나간다. 제2장에서는 금본위제에 대한 신뢰가 주변부에 비해서는 중심부에서 그리고 1890년 이전보다는 그 이후에 훨씬 더 높았음을 상당히 자세히 설명할 것이다.

6. 이것은 당시 사람들이 실업이라는 문제를 모르고 있었다는 뜻이 아니라, 단지 실업의 증감을 거시 경제적 변동과 연결시키지는 않았다는 뜻이다. 당시 사람들이 이런 연결을 어느 정도 했는가에 관한 하나의 양적 지표는 실업에 관한 Taylor (1909)의 문헌 정리이다. '실업 일반'과 '실업의 원인'이라는 항목하에 그녀가 정리해 놓은 저작의 수는 1820~1879년에는 10년당 평균 3개에도 미치지 못했지만 1880년대에는 16개, 1890년대에는 77개, 1900년부터 1909년 중반까지는 160개로 증가했다. Eichengreen and Hatton (1988), 3~4쪽. 실업이 개인의 실패가 아니라 경기 상황과 연관된 사회 경제적 문제로 등장하는 과정과 관련하여 미국의 경우는 Keyssar (1986)를, 프랑스의 경우는 Salais et al. (1986)을, 영국의 경우는 Harris (1972)를 참고하라.

7. 예를 들어 Hawtrey (1913)을 보라.

8. Blackburn and Christensen (1989)은 정책의 신뢰성에 관한 경제학 문헌들을 잘 정리하고 있다. 그들은 2~3쪽에서 정책의 신뢰성에 영향을 미칠 수 있는 요인들을 기술적 요인, 정치적 혹은 행정적 요인, 전략적 요인이라는 세 가지 범주로 구분하고 있다. 그들이 말하는 기술적 고려에는 "정책 담당자가 사용하는 경제 이론의 정확성과 적절성"이 포함된다. 정치적 고려에는 "현직 정치인이 정치적 압력에 대응하여 프로그램을 수정할 가능성이 있느냐의 여부"가 포함된다. 따라서 금본위제에 관한 나의 분석은 블랙번[Blackburn]과 크리스텐슨[Christensen]이 말한 신뢰성의 기술적 요인과 정치적 요인에 뿌리를 두고 있는 것이지, 최근의 경제학 문헌들이 주로 다루는 전략적 고려("정책 담당자가 이미 발표한 정책을 버림으로써 전략적 이익이나 단기적 이득을 추구하려는 유인")와는 무관하다.

9. Kenen (1990)은 국제 경제 협력과 국제 경제정책 조정을 구분하고 있는데, 이는 유용하다. 협력은 다양한 형태를 띨 수 있는데, 예를 들어 외국에 대한 직접적인 금융 지원의 형태가 될 수 있다. 국제 조정은 협력의 한 형태로서, 몇몇 정부가 단독으로 했을 때는 바람직하지 않지만 공동으로 하면 전체 상황을 개선할 수 있는 방식으로 각국의 정책을 수정하기로 동의하는 것을 가리킨다. 여기서 '협력'이라는 용어를 사용할 때는 서로 이익이 되는 방식으로 국내 정책을 조정하는 것—정책 조정에 관한 문헌들은 여기에 주목한다—외의

협조적 대응을 부각시키려고 노력했다. 이런 협조적 대응에는 직접적 금융 지원과 다른 나라가 받고 있는 경제적 압박을 완화하기 위한 국내 정책의 일방적 변화도 포함된다. 좁은 의미의 정책 조정 이익을 강조하는 경우도 물론 있을 것이다. 협력에 관한 나의 시각은 필요한 정책의 다면적 성격을 강조하고 국제 금융 지원 외의 다른 대응의 중요성을 부각시키기 때문에 킨들버거의 '국제적 최종 대부자' 관점과는 다르다. 나아가 케넨[Kenen]은 공직자들이 어떤 경제적 목표(예를 들어 인플레이션과 실업 간의 상충 문제를 개선하는 것)를 달성하기 위한 협조와 경제체제의 유지(예를 들어 금본위제를 성공적으로 방어하는 것)를 위한 협조를 구별한다. 내가 강조하는 협력의 많은 부분은 체제 유지 목적형이다. 물론 뒤에서 보는 것처럼 그것 역시 직접적인 경제적 목표를 달성할 수 있는 정부의 능력에도 중요한 함의를 갖는다.

10. 이것이 잉글랜드은행을 "국제적 오케스트라의 지휘자"라고 묘사한 케인스의 설명에 대한 나의 해석이다. Keynes (1930), vol. 2, 306~307쪽.

11. 산업 국가들 중 미국은 이런 일반화의 예외가 된 나라였다. 미국에서는 정당 노선, 선거권의 확대, 노동자의 정치적 영향력 등의 변화가 상대적으로 크지 않았다. 유럽과 비교하면 미국의 1920년대는 노동운동의 휴지기였다. 그러나 뒤에서 자세히 설명하겠지만 다른 사건들, 특히 무엇보다 자의적 능력을 가진 중앙은행의 설립은 미국에서 통화정책 결정을 정치화하는 데 기여했다.

12. Alesina and Drazen (1989)은 이런 종류의 재정 지구전을 정식으로 모형화했다. 이 논쟁에 관한 영향력 있는 역사적 분석 중 하나는 Maier (1975)인데, 나는 뒤에서 이 책에 많이 의존했다.

13. 이런 해석은 Cooper (1989), Frankel (1988), Frankel and Rockett (1988)과 궤를 같이하는데, 이들은 각국의 정책 담당자들이 경제의 실제 모형에 대해 합의하지 못한 것이 국제적 거시경제정책 조정에 장애가 되었을 수 있다고 주장한다. 그러나 나는 이런 분석에서 나아가 모형에 대한 정책 담당자들의 내생적 선택에 주목한다.

14. Chandler (1958), 6쪽에서는 연방준비법[Federal Reserve Act]이 갈등과 논쟁을 사실상 극대화했다고 설명한다.

15. Feis (1930)와 Staley (1935)에서 이런 제안을 내놓았다.

16. 프랑스에서 인플레이션이 중지되고 1926년 말에 프랑이 안정되자 화폐 수요가 급격히 증가했다. 그러나 프랑스중앙은행은 새로운 법률 제약 때문에 증권 매입이나 유통 현금의 주입을 통해 그 수요를 충족할 수가 없었다. 추가적인 화폐 수요를 충족시킬 수 있는 유일한 방법은 금의 수입뿐이었다. 결

국 프랑스 통화 공급은 1928년에 빠르게 증가했지만 이것은 이런 금 유입의 결과를 통해서만 가능했다. 바로 이런 의미에서 프랑스의 통화정책은 1920년대 후반에 긴축적이었다. 자세한 것은 제7장을 참고하라.

17. 가장 유사한 전례는 영국의 경제학자 라이오넬 로빈스^{Lionel Robbins}와 랠프 호트리의 저작에서, 그리고 독일 경제의 조기 침체 원인에 관심을 가진 독일 경제사학자들의 저작에서, 또 Temin (1989)의 저작에서 찾을 수 있다. Robbins (1934)은 여기서 강조한 메커니즘의 많은 부분에 대한 힌트를 제공했지만, 그 주장을 완전한 형태로 발전시키지는 못했다. 호트리는 미국 통화정책의 긴축으로의 전환이 이미 취약해진 영국의 국제수지 포지션과 결합해서 잉글랜드은행에 가혹한 긴축을 강제해 전 세계를 불황에 빠트린 점을 강조하였다. 특히 Hawtry (1933)의 제2장을 보라. 그러나 호트리의 설명은 미국과 영국에만 초점을 맞추고 있어서 다른 중앙은행, 특히 그 역할이 비슷할 정도로 중요했던 프랑스중앙은행의 대응에는 관심을 두지 않았다. 마찬가지로 독일에 관한 문헌들은, 제8장에서 분석한 바와 같이, 미국의 정책을 독일의 대응과 연결시키는 데 초점을 두고 있을 뿐이고 그런 주장을 다른 나라의 경험으로 확장하지는 못했다. Temin (1989)은 대공황이 시작된 이후 확산 메커니즘으로서의 금본위제를 강조한다. 하지만 통화정책을 그 발발 요인으로 강조하지는 않는다.

18. 이런 견해의 동조자 중 한 명은 슘페터^{Schumpeter}다. Schumpeter (1939), 제2권, 899쪽. 1920년대 월가 붐의 원인은 금융사 연구에서 풀리지 않는 거대한 미스터리 중 하나로 여전히 남아 있다. White (1990)는 이 논쟁을 깔끔하게 정리해 놓고 있다. Barsky and Delong (1990)은 기업이 1920년대의 특징인 고배당을 계속 유지할 것이라는 투자자들의 예상 측면에서 당시 증시 활황을 충분히 설명할 수 있다고 주장한다. 이들의 시장 행태 분석에서 통화정책은 특별히 중요하지 않다. 통화정책을 이런 시각과 가장 유사한 관점으로 이전에 다룬 연구가 Hawtrey (1933)이다.

19. 이 세 요인을 각각 설명하는 중요한 문헌으로는 Bernstein (1987), Temin (1976), Romer (1990)가 있다.

20. 해외에서 국내로 투자를 전환한 것이 미국 경제의 둔화를 촉진했다고 하면 역설적으로 들릴 수도 있을 것이다. 일반적으로 해외 투자에 사용된 자금은 국내 수요를 직접적으로 자극하지 않는다. 하지만 이와 대조적으로 국내 채권 매입이나 은행 예금에 사용되는 저축은 이자율 하락 압력을 낳아 국내 투자를 촉진한다. 이런 논리에 따르면, 1928년 미국의 해외 대부 감소는 미국

경제를 강건하게 했어야 한다. 그런데 두 가지 이유로 이런 논리가 실제 적용되지는 않았다. 첫째, 해외에서 국내로의 투자 전환은 독립적인 사건이 아니었다. 그것은 긴축적인 국내 금융 상황에 대한 대응의 결과였기 때문에 미국 이자율의 상승을 부분적으로 상쇄했을 뿐이었다. 둘째, 국내 이자율 상승의 경기 위축 효과는 점점 긴축적으로 변해 가는 해외 통화정책으로 인해 심해졌다. 여기에 관해서는 곧 상술할 것이다.

21. Cooper and John (1988)은 소위 '조정 실패'라는 이 문제에 관한 연구들을 잘 소개하고 있다. 이런 효과의 가장 좋은 사례는 1934~1935년 프랑스에서 발생했는데, 여기에 대해서는 제12장에서 설명할 것이다.

22. 국가 간 자본 이동이 완전히 자유롭다면 한층 더 강한 주장을 펼칠 수 있다. 즉 금본위제라는 고정환율제하에서 작은 나라는 준비금 상실의 위험 때문에 국내 신용 팽창의 제한을 받을 수밖에 없을 뿐만 아니라, 초과 준비금 덕분에 국내 신용 팽창의 여지를 갖고 있다고 하더라도 확장적 공개 시장 조작은 여전히 이자율이나 비교역재의 가격에 영향을 미치지 않을 것이다. Mundell (1963)이 설명한 바와 같이, 완전한 자본 이동하에서 국내 이자율은 해외 이자율에 완전히 연계되어 있다. 그래서 국내 신용 팽창은 이자율, 화폐 수요 혹은 투자 수요에 영향을 미칠 수 없다. 따라서 물가와 경제 활동은 영향을 받지 않을 것이다. 그러나 이것은 매우 극단적인 경우이기 때문에 전간기 경험에 그대로 적용할 수 없다. 특히 미국과 같은 몇몇 나라들은 국내 정책을 변경하면 세계 전체의 이자율을 바꿀 수 있을 정도로 규모가 컸다. 그리고 전간기의 자본 이동성이 높았다고 하더라도, 디폴트 위험, 자본 통제 등의 장애 요인 때문에 완전하지는 않았다. Eichengreen (1989e)은 그 증거를 제시한다.

23. 1980년대 미국의 경험에 비추어서, 재정 적자가 국내 이자율 인상을 초래하고 그것이 다시 자본 유입을 촉진하여, 여기서 설명한 것과는 반대로 결국 환율 절상을 가져왔을 것이라고 생각할 수도 있다. 이것은 이론적으로는 그럴듯하다. 실제로 그 효과가 어떤 방향으로 나타날지는 Sachs and Wyplosz (1984)가 설명한 바와 같이 국내 및 해외 이자부 자산의 지속 가능성에 달려 있다. 국내 자산과 해외 자산이 불완전 대체재일 경우, 국내 채권에 대한 외국인의 수요는 제한적일 것이다. 자본 유입은 적자를 메우기에는 충분하지 않을 것이다. 투자자들이 국내 통화 표시 채권의 공급 증가분을 흡수하도록 유도하기 위해서는 환율 절하를 통해 그 채권 가격을 외국 채권의 가격에 비해 떨어뜨려야 할 것이다. 전간기 상황은 확실히 이런 경우에 해당한다.

24. 1930년대에 대외적 고려가 미국의 통화정책을 제약했다는 주장에는 논란의 여지가 있다. 사실 그런 주장은 미국에 관한 기존 연구들의 지배적인 견해(Friedman and Schwartz 1963, Brunner and Meltzer 1968)와는 상당히 거리가 있는 시각이다. 미국의 통화정책에 관한 기존의 연구 설명 중 이 책의 분석과 가장 유사한 것은 Wicker (1966)이다. 1931년에 세계 전체 준비금의 3분의 1 이상을 보유하고 있던 미국 역시 운신의 폭이 넓지 않았다는 것이 의아할 수도 있을 것이다. 미국 금본위제법의 독특한 구조 때문에 연준이 금본위제에 결박되어 있었음을 뒤에서 설명할 것이다.

25. Friedman and Schwartz (1963)는 은행 파산이 통화 공급에 미친 긴축적 영향을 강조했다. 반면 Bernanke (1983)는 은행 파산이 금융 중개 서비스의 제공을 교란시킴으로써 중요한 비통화적 영향도 초래했을 수 있다고 설명한다. Bernanke and James (1991)는 이런 주장을 다른 나라의 경험으로까지 확장시켰다.

26. 중앙은행으로 하여금 발행 현금과 중앙은행 부채 대비 일정 비율의 준비금을 유지하도록 한 법률들은 사실 이보다 다소 복잡한데, 자세한 것은 뒤에서 설명할 것이다.

27. 그 후 1931년 여름에 제국중앙은행은 준비율이 40% 하한선 이하로 떨어지도록 두었다. 그러나 이때는 외환 통제가 실시되고 금 태환이 실질적으로 중지되어 신인도 유지를 위해 최소 금 준비금을 유지하는 것이 아무런 의미가 없게 된 이후였다. 독일 역사학자들은 제국중앙은행이 긴축정책을 취할 수밖에 없는 상황에 묶여 있었느냐 하는 소위 '보르하르트 논쟁Borchardt debate'을 다시 떠올릴 것이다. Borchardt (1990) 참조. 나는 1931년 여름 동안에 대해서 기본적으로 보르하르트와 견해를 같이한다. 즉 독일이 금본위제에 계속 집착하는 한, 제국중앙은행에게 선택의 여지는 거의 없었다. 그러나 자본통제 실시 이후에는 통화 확장의 여지가 더 있었다.

28. Lindert (1969)는 이 문제에 관한 권위 있는 연구이다. 총 준비금 중 외환의 비중이 1913년과 1925년에 거의 유사한 수준이었다는 린데르트Lindert의 연구 결과는 종종 반대의 결과, 즉 전간기 금본위제하에서 외환 준비금의 중요성이 증가한 것은 아니라는 의미로 인용된다. 사실, 뒤에서 분명해지겠지만, 1925년에는 대부분의 나라가 아직 금본위제로 복귀하지 않았다. 금본위제로의 복귀가 완료된 1928년 말경이 되면 전체 준비금 중 외환의 비중(24.5%)은 사실 1913년(15.9%)에 비해 30% 이상 증가했다(Lindert 1969, 12~15쪽). 이 문제는 제7장에서 더 논의할 것이다.

29. 소위 이 트리핀 딜레마(Triffin 1960)는 플리나르스키[Mlynarski] 딜레마라고 부를 수도 있는데, 펠릭스 플리나르스키[Feliks Mlynarski]는 1929년에 쓴 자신의 책에서 이 문제를 주제로 다루었다. 제7장 참조.

30. 이런 관점을 가진 가장 영향력 있는 설명은 Kindleberger (1973)이다. 그 시기에 관해 다른 설명을 하는 Nurkse (1944)는 모든 것을 감안할 때 1931년에서 1936년 사이에 나타난 일련의 평가 절하가 관련국들에 아무런 이익이 되지 않았다고 주장한다.

31. Keynes (1932), 288쪽.

32. Eichengreen and Sachs (1986)는 병행 통화정책이 다른 경우를 가정한 상태에서 다른 나라가 금본위제를 유지할 때 평가 절하의 국내 효과와 국가 간 효과에 관해 이론적으로 분석하고 있다.

33. 따라서 이 책에서는 래그너 넉시[Ragnar Nurkse]가 아무 득도 없는 "평가 절하 사이클"이라고 폄하한 1930년대의 전반적인 평가 절하 움직임의 이로운 효과들을 강조하고 있기 때문에, Nurkse (1944)의 설명과는 근본적으로 다르다.

34. 이 주제에 관한 광범위한 연구를 유익하게 소개한 것으로는 Gourevitch (1984)와 Weir and Skocpol (1985)이 있다.

35. Borchardt (1991), 133쪽에서 재인용.

36. 여기서는 비례 대표 선거제도와 다수 대표 선거제도를 대비시키지, 의원 내각제하의 정당제도와 대통령제하의 정당제도를 대비시키는 것이 아니다. (예를 들어 영국은 다수 대표 선거제도와 의원 내각제를 동시에 갖고 있다.) 정치학의 많은 문헌들이 비례 대표제와 다수 대표제를 대비시킨다. 예를 들어 Duverger (1954), Rae (1967), Newman (1970), Lijphart (1990)를 보라. 이런 문헌 중 많은 수는 처음에는 1920년대의 정치 불안정을 설명해 보려는 동기에서 시작되었다. 선구적 연구로는 Bonn (1925)이나 Headlam-Morley (1928)를 보라.

37. 이 상관관계는 불완전하다. 즉 네덜란드, 체코슬로바키아, 스칸디나비아는 비례 대표제를 채택하고 있었지만 인플레이션은 겪지 않았다. 네덜란드와 체코슬로바키아의 경험은 예외적이었는데, 이는 비례 대표제의 불안정화 효과를 상쇄시키는 경제적, 종교적 분열의 횡절적 성격 때문이었다. 전쟁 동안 중립을 유지한 스칸디나비아 국가들의 경우, 배분의 규범이 다른 지역만큼 위협을 받지 않아 1920년대에 배분 갈등이 최소화되었다. 이런 점들은 제3장에서 더 자세히 다룰 것이다.

38. 예를 들어 Jervis (1976)와 그 참고 문헌을 보라.

39. Li et al. (1984)를 보라.

제2장 | 전간기 시각에서 본 고전적 금본위제

1. Gregory (1935), 10쪽. 그레고리는 런던대학교 카셀 경제학 교수Cassel Professor of Economics였다.

2. 이 책에서 "대공황Great Depression"이라는 용어는 1929년에 시작된 불황을 지칭할 뿐이며, 1876년경의 디플레이션을 나타내지는 않는다.

3. Eichengreen (1987)은 이런 효과에 대한 증거를 제시한다.

4. Krugman (1988)은 이런 메커니즘을 모형화하였다. 이에 관한 설명은 제1장 후주 5를 참고하라.

5. Hume (1752[1898])을 보라.

6. 금-정화 플로우에 대한 이런 전형적 설명은 중요한 문제들, 예를 들어 은행권이 종종 중앙은행이 아니라 민간 은행에 의해 발행된다는 사실을 간과하기 일쑤이다. 그런 미세한 사항들은 분석을 복잡하게만 할 뿐, 그 함의를 바꾸지는 않는다.

7. 예를 들어 Cassel (1936), 5쪽과 Gayer (1937), 44쪽을 보라.

8. Fraser (1933), 24~25쪽. 특히 네덜란드와 같은 다른 나라들도 시장 규모는 상대적으로 작았지만 시장 개방을 유지했다. Nye (1991)는 영국의 수입액 대비 관세 수입의 비중이 프랑스에 비해 컸다는 점을 지적하며 영국의 무역 자유에 의문을 제기했다. 그러나 여기서 문제가 되는 시기, 즉 1880년 이후에는 수입액 대비 관세 수입의 비중이 영국에서 항상 더 낮았다.

9. Gregory (1935), 17쪽.

10. 이 주제에 관한 유명한 논쟁은 Keynes (1929b)와 Ohlin (1929) 사이에서 벌어졌다.

11. 이런 상황을 기술 용어로는 무역 수지 안정을 위한 마샬-러너 조건Marshall-Lerner condition이 충족되지 않는다고 표현한다.

12. Taussig (1928), 239~240쪽.

13. Fraser (1933), 6쪽.

14. *First Interim Report*, Committee on Currency and Foreign Exchanges After the War, Cmd 9182, 1919를 참고하라.

15. 위의 글, 단락 4.

16. 국제수지 조정에 대한 포트폴리오 잔고 이론은 이자율의 일회성 변경은 일시적 자본 유입만을 유발함을 시사한다. 이자율 변경은 포트폴리오의 일회 변경을 유발하기 때문에 일시적 자본 유입을 가져올 수밖에 없다. 예를 들어 영국 이자율이 상승하면 외국 투자자들은 수익성이 좋아진 영국 자산을 포

함한 포트폴리오의 비중을 늘리려 할 것이다. 외국 투자자들이 영국 자산 포트폴리오의 비중을 증가시킬 때까지는 자본이 영국으로 유입될 것이다. 포트폴리오 조정이 끝나면 자본 유입도 중단될 것이다. Dick and Floyd (1987)는 이 접근법의 금본위제 적용에 대해 정밀하게 설명하고 있다.

17. "게임의 규칙"이라는 표현은 케인스가 「처칠의 경제적 귀결The Economic Consequences of Mr. Churchill」(1925년, Keynes (1932), 259쪽에 재수록)에서 분명히 최초로 사용했으며, 1930년 2월 맥밀란위원회Macmillan Committee에서 잉글랜드은행 이사인 로버트 킨더슬리 경Sir Robert Kindersley이 반복해서 사용한 이후에 유행하게 되었다. Committee on Finance and Industry (1931), Question 1595, 6 February 1930.

18. 예를 들어 Madden and Nadler (1935), 3쪽 또는 Grayer (1937), 9쪽 참조.

19. Nurkse (1944), 68~69쪽.

20. Bloomfield (1959)를 보라. 전간기와 전전 사이의 이런 비교에 대해 반론이 있는데, 연간 통계를 이용하면 단기간에 이루어지는 중앙은행의 개입 중 많은 부분을 제대로 포착하지 못하며, 동시에 금본위제 유지를 위해 게임의 법칙이 준수되어야 하는 시계(視界)가 어느 정도인가를 파악할 수 없다는 것이다. 제7장을 보라.

21. Walker (1934), 199쪽.

22. Cassel (1936), 3쪽.

23. Sayers (1936), 136쪽.

24. U.S. National Monetary Commission (1910), 215, 357쪽. 더욱이 프랑스중앙은행은 금 대신 은으로 지불하는 대체 수단을 반복적으로 이용했으며, 제국중앙은행에 거의 버금갈 정도로 창구 지도에 의존했다. 이 책의 107~110쪽을 보라.

25. Palgrave (1903), 여러 곳.

26. Sayers (1936), 137쪽.

27. 나는 이렇게 1907년 위기 억제에서 은행이율의 역할을 강조하는 것은 사실을 잘못 해석한 것이라는 점을 뒤에서 지적할 것이다. 사실 국제 협력이 결정적인 역할을 했다. 이 책 103~107쪽을 보라.

28. Taussig (1928), White (1933), Whale (1937)을 보라. 여기서 언급한 화이트는 제13장에 나오는 화이트와 같은 인물이다.

29. 영국의 은행시스템은 사실 전전 수십 년과 1920년대 사이에 점점 집중화되었다. 그러나 경쟁력 하락이 신용의 수요 변화에 대한 공급 탄력성의 부분적

둔화를 설명할 수 있겠지만, 경쟁력 하락이 탄력성을 완전히 제거할 수는 없었을 것이다.

30. Beach (1935), 6쪽. Cassel (1936)도 참조하라. 영국 은행시스템의 단기 부채는 여전히 상대적으로 중요하지 않았지만, 단기 자본의 국제적 이동, 특히 무역 금융과 관련하여 발생한 단기 자본 이동은 금본위제 메커니즘에서 중요했다. 무역업자와 은행가들은 그런 상업적 거래의 시점을 금융시장 상황에 대응해 조정함으로써 단기 자금의 국제적 흐름을 변경할 수 있었다. 그러나 그 후에 외국인 예금이 정점에 이르렀을 때는 그런 조정의 여지가 더 넓었다.

31. Madden and Nadler (1935), 3쪽.

32. 1920년대의 일회성 재산세나 자본세에 대한 논쟁과 그것이 금융시장에 미친 영향에 대해서는 제6장에서 논의할 것이다.

33. 위의 책. Cassel (1936), 5쪽도 참조하라.

34. 원리금 상환의 (전면적인 지불 중지가 아닌) 주기적인 중지를 의미하는 디폴트가 1913년 이전 수십 년 동안 만연했다는 사실을 부정하는 것은 아니다. Eichengreen and Lindert (1989)에 실린 글과 그 뒤의 토론을 참고하라.

35. 당시 사람들도 이 문제를 간과한 것은 아니다. 이 문제는 타우식과 존 파크 영John Parke Young 교수가 지도한 하버드대학교 박사 학위 논문들의 주제였다. 프랑스에 관해서는 White (1933), 영국에 관해서는 Beach (1935), 캐나다에 관해서는 Viner (1924)에서, 미국의 경험에 대해서는 타우식 스스로 1928년 자신의 책에서 직접 다루었다.

36. Taussig (1928), 261쪽.

37. 예를 들어 Ford (1962)는 아르헨티나에 대한 영국의 대부가 이런 경우라고 주장했다.

38. White (1933), 144쪽과 여러 곳.

39. Viner (1924), 280쪽과 여러 곳.

40. Viner (1924), 280쪽은 이런 효과에 관한 『스태티스트Statist』(1905년 10월 21일)의 설명을 인용하고 있다. "캐나다는 런던에서 자금을 차입하여 농민들에게 융자한다. 그러면 캐나다 농부들은 런던에서 차입한 자금으로 미국산 기계를 구매한다. 자본은 실제로 이런 형태로 캐나다에 들어온다. 이것은 우리가 캐나다 농민들에게 대부한 자금을 미국으로 송금해야 함을 의미한다. 그러나 미국은 많은 영국산 생산물을 꼭 수입할 필요는 없다. 그러나 그들은 실크가 필요하고 그래서 실크를 구매한다. 그러면 우리는 이제 일본과 결제를 해야 한다. 일본은 미국에 판매한 실크 대금을 인도산 원면으로 지불받고, 인

도는 원면의 대금을 랭카셔에서 들여온 면제품으로 지불받는다. 따라서 우리는 맨체스터 제품을 뭄바이에 수출함으로써 자본을 캐나다에 수출한다."

41. Taussig (1928), 261쪽.

42. 선구적인 논문은 Keynes (1922, 1929b)와 Ohlin (1929)이다. Anderson (1921) 도 참조하라. 제5장에서 독일 이전 문제의 맥락에서 그들의 견해를 더 자세히 설명할 것이다. 1차 대전 이전의 영국의 이전 문제에 관해서는 Angell (1926), 26쪽과 White (1933), 17~18쪽을 보라. 그들 주장의 일부는 타우식 (Taussig 1917)과 빅셀(Wicksell 1918) 사이의 의견 교환 과정에서 이미 드러난 바 있다.

43. 런던 이자율 변화의 이런 효과(소위 "트리핀 효과")에 관해서는 이 장의 후주 60을 참고하라.

44. 영국 은행시스템이 지역들 사이에서 분절되고 집중도가 낮았던 이유 중 다른 하나는 영국의 은행들이 대부분 파트너 수와 자본금 규모의 제한을 받았기 때문이다.

45. 세계 무역 금융에서 영국이 차지하는 비중에 관한 추정치의 출처는 Williams (1968), 268쪽이다. 상품 교역에서 영국의 비중은 이보다 훨씬 더 낮았다. Maizels (1970)의 추정에 따르면 1899년 영국은 세계 전체 제조품 수출의 35%를 차지했으며 전체 교역 중 비중도 그와 비슷한 수준이었다.

46. Lindert (1969), 12쪽.

47. 모건(Morgan 1952, 332쪽)이 그런 사람 중 대표적인 인물인데, 영국의 단기 해외 자산이 단기 해외 부채를 넘어선 것으로 보았다. 그런 비유가 가진 문제점에 대해서는 Bloomfield (1976), 76쪽과 Cairncross and Eichengreen (1983), 34~36쪽을 보라.

48. Sayers (1957), 17쪽.

49. 이런 규칙은 예외도 있었다. 그리고 지방 은행들은 런던 소재 은행들에 비해서 은행이율의 변화에 반응하는 속도가 느렸다. 하지만 세어스의 표현대로, 은행이율은 시장 이자율에 대해 "견인력"을 발휘했다.

50. Sayers (1936), 70쪽과 여러 곳.

51. Hawtrey (1932), 155, 366쪽.

52. *The Economist* (23 November 1907), 2022~2027쪽, *The Economist* (20 November 1907), 2071~2076쪽.

53. Mintz (1959)와 Ford (1962), 60~62쪽을 보라.

54. 이런 설명은 1913년 이전 영국의 해외 대부가 경기 역행적[countercyclical]이었

다는 킨들버거의 주장과는 대비된다. 내 설명의 근거는 Ford (1962), 제4장의 분석, 특히 그림 15와 관련 서술(71~73쪽)이다. 킨들버거의 추론은 국내 및 해외 대부의 추세에 관한 A. G. 포드[A. G. Ford]의 논의에서 비롯되었을 수 있다. 포드는 9년 이동 평균값의 분석을 통해 해외 증권 발행과 국내 소득이 반대로 움직이는 경향이 있음을 보였다. 그러나 포드가 사이클을 논의하면서 사용한 측정치인 각 추세로부터의 편차를 고려하면, 두 변수는 동조적으로 움직였다. 변화율 분석을 통해서도 동일한 결과를 얻을 수 있다. 나는 Edelstein (1982), 부록 1의 통계 자료를 이용하여 순 해외 투자와 GDP를 변화율의 형태로 나타냈다. 그리고 포드가 한 것처럼 이동 평균값(나의 경우, 5년 이동 평균값)으로부터의 편차를 계산했다. 그 결과는 그림 2.1에 나타나 있다. 두 변수 간 상관 계수는 양의 값이지만 통상적인 신뢰 구간에서 통계적으로 유의하지 않다.

55. 이런 규칙성에 대한 기록은 Eichengreen (1983), 표 2와 158~159쪽에서 찾을 수 있다.

56. 영국 수출이 주로 해외 경기 변동에 의해 유발된 경우라면, 영국 수출에 대한 해외 수요를 자극한 외국의 경기 상승은 영국 수출품의 양과 가격, 그리고 일반적으로 관찰되는 그 둘의 곱을 상승시켰어야 한다. 반대로 영국 수출의 변동이 주로 국내 공급의 변화에 의해 유발된 경우라면, 수요 곡선은 일정한 상태에서 공급 곡선의 우측으로 이동하여 앞의 경우와 반대로 수출품 가격은 하락하고 수출량은 증가할 것이다. 따라서 결론적으로 영국의 수출 변동은 주로 해외 요인에 의해 유발되었다.

57. Royal Commission on Indian Finance and Currency (1914), 부록 III, 28~29쪽.

58. Beach (1935), 9쪽. 경기 변동의 다른 국면에서 은행시스템의 이런 행태 차이는 캐나다에 관한 설명(123~126쪽)에서 뚜렷이 드러난다.

59. 다시 중요한 참고 자료는 Taussig (1928), White (1933), Whale (1937)이다. 미국 금 수요의 계절적 변동이 국제체제의 안정에 미친 영향에 대해서는 뒤에서 잠깐 설명할 것이다.

60. 이런 반응은 Triffin (1964)을 따서 트리핀 효과로 알려져 있다. 이 트리핀 효과는 제7장과 제13장에 나오는 트리핀 딜레마와는 다른 것이다. 트리핀 딜레마는 금과 외환 모두를 준비금으로 하는 국제통화체제의 안정성과 관련된 것이다.

61. 19세기 후반기에 이 비율은 종종 2% 아래로 떨어졌다. Viner (1951), 124쪽.

62. Sayers (1957), 18쪽.

63. 상세한 내용은 Wirth (1893)와 Pressnell (1968)에서 확인할 수 있다.

64. *The Economist* (15 November 1890), 1437쪽.

65. Pressnell (1968), 199쪽.

66. 위의 책, 201쪽.

67. 러시아 측은 베어링에서 예금을 인출하려던 것을 하지 않기로 합의했다. 위의 책, 199~200쪽.

68. Elliot (1911), 제2권, 171쪽에서 인용. 프랑스의 금에 관해서는 Sayers (1936), 103쪽을 보라.

69. 결국 잉글랜드은행은 베어링의 구제에 100만 파운드를 투입했으며, 민간 부문이 나머지 300만 파운드를 투입했다(Fulford 1953, 211쪽). 그러나 외국의 대부가 이런 과정의 성공에서 아주 결정적이었다. 왜냐하면 베어링에 대한 잉글랜드은행의 지원을 신뢰하지 않았다면 민간이 구제 금융에 참여하지 않았을 가능성이 높고, 외국의 지원이 없었다면 잉글랜드은행도 베어링을 지원할 수 없었을 것이기 때문이다.

70. "Commercial History and Review of 1906", *The Economist*, 6쪽을 참조하라.

71. Patron (1910), 143쪽, White (1933), 195쪽, Liesse (1910), 230쪽을 보라.

72. Sayers (1976), 59쪽.

73. *The Economist* (15 September 1906), 1497쪽.

74. 프랑스중앙은행 총재가 주주 총회에서 이렇게 말했다. Bank of France (1907), 7쪽.

75. Bank of France (1907), 7쪽.

76. Cross (1923), 217쪽.

77. Ansiaux (1910), 171쪽.

78. *The Economist* (9 November 1907), 1901쪽.

79. Sayers (1936), 103, 110쪽.

80. Beach (1935), 146쪽을 이용해 계산.

81. 빈의 『신 자유 신문*Neue Freie Presse*』에 실린 루차티의 글은 Shloss (1958), 4쪽에 인용되어 있다. 그리고 Luzzatti (1908)와 Patron (1910), 146~148쪽을 보라.

82. Royal Commission on Indian Finance and Currency (1914), 부록 III, 97쪽.

83. 은행 통계가 미국과 영국에서는 순 예금 총액 기준인데, 프랑스만 요구불 예금 기준으로 되어 있어 국제 비교가 어렵다. 1900년에 순 예금 총액 대비 국민들의 현금 보유액의 비율이 영국은 0.13, 미국은 0.23인 반면, 프랑스의 경우 요구불 예금에 대한 현금 및 동전의 비율은 0.70이었다. 영국과 미국의 추

황금 족쇄

정치는 Capie and Webber (1985), 76쪽과 Friedman and Schwartz (1963), 705쪽의 것을 각각 이용했다. 프랑스의 M1 구성 항목은 Saint Marc (1984), 37쪽에서 가져왔다. 1차 대전 직후 요구불 예금은 영국 총예금의 거의 절반 그리고 미국 총예금의 3분의 1 정도였다. 이 비중은 전전 저축성 예금의 중요성을 과대평가할 가능성이 크므로, 영국의 0.13을 두 배로 하고 미국의 0.23에 50%를 더하면 프랑스의 통계와 비교 가능한 숫자가 될 것이다. 프랑스에서 은행 예금의 비중이 얼마나 작은지를 여기서 확인할 수 있다.

84. 예를 들어 *The Bankers' Magazine* (December 1911), 794쪽에서는 지난 달 "가장 긴급한 수요를 제외하고는 어떤 금도 프랑스중앙은행에서 인출되지 않았으며" 1인당 지불된 금의 최고액은 300프랑이었다고 보도했다. Keynes (1913), 21쪽에서 재인용.

85. *The Economist* (23 November 1907), 2040쪽.

86. 독일의 무역 신용과 그 발전에 관한 자세한 내용은 Wolfe (1910)에서 찾을 수 있다. 제국중앙은행의 해외 어음 및 신용 보유에 관해서는 Keynes (1913), 22쪽을 보라. 독일 내 준비 잔고에 관해서는 Lindert (1969)를 보라.

87. 예를 들어 de Cecco (1984)를 보라.

88. 주변부 금본위제에 대해서는 몇 나라를 골라서 설명할 것이다. 1930년대 대공황을 분석할 때 주로 등장하는 나라들, 미국, 캐나다, 아르헨티나, 브라질, 호주, 뉴질랜드에 초점을 맞출 것이다. 이 나라들의 1913년 이전 국제 통화 경험이 전간기 동안의 행동에도 계속 영향을 미쳤기 때문이다.

89. 20세기에 접어들 무렵, 미국 재무부는 신용 증감의 한 방법으로 상업 은행에 예치한 자신의 예금을 관리하는 실험을 시작했다. 그러나 극히 일부 예외적인 경우를 제외하면, 재무부는 단기 채권을 발행할 수 없었다. 상업 어음을 할인할 수도 없었으며 증권을 담보로 대출을 할 수도 없었다. Eichengreen (1984a)을 보라.

90. 자본 유입은 국내 투자의 매력도에 달려 있었고, 후자는 현재의 자본 생산성과 같은 방향으로 움직였다. 따라서 미국의 경우, 국내 생산 충격과 자본 유입이 양의 상관관계를 보였다. 이런 관계가 국제체제에 미친 압박에 대한 상세한 설명은 de Cecco (1984), 110~117쪽을 보라.

91. 이론적으로는 조정이 통화 유통 속도의 증가를 통해서도 이루어질 수 있었다. 그러나 Bordo and Jonung (1987)이 설명한 것처럼 19세기 말은 사실 유통 속도가 하락한 시기였는데, 서유럽 경제 중 과거에는 화폐화된 영역에서 분리되어 있던 지역들이 점점 화폐화된 영역에 통합되고 있었기 때문이다.

92. 이 책 105~106쪽을 참조하라.

93. 국내 은행시스템의 운영과 국가발전정책 시행 과정에서 물가를 인상하려는 팽창적 경향이 상당히 있었다. "따라서 은행은 한편으로는 돈을 빌리려고 하지만 불신으로 가득 찬 대중과 다른 한편으로는 재정 적자를 충당하기 위해 은행 준비금에 의존하고 있던 정부에 둘러싸여 있었다"고 Subercaseaux (1922), 87쪽에서 1870년대 칠레를 묘사하고 있다. 인플레이션이 지주들의 압박의 산물이라는 견해의 표준적 전거는 Fetter (1931)의 vii쪽과 다른 여러 곳에 있는 서술이다. Hirschman (1963)과 Fishlow (1987)는 이런 견해에 의문을 제기한다.

94. Ford (1962), 91쪽.

95. Fishlow (1987), 4~5쪽.

96. 상세한 것은 Williams (1920)와 Ford (1956)를 참조하라.

97. Fritsch (1989)를 보라.

98. Fishlow (1986), 여러 곳과 Randall (1977), 제3권, 141쪽.

99. Young (1925a)을 보라.

100. 이것은 은행시스템의 안정성을 의미하는 것이 아니라, 은행의 안정화 활동을 의미한다. Pope (1989)에서 명확히 설명한 것처럼 호주는 고전적 금본위제하에서 은행 파산이라는 심각한 문제에 시달렸다.

101. Simkin (1951), 76쪽. 이하에서는 호주의 경우보다 덜 복잡한 뉴질랜드의 경우에 초점을 맞추어 논의할 것이다. 대부분의 결론은 비슷하다. Copland (1925)를 보라.

102. 1916년 긴급 명령Order-in-Council에 따라 은행 규정이 변경되면서 은행들은 영국 내 보유 증권을 필요 준비금으로 계산할 수 있게 되었다(Hawke 1971, 49쪽). 그 이전에는 이런 증권은 2차 준비금 혹은 초과 준비금으로만 사용되었다. 뉴질랜드 은행들은 런던에 해외 자산을 갖고 있는 동시에 해외 부채, 즉 영국인 거주자들의 런던 예금도 갖고 있었다. 후주 104를 보라. 개리 호크Gary Hawke의 추정에 따르면 20세기 초에 해외 자산이 처음으로 해외 부채를 초과했다.

103. Pope (1989)는 호주에서도 이와 동일한 메커니즘이 작동하여 금본위제를 안정시켰음을 뒷받침하는 자료들을 인용하고 있다.

104. Simkin (1951)과 Hawke (1971)는 뉴질랜드 은행들의 스털링 잔고가 뉴질랜드 해외 무역에 좌우되는 정도는 시기마다 달랐다고 지적한다. 1890년 이전에는 뉴질랜드 은행들의 런던 지점은 영국인 거주자의 저축성 예금과 요

구불 예금을 수취했다. 그 결과, 그들의 스털링 포지션은 뉴질랜드 고객에 의한 예금뿐 아니라 이런 예금에 따라서도 달라졌다. 1890년 이후 이런 관행은 줄어들었다. 그리고 은행의 스털링 포지션은 뉴질랜드의 해외 무역과 밀접한 연관을 이루며 변동했다. 호주와 뉴질랜드는 1929년부터 앞에서 설명한 신용 - 교환 본위 장치로 다시 복귀했다. 제8장을 참조하라.

105. 캐나다 상황에 대한 설명은 Johnson (1910)과 Viner (1924)를 참조하라.

106. Viner (1924, 1937)를 보라

107. Dick and Floyd (1987)는 바이너의 분석에 대해 다른 비판을 하고 있다.

108. 특히 Rich (1988), 제3장을 보라. Rich (1984)는 그의 주장을 간략히 요약하고 있다.

109. Beckhart (1929), 376쪽에서는 미국과 캐나다의 은행권 발행의 계절적 탄력성을 비교하고 있다. Rich (1988), 표 3.3은 은행권 발행의 주기적 반응도를 제시하고 있다.

110. 여기서 인용된 증거는 Rich (1988), 표 3.6에서 가져왔다. 이 책의 설명은 캐나다 통화 공급의 불안정화 영향에 관한 Rich (1988)의 주장과 유사하다. Pope (1989)는 호주 금본위제에 대한 은행의 관리가 1913년 이전에는 경제를 불안정하게 하는 비슷한 경향이 있었다고 주장한다.

111. Miron (1986)은 연준이 설립 이후 곧바로 통화 및 신용 상황의 주기적 변동을 완화하는 작업에 착수했다고 주장한다. 그리고 Miron (1989)은 새로 설립된 연준이 명목 이자율을 안정화해야 한다는 관념에 사로잡힌 것이 1920년대와 1930년대 미국 경제의 주기적 불안정의 원인이었다고 주장한다. 이런 주장에 대해 Clark (1986)이 반론을 제기했는데, 반론의 근거는 이자율의 계절 변동성이 1914년부터 미국뿐만 아니라 유럽에서도 같이 감소했다는 것이다. Barsky et al. (1988)은 그 이유가 국제 금 이동 최소화를 원하는 유럽 중앙은행들이 미국의 새로운 정책에 대응했기 때문이라고 지적한다. 전시 금 이동에 대한 중앙은행의 태도에 대해서는 제3장에서 다룰 것이다.

112. 연준이 1930~1931년에 통화정책의 기준으로 명목 이자율을 사용한 관행에 대해서는 제8장에서 설명할 것이다.

제3장 | 전시 과도기

1. Anderson (1919), 6쪽. 그리고 제2장 109~110쪽을 보라.

2. 6월 28일에서 7월 28일 사이에 미국의 산업 및 철도 주식 가격은 15% 하락했다. Anderson (1919), 148쪽.

3. 프랑스 정부가 9월 시작과 더불어 도시를 비우기로 결정할 때까지 파리에서 주식 거래는 제한적이기는 하지만 계속되었다. 정부는 거래를 중지함으로써 국내 은행들이 주식을 위기 이전의 가격으로 계산해서 지급 능력을 유지할 수 있도록 했다는 주장이 있다. Keynes (1914)는 다른 해석을 하고 있는데, 주 식거래소가 은행을 보호하기 위해서 폐쇄된 것이 아니라 주식시장을 보호하 기 위해서 은행을 폐쇄했다고 주장한다. 그의 견해에 따르면, 거래 중지 덕분 에 은행은 고객들에게 추가 증거금을 예치하거나 주식을 매각하라고 강제할 필요가 없었다. 그렇게 강제했다면 주식 가격은 더 추락해 주식시장을 대혼란 상태로 몰고 갔을 것이다.

4. 러시아에 어음 지불을 요청하는 것도 불가능했다. 또한 유럽의 다른 나라들과 북미 지역에서의 자금 회수는 불안정한 우편 서비스 때문에 불확실했다. 그 리고 프랑스 은행들은 종종 직원 부족을 이유로 어음 회수 업무를 거부했다. Lawson (1915), 37쪽.

5. 아르헨티나, 오스트리아, 벨기에, 브라질, 이집트, 그리스, 노르웨이, 페루, 포 르투갈, 루마니아, 스웨덴, 스위스 등도 모라토리엄을 채택했다. Brown (1940), 15쪽.

6. 5% 기준은 잔고가 250프랑을 초과하는 예금자들에게 적용되었다. 저축은행 에서의 인출은 1개월에 100프랑으로 제한되었다. Dulles (1929), 86~87쪽. 영 국에서는 어음 모라토리엄으로 채무자들이 계약일이나 9월 4일 중 늦은 날짜 를 택해 1개월 간 지불을 유예할 수 있었다.

7. 이것은 합자은행이 어음 중개인들에게 정상적으로 대출하는 금액의 3분의 1 에 해당했으며, 전쟁 직전 미지불 어음의 10%에 조금 못 미치는 규모였다. 11 월 27일에 총 규모는 1억 2천만 파운드로 증가했다. Kirkaldy (1921), 3, 10쪽.

8. Bogart (1921), 56쪽. 이런 변동 폭과 어떤 가격에서도 매입 능력이 없는 미국 인 관광객에게 의회가 외환을 인도했다는 사실은 얼마 동안 제시 환율이 명 목적인 것에 불과했음을 시사한다. 이런 가격에서 실제로 거의 이루어지지 않 았다. Lawson (1915), 제2장을 보라.

9. 하지만 중립국의 환율은 강세를 유지했다. 연합국들이 대륙에 주둔한 군대에 대한 물자 공급을 이베리아 반도에 의존하자 스페인 페세타는 달러에 대해 절상되었다. 동맹국의 봉쇄가 강고해져 스웨덴이 중부 유럽에서 얻는 수입이 줄어들고 스웨덴의 해상 운송 수입이 치솟자, 스웨덴 크로네도 상승했다.

10. 제2장 107~108쪽을 보라.

11. 금의 수출은 관세 및 내국세 법에 따라 1918년 5월 10일에 공표되었다. 이 공

표는 뒤에 1919년 4월 1일과 1920년 11월 26일의 내각 명령으로 승계되었으며, 금은(수출 제한 등)법에 의해 1925년 12월 31일까지 이어졌다. Brown (1940), 31쪽은 1919년과 1920년의 금지만을 금본위제와의 결정적 단절이라고 본다.

12. Brown (1940), 33~34쪽.

13. 위의 책, 54~55쪽.

14. Grady (1927), 130~131쪽. 해외 증권 모집을 위한 두 정부의 노력에 관해서는 뒤에서 더 자세히 설명할 것이다.

15. Anderson (1919), 16쪽.

16. Harris (1931), 247쪽, McVey (1918), 23~24쪽. 수출업자는 기준 환율에다 최대 5% 최소 1%의 프리미엄을 지불해야 했으며 선박은 항로, 교신, 정박에 관해 정부의 지시를 받아야 했다.

17. 상세한 것은 Decamps (1922), 309~310쪽을 보라.

18. Brown (1940), 62쪽.

19. Bogart (1921), 186쪽에서 인용.

20. Birck (1927), 226쪽.

21. Gide (1919), 129쪽.

22. Charbonnet (1922), Fisk (1922), 29~31쪽, Flora (1983), 300쪽, Peel (1925), 101쪽, Germain-Martin (1936), 3~4부를 참조하라.

23. 표 3.1은 Balderston (1989)을 따라 경상 수입에서 정부채 매입을 통해 경감된 세금 부담을 제외하였으며, 공식 통계상의 1918/1919년 지출 추정치를 같은 기간 제국의 미지불 채무 증가액으로 올렸다.

24. 상세한 것은 Holtfrerich (1986b), 109~110쪽과 Witt (1987), 여러 곳을 보라.

25. Balderston (1989), 225쪽.

26. 위의 책, 230쪽.

27. 처음에는 전전 수준을 초과한 이윤의 50%를, 1917년부터는 80%를 초과 이윤세로 부과했는데, 이 세금이 1914년에서 1920년 사이 총세수의 약 25%를 차지했다. Grady (1927), Hicks, Hicks and Rostas (1941)를 보라.

28. Stamp (1932), 29쪽.

29. Morgan (1952), 94쪽. 그리고 Balderston (1989)를 보라.

30. Bogart (1921), 295쪽, Gilbert (1970), 제5장. 세금 3분의 1, 대출 3분의 2의 정책은 *Annual Report*, the Secretary of the Treasury for 1918, 47~49쪽에 명시되었다.

31. '조세 평준화tax smoothing'에 관한 최근 연구들은 정부 지출의 일시적 증가에 대응하기 위해 차입하는 것이 분명히 타당함을 보여준다. 세율이 올라가면 왜곡된 세금 부과로 인해 사회 후생의 상실deadweight loss도 증가하게 된다는 것이다. 따라서 유권자의 후생 극대화를 추구하는 정부는 시기에 따라 상대적으로 일정한 세율을 유지하려는 유인이 있다는 것이다. 정부 지출이 특별히 높을 때는 차입을 하고 지출 수요가 상대적으로 낮을 때는 채무를 상환해야 한다. 이 문제에 관한 참고 문헌은 Barro (1979)에서 찾을 수 있다.

32. Stoddard (1932), 43쪽.

33. Hollander (1919)는 이런 비판에 앞장섰다. Fisk (1919), 57~58쪽, Van Sant (1937), 14~15쪽, Gilbert (1970), 제10장 등도 보라.

34. 프랑스와 영국의 추정치는 Alesina (1988)에서 가져왔다. 미국의 추정치는 United Nations (1948)와 U.S. Department of Commerce (1976)를 이용하여 계산한 것이다. 전전의 프랑스 부채에 대해서는 Dulles (1929), 64쪽, Moulton and Lewis (1925), 52쪽을 보라.

35. 프랑스는 전쟁 동안 네 건의 장기 차입을 했지만, 첫 번째 채권은 1년 이상 지연된 후 1915년 11월에야 발행되었다. Babé (1925)는 첫 번째 전시 차입의 정치경제학과 그 차입의 지연에 관해 설명하고 있다.

36. Balderston (1989), 238~239쪽. 제2장, 42쪽을 보라.

37. 통화의 융통도 영국이 전쟁에 기울인 노력 중 중요한 한 부분이었다. 은행권 유통액 증가율은 전쟁 기간 동안 통화 공급량이 5배 증가한 독일을 제외하면 가장 높았다. 반대편 끝에는 통화 증가율이 낮은 미국이 있었다. 이것은 부분적으로는 미국이 전쟁에 늦게 참전한 것과 관련이 있다. 1917년 4월 이전에도 유통 화폐량이 꾸준히 증가했다. 수출이 증가하고 도피 자본이 안전한 뉴욕으로 유입되자 금이 미국으로 흘러 들어왔다. 1917년 4월과 1차 대전 종전까지의 기간 동안 미국의 통화 잔고 증가율은 참전 이전에 비해 절반에도 미치지 않았다. 미국은 전쟁에 참전한 이후에는 더 이상 대규모로 금을 끌어들이지 않았으며 연합국들에게 자금을 대출하기 시작했다. 더욱이 2차 대전 때와는 대조적으로 연방준비은행들이 정부 증권의 직접 매입에 거의 참가하지 않았다. 대신 회원 은행들은 고객들에게 정부 채권을 매입하는 데 필요한 돈을 빌려주었으며, 자신들이 확보한 담보를 연준에서 재할인하는 방식으로 준비금을 보충했다. 이것은 미국 자본시장의 힘과 영향력이 증가해 자금을 융통할 필요가 거의 없었음을 보여주는 증거다.

38. 독일과 같이 영국도 단기 재무부 채권을 발행할 때 종종 어려움에 직면했다.

하지만 가장 심각한 어려움은 전쟁이 끝난 다음에 나타났다. 1920년에 은행들은 다시 무역 어음으로 옮겨 갈 수 있었기 때문에 더 이상 전속시장 역할을 하지 않았다.

39. 소유자에게는 정상적인 배당금과 이자 외에 연간 0.5%가 추가로 지불되었는데, 재무부가 매각한 경우에는 2.5%가 지불되었다.

40. E. V. 모건은 후에 왕립국제문제연구소의 추정치가 과대평가된 것이라고 비판했는데, 정부 매각 총액이 5억 5000만 파운드를 넘지 않았으며, 그중에서 영국의 신규 해외 투자액인 약 2억 5000만 파운드를 차감해야 한다고 주장했다. 클레오나 루이스Cleona Lewis의 작업을 인용하여 같은 기간 민간 매각액은 약 2억 5000만 파운드였다고 주장했다. Kirkaldy (1921), 183쪽에서는 이와 대조적으로 동원 조치에 따라 1915년에서 1919년 사이에 겨우 2억 700만 파운드가 모집되었다고 추정했다. Royal Insititute (1937), 130쪽, Lewis (1938), 119쪽, Morgan (1952), 330~331쪽.

41. 8%의 추정치는 Moulton and Lewis (1925), 27쪽에서 나왔으며, 70% 추정치는 Lewis (1938), 121쪽에서 나왔다.

42. Bogart (1921), 37쪽에서 인용. 이것은 Lewis (1938), 119쪽의 추정치와 일치하는데, 그는 미국 철도 주식의 영국인 보유분 중 71%가 전쟁 기간에 매각되었다고 추정했다.

43. 미국인들이 매입한 외국 증권의 추정액은 Royal Institute (1973), 130쪽에서 가져왔다. 왕립국제문제연구소의 다른 추정치와 마찬가지로 이 추정액 역시 과대평가되었다는 비판을 받는다. 다른 곳에서는 미국의 외국 증권 보유 규모가 왕립국제문제연구소 추정치의 절반 정도밖에 되지 않는 것으로 평가했다.

44. 이 숫자들은 Lewis (1938)의 추정치이다. Royal Institute (1937)는 미국의 포지션이 이것보다는 약간 더 강한 것으로 평가했는데, 그 근거는 제시하지 않는다.

45. 이 중 3분의 2는 유럽에 대한 부채였다. *Federal Reserve Bulletin* (December 1921), 1410쪽. 전전 추정치는 Lewis (1938), 126쪽의 것이다.

46. 이런 새로운 지위의 발전에서 결정적으로 중요한 것은 뉴욕에 어음인수시장이 탄생한 것이었다(Reed 1922). 연방준비법이 있기 전에는 전국 규모 은행들에게 어음을 인수할 수 있는 권한이 없었다. 이 은행들은 고객을 대신해서 약속 어음을 할인할 수 있었지만 채무자의 은행이 이 어음들을 보증하지 않았기 때문에 어음의 양도 가능성이 매우 제한적이었다. 더 신뢰할 만한 인수

는 런던에서만 가능했다. 런던에 대한 무역 신용의 의존 때문에 종종 0.5%에 이르는 수수료를 미국의 신용장 발행 은행과 신용장을 인수하는 영국 모두에 지불해야 하는 미국 수출업자들이 피해를 본다는 불평이 미국 내에 있었다. Schwedtman (1911), 245쪽. 그래서 연방준비법 제13조는 미국 은행들이 만기가 6개월 이하인 상업 어음 인수에 참여하는 것을 허용했다. 인수 업무는 신속히 발전했다. 일반 투자자들이 그런 금융 자산의 거래에 익숙해질 때까지 뉴욕연방준비은행은 시장을 조성하여 시장에 나온 인수 어음을 매입하거나 할인했다. 1910년대 말경에는 국제 거래뿐만 아니라 국내 어음의 인수를 허가하는 규정이 만들어지면서 시장 규모가 수십억 달러 규모로 급격히 팽창했다. 민간의 어음 인수 거래가 인기를 얻게 되자 뉴욕연방준비은행은 옆으로 비켜섰다. Goldenweiser (1925), 55~56쪽.

47. 프랑스에서만 국민들이 전쟁 초기 13개월 동안 무려 8억 프랑의 금을 예치했다. Anderson (1919), 106쪽. 일부 국가에서는 금을 국가에 집중시키는 이런 과정이 전전에 이미 진행되었다. 독일에서는 20마르크의 소액 은행권이 1906년에 처음으로 발행되었는데, 이것은 금속 화폐의 손쉬운 대체물 역할을 했다. 독일제국은 1909년 은행권을 법정 화폐로 선포했는데, 이것 역시 비슷한 효과가 있었다. Holtfrerich (1986b), 114쪽을 참조하라.

48. 이에 관한 상세한 논의는 제7장을 보라. 주요 참전국들 중에서 프랑스와 독일의 외환 준비금 변동이 특히 극적이었다. 독일의 외국 어음은 1913년에서 1918년 사이에 50% 이상 감소한 다음에 1918년에서 1919년 사이에 전전 수준의 세 배 이상으로 다시 늘어났다.

49. 미국의 중남미 수출은 참전 이후에 선박 징발과 산업 시설의 군수품 생산 전환으로 어려움을 겪었다. 그러나 미국 기업의 중남미 시장 지배는 계속 강화되었다. Kaufman (1974), 182쪽 등.

50. 전시 일본의 발전에 관한 훌륭한 개관으로는 Ogawa and Yamasaki (1929)와 Kobayashi (1930)가 있다.

51. 남미 상황에 대한 소개는 Miller (1981), Albert and Henderson (1981), Albert (1988)를 참고할 수 있다.

52. 설비 확장 조치에도 불구하고 당시의 생산과 수출은 기후 변덕의 영향을 크게 받았다. 예를 들어 아르헨티나의 밀 수출은 가뭄 때문에 1916년과 1917년에 감소했다. Albert (1988), 56, 64쪽.

53. Hardach (1977), 256, 275쪽, Albert (1988), 63쪽.

54. 비례 대표제의 확산은 선거권의 확대와 또 연결되어 있었다. 엘리트층을 대

변하는 과거 정당의 지도자들은 노동자 계급의 선거권 획득에 고무된 노동자 정당 및 사회주의 정당의 성장이 자신들의 쇠퇴로 이어질 것을 두려워했기 때문에, 비례 대표제 확대는 그들에게는 위험 회피 전략이었다. 구 정당들은 비례 대표제하에서 전통적 유권자들의 지지만 얻을 수 있어도 의회 내에서 최소한의 의석 확보는 가능했다.

55. Beard (1922), 161쪽을 보라. 이 나라들의 선거제도 중에서 프랑스의 선거제도가 그 특징을 규정하기 가장 어려웠다. 1919년 선거법을 흔히 다수 대표제에서 비례 대표제로의 변화로 설명하지만, 그것은 사실 두 제도의 혼합이었다. 그 제도의 내용은 Campbell (1958)의 예를 통해 가장 잘 설명된다. 여섯 명의 대표를 선출하는 선거구에서 유권자들은 최대 6명의 후보에 대해 투표를 할 수 있다고 하자. 우선 정당하게 투표한 유권자들로부터 절대 다수를 얻은 후보는 선출이 확정된다. 그다음 전체 투표 중 최소 1/6을 득표한 정당들(더 정확하게는 정당 명부)은 한 석을 차지하고, 최소 2/6를 득표한 정당은 2석을 차지하며 같은 방식이 계속 이어지는데, 이것은 순수 비례 대표제와 같다. 의석수의 역수인 1/6 기준은 '기준 수^{quotient}'로 알려져 있다. 기준 수 이상을 득표한 정당이 거의 없는 경우에는 다른 규칙이 적용된다. 예를 들어 한 정당이 2/6 초과 3/6 미만의 득표를 하고, 두 번째 정당이 1/6 초과 2/6 미만의 득표를 했으며 나머지 정당들은 1/6 이상의 득표를 하지 못했다면 비례 대표제처럼 첫째 정당에게는 두 개의 의석이 할당되고 두 번째 정당에게는 한 개의 의석이 할당될 것이다. 그러나 나머지 세 의석은 다수 규칙하에서처럼 최다 득표 정당(이 경우에는 첫 번째 정당)에게 배정된다. 첫째 정당의 후보자 수가 남은 의석수보다 적은 경우에는 나머지 의석은 두 번째 정당의 후보자가 채우게 될 것이다. 그래도 모자라면 그다음 정당으로 넘어간다. 그래서 프랑스 법을 두 제도의 혼합이라고 규정하는 것이다. 1919년 법은 캠벨^{Campbell}이 설명한 바와 같이, 다른 복합적 내용들(무소속 후보의 예외적 취급, 특별한 상황에서의 2차 투표)도 포함하고 있다.

56. 이 예는 Duverger (1954), 223~224쪽에서 인용하였다.

57. Herlitz (1925), 586쪽에서 설명한 바와 같이 "다수 대표제가 군소 정당들이 힘을 얻는 것을 허용하지 않기 때문에 수많은 군소 정당이나 집단들의 성장을 가로막고, 다른 한편으로 비례 대표제가 영국이나 미국과 같은 유형의 대규모 정당 조직에게 불리하다는 것은 잘 알려진 사실이다." 이런 경향은 Duverger (1954)의 이름을 따 뒤베르제의 법칙$^{Duverger's Law}$이라고 알려져 있다. Rae (1967), 100~101쪽은 다수 대표제와 비례 대표제의 여러 차이들 가

운데 하나로 설명하고 있다. Lijphart (1990)는 최근에 라에[Rae]의 결과에 대해 비판을 하고 있는데, 그는 비례 대표제와 다수 대표제의 중요성은 대체로 인정하지만 선거구 크기와 투표 방식의 다른 측면에 관한 라에의 결과를 비판한다. 이것이 지역, 종교 및 인종적 차이의 심도 및 확산과 같은 다수 정당제의 다른 결정 요인이 있음을 부정하는 것은 아니다. 예를 들어 소규모 정당에 대한 지지가 지역적으로 상당히 집중되어 있으면 그런 정당들은 비례 대표제보다는 다수 대표제하에서 더 좋은 결과를 거둘 것이다. 초점은 다수 대표제하에서 제3의 정당이 결코 등장할 수 없다는 것이 아니라, 대부분의 경우에 다당제의 범위가 축소될 것이라는 점이다. Duverger (1954), 223쪽과 Taagepera and Grofman (1985)을 보라.

58. 양 정당이 중위 투표자 근처로 수렴하는 양당 체제의 다수 대표제와 비교하여, 두 개 이상의 정당이 존재하는 비례 대표제에서는 각 정당의 정치적 입장이 더욱 다양해진다는 것을 Cox (1989)는 보여주고 있다. 덜 정형화된 방식이기는 하지만 Katz (1980)도 같은 주장을 하고 있다.

59. Rogowski (1987)는 유익하게도 이와 관련된 기존 연구를 검토하고 있는데, 그는 비례 대표제를 지지하는 입장을 취하고 있다.

60. 연정의 불안정과 의회 분절화 간의 이런 관계에 대해서는 Dodd (1976)에서 지적한 바 있다. Taylor and Herman (1971)은 이것을 뒷받침하는 통계적 근거를 제시한다.

61. '균열 갈등'의 개념과 선거제도를 정부 안정성에 연결하는 중요한 매개 변수로서의 균열을 강조하는 주장은 Dodd (1976)에서 빌려온 것이다.

62. 비례 대표제를 통렬히 비판한 Hermens (1941), 77쪽에서는 다음과 같은 점을 지적한다. "그러나 정치적 다원주의 체제하에서 어떤 정당들의 조합도 하나의 단위로 행동할 수는 없고, 상황이 급격히 악화될 수 있다. 그리고 유권자들은 행동이 절실히 필요한 상황을 앞에 두고서 아무런 조치도 취하지 않는 광경을 목격하게 된다."

63. 벨기에는 다른 나라와 달리 전쟁 전에 이미 비례 대표제를 갖고 있었다. 그러나 일정한 유권자에게 복수의 투표권을 부여하는 복식 투표제[vote plural]는 비교적 작은 비율의 유권자, 따라서 상대적으로 소수의 정당에 권력을 집중시키는 결과를 낳았다.

64. 스웨덴은 1909년에 비례 대표제를 채택했고 노르웨이는 1919년에 채택했다. 덴마크는 그 이전에 비례 대표제를 실험한 바 있지만 비례 대표제가 모든 선거에 적용된 것은 1915년 이후였다.

황금 족쇄

65. 1920년대 스웨덴 정치에 대한 이하의 설명은 주로 Rustow (1955)의 제3장을 기초로 한 것이다.

66. Herlitz (1925), 589쪽.

67. Rogowski (1987)는 비례 대표제가 일반적으로 정치 안정에 도움이 된다는 관점을 지지하지만, 정치 균열이 단일한 쟁점에 따라 결정될 때 불안이 나타날 가능성이 높다고 지적한다.

68. 2개의 세속 정당은 각각 자본과 노동의 이익을 대변했다. Carstairs (1980), 62쪽, de Swaan (1973), 제10장.

69. 네덜란드에서조차 자유로운 비례성으로 인해 의석을 가진 정당의 확산과 안정적 연정 구성의 극심한 어려움이 나타났다. 그래서 1917년 선거법은 1921년에 수정되어, 의석을 차지하기 전에 정당이 전국적으로 획득해야 하는 득표율의 기준을 낮추었다. Carstairs (1980), 64~65쪽.

70. 이런 현상이 다극 공존형 민주주의consociational democracy 이론의 발전을 촉발했다. 이 이론에 따르면 비례 대표제는 정치 균열이 경제 노선에 따라서만 엄격히 이루어지는 사회에서는 정치 불안정을 초래하지만, 다차원적 정치 균열을 가진 복합 사회plural society에서는 정치 안정에 도움이 된다.

71. "런던의 금융 지위"는 『스털링 저널Sterling Journal』에 최초로 실렸고, 후에 Withers (1919), 15~30쪽에 재수록되었다.

72. 기본적인 출처는 Phelps (1927)이다. 상세한 것은 Parrini (1969), 제5장과 Eichengreen (1988b)을 보라.

73. 미국에서 이자율의 계절적 변동성이 줄어든 것이 연준 덕분이라는 이런 견해는 논란의 여지가 있다. 제2장 후주 111을 보라.

74. Withers (1919), 29쪽.

75. 뉴욕의 전국기계금속은행Mechanics and Metals National Bank 보고서. Patterson (1916), 276쪽에서 인용.

제4장 | 전후의 불안정

1. Shepherd (1936), 56쪽.

2. "1919년에 마르크, 크라운 등의 유럽 통화에 대한 이런 투기적 매입은 상당한 규모였다. (중략) 상품 중개인들이나 외환 중개인들은 상당한 폭의 통화 가치 하락도 전전 금 평가로부터의 일시적 일탈이라고 생각하는 것 같았다. 마르크의 가치가 예를 들어 5센트 혹은 3페니라고 하면, 23.8센트 혹은 11.75페니라는 전전의 가치로 돌아가는 데 몇 년이 걸린다고 해도 마르크를 사는 것은 매

력적이고 파는 것은 파멸적인 것처럼 보였다." Hawtrey (1926), 70쪽.

3. 구매력 평가 정리의 기본 전제는 환율의 퍼센트 변화가 두 나라 사이의 인플레이션율과 같아야 한다는 것이다. 이 이론의 주된 주창자는 카셀(Cassel 1922)이었다. 이 균형 환율 이론을 정립한 그가 브뤼셀 국제 금융 회의를 위해 쓴 초고가 *Federal Reserve Bulletin* (December 1920), 1277~1281쪽에 인용되었다. 이 접근의 지지자들에게도 이것의 계산에 적절한 물가 지수를 정하는 것이 문제였다. Keynes (1925)의 계산을 둘러싼 논쟁에서 나타난 바와 같이 어느 지수를 선택하느냐에 따라 결과가 매우 민감하게 달라질 수 있었다. Moggridge (1969)도 참조하라.

4. 미국의 지원은 1919년 3월 21에 중단되었다. 해외 증권 획득이나 외환 투기를 위한 해외 통화의 매입에 대한 제한을 포함한 일부 외환 통제는 8월까지 유효했다. 어떤 의미에서 스털링 고정을 포기할 것인가 말 것인가에 관해 영국 정부에게 선택의 여지가 거의 없었다. 잉글랜드은행이나 재무부 모두 개입에 사용할 수 있는 외환 보유액이 많지 않았기 때문이다. Sayers (1976), 제1권, 116쪽. 그러나 일부 전문가들이 주장한 것처럼, 영국은 태환성의 회복이 신뢰 회복과 자본 유입을 유도하여 재확립된 스털링 평가를 유지할 것이라는 기대를 하면서, 금의 자유 이동을 신속히 회복하고 잉글랜드은행으로 하여금 국제 결제에 금 준비금을 사용하도록 지시하는 방안을 선택할 수도 있었을 것이다. 결국 이 전략은 지나치게 위험하다는 이유로 기각되었다.

5. 위의 책, 115쪽.

6. 1920~1921년의 명목 임금 하방 조정은 노동 계약에 담긴 '임금 슬라이드제' 조항이 작동해서 쉽게 이루어질 수 있었다. 임금을 생산물 가격이나 생계비에 연동시키는 이 조항은 전쟁 기간에 특히 영국에서 폭넓게 채택되었다. 그 후에는 점차 인기가 시들해졌지만 1922~1923년에 임금 인하의 여지를 급격히 줄일 만큼 빠르게 사라진 것은 아니었다. 이윤 공유와 물가 연동에 관한 상세한 내용은 Pigou (1947)와 *Federal Reserve Bulletin* (March 1919), 195쪽을 보라.

7. Ogburn and Jaffee (1929), 158쪽.

8. 포드니-맥큠버 관세의 도입으로 관세 대상 수입품의 평균 종가 세율이 30%에서 35%로 올라갔다. Eichengreen (1989b)을 보라.

9. Committee on Currency and Foreign Exchange After the War (1919), 3쪽.

10. Wicker (1966), 제2장은 이 문제를 다루고 있다.

11. 상세한 내용은 Morgan (1952)이나 Howson (1975)을 참조하라.

12. Wicker (1966)에 따르면 미국 재무부 관리에게 특히 이 마지막 고려 사항이 중요했다.
13. 국제금융회의 재정위원회 결의안. *Federal Reserve Bulletin* (December 1922), 1283쪽에서 재인용.
14. 미국이 눈에 띄는 예외였다. Eichengreen and Hatton (1988), 제1장은 여러 나라의 프로그램을 정리하고 있다.
15. 자본 과세에 대해서는 Eichengreen (1990b)과 이 책의 제6장을 참조하라.
16. 1919년 3월에 실시된 연준의 설문조사에 참가한 247개 미국 기업들 중에서 절반 이상이 경기 전망에 대해 대폭 개선, 양호, 현상 유지, 혹은 악화가 아니라 불확실이라고 답했다. *Federal Reserve Bulletin* (March 1919), 207쪽.
17. Pigou (1947), 5쪽. 프리드먼과 슈워츠는 이 시기를 "가격의 망설임"이라고 명명했는데, 사실 물가 하락 경향에 관한 한, 망설임이란 없었다. Friedman and Schwartz (1963), 222쪽. Lewis (1949), 18쪽, Palyi (1972), 37쪽도 이 시기를 이해하는 데 유용하다.
18. 연준은 1월에 물가의 "놀라운 하락"이라고 기록했는데, 금속 산업과 섬유 산업에서 물가 하락이 특히 심했다. 이 산업들의 경우 "남북 전쟁 종결 이후 최대의 하락"이라고 기록했다. *Federal Reserve Bulletin* (February 1919), 103쪽.
19. 미국 제조품의 유럽 수출은 1918년에서 1919년 사이에 약 25% 증가했다. Cassel (1922), 188쪽.
20. 독일의 상황에 대해서는 다음 장에서 더욱 자세히 설명할 것이다.
21. 프랑스의 대표적 분석에 관해서는 Nogaro (1927)를, 그리고 논쟁의 정리에 관해서는 Costigliola (1984)를 참조하라.
22. 특별 보조금이 지급되었다. 예를 들어 영국의 경우에 강괴, 선철 및 석회석에 대한 보조금 때문에 철강의 톤당 가격이 비용보다 10파운드가 낮았다. Pigou (1947), 123쪽.
23. 통제가 해제된 최종 소비재 중에는 가죽(1920년 3월), 석탄(1920년 6월), 빵과 밀가루(1920년 10월), 라드와 설탕(1921년 2월), 버터(1921년 3월)가 포함되었다.
24. "통제의 모닥불"이라는 표현은 Mowat (1955), 29쪽에 나온다. 미국과 영국 간 물가 통제와 배급제의 엄격함 차이를 고려할 때 억압된 소비 수요가 미국보다는 영국에서 더 큰 역할을 했을 것으로 보인다. 미국에서 의류, 가정용 가구류 및 주택 건축에 대한 수요 증가의 증거는 명백하지만, 특히 1919년의 높은 저축 수준을 볼 때 미국의 호황이 소비 지출에 기인했다고 주장하기는 어렵다. Samuelson and Hagen (1943), 17~19쪽을 보라. 이런 요인들이 미

국 경제에 영향을 미쳤다면 그것은 일차적으로는 유럽 소비 지출의 회복과 그로 인한 미국 수출의 증가를 통해서였다.

25. 미국 기업의 재고 총액은 1919년에 60억 달러가 증가했는데, 이는 1920년에서 1929년 사이의 최고 연간 증가액의 거의 두 배에 해당하는 것이다. Kuznets (1938), 제1권, 표 VII-6.

26. *Economist* (December 6, 1919). Mowat (1955), 26쪽에서 인용.

27. *Federal Reserve Bulletin* (June 1919), 523쪽. 재무부 장관 글래스 역시 "주식 시장의 도박 물결"을 비판했다. Smith and Beasley (1939), 159~160쪽.

28. 이런 압력이 영국의 재정정책 수립에 미친 영향에 관해서는 Boyce (1987), 32~33쪽을 참조하라.

29. Morgan (1952), 104~105쪽.

30. Kindleberger (1989), 331쪽. 그리고 Cassel (1922), Pedersen (1961), Friedman and Schwartz (1963), Palyi (1972)를 참조하라.

31. Brown (1940), 198쪽, Friedman ans Schwartz (1963), 223쪽.

32. 독일의 초인플레이션에 관한 유사한 설명은 제5장에서 할 것이다.

33. White (1983), 122쪽 등.

34. Morgan (1952), 203쪽.

35. *Federal Reserve Bulletin* (October 1919), 911쪽.

36. *Federal Reserve Bulletin* (June 1919), 524쪽, Chandler (1958), 148쪽.

37. "어떤 상황에서도 잉글랜드은행이 상업 어음에 대한 시장 이자율과 재무부 채권 이자율 사이의 격차를 소폭 이상 유지하는 것은 불가능했을 것이다. 시장 이자율이 올라가게 되면 만기 시에 재무부 단기 채권에서 상업 어음으로 갈아타려는 경향이 나타날 것이다. 그러면 정부는 재무부 단기 채권의 만기 도래 시에 그 채권을 모두 갱신할 수 없게 되고 잉글랜드은행으로부터 단기 재원 융자를 받아야 할 것이다. 이렇게 되면 물론 시장의 손에 추가 자금이 들어가게 되고, 처음에 상업 어음 이자율 인상으로 달성하려고 했던 신용의 축소는 무위로 돌아갈 것이다." Morgan (1952), 203쪽. 빅토리 론[Vitory Loan]과 펀딩 론[Funding Loan]의 인수를 원활히 하기 위해 재무부 단기 채권의 꼭지가 1919년 중반에 일시적으로 잠겼다는 데 주의하라.

38. 7월 이후 사실상 약간의 고정 금리 발행이 있었는데, 그 이자율은 이전의 입찰 결과를 반영하여 조정되었다. Morgan (1952), 146쪽. 1922년 중반까지 독일도 5%의 고정 금리로 단기 국채를 발행했다.

39. 제6장, 특히 표 6.3을 참조하라.

40. Haig (1929), 206쪽.

41. Friedman and Schwartz (1963), 223~224쪽.

42. 레핑웰과 동료들은 이자율 인상이 실제로는 인플레이션 압력을 가중시켰다는 엉뚱한 논리를 내놓았다. 그들의 주장은 은행의 수중에 있는 대규모 유동 부채가 인플레이션 압력의 원천(혹은 최소한 징후)이었다는 것이다. 정부가 대중이 보유하려는 것 이상으로 부채를 발행하면 그 부채는 처음에는 은행의 수중으로 들어가는데, 은행은 연준에서 유동성을 확충할 수 있는 유리한 위치에 있었다. 이 재할인이 인플레이션의 명백한 원천이었다. 따라서 고금리는 이런 부채의 조달 과정을 지연시키고 부채를 대중에게 떠넘길 위험이 있어 인플레이션이 지속되게 한다. Wicker (1966), 27쪽, Leffingwell (1921), 35쪽.

43. 이것은 최근 경제학자들이 크게 주목하고 있는 '시간 일관성 문제'의 한 예이다. 예를 들어 Kydland and Prescott (1977)을 참조하라.

44. Hearing before the Joint Commission of Agricultural Inquiry, 67th Congress, 1st Session, Vol. 2, 1922, 503~504쪽.

45. Wicker (1966), 36쪽.

46. U.S. Senate (1923), 5쪽.

47. 필요 준비금에 관한 정확한 법률 조항은 실제로 더 복잡했다. 연준은 금이나 적법 화폐(예를 들어 은화 달러, 은화 증서 및 지폐)로 예금 대비 최소 35%를 준비금으로 유지해야 하며, 유통 중인 연방준비은행 은행권 대비 최소 40%를 금 준비금으로 유지해야 했다. 어쨌든 연준이 보유한 자유 금의 규모가 1920년 처음 몇 달 동안 위험할 정도로 낮은 수준까지 떨어졌다는 데는 아무런 이론이 없었다. 40% 비율은 결정적인 한계 수준으로 인식되었는데, 그 이하가 되면 태환성에 대한 대중의 신뢰가 흔들릴 수 있다고 생각했다. Goldenweiser (1925), 90쪽을 보라. 자유 금의 문제에 대해서는 제10장에서 더 설명할 것이다.

48. Wicker (1966), 45쪽.

49. 위의 책, 45쪽에서 주장하는 것처럼 "재무부의 행동이 금 준비금에 대한 고려 때문이었다고 해도, 연준이사회가 오로지 준비율이 떨어졌다는 이유로 조치를 취했다고 추론하는 것은 잘못된 것이다."

50. Anderson (1930), 5쪽.

51. Chandler (1958), 184쪽. 연방준비은행법에 따르면 연준이사회는 최대 30일까지 은행권에 대한 법정 준비를 유예할 수 있는 권한이 있었으며 15일을

초과하지 않는 기간 동안 유예를 갱신할 수 있었다. 다만 문제가 되는 은행은 그 은행권에 대해 세금을 납부해야 하며 세율은 준비금 부족액에 비례하여 상승했다. 뉴욕연방준비은행의 은행권에 대한 금 준비가 4월 넷째 주에 40% 아래로 떨어졌는데, 이는 다른 준비은행을 대신한 재할인이 증가했기 때문이다. 5월 말경 뉴욕연방준비은행에 대한 금 준비는 37%를 약간 넘는 수준까지 떨어졌다. Federal Reserve Bank of New York (FRBNY) Archives, "Statement of Condition"(각 호). 뉴욕연방준비은행이 제공한 연준 지구 간 지원은 1920년 2분기 내내 계속 증가했다. 연준 지구 간 총지원액은 얼마 후인 8월, 9월, 10월에 정점에 도달했다. Goldenweiser (1925), 37쪽.

52. 제11장 332~333쪽을 보라.

53. 프리드먼과 슈와츠의 추정에 따르면 M1은 2300억 달러였다. Friedman and Schwartz (1963), 710쪽.

54. Sayers (1976), 117쪽. 그러나 잉글랜드은행은 여전히 재무부의 요구를 수용하기 위해 할인율정책의 사용을 수정해야 했다. Sayers (1976), 119쪽 등. 그리고 Morgan (1952), 204쪽 등을 참조하라.

55. 1920년 9월 이후부터 그다음 해 상반기까지의 긴축을 능가한 것은 1929년 이후의 통화량 축소뿐이었다. Friedman and Schwartz (1963), 232쪽.

56. FRBNY, Letter from Strong to Norman, 26 February 1921에는 연준에 대한 의회의 이자율 인하 압박이 묘사되어 있다.

57. Chandler (1958), 186~187쪽.

58. Wicker (1966), 54~55쪽, Chandler (1958), 174~176쪽.

59. Friedmand and Schwartz (1963), 237~238, 249쪽, Chandler (1958), 183~185쪽.

60. 하딩 총재는 Harding (1925)에서 그렇게 주장했다.

61. 스트롱은 1919년 2월 6일에 이미 레핑웰에게 다음과 같이 썼다. "우리는 물가를 하락시켜야 한다. 고난과 그에 따른 손실을 겪더라도 우리 은행 포지션의 점진적 축소가 불가피하다는 것은 당신도 동의할 것이라고 믿는다. 그렇지 않으면 우리는 금 수출 제한을 계속 유지하든가 (중략) 아니면 우리가 편리하지 않은 시점에 상당량의 금을 상실해야 할 것이다." Chandler (1958), 139쪽에서 인용. 그 이후의 인플레이션 시기에 이런 점은 더욱 심각하게 고려되었을 것이다.

62. 예를 들어 Wicker (1966)를 보라.

63. Holtrerich (1986a), 15, 27쪽.

64. Romer (1988)는 이런 "긍정적 공급 충격"을 강조했는데, 여기서 1920~1921 년 미국의 생산 대비 물가의 매우 급격한 하락을 이 요인으로 설명한다.

65. Graham (1930)과 Holtfrerich (1986b)는 이미 이런 점을 지적했다.

66. Walre de Bordes (1924), 11, 218쪽, Lester (1937), 434쪽.

67. Cassel (1922), 236~237쪽.

제5장 | 초인플레이션의 유산

1. 간략한 통계는 Webb (1989)에서 찾을 수 있다. 지면의 제약 때문에 여기서는 중부 유럽의 초인플레이션 중 가장 유명한 사례에만 집중할 것이다. League of Nations (1946)는 오스트리아, 헝가리, 폴란드의 인플레이션을 비교 분석하고 있다.

2. Keynes (1920), 157~158쪽, Bailey (1944), 243쪽.

3. 영국과 프랑스의 입장은 그 후에 크게 변했다. Burnett (1940), 제1권, 718~719 쪽에서는 1919년 3월에 제출된 제안서들을 살펴보는데, 그 제안서들에서 영국은 2000억 마르크를 제시한 반면에 프랑스의 금액은 1240억 마르크(프랑스가 유일한 수령자인 경우)에서 1880억 마르크 사이였고, 미국의 금액은 1000억에서 1400억 마르크였다. Kent (1989), 제2장 및 제3장을 참조하라.

4. 극단적인 배상금 요구를 충족시키기 위해 필요한 독일 수출의 대규모 증가가 영국 경제가 의존하고 있는 국제상품시장에 혼란을 가져올 수 있다는 뒤늦은 인식 역시 영국의 입장을 누그러뜨리는 데 기여했다. Rupieper (1979), 7쪽.

5. 제2장을 보라.

6. 자세한 것은 Schrecker (1978), Trachtenberg (1980), Eichengreen (1989c)을 참조하라.

7. Mantoux (1952), 65쪽.

8. Keynes (1920), 154~157쪽, Marks (1978), 232쪽. 추측컨대 연금과 다른 전쟁 수행 비용들은 그전 합의를 통해 빠졌다. 그러나 프랑스가 영국의 입장을 지지하면서 미국의 실질적 반대는 어려웠다. 버닛(Burnett 1940, 제1권, 829쪽)과 그의 입장을 따르는 다른 사람들은 영국에게 순전히 분배적인 동기만 있었다 ―즉 전체 규모를 증가시키기 위한 것이 아니라 자신의 몫을 최대화하기 위한 것이었다―고 주장한다. 하지만 트라첸버그(Trachtenberg 1980, 69~70쪽) 등은 영국에게 사실 다른 목적이 있었다는 수정된 견해를 제시한다.

9. 5000대의 기관차와 15만 개의 철도 객차, 알사스 로렌 지역의 전체 철도시스템, 1600톤 이상의 모든 상선, 1000톤 이상의 소형 상선의 절반, 고속 함대의

25%, 강과 호수 함대의 20%도 포함되었다.

10. McDougall (1978), 104쪽. 사실 1920년에는 "프랑스에게 전체 배상금보다 석탄이 더 절박했다"고 한다. Trachtenberg (1980), 147쪽.

11. Burnett (1940), 제1권, 60쪽. 이 비율은 1921년 독일 국민 소득을 여러 추정 치의 평균인 400억 금마르크로 했을 때의 비율이다. Webb (1989), 106쪽은 최근의 추정액으로 350~400억 금마르크를 제시하고 있다. 케인스는 1922 년 독일 국민 소득을 350억 금마르크로 추정했는데, 1921년은 이보다 약간 낮을 것이다. Felix (1971b), 25~26쪽. 나는 배상금 부담을 과장하지 않기 위 해 스펙트럼의 고점에 있는 숫자를 택했다. 슈커Schker는 독일 국민 소득으 로 훨씬 더 높은 추정치(550억 금마르크)를 선택했기 때문에 GNP 대비 배상 금 부담 비율이 더 낮았다. 이렇게 추정치가 차이 나는 것은, 그가 금마르크 로 표시된 독일의 국민 소득을 1913~1921년의 미국 (달러) 물가 상승 폭인 39.8%만큼 높였기 때문이다. 이것은 적절하지 않다. 배상금의 규모는 금으 로 정해졌는데, 금의 달러 가격은 변하지 않았기 때문에 달러 기준으로 정해 졌다고도 할 수 있다. 독일 국민 소득을 금마르크 가치로 계산하기 위해서 는 1913~1921년 독일의 금 가격 변화분만 조정하면 된다. 달러 물가의 변화 까지 조정할 필요가 없다. (다시 말하지만 금의 달러 가격은 변하지 않았기 때문이 다.) 독일 배상금을 미국 국민 소득의 비중으로 계산하려고 한다면 슈커의 계 산법이 맞을 것이다. 이런 논의들은 결국 전후 독일 국민 소득의 모든 추정치 들의 오차 범위가 넓기 때문에 주의해서 다루어야 한다는 점을 시사한다.

12. Carsten (1972), Maier (1975), Bertrand (1977)을 참조하라.

13. 급진적 민족주의자인 볼프강 카프가 주도한 반란은 우파에 의한 권력 장악이 목적이었다. 이 시도는 노동자 계급의 저항이 파업으로 치달으면서 실패했는 데, 이 파업은 새로운 공화국에 대한 지지의 강도를 보여주었다. Maier (1975), 167~170쪽.

14. Kent (1989), 80~99쪽. 프랑스의 배상에 관한 자세한 사항은 Say (1898)와 O'Farrell (1913)에 나와 있다.

15. Leith-Ross (1968), 60~61쪽, Costigliola (1984), 제1장.

16. Epstein (1959), 380~381쪽. 베르사유 조약과 런던 합의에 대한 비판으로 유 명한 케인스는 이 금액의 3분의 1을 독일이 현실적으로 지불할 수 있는 최고 액으로 보았다. Keynes (1920), 147쪽.

17. 실제 규정은 독일이 20억 금마르크와 수출액의 26%를 지불하는 것으로 되어 있었다. 이 금액이 모두 30억 금마르크에 이를 것으로 추정되었다. 배상금에

관한 전시 논의에서 승리한 독일이 패배한 연합국에게서 뽑아낼 수 있는 금액이 500억 금마르크가 될 것이라는 언급이 여러 번 있었다. Schuker (1976), 182쪽. 문헌에 따르면 820억 금마르크의 이연된 지불(C 본드)이 프랑스와 이탈리아의 여론을 들끓게 할 작은 선물일 뿐이며 결국 갚지 않을 것이라는 논란이 있었다. Marks (1978)를 참조하라. 반대로 일부에서는 C 본드를 연합국 간 전쟁 채무에 관해 미국과 협상할 때 사용할 카드로 생각했다. McDougall (1978), 제5장.

18. McNeil (1986), 제4장에서 이 논쟁을 정리하고 있다. Bergman (1927), Felix (1971a), Schuker (1985)는 서로 다른 세 가지 견해를 보여준다.

19. 정확하게는 국민 소득의 23%였다. 프랑스는 1871년과 1872년, 두 번에 걸쳐 국내 채권을 발행했으며 1873년 말 이전에 50억 프랑의 원금을 모두 지불했다. 1872년 국민 소득 추정치 222억 프랑은 Machlup (1964), 379쪽에서 사용한 것이다.

20. A 본드와 B 본드, 50억 금마르크에 대해서는 이자가 부과되었지만 C 본드에 대해서는 부과되지 않았다. C 본드의 상환은 미루어졌기 때문에 이 채무액의 현재 가치는 본문에서 말한 1921년 국민 소득의 330%보다 다소 적을 것이다. GNP 대비 배상 금액의 비율은 1924년 도즈 플랜에 따른 상환 일정 재조정과 독일 경제 회복의 결과로 하락했다. 그러나 당시에 런던과 베르사유에서 이 문제를 논의할 때는 이런 점까지 고려할 수는 없었다. Machlup (1964)은 다른 배상 금액들을 비교했으며, Fraga (1986)와 Webb (1988)은 독일의 배상 금액을 1980년대 저개발국의 채무와 비교한다.

21. 외국인 예금과 수출 수요가 영국 대부의 직접적 영향을 상쇄하는 경향을 과대평가해서는 안 된다. 제2장을 참조하라. 독일 배상금의 경우에는 이런 메커니즘이 강력하게 작동하지 않을 것이라는 판단의 근거는, 독일이 외국 수요 증가에 대응해 최초 이전에 필요한 수출 확대 이상으로 수출을 확대할 수 있는 상황이 아니었다는 점이다. 그리고 베를린은 여러 금융 중심지 중 하나에 불과하고 또 배상금 논란의 정치적 함의를 고려했을 때 자산을 집중시키기에 부적절한 곳이었기 때문에, 독일이 이전한 금액 중 아주 작은 일부만이 예금의 형태로 환류될 가능성이 있었다.

22. Burnett (1940), 제1권, 625쪽, Keynes (1920), 187~188쪽.

23. Keynes (1929b)에 이런 견해가 가장 분명하게 서술되어 있다.

24. Ohlin (1929). 케인스보다 오히려 올린이 그 논쟁에 대해 '케인스주의적' 해석을 내놓았다는 역설적 사실은 간과되지 않았다. 1931년경 케인스는 올린

의 견해에 가까워졌다. Trachtenberg (1980), 337~342쪽과 이 책의 제2장을 참조하라.

25. Webb (1989), 54쪽.

26. Cassel (1922), 150~154쪽.

27. Guttman and Meehan (1975), ix쪽에서 인용.

28. 통화 절하와 국제 경쟁력 사이의 이런 양의 관계가 다소 완만한 인플레이션을 경험한 프랑스, 벨기에, 이탈리아 등 유럽 국가들에서도 나타났다. 제6장을 참조하라.

29. Stolper (1940), 162쪽.

30. Schacht (1927), 76쪽. Feldman (1977), 294~294쪽과 Holtfrerich (1986b), 304쪽도 참조하라.

31. Holtfrerich (1986b), 313쪽.

32. Stolper (1940), 149쪽.

33. 이 견해를 강력하게 피력하는 문헌으로는 Bresciani-Turroni (1937)와 Sargent (1986a)가 있다.

34. 이 전문가 보고서는 Dornbusch (1987)에 발췌되어 있다.

35. 예를 들어 Schuker (1976)를 참조하라.

36. Bresciani-Turroni (1937), 45쪽에서 인용.

37. 위의 책, 45쪽에서 헬페리히를 인용.

38. 외환시장 교란이 물가 수준이나 인플레이션율에 일회적 충격을 준 것이 아니라 인플레이션 악순환을 촉발하기에 충분했다고 보는 조악한 형태의 국제 수지 견해는 이런 근거로 비판을 받는다.

39. 이자 벌과금 외에도 1922년에 새로 제정된 법에 따르면 추정된 세금 미납액의 일부를 미리 납부해야 한다. 그러나 이 조항 역시 세수의 실질 가치가 인플레이션으로 인해 감소하는 것을 막는 데 효과가 없었다. 초인플레이션이 끝날 때가 되어서야 비로소 제국은 납세액의 가치를 완전히 안정시키는 정책을 실시하는 데 성공했다.

40. 농업 재산에 대해 47년간 분납이 적용되었다. 다른 재산의 경우에는 25년 분납이 적용되었다.

41. Graham (1930), 43~45쪽, Webb (1986), 51쪽. Witt (1983)도 참조하라.

42. Wiliams (1922)와 Angell (1926)을 참조하라. 윌리엄스가 그의 학위 논문을 전전 아르헨티나의 환율 절하와 인플레이션에 관해 쓰면서 거기서 유사한 메커니즘이 작동한 것을 발견했다. 이것이 그로 하여금 이 가설을 받아들이

게 했을 수 있다. Malamud (1983)와 이 책의 제2장을 참조하라.

43. 계량경제학 용어로 이것은 식별의 문제이다.

44. 독일제국은 1923년 1분기 이후 루르 점령에 대한 소극적 저항을 이어 가기 위해 지출을 급격히 증가시켰다. 슈트레제만Streseman 정부는 그 저항을 뒷받침하는 정부 지출을 9월에 중지했다.

45. 정확히는 104만 금마르크이다. 이 추정치는 1922년 4개의 분기별 관측치를 이용하여 재정 적자를 상수항과 인플레이션율에 회귀 분석하여 얻은 것이다. 다른 접근법은 인플레이션을 조정한 실질 재정 적자를 기초 적자(비채무 상환성 지출-수입)와 실질 채무 상환액(실질 이자율×정부 채무)의 합으로 계산하는 방법이다. 이 방법을 사용하면 1922년 4분기 실질 적자와 거의 같은 추정치를 얻는다. 그러나 그 이전 분기에 대해서는 인플레이션을 조정하면 흑자인 것으로 나타난다. 인플레이션을 조정하더라도 1923년에는 독일제국의 예산이 상당한 규모의 적자 상태로 들어가게 되는 것은 의심할 여지가 없다.

인플레이션 조정 후 재정수지, 1922년 1분기~1923년 3분기(백만 금마르크)

방법	1922년 1분기	1922년 2분기	1922년 3분기	1922년 4분기	1923년 1분기	1923년 2분기	1923년 3분기
A	1448.0	610.7	968.4	-351.2	-717.6	-758.8	-2093.9
B	1436.2	592.6	947.3	-363.7	-738.5	-777.8	-2370.1

계산 방법은 다음과 같다.

$$(G_t - T_t)/P_t + \{[(i_t - \pi_t)/(1 + \pi_t)](B_{t-1}/P_{t-1})\}$$

G-T는 기초 적자, P는 물가 수준, π는 인플레이션율, i는 명목 이자율을 각각 가리킨다. 방법 A는 명목 채무에 대한 명목 채무 상환액의 비율을 이자율로 사용하고, 방법 B는 1일물 이자율을 사용한다.

46. Webb (1989), 37쪽.

47. Bresciani-Turroni (1937), 57~58쪽, Angell (1929), 30~33쪽.

48. 두 시간이 (연장된) 노동 시간의 20%이고 노동자가 국민 소득의 3분의 2를 받는다고 가정한다. 그러면 배상금 지불에 필요한 추가 노동은 국민 소득의 13%가 된다. 이것은 앞에서 제시한 국민 소득의 10%보다 큰데, 이는 노동 시간의 두 시간 연장을 주장한 사람들이 부담을 과장하고 있었음을 시사한다고 할 수 있다. Feldman (1977), 338쪽 등에서는 철강업계 기업인들이 전쟁 직후에 노동계가 획득한 노동 시간 단축, 즉 12시간(2시간의 휴식 포함)에서 8

시간으로의 단축을 되돌리는 데 얼마나 열중했는가를 설명한다. 이들은 배상금을 노동시간 연장 입법화의 논리로 사용하는 데 동조한 것으로 보인다.

49. Feldman (1977), 232쪽.

50. Bresciani-Turroni (1937), 228쪽.

51. Young (1925b), 49쪽.

52. 예를 들어 Keynes (1923)를 보라. 다른 물가(정확히는 새로운 자본재 가격)에 대한 주식 가격의 비율이 토빈의 q다(Tobin 1969). 시장이 현재 자본의 가치를 자본 스톡의 추가 비용에 비해 더 높게 평가한다면 투자 유인이 존재해야 한다.

53. 특정 시점을 명시하지는 않았지만, Hardach (1980), 21쪽에서 인플레이션이 "모든 경제 부문에서 공장과 설비에 대한 지출을 증가시켰다"고 주장했을 때 염두에 두고 있던 시기가 아마 이때였을 것이다.

54. Bresciani-Turonni (1937), 제4장이 동일한 견해를 강하게 제시하고 있다.

55. 통계는 Tinbergen (1934)에서 찾을 수 있다.

56. Webb (1989), 78쪽.

57. 위의 책, 80~81쪽.

58. Graham (1930), 317~318쪽.

59. 그 효과의 강도가 어느 정도였는지를 확인하려면 Cagan (1956)과 Frenkel (1977)을 참조하라. 이 분야의 방대한 참고 문헌에 관해서는 Sommariva and Tullio (1986)를 보라.

60. 이것은 Sargent (1986a)에서 강조하는 안정화의 측면이다.

61. Young (1925b), 422쪽, Kent (1989), 236쪽.

62. Sargent (1986a)는 이런 견해를 가장 명확히 설명하는데, 여기서는 그것을 체제의 변화라고 명명한다.

63. 렌텐방크의 25%는 제국중앙은행이 보유한 정부 채무의 상환에 사용하도록 배정해 놓았다. 제국중앙은행은 발권 은행 역할을 유지했지만, 그 은행권은 이제 금으로 뒷받침되어야 했다. 제국중앙은행은 여전히 상업 어음을 할인할 수 있었지만 엄격한 제한하에서만 가능했다.

64. Schacht (1927), 120쪽.

65. 예를 들어 재정 안정화 임무를 쉽게 만든 것으로 인플레이션에 의한 공공 채무의 실질 가치 파괴가 거론된다. 이자 지불액이 1920년 1분기에 공공 지출의 7분의 1이었는데 1922년 하반기에는 거의 무시할 만한 수준으로 떨어졌다. 그러나 인플레이션이 한 해나 더 계속되었음을 볼 때 이 요인이 도움이

됐다고 하더라도 결코 충분하지는 않았을 것이다.

66. Felix (1971b), 63쪽.

67. Trachtenberg (1980), 316~317쪽.

68. Maier (1975), 366~371쪽, Trachtenberg (1980), 304쪽.

69. 울프 그룹Wolff group의 제1차 MICUM 합의는 10월에 실제로 체결되었다. 그
러나 크루프Krupp 및 슈티네스와의 중요한 합의는 11월 초에 체결되었다.
Trachtenberg (1980), 325~326쪽.

70. MICUM과 기업가 사이의 복잡한 논의와, 독일 기업가들 사이의 관련 협상
그리고 기업과 슈트레제만 정부 사이의 협상은 Feldman (1977), 406~444쪽
과 McDougall (1978), 337~338쪽에 정리되어 있다.

71. Feldman (1977), 425쪽.

72. Guttmann and Meehan (1975), 205쪽.

73. Webb (1988), 749쪽.

74. 표 8.4를 참조하라.

75. Dornbusch (1987), 표 11.8.

76. 1925년 이자율은 Board of Governors of the Federal Reserve System (1943)
에서 가져온 것이다.

77. 이런 견해를 최근에 가장 강하게 피력한 사람은 Schuker (1988)이다.

78. 존 H. 윌리엄스는 1930년에 이런 과정을 다음과 같이 묘사했다. "나에게는
차입과 회복은 배상금 지불의 전 과정에서 불가결하고 유기적인 부분으로
보였다."

제6장 | 외형의 복원

1. 1차 대전 이전에는 이런 국제 통화 회의가 소집된 적이 없었다. 유력한 금본
위제 국가들 중 일부가 모인 몇몇 소규모 회의는 있었는데, 1868년 파리 만
국 박람회에 맞춰 루이 나폴레옹이 소집한 회의와 미국 러더퍼드 B. 헤이스
Rutherford B. Hayes 대통령이 1878년 파리에서 소집한 12개 복본위제 국가들의
모임, 1881년 파리에서의 세 번째 모임, 1898년 브뤼셀에서의 19개국 회의 등
이 있었다. 그러나 이 중 어떤 회의도 전전 국제금본위제의 구조나 구성에 의
미 있는 영향을 미치지는 않았다.

2. 1919년 9월 12일 영국협회 F 분과에서 발표된 「금본위제The Gold Standard」.
Hawtrey (1923), 56쪽에 재수록됨.

3. League of Nations (1920a), 13쪽.

4. League of Nations Archives, Geneva (이하 LN) Series 10, Box R491.

5. League of Nations (1920b), 3~5쪽.

6. LN Series 10, Box R499, Memorandum by Mr. Jean van de Putte, Series 10, Box R500, Memorandum by Mr. Paul Einzig.

7. United States Treasury, *Annual Report of the Secretary of the Treasury on the State of the Finances for the Fiscal Year Ended June 30, 1920* (1920), 81~86쪽.

8. LN Series 10, Box R 502, Dossier 407, Committee on International Credits, Resolutions.

9. United States Treasury, *Annual Report of the Secretary of the Treasury on the State of the Finances for the Fiscal Year Ended June 30, 1920* (1920), 81쪽.

10. LN Series 10, Box R496, Telegram from Attolicoto Giannini, 4 April 1920. 유럽의 반발에 직면한 재무부 장관 글래스는 회의의 비공식 참관인이자 배상금위원회 미국 대표인 W. 롤랜드 보이든Roland W. Boyden에게만 보냈다.

11. 1919~1920년 미국의 대출 규모와 국내 이자율 인상의 효과에 대해서는 제4장을 참조하라.

12. Eichengreen (1985), 173쪽.

13. 1919년 9월 12일 영국협회 F 분과에서 발표된 「금본위제」. Hawtrey (1923), 56쪽에 재수록됨.

14. *Federal Reserve Bulletin* (June 1922), 678~680쪽.

15. Resolution 3 of the Report of the Financial Commission, in Economic and Financial Conference (1922), 449쪽.

16. 금 부족 완화를 위해 모든 금화의 유통 폐지 같은 추가 조치들도 제안되었다. 그러나 영국 전문가들의 판단으로는 금환본위제의 공식화만이 유동성 문제를 결정적으로 해결할 수 있었다.

17. United Kingdom (1924) 참조.

18. Mills (1923), 369쪽.

19. LN Series 10, R40a/20901/20311, "Financial Commission of Genoa: Memorandum by Mr. F. H. Nixon", 1922년 5월.

20. 결국 그 회의를 일찍이 반대한 국무부 장관 찰스 에번스 휴즈Charles Evan Hughes는 로마 주재 미국 대사인 리처드 워쉬번 차일드Richard Washburn Child와 같이 비공식 참관인으로 제노바 회의에 참석했다.

21. Fink (1984), 48쪽. 흥미롭게도 이것은 1931년 금융 위기가 최고조에 이르렀을 당시 미국 대통령이었던 후버가 지지한 전쟁 채무 지불 유예의 전조라고 할 수 있다. 제9장 참조. 후버의 이런 발상은 1922년에 여러 곳에서 지지를 받았다 예를 들어 전 연준 이사인 폴 M. 와버그Paul M. Warburg는 1922년 7월 윌리엄대학교 연설에서 후버의 주장에 동조했다. *Commercial and Financial Chronicle* (August 5, 1922), 596~597쪽.

22. 전미제조업자수출협회에서의 연설. *Commercial and Financial Chronicle* (October 29, 1921), 1823~1824쪽 게재.

23. Clarke (1973), 15쪽 등. 노먼 자신을 포함한 다른 나라의 중앙은행가들은 이런 방식으로 금본위제에 손대는 것에 반대했다. Boyce (1987), 41쪽.

24. Kooker (1976), 86~90쪽.

25. 월만 기록되어 있고 날짜는 공란으로 비어 있는 중앙은행 총재와 대표들 앞의 초청장 사본이 뉴욕연방준비은행의 스트롱 문서에 남아 있다. FRBNY (Strong Papers), "Private and Confidential: Letter of Invitation to Governor or President"(날짜 미상).

26. 여기서 분류 기준은 대체로 Palyi (1972), 73~74쪽을 따랐다. Jack (1927), 40~41쪽에서는 다음과 같이 서술하고 있다. "1926년 7월 프랑스 프랑은 파운드당 평균 198프랑으로 전전 평가의 약 8배 수준이었다. 같은 달 도매 물가 지수는 836이었다. 디플레이션을 통해서 전전 평가로 복귀하기 위해서는 국내 물가 수준을 150 근처로 낮추어야 하는데, 이것은 세계 금 가격 수준을 나타내는 것이라고 할 수 있다. 디플레이션이 기존에 제안한 바와 같이 매년 국가가 프랑스중앙은행에 20억 프랑을 상환하는 방식으로 이루어지면, 국가에 대한 중앙은행의 대출 상환이 완료될 때까지는 약 18년의 기간이 소요될 것이다."

27. 영국의 금본위제 복귀에 대한 최고의 분석은 Moggridge (1969)이다. 이 문제에 대해 다른 시각에서 고찰하고 있는 문헌으로는 Sayers (1960), Pressnell (1978), Wright (1981), Cairncross and Eichengreen (1983)이 있다.

28. 종종 언급되는 다른 요인으로는, 금으로 복귀하기 전에 달러 대비 평가 절하를 하면 영국의 달러 표시 전쟁 채무의 원리금 상환액이 스털링으로 표시했을 때 올라가게 된다는 점이다. DeLong (1987)을 보라.

29. Costigliola (1977), 971쪽에서 인용.

30. 연준의 초창기 운영 절차에 비추어 보면 니마이어의 제안이 더욱 그럴듯하게 보인다. 1922년 중순 이전에 연준은 체계적인 공개 시장 조작에 가담하지

않았다. 따라서 효과적인 불태화 조작을 수행할 수 있는 능력에 실질적인 제한이 있었을 수 있다. 그러나 1923년에는 연준이 마침내 그 기법을 채택했다. 제7장 참조. 니마이어의 제안을 기각할 수 있는 다른 근거도 있었다. 특히 독일에 대한 막대한 정부 보증부 대출 프로그램에 미국이 유입된 금을 사용할 위험이 있었다. 독일에 대한 이런 대부는 유럽 대륙에 대한 영국의 영향력을 한층 약화시켰을 것이다. Boyce (1987), 60쪽.

31. 따라서 연준은 금 유입이 미국 본원 통화에 미치는 효과를 사실상 불태화한 것이다. *Annual Report of the Federal Reserve Board for the year 1924* (1925), 3쪽.

32. Hicks (1938), 6쪽. 최초의 노동당 정부는 설탕, 차, 코코아, 커피, 치커리에 부과한 세금을 인하했다. 그리고 맥케나 세금McKenna Duties, 즉 전쟁 기간 동안 자동차와 같은 수입 사치품에 부과된 세금은 폐지되었다. 이런 조치들은 노동당을 지지하는 유권자들의 마음을 확실히 움직였다. 그러나 기업 이윤세 역시 폐지된 것도 의미심장하다. 전체적으로 보면 간접세는 2900만 파운드가 줄어들었고 직접세는 그 절반만큼 줄었다. Lyman (1957), 146쪽.

33. 영국이나 여타 나라 관리들은 한동안 부채 만기 연장 중단의 위험을 신경 쓰고 있었다. 제4장 참조.

34. 제3장 참조.

35. 영국의 도매 물가는 거의 변하지 않은 반면, 미국에서는 4% 상승했다. 이것은 모두 연평균 기준이며 출처는 Mitchell (1975)이다.

36. Jack (1927), 70, 82쪽.

37. Hermens (1941), 306쪽.

38. 같은 해 3월 런던정경대학교의 한 강의에서 얀센은 이런 내용을 언급했다. Shepherd (1936), 106쪽.

39. 위의 책, 31쪽.

40. FRBNY (Strong Papers), "Belgium: Summary of Position" (날짜 미상). Shepherd (1936), 118~119쪽 참조.

41. Jack (1927), 138쪽. 제5장 참조.

42. Franck (1927), 22~23쪽.

43. Shepherd (1936), 30쪽에서 이 문제에 대한 당시의 평가를 인용하고 있다.

44. 그래서 1925년 5월 6일 J. P. 모건의 뉴욕 사무소는 런던의 토머스 라몬트에게 벨기에에 대한 신용 제공을 주선하는 것은 어렵지 않지만, 그 신용을 재정 적자 융통에 필요한 추가 은행권 발행의 담보로 사용한다면 낭비하는 것

이나 마찬가지라는 전신을 보냈다. Lamont Papers 84-4, Cable to Lamont 6 May 1925, Cable #25/2122. 시간이 지나면서 모건 은행가들의 반발이 더 거세졌다. 잉글랜드은행 부총재 앨런 G. 앤더슨[Alan G. Anderson]이 뉴욕연방준 비은행의 벤저민 스트롱에게 보낸 편지, 즉 FRBNY (Strong Papers), "Confidential Anderson to Strong", 27 November 1925 참조.

45. Lamont Papers, "Belgium", 84-5, 15 January 1926.

46. 토머스 라몬트는 모건의 은행가들이 언론의 주장처럼 대출을 위해 국영 철도 주식을 담보로 예치할 것을 요구한 바 없으며, 단지 재정 부문의 손실에서 발생할 수 있는 유출을 최소화할 수 있는 방식으로 철도 주식이 재구성되어야 한다고만 했다고 말했다. Lamont Papers 84-5, Lamont letter to Maurice Bokanowski, 15 July 1926.

47. 이 계획의 가치는 그 내용보다는 그 상징, 즉 정부가 금융시스템의 정상화에 필요한 조치를 취할 의사가 있음을 보여주는 것에 더 있었다. 재조직된 철도 시스템의 순 수입은 1925년 예산 적자의 10%에 불과했을 것이다. 그중 많은 부분은 자본 확충을 위해 필요했다. FRBNY (Strong Papers), "Note on the Net Revenue Which the Belgian State Railways Worked Commercially Might Be Expected to Produce Towards Financing the Paying Off of the Belgian Government Floating Debt", 15 March 1926.

48. Boyce (1987), 140쪽, FRBNY (Strong Papers), "Strong to Alan G. Anderson", 7 December 1925, Chandler (1958), 345~346쪽.

49. Franck (1927), 158쪽.

50. Jack (1927), 140쪽. 앞에서 설명한 바와 같이, 그 후 벨기에중앙은행은 뉴욕연방준비은행과 다른 중앙은행으로부터 해외 차입을 추가로 확보했다. *Commercial and Financial Chronicle* (October 30, 1926), 2204쪽, *The Economist* (October 30, 1926), 713쪽.

51. 벨기에 외에 오랫동안 인플레이션에 시달리다 결국 절하된 수준에서 통화 안정을 달성한 다른 예는 이탈리아였다. 그러나 인플레이션의 원인과 해법은 많이 달랐다. 1921년에서 1924년 사이에 물가는 상대적으로 안정되었으며, 경제 회복은 순조롭게 진행되는 것처럼 보였다. Cohen (1972), 643쪽, Schneider (1936), 104쪽. 그러나 1924년 1사분기에 물가 안정은 인플레이션과 환율 절하로 반전되었다.

다른 지역의 상황과는 대조적으로 이탈리아의 금융 문제는 재정 적자와 큰 관련이 없었다. 오히려 부정적인 공급 충격, 즉 연속된 흉작이 문제였다.

그에 따른 국제수지의 악화는 환율 절하와 인플레이션을 초래했다.

흉작이 지나가고 정부가 외환시장 개입에 필요한 해외 차입을 획득하자, 위기는 해결되었다. 1925년 11월에 미국과, 1926년 1월에 영국과 체결된 전쟁 부채 협정으로 이탈리아는 자본시장에 다시 접근할 수 있었고, 덕분에 J. P. 모건에서 1억 달러의 차입을 할 수 있었다. 그 자금으로 외환기구Institute of Exchange는 1927년 내내 리라를 매입했다. 1926년 8월에서 1927년 5월 사이에 리라는 40% 절상되었다. 1927년 말경 무솔리니와 그의 참모들은 충분한 진전을 거두었다고 결론 내렸다. 12월에 두 번째 해외 차입이 이루어졌고 리라는 전전 평가의 3분의 1 수준에서 고정되었다.

무솔리니의 정치적 생존이 국내 채권자들의 지지에 달려 있지 않았기 때문에 이 수준에서의 안정화가 그리 어렵지 않았다. 마찬가지로 다른 정부와는 대조적으로 파시스트 정부는 투자자들의 지지를 결집할 필요도 없이 유동 부채의 전환을 간단히 명령할 수 있었다. 1926년 11월, 정부는 모든 재무부 단기 채권을 5%의 영구 국채로 강제 전환한다고 발표했다. 다른 나라의 경우와 마찬가지로 단기 채무의 부담이 제거되자 자생적 신인도 상실에 따른 재무부 단기 채권의 청산, 화폐화 및 환율 위기의 위험이 줄어들어, 환율에 대한 신인도가 공고해졌다. 상세한 것은 Alberti (1931)를 참조하라.

52. Yeager (1981), 85~96쪽.
53. 프랑스의 예산 상황에 대해서는 문헌들 간의 추정치 차이가 크다. 이 책에서는 2차 대전 이후 예산 상황을 재구성하려고 노력한 *Ministere de l'Economie et des Finances* (1966)의 자료를 이용하였다. Sauvy (1984), 제3권, 379쪽에서 재인용.
54. 세수 및 세출에 관한 통계에 비하면 공공 부채 통계는 상대적으로 신뢰할 만하다. 이 책에서는 Rogers (1929), 4쪽의 자료를 이용하였다.
55. 예산이 대체로 균형인 기간에는, 실질 경제 성장률이 실질 이자율을 계속 초과하지만 않는다면, 이자율 인상이 소득 대비 부채 비율의 폭발적 증가나 일반인의 채권 보유 성향 감소로 이어지지는 않을 것이다. 1925년 GNP의 증가는 1% 미만이었다. 반면 1926년에는 약 4%였다. 4%를 넘는 명목 이자율이 물가 안정 및 금본위제 복귀와 연결된 물가 하락 예상과 겹쳐 문제를 일으켰다. 성장률은 1925년 이전보다 높았지만 이 시기의 상당한 예산 적자로 부채가 더욱 늘어났다.
56. 이후의 연구자들(예를 들면 Makinen and Woodward 1989)은 1960년대 프랑스 재무부가 발간한 '확정' 예산 계정을 사용하고 있고, 표 6.2에서도 이 계정이

제시되어 있다. 하지만 이것 역시 당시 계정의 오차 및 누락 항목을 그대로 이어받았다는 비판을 받고 있다. Sauvy (1984), 364쪽.

57. 이전에는 전년도 세수를 기계적으로 연장하는 방식으로 세수를 추정했다. 이때는 1923년 경제 성장률이 더 높을 것으로 예상해서 세수가 더 빨리 증가할 것으로 전망했다.

58. Haig (1929), 89쪽.

59. Debeir (1978), 36쪽. 1926년의 정치 및 경제 상황 변화에 대한 Philippe (1931)의 설명은 유용하다.

60. 표 6.2의 마지막 열의 실제 적자액 추정치를 기준으로 한 것이다. 세수 통계에는 상당한 오차가 있다. 일반적인 통계에 따르면 세수의 실질 가치는 1923년에서 1924년 사이에 4% 증가했으며 그다음 해에는 다시 4%가 증가했다. Haig (1929), 44쪽.

61. 프랑스중앙은행의 정부에 대한 직접 대출은 1925년 한 해에 230억 프랑에서 350억 프랑으로 상승했다. 전체 대출은 훨씬 더 큰 폭으로 증가했다. 재무부 장관은 은행들에게 재무부 단기 채권을 담보로 정부 대출을 제공하도록 창구 지도를 했다. 프랑스중앙은행은 은행의 재무부 단기 채권 매입액 지불에 필요한 금액만큼 은행에 재할인을 제공하기로 동의했다. 이를 통해 사실상 재무부에 대한 중앙은행의 대출이 프랑스중앙은행의 대차 대조표에는 "정부 대출"이 아니라 "포트폴리오"로 기록되었다. 상원은 프랑스중앙은행이 1925년 초에 법률의 기본 취지를 위반했다고 결론 내렸다. 이 외에 다른 수많은 사례에서도 이런 위반이 있었던 것으로 판단된다.

62. "제르미날"은 프랑스가 공식적으로 복본위제로 복귀한 날인 1803년 3월 28일이 포함된 달을 가르키는 프랑스 혁명 시기의 명칭이다.

63. Makinen and Woodward (1989)가 이런 주장을 제시했다.

64. Rogers (1929), 227쪽. 국내 일반 이자율에 비해 해외 명목 이자율의 상승은 없었지만, 프랑스에서 인플레이션이 가속화되었기 때문에 국내에 비해 해외의 실질 이자율이 상승했다고 주장할 수 있다. 그러나 이런 주장은 처음에 무엇이 인플레이션 위기를 촉발했는가라는 질문을 하게 한다. Penati (1991)는 관련된 주장을 제시했는데, 이는 내가 아래에서 주장하는 것과 유사하다. 그는 푸앵카레 안정화 이전의 위기 시기를 자기실현적 부채 위기라고 주장한다. 이 위기의 동학은 위에서 설명한 것과 기본적으로 동일하다. 그러나 그는 위기를 처음 유발한 사건 또는 사건들이 무엇인지를 밝히는 데까지 나가지 않는다.

65. Haig (1929), 103쪽.

66. 국방채 투자자들은 상환 연기를 거부했을 뿐만 아니라 1개월에서 6개월 후 만기의 국방채를 담보로 돈을 차입하려고 했다. *Commercial and Financial Chronicle* (July 24, 1926), 404쪽. Meynial (1927)은 자본 도피 규모에 대한 추정치를 제시하고 있다.

67. Eaton (1987)과 Alesina, Penati and Tebellini (1990)는 이 과정을 모델로 만들었다.

68. 엘리노어 덜레스^{Eleanor Dulles}(Dulles 1929, 179쪽)가 말한 바와 같이, "사회주의 그룹은 의회에서 분명하고 지속적인 다수 의석을 얻지 못했다. 그래서 강력하고 일관된 정책을 추진할 수 없었다." 그리고 Peel (1937), 128쪽과 Hermens (1941), 128쪽을 참고하라.

69. Dulles (1929), 192쪽. 유사한 분석을 하고 있는 Schmid (1974)도 참고하라.

70. 재무부 장관 카요는 1926년 7월 8일 의회에서 "자본세 도입에 단호히 반대하며 자본세가 다른 어떤 조치보다도 더 심각한 인플레이션 재앙을 초래할 것이라고 주장했다." *Commercial and Financial Chronicle* (July 10, 1926), 151쪽.

71. Dulles (1929), 195쪽. 벤저민 스트롱은 자신의 유럽 여행을 알리며 5월 중순에 조지 해리슨^{George Harrison} 앞으로 보낸 한 편지에서, 기존 정부를 축출하고 에리오 정부를 지지할 수 있다는 프랑스인들의 공포에 대해 언급했다. "에리오 정부는 자본세를 강력히 옹호하는 블룸 분파(레옹 블룸^{Leon Blum}을 대표로 한 프랑스 사회당을 가르킴―옮긴이)의 지지를 확실히 얻게 될 것이다. 그런 정부가 들어서게 되면 상황이 악화될 것은 명약관화하다. 프랑스인들은 경악할 것이고 그러면 프랑으로부터의 도피가 지금보다도 훨씬 심각해질 것이다." FRBNY (Strong Papers), Strong to Harrison, 15 May 1926.

72. *Commercial and Financial Chronicle* (July 24, 1926), 404쪽에서 재인용.

73. Lamont Papers 103-111, Leffingwell to Lamont, 18 July 1926, 3쪽.

74. Dulles (1929), Yeager (1981), Sargent (1986b) 등은 큰 폭의 세금 인상이 재정 적자를 해소하는 데서 중요한 역할을 했다고 강조한다. Makinen and Woodward (1989)는 이런 주장이 과장된 것이라고 비판했다.

75. "푸앵카레 국민연합 내각의 수립 이후 프랑 포지션에 대한 신뢰가 회복되면서 도피 자본의 복귀와 외국의 투자 증가가 모두 나타나 해외로부터 대규모 자본이 유입되었다." Rogers (1929), 7쪽. 예산 적자 해소를 위한 보조적 역할이 없다면, 위기에 대한 이런 설명은 불완전할 수밖에 없다. 수년 후 결제 계

정에서 예산이 균형을 이루었을 수 있다. 하지만 당시에는 이런 사실이 알려지지 않았다. 1929년에도 엘리노어 덜레스는 "1925년 적자 규모는 여러 측면에서 1924년 규모에 비해 훨씬 더 불명확하다"(Dulles 1929, 380쪽)고 기록했다. 당시의 추정에 따르면 상당한 규모의 적자가 예상되었다. 결국 1925년 11월 팽르베는 사임을 하게 되는데, 이는 상당한 적자가 발생할 것으로 예상되는 상황에서 소득세 인상이나 자본세 도입을 의회가 거부한 데 대해 낙담했기 때문이다. 예산 적자의 화폐화를 예상하던 투자자들은 당시의 예산 전망에 반응한 것이지, 수년 동안 알 수 없었던 결제 계좌에 반응한 것이 아니었다. 예산 상황에 대한 가용한 정보에 따르면, 상황이 실제보다 훨씬 급박하게 전개될 것으로 예상되었기 때문에 금융 위기가 그렇게 심각했던 것이다.

76. 그림 6.4의 두 그래프는 프랑스, 벨기에, 이탈리아(환율이 절하된 나라들) 성장률의 단순 평균과 영국, 노르웨이, 스웨덴, 스페인, 덴마크, 네덜란드, 핀란드, 스위스, 캐나다, 미국, 호주, 일본(환율이 상대적으로 안정되고 물가 상승률이 낮은 나라들)의 성장률 평균을 나타낸 것이다. 기본 통계에 대해서는 Eichengreen (1986a)에 설명되어 있다. 물론 다른 요인들도 전후의 성장률에 영향을 미쳤다. 그중에서 전시의 경제적 피해 정도가 특히 중요했다. 전쟁 동안가장 심각한 파괴를 당한 나라들은 기존 인프라의 보수만으로도 산업 생산을 늘릴 수 있는 여지가 가장 컸다. 1913년 대비 1921년의 산업 생산 비율을 전시 파괴 정도를 나타내는 대리 변수라고 한다면, 1921~1927년 동안의 성장과 전시 피해 정도 사이에는 강한 상관관계가 있는 것으로 나타난다. 그런데 환율 절하 및 인플레이션과 전후 회복 속도 사이에도 강한 상관관계가 있다. 영국, 프랑스, 노르웨이, 스웨덴, 벨기에, 이탈리아, 스페인, 덴마크, 네덜란드, 캐나다, 미국, 호주, 일본을 대상으로 회귀 분석을 하면 다음과 같은 결과를 얻는다.

$$1921{\sim}1927년 \quad DIP = 2.12 + 0.20\ DXRATE - 0.92\ START \qquad R^2 = .76$$
$$(0.31)(0.10) \qquad\qquad (0.27)$$

$$1921{\sim}1926년 \quad DIP = 1.53 + 0.35\ DXRATE - 0.45\ START \qquad R^2 = .75$$
$$(0.23)(0.10) \qquad\qquad (0.18)$$

여기서 DIP는 표본 기간의 초기와 말기의 산업 생산 비율을, DXRATE는 (달러 대비) 환율의 비율을, START는 앞에서 말한 전시 파괴의 대리 변수를 나타낸다. 괄호 안의 값은 표본 오차이다.

77. Keynes (1923), 27쪽. 아무리 상식이라고 해도, 조시아 스탬프 경[Sir Josiah]

^{Stamp}은 1929년에도 여전히 다음과 같은 불만을 드러냈다. "물가의 점진적 하락이 기업 활동에 치명적인 영향을 미친다는 사실이 충분히 인식되지 않고 있다. 물가 하락은 명목 임금의 가치를 꾸준히 증가시키기 때문에 노동자들에게는 좋다. 그러나 노동자 수는 점차 줄어들 것이다. 왜냐하면 물가 하락으로 사업 영역이 계속 줄어들기 때문이다." Stamp (1931), 4쪽에서 재인용.

78. Eichengreen (1986a)은 이런 규칙성에 대해 설명하고 있다. 특히 표 1의 식 1을 보라.

79. 물가와 환율 변화에 대해 임금이 시차를 두고 조정되었지만 여하튼 조정은 되었다. Eichengreen (1986a)의 표 2를 보라.

80. Young (1925b), 제2장 제2절.

제7장 | 전간기 금본위제의 작동

1. Clarke (1967), 78~79쪽. 노먼은 한때 만료 시점을 1930년으로 늦추는 것을 고려했지만, 독일의 안정화와 국제 금융 내 미국의 급속한 부상을 보면서 스털링의 전전 평가 회복을 서둘러야 한다는 생각을 굳혔다. Clay (1957), 146쪽.

2. Young (1925b), 25쪽, Great Britain, Committee on the Currency and Bank of England Note Issues (1925), 6쪽.

3. 통화 공급 통계는 Friedman and Schwartz (1963), 711쪽에 있는 M1을 의미한다.

4. 제10장을 보라.

5. 다만 1927년 말까지도 스페인, 포르투갈, 루마니아, 일본에서는 실질적 안정화가, 그리고 체코슬로바키아, 브라질, 우루과이, 페루에서는 법적 안정화가 완결되지 못했다.

6. 기술적으로는 하한선이 400파인온스였다. Cassel (1936), 41쪽.

7. 일부 국채는 간접적인 방식으로 적격 증권에 포함되었다. 즉 회원 은행이 준비은행에서 재할인한 미국 국채를 담보로 한 어음이나 회원 은행의 국채 담보부 은행권이 적격 어음에 포함된 경우에는 국채가 간접적인 방식으로 적격 증권에 포함되었다고 할 수 있다.

8. Anderson (1930), 5쪽.

9. 이 점에 관해서는 상당한 논란이 있는데, 이 문제는 제10장에서 다시 다룰 것이다.

10. 잉글랜드은행의 경우, 공개 시장 조작은 금융시장에서 자금을 흡수하기 위해 브로커의 중개를 통해 상업 은행에서 차입하는 형태로 이루어졌다. 세어

스(Sayers 1957, 49쪽)는 잉글랜드은행이 신용 상황을 완화하기 위해 적극적으로 시장에 자금을 투입한 사례는 발견하지 못했다.

11. Committee on Finance and Industry (1931), *Minutes of Evidence*, Question 401.

12. Sayers (1957), 51쪽.

13. 재무부 관리들은 준비은행이 아무런 조정도 없이 매입을 하면 이자율의 변동성을 악화시키고 증권 가격을 "잘못 설정"하여 시장을 침체시킬 수 있다고 불평했다. Chandler (1958), 212~214쪽. 준비은행이 보유한 미국 증권의 규모는 1월의 2억 3600만 달러에서 5월의 6억 400만 달러로 증가했다. Hardy (1932), 38쪽.

14. 시카고연방준비은행 이사들은 7월 연준이사회가 권고한 할인율의 인하에 반대했다. 시카고연방준비은행이 법정에서 이사회의 권한에 대해 다투고 의회에 개별 연방준비은행의 자율성을 높여 줄 것을 요청하는 방안에 대해 많은 논의가 있었지만, 이사회가 결국 승리했다. FRBNY Archives (Strong Papers), Strong to Norman, 21 September 1927.

15. 제6장에서 설명한 것처럼 1924년까지의 인플레이션 위기는 정확히 이런 특징을 띠고 있었지만, 1925~1926년의 위기는 그렇지 않았다.

16. Eichengreen (1986b), 63~64쪽. 1928년 통화법 번역문은 Myers (1936)의 부록으로 실려 있다.

17. 통화 공급 규모는 Saint-Etienne (1983)이 계산한 M1을 기준으로 한 것이다.

18. 1930년 1월의 일화에 대해서는 Bouvier (1984), 71~72쪽, Mouré (1990), 461~462쪽을 참조하라.

19. Clarke (1967), 137~138쪽은 이전의 다른 책에서, 프랑스중앙은행의 외환 거래 제약이 과장되었다고 정확히 지적했다. 문제는 외환 매입이 가능했느냐가 아니라 그것이 바람직하지 않은 부작용을 유발했느냐 하는 것이었다. Madden and Nadler (1935), 311~312쪽은 다음과 같이 기술하고 있다. "프랑스에서 외국 어음의 매매가 단기자금시장에 미치는 영향은 증권 거래의 영향과 동일했다. 프랑스 소유자로부터 외국 어음을 매입하면 단기자금시장의 가용 자금이 늘어나는 반면, 매각하면 자금을 흡수하는 효과가 나타난다. 그러나 그런 조작은 단기자금시장뿐만 아니라 환율에도 영향을 미친다. 예를 들어 프랑스중앙은행이 스털링 어음을 적극적으로 매입하면 스털링 환율의 절상을 초래해 아마도 금 수출로 이어질 것이다. 반대로 스털링 어음의 대량 매각은 스털링 가치를 낮추어 금이 런던에서 파리로 이동할 수 있을 것

이다. 이런 이유로 프랑스중앙은행이 신용 조절 수단으로 외환을 이용해 공개 시장 조작을 하는 데는 큰 제약이 있었다. 이것을 주된 목적으로 해서 이 수단을 사용했다는 증거는 거의 없다."

20. 예를 들어 H. 데닝[H. Denning]의 보고서를 보라. Royal Commission on Indian Currency and Finance (1926), 제2권 부록 5, 증언록, 43~51쪽.

21. League of Nations, Gold Delegation (1930), 5쪽과 Royal Institute of International Affairs (1931)를 참조하라.

22. 여기 인용된 수치는 Capie and Collins (1983), 32쪽의 영국 상무원 지수[Board of Trade index]의 변화를 의미한다.

23. League of Nations, Gold Delegation (1930), 부록 XIII, 표 IV.

24. 금화 유통액은 1913년 약 40억 달러에서 1928년에는 10억 달러 미만으로 줄어들었다. League of Nations, Gold Delegation (1930), 부록 XIII, 표 III.

25. 나아가 중앙은행 부채의 이런 급속한 증가도 물가 하락을 막기에 여전히 역부족이었음이 드러났다. Kitchin (1929), 64~67쪽, League of Nations, Gold Delegation (1930), 100쪽 등.

26. Nelson (1989), 9쪽.

27. Palyi (1972), 125쪽.

28. 다른 물가가 급락하고 있었는데도 중앙은행은 계속 금의 국내 통화 가격을 고정하고 있었기 때문에, 1929년 이후의 물가 수준 하락은 금 채굴의 실질 비용 감소(금의 실질 가격 상승)로 나타났다.

29. 이것은 1928년 기준의 국제연맹 추정치였다. League of Nations, Gold Delegation (1930), 97쪽.

30. 2차 대전 이후의 달러 문제와 유사한 점이 있다. 이에 대해서는 제13장에서 다시 다룰 것이다.

31. Triffin (1947, 1960) 참조.

32. Mlynarski (1929), 79쪽.

33. 위의 책, 89쪽.

34. Moggridge (1969)는 케인스의 구매력 평가 계산 결과에 대해 논의하면서 물가 지수의 선택에 따라 그의 결과가 민감하게 변한다는 사실을 보여주고 있다. 그리고 이탈리아 리라는 새로운 금 평가 수준에서는 과소평가되어 있다고 많은 사람들이 주장했다. Gantenbein (1939), 17쪽.

35. 1920~1921년 동안의 임금과 물가의 급격한 하락은 예외적인 것이라 생각했다. 1차 대전 동안 많은 산업에서 임금은 연동되어 있었는데, 이것은 인플레

이션 시기에 노사 간 평화를 확보하는 수단이었다. 제6장에서 설명한 바와 같이 1920년에도 이런 임금 슬라이드 조항은 많은 노동 계약에 그대로 남아 있었다. 아마 1920~1921년에 나타난 명목 임금 하락에 대응하기 위한 것으로 보이는데, 과거에 물가 연동 조항이 일반화되어 있던 분야에서 1920년대 동안 이 조항이 많이 사라졌다.

36. Capie and Webber (1985), 62쪽의 평균 주급 수치를 이용하였다.

37. Sauvy (1984), 제3권, 378쪽.

38. 이런 주장을 제시한 두 사람은 플리나르스키(Mlynarski 1929, 75~76쪽)와 넉시(Nurkse 1944, 44쪽)였다. 그리고 Gayer (1937), 24~25쪽, Westerfield (1938), 555~561쪽, Gantenbein (1939), 18쪽을 참조하라.

39. Bank of France (1929), 5쪽. Mouré (1989), 6~7쪽. 연준의 지나치게 수용적인 통화정책이 호황을 연장하고 과도한 소비를 부추기고 또 주식시장의 투기를 조장했으며, 바로 이 세 가지 이유 때문에 1929년에 시작된 불황이 악화되었다는 견해의 대표적인 주창자는 1920년대와 1930년대 프랑스 정부 경제 자문관 샤를 리스Charles Rist였다. Rist (1933), 329~333쪽 및 제8장을 참조하라.

40. 예를 들어 Kisch and Elkin (1930), 157쪽을 보라. 프랑스는 미국의 정책이 지나치게 팽창적이라고 비판한 반면에 다른 나라들은 반대로 미국이 유입되는 금을 불태화하고 있다고 비난한 이유는 단순하다. 잉글랜드은행과 같은 중앙은행들에게는 1920년대의 핵심적 문제가 국제수지 적자의 지속이었으며, 그 원인의 일부는 미국의 불태화정책이었다. 프랑스는 1920년대 후반 내내 지속적인 흑자와 금 유입을 누린 몇 안 되는 국가 중 하나였다. 따라서 미국의 불태화는 프랑스중앙은행에게 거의 불편을 끼치지 않았다. 그러나 프랑스인들은 인플레이션과 금융 혼란에 관한 최근의 경험을 고통스럽게 기억하고 있었다. 인플레이션은 금본위제 복귀 이전의 과도한 신용 창조 때문이었다. 따라서 프랑스 정책 담당자들은 지나치게 수용적이라고 판단되는 어떤 통화정책에도 비판적이었으며, 그런 오용을 조장할 수 있는 어떤 형태의 금본위제 변형에도 반대했다.

41. 당시에 이런 견해를 피력한 것으로는 Puxley (1933)나 Gregory (1935)를 참조하라.

42. Nurkse (1944), 69쪽.

43. Eichengreen (1990a)은 전간기 금환본위제 기간 동안의 준비금 중심지와 여타 국가의 불태화 정도를 분석하여 두 집단 간 차이가 없음을 밝혔다.

44. 이런 접근을 하면, 전간기 금본위제가 불안정하게 된 원인으로 불태화를 강

조하는 넉시의 견해와, 넉시의 기준을 똑같이 적용하면 불태화가 1차 대전 이전에도 비슷한 정도로 만연했다는 블룸필드의 증거(Bloomfield 1959)를 조화시킬 수 있다. 블룸필드는 전간기에 대해 넉시가 사용한 것과 동일한 연간 통계를 이용하여 1880~1914년 중앙은행은 34%만 게임의 규칙을 준수했음을 밝혔다. 이 비율은 1922~1928년에 대한 넉시의 비율(32%)과 거의 같다. 그러나 1913년 이전의 경우, 강력한 국제수지 압박이 있었던 결정적인 시기에는 금본위 평가를 방어하기 위해 정책 담당자들이 '게임의 규칙'이 지시한 대로 더욱 신속하게 행동을 취할 수 있었다. 연간 통계로는 이 문제를 확인할 수 없다. 그리고 전간기 중 전 세계적으로 금본위제가 실시된 기간(1928~1931년)에만 국한해서 보면 넉시의 평균 비율은 24%로 떨어져 브룸필드의 34%보다 훨씬 낮다.

45. Kisch and Elkin (1930), 155쪽.
46. 동시에 잉글랜드은행도 외국의 할인율 변화에 민감했는데, 외국 중앙은행이 잉글랜드은행 할인율 변화에 반응한 것만큼 잉글랜드은행 역시 외국의 변화에 반응했다. 이 효과에 대해서는 Eichengreen (1987)이 근거를 제시하고 있다. 그리고 제2장의 설명을 참조하라.
47. Kisch and Elkin (1930), 128쪽.
48. Chandler (1958), 285~286쪽.
49. Clarke (1967), 220쪽.
50. 스트롱과 노먼은 "곧바로 서로에 대해 호감을 가진 것으로 보인다." 1921년부터 "그들은 거의 매해 만났으며 어떤 때는 긴 시간을 같이 있었다. 때로는 바하버에서 혹은 그보다 더 자주 남부 프랑스에서 같이 휴가를 보냈다. 그들은 서유럽 주요 도시로 같이 여행을 했으며 종종 다른 중앙은행가들과 긴 시간 회합을 가지기도 했다." Chandler (1958), 258~259쪽.
51. Moreau (1954), 136쪽. 중앙은행 간 연대는 정치적 압력으로부터의 중앙은행 독립성에 대한 노먼의 열망과도 일맥상통했다. 왜냐하면 중앙은행들 사이의 실질적 협력을 위해서는 중앙은행의 업무가 정치의 영향으로 인해 오염되지 않아야 했기 때문이다.
52. Palyi (1972), 143쪽.
53. Sayers (1976), 제1권, 183~186쪽.
54. Clarke (1967), 114쪽.
55. 그리고 독일에 대한 외국인의 대부를 더욱 억제하기 위해 해외 발행에 대한 10% 원천세 면제 조치를 폐지했다. Balderston (1983).

56. *Economist* (June 11, 1927), 1222쪽.

57. Clarke (1967), 109, 114쪽.

58. Grand (1928), 39쪽.

59. Clarke (1967), 111쪽.

60. 동시에 모로는 연준에 1억 달러의 금을 요청했다. Moreau (1954), 1927년 5월 13, 16, 18일자 기록.

61. FRBNY (Strong Papers), "Norman to Strong", 22 May 1927.

62. 프랑스중앙은행이 잉글랜드은행에 불합리한 요구를 하면 영국 재무부가 프랑스 재무부의 전쟁 채무에 대해 강경한 입장을 취할 수 있다는 경고가 푸앵카레에게 영향을 미쳤을 수 있다. Moreau (1954), 1927년 5월 23일 및 30일, 6월 13일 기록.

63. Clarke (1967), 123쪽.

64. 재정 거래는 비싼 달러를 팔아 싼 스털링을 매입하고 이것으로 런던에서 금을 매입하여 베를린으로 싣고 오고 또 뉴욕에서는 인하가 약속된 금리로 차입을 하여 달러를 다시 확보하는 것이다.

65. Clarke (1967), 125쪽.

66. 예를 들어 연준이사회에 관한 경제 전문가인 아돌프 밀러가 이런 견해를 갖고 있었는데, 그는 나중에 1927년 미국 통화정책의 전환을 "지난 75년간 연준이, 아니 모든 은행시스템이 행한 실수 중 가장 값비싼 대가를 치른 실수"였다고 말했다. U. S. Senate (1931), 134쪽. 밀러는 월가의 신용 수요에 대한 과도한 수용이 불건전한 투기를 야기하고 있다고 우려했으며 이를 억제하기 위해 주식 중개인에 대한 은행 대출을 줄이도록 '직접 압박'하거나 행정 지도 수단을 사용하라고 권고했다. 직접 압박에 관한 논쟁에 대해서는 뒤를 참조하라. 밀러의 견해는 1930~1931년 연준 내부의 통화정책 논쟁에서도 등장했다. 제8장을 참조하라.

67. 근거는 약간 다르지만 이 시기 연준의 정책이 지나치게 팽창적인 것이 아니라 오히려 지나치게 긴축적이었다는 비슷한 주장은 Wicker (1966)의 제9장에서도 찾을 수 있다.

68. NRBNY (Strong Papers), Strong to Norman, 19 September 1927.

69. Clarke (1967), 39~40, 134~136쪽.

70. Brown (1940), 제1권, 488쪽.

71. Nurkse (1944), 235쪽.

72. Burgess (1930), 15쪽.

73. 다른 추정치에서는 외곽 스털링 지역이 1929년에만 적자를 기록한 것으로 나타났다. Bank for International Settlements (1953), 28쪽, Cairncross and Eichengreen (1983), 47~48쪽.

74. Columbia University (Harrison Papers, vol. 86), "Memorandum to the Open Market Investment Committee", July 17, 1928, "Preliminary Memorandum for the Open Market Investment Committee", April 1, 1929. 1928~1929년 연준의 공개 시장 매각으로 인한 지역별 준비금 변화에 관해서는 Wheelock (1988), 12쪽을 참조하라.

75. Chandler (1958), 423~427쪽, White (1983), 123쪽.

76. 이것은 1919~1921년의 경험에서 도출한 잘못된 결론이라고 제4장에서 지적한 바 있다. 즉 전후의 불황이 단기간에 끝날 수 있었던 것은 일련의 아주 특별한 상황 때문이었는데, 1929년에는 이런 요인들이 없었다.

77. Friedman and Schwartz (1963), 258~259쪽.

78. Chandler (1958), 429~430쪽.

79. Federal Reserve Board (1943), 481쪽.

80. Lamont Papers, Box 103, Folder 14, Leffingwell to Lamont, 29 May 1929.

81. 이 문단의 모든 인용구들의 출처는 다음과 같다. FRBNY (Strong Papers), "Office Correspondence, To Files, From Governor Harrison", 11 February 1929.

제8장 | 외형의 균열

1. Condliffe (1932), 65쪽.

2. Moulton and Pasvolsky (1932)에 따르면 배상금 채권국들은 도즈 플랜 계정이 마감될 때까지 74억 8900만 마르크를 수취했다. 라이히마르크당 0.2382달러의 공식 환율을 적용했을 때, 이는 17억 8400만 달러에 해당한다. 독일의 책임은 국내 통화의 동원으로 끝이 났기 때문에 연합국이 수취한 정확한 액수는 1924년의 계획과 약간 차이가 있었다. 외환으로의 전환은 이전위원회의 책임이었으며, 위원회는 외환시장이 유리할 때만 환전을 했다. 미국의 전쟁 채무에 관해서는 Moulton and Pasvolsky (1932), 484~485쪽을 참조하라.

3. Eichengreen (1988b)은 이 분야 연구에 대한 검토와 분석을 담고 있다.

4. 해외 채권 수익률과 국내 중급 채권 수익률의 격차가 1927년 이후 줄어들었다. Eichengreen (1988b), 116쪽.

5. Lary (1943), 6쪽, 216쪽 뒤의 표 III.

6. 독일의 해외 채권 발행에 관한 통계는 Balderston (1983), 407쪽을 이용했다. 미국 국무부 및 상무부의 투자자에 대한 경고는 Williams (1929), 95쪽과 Eichengreen (1988b), 124~125쪽을 참조하라. 이 문제에 대한 국무부의 일련의 문서 발췌문은 Kuczynski (1932), 10~11쪽에 수록되어 있다.

7. 미국은 헤이-뷔노 바리야 조약Hay-Bunau Varilla Treaty에 따라 파나마에 개입하고, 플랫 수정 조항Platt Amendment에 따라 쿠바의 방만한 재정정책을 거부할 권한이 있었다. 아이티는 1916년부터 1931년까지 미국의 계엄령 아래 있었으며, 도미니카에서는 1924년 해병대 철수 이후에도 재정정책의 변화를 거부할 권한이 있었다. Angell (1933), 8~27쪽, Stallings (1987), 75쪽.

8. 1925년 비식료품 원자재 가격 지수의 상승은 천연고무 가격 상승 때문이었다. 천연고무 가격은 1924년에서 1925년 사이에 거의 3배나 상승했다. 이 지수에서 천연고무 비중은 10.3%이다. 정보를 제공해 준 마우청양Maw-Cheng Yang 에게 감사드린다.

9. 물가는 1928년에 약간 회복했지만, 전쟁 직후 수준보다 여전히 30% 이상 낮은 수준이었다. 모든 농산물에 대한 농부 수취 가격 지수의 출처는 U. S. Department of Commerce (1976), 489쪽.

10. 1929~1930년에 농산물 가격의 하락 속도는 다른 수출품의 거의 3배에 이르렀으며 1930~1931년에는 거의 2배 수준이었다. Taylor and Taylor (1943), 8~9쪽.

11. 국제연맹의 추정에 따르면 세계 전체 원자재 생산은 1925년에서 1929년 사이에 20% 이상 증가했다. Condliffe (1931), 99쪽, Condliffe (1932), 97~98쪽.

12. Condliffe (1932), 93쪽.

13. 킨틀버거(Kindleberger 1986)는 유동성 패닉론의 대표적인 지지자이다. 그의 책의 112~114쪽은 이런 관점에서 1차 산품 가격 폭락을 설명하는 시장 참가자나 당시 전문가의 설명을 전혀 인용하고 있지 않다. 사실 이 효과에 대한 논평들이 존재한다. 예를 들어 Condliffe (1932), 157쪽에 따르면, 버틸 올린은 "재고[그것]에 필요한 자금을 더 이상 조달할 수가 없었다. 따라서 이런 1차 산품에 대한 수요가 위축된 시점에 대량의 1차 산품이 시장에 쏟아졌다. 그 결과로 가격의 급격한 하락이 불가피했다"고 설명했다. 요점은 이런 메커니즘의 개연성이 없다는 것이 아니다. 문제는 앞으로 설명할 다른 요인들에 비해 이 요인이 갖는 중요성이다.

14. Eichengreen (1988b), 137~148쪽.

15. 원리금 상환의 유예와 마찬가지로, 태환의 중지는 국제자본시장의 접근을

차단할 수 있었다. 그러나 그 피해는 쉽게 복구할 수 있다는 주장도 가능했다. 준비금을 다시 쌓고 태환을 회복함으로써 자본시장에 대한 접근권을 다시 회복할 수 있었다. Fishlow (1989)에서 설명하는 바와 같이, 이것은 전전의 경험에서 얻은 교훈이었다.

16. 명목 임금에 관한 정보의 출처는 Gregory, Ho, McDermott, and Hagan (1988), 그림 11.2와 11.3, 301~303쪽이다. 영연방의 중재에 따른 임금 상승 폭은 Copland (1934), 203쪽에 있다. 영연방 법원이 사용한 특정한 생계비 지수는 사실 가계 지출의 60%밖에 포괄하지 못했으며, 구성 면에서 가격 조정 속도가 느린 1차 산품들에 치우쳐 있었다. Copland (1934), 18쪽.

17. 외환 중 절반은 사실 정부가 아닌 상업 은행들의 소유였다. Copland (1934), 112쪽.

18. Schedvin (1970), 99~102쪽.

19. Brown (1940) 제2권, 865쪽에서 인용.

20. Butlin and Boyce (1989), 195쪽.

21. 이 결론은 Gregory, Ho, and McDermott (1989), 특히 226~229쪽의 내용을 근거로 한 것이다. 이들의 통계에 따르면 1931년 1분기의 기초 임금 대비 실제 주당 임금(빅토리아 주의 경우)이 10% 증가했다. 이는 법원의 기초 임금 인하가 실제 노동시장에는 아무런 영향을 미치지 않았음을 시사한다.

22. 제2장 참조.

23. Schedvin (1970), 125~126쪽.

24. 자세한 내용은 Schedvin (1970)을 참고하라.

25. 이안 맥클린의 도움을 받아 Barnard (1986b)의 자료를 토대로 표의 수치를 도출했다. Barnard (1986b)는 연방 정부와 주 정부의 순수입 및 순지출 합계의 추정치를 수정했다. 하지만 표 8.3에 있는 각 구성 항목의 추정치는 수정하지 않았다. 수정된 수치로 보면 대부분의 회계 연도에서 수입이 약간 증가했지만 전체적으로는 거의 변화가 없었다.

26. 1931년 9월 영국의 금 태환 중지와 그해 연말 사이에 스털링 할인율은 25%로 줄어들었다.

27. 사실 통화 공급에 대한 금본위제의 제약들을 완화하려는 노력도 일부 있었다. 예를 들어 1931년 봄 의회는 최저 허용 금 준비율을 25%에서 15%로 일시적으로 낮추는 것을 승인했다. Brown (1940), 제2권, 878쪽.

28. 다른 채무국들과의 비교는 Eichengreen (1989c)을 참조하라.

29. O'Connell (1984), 195쪽, Joint (1930), 12, 15, 61쪽.

30. O'Connell (1984), 194쪽.

31. Peters (1934), 64, 74쪽.

32. 위의 책, 156쪽은 다음과 같이 서술하고 있다. "금본위제를 유지하기 위해 진지하게 노력하지도 않고 금본위제를 포기하기로 결정한 데는 은행들이 막대한 금액의 정부 채권을 보유하고 있었다는 점과 앞으로 더 많은 채권이 들어올 것이 확실하다는 점이 크게 영향을 미쳤다."

33. Chalkley (1929), 17쪽.

34. 이리고옌Irigoyen 정부(1930년에 전복되었다)의 마지막 두 해에는 정상적인 예산 통계조차 발표되지 않았다. Peters (1934), 155쪽.

35. Irving (1929), 9쪽. 수출액 대비 원리금 상환액 비율 20%라는 숫자는 Lomax (1931), 30쪽의 총외채상환액 추정치에 근거한 것이다.

36. 1875년 캐나다 자치령 은행권 조례The Dominion Notes Act of 1875는 25%의 금 준비율하에서 6350만 달러의 법정 화폐 발행을 규정하고 있었다. 영연방 은행권을 추가로 발행하려면 100% 금 준비율을 충족해야 한다. 그러나 1914년 전시의 긴급 상황에 대응하기 위한 임시 조치로 마련된 금융 조례Finance Act 조항에 따라 허가 은행이 재정부에 증권을 담보로 제출하고 차입을 요청하면 영연방 은행권의 발행이 가능하게 되었다. 이렇게 유통되는 은행권은 금으로 뒷받침될 필요가 없었다. 은행들의 차입은 매해 재정부가 각 은행에 부여한 신용 한도를 초과할 수 없었다. 하지만 특정 해에 신용 한도를 모두 사용하지 않으면 은행들은 할인 창구에서 준비금을 다시 보충할 수 있었다. Courchene (1969), 365쪽, Bordo and Redish (1987), 3쪽, Brown (1940), 제2권, 904~905쪽.

37. 1928년 9월 1일부터 1931년 10월 26일까지 할인율은 4.5%에 고정되어 있었다. Curtis (1932), 327쪽에서는 당국이 할인율을 통화 관리의 수단으로 사용하는 것을 검토할 생각이 없었다고 결론 내린다. Courchene (1969), 383~384쪽도 참조하라.

38. 눈에 띄는 예외적인 경우는 월가 폭락 직후였다. Brown (1940), vol. 2, 906쪽.

39. Bordo and Reish (1987)가 특히 이 점을 강조한다. 순 단기 차입은 1928년에서 1929년 사이에 1900만 달러 증가했다. Lewis (1938), 628쪽.

40. 아마 카피탈망엘Kapitalmangel, 즉 자본 부족 가설을 가장 분명히 서술하고 있는 것은 Schmidt (1934)일 것이다. 이런 요인들을 강조하는 당시의 다른 분석으로는 영국 맥밀란위원회 보고서(Committee on Finance and Industry 1931)와 League of Naitons (1931a)가 있다.

41. 1928년 불변 가격 표시의 순 국민 생산은 Hoffmann (1965), 표 248과 249에서 구했다. 표 8.4의 수치들은 경상 가격 기준의 순 국민 소득이다.

42. 해외로부터의 자본 수입 감소가 독일 침체의 직접적 원인이라는 주장을 비판하는 대표적인 사람은 테민(Temin 1971)이다. 곧 알겠지만 나는 다소 수정된 형태의 전통적 견해를 고수한다. 이 분야에 대한 다른 연구로는 Falkus (1975)와 Balderston (1977)이 있다.

43. James (1989), 12~13쪽.

44. 사실 제국중앙은행의 금 준비율은 1931년 독일의 은행 위기 와중에 40% 아래로 떨어졌다. 하지만 Borchardt (1990)가 지적한 바와 같이, 그것은 외환 통제를 통해 금 태환이 중지된 이후였다. 제9장을 참조하라.

45. Borchardt (1984), 481~482쪽.

46. Thelwall and Kavanagh (1929), 6쪽, Balderston (1983), 407쪽, Temin (1971), 245쪽.

47. Thelwall and Kavanagh (1929), 7쪽.

48. 표 8.5에서 1927/1928년과 1928/1929년 사이에 각 주의 예산이 적자로 전환되었음을 볼 수 있다. 하지만 이것은 경제 성장의 둔화에 따른 내생적인 세수 감소를 반영한다. 각 주의 불변고용재정수지 지표를 보면 수입이 1927/1928년에 비해 증가하고 경기 변동이 조정된 적자는 감소했음을 확인할 수 있다. 불변고용재정수지의 개념에 관해서는 Brown (1956)을 참조하라.

49. James (1986), 53~54쪽, McNeil (1986), 240쪽. 실업 보험과 사회 보험 보조금은 표 8.5의 제국 정부 지출에 포함되어 있었기 때문에 중앙 정부 재정이 적자 전환된 원인이 되었다. 그리고 다른 한편으로 보험 프로그램의 수입에도 포함되어 예산 균형의 달성에 보탬이 되었다.

50. Nurkse (1944), 103쪽, James (1985), 352쪽.

51. 프랑스의 반대 때문에 앞의 후주 2에서 언급한 도즈 플랜의 특별 이전 조항은 유지되지 않았다. 이전에는 라이히마르크의 조달은 독일의 책임이며 그것의 외환으로의 전환은 이전위원회가 결정할 사항이었는데, 영 플랜에서는 외환 조달의 책임을 독일로 넘겼다. 더욱 상세한 내용은 제9장을 참고하라.

52. Schuker (1988), 44~45쪽.

53. 이것은 Moulton and Pasvolsky (1932), 285쪽에 인용된 위긴위원회[Wiggin Committee]의 추정치이다.

54. Harris (1935), 6쪽.

55. 미국 대공황의 발발에 관한 연구는 매우 방대하기 때문에 여기서 열거할 수

없다. Field (1984), Romer (1990), Temin (1976)은 각각 통화정책, 주식시장 붕괴, 소비 지출 약화를 강조한다.

56. 이런 해외 경제 추이의 역할은 미국 대공황에 관한 문헌에서 거의 완전히 무 시되었다. 최근 연구 중 하나의 예외는 Temin (1989)이다.

57. Tinbergen (1934), 215쪽. 나는 미국 수출의 계절 조정을 위해 월별 수출액을 상수항과 1, 2, 4분기의 더미 변수에 대해 회귀 분석하였다.

58. 표에서 채권국의 준비금 증가와 채무국의 준비금 감소가 일치하지 않는데, 그것은 분류하기 어려운 국가의 생략, 통계 누락, 금 채광, 더욱 위험해진 외 환을 금으로 전환하려는 중앙은행의 노력 등의 요인 때문이다.

59. Hardy (1932), 56쪽.

60. Wicker (1966), 144~145쪽.

61. 10월 30일로 끝나는 주에 뉴욕연방준비은행이 매입한 정부 증권 중 절반에 조금 못 미치는 규모가 결국에는 연준 계정으로 이관되었다. Friedman and Schwartz (1963), 364쪽.

62. FRBNY (Harrison Papers), "Conversation with Governor Roy Young, Nine O'Clock, November 15, 1929."

63. Hoover (1952), 30쪽.

64. Friedman and Schwartz (1963), 371~372쪽. 프리드먼과 슈워츠는 393쪽 에서 정확히 이런 취지로 보스턴연방준비은행 총재 프레더릭 커티스[Frederic Curtis]의 견해를 인용하고 있다. Wicker (1966), 149~150, 155쪽도 참조하라.

65. 제4장 참조.

66. Friedman and Schwartz (1963), 414~419쪽. Chandler (1958)도 참조하라.

67. Brunner and Meltzer (1968), 337쪽.

68. Wicker (1966), 147쪽.

69. Hardy (1932), 56쪽.

70. '리플러-버지스 원칙'이라는 용어는 Brunner and Meltzer (1968)에서 따온 것이다. 뒤에서 설명하겠지만 나의 해석은 이들의 해석과는 다소 다르다.

71. 우량 채권의 60일물 금리는 더 천천히 떨어졌는데, 4%를 약간 넘는 수준에 서 4%를 약간 밑도는 수준으로 떨어졌다. 하지만 앞으로 이자율이 상승하면 채권 매입 은행은 자본 손실을 보게 되기 때문에 이것은 적절한 비교가 아니 다. 2월에는 주식 가격이 10월의 최저 수준에서 이미 40%나 상승했기 때문 에 그런 우려가 만연해 있었다. 이자율 통계는 League of Nations (1932), 35 쪽에서 얻은 것이다.

72. Brunner and Meltzer (1968), 342~343쪽.

73. Bank of France Archives, *Procès verbaux* of the Council of Regents, 23 January 1930.

74. 제7장을 참조하라.

75. Eichengreen (1986b), 부록 참조. 프랑스중앙은행 총재는, 자본 이동이 이자율 격차보다 통화 태환성에 대한 신인도에 더 민감하게 반응하는 현재의 불확실한 환경에서는 특히 그럴 수 있다고 주장했다. Bank of France, *Procès verbaux*, 27 November 1930.

76. 이런 외국의 비판은 그에 대한 프랑스의 대응과 함께 Royal Institute of International Affairs (1931)와 Eichengreen (1986b)에 정리되어 있다.

77. 실제로 1929년에 이루어진 분석에 대해 Rist (1933)를 참조하라. 리스의 견해는 1929~1930년에 프랑스 총리 앙드레 타르디외André Tardieu에 의해 받아들여졌다. Tardieu (1933)를 참조하라.

78. Bank of France, *Procès verbaux* of the Council of Regents, 23 January 1930.

79. 국내에서는 높은 물가 수준과 무역 적자의 확대가 경제 문제의 징후들이라는 비평가들의 경고가 있었다. 보수당의 전임 재무부 장관인 샤를 드 라스테리에는 높은 물가 때문에 경쟁력이 약화된다고 우려했다. 경제 전문가인 앙리 미셸Henri Michel은 그런 경고에 동조했다. Jackson (1985), 28쪽.

80. 이것이 바로 금 유입 경향에 대한 프랑스중앙은행 관리의 설명 방식이었다. *Annual Report for 1930*, 8~9쪽.

81. Moggridge (1972), 149쪽.

82. Sayers (1976), 231~233쪽.

83. Clarke (1967), 175~176쪽.

84. Bank of France, *Procès verbaux* of the Council of Regents, 13 November 1930, 20 November 1930.

제9장 | 위기와 기회

1. 실업률은 연평균이며 Eichengreen and Hatton (1988), 7~8쪽에서 인용하였다.

2. League of Nations (1933), 70쪽.

3. Federal Reserve Bulletin (September 1937), 909쪽. Temin (1989)은 1930년 은행 파산의 물결은 패닉의 특징이 없었기 때문에 신속히 끝날 수 있었다고 설명한다. 파산 은행의 예금액 증가 중 많은 부분은 캘드웰은행그룹Caldwell and

황금 족쇄

Company과 뱅크오브유나이티드스테이츠Bank of the United States 때문이었다. 이 은행들의 문제가 다른 은행이나 단기자금시장으로 파급되지 않아 실물 경제에 타격을 주거나 금융시장을 위축시키지는 않았다는 것이 피터 테민의 주장이다.

4. Methodist (1938), 86, 88쪽.

5. 주요 채무국 중에서 아르헨티나가 유일하게 외채에 대한 이자 지불을 충실히 했다. 영국은 아르헨티나의 가장 중요한 수출시장이었으며, 영국 정부는 디폴트에 대한 보복으로 무역 제재를 가하는 경향이 미국보다 더 강했다. 이런 힘들의 결합으로 아르헨티나는 1930년대 내내 채무 상환을 계속했는데, 이는 다른 주요 남미 채무국들과 대조를 이루었다. Abreu (1984)를 참조하라.

6. Schloss (1958), 30쪽.

7. BIS 법규 제10조.

8. Schloss (1958), 58쪽. 브뤼셀과 제노바의 협상에 관해서는 제6장을 참조하라.

9. 이것을 포함한 이 문단의 다른 인용들은 모두 Fifth Annual Report of the B.I.S (1936), 41~48쪽에서 가져온 것이다.

10. 1930년 12월에서 1931년 3월 사이를 기준으로 하는 추정치였다. Committee on Finance and Industry (1931), 112쪽.

11. Eichengreen and Portes (1987), 26쪽.

12. Notel (1984), 140쪽, Stiefel (1983), 417쪽.

13. Notel (1984), 152~153쪽. Schubert (1990)에 따르면 빈 소재 대형 은행의 자본금은 전전 수준의 22.5%에서 15.4%로 떨어졌다. 초인플레이션의 이런 효과가 독일에서도 나타났는데, 이에 대해서는 뒤에서 논의할 것이다. Stolper (1940), 113쪽, Hardach (1984), 214~215쪽을 참조하라.

14. Schubert (1990), 14~15쪽.

15. 5월 11일에 발표된 손실은 1억 4000만 실링이었다. 납입 자본금은 1억 2500만 실링에 불과했다. 추가로 4000만 실링의 예비금이 있었다. *The Economist* (May 16, 1931), 1045쪽.

16. 『이코노미스트』(1045쪽)는 5월 16일에 이미 은행의 실제 손실이 공식 발표를 넘어섰을 것이라고 추정하고 있었다. 1931년 8월 4일 은행 주주 회의에 보고된 연차 보고서에 따르면, 실제 손실액은 1억 6000만 실링에 이르렀다. 이 보고서 사본이 Public Record Office (PRO) FO371/15153에 포함되어 있다. 이 손실액에는 1930년 12월 30일까지의 손실만 포함되어 있다는 데 유의해야 한다.

17. 위기가 발발한 처음 이틀 동안, 크레디트안슈탈트는 예금의 16%를 잃었다. 2주일 만에 예금 인출액이 총 30%에 이르렀다. Schubert (1990), 19쪽. 처음에 은행은 예금자들이 요구하는 대로 지불했다. 5월 말경에는 정기 예금의 모든 약관을 꼼꼼하게 준수하고 있었다. *The Economist* (June 6, 1931), 1218쪽, Ellis (1941), 27쪽.

18. Hoover (1952), 63쪽.

19. 두 나라 사이의 경제 관계와 더불어 정치 관계를 공고히 하기 위해 고안된 관세 동맹은 1928년부터 논의가 되고 있었다. 제8장을 참고하라. 1931년에 새삼 주목을 받은 것은 독일 총리 브뤼닝이 1930년 선거에서 국가사회주의당의 선전에 대응하려 했기 때문이다. 관세 동맹안에 프랑스가 격분하면서 그 이후 위기의 여러 단계에서 국제 대부 협상이 지연되었다. 446~448쪽 참조.

20. 1930년 말 정점에서 중앙은행의 금환 준비금은 연간 무역 적자 규모와 거의 비슷했다. 무역수지 통계의 출처는 League of Nations (1932), 172쪽이다. 중앙은행 준비금 통계는 Nurkse (1944), 234쪽에 제시되어 있다.

21. Shubert (1990), 143쪽에서는 이런 취지로 *Wiener Boersen-Kuier* (November 16, 1931)를 인용한다.

22. Bank of France, Procés verbaux, 15 May 1931.

23. BIS 자체가 소유한 자산은 약 4억 달러에 불과했다. Clarke (1967), 147쪽. 따라서 BIS가 약세 통화를 지원할 수 있는 규모는 매우 한정되어 있었다.

24. *The Economist* (June 20, 1931), 1326쪽.

25. PRO FO 371/15150, "British Legation in Vienna to Sir Robert Vansittart", 10 June 1931.

26. 숨 쉴 틈을 주면 오스트리아 정부가 일반인들에게 채권을 판매할 수 있는 시간을 벌게 되고 그 자금으로 잉글랜드은행의 단기 대부를 상환할 수 있으리라는 것이 잉글랜드은행의 희망 사항이었다. FRBNY (Harrison Papers), Confidential Files, Subject: Austria, June 18, 1931.

27. 외국 증권에 대한 세금 우대 조치를 통해 해외 대부를 촉진하려는 시도는 중남미의 디폴트 이후에 아무런 효과가 없었다. Brown (1940), 제2권, 990~992쪽.

28. 준비은행들은 그전에 회원 은행들에 대한 압력을 완화하기 위해 이 증권들을 매입했다. 이제 그 증권들을 청산하려고 했다. Friedman and Schwartz (1963), 378쪽, Wicker (1966), 161쪽.

29. Ellis (1941), 360쪽.

30. 위의 책, 30쪽.

31. 위의 책, 360쪽과 Schubert (1990), 25쪽은 오스트리아 외환 통제의 변천 과정을 더욱 상세하게 제공한다.

32. James (1984)는 오스트리아 내 독일 예금이 아주 적었다는 것을 근거로 크레디트안슈탈트의 파산이 독일 은행 위기에 미친 영향에 대해 의문을 제기한다. James (1986), 302쪽도 참조하라. Schubert (1988) 역시 독일 위기 분석에서 오스트리아의 사건들을 거의 강조하지 않는다.

33. *The Economist* (June 13, 1931), 1271쪽.

34. Madden and Nadler (1935), 396쪽, Committee Appointed on the Recommendation of the London Conference (1931), 1~10쪽.

35. 도이체디스카운토방크Deutche-Discounto Bank는 2100만 라이히마르크를, 다나트방크Danatbank는 1000만 라이히마르크를, 드레스드너방크Dresdner Bank는 600만 라이히마르크를, 코메르츠방크Commerzbank는 500만 라이히마르크를 유보했다. *The Economist Banking Supplement* (May 1931). Palyi (1972), 253쪽.

36. Temin (1989), 68~69쪽.

37. James (1986), 304쪽. 제국중앙은행이 신용을 할당한 것은 이번이 처음이 아니었다(과거의 사례는 1924~1925년과 1929년). Madden and Nadler (1935), 384쪽을 참조하라.

38. 예금자들이 다나트방크를 불신하게 된 다른 이유는 최근에 비정상적으로 높은 배당금을 지불했다는 점이다. 이것은 비정상적인 투기적 투자의 징후로 받아들여졌다. James (1986), 304쪽.

39. 헤이그 협정에 따르면 "독일 정부는 [은행법] (중략) 조항에 영향을 미칠 수 있는 모든 제안 사항을 BIS 이사회에 제출해야 한다." 준비율과 유통 은행권에 관한 자료는 배상금위원회 위원에게 매일 제공해야 했다. H. M. Government (1930), 44쪽 등. 독일은행법German Bank Law의 관련 구절이 헤이그 협정 문서에 그대로 삽입되었다. Brown (1940), 제2권, 942쪽과 James (1985), 220쪽을 참조하라. 영 플랜의 경우, 의정서에 따라 영 플랜 협정의 일부로서 완전한 지위를 획득하고 있던 「전문가 보고서Experts' Report」 제8장 제5조는 다음과 같이 기술하고 있다. "현재의 제국중앙은행법 제31조에 따라 라이히마르크가 금 혹은 외환과의 교환성을 유지하고 또 앞으로도 계속 유지하는 계획의 전체 목적을 위해, 그리고 이 조항들의 목적 달성을 위해 독일 정부가 책임을 진다." Borchardt (1991), 245쪽에서 인용.

40. Kent (1989), 350쪽에서 언급한 바와 같이, 1억 달러는 "고금리 단기 여신에

대한 독일 경제의 높은 의존도와 관련하여 해외 투자자들 사이에서 고조되는 불안감에 대처하기에는 지나치게 작았다."

41. 금할인은행은 해외 단기 여신(주로 런던에서)을 확보하고 독일 수출 기업에 무역 신용을 제공하기 위해 1924년에 설립되었다. 중앙은행이 그런 위험한 업무에 직접 개입하면 금본위제 유지에 대해 불신을 초래할 수 있었다. 따라서 금할인은행이 별도 기구로 설립되었다. 1924년 후반에 제국중앙은행은 금할인은행에 대한 통제권을 갖게 되었으며 그 이후부터 중앙은행의 자회사로 기능했다.

42. Kent (1989), 350쪽.

43. Hardach (1982), 9쪽.

44. FRBNY (Harrison Papers), "Harrison Conversation with Norman on 8 July 1931," Confidential Files, Subject: Germany, July 9 1931. Columbia University (Harrison Papers), "Confidential for Governor" (Harrison to Moret), Outgoing Cablegram-Serial No. 6228, 9 July 1931.

45. Columbia University (Harrison Papers), "Confidential for Governor" (Harrison to Moret), Outgoing Cablegram-Serial No. 6228, 9 July 1931.

46. Bennett (1962), 276쪽, Clarke (1967), 190~191쪽, James (1985), 220쪽.

47. Bennett (1962), 23쪽.

48. 후버의 대응을 이해하기 위해서는 그가 정부 간 채무의 지불 유예를 제안한 것이 이번이 처음이 아니라는 사실에 주목할 필요가 있다. 제6장 참조.

49. 재무부 장관 필립 스노우든의 반응이 곧 영국의 반응이었다. *The Economist* (June 27, 1931), 1363쪽에서 인용. 프랑스의 반응은 『이코노미스트』의 프랑스 특파원이 묘사한 것이다. *The Economist* (June 27, 1931), 1376쪽.

50. *The Economist* (July 11, 1931), 55쪽.

51. 후버가 행동에 나선 것이 국제 경제 안정을 위한 조치의 필요성 때문인지 아니면 독일에 많은 투자를 한 미국 은행들을 보호하기 위해서인지는 분명하지 않다. 20년 후에 쓴 책에서 후버는 국제 경제 안정의 회복이 동기였다고 주장했다. Hoover (1952), 67~70쪽. 그는 미국이 보유한 독일 무역 어음 및 은행 인수 어음 규모는 7월 후반에야 알게 되었다고 주장했다. Hoover (1952), 73~74쪽.

52. Eichengreen and Portes (1987), 28쪽.

53. Feinstein (1972), 부록 표 38.

54. Morton (1943), 31쪽.

55. 선물 환율 통계는 Einzig (1937b)에서 얻을 수 있다.

56. PRO T175/76, "Bank of England Gold Movements", 날짜 미상.

57. 이 논쟁에 대해 최근에 정리한 글로는 Cairncross and Eichengreen (1983)과 Kunz (1987)가 있다.

58. 이것은 1926년에서 1931년 사이 영국 국제수지 시뮬레이션에서 도출된 결론이다. Cairncross and Eichengreen (1983), 79~82쪽.

59. 이와 관련하여 프랑스중앙은행은 프랑의 여신이 항상 뉴욕과 동일한 규모로 제공되어야 한다고 주장했다. PRO T175/76, "French Discussions", 날짜 미상. Cairncross and Eichengreen (1983), 표 3.4, 66쪽, Clarke (1967), 206쪽.

60. 이와 대조적으로 전체 정부 부문의 통합재정수지는 2800만 파운드 적자에 불과했다. 스털링이 금본위제하에 있던 그해의 기간 동안 경상수지 적자는 6700만 파운드에 이르는 것으로 추정되었다.

61. PRO T175/51, Hopkins to Snowden (날짜 미상, 24 July 1931 추정), 5~7쪽.

62. 인용한 수입 및 지출액은 1년 전체 기준이며, 회계 연도 종료 전까지 잔여 기간의 지출 절감 및 세금 인상액이 아니다. 남은 2000만 파운드의 적자는 감채기금 전용액의 축소를 통해 장부상으로 소멸되었다. Mowat (1955), 402쪽.

63. 소위 인버고든 폭동은 사실 스코틀랜드 주둔 영국 해군 가운데 일부가 벌인, 온화한 수준보다 약간 더 센 수준의 시위에 불과했다. 하지만 그 사건에 관한 뉴스는 금융시장을 뒤흔드는 효과를 가져왔다. Mowat (1955), 403쪽.

64. Mowat (1955), 350쪽에서는 1929년 5월 총선에서 노동당이 취한 입장을 다음과 같이 설명했다. "노동당은 (중략) 자유당 대표인 로이드 조지[Lloyd George]의 선거 공약을 그대로 첨부하고서는 자신들이 이 공약을 더 잘 이행할 수 있다고 주장했다."

제10장 | 임시 조정

1. 여기서는 무역 및 생산에 관한 특정 요소 모형에 따라, 평가 절하에 따른 상대 가격 변화의 후생 효과를 개인이 종사하는 경제 부문별로 구분한다. 다른 방법은 Rogowski (1989)처럼 헥셔올린 모형을 사용하여 각 요소들의 부문별 집약도에 따라 생산 요소를 구분하는 것이다. 헥셔올린 모형에 따르면 평가 절하가 교역재 생산에 사용되는 모든 요소가 아니라 이 부문에서 집약적으로 사용되는 요소들에게만 유리하게 된다. 요소들의 부문 간 이동이 어려운 단기간에는 특정 요소 모형이 더 적절한 반면, 헥셔올린 모형은 장기적 결과에 더 가까울 것이다. 여기서 앞의 모형을 채택한 것은 1930년대 정책 대안에 대한

찬반 압력이 주로 단기적인 요인에 따라 이루어졌을 것이라고 생각하기 때문이다.

2. 생산물의 조합도 중요했다. 농민들이 미국의 밀 경작자들처럼 국제적으로 교역 가능한 농산물을 생산하는 경우에는 평가 절하를 강하게 요구했다. 반면에 생산물 가격이 상대적으로 높은 수준을 유지한 프랑스의 소규모 농민들처럼 국내시장용 생산물에 특화한 경우에는 이 문제에 대해서 덜 민감했다.

3. League of Nations (1938a), 123쪽.

4. 국내 평가 절하와, 소비자 지출의 국제적 배분에는 영향을 미치지 않는 대외 관세를 합친 효과는 Eichengreen (1989b)에서 분석한 이론 모형에 따르면 명확하지 않다. 이런 정책이 해외의 일반적 물가 대비 국내 물가를 올리게 되면 총공급도 촉진해야 한다. 물가 상승이 통화 잔고의 실질 가치를 낮추어 이자율 인상 압력을 낳게 되면 수요는 위축될 것이다. 두 효과는 서로 다른 방향으로 작용하게 된다. 적절한 매개 변수 값 아래서 생산과 고용에 미치는 전체 효과는 크지 않은 것으로 나타난다.

5. 금본위제 잔류국의 준비금 상실 규모가 통화 절하국의 준비금 증가 규모와 같을 필요가 없었다. 왜냐하면 외환 준비금의 청산으로 세계 전체 가용 국제 준비금이 감소했기 때문이다. Nurkse (1944)의 부록 II와 III에 따르면 금본위제 잔류국은 1931년 말에서 1932년 말 사이에 8800만 달러의 국제 준비금을 잃었다. 반면, 1931년까지 통화 절하를 한 나라들은 3700만 달러를 추가로 획득하는 데 그쳤다. 금본위제 국가와 통화 절하국에 더해 제3의 집단이 있었는데, 바로 공식 금 평가는 유지하지만 외환 통제를 도입한 나라들이었다. 이 집단의 주요국인 독일은 1931년 말에서 1932년 말 사이에 4200만 달러의 준비금을 잃었다. 금본위제 국가가 잃은 3700만 달러와 독일이 잃은 4200만 달러를 합한 데서 통화 절하국이 획득한 3700만 달러를 빼면 9300만 달러가 되는데, 이것은 넉시 통계에 나타난 국제 준비금 감소액 1억 500만 달러와 거의 일치한다. 나머지 차이는 넉시가 주요 24개 금본위제 국가만을 대상으로 했기 때문에 나타난 것이다.

6. League of Nations (1932), 297쪽.

7. 모레는 다음과 같이 정당화했다. "영국의 금본위제 포기는 우리의 국민 경제에 손실을 초래했는데, 특히 런던의 신용 잔고 때문에 프랑스중앙은행이 손실을 입었다. 우리도 어떤 조치를 취해야 할 것이다. 우리 은행권의 금속 준비율 상승은 현 상황에서는 우리 통화에 대한 신인도를 높일 것으로 판단된다." Columbia University (Harrison Papers), "Confidential for Governor" (Moret to

Harrison), Incoming Cablegram-Serial No. 6202, 21 September 1931.

8. Wheeler-Bennett (1933), 121쪽. Einzig (1931b)도 참조하라. 스털링의 평가 절하 이후 프랑스가 달러 준비금 청산을 가속화하기로 결정한 것은 재무부 문서 기록보관소에 보관되어 있는 메모에 상세히 기록되어 있다. Min. Fin. B32318, "Note sur la liquidation des devises de la Banque de France", 23 May, 1933. 후버 모라토리엄에 관해서는 제9장 참조.

9. 이것은 할인율 인상 권고에 대한 근거로 해리슨이 말한 것이다. Columbia University (Harrison Papers), "Dr. W. R. Burgess, S. S. Ile de France", Outgoing Cablegram-Serial No. 7614, 15 October 1931.

10. Wicker (1966), 164쪽. *Eighteenth Annual Report of the Federal Reserve Board Covering Operations for the Year 1931* (1932), 1쪽.

11. 25%는 1931년 8월에서 1932년 1월 동안의 변화율이다. Friedman and Schwartz (1963), 317~318쪽.

12. 상세한 것은 제7장을 참조하라.

13. 법률이 요구하는 금 준비금의 양을 결정하는 실제 조항들은 이보다 약간 더 복잡하다. 이에 관해서도 제7장을 참조하라.

14. 준비은행들이 연준 은행권 보유액을 줄였더라면 이 규모가 5억 달러로 올라 갔을 수도 있다. *Nineteenth Annual Report of the Federal Reserve Board for 1932* (1933), 18쪽.

15. 1928년 이후 단순 매입이나 환매 계약으로 매입한 어음의 규모는 4억 달러 를 넘지 않았다. 따라서 어음 매입은 전례 없는 수준에 이르렀어야 할 것이 다. 더욱이 연준이 전형적으로 매입하는 많은 어음이 미국과의 무역을 기반 으로 한 은행 인수 어음들이었다. 국제 무역이 계속 감소하는 상황에서 그런 어음을 찾기가 점점 힘들어졌다. 연준은 미국 내 거래나 캐나다 같은 다른 나라와의 거래와 연관되어 발행된 어음에 주로 의존할 수밖에 없게 되었을 것이다.

16. 이것은 벤저민 스트롱의 생각이었다. FRBNY (Strong Papers), Strong to Norman, 30 August 1927. Burgess (1929)를 참조하라.

17. Bank of France, Procès verbaux, 8 October 1931.

18. Hoover (1952), 116쪽에서 인용.

19. FRBNY Archives (Harrison Papers), Letter from Burgess to Harrison, February 16, 1932. Burgess (1929)는 사건들이 왜 이런 관점에서 해석되었는가 에 관해 조명한다.

20. "Restoring and Maintaining the Average Purchasing Power of the Dollar", Hearings, Committee on Banking and Currency, U. S. Senate, 72nd Congress, 1st Session (1932), 195쪽. Wicker (1966), 168쪽에서 인용.

21. 1933년 1월 1일 현재 금본위제를 유지한 나머지 나라는 알바니아, 그단스크, 네덜란드령 동인도, 리투아니아였다.

22. Parkinson (1934), 83~84쪽. Bordo and Redish (1987)는 캐나다가 결정한 이유 중 하나로 외채 원리금 상환의 국내 통화 비용 증가를 강조한다.

23. 그리고 신문 인쇄 용지 무역에서 캐나다의 주요 경쟁 국가인 스웨덴은 캐나다 달러에 대해 자국 통화를 큰 폭으로 이미 절하한 상태였다. 306~308쪽 참조.

24. League of Nations (1938b), 단락 8.

25. Rist (1933)는 이 견해를 가장 분명하게 설명하고 있다. 이 부류에 속하는 다른 예로는 Hacault (1930)와 Brocard (1932)가 있다.

26. 이런 함의에 대한 명확한 설명은 Caillaux (1932)에서 찾을 수 있다.

27. Lester (1939), 241쪽.

28. 스털링의 초기 하락과 그 후의 회복은 Dornbusch (1976)가 연구한 오버슈팅overshooting 현상의 사례로 이해할 수 있다. 그의 분석에 따르면 외환시장은 즉각 청산되는데 상품 가격은 천천히 조정될 때 환율은 장기 균형값 위로 오버슈팅할 가능성이 높다. 오버슈팅 문제에 대해서는 당시 사람들도 인식하고 있었다. 예를 들어 Hall (1935), 3쪽 혹은 PRO T175/56, H. D. Henderson, "Pegging the Pound", 6 October 1931, 4쪽 참조.

29. 정반대로 준비금이 보충될 때까지는 스털링의 가치를 더 높은 수준에서 유지하기란 불가능했을 것이다. Howson (1980), 6쪽.

30. 잉글랜드은행의 H. A. 시프만H. A. Siepmann은 다음과 같이 지적했다. "우리는 우리에게 돈을 맡긴 외국인들에게 은행 채무 일부의 상환을 단호히 거절했다." PRO T175/56, "Siepmann to Leith Ross", 25 September 1931.

31. PRO T175/56, R. G. Hawtrey, "Pegging the Pound II", 28 September 1931, 2쪽.

32. 이자율 하락에 대한 은행권과 일반인의 대응이 더 중요했다. M3(현금과 전체 은행 예금의 합)는 1932년 2분기에 2% 증가하고 1932년 3분기에는 6% 증가했다. 영국 통화 공급 추정치는 Capie and Webber (1985)에서 가져온 것이다.

33. Sayers (1976), 제2권, 452~453쪽. Less (1953)도 참조.

34. Iversen (1936), 77쪽, Kindleberger (1934), 416~417쪽. 덴마크 은행권의 해외 순 채권이 덴마크 은행에 대한 외국인 채권을 상쇄하고도 남았다. 덴마크의 대외 부채는 거의 대부분 장기 채무였다. 수출 대비 외채 비율(Iversen 1936, 72쪽과 Mitchell 1975, 304쪽의 통계를 이용하여 계산)은 1930년 말의 63%에 불과했다.

35. PRO T174/56, Untitled Memo to the Chancellor of the Exchequer.

36. Hawke (1985)의 제7장과 제8장은 뉴질랜드의 대외경제정책에 대해 상세히 설명하고 있다. 덴마크의 정확한 절하율은 24%였으며 뉴질랜드는 25%였다. Kindleberger (1934), 419쪽.

37. Lindahl (1936), 82쪽. 차관 협상에 관한 더욱 상세한 설명은 Kjellstrom (1934), 29~30쪽을 참고하라.

38. Lester (1939), 230~231쪽. Kjellstrom (1934), 27쪽과 Thomas (1936), 185, 187쪽도 참조하라.

39. Kjellstrom (1934), 53쪽, Montgomery (1938), 39쪽, Ohlin (1932), 269쪽.

40. Lester (1939), 266쪽. Jonung (1979), 86쪽도 참조하라.

41. 덧붙여서, 물가 안정 회복이 확실해지면 경제 활동 촉진을 위한 다른 조치들을 채택할 것을 권고했다. Jonung (1979), 97~99쪽.

42. Lester (1939), 233쪽에서 인용. 이 문단의 다른 정보는 231쪽에서 가져온 것이다.

43. 이것은 League of Nations (1938c), 119쪽에서 가져온 것으로, 은행권 유통액, 중앙은행의 단기 부채, 시중 주화를 합한 것이다.

44. Kjellstrom (1934), 61~63쪽. 1932년 여름의 개입 방향은 Kjellstrom (1934), 67쪽에서 제시한 스웨덴중앙은행의 외환 보유액 통계로 유추할 수 있다. 좀 더 정확하게는, 1932년 5월에 채택된 새로운 통화 프로그램은 1929년 이후 도매 물가가 생계비보다 더 빨리 하락한 기록을 출발점으로 삼았다. 이런 과정을 반전시킴으로써 생계비 인상 없이도 도매 물가를 인상할 수 있다는 주장이 제기되었다.

45. 그 후 1933년 2월에는 3% 디스카운트로 다시 하락했다. Jonung (1981), 301쪽.

46. Marcus (1954), 105쪽, Iversen (1936), 76쪽.

47. Shinjo (1958), 5쪽.

48. Tagaki (1988), 9쪽, 다가키 신지(高木信二)와의 사적인 편지(1988년 12월 16일).

49. Kamii (1937), 35~36쪽, Fukai (1937), 389~390쪽.

50. 은행 예금은 1932년에 7% 증가했으며 1933년에 다시 그만큼 증가했다. 현

금-예금 비율의 증가는 영국과 스웨덴 같은 나라의 경험과는 반대였다. Shinjo (1958), 10~12쪽.

51. Dowd (1957), 6~7쪽, Tagaki (1988), 11~13쪽.

52. Griffiths and Langeveld (1987), 5쪽, Jones (1934), 139~144쪽.

53. 제9장 참조. 다른 국가들은 이런 관행에 대해 보복을 할 것이라고 위협했는데, 그 결과로 청산 협정에 대한 협상이 이루어졌다.

54. 브라질, 덴마크, 터키는 영국의 절하 이후 두 달도 지나기 전에 수입 쿼터와 수입 허가제를 도입했다. 그 후 아르헨티나, 호주, 캐나다, 덴마크, 루마니아, 영국을 포함한 많은 통화 절하 국가들이 수입 관세와 세금을 새로 부과했다.

55. 그림 10.5와 10.6에서는 다른 나라 수치와 잘 비교할 수 있도록 프랑스 통화량에 관한 국제연맹의 추정치를 사용하였다. Saint-Etienne (1983), 부록 2에서 제시된 프랑스 통화량에 관한 다른 추정치들 역시 비슷한 양상을 보인다.

56. Larmour (1964), 31쪽.

57. Jackson (1985), 57~63쪽.

58. 이 논의에 관해서는 Baudhuin (1936)을 참고하라.

59. 미국에서 벨기에로의 금 유입액은 1931년 1500만 달러였지만, 1932년에는 8400만 달러에 이르렀다. *Annual Report of the Federal Reserve Board for the Year 1934* (1935), 121쪽.

60. Verrijn Stuart (1937), 246쪽.

61. 통계는 Mitchell (1975)에서 인용하였다.

62. '자월런'은 그룹이나 연합 정도로 번역될 수 있다. 이 문제에 관한 상세한 분석은 Griffiths and Langenveld (1987), 13~16쪽 등을 참조할 수 있다. 그리고 제3장을 참조하라.

63. 이것은 Epstein and Ferguson (1984)의 견해다.

64. Columbia University (Harrison Pappers), "No. 103, Confidential for Governor Moret" (Harrison to Moret), Outgoing Cablegram-Serial No. 417, 13 April 1932.

65. Temin and Wigmore (1990) 역시 같은 점을 지적하고 있다.

66. Josephson (1972), 125쪽.

67. Min. Fin. B32318, "Note sur les importations d'or," 3쪽. *New York Times*, May 8, 1932.

68. Nadler and Bogen (1933), 86쪽.

69. Epstein and Ferguson (1984), 973~976쪽.

제11장 | 달러와 세계 경제 회의

1. 제10장 참조. 1932년 봄, 프랑스 유권자들은 우파인 라발 정부를 축출하고 좌파의 에리오 연정으로 정권을 교체했다. 사회당은 연정 참여를 거부해 예산 문제 처리를 위한 에리오 정부의 노력을 좌절시켰다. Jackson (1985), 62~63쪽.

2. Kindleberger (1973) 제9장의 설명은 비난의 화살을 루스벨트에게 정조준하는 표준적 견해의 대표적 예이다.

3. Bennett (1962), 32쪽.

4. Feis (1966), 21~23쪽, Moore (1972), 23~24쪽. 후버 모라토리엄에 관해서는 제9장을 참조하라.

5. Moley (1966), 27~30쪽.

6. 1932년의 풍작이 이런 추세에 큰 영향을 미쳤다. 1933년 4월로 끝나는 해에 프랑스 밀 가격은 40% 하락했다. Eichengreen and Uzan (1990) 참조.

7. Feis (1966), 23쪽. 프랑스 대표단은 11월 중순에 이미 스털링 안정화를 위한 어떤 안도 세계 물가 수준 인상에 대한 합의를 조건으로 할 것이라고 자국 정부에 알렸다. Min. Fin. B23217, "Note au sujet de la Conference Mondiale", 15 November 1932.

8. 전문가위원회 보고서에 관해서는 League of Nations (1933a)를 보라. 밀의 견해는 Moore (1972), 67쪽에 자세히 설명되어 있다. 프랑스의 예감은 아래 문헌에 설명되어 있다. Feis (1966), 33, 116쪽, More (1972), 74쪽, Min. Fin. B32317, "Note sur la 2nd Reunion de la Commission preparatoire de la Conference de Londres", 29 December 1932, Min. Fin. B32317, "Note au sujet de la Conference Mondiale", 15 November 1932, Min. Fin B32319, "Note sur la situation de la France à la conference économique mondiale", 1 March 1933.

9. Feis (1966), 116쪽. 다른 한 명의 역사가도 비슷한 결론을 내렸는데, 이런 구도의 주창자들이 각 요소에 대한 "많은 나라에서의 (중략) 심각한 내부 반대"를 무시했다는 것이다. Moore (1972), 74쪽.

10. 1933년 2~3월의 은행 위기는 분명히 수년간 고조된 경제 및 금융 문제들 때문이었다. 나는 여기서 이 사태의 전개에 대해 본격적인 분석을 하려고 하지 않는다. 나의 관심은 은행 위기와 태환 위기 사이의 관계이며, 특히 은행 위기가 평가 절하의 근거를 어떻게 강화했으며 또 평가 절하 예상이 은행 위기를 어떻게 심화시켰는가 하는 것이다.

11. Hodson (1938), 208~209쪽. 그리고 Einzig (1933), 67~68쪽을 참고하라.

12. Kennedy (1973), 77~80쪽.

13. James (1938), 1053~1054쪽. 위기 확산 과정에 대한 상세한 설명은 Kennedy (1973)를 참고할 수 있다.

14. Nadler and Bogen (1933), 147쪽에서 인용.

15. FRBNY (Harrison Papers), "To Confidential files from Governor Harrison", February 23, 1933.

16. FRBNY, Summary of Norman telephone call to Harrison, "To Confidential files from Governor Harrison", Friday, February 24, 1933.

17. Einzig (1937a), 474쪽, *Twentieth Annual Report of the Federal Reserve Board for 1933* (1934), 138쪽. 1억 7400만 달러에는 다른 요인으로 인한 1300만 달러의 금 상실이 포함되어 있다.

18. *Twentieth Annual Report of the Federal Reserve Board for 1933* (1934), 142쪽, Ballantine (1948), 134~135쪽. 2월 9일 개런티트러스트Guaranty Trust Co.의 부사장 W. P. 콘웨이W. P. Conway는 금 매입을 위해 6000달러의 차관을 신청해서 얻은 한 보수적 고객의 사례를 해리슨에게 소개했다. 하지만 콘웨이는 개런티트러스트와 거래를 유지하고 있는 외국 기업들이 훨씬 더 큰 규모의 투기적 거래를 하고 있음을 언급했다. Columbia University (Harrison Papers, vol. 46), "To Confidential Files from Governor Harrison: Guaranty Trust Company. Requests for and custody of gold for account of customers", 9 February 1933.

19. 준비은행들은 3월 4일 영업을 정지했지만, 이것은 3월 8일 날짜로 발표된 수치이다.

20. Nadler and Bogen (1933), 154쪽.

21. 1920년 뉴욕연방준비은행에서 다른 준비은행으로의 금 이전에 대한 상세한 설명은 제4장을 참조하라.

22. Brown (1940), 제11권, 1248쪽.

23. 3월 2일에 뉴욕은 다시 6000만 달러를 얻었다. James (1938), 1060쪽, Kennedy (1973), 150~151쪽.

24. "은행 영업 정지 직전 두 달 동안 연준의 정책이라고 부를 수 있는 것은 아무것도 없었다." Friedman and Schwartz (1963), 391쪽.

25. Wigmore (1987), 747쪽.

26. James (1938), 1062~1063쪽.

27. *New York Times* (May 15, 1935), 4쪽. 밀스는 방정식의 다른 절반, 즉 다른 별

개의 이유에서 비롯된 은행 파산이 외국인에 의한 달러 이탈과 연준에서의 금 유출을 야기할 수 있다는 점은 지적하지 않았다.

28. Kennedy (1973), 60쪽.

29. Lindley (1933), 19~24쪽.

30. 예를 들어 *Business Week* (January 18, 1933), 15쪽을 참고하라.

31. Romasco (1983), 35쪽.

32. Sullivan (1936), 68~69쪽.

33. *Congress Record-Senate* (January 30, 1933), 2864~2865쪽. 금본위제 유지를 촉구하는 20명의 유력 경제 전문가들이 루스벨트에게 보낸 편지가 1월 2일에 공개되었다. *Commercial and Financial Chronicle* (January 7, 1933), 71쪽. 그리고 Wigmore (1987), 743~744쪽과 Kindleberger (1973), 197쪽도 참조하라.

34. Hoover (1952), 제3권, 201~202쪽, Sullivan (1936), 69~77쪽.

35. Meeting of the Board of Governors of the Federal Reserve Bank of New York, February 23, 1933, Harrison Papers. Feis (1966), 347쪽에서 인용.

36. Freidel (1973), 179쪽, Hodson (1938), 211쪽, Nadler and Bogen (1933), 155쪽.

37. 우딘의 표현을 빌리면, "우리가 통화 본위에서 이탈한 데서 나아가 금본위제에서 이탈했다고 말하는 것은 터무니없는 오해이다. 우리는 금본위제를 확실히 유지하고 있다. 단지 며칠 동안 금을 구할 수 없었을 뿐이다." *Commercial and Financial Chronicle* (March 11, 1933), 1666쪽에서 인용.

38. 런던의 양 견해 모두 *Commercial and Financial Chronicle* (March 11, 1933), 1142~1143쪽에 실렸다.

39. Johnson (1939), 10쪽.

40. Friedman and Schwartz (1963), 463쪽.

41. Federal Reserve Board (1943), 642쪽.

42. Beard and Smith (1940), 78~81쪽, Moley (1966), 155쪽, Wigmore (1987), 752쪽.

43. Paris (1938), 17쪽, Lindley (1933), 117~118쪽.

44. *Business Week* (April 19, 1933), 1쪽.

45. *New York Times* (April 17, 1933), 21쪽.

46. Nichols (1934)를 참조하라.

47. Moley (1939), 158쪽.

48. 위의 책, 159쪽.

49. Brynes (1958), 77쪽. 일부 역사학자들은 실제로 국내의 정치적 고려 때문에 토머스 수정안을 수용할 수밖에 없었는가에 대해 의문을 제기한다. 예를 들어 Freidel (1973), 331, 333쪽을 참조하라. 여기서는 국내 정치가 그 결정에 영향을 미쳤다는 정도만 언급하면 될 것이다. Wicker (1971), 868쪽에서 서술한 바와 같이, "의회가 그에게 결정을 내리라고 들볶는 무책임한 행동을 할 수 있다는 우려가 없었다면 당시에 달러의 절하는 이루어지지 않았을 것이다. 하지만 외환시장에서도 달러 안정을 위해 정부가 어떤 형태든 조치를 취해야 하는 상황이 무르익었다."

50. Feis (1966), 147쪽.

51. U. S. Department of State (1933), I, 643쪽.

52. FRBNY (Harrison Papers), Telephone conversation with Governor Harrison in London, to Confidential files from L. W. Knoke, 16 June 1933.

53. U. S. Department of State (1933), I, 641쪽.

54. FRBNY (Harrison Papers), "Transatlantic telephone conversation between Mr. Burgess and Governor Harrison, to files from Allen Sproul", 17 June 1933.

55. 강조는 필자가 추가한 것이다. Pasvolsky (1933), 70쪽에서 인용.

56. U. S. Department of State (1933), I, 673쪽.

57. 위의 책, I, 693쪽, League of Nations, *Journal of the Monetary and Economic Conference*, no. 5, June 15, 1933, 24쪽.

58. PRO T188/78, "Note by Sir F. Phillips on Monetary Policy," 8 March 1933, Pasvolsky (1933), 23~24쪽, Jackson (1985), 169쪽.

59. 프랑스 대표단이 협력을 위해 내놓을 수 있는 최대한은 외환 통제를 없애려는 중앙은행들을 지원하기 위해 각국 정부가 갹출하여 기금을 만들자는 것이었다. 로잔에서도 제시된 이 제안은 큰 호응을 얻지 못했다. Min. Fin. B32318, "Note au sujet de la constitution d'un fonds destiné à faciliter l'abolition des restrictions de change", October 10, 1932.

60. Hodson (1938), 183, 201쪽에서 인용.

61. U. S. Department of State (1933), I, 466쪽.

62. 이에 대해 프랑스 협상단은 충분히 알고 있었다. Min. Fin. B32317, "Note sur la situation de la France", March 1, 1933, "Rapport", April 8, 1933, 상동.

63. 이 법안은 곧 통과되었지만 국내 밀 가격의 하한을 유지하기 위해 정부가 실제로 개입했는지 여부는 명확하지 않았다. 왜냐하면 이런 조치를 취할 수 있

는 예산상의 여유가 없었기 때문이다. Jackson (1985), 83~89쪽.

64. 하원 금융위원회가 이런 편지들을 재무부 장관 앞으로 전달했다. 이 문서들은 Min. Fin. B32321에서 찾을 수 있다.

65. Wright (1955), 79쪽. 브르타뉴에서만 농업 조직이 뿌리를 내리는 데 실패했다. Moulin (1988) 제4장을 참조하라.

66. Wright (1964), 14쪽에 따르면 재선을 노리는 의원 네 명 중 한 명 정도만 농업 이해관계자를 마음 놓고 무시할 수 있었다. 상원 선거 유권자의 경우, 농촌의 비중은 훨씬 더 높았다.

67. Min. Fin. B32317, "Compte-rendu de la 2eme seance de la commission interministérielle", 8 April 1933.

68. PRO Cab 29/143, "Declaration by Delegations of th British Common-wealth."

69. PRO Cab 29/142, "Note of a Conversation in the Treasury Board Room on Sunday, 2nd July at 5.45 PM." "Note of a Conversation in the Treasury Board Room on Sunday, 2 July 1933, at 6.15 PM." Min. Fin. B32320, "Le Ministre des Affaires Étrangères, A Monsieur Le Ministre des Finances", 4 July 1933.

70. PRO Cab 29/143, "Declaration by Delegations of th British Common-wealth."

71. Nurkse (1944), 55쪽.

72. 미국의 금 수출 금지 조치가 없었다고 가정해 보자. 그러면 미국 금시장과 프랑스 금시장 간 재정 거래가 다음과 같은 메커니즘을 통해 나타났을 것이다. 뉴욕에서 금 가격이 30달러이면 재정 거래인들은 금을 온스당 30달러에 매입하여 파리로 가지고 가서 그것을 프랑스중앙은행에서 프랑스 금본위제 규정에 따라 정해진 가격, 즉 765프랑으로 환전할 수 있었을 것이다. 미국 금 가격이 10% 상승하여 33달러가 되면 재정 거래인들은 33달러를 주고 금 1온스를 매입하여 파리로 가져간 뒤에 환전하면 똑같이 765프랑밖에 얻지 못한다. 프랑의 달러 가격은 30/765에서 33/765으로, 즉 10% 상승했을 것이다. 이런 변동은 운송 비용과 보험료 때문에 수출 금지 조치가 없었다고 해도 어느 정도 가능할 수 있었다. (이 비용은 금본위제하에서 금 수출입점을 야기하는 요인이었다. 여기에 관해서는 제2장에서 설명한 바 있다.) 하지만 금 수출 금지 조치가 없었다면 1933년 11월과 12월에 나타난 것처럼 10% 정도의 변동은 불가능했을 것이다. Johnson (1939), 25~26쪽도 참고하라.

73. 1차 산품 가격의 상승 속도가 더 빨랐던 원인에 대한 일반적 설명은, 달러 절하를 예상한 거래인들이 1차 산품 가격 상승을 부추겼다는 것이다. 루스벨 트가 달러 가치 억제 조치들을 취할 것이라고 예상한 투기자들이, 스털링 가 격이 불변인 상태에서 1차 산품 수출로 더 많은 달러를 벌 수 있다고 생각해 달려들었다는 것이다. 하지만 이런 설명은 정확하지 않을 수 있다. 투기자들 이 달러 절하가 있을 것으로 예상한다면 마찬가지로 외환을 매입할 유인도 갖고 있었다. 그러면 스털링의 달러 가격도 같은 정도로 상승할 것이다.

74. 이것은 영국 상무원 지수의 변동이며, 출처는 Methorst (1938), 207쪽이다.

75. Capie and Webber (1985), 87쪽의 통계를 이용하여 1932년 12월~1933년 6 월 그리고 1933년 7월~1934년 1월의 M3 증감을 계산한 것이다.

76. Board of Governors of the Federal Reserve System (1943), 481쪽.

77. Temin and Wigmore (1990), 표 2와 그림 2.

78. 연준의 공개 시장 매입에 관해서는 Wicker (1971), 870~871쪽을 참조하라. 본문의 수치는 Friedman and Schwartz (1963)의 부표들을 이용하여 계산한 것이다.

79. 따라서 나의 해석은 Temin and Wigmore (1990)의 해석과 다르다. 이들은 달러의 평가 절하가 Sargent (1986a)의 용어로 "체제의 변화change in regime"의 결정적 신호로 작용하여, 미국 투자자들과 생산자들이 금본위제 속박에서 풀려난 미국 당국의 더욱 확장적인 정책을 기대하도록 만들었다고 주장한 다. 한편, 여기서는 1933년 하반기에 더욱 확장적인 정책의 증거가 나타나지 않자 생산자와 투자자들이 실망했다고 주장한다. 결국 산업 생산이 다시 하 락했고, 1934년에 달러가 안정되고 그에 따라 1차 산품 수출과 자본재 수입 이 증가한 이후에야 산업 생산의 지속적 회복이 가능했다.

80. NIRA의 시행에 관한 더욱 상세한 설명은 Weinstein (1981)을 참고할 수 있다.

81. 나는 명목 임금 변화율을 상수항, NIRA 규약 시행 기간의 더미 변수, 고용, 금의 달러 가격(통화 절하 효과의 대리 변수), 생산물 가격 변화율, 명목 임금 변화율의 1개월 시차 변수에 대해 회귀 분석하였다. 1923년 2월부터 1936 년 6월까지의 월별 자료를 이용하였다. 고용, 임금, 및 물가에 관한 통계는 Beney (1936)에서 구했다. NIRA 규약 일자는 『전국산업부흥청U. S. National Recovery Administration』(각 호)에서 구했다. 환율(금의 달러 가격)은 Warren and Peason (1935)에서 구했다. 결과는 아래 표와 같다.

　　NIRA 규약과 달러 평가 절하 효과의 상대적 크기는 산업별로 다르다. 하 지만 두 효과의 합은 같은 시기에 발생한 금의 달러 가격과 도매 물가 지수

상승에 비해 작다. 이는 달러의 평가 절하가 여전히 비슷한 효과를 나타내야 했음을 보여준다. Brown (1985)도 비슷한 회귀 분석 결과를 제시하고 있다. 프랑스와 비교하려면 제12장을 참조하라.

평가 절하와 NIRA 규약이 명목 임금에 미친 효과(종속 변수: 전월 대비 명목 임금 변화율)

산업	상수항	산업 고용	생산물 가격 변화율	금 가격	NIRA 더미	전기 임금 변화율	R^2
모직물	0.180	0.040	0.042	0.026	0.017	0.863	.96
	(0.073)	(0.016)	(0.018)	(0.015)	(0.007)	(0.025)	
철강 산업	0.114	0.013	0.001	0.001	0.003	0.880	.95
	(0.035)	(0.004)	(0.005)	(0.003)	(0.001)	(0.023)	
가구	-0.050	0.040	0.056	0.045	0.011	0.885	.96
	(0.102)	(0.012)	(0.021)	(0.012)	(0.007)	(0.022)	
가죽 및 피혁	3.333	0.026	0.050	0.032	0.011	0.008	.96
	(0.050)	(0.015)	(0.013)	(0.010)	(0.004)	(0.001)	
목재 및 제분	0.031	0.024	-0.001	0.040	-0.002	0.945	.94
	(0.118)	(0.021)	(0.039)	(0.017)	(0.010)	(0.023)	

82. Eichengreen and Sachs (1986)는 근린궁핍화 효과의 크기가 평가 절하한 국가로의 금 유입 규모에 비례한다는 점을 보여주고 있다.

83. 미국 경제의 지속적 회복을 촉발하는 데서 자본 유입이 한 역할에 관해서는 Lee (1989)도 강조하고 있다. 다만 자본 이동에 관해서 그는 다르게 설명하고 있다. Bloomfield (1950)도 참조하라.

84. 본원 통화의 다른 구성 요소, 즉 은행의 준비은행 예치금 역시 9월 하락 이전인 8월에는 증가했다. Friedman and Schwartz (1963), 740쪽.

85. *Twenty-First Annual Report of the Federal Reserve Board for 1934* (1935), 8~9, 122~123쪽. 현금 공급의 증가는 통화 수요의 증가를 동반하지 않았기 때문에 금 보유액의 감소로 이어졌다. Friedman and Schwartz (1963)의 추정에 따르면 8월과 9월 사이에 M1과 M3 모두 감소한 것으로 나타났다. Freidman and Schwartz (1963), 714쪽.

86. Friedman and Schwartz (1963), 470쪽.

87. *Twenty-First Annual Report of the Federal Reserve Board for 1934* (1935), 14쪽.

88. Friedman and Schwartz (1963), 513~514쪽.

89. 금 준비금은 Board of Governors of the Federal Reserve System (1943), 415, 546쪽에 나타난 바와 같이 연준과 재무부의 준비금 모두를 포함한 것

이다.

90. Friedman and Schwartz (1963), 514쪽.

91. Statement read by Governor Martin at December 17, 1935 meeting, Harrison Papers, Open Market, III. Friedman and Schwartz (1963), 522~523 쪽에서 인용.

제12장 | 3국 협정을 향하여

1. PRO FO 371/19861, Mr. Lloyd Thomas to Mr. Eden. "Memorandum respecting the French budget for 1936", January 8, 1936, 2쪽.

2. 이 수치는 표 12.1에서 설명한 대로 개별 국가 통계의 가중 평균이 아니라 단순 평균이다.

3. 통화 가치가 변동하는 나라들도 미국 수출품의 해외시장 침투의 파급 효과를 느꼈다. 예를 들어 스털링 지역의 무역 적자는 1933년에서 1934년 사이에 두 배가 되었다. League of Nations (1935a), 28쪽.

4. League of Nations (1935), 221쪽.

5. Mouré (1988), 274~277쪽.

6. 달라디에 정부가 공공 부문 임금 삭감안에 대한 지지 확보에 실패하자, 급진당의 사로Sarraut 정부와 쇼탕 정부가 그 뒤를 이었지만 곧 단명했다. 스타비스키 사건과 그에 따른 반향에 관한 당시의 설명으로는 Werth (1934)가 있으며, 최근의 설명으로는 Large (1990), 제1장이 있다.

7. Bank of France, Procès verbaux, 22 February 1934. 1934년 1월 미국은 달러를 안정시킴으로써, 달러 표시 자산의 자본 손실을 피하기 위해 저축을 금 블록 국가로 옮겨 놓은 미국인들로 하여금 자금을 다시 반입하도록 유도했다. 이 때문에 1934년 초에 프랑스중앙은행은 더욱 곤경에 처하게 되었다. 제11장을 참조하라.

8. Germain-Martin (1936), 258~266쪽.

9. 외환 준비금에는 거의 변화가 없었다. Federal Reserve Board (1943), 642쪽.

10. League of Nations (1935a), 250쪽.

11. 세계적으로 보면 이 지역보다 감소 폭이 큰 나라는 중국, 러시아, 알제리, 네덜란드령 동인도제도뿐이었다. 스탈린 치하의 소련은 세계 경제에서 이탈한 상태였다. 은본위제를 유지한 중국은 평가 절하 국가에 비해 통화 절상을 겪었다. 알제리와 네덜란드령 동인도제도에서는 수입이 8% 감소했는데, 이들은 사실상 금블록 국가였다. 알제리 경제는 프랑스와 연계되어 있었으며 프

랑을 통화로 사용했다. 반면 네덜란드령 서인도제도는 네덜란드 길더를 사용했다. League of Nations (1935a), 165쪽.

12. Goossens, Peeters, and Pepermans (1988), 307쪽.

13. Eichengreen and Hatton (1988), 21쪽.

14. Chlepner (1943), 61~62쪽. "1926년 이후 활황기 동안 수많은 중소 규모 은행들이 소시에테제네랄의 영업 활동을 모방하려고 했지만, 소시에테제네랄이 갖고 있는 자원이나 백여 년의 긴 경험을 이들은 갖고 있지 않았다. PRO FO 371/18786, "Memorandum reflecting the financial and economic situation in Belgium", 1 May 1935, 1쪽.

15. 은행 문제에 대한 상세한 설명은 Triffin (1937)과 Van der Wee and Tavernier (1975)에 나와 있다.

16. 이 중개 기관들은 저축금고caisses d'épargne라는 예금 부서를 갖고 있는 협동조합들이었다. 저축금고는 예금을 받아 정부 증권을 매입하거나 다른 은행에 예치했다.

17. 프랑키는 "평가 절하가 전체 이익에 부합하지 않는다"고 여전히 주장하고 있었지만 정부가 예산 균형을 위해 시급히 조치를 취하지 않으면 평가 절하가 불가피할 것이라는 점을 공공연히 인정했다. 1934년 10월 4일자 『르 루아Le Loir』와의 인터뷰가 PRO FO 371/17620에 포함되어 있다.

18. Shepherd (1936), 199쪽.

19. Chlepner (1943), 73쪽.

20. Van der Wee and Tavernier (1975), 275쪽.

21. Min. Fin. B12678, Telegram, Brussels, 4 December 1934.

22. Van der Wee and Tavernier (1975), 275~276쪽. 사실 프랑스는 벨기에 수입품에 대한 쿼터를 1억 프랑 상향하겠다고 제안했다. 하지만 이것은 벨기에 전문가들이 통화 방어를 위해 필요할 것으로 추정한 수출 증가액 8억 프랑의 일부에 지나지 않았다. Baudhuin (1946), 제1권, 330쪽. 쿼터를 수입 관세로 전환하여 벨기에가 수출을 늘릴 수 있도록 하겠다는 프랑스 재무부 장관의 더욱 야심찬 계획은 외국의 대응 조치를 조건으로 하는 것이었다. 따라서 단기적으로는 실행이 불가능했다. "Note sur un project de politique du bloc-or", Min. Fin. B32321, 12 March 1935.

23. Shepherd (1936), 205쪽.

24. 위의 책, 207쪽.

25. 1928년부터 1935년 3월까지 벨기에 도매 물가 대비 영국 물가 비율의 변화

폭이 28%였다. 위의 책, 213쪽.

26. 위의 책, 218쪽.

27. 통화 공급량의 증가가 공급 주도로 이루어졌기 때문에 통화 승수는 하락했다. 따라서 넓은 의미의 통화 공급량의 증가 폭은 유통 은행권의 겨우 절반에 불과했다. 1934년의 상업 은행 예금 규모는 구하기 어려워 1933년과 1935년을 비교했다. 1933년과 1935년의 수치는 League of Nations (1938c), 63, 71쪽에서 얻었다. Van de Wee and Tavernier (1975), 428~429쪽에서는 약간 다른 통계를 이용하여 통화 승수(본원 통화 대비 M1의 비율)가 1933년 1.68에서 1935년에는 1.54로 떨어진 것으로 계산했다.

28. League of Nations (1936a), 52쪽.

29. 국제연맹의 통계에 따르면 이 기간 동안 산업 생산이 벨기에보다 더 빨리 증가한 나라는 소련뿐이었다. 물론 1930년대 소련의 통계는 가감해서 받아들여야 할 것이다. 다양한 주식의 가격은 Methorst (1938), 33쪽에서 그리고 건설 경기 지수는 League of Nations (1936b), 52쪽에서 얻었다.

30. Shepherd (1936), 218쪽.

31. 상대 가격의 변동과 더불어 수출 정체를 낳은 다른 한 요인은 프랑스의 통상 보복 위험을 줄이기 위한 정부의 "환율 덤핑" 방지정책이었다. 벨기에 정부는, 외국 정부가 벨기에 제품에 대해 새로운 무역 장벽을 도입하지 않는 한, 자국 수출업자들이 외화 표시 가격을 인하하지 않을 것이라고 약속했다. 벨기에 정부는 수출품 가격 수집과 약속 이행을 위한 수출 허가 제도를 도입했다.

32. League of Nations (1936a), 52쪽.

33. 문제의 부채는 무이자부 채무였기 때문에 순수한 장부상 거래의 성격을 띠고 있었다. League of Nations (1936a), 50쪽.

34. 예를 들어 미국의 경우에는 달러가 온스당 20.66 달러에서 35달러로 절하되어 그 비율은 59%(20.66/35)였다.

35. 소련을 제외한 국제연맹의 산업 생산 지수를 바탕으로 한 수치이다. 소련이 포함되면 산업 생산 증가율은 훨씬 더 인상적이다. League of Nations (1936b), 13쪽.

36. Einzig (1937a), 43쪽, Hodson (1938), 370~371쪽. 그리고 발의가 기각되기 전 6개월 동안 스위스 은행들은 지속적인 예금 인출에 시달리며 프랑의 안정성에 대한 우려를 고조시켰다. Min. Fin. B31730, "La situation difficile des banques suisses", 10 August 1935.

37. 이 문단은 Jackson (1985)의 제5장을 많이 참고하였다.

38. 프레더릭 리스-로스Frederick Leith-Ross는 플랑댕과의 대화를 토대로 이렇게 정리했다. PRO T188/109, "Leith-Ross to Hopkins", 24 March 1936.

39. 그래서 헨리 스트라코쉬 경Sir Henry Strakosch은 "플랑댕의 한 친구"와의 대화를 근거로 영국 재무부 관리에게 이 사실을 알렸다. PRO T188/109, "Sir R. Hopkins, Mr, Fergusson", 29 January 1935.

40. Sauvy (1984), 162~171쪽에서는 플랑댕의 실험을 분석하고 있다,

41. Methorst (1938), 107쪽.

42. PRO FO371/19601, "Circular on Present Economic Outlook", July 1935, 16, 18쪽.

43. 예를 들어 Einzig (1937a), 49~52쪽을 참조하라.

44. 아래 602쪽을 보라.

45. PRO T188/166, "Note of an Interview with M. Monick on 16th May 1935."

46. Bernard and Dubief (1985), 287쪽, Jackson (1985), 105쪽.

47. 1935년 7월 9일, 라발은 팔레 루아얄에서 테이블에 마주앉은 프레더릭 리스-로스 경을 "거칠게" 공격하며 자신의 정부가 "용감한 정부"이지만 영국이 안정화에 합의하지 않으면 자신의 지위가 10월이나 11월까지 유지될 수 없을 것이라고 항변했다. PRO FO 371/19601, "Economic Developments and Stabilisation of Currencies", 15 July 1935.

48. Einzig (1937a), 62쪽의 설명에 따르면, "전체주의 국가에서 가능한 일이 민주주의 국가에서는 불가능할 수 있다는 것을 라발은 깨닫지 못했다. 그는 산업 노동자들에게 삭감을 수용하도록 강제하거나 상품 가격의 전반적 인하를 단행할 수 있는 권한이 없었다. 그런 일은 평화 시기라고 해도 민주주의 국가에서는 불가능하다."

49. League of Nations (1935a), 258쪽, Sauvy (1984), III권, 380쪽.

50. Jackson (1985), 107~108쪽. 당시에는 60%로 추정했다. League of Nations (1936a), 294쪽.

51. League of Nations (1938c), 139쪽.

52. League of Nations (1936b), 294쪽.

53. League of Nations (1936a), 49쪽.

54. League of Nations (1936b), 15쪽.

55. PRO FO 371/19862, "Financial Situation in France", 30 March 1936.

56. Jackson (1985), 131~132쪽.

57. Jackson (1988), 164쪽, Sauvy (1984), 270쪽.

58. 인민전선 내 반대파들은 블룸의 제안을 "소인국 규모의 루스벨트 정책"이라고 비하했다. PRO FO371/19863, "Sir G. Clerk telegram of 17 June 1936."

59. Marjolin (1938), 142쪽.

60. 한편 의회는 인건비 상승으로 어려움을 겪어 자칫 상환 불능에 빠질 수 있는 기업에 분과위원회가 저금리 대출을 해 줄 수 있도록 하는 법안을 8월에 통과시켰다.

61. 카요의 6월 11일 『르 레퓌블리크Le République』 기고문은 PRO FO 371/19863에 포함되어 있다.

62. League of Nations (1936b), 296쪽.

63. Hodson (1938), 411~412쪽.

64. 파리 주재 영국대사관이 외무부에 이런 내용으로 보고했다. PRO FO 371/19864, Telegram of September 9, 1936.

65. 랠프 호트리와 같은 영국 전문가와 프랑스 간의 대화가 이런 생각을 떨치는 데 아무런 역할을 하지 못했다. Min. Fin. B12678, "Notes de conversation avec Mr. Hawtrey", April 1936.

66. Einzig (1937a), 207쪽.

67. Drummond (1979), 9쪽.

68. Min. Fin. B32323, "L'attache financier à Monsieur le Ministre de Finances", 17 January 1935. 모니크Monick는 1935년 1월 리스-로스에게 금블록 통화의 조율된 평가 절하의 가능성을 시사했다. PRO T188/109, "Note of an interview with M. Monick", 23 January 1935. Jackson (1985), 174쪽, Clarke (1977), 8~10쪽, League of Nations (1935a), 227쪽, B.I.S. (1935), 70쪽.

69. Blum (1959), 제1권, 156쪽.

70. 위의 책, 157쪽.

71. Clarke (1977), 34~35쪽.

72. 3개 성명서의 문안은 Bank for International Settlement (1937), 부속 문서 VII에 있다. 사전 협상 과정은 U. S. Department of State (1933), 제1권, 535~552쪽 등에 기술되어 있다.

73. "Restoring Monetary Order", *New York Times* (October 4, 1936).

74. Drummond (1979)의 서문은 그 협정의 중요성에 대한 평가들을 정리하고 있다.

황금 족쇄

75. 612쪽 참조.

76. 1933년 세계 경제 회의 이후 금블록 국가들은 이와 비슷한 조치에 합의했다. Mouré (1988), 149쪽 참조. 하지만 1936년의 합의는 그 조치보다는 상당히 약했다. 1933년에 금블록 국가들은 금 가격을 무제한적으로 안정화하겠다고 약속했다. 이번에는 각국이 매일 아침 그 가격을 인상함으로써, 지속적으로 자신들을 지지해 준 상대방에게 자본 손실이 가지 않도록 막을 방법은 없었다.

77. Clarke (1977), 57쪽.

78. 여기서는 Eichengreen (1989e)을 따라 변동 폭을 표준 편차로 측정하였다.

79. 각국의 실질 이자율은 명목 이자율에서 같은 기간의 실제 도매 물가 상승률을 뺀 것으로 계산했다. 환율, 이자율, 도매 물가 통계는 Einzig (1937b) 및 『이코노미스트』에서 인용하였다. 실질 이자율 격차의 변동성 축소는 환 리스크 프리미엄의 축소뿐만 아니라 커버된 이자율 격차(명목 이자율 격차에서 선물환 할인율을 뺀 것) 및 실질 환율 절하율의 감소를 반영한 것이다. 이 두 가지 효과 중 첫째는 아마 1930년대 초반에 국제자본시장을 교란시킨 요인과 같은 자본 통제의 변화 전망에 따른 리스크의 감소를 반영하는 것이라 할 수 있다. 두 번째는 명목 환율의 안정성이 향상되었을 때 상품의 상대 가격의 안정성이 더 높아지는 것을 반영한 것이다. Frankel and MacArthur (1988) 참조. 계산에 대한 더 상세한 설명은 Eichengreen and James (1990)에 있다.

80. Bank for International Settlements, *Annual Report* (1937), 24쪽. 독일, 폴란드, 리투아니아는 자본 통제를 통해 모든 국제 거래를 엄격히 통제했지만 대공황 이전의 평가 수준은 유지하고 있었다. 벨기에는 서유럽 국가 중 자유 금시장을 유지하고 있던 유일한 나라였는데, 벨기에 정부는 모든 신청자에게 새로운 국내 통화 가격으로 금을 매매할 준비가 되어 있었다.

81. Bernard and Dubief (1985), 314쪽.

82. 과거에 프랑스중앙은행에서 금을 확보했다가 이제 그 금을 프랑으로 재전환하려는 투기꾼들에게 새로 과세를 한 조치도 도움이 되지 않았다. Arndt (1944), 144~145쪽, Bernard and Dubief (1985), 314쪽.

83. 미국의 통계는 U. S. Department of Commerce (1976)에서 인용했으며 프랑스의 통계는 Sauvy (1984), 380쪽에서 인용해 계산 오류를 수정하였다.

84. I. L. O. (1938), 86~87쪽.

85. Kalecki (1938), 26쪽에 따르면 처음에는 지방의 명목 임금 상승률이 훨씬 더

높았다. 그리고 칼레키^{Kalecki}는 블룸 정부의 개혁 이전에는 정부 통계의 근거가 되는 노조 임금률에 대해 일률적인 조사가 이루어지지 않았기 때문에 실제 임금 상승률이 보고된 것보다 더 높았을 것이라고 지적한다.

86. League of Nations (1937a), 210쪽.

87. Kalecki (1938), 27쪽. Jackson (1988), 175쪽은 칼레키의 추정치가 노동자 100명 이상의 공장만을 대상으로 한 것이라고 지적한다. 광산업의 자료들을 보면 경제 전체의 생산성이 이 기간 동안 실제로 떨어졌을 수도 있다고 주장한다.

88. 임금과 물가 변화에 NIRA가 미친 영향에 관해서는 제11장 후주 81을 참조하라.

89. Roose (1954), 25쪽. League of Nations (1938a), 195쪽의 자료를 이용하여 국제 비교를 하였다.

90. 재고 누적 원인에 대한 설명은 이 책의 범위를 넘어선다. 어떤 사람들은 기업가들의 과도한 낙관주의를 강조하고, 다른 사람들은 인플레이션으로 야기된 노사 관계 불안이 기존 생산에 차질을 불러왔다고 생각한다.

91. 미국 경제학자 로이드 메츨러^{Lloyd Metzler}는 "1937년 불황과 더불어 나타난 재고 감소는 아마도 재고가 과도하다는 인식의 결과라기보다 재고 손실에 대한 우려의 결과였을 것이다"고 설명했다. Roose (1954), 186쪽에서 인용. Slichter (1938)도 비슷한 결론에 이르렀다.

92. Brown (1956), 864~865쪽. 재정정책의 역할을 강조하는 설명으로는 Hansen (1938), Ayres (1939) 및 Roose (1954)가 있다.

93. 초과 준비금에 관한 보고서는 FRBNY, Box 250A, "Reserves"에 들어 있다. 인플레이션 위험에 관한 인식은 특히 "Excess Reserves and Federal Reserve Policy", 19 September 1935, 9쪽 등을 보라. 본문 인용문의 출처는 다음과 같다. Board of Governors of the Federal Reserve System, *Twenty-Second Annual Report of the Board of Governors of the Federal Reserve System Covering Operations for the Year 1935* (1936), 231~232쪽.

94. 우연의 일치로 관련된 모든 국가가 정부 지출을 일정 비율로 늘렸다면 어떤 환율도 하락하지 않았을 것이고, 따라서 금본위제가 있든 없든, 아무 차이가 없었을 것이다. 하지만 정부 지출정책에 관해 국제적 조율이 없는 상황에서 이런 결과를 상상하기는 어렵다. 국제적 적대감이 고조되는 상황에서 국제적 조율은 상상하기 어려웠다.

제13장 | 결론

1. 브레턴우즈 협상에 대한 상세한 설명은 아직도 Gardner (1956)를 참고할 수 있다. 브레턴우즈체제의 작동에 관한 유용한 소개는 Tew (1988)를 참고할 수 있다.

2. 협력의 "제도화"가 아니라 "규칙화" 노력이라고 한 점을 주목해야 한다. 협력이 규칙화했다는 뜻은 협력이 비슷한 장소에서 더욱 빈번하게 이루어지며 공통된 형태로 이루어지는 경향이 있음을 의미한다. 협력이 제도화된다는 것은 공식적인 규칙과 구조가 확립되어 자동적인 특징을 갖게 된다는 뜻이다.

3. Scammel (1983, 114쪽)도 역시 1950년대에 특히 유럽에서 국제 통화 및 경제 협력 수준의 상당한 진전이 있었다고 주장한다.

4. IMF를 통해 국제수지 차관이 직접 제공되었을 뿐만 아니라 국제 협의를 통해 공조를 위한 다른 메커니즘, 대표적으로 1950년대의 유럽지불동맹European Payments Union도 마련되었다. Kaplan and Schleiminger (1989)는 유럽지불동맹에 대해 훌륭하게 설명하고 있다.

5. Giovannini (1989)는 이자율 변경을 근거로 1960년대에 유럽 중앙은행들이 연준을 추종하는 경향이 있었음을 보여주는 증거를 제시한다.

6. 금풀제, 바젤 그룹 협정 및 스왑 네트워크에 대해서는 Tew (1988), 109~110쪽 등에 상세한 설명이 있다.

7. Block (1977), 47쪽. 화이트 계획의 초기 안에 따르면, 심각한 인플레이션 혹은 디플레이션 압력을 야기하거나 국제수지 불균형을 초래하는 "모든 통화 및 일반 가격 조치 혹은 정책"은 기금 투표권의 5분의 4를 보유한 국가들이 요구하면 변경하도록 되어 있었다.

8. 제7장 참조.

9. Lewis (1949), 200쪽.

10. Eichengreen (1989a)과 Eichengreen et al. (1990)을 참조하라.

11. 소수의 의견과 정부 안정의 이익 사이에서 균형을 맞추는 방식으로 특수 이해관계 집단의 선호를 효율적으로 모아 낼 수 있는 메커니즘을 고안하는 문제가 이 책을 집필하는 동안 두 가지 영역에서 분명히 드러났다. 하나는 유럽중앙은행 통제의 구조화 방법에 관한 논쟁을 벌이고 있는 유럽공동체이고, 다른 하나는 민주주의의 부활이 놀랍기는 하지만 그로 인해 특수 이해관계 집단이 경제정책의 집행을 좌절시킬 수 있을 만한 엄청난 능력을 갖게 된 동유럽의 경우이다. 두 번째 문제에 관해서는 Dornbusch (1990)를 참조하라.

| 참고문헌 |

Abreu, Marcelo de Paiva (1984), "Argentina and Brazil During the 1930s: The Impact of British and American International Policies," in Rosemary Thorp (ed.) *Latin America in the 1930s*, London: Macmillan, pp. 144-162.

Aftalion, Albert (1927), *Monnaie, prix et change*, Paris: Société Anonyme du Recueil Sirey.

Aftalion, Albert (1932), *L'oretsa distribution mondiale*, Paris: Librarie Dalloz.

Albert, Bill (1988), *South America and the First World War*, Cambridge: Cambridge University Press.

Albert, Bill and Paul Henderson (1981), "Latin America and the Great War: A Preliminary Survey of Developments in Chile, Peru, Argentina and Brazil," *World Development* 9, pp. 717-734.

Alberti, Mario (1931), *Banche di Emissione, Moneta e Politica Monetaria in Italia dal 1849 al 1929*, Milan: Universita Commerciale Luigi Bucconi.

Alesina, Alberto (1988), "The End of Big Public Debts," in Francesco Giavazzi and Luigi Spaventa (eds), *High Public Debt: The Italian Experience*, Cambridge: Cambridge University Press, pp. 34-79.

Alesina, Alberto and Allan Drazen (1989), "Why Are Stabilizations Delayed?" unpublished manuscript, Harvard University and Tel Aviv University.

Alesina, Alberto, Alessandro Prati, and Guido Tabellini (1990), "Debt Management and Debt Panics in Italy," in Rudiger Dornbusch and Mario Draghi (eds.), *Public Debt Management: Theory and History*, Cambridge: Cambridge University Press, pp. 94-117.

Anderson, B. M., Jr. (1919), *Effects of the War on Money, Credit and Banking*

황금 족쇄

in France and the United States, Carnegie Endowment for International Peace, Preliminary Economic Study of the War No. 15, New York: Oxford University Press.

Anderson, B. M., Jr. (1921), "Procedure in Paying the German Indemnity," *Chase Economic Bulletin* 1, no. 4, pp. 3-21.

Anderson, B. M., Jr. (1930), "The 'Free Gold' of the Federal Reserve System and the Cheap Money Policy," *Chase Economic Bulletin* X (September), pp. 3-25.

Angell, James W. (1926), *The Theory of International Prices*, Cambridge, Mass: Harvard University Press.

Angell, James W. (1932), *The Recovery of Germany*, New Haven: Yale University Press (revised ed.).

Angell, James W. (1933), *Financial Foreign Policy of the United States*, New York: Council on Foreign Relations.

Ansiaux, M. (1910), *Principes de la politique régulatrice des changes*, Paris: Marcel Rivière.

Arndt, H. W. (1944), *The Economic Lessons of the Nineteen-Thirties*, London: Frank Cass.

Ayres, Leonard P. (1939), *Turning Points in Business Cycles*, New York: The Macmillan Co.

Babé, Marcel (1925), *La Technique des Emprunts de Guerre Français*, Paris: Marcel Girard

Bailey, Thomas A. (1944), *Woodrow Wilson and the Lost Peace*, New York: Quadrangle Books.

Balderston, T. (1977), "The German Business Cycle in the 1920s: A Comment," *Economic History Review*, sec. ser. 30, pp. 159-161.

Balderston, T. (1982), "The Origins of Economic Instability in Germany, 1924-1930: Market Forces Versus Economic Policy," *Vierteljahrschrift für Sozial und Wirtschaftsgeschichte* 69, pp. 488-514.

Balderston, T. (1983), "The Beginning of the Depression in Germany, 1927-30: Investment and the Capital Market," *Economic History Review*, sec. ser. 36, pp. 395-415.

Balderston, T. (1989), "War Finance and Inflation in Britain and Germany,

1914-1918," *Economic History Review*, sec. ser. 42, pp. 222-244.

Balderston, T. (1990), "Fiscal Imbalances 1924-1928," unpublished manuscript, University of Manchester.

Ballantine, Arthur A. (1948), "When All the Banks Closed," *Harvard Business Review* XXVI, pp. 129-143.

Bank of France (various years), *Compte Rendu au Nom du Conseil Général de la Banque*, Paris: Imprimerie Paul Dupont.

Bank for International Settlements (various years), *Annual Report*, Basle: BIS.

Bank for International Settlements (1953), *The Sterling Area*, Basle: BIS.

Barnard, Alan (1986a), "Some Government Financial Data 1850 to 1982," Source Paper No. 13, Australian National University.

Barnard, Alan (1986b), "Commonwealth Government Finances, 1901-1982: A Handy Compendium," Source Papers in Economic History No. 17, Australian National University.

Barsky, Robert and J. Bradford DeLong (1990), "Bull and Bear Markets in the 20th Century," *Journal of Economic History* 50, pp. 265-282.

Barsky, Robert, N. Gregory Mankiw, Jeffrey Miron, and David Weill (1988), "The Worldwide Change in the Behavior of Interest Rates and Prices in 1914," *European Economic Review* 32, pp. 1123-1154.

Barro, Robert J. (1979), "On the Determination of the Public Debt," *Journal of Political Economy* 87, pp. 940-971.

Baudhuin, Fernand (1936), *La dévaluation du franc Belge*, Brussels: Edition Universelle (rev.ed.)

Baudhuin, Fernand (1946), *Histoire économique de la Belgique 1914-1939*, Brussels: Emile Bruylant.

Beach, W. E. (1935), *British International Gold Movements and Banking Policy, 1881-1913*, Cambridge, Mass.: Harvard University Press.

Beard, Charles A. (1922), *Cross Currents in Europe To-Day*, Boston: Marshall Jones Company.

Beard, Charles A. and George H. A. Smith (1941), *The Old Deal and the New*, New York: Macmillan.

Beckhart, B. H. (1910 [1929]), *The Banking System of Canada*, New York: Henry Holt.

황금 족쇄

Beney, M. Ada (1936), *Wages, Hours and Employment in the United States*, New York: National Industrial Recovery Board.

Bennett, Edward W. (1962), *Germany and the Diplomacy of the Financial Crisis*, Cambridge, Mass.: Harvard University Press.

Bergman, Karl (1927), *The History of Reparations*, London: E. Benn.

Bernanke, Ben (1983), "Nonmonetary Effects of the Financial Crisis in the Propagation of the Great Depression," *American Economic Review* 73, pp. 257-276.

Bernanke, Ben and Harold James (1991), "The Gold Standard, Deflation and Financial Crisis in the Great Depression: An International Comparison," in R. Glenn Hubbard (ed.), *Financial Markets and Financial Crises*, Chicago, University of Chicago Press, pp. 33-68.

Bernard, Philippe and Henri Dubief (1985), *The Decline of the Third Republic 1914-1938*, Cambridge: Cambridge University Press.

Bernstein, Michael (1987), *The Great Depression: Delayed Recovery and Economic Change in America, 1929-1939*, New York: Cambridge University Press.

Bertrand, Charles L., ed. (1977), *Revolutionary Situations in Europe, 1917-1922*, Montreal: Interuniversity Centre for European Studies.

Birck, L. V. (1927), *The Public Debt*, New York: The Dial Press.

Blackburn, Keith and Michael Christensen (1989), "Monetary Policy and Policy Credibility," *Journal of Economic Literature* XXVII, pp. 1-45.

Block, Fred L. (1977), *The Origins of International Economic Disorder*, Berkeley: University of California Press.

Bloomfield, Arthur I. (1950), *Capital Imports and the American Balance of Payments 1934-39*, Chicago: University of Chicago Press.

Bloomfield, Arthur I. (1959), *Monetary Policy under the International Gold Standard, 1880-1914*, New York: Federal Reserve Bank of New York.

Bloomfield, Arthur I. (1963), "Short-Term Capital Movements under the Pre-1914 Gold Standard," *Princeton Studies in International Finance* No. 11, Princeton: International Finance Section, Department of Economics.

Blum, John Morton (1959), *From the Morgenthau Diaries: Years of Crisis 1928-1938*, Boston: Houghton Mifflin.

Board of Governors of the Federal Reserve System (various years), *Annual Report*, Washington, D. C.: GPO.

Board of Governors of the Federal Reserve System (various years), *Federal Reserve Bulletin*, Washington, D. C.: GPO.

Board of Governors of the Federal Reserve System (1943), *Banking and Monetary Statistics*, Washington, D. C.: National Capital Press.

Bogart, Ernest Ludlow (1921), *War Costs and Their Financing*, New York: D. Appleton and Company.

Bonn, Moritz Julius (1925), *The Crisis of European Democracy*, New Haven: Yale University Press.

Borchardt, K.(1984), "Could and Should Germany Have Followed Great Britain in Leaving the Gold Standard?" *Journal of European Economic History* 13, pp. 471-498.

Borchardt, K.(1990), "A Decade of Debate About Brüning's Economic Policy," in J. Baron von Kruedener (ed.), *Economic Crisis and Political Collapse: The Weimar Republic 1924-1933*, New York: Berg.

Borchardt, K.(1991), *Perspectives on Modern German Economic History and Policy*, Cambridge: Cambridge University Press.

Bordo, Michael D. and Lars Jonung (1987), *The Long-Run Behavior of the Velocity of Circulation*, Cambridge: Cambridge University Press.

Bordo, Michael D. and Angela Redish (1987), "Credible Commitment and Exchange Rate Stability: Canada's Interwar Experience," unpublished.

Bouvier, Jean (1984), "The French Banks, Inflation and the Economic Crisis, 1919-1939," *Journal of European Economic History* 13 (special issue), pp. 29-80.

Boyce, Robert W. D.(1987), *British Capitalism at the Crossroads, 1919-1932*, Cambridge: Cambridge University Press.

Bresciani-Turroni, Constantino (1937), *The Economics of Inflation*, London: Allen and Unwin.

Brocard, Lucien (1932), "Face a la crise: Le credit," *Revue des Deux Mondes* (15 March), pp. 277-295.

Brown, Carolyn (1985), "The Inflationary Effects of the NIRA and U.S. Gold Policy, 1933-1934," unpublished manuscript, Harvard University.

황금 족쇄

Brown, E. Cary (1956), "Fiscal Policy in the 1930s: A Reappraisal," *American Economic Review* 46, pp. 857-879.

Brown, William Adams (1940), *The International Gold Standard Reinterpreted, 1914-1934*, New York: National Bureau of Economic Research.

Brunner, Karl and Allan H. Meltzer (1968), "What Did We Learn from the Monetary Experience of the United States in the Great Depression?" *Canadian Journal of Economics* 1, pp. 334-348.

Brynes, James (1958), *All in One Lifetime*, New York: Harper.

Bryce, Robert B. (1942), "Basic Issues in Postwar International Economic Relations," *American Economic Review Papers and Proceedings* 32, pp. 165-181.

Buiter, Willem and Vittorio Grilli (1990), "The 'Gold Standard Paradox' and Its Resolution," unpublished manuscript, Yale University.

Burgess, W. R. (1929), "The Money Market in 1928," *Review of Economic Statistics* 11, pp. 19-25.

Burgess, W. R. (1930), "The Money Market in 1929," *Review of Economic Statistics* 12, pp, 15-20.

Burnett, P. A. (1940), *Reparations at the Paris Peace Conference from the Standpoint of the American Delegation*, New York: Colombia University Press.

Butlin, M. W. and P. M. Boyce (1989), "Monetary Policy in Depression and Recovery," R. G. Gregory and N. G. Butlin (eds.), *Recovery From the Depression: Australia and the World Economy in the 1930s*, Cambridge: Cambridge University Press, pp, 193-216.

Butlin, N. G. (1984), "Select Comparative Economic Statistics, 1900-1940," Source Paper No. 4, Department of Economic History, Research School of Social Sciences, Australian National University.

Cagan, Philip (1956), "The Monetary Dynamics of Hyperinflation," in Milton Friedman (ed.), *Studies in the Quantity Theory of Money*, Chicago: University of Chicago Press, pp. 25-117.

Cairncross, Alec and Barry Eichengreen (1983), *Sterling in Decline*, Oxford: Blackwell.

Caillaux, Joseph (1932), *The World Crisis*, London: Cobden-Sanderson.

Campbell, Peter (1958), *French Electoral Systems and Elections 1789-1957*, New York: Frederick A. Praeger.

Capie, Forrest and Michael Collins (1983), *The Interwar British Economy: A statistical Abstract*, Manchester: Manchester University Press.

Capie, Forrest and Alan Webber (1985), *A Monetary History of the United Kingdom, 1870-1982, Volume 1: Data, Sources, Methods*, London: Allen & Unwin.

Carstairs, Andrews McLaren (1980), *A Short History of Electoral Systems in Western Europe*, London: George Allen & Unwin.

Carsten, F. L. (1972), *Revolution in Central Europe 1918-1919*, Berkeley: University of California Press.

Cassel, Gustav (1922), *Money and Foreign Exchange After 1914*, London: Constable & Co.

Cassel, Gustav (1936), *The Downfall of the Gold Standard*, Oxford: Clarendon Press.

Chalkley, H. O. (1929), *Commercial, Economic and Financial Conditions in the Argentine Republic*, Department of Overseas Trade, London: HMSO.

Chandler, Lester V. (1958), *Benjamin Strong: Central Banker*, Washington, D. C.: The Brookings Institution.

Charbonnet, Germain (1922), *La politique financiere de la France pendant la guerre*, Bordeaux: Imprimerie de L'Université.

Chlepner, Ben Serge (1943), *Belgian Banking and Banking Theory*, Washington, D. C.: The Brookings Institution.

Clarke, Stephen V. O. (1967), *Central Bank Cooperation 1924-1931*, New York: Federal Reserve Bank of New York.

Clarke, Stephen V. O. (1973), "The Reconstruction of the International Monetary System: The Attempts of 1922 and 1933," *Princeton Studies in International Finance* No. 33, Princeton: International Finance Section, Department of Economics.

Clarke, Stephen V. O. (1977), "Exchange-Rate Stabilization in the Mid-1930s: Negotiating the Tripartite Agreement," *Princeton Studies in International Finance* No. 41, Princeton: International Finance Section, Department of Economics.

황금 족쇄

Clarke, Truman (1986), "Interest Rate Seasonals and the Federal Reserve," *Journal of Political Economy* 94, pp. 76-125.

Clay, Henry (1957), *Lord Norman*, London: Macmillan.

Cohen, Jon S. (1972), "The 1927 Revaluation of the Lira: A Study in Political Economy," *Economic History Review*, sec. ser. 25, pp. 642-654.

Comision Economica par America Latina (1959), *Analisis y proyecciones del desarrolo economico*, vol. V, Mexico City: CEPAL.

Committee Appointed on the Recommendation of the London Conference (1931), *Report*, London: B.I.S.

Committee on Currency and Foreign Exchanges After the War (1919), *First Interim Report*, Cd. 9182, London: HMSO.

Committee on Finance and Industry (1931), *Minutes of Evidence*, Cmd. 3879, London: HMSO.

Condliffe, John Bell (1931), *World Economic Survey 1930-31*, Geneva: League of Nations.

Condliffe, John Bell (1932), *World Economic Survey 1931-32*, Geneva: League of Nations.

Cooper, Richard N. (1968), *The Economics of Interdependence*, New York: McGraw-Hill.

Cooper, Richard N. (1989), "International Cooperation in Public Health as a Prologue to Macroeconomic Cooperation" in Richard Cooper, Barry Eichengreen, Randall Henning, Gerald Holtham, and Robert Putnam, *Can Nations Agree? Issues in International Cooperation*, Washington, D. C.: The Brookings Institution, pp. 178-254.

Cooper, Russell and Andrew John (1988), "Coordinating Coordination Failures in Keynesian Models," *Quarterly Journal of Economics* CIII, pp. 441-460.

Copland, D. B. (1925), "Australian Banking and Exchange," *Economic Record* 2, pp. 17-28.

Copland, D. B. (1934), *Australia in the World Crisis 1929-33*, London: Macmillan.

Costigliola, Frank (1977), "Anglo-American Financial Rivalry in the 1920s," *Journal of Economic History* 37, pp. 911-934.

Costigliola, Frank (1984), *Awkward Dominion: American Political, Economic and Cultural Relations with Europe, 1919-1937*, Ithaca: Cornell University Press.

Courchene, Thomas J. (1969), "An Analysis of the Canadian Money Supply: 1925-1934," *Journal of Political Economy* 77, pp. 363-391.

Cox, Gary W. (1989), "Centripetal and Centrifugal Incentives in Electoral Systems," unpublished paper, Department of Political Science, University of California, San Diego.

Cross, Ira (1923), *Domestic and Foreign Exchange*, London: Macmillan.

Curtis, C. A. (1932), "The Canadian Monetary Situation," *Journal of Political Economy* XL, pp. 314-337.

de Cecco, Marcello (1984), *The International Gold Standard: Money and Empire*, London: Frances Pinter (second ed.).

DeLong, J. Bradford (1987), *Returning to the Gold Standard: A Macroeconomic History of Britain and France in the 1920s*, unpublished dissertation, Harvard University.

de Swaan, Abram (1973), *Coalition Theories and Cabinet Formations*, Amsterdam: Elsevier Scientific Publishing Company.

Debeir, Jean Claude (1978), "La crise du franc de 1924: Un exemple de spéculation international," *Relations Internationales* 13, pp. 29-49.

Decamps, Jules (1922), *Les changes étrangers*, Paris: F. Alcan.

Dick, Trevor J. O. and John E. Floyd (1987), *Canada and the Gold Standard, 1871-1913* (forthcoming).

Dodd, Lawrence C. (1976), *Coalitions in Parliamentary Government*, Princeton: Princeton University Press.

Dornbusch, Rudiger (1976), "Expectations and Exchange Rate Dynamics," *Journal of Political Economy* 84, pp. 1161-1176.

Dornbusch, Rudiger (1987), "Lessons from the German Inflation Experience of the 1920s," in Rudiger Dornbusch, Stanley Fischer, and John Bossons (eds.), *Macroeconomics and Finance: Essays in Honor of Franco Modigliani*, Cambridge, Mass: MIT Press, pp. 337-366.

Dornbusch, Rudiger (1990), "Experiences with Extreme Monetary Instability," Centre for Economic Policy Research Discussion Paper No. 455.

황금 족쇄

Dowd, Lawrence P. (1957), "The Impact of Exchange Policy on the International Economy of Japan During the Period 1930-1940," *Kobe Economic and Business Review* 4, pp. 1-58.

Drummond, Ian M. (1979), "London, Washington, and the Management of the France, 1936-39," *Princeton Studies in International Finance*, Princeton: International Finance Section, Department of Economics.

Dulles, Eleanor Lansing (1929), *The French Franc 1914-1928*, New York: Macmillan.

Duverger, Maurice (1954), *Political Parties*, New York: John Wiley (second ed.).

Eaton, Jonathan (1987), "Public Debt Guarantees and Private Capital Flight," *World Bank Economic Review* 1, pp. 377-396.

Economic and Financial Conference (Genoa) (1922), *Resolutions of the Financial Commission Recommending Certain Resolutions for the Adoption of the Conference. Reports of the Committee of Experts*, Cmd. 1650, London: HMSO.

Edelstein, Michael (1982). *Overseas Investment in the Age of High Imperialism*, New York: Columbia University Press.

Eichengreen, Barry (1981), "Sterling and the Tariff, 1929-32," *Princeton Studies in International Finance*, No. 48, Princeton: International Finance Section, Department of Economics.

Eichengreen, Barry (1983), "The Causes of British Cycles, 1833-1913," *Journal of European Economic History* 12, pp. 145-161.

Eichengreen, Barry (1984a), "Currency and Credit in the Gilded Age," in Gary Saxonhouse and Gavin Wright (eds.), *Technique, Spirit and Form in the Making of the Modern Economies: Essays in Honor of William N. Parker*, New York: JAI Press, pp. 87-114.

Eichengreen, Barry (1984b), "Central Bank Cooperation Under the Interwar Gold Standard," *Explorations in Economic History* 21, pp. 64-87.

Eichengreen, Barry (1985), "International Policy Coordination in Historical Perspective: A View from the Interwar Years," in Willem Buiter and Richard Marston (eds.), *International Economic Policy Coordination*, Cambridge: Cambridge University Press, pp. 139-178.

Eichengreen, Barry (1986a), "Understanding 1921-1927: Inflation and Economic Recovery in the 1920s," *Rivista di Storia Economica*, new ser., 5, pp. 34-66.

Eichengreen, Barry (1986b), "The Bank of France and the Sterilization of Gold, 1926-32," *Explorations in Economic History* 23, pp. 56-84.

Eichengreen, Barry (1987), "Conducting the International Orchestra: Bank of England Leadership Under the Classical Gold Standard, 1880-1913," *Journal of International Money and Finance* 6, pp. 5-29.

Eichengreen, Barry (1988a), "Did International Economic Forces Cause the Great Depression?" *Contemporary Policy Issues* 6, pp. 90-114.

Eichengreen, Barry (1988b), "The U.S. Capital Market and Foreign Lending, 1920-55," in Jeffrey Sachs (ed.), *Developing Country Debt and Economic Performance*, Chicago: University of Chicago Press, pp. 107-155.

Eichengreen, Barry (1989a), "Hegemonic Stability Theories of the International Monetary System," in Richard Cooper, Barry Eichengreen, Randall Henning, Gerald Holtham, and Robert Putnam, *Can Nations Agree? Issues in International Cooperation*, Washington, D. C.: Brookings Institution, pp. 255-298.

Eichengreen, Barry (1989b), "The Political Economy of the Smoot Hawley Tariff," *Research in Economic History* 11, pp. 1-44.

Eichengreen, Barry (1989c), "Resolving Debt Crises: An Historical Perspective," in Sebastian Edwards and Felipe Larrain (eds.), *Debt, Adjustment and Recovery: Latin America's Prospects for Growth and Recovery*, Oxford: Blackwell, pp. 68-96.

Eichengreen, Barry (1989d), "Trade Deficits in the Long Run," in A. Berger (ed.), *The U.S. Trade Deficit: Causes, Consequences and Cures*, Boston: Kluwer Academic, pp. 239-274.

Eichengreen, Barry (1989e), "The Comparative Performance of Fixed and Flexible Exchange Rate Regimes: Interwar Evidence," National Bureau of Economic Research Working Paper No. 3097.

Eichengreen, Barry (1990a), "International Monetary Instability Between the Wars: Structural Flaws or Misguided Policies?" in Yoshio Suzuki, Junichi Miyake, and Mitauaki Okabe (eds.), *The Future of the International*

황금 족쇄

Monetary System, Tokyo: University of Tokyo Press, pp. 71-116.

Eichengreen, Barry (1990b), "The Capital Levy in Theory and Practice," in R. Dornbusch and M. Dragi (eds.), *Public Debt Management: Theory and History*, Cambridge: Cambridge University Press, pp. 191-220.

Eichengreen, Barry and T. J. Hatton, eds. (1988), *Interwar Unemployment in International Perspective*, Dordrecht and Boston: Martinus-Nijhoff.

Eichengreen, Barry and Caroline James (1991), "Can Informal Coordination Stabilize Exchange Rates: Evidence from the 1936 Tripartite Agreement," IBER Discussion Paper No. 91-162, University of California at Berkeley.

Eichengreen, Barry and Peter Lindert (1989), *The International Debt Crisis in Historical Perspective*, Cambridge, Mass.: MIT Press.

Eichengreen, Barry and Richard Portes (1987), "The Anatomy of Financial Crises," in Richard Portes and Alexander Swoboda (eds.), *Threats to International Financial Stability*, Cambridge: Cambridge University Press, pp. 10-58.

Eichengreen, Barry and Richard Portes (1989), "After the Deluge: Default, Negotiation and Readjustment during the Interwar Years," in Barry Eichengreen and Peter Lindert (eds.), *The International Debt Crisis in Historical Perspective*, Cambridge, Mass: MIT Press, pp. 12-47.

Eichengreen, Barry and Jeffrey Sachs (1985), "Exchange Rates and Economic Recovery in the 1930s," *Journal of Economic History* 45, pp. 925-946.

Eichengreen, Barry and Jeffrey Sachs (1986), "Competitive Devaluation and the Great Depression: A Theoretical Reassessment," *Economics Letters* 22, pp. 67-71.

Eichengreen, Barry and Marc Uzan (1990), "The 1933 World Economic Conference as an Instance of Failed International Cooperation," IBER Discussion Paper 90-149, University of California at Berkeley.

Einzig, Paul (1931a), *The Fight for Financial Supremacy*, London: Macmillan.

Einzig, Paul (1931b) *Behind the Scenes of International Finance*, London: Macmillan.

Einzig, Paul (1933), *The Sterling-Dollar-Franc Tangle*, New York: Macmillan.

Einzig, Paul (1937a), *World Finance 1935-1937*, London: Macmillan.

Einzig, Paul (1937b), *The Theory of Forward Exchange*, London: Macmillan.

Elliot, Arthur D. (1911), *The Life of George Joachim Goschen*, London: Longmans, Green.

Ellis, H. S. (1941), *Exchange Control in Central Europe*, Cambridge: Harvard University Press.

Emerson, Michael et al. (1990), *One Market, One Money*, Brussels: Commission of European Communities.

Epstein, Gerald and Thomas Ferguson (1984), "Monetary Policy, Loan Liquidation and Industrial Conflict: The Federal Reserve and the Open Market Operations of 1932," *Journal of Economic History* XLIV, pp. 957–984.

Epstein, Klaus (1959), *Matthias Erzberger and the Dilemma of German Democracy*, Princeton: Princeton University Press.

Falkus, M. E. (1975), "The German Business Cycle in the 1920s," *Economic History Review*, sec. ser., 28, pp. 451–465.

Federal Reserve Board (1921), "Foreign Exchange Operations," *Federal Reserve Bulletin* 7 (December), pp. 1402–1412.

Federal Reserve Board (1943), *Banking and Monetary Statistics*, Washington, D. C.: National Capital Press.

Feinstein, Charles (1972), *National Income, Expenditure and Output of the United Kingdom, 1855-1965*, Cambridge: Cambridge University Press.

Feis, Herbert (1930), *Europe, the World's Banker*, New Haven: Yale University Press.

Feis, Herbert (1966), *1933: Characters in Crisis*, Boston: Little, Brown.

Feldman, Gerald D. (1977), *Iron and Steel in the German Inflation, 1916-1923*, Princeton: Princeton University Press.

Felix, David (1971a), "Reparations Reconsidered with a Vengeance," *Central European History* 4, pp. 171–179.

Felix, David (1971b), *Walter Rathenau and the Weimar Republic*, Baltimore: Johns Hopkins University Press.

Fetter, Frank (1931), *Monetary Inflation in Chile*, Princeton: Princeton University Press.

Field, Alexander J. (1984), "A New Interpretation of the Onset of the Great

Depression," *Journal of Economic History* 44, pp. 489-498.

Fink, Carole (1984), *The Genoa Conference: European Diplomacy, 1921-1922*, Chapel Hill: University of North Carolina Press.

Fishlow, Albert (1986), "Lessons of the 1890's for the 1980's," in Guillermo Calvo et al. (eds.), *Debt, Stabilization and Development*, Oxford: Blackwell, pp. 19-47.

Fishlow, Albert (1987), "Market Forces or Group Interests: Inconvertible Currency in Pre-1914 Latin America," unpublished manuscript, University of California at Berkeley.

Fishlow, Albert (1989), "Conditionality and Willingness to Pay: Some Parallels from the 1890s," in Barry Eichengreen and Peter Lindert (eds.), *The International Debt Crisis in Historical Perspective*, Cambridge, Mass.: MIT Press, pp. 86-105.

Fisk, Harvey E. (1919), *Our Public Debt*, New York: Bankers Trust Company.

Fisk, Harvey E. (1922), *French Public Finance in the Great War and To-day*, New York: Bankers Trust Company.

Flora, Peter (1983), *State, Economy, and Society in Western Europe, 1815-1975*, Volume 1, Frankfurt am Main: Campus Verlag.

Ford, A. G. (1956), "Argentina and the Baring Crisis of 1890," *Oxford Economic Papers* 8, pp. 127-150.

Ford, A. G. (1962), *The Gold Standard, 1880-1914: Britain and Argentina*, Oxford: Clarendon Press.

Fraga, Arminio (1986), "German Reparations and Brazilian Debt: A Comparative Study," *Essays in International Finance* No. 163, Princeton: International Finance Section, Department of Economics.

Franck, Louis (1927), *La Stabilisation Monétaire en Belgique*, Paris: Payot.

Frankel, Jeffrey A. (1988), "Obstacles to International Economic Policy Coordination," *Princeton Studies in International Finance* no. 64, Princeton: International Finance Section, Department of Economics.

Frankel, Jeffrey A. and K. Rockett (1988), "International Macroeconomic Policy Coordination When Policymakers Disagree on the True Model of the Economy," *American Economic Review* 78, pp. 318-340.

Frankel, Jeffrey A. and Alan MacArthur (1988), "Political versus Currency Premia in International Real Interest Rate Differentials: A Study of Forward Rates for 24 Countries," *European Economic Review* 32, pp. 1083-1114.

Fraser, Herbert Freeman (1933), *Great Britain and the Gold Standard*, London: Macmillan and Co. Ltd.

Freidel, Frank (1973), *Franklin Roosevelt: Launching of the New Deal*, Boston: Little, Brown.

Frenkel, Jacob A. (1977), "The Forward Exchange Rate, Expectations, and the Demand for Money during the German Hyperinflation," *American Economic Review* 67, pp. 653-670.

Friedman, Milton and Anna J. Schwartz (1963), *A Monetary History of the United States, 1867-1960*, Princeton: Princeton University Press.

Fritsch, Winston (1989), *External Constraints on Economic Policy, Brazil 1889-1930*, Pittsburgh: University of Pittsburgh Press.

Fukai, Eigo (1937), "The Recent Monetary Policy of Japan," in A. D. Gayer (ed.), *The Lessons of Monetary Experience*, New York: Farrar and Rinehart, pp. 379-395.

Fulford, Roger (1953), *Glyn's 1753-1953*, London: Macmillan.

Galenson, Walter and Arnold Zellner (1957), "International Comparisons of Unemployment Rates," in *The Measurement and Behavior of Unemployment*, Princeton: Princeton University Press, pp. 439-580.

Gantenbein, James W. (1939), *Financial Questions in United States Foreign Policy*, New York: Columbia University Press.

Gardner, Richard N. (1956), *Sterling-Dollar Diplomacy*, Oxford: Clarendon Press.

Gayer, Arthur D. (1937), *Monetary Policy and Economic Stabilisation: A Study of the Gold Standard*, London: Adam and Charles Black.

Germain-Martin, Louis (1936), *Le problème financier 1930-1936*, Paris: Domat-Montchristien.

Gide, M. Charles (1919), "French War Budgets for 1919-1920," *Economic Journal* 29, pp. 129-137.

Gilbert, Charles (1970), *American Financing of World War I*, Westport, Conn.: Greenwood Publishing Corp.

Giovannini, Albert (1989), "How Fixed Exchange Rate Systems Work: The

Gold Standard, Bretton Woods and the EMS," in Marcus Miller, Barry Eichengreen, and Richard Fortes (eds.), *Blueprints for Exchange Rate Management*, New York: Academic Press, pp. 13-42.

Goldenweiser, E. A. (1925), *The Federal Reserve System in Operation*, New York: McGraw-Hill.

Goossens, Martine, Stefaan Peeters, and Guido Pepermans (1988), "Interwar Unemployment in Belgium," in Barry Eichengreen and T. J. Hatton (eds.), *Interwar Unemployment in International Perspective*, Dordrecht: Kluwer Nijhoff, pp. 289-324.

Gourevitch, Peter (1984), "Breaking with Orthodoxy: The Politics of Economic Policy Responses to the Depression of the 1930s," *International Organization* 38, pp. 95-129.

Grady, Henry F. (1927), *British War Finance 1914-1919*, New York: Columbia University Press.

Graham, Frank D. (1930), *Exchange, Prices and Production in Hyperinflation in Germany, 1920-1923*, Princeton: Princeton University Press.

Grand, Georges (1928), *Le franc d'hier et le franc d'aujourd'hui*, Roustan, Paris et Delaunay: Clermont-Ferrand.

Great Britain, Committee on the Currency and Bank of England Note Issues (1925), *Report*, London: HMSO.

Great Britain, Committee on Industry and Finance (Macmillan Committee) (1931), *Report*, London: HMSO.

Gregory, R. G., V. Ho, L. McDermott and J. Hagan (1988), "The Australian and U.S. Labor Markets in the 1930's," in Barry Eichengreen and T. J. Hatton (eds.), *Interwar Unemployment in International Persepective*, Dordrecht: Kluwer Nijhoff, pp. 397-430.

Gregory, R. G., V. Ho, and L. McDermott (1989), "Sharing the Burden: The Australian Labor Market in the 1930s," in R. G. Gregory and N. G. Butlin (eds.), *Recovery From the Depression: Australia and the World Economy in the 1930s*, Cambridge: Cambridge University Press, pp. 217-245.

Gregory, T. E. (1935), *The Gold Standard and its Future*, New York: E. P. Dutton (third ed.).

Griffiths, R. T. and H. J. Langeveld (1987), "Economy and Politics," in R. T.

Griffiths (ed.), *The Netherlands and the Gold Standard 1931-1936*, Amsterdam: NEHA, pp. 1-18.

Grilli, Enzo R. and Maw-Cheng Yang (1988), "Primary Commodity Prices, Manufactured Goods Prices, and the Terms of Trade of Developing Countries: What the Long Run Shows," *World Bank Economic Review* 2, pp. 1-48.

Guttmann, William and Patricia Meehan (1975), *The Great Inflation: Germany 1919-23*, London: Gordon and Cremonesi.

Hacault, R. (1930), "Les caractéristiques de la presente crise économique," *Journal des économistes* (October), pp. 221-223.

Haig, Robert Murray (1929), *The Public Finances of Post-War France*, New York: Columbia University Press.

Hall, N. F. (1935), *The Exchange Equalisation Account*, London: Macmillan.

Halm, George N. (1945), *International Monetary Cooperation*, Chapel Hill: University of North Carolina Press.

Hamilton, James D. (1987), "Monetary Factors in the Great Depression," *Journal of Monetary Economics* 13, pp. 1-25.

Hansen, Alvin H. (1938), *Full Recovery or Stagnation?*, New York: W. W. Norton.

Hardach, Gerd (1977), *The First World War 1914-1918*, Berkeley: University of California Press.

Hardach, Gerd (1982), "The 1931 Crisis in Germany," Paper presented to the Conference on "The 1931 Crisis and Its Aftermath," Clare College, Cambridge, April.

Hardach, Gerd (1984), "Banking and Industry in Germany in the Interwar Period 1919-1939," *Journal of European Economic History* 13 (special issue), pp. 203-234.

Hardach, Karl (1980), *The Political Economy of Germany in the Twentieth Century*, Berkeley: University of California Press.

Harding, William P. G. (1925), *The Formative Period of the Federal Reserve System*, Boston: Houghton-Mifflin.

Hardy, Charles O. (1932), *Credit Policies of the Federal Reserve System*, Washington D. C.: The Brookings Institution.

황금 족쇄

Hardy, Charles O. (1936), *Is There Enough Gold?* Washington, D. C.: The Brookings Institution.

Harris, Jose (1972), *Unemployment and Politics*, Oxford: Clarendon Press.

Harris, Seymour Edwin (1931), *Monetary Problems of the British Empire*, London: Macmillan.

Harris, S. R. S. (1935), *Germany's Foreign Indebtedness*, London: Oxford University Press.

Hawke, Gary R. (1971), "New Zealand and the Return to Gold in 1925," *Australian Economic History Review* 10, pp. 48-58.

Hawke, Gary R. (1985), *The Making of New Zealand*, Cambridge: Cambridge University Press.

Hawtrey, Ralph G. (1913), *Good and Bad Trade*, London: Constable.

Hawtrey, Ralph G. (1923 [1926]), *Monetary Reconstruction*, London: Longman.

Hawtrey, Ralph G. (1931 [1933]), *The Gold Standard in Theory and Practice*, London: Longmans, Green and Co.

Hawtrey, Ralph G. (1932), *The Art of Central Banking*, London: Longmans, Green and Co.

Hawtrey, Ralph G. (1933), *Trade Depression and the Way Out*, London: Longmans, Green and Co.

Headlam-Morley, Agnes (1928), *The New Democratic Constitutions of Europe*, Oxford: Oxford University Press.

Helfferich, Karl (1927), *Money*, London: E. Benn Ltd.

Herlitz, Nils (1925), "Proportional Representation in Sweden," *American Political Science Review* 19, pp. 582-592.

H. M. Government (1930), *Agreements Concluded at the Hague Conference, January 1930*, Cmd. 3484, London: HMSO.

Hermens, F. A. (1941), *Democracy or Anarchy? A Study of Proportional Representation*, Notre Dame: University of Notre Dame Press.

Hicks, J. R., U. K. Hicks, and L. Rostas (1941), *The Taxation of War Wealth*, Oxford: Clarendon Press (second ed.).

Hicks, Ursula K. (1938), *The Finance of British Government, 1920-1936*, London: Humphrey Milford.

Hirschman, Albert O. (1963), *Journeys Toward Progress*, New York: Norton.

Hobson, Charles Kenneth (1914), *The Export of Capital*, London: Constable and Company.

Hodson, H. V. (1938), *Slump and Recovery, 1929-1937*, London: Oxford University Press.

Hoffmann, Walther G. (1965), *Das Wachstum der Deutchen Wirtschaft seit der Mitte des 19. Jahrhunderts*, Berlin: Springer-Verlag.

Hollander, Jacob H. (1919), *War Borrowing: A Study of Treasury Certificates of Indebtedness of the United States*, New York: Macmillan Co.

Holtfrerich, Carl-Ludwig (1986a), "U.S. Capital Exports to Germany, 1919–1923 Compared to 1924–1929," *Explorations in Economic History* 23, pp. 1-32.

Holtfrerich, Carl-Ludwig (1986b), *The German Inflation, 1914-1923*, New York: Walter de Gruyter.

Hoover, Herbert (1952), *The Memoirs of Herbert Hoover: The Great Depression 1929-1941*, New York: Macmillan.

Horsefield, J. Keith (1969), *The International Monetary Fund, 1945-1965*, Washington, D. C.: IMF.

Howson, Susan (1975), *Domestic Monetary Management in Britain, 1919-1938*, Cambridge: Cambridge University Press.

Howson, Susan (1980), "Sterling's Managed Float: The Operations of the Exchange Equalisation Account," *Princeton Studies in International Finance* No. 46, Princeton: International Finance Section, Department of Economics.

Hume, David (1752), "On the Balance of Trade," in *Essays, Moral, Political, and Literary*, vol. 1, 1898 ed., London: Longmans, Green, pp. 330-345.

Hume, L. J. (1970), "The Gold Standard and Deflation," in Sidney Pollard (ed.), *The Gold Standard and Employment Policies Between the Wars*, London: Methuen, pp. 122-145.

International Labour Office (1938), *I.L.O. Yearbook 1937-38*, Geneva: I.L.O.

Irving, Stanley G. (1929), *Financial, Commercial and Economic Conditions in Brazil, October 1928*, Department of Overseas Trade, London: HMSO.

Iversen, Carl (1936), "The Importance of the International Margin: Some Les-

황금 족쇄

sons of Recent Danish and Swedish Monetary Experience," in Jacob
Viner et al. (eds.), *Explorations in Economics: Notes and Essays Contrib-uted in Honor of F. W. Taussig*, New York: McGraw-Hill, pp. 68-83.

Jack, D. T. (1927), *The Restoration of European Currencies*, London: P. S.
King & Son Ltd.

Jackson, Julian (1985), *The Politics of Depression in France, 1932-1936*, Cam-bridge: Cambridge University Press.

Jackson, Julian (1988), *The Popular Front in France: Defending Democracy,
1934-38*, Cambridge: Cambridge University Press.

James, F. Cyral (1938), *The Growth of Chicago Banks*, New York: Harper &
Brothers.

James, Harold (1984), "The Causes of the German Banking Crisis of 1931,"
Economic History Review, sec. ser. 38, pp. 68-87.

James, Harold (1985), *The Reichsbank and Public Finance in Germany,
1924-1933*, Frankfurt am Main: Fritz Knapp Verlag.

James, Harold (1986), *The German Slump: Politics and Economics, 1924-1936*, Oxford: Clarendon Press.

James, Harold (1989), "What Is Keynesian about Deficit Financing? The Case
of Interwar Germany," unpublished.

Jervis, Robert (1976), *Perception and Misperception in International Politics*,
Princeton: Princeton University Press.

Johnson, G. G. (1939), *The Treasury and Monetary Policy*, Cambridge: Har-vard University Press.

Johnson, J. F. (1910), *The Canadian Banking System, U.S. National Monetary
Commission*, Washington, D. C.: GPO.

Joint, E. J. (1930), *Economic Conditions in the Argentine Republic, November
1929*, Department of Overseas Trade, London: HMSO.

Jones, Joseph M., Jr. (1934), *Tariff Retaliation*, Philadelphia: University of
Pennsylvania Press.

Jones, Larry E. (1979), "Inflation, Revaluation and the Crisis of Middle Class
Politics: A Study in the Dissolution of the German Party System," *Cen-tral European History* 12, pp. 143-188.

Jonung, Lars (1979), "Cassel, Davidson and Heckscher on Swedish Monetary

Policy-Confidential Report to the Riksbank in 1931," *Economy and History* XXII, pp. 85-101

Jonung, Lars (1981), "The Depression in Sweden and the United States: A Comparison of Causes and Policies," in Karl Brunner (ed.), *The Great Depression Revisited*, Boston: Martinus Nijhoff, pp. 286-315.

Josephson, Matthew (1972), *The Money Lords*, New York: Weybright and Talley.

Kalecki, M. (1938), "The Lessons of the Blum Experiment," *Economic Journal* XLVIII, pp. 26-41.

Kamii, Yoshi (1937), "Industrial Recovery in Japan: Its Causes and Social Effects," *International Labour Review* 35, pp. 31-52.

Kaplan, Jacob J. and Gunther Schleiminger (1989), *The European Payments Union*, Oxford: Clarendon.

Katz, Richard S. (1980), *A Theory of Parties and Electoral Systems*, Baltimore: Johns Hopkins University Press.

Kaufman, Burton I. (1974), *Efficiency and Expansion: Foreign Trade Organization in the Wilson Administration, 1913-1921*, Westport, Conn.: Greenwood Press.

Kenen, Peter B. (1990), "The Coordination of Macroeconomic Policies," in William H. Branson, Jacob A. Frenkel, and Morris Goldstein (eds.), *International Policy Coordination and Exchange Rate Fluctuations*, Chicago: University of Chicago Press, pp. 63-102.

Kennedy, Susan Eastabrook (1973), *The Banking Crisis of 1933*, Lexington: University Press of Kentucky.

Kent, Bruce (1989), *The Spoils of War: The Politics, Economics, and Diplomacy of Reparations 1918-1922*, Oxford: Clarendon Press.

Keohane, Robert (1980), "The Theory of Hegemonic Stability and Changes in International Economic Regimes," in Ole R. Holsti et al. (eds.), *Change in the International System*, Boulder: Westview Press, pp. 131-162.

Keohane, Robert (1984), *After Hegemony: Cooperation and Discord in the World Political Economy*, Princeton: Princeton University Press.

Keynes, John Maynard (1913), *Indian Currency and Finance*, London: Macmillan and Co.

황금 족쇄

Keynes, John Maynard (1914), "War and the Financial System, August, 1914," *Economic Journal* 24, pp. 460-486.

Keynes, John Maynard (1920), *The Economic Consequences of the Peace*, London: Macmillan and Co.

Keynes, John Maynard (1922), *A Revision of the Treaty*, London: Macmillan and Co.

Keynes, John Maynard (1923), *A Tract on Monetary Reform*, London: Macmillan and Co.

Keynes, John Maynard (1925), *The Economic Consequences of Mr. Churchill*, reprinted in *The Collected Writings of John Maynard Keynes*, Vol. IX, 1972 (ed. Donald Moggridge), New York: St. Martin's Press, pp. 207-230.

Keynes, John Maynard (1929a), "Is There Enough Gold? The League of Nations Inquiry," *The Nation and Athenaeum*, 19 January, reprinted in The Collected Writings of John Maynard Keynes, Vol. XIX, 1981 (ed. Donald Moggridge), Cambridge: Cambridge University Press, pp. 775-780.

Keynes, John Maynard (1929b), "The German Transfer Problem," *Economic Journal* 39, PP. 1-7.

Keynes, John Maynard (1930), *A Treatise on Money*, London: Macmillan.

Keynes, John Maynard (1932), *Essays in Persuasion*, New York: Harcourt, Brace and Company.

Keyssar, A. (1986), *Out of Work: The First Century of Unemployment in Massachusetts*, Cambridge: Cambridge University Press.

Kindleberger, Charles (1934), "Competitive Currency Depreciation Between Denmark and New Zealand," *Harvard Business Review* XII, pp. 416-426.

Kindleberger, Charles P. (1973 [1986]), *The World in Depression, 1929-1939*, Berkeley: University of California Press.

Kirkaldy, A. W. (1921), *British Finance During and After the War, 1914-1921*, New York: I. Pitman.

Kisch, C. H. and W. A. Elkin (1930), *Central Banks*, London: Macmillan and Co.

Kitchin, J. (1929), "Gold Production: A Survey and Forecast," *Review of Economic Statistics* 11, pp. 64-67.

Kjellstrom, Erik (1934), *Managed Money: The Experience of Sweden*, New York: Columbia University Press.

Kobayashi, U. (1930), *The Basic Industries and the Social History of Japan, 1914-1918*, New Haven: Yale University Press.

Kooker, Judith L. (1976), "French Financial Diplomacy: The Interwar Years," in Benjamin M. Rowland (ed.), *Balance of Power or Hegemony: The Interwar Monetary System*, New York: New York University Press, pp.83-146.

Krugman, Paul (1988), "Target Zones and Exchange Rate Dynamics," National Bureau of Economic Research Working Paper No. 2481.

Kuczynski, Robert R. (1932), *Bankers' Profits from German Loans*, Washington, D. C.: The Brookings Institution.

Kunz, Diane B. (1987), *The Battle for Britain's Gold Standard in 1931*, London: Croom Helm.

Kuznets, Simon (1938), *Commodity Flow and Capital Formation*, New York: National Bureau of Economic Research.

Kydland, Finn and Edward Prescott (1977), "Rules Rather than Discretion: The Inconsistency of Optimal Plans," *Journal of Political Economy* 85, pp. 473-491.

Lamartine Yates, Paul (1959), *Forty Years of Foreign Trade*, London: Allen & Unwin.

Large, David Clay (1990), *Between Two Fires: Europe's Path in the 1930s*, New York: Noton.

Larmour, Peter (1964), *The French Radical Party in the 1930s*, Stanford: Stanford University Press.

Lary, Hal B. (1943), *The United States in the World Economy*, Washington D. C.: GPO.

Laursen, Karsten and Jørgen Pedersen (1964), *The German Inflation, 1918-1923*, Amsterdam: North Holland.

Lawson, W. R. (1915), *British War Finance 1914-1915*, New York: D. van Nostrand.

League of Nations (1920a), *International Financial Conference (Brussels): Report of the Advisory Committee*, London: Harrison and Sons Ltd.

황금 족쇄

League of Nations (1920b), *International Financial Conference (Brussels): Monetary Problems No. XIII: Introduction and Joint Statement of Economic Experts*, London: Harrison and Sons Ltd.

League of Nations (1926), *Memorandum on Currency and Central Banks, 1913-1925*, Geneva: League of Nations.

League of Nations, Gold Delegation (1930), *Interim Report*, Geneva: League of Nations.

League of Nations (1931a), *Course and Phases of the World Economic Depression*, Geneva: League of Nations.

League of Nations (1931b), *The Agricultural Crisis*, Geneva: League of Nations.

League of Nations (1932), *Balances of Payments, 1930*, Geneva: League of Nations.

League of Nations (1933a), *Monetary and Economic Conference Draft Annotated Agenda*, C.48. M.18, Geneva: League of Nations.

League of Nations (1933b), *Economic Survey 1932/33*, Geneva: League of Nations.

League of Nations (1935a), *Economic Survey 1934/35*, Geneva: League of Nations.

League of Nations (1935b), *Memorandum on Commercial Banking, 1929-1934*, Geneva: League of Nations.

League of Nations (1935c), *Commercial Banks, 1929-1934*, Geneva: League of Nations.

League of Nations (1936a), *Monetary Review 1935/36*, Geneva: League of Nations.

League of Nations (1936b). *Economic Survey 1935/36*, Geneva: League of Nations.

League of Nations (1936c), *Commercial Banks*, Geneva: League of Nations.

League of Nations (1936d), *Commercial Banks*, Geneva: League of Nations.

League of Nations (1937a), *Economic Survey 1936/37*, Geneva: League of Nations.

League of Nations (1937b), *Money and Banking 1935/36*, Geneva: League of Nations.

League of Nations (1938a), *World Production and Prices, 1937-1938*, Geneva: League of Nations.

League of Nations (1938b), *Report on Exchange Control*, Geneva: League of Nations.

League of Nations (1938c), *Monetary Review 1937/38*, Geneva: League of Nations.

League of Nations (1938d), *Economic Survey 1937/38*, Geneva: League of Nations.

League of Nations (1939), *Monetary Review*, Geneva: League of Nations.

League of Nations (1946), *The Course and Control of Inflation*, Geneva: League of Nations.

Lee, Bradford A. (1989), "The Onset of Three Recoveries from the Great Depression," unpublished paper, Naval War College.

Lees, Dennis S. (1953), "The Technique of Monetary Insulation, December 1932 to December 1937," *Economica,* new series 20, pp. 341-355.

Leffingwell, R. C. (1921), "Discussion," *American Economic Review* 11, pp. 30-36.

Lefranc, G. (1965), *Histoire du Front Populaire, 1934-1938*, Paris: Payot.

Leith-Ross, Sir Frederick (1968), *Money Talks: Fifty Years of International Finance: The Autobiography of Sir Fredrick Leith-Ross*, London: Hutchinson.

Lester, Richard A. (1937), "The Gold Parity Depression in Norway and Denmark, 1924-1928," *Journal of Political Economy* 45, pp. 433-467.

Lester, Richard A. (1939), *Monetary Experiments*, Princeton: Princeton University Press.

Lewis, Cleona (1938), *America's Stake in International Investments*, Washington, D. C.: The Brookings Institution.

Lewis, W. A. (1949), *Economic Survey, 1919-1939*, London: Allen & Unwin.

Li, Zheng Yi et al. (1984), *A New English-Chinese Dictionary*, New York: Commercial Press.

Liesse, André (1910), *The Evolution of Credit and Banks in France*, Senate Doc. No. 522, Washington, D. C.: GPO.

Lijphart, Arend (1968), *The Politics of Accommodation: Pluralism and De-*

황금 족쇄

mocracy in the Netherlands, Berkeley and Los Angeles: University of California Press.

Lijphart, Arend (1977), *Democracy in Plural Societies*, New Haven: Yale University Press.

Lijphart, Arend (1990), "The Political Consequences of Electoral Laws, 1945–1985," *American Political Science Review* 84, pp. 481–496.

Lindahl, Eric J. (1936), "Der Übergang zur Papier-wahrung in Schweden 1913," *Weltwirtschaftsliches Archiv* 43, pp. 82–96.

Linden, Peter H. (1969), "Key Currencies and Gold, 1900–1913," *Princeton Studies in International Finance* No. 24, Princeton: International Finance Section, Department of Economics.

Lindley, Ernest K. (1933), *The Roosevelt Revolution: First Phase*, New York: Viking.

Lomax, J. Garnett (1931), *Economic Conditions in Brazil, December, 1930*, Department of Overseas Trade, London: HMSO.

Luzzatti, Luigi (1908), "Une conférence internationale pour le paix monétaire," *Compte rendu des séances de l'Académie des Sciences morales et politiques*, Paris: Picard, vol. 1, pp. 358–368.

Lyman, Richard W. (1957), *The First Labour Government, 1924*, London: Chapman & Hall.

McDougall, Walter A. (1978), *France's Rhineland Diplomacy, 1914-1924*, Princeton: Princeton University Press.

McNeil, William C. (1986), *American Money and the Weimar Republic*, New York: Columbia University Press.

McVey, Frank L. (1918), *The Financial History of Great Britain, 1914-1918*, New York: Oxford University Press.

Machlup, Fritz (1964), *International Payments, Debts and Gold*, New York: Scribner.

Madden, John T. and Marcus Nadler (1935), *The International Money Markets*, New York: Prentice-Hall.

Maddison, Angus (1985), *Two Crises: Latin America and Asia, 1929-1938 and 1973-83*, Paris: OECD.

Maier, Charles S. (1975), *Recasting Bourgeois Europe: Stabilization in France,*

Germany and Italy in the Decade after World War I, Princeton: Princeton University Press.

Maizels, Alfred (1970), *Growth and Trade*, Cambridge: Cambridge University Press.

Makinen, Gail E. and Thomas G. Woodward (1989), "Some Sadly Neglected Monetary Aspects of the Poincaré Stabilization," *Southern Economic Journal* 56, pp. 191-211.

Makinen, Gail E. and Thomas G. Woodward (1990), "Funding Crises in the Aftermath of the Great War," in Rudiger Dornbusch and Mario Draghi (eds.), *Public Debt Management: Theory and History*, Cambridge: Cambridge University Press, pp. 153-182.

Malamud, Bernard (1983), "John H. Williams on the German Inflation: The International Amplification of Monetary Disturbances," in Nathan Schmukler and Edward Markus (eds.), *Inflation through the Ages*, New York: Columbia University Press, pp. 417-434.

Malenbaum, Wilfred (1953), *The World Wheat Economy, 1885-1939*, Cambridge: Harvard University Press.

Mantoux, Etienne (1952), *The Carthaginian Peace, or The Economic Consequences of Mr. Keynes*, New York: Scribner.

Marcus, Edward (1954), *Canada and the International Business Cycle, 1927-1939*, New York: Bookman Associates.

Marjolin, Robert (1938), "Reflections on the Blum Experiment," *Economica* 5, pp. 177-191.

Marks, Sally (1978), "The Myths of Reparations," *Central European History* 3, pp. 231-255,

Mendershausen, Horst (1940), *The Economics of War*, New York: Prentice Hall.

Methorst, H. W. (1938), *Recueil international de statistiques economiques 1931-1936*, The Hague: International Conference of Economic Services.

Meynial, P. (1927), "La Balance des Comptes," *Revue d'Économie Politique* 41, pp. 271-289.

Miller, Marcus and Paul Weller (1989), "Exchange Rate Bands and Realign-

황금 족쇄

ments in a Stationary Stochastic Setting," in Marcus Miller, Barry Eichengreen, and Richard Portes (eds.), *Blueprints for Exchange Rate Management*, New York: Academic Press, pp. 161-174.

Miller, R. (1981), "Latin American Manufacturing and the First World War: An Exploratory Essay," *World Development* 9, pp. 707-716.

Mills, J. Saxon (1923), *The Genoa Conference*, London: Hutchinson & Co.

Milward, Alan (1977), *War, Economy and Society 1939-1945*, London: Allen Lane.

Ministère de Finance (1966), *Annuaire Statistique de la France: Résumé Rétrospective*, Paris: INSEE.

Mintz, Ilse (1959), *Trade Balances During Business Cycles: U.S. and Britain Since 1880*, New York: National Bureau of Economic Research.

Miron, Jeffrey (1986), "Financial Panics, the Seasonality of the Nominal Interest Rate, and the Founding of the Fed," *American Economic Review* 76, pp. 125-140.

Miron, Jeffrey (1989), "The Founding of the Fed and the Destabilization of the Post-1914 U.S. Economy," in Macello de Cecco and Alberto Giovannini (eds.), *A European Central Bank?*, Cambridge: Cambridge University Press, pp. 290-327.

Mitchell, B. R. (1975), *European Historical Statistics*, London: Macmillan.

Mlynarski, Feliks (1929), *Gold and Central Banks*, New York: The Macmillan Co.

Moggridge, Donald (1969), *The Return to Gold, 1925: The Formulation of Economic Policy and Its Critics*, London: Cambridge University Press.

Moggridge, Donald (1972), *British Monetary Policy 1924-1931*, Cambridge: Cambridge University Press.

Moley, Raymond (1939), *After Seven Years*, New York: Harper and Brothers.

Moley, Raymond (1966), *The First New Deal*, New York: Harcourt, Brace and World.

Montgomery, Arthur (1938), *How Sweden Overcame the Depression 1930-1933*, Stockhom: Alb. Bonniers Boktryckeri.

Moore, James Ray (1972), "A History of the World Economic Conference, London, 1933," Ph. D. dissertation, State University of New York at

Stony Brook.

Moreau, Emile (1954), *Souvenirs d'un Gouverneur de la Banque de France*, Paris: M. T. Genin.

Morgan, E. Victor (1952), *Studies in British Financial Policy*, London: Macmillan.

Morton, Walter Albert (1943), *British Finance 1930-1940*, Madison: University of Wisconsin Press.

Moulin, Annie (1988), *Les paysans de la société française*, Paris: Seuil.

Moulton, Harold G. and Cleona Lewis (1925), *The French Debt Problem*, New York: The Macmillan Co.

Moulton, Harold G. and Leo Pasvolsky (1932), *War Debts and World Prosperity*, Washington, D. C.: The Brookings Institution.

Mouré, Kenneth (1988), *As Good as Gold: French Monetary Management, 1928-1936*, Ph. D. dissertation, University Toronto.

Mouré, Kenneth (1989), "Policy-makers and the Economic Crisis in France," unpublished, University of California at Santa Barbara.

Mouré, Kenneth (1990), "The Bank of France and the Gold Standard, 1928–1936," *Proceedings of the Annual Meeting of the Western Society for French History* 17, pp. 459-468.

Mowat, Charles Loch (1955), *Britain Between the Wars, 1918-1940*, London: Methuen.

Mundell, Robert A. (1963), "Capital Mobility and Stabilization Policy Under Fixed and Flexible Exchange Rates," *Canadian Journal of Economics* 29, pp. 475-485.

Myers, Margaret (1936), *Paris as a Financial Centre*, London: P. S. King.

Nadler, Marcus and Jules I. Bogen (1933), *The Banking Crisis: The End of an Epoch*, New York: Dodd, Mead & Co.

Nelson, Daniel B. (1989), "Was the Deflation of 1929-30 Anticipated? The Monetary Regime as Viewed by the Business Press," unpublished manuscript, University of Chicago.

Newman, Karl J. (1970), *European Democracy Between the Wars*, London: Allen & Unwin.

Nichols, Jeanette P. (1934), "Silver Inflation in the Senate in 1933," *Social*

Studies 25, pp. 12-18.

Nichols, Jeanette P. (1951), "Roosevelt's Monetary Diplomacy in 1933," *American Historical Review* LVI, pp. 295-317.

Nogaro, Bertrand (1927), *Modern Monetary Systems*, London: P.S. King & Son Ltd.

Notel, Rudolf (1984), "Money, Banking and Industry in Interwar Austria and Hungary," *Journal of European Economic History* 13 (special issue), pp. 137-202.

Nurkse, Ragnar (1944), *International Currency Experience*, Geneva: League of Nations.

Nye, John V. (1991), "The Myth of Free Trade Britain and Fortress France: Tariffs and Trade in the Nineteenth Century," *Journal of Economic History* 51, pp. 23-46.

O'Connell, Arturo (1984), "Argentina into the Depression: Problems of an Open Economy," in Rosemary Thorp (ed.), *Latin America in the 1930s*, London: Macmillan, pp. 188-221.

O'Farrell, Horace Handley (1913), *The Franco-German War Indemnity and Its Economic Results*, London: Harrison & Sons.

Ogawa, G. and K. Yamasaki (1929), *The Effect of the World War Upon the Commerce and Industry of Japan*, New Haven: Yale University Press.

Ogburn, W. F. and W. Jaffe (1929), *The Economic Development of Postwar France*, New York: Columbia University Press.

Ohkawa, Kazushi and Henry Rosovsky (1973), *Japanese Economic Growth*, Stanford: Stanford University Press.

Ohlin, Bertil (1929), "The Reparation Problem: A Discussion," *Economic Journal* 39, pp. 172-173.

Ohlin, Bertil (1931), *The Course and Phases of the World Economic Depression*, Geneva: League of Nations.

Ohlin, Bertil (1932), "Sweden's Monetary Policy," *Svenska Handelsbanken Index* 7, pp. 268-277.

Paish, George (1920), *The World Crisis: A Suggested Remedy*, London: Benn Brothers.

Palgrave, Robert Harry Inglis, Sir (1903), "Bank Rate and the Money Market in England," London: J. Murray.

Palyi, Melchior (1972), *The Twilight of Gold 1914-1936*, Chicago: Henry Regnery Co.

Paris, James Daniel (1938), *Monetary Policies of the United States 1932-1938*, New York: Columbia University Press.

Parkinson, J. F. (1934), *Canadian Investment and Foreign Exchange Problems*, Toronto: University of Toronto Press.

Parrini, Carl (1969), *Heir to Empire: United States Economic Diplomacy, 1916-1923*, Pittsburgh: University of Pittsburgh Press.

Pasvolsky, Leo (1933), *Current Monetary Issues*, Washington, D. C.: The Brookings Institution.

Patron, Maurice (1910), *The Bank of France in Its Relation to National and International Credit*, Senate Doc. No. 494, Washington, D. C.: GPO.

Patterson, E. L. Stewart (1916), "London and New York as Financial Centers," *Annals of the American Academy of Political and Social Science* LXVIII, pp. 264-277.

Pedersen, Jørgen (1961), "Some Notes on the Economic Policy of the United States during the Period 1919-1932," in H. Hegeland (ed.), *Money, Growth and Methodology: Essays in Honor of Johan Åkerman*, Lund: Gleerup.

Peel, George (1925), *The Financial Crisis in France*, London: Macmillan and Co.

Peel, George (1937), *The Economic Policy of France*, London: Macmillan and Co.

Penati, Alessandro (1991), "Poincaré's Stabilization: Stopping a Run on Government Debt," *Journal of Monetary Economics* 27, pp. 213-240.

Persons, Warren M. (1931), *Forecasting Business Cycles*, New York: Chapman & Hall.

Peters, H. E. (1934), *The Foreign Debt of the Argentine Republic*, Baltimore: Johns Hopkins University Press.

Phelps, Clyde William (1927), *The Foreign Expansion of American Banks*, New York: The Ronald Press Company.

Phelps-Brown, E. H. and M. Browne (1968), *A Century of Pay*, London: Mac-

황금 족쇄

millan.

Philippe, Raymond (1931), *Un point d'histoire: Le drame financier de 1924 à 1928*, Paris: Gallimard.

Pigou, Arthur C. (1947), *Aspects of British Economic History, 1918-1925*, London: Macmillan.

Pope, David (1989), "Free Banking in Australia Before World War I," unpublished manuscript, Australian National University.

Pressnell, L. S. (1968), "Gold Reserves, Banking Reserves and the Baring Crisis of 1890," in C. R. Whittlesey and J. S. G. Wilson (eds.), *Essays in Honour of R. S. Sayers*, Oxford: Clarendon Press, pp. 167-228.

Pressnell, L. S. (1978), "1925: The Burden of Sterling," *Economic History Review*, sec. ser. 31, pp. 67-88.

Puxley, H. L. (1933), *A Critique of the Gold Standard*, New York: Harper & Brothers.

Rae, Douglas W. (1967), *The Political Consequences of Electoral Laws*, New Haven: Yale University Press.

Randall, Laura (1977), *A Comparative Economic History of Latin America, 1500-1914*, Institute of Latin American Studies, Ann Arbor: University Microfilms International.

Redmond, John (1980), "An Effective Exchange Rate for the Pound in the 1930s," *Economic History Review*, sec. ser. 33, pp. 83-91.

Reed, Harold L. (1922), *The Development of Federal Reserve Policy*, Boston: Houghton Mifflin Company.

Reed, Harold L. (1930), *Federal Reserve Policy, 1921-1930*, New York: McGraw-Hill.

Reparation Commission (1927), *Official Documents: The Experts' Plan for Reparation Payments*, London: HMSO.

Reparation Commission (1930), *Report of the Agent-General for Reparation Payments (May 21, 1930)*, Official Documents XXII, London: HMSO.

Rich, Georg (1984), "Canada without a Central Bank: Operation of the Price-Specie-Flow Mechanism, 1872-1913," in Michael Bordo and Anna Schwartz (eds.), *A Retrospective on the Classical Gold Standard, 1821-1931*, Chicago: University of Chicago Press, pp. 547-586.

Rich, Georg (1988), *The Cross of Gold: Money and the Canadian Business Cycle, 1867-1913*, Ottawa: Carleton University Press.

Rich, Georg (1989), "Canadian Banks, Gold, and the Crisis of 1907," *Explorations in Economic History* 26, pp. 135-160.

Rist, Charles (1921), *Les finances de guerre de L'Allemagne*, Paris: Payot.

Rist, Charles (1933), "Caractère et origine de la crise de 1929," in *Essais sur quelques problems économiques et monétaires*, Paris: Recueil Sirey, pp. 325-343.

Robbins, Lionel (1934), *The Great Depression*, London: Macmillan and Co., Ltd.

Rogers, James Harvey (1929), *The Process of Inflation in France, 1914-1927*, New York: Columbia University Press.

Rogowski, Ronald (1987), "Trade and the Variety of Democratic Institutions," *International Organization* 41, pp. 203-224.

Rogowski, Ronald (1989), *Commerce and Coalitions*, Princeton: Princeton University Press.

Romasco, Albert U. (1983), *The Politics of Recovery: Roosevelt's New Deal*, New York: Oxford University Press.

Romer, Christina (1988), "World War I and the Postwar Recession," *Journal of Monetary Economics* 22, pp. 91-115.

Romer, Christina (1990), "The Great Crash and the Onset of the Great Depression," *Quarterly Journal of Economics* CV, pp. 597-624.

Roose, Kenneth D. (1954), *The Economics of Recession and Revival*, New Haven: Yale University Press.

Royal Commission on Indian Finance and Currency (1914), *Interim Report and Appendices*, Cmd. 7070, London: HMSO.

Royal Comission on Indian Currency and Finance (1926), *Report and Appendices*, Cmd. 2687, London: HMSO.

Royal Institute of International Affairs (1931), *The International Gold Problem*, London: Humphrey Milford.

Royal Institute of International Affairs (1932), *World Agriculture: An International Survey*, London: Humphrey Milford.

Royal Institute of International Affairs (1937), *The Problem of International*

Investment, London: Oxford University Press.

Rupieper, Hermann J. (1979), *The Cuno Government and Reparations, 1922-1923*, The Hague: Martinus Nijhoff.

Rustow, Dankwart A. (1955), *The Politics of Compromise: A Study of Parties and Cabinet Government in Sweden*, New York: Greenwood Press.

Sachs, Jeffrey and Charles Wyplosz (1984), "Real Exchange Rate Effects of Fiscal Policy," Harvard Institute of Economic Research Discussion Paper No. 1050.

Saint-Etienne, C. (1983), "L'offre et la demande de monnaie dans la France de l'entre-deux-guerres (1920-1939)," *Revue Économique* 34, pp. 344-367.

Saint Marc, Michele (1984), *Histoire monetaire de la France, 1800-1980*, Paris: Presses Universitaires de France.

Salais, R. N., N. Baverez, and B. Reynaud (1986), *L'invention du chômage*, Paris: Presses Universitaires de France.

Samuelson, Paul and Everett Hagen (1943), *After the War, 1918-1920*, Washington, D. C.: U. S. National Resources Planning Board.

Sargent, Thomas J. (1986a), "The Ends of Four Big Inflations," in Thomas Sargent, *Rational Expectations and Inflation*, New York: Harper and Row, pp. 40-109.

Sargent, Thomas (1986b), "Stopping Moderate Inflations: The Methods of Poincaré and Thatcher," in Thomas Sargent, *Rational Expectations and Inflation*, New York: Harper and Row, pp.1 10-157.

Sauvy, Alfred (1984), *Histoire économique de la France entre les deuxguerres*, (second ed.), Paris: Economica.

Say, Leon (1898), *Les finances de la France sous la troisième république*, Tome 1, Paris: Calmann Lévy.

Sayers, Richard S. (1936), *Bank of England Operations, 1890-1914*, London: P. S. King and Son, Ltd.

Sayers, Richard S. (1957), *Central Banking After Bagehot*, Oxford: Clarendon Press.

Sayers, Richard S. (1960), "The Return to Gold, 1925," in L. S. Pressnell (ed.), *Studies in the Industrial Revolution*, London: Althone Press, pp. 313-

327.

Sayers, Richard S. (1976), *The Bank of England, 1891-1944*, Cambridge: Cambridge University Press.

Scammel, W. M. (1983), *The International Economy Since 1945*, New York: St. Martin's.

Schacht, Hjalmar H. G. (1927), *The Stabilization of the Mark*, New York: Adelphi.

Schedvin, C. B. (1970), *Australia and the Great Depression*, Sydney: Sydney University Press.

Schloss, Henry H. (1958), *The Bank for International Settlements: An Experiment in Central Bank Cooperation*, Amsterdam: North Holland.

Schmid, Gregory C. (1974), "The Politics of Currency Stabilization: The French Franc, 1926," *Journal of European Economic History* 3, pp. 359–377.

Schmidt, Carl T. (1934), *German Business Cycles 1924-1933*, New York: National Bureau of Economic Research.

Schneider, Herbert W. (1936), *The Fascist Government of Italy*, New York: D. Van Nostrand Co.

Schrecker, Ellen (1978), *The Hired Money: The French Debt to the United States 1917-1929*, New York: Arno Press.

Schubert, Aurel (1990), *The Credit Anstalt Crisis of 1931*, Cambridge: Cambridge University Press (forthcoming).

Schuker, Stephen A. (1976), *The End of French Predominance in Europe*, Chapel Hill: University of North Carolina Press.

Schuker, Stephen A. (1985), "American 'Reparations' to Germany, 1919–1933," in Gerald D. Feldman et al. (eds.), *Die Nachwirkungen der Inflation auf die deutsche Geschichte, 1924-1933*, Munich: Oldenbourg.

Schuker, Stephen A. (1988), "American Reparations to Germany, 1919–33: Implications for the Third World Debt Crisis," *Princeton Studies in International Finance* No. 61 (July), Princeton: International Finance Section, Department of Economics.

Schumpeter, Joseph (1939), *Business Cycles*, New York: McGraw-Hill.

Schwedtman, F. C. (1911), "Lending our Financial Machinery to Latin America," *American Political Science Review* 11, pp. 239-251.

Seligman, Edwin R. A. (1924), "Comparative Tax Burdens in the Twentieth Century," *Political Science Quarterly* 39, pp. 106-146.

Shepherd, Henry L. (1936), *The Monetary Experience of Belgium 1914-1936*, Princeton: Princeton University Press.

Shinjo, Hiroshi (1958), "History of Yen: Its Development in the Japanese Economy," *Kobe Economic and Business Review* 5, pp. 1-22.

Siepmann, H. A. (1920), "The International Financial Conference at Brussels," *Economic Journal* XXX, pp. 437-459.

Simkin, Colin G. F. (1951), *The Instability of a Dependent Economy: Economic Fluctuations in New Zealand 1840-1914*, Oxford: Oxford University Press.

Slichter, Sumner H. (1938), "The Downturn of 1937," *Review of Economic Statistics* 20, pp. 97-110.

Smith, Rixley and Norman Beasley (1939), *Carter Glass: A Biography*, New York: Longmans, Green and Co.

Sommariva, Andrea and Giuseppe Tullio (1986), *German Macroeconomic History 1880-1979*, London: Macmillan.

Southern, David B. (1979), "The Revaluation Question in the Weimar Republic," *Journal of Modern History* 51, pp. 1029-1054.

Southern, David B. (1981), "The Impact of the Inflation: Inflation, the Courts and Revaluation," in Richard Bessel and E. J. Feuchtwanger (eds.), *Social Change and Political Development in Weimar Germany*, Totowa, N.J.: Barnes & Noble, pp. 55-76.

Staley, Eugene (1935), *War and the Private Investor*, New York: Doubleday.

Stallings, Barbara (1987), *Banker to the Third World: U. S. Portfolio Investment in Latin America, 1900-1986*, Berkeley: University of California Press.

Stamp, Sir Josiah (1931), *Papers on Gold and the Price Level*, London: P. S. King & Son, Ltd.

Stamp, Sir Josiah (1932), *Taxation During the War*, London: Humphrey Milford.

Stiefel, D. (1983), "The Reconstruction of the Credit-Anstalt," in A. Teichova and P. C. Cottrell (eds.), *International Business and Central Europe*

1918-1939, Leicester: LeicesterUniversity Press.

Stoddard, Lothrop (1932), *Europe and Our Money*, New York: Macmillan.

Stolper, Gustav (1940), *The German Economy*, New York: Reynal& Hitchcock.

Subercaseaux, Guillermo (1922), *Monetary and Banking Policy of Chile*, Oxford: Clarendon Press.

Sullivan, Lawrence (1936), *Prelude to Panic: The Story of the Bank Holiday*, Washington, D. C.: Statesman Press.

Svennilson, Ingmar (1954), *Growth and Stagnation in the European Economy*, Geneva: United Nations Economic Commission for Europe.

Swanson, W. W. (1915), *The Financial Power of the Empire*, Kingston: The Jackson Press.

Taagepera, Rein and Bernard Grofman (1985), "Rethinking Duverger's Law: Predicting the Effective Number of Parties in Plurality and PR Systems— Parties Minus Issues Equals One," *European Journal of Political Research* 13, pp. 341-352.

Tagaki, Shinji (1988), "Floating Exchange Rates and Macroeconomic Adjustment in Interwar Japan," unpublished manuscript, Bank of Japan.

Tardieu, André (1927), *France and America: Some Experiences in Cooperation*, Boston: Houghton Mifflin Co.

Tardieu, André (1933), *Où en sommes-nous?* Paris: La Revue Hebdomadaire.

Taussig, F. W. (1917), "International Trade Under Depreciated Paper," *Quarterly Journal of Economics* XXXI, pp. 380-403.

Taussig, F. W. (1928), *International Trade*, New York: Macmillan.

Taylor, F. I. (1909), *A Bibliography of Unemployment and the Unemployed*, London: P. S. King.

Taylor, Henry C. and Anne Dewees Taylor (1943), *World Trade in Agricultural Products*, New York: The Macmillan Co.

Taylor, Michael and V. M. Herman (1971), "Party Systems and Government Stability," *American Political Science Review* 65, pp. 28-37.

Temin, Peter (1971), "The Beginning of the Great Depression in Germany," *Economic History Review*, sec. ser. 24, pp. 240-248.

Temin, Peter (1976), *Did Monetary Forces Cause the Great Depression?*, New

York: Norton.

Temin, Peter (1989), *Lessons from the Great Depression*, Cambridge, Mass.: MIT Press.

Temin, Peter and Barrie A. Wigmore (1990), "The End of One Big Deflation," *Explorations in Economic History* 27, pp. 483-502.

Tew, Brian (1988), *The Evolution of the International Monetary System, 1945-1988*, London: Hutchinson Education (fourth ed.).

Thelwall, J. W. F. and C. J. Kavanagh (1929), *Economic and Financial Conditions in Germany, 1928-1929*, Department of Overseas Trade, London: HMSO.

Thomas, Brinley (1936), *Monetary Policy and Crises*, London: George Routledge and Sons.

Thorp, Rosemary, ed. (1984), *Latin America in the 1930s*, London: Macmillan.

Tinbergen, Jan (1934), *International Abstract of Economic Statistics, 1919-1930*, London: International Conference of Economic Services.

Tobin, James (1969), "A General Equilibrium Approach to Monetary Theory," *Journal of Money, Credit, and Banking* 1, pp. 15-29.

Tocker, A. H. (1924), "The Monetary Standards of New Zealand and Australia," *Economic Journal* XXXIV, pp. 556-575.

Trachtenberg, Marc (1980), *Reparation in World Politics*, New York: Columbia University Press.

Traynor, Dean E. (1949), *International Monetary and Financial Conferences in the Interwar Period*, Washington, D. C.: Catholic University of America Press.

Triffin, Robert (1937), "La théorie de la surévaluation monétaire et la dévaluation belge," *Bulletin de l'Institut des Recherches Économiques de l'Université de Louvain* IX, pp. 3-36.

Triffin, Robert (1947), "National Central Banking and the International Economy," *Postwar Economic Studies*, Washington D. C.: Board of Governors of the Federal Reserve System, Vol. 7, pp. 46-81.

Triffin, Robert (1960), *Gold and the Dollar Crisis*, New Haven: Yale University Press.

Triffin, Robert (1964), "The Evolution of the International Monetary System: Historical Reappraisal and Future Perspectives," *Princeton Studies in International Finance* No. 12, Princeton: International Finance Section, Department of Economics.

United Kingdom (1924), *Papers Relating to the Economic Conference*, Genoa, April–May 1922, Cmd. 1667, London: HMSO.

United Nations (1948), *Public Debt 1914-1946*, Lake Success, N.Y.: United Nations.

United States Bureau of Labor Statistics (various issues), *Bulletin*, Washington, D. C.: GPO.

United States Congress, Senate (1934), *Antidumping Legislation and Other Import Regulation in the United States and Foreign Countries*, 73 Congress, 2nd Session, Senate Doc. 112, Washington, D. C.: GPO.

United States Department of Commerce (1976), *Historical Statistics of the United States*, Washington, D. C.: GPO.

United States Department of State (1933), *Foreign Relations of the United States*, Washington, D. C.: GPO.

United States Director of the Mint (1944), *Annual Report*, Washington, D. C.: GPO.

United States National Monetary Commission (1910), *Interviews on the Banking and Currency Systems of England, Scotland, France, Germany, Switzerland and Italy*, S. Doc.405, 61st Congress, 2nd Session, Washington, D. C.: GPO.

United States National Recovery Administration (various issues), *Codes of Fair Conduct*, Washington, D. C.: GPO.

United States Senate (1923), *Minutes of Conference of the Federal Reserve Board of the Board of the Federal Advisory Council and the Class A Directors of the Federal Reserve Banks Held at Washington, D. C., May 19, 1920*, Senate Document No. 310, 67. Cong. 4 sess., Washington, D. C.: GPO.

United States Senate, Banking and Currency Committee (1931), *Operation of the National and Federal Reserve Banking Systems*, 71. Cong. 3 sess., Washington, D. C.: GPO.

황금 족쇄

United States Senate, Committee on Banking and Currency (1932), "Restoring and Maintaining the Average Purchasing Power of the Dollar," Hearings, 72nd Congress, 1st Session, Washington, D. C.: GPO.

United States Treasury (1920), *Annual Report of the Secretary of the Treasury for the Fiscal Year Ended June 30, 1920*, Washington, D. C.: GPO.

United States World War Foreign Debt Commission (1927), *Combined Annual Reports*, Washington, D. C.: GPO.

Urquhart, Malcolm C. and K. A. H. Buckley (1965), *Historical Statistics of Canada*, Cambridge: Cambridge University Press.

Van der Wee, Herman and K. Tavernier (1975), *La Banque Nationale de Belgique et l'histoire monétaire entre les deuxguerres mondiales*, Brussels: Banque Nationale de Belgique.

Van Sant, Edward(1937), *The Floating Debt of the Federal Government, 1919-1936*, Baltimore: Johns Hopkins University Press.

Verrijn Stuart, G. M. (1937), "The Netherlands During the Recent Depression," in A. D. Gayer (ed.), *Lessons of Monetary Experience*, New York: Farrar & Rinehart, pp. 237-258.

Viner, Jacob (1924), *Canada's Balance of International Indebtedness, 1900-1913*, New York: Harper Brothers.

Viner, Jacob (1937), *Studies in the Theory of International Trade*, New York: Harper Brothers.

Viner, Jacob (1951), *International Economics: Studies*, Glencoe, Ill.: The Free Press.

Waites, B. A. (1976), "The Effect of the First World War on Class and Status in England," *Journal of Contemporary History* 11, pp. 27-48.

Walker, Charles A. (1934), "The Working of the Pre-War Gold Standard," *Review of Economic Studies* 1, pp. 196-209.

Walre de Bordes, J. van (1924), *The Austrian Crown*, London: P. S. King.

Warren, George F. and F. A. Pearson (1935), *Gold and Prices*, New York.

Webb, Steven B. (1986), "Government Revenue and Spending in Germany, 1919 to 1923," in Gerald D. Feldman, Carl-Ludwig Holtfrerich, Gerhard A. Ritter, and Peter-Christian Witt (eds.), *Die Anpassung an die Inflation*, Berlin: Walter de Gruyter, pp. 46-82.

Webb, Steven B. (1988), "The German Reparation Experience Compared with the LDC Debt Problem Today," *Weltwirtschafisliches Archiv* 124, pp. 745-774.

Webb, Steven B. (1989), *Inflation and Stabilization in Weimar Germany: Policies, Politics and Market Reactions*, New York: Oxford University Press.

Weinstein, Michael (1981), "Some Macroeconomic Consequences of the National Industrial Recovery Act, 1933-1935," in Karl Brunner (ed.), *The Great Depression Revisited*, Boston: Martinus Nijhoff, pp. 262-281.

Weir, Margaret and Theda Skocpol (1985), "State Structures and the Possibilities for 'Keynesian' Responses to the Great Depression in Sweden, Britain and the United States," in Peter Evans et al. (eds.), *Bringing the State Back In*, New York: Cambridge University Press, pp. 107-163.

Werth, Alexander (1934), *France in Ferment*, London: Jarrolds.

Westerfield, Ray (1938), *Money, Credit and Banking*, New York: Ronald Press.

Whale, P. B. (1930), *Joint Stock Banking in Germany*, London: Macmillan.

Whale, P. B. (1937), "The Working of the Prewar Gold Standard," *Economica* 4, pp. 18-32.

Wheeler-Bennett, John W. (1933), *The Wreck of Reparations*, London: Allen & Unwin.

Wheelock, David (1988), "Interregional Reserve Flows and the Fed's Reluctance to Use Open-Market Operations During the Great Depression," prepared for the Social Science History Association meeting, Chicago, November.

White, Eugene N. (1983), *The Regulation and Reform of the American Banking System, 1900-1929*, Princeton: Princeton University Press.

White, Eugene N. (1990), "When the Ticker Ran Late: The Stock Market Boom and Crash of 1929," in Eugene N. White (ed.), *Crashes and Panics: The Lessons from History*, New York: Dow Jones-Irwin, pp. 143-187.

White, Harry D. (1933), *The French International Accounts, 1880-1913*, Cambridge, Mass.: Harvard University Press.

Wicker, Elmus (1966), *Federal Reserve Monetary Policy 1917-1933*, New York: Random House.

Wicker, Elmus (1971), "Roosevelt's 1933 Monetary Experiment," *Journal of American History* LVII, No. 4, March, 1971, pp. 864-879.

Wicksell, Knut (1918), "International Freights and Prices," *Quarterly Journal of Economics* XXXII, pp. 401-410.

Wigmore, Barrie (1987), "Was the Bank Holiday of 1933 Caused by a Run on the Dollar?" *Journal of Economic History* XLVII, pp. 739-756.

Williams, Benjamin H. (1929), *Economic Foreign Policy of the United States*, New York: McGraw-Hill.

Williams, David (1968), "The Evolution of the Sterling System," in C. R. Whittlesey and J. S. G. Wilson (eds.), *Essays in Money and Banking in Honour of R. S. Sayers*, Oxford: Clarendon Press. pp. 266-297.

Williams, John H. (1920), *Argentine International Trade under Inconvertible Paper Money, 1880-1900*, Cambridge, Mass.: Harvard University Press.

Williams, John H. (1922), "German Foreign Trade and Reparations Payments," *Quarterly Journal of Economics*, pp. 482-503.

Williams, John H. (1930), "Reparations and the Flow of Capital," *American Economic Review Papers and Proceedings* 20, pp. 71-79.

Willis, Henry Parker (1936), *The Theory and Practice of Central Banking*, New York: Harper and Brothers.

Wilson, Joan Hoff (1971), *American Business and Foreign Policy 1920-1933*, Lexington: University of Kentucky Press.

Wirth, Max (1893), "The Crisis of 1890," *Journal of Political Economy* 1, pp. 214-235.

Withers, Hartley (1919), *War-Time Financial Problems*, New York: Dutton and Company.

Witt, Peter-Christian (1983), "Tax Policies, Tax Assessment and Inflation: Toward a Sociology of Public Finance in the German Inflation, 1914-1923" in *Wealth and Taxation in Central Europe*, Leamington Spa: Berg, pp. 137-160.

Wolfe, A. J. (1910), *The German Great Banks*, Washington, D. C.: GPO.

Wolfe, Martin (1951), *The French Franc Between the Wars, 1919-1939*, New

York: Columbia University Press.

Wright, Gordon (1955), "Peasant Politics in the Third French Republic," *Political Science Quarterly* LXX, pp.75-86.

Wright, Gordon (1964), *Rural Revolution in France*, Stanford: Stanford University Press.

Wright, J. F. (1981), "Britain's Interwar Experience," in W. A. Eltis and P. J. N. Sinclair (eds.), *The Money Supply and the Exchange Rate*, Oxford: Clarendon Press, pp. 282-305.

Wythe, George (1949), *Industry in Latin America*, New York: Columbia University Press.

Yeager, Leland and Associates (1981), *Experiences with Stopping Inflation*, Washington, D. C.: American Enterprise Institute.

Young, John Parke (1925a), *Central American Currency and Finance*, Princeton: Princeton University Press.

Young, John Parke (1925b), *European Currency and Finance*, Commission of Gold and Silver Inquiry, United States Senate, Foreign Currency and Exchange Investigation, Serial 9 (Vol. I), Washington, D. C.: GPO.

Zaalberg, C. J. P. (1928), *The Netherlands and the World War, Vol. 2: The Manufacturing Industry*, New Haven: Yale University Press.

황금 족쇄

제4장 208쪽　출처: Current History (June 1920)

제4장 215쪽　출처: Current History (February 1920)

제5장 227쪽　출처: Current History (March 1921)

제5장 237쪽　출처: Current History (September 1922)

제6장 269쪽　출처: Current History (December 1920)

제6장 274쪽　출처: Current History (May 1922)

제6장 292쪽　출처: Current History (March 1926). Courtesy Yorkshire Evening Post

제6장 298쪽　출처: Current History (July 1926)

제8장 370쪽　출처: Moulton and Pasvolsky (1932). From War Debts and World Prosperity, H. Moulton and L. Pasvolsky. The Brookings Institution, 1932, ii쪽

제8장 413쪽　출처: Current History (May 1931)

제10장 471쪽　출처: Current History (July 1932). Fitzpatrick in the St. Louis Post-Dispatch

제10장 481쪽　출처: Current History (December 1931). Copyright © 1931, Los Angeles Times. Reprinted by permission.

제11장 540쪽　출처: Current History (September 1933). Courtesy Express Newspapers plc, London

제11장 543쪽　출처: Current History (August 1935)

제11장 547쪽　출처: Reproduced from L. L. B. Angas, The Problems of the Foreign Exchanges, New York: Knopf, 1935

제12장 594쪽　출처: Current History (September 1935)

황금 족쇄

황금 족쇄

황금 족쇄

황금 족쇄

황금 족쇄

지은이 **배리 아이켄그린**Barry Eichengreen

국제 금융과 통화 체제의 최고 권위자로 인정받는 미국 경제학자이며, UC버클리대 경제학과 교수이자 경제사학회 회장이다. 국제통화기금(IMF)에서 수석정책자문위원을 역임했으며, 전 미경제연구소(NBER)의 연구위원이다. 2010년에 국제슘페터학회로부터 슘페터상을 수상했고, 『포린폴리시』가 뽑은 '세계에서 가장 영향력 있는 지식인 100명'에 선정되기도 했다. 한국은행의 자문 교수이기도 하다. 지은 책으로는 『글로벌라이징 캐피털』, 『달러 제국의 몰락』, 『글로벌 불균형』 등이 있다.

옮긴이 **박복영**

서울대학교 경제학과를 졸업하고 동대학원에서 대공황기 유럽의 금본위제 붕괴 과정에 대한 연구로 박사 학위를 받았다. 대외경제정책연구원(KIEP)에서 10여 년간 재직했으며, 현재 경희대학교 국제대학원 교수이다.

황금 족쇄
금본위제와 대공황, 1919~1939년

발행일	2016년 12월 10일(초판 1쇄)
	2018년 12월 20일(초판 2쇄)
지은이	배리 아이켄그린
옮긴이	박복영
펴낸이	이지열
펴낸곳	미지북스
	서울 마포구 성암로 15길 46(상암동 2-120) 201호
	우편번호 03930
	전화 070-7533-1848 팩스 02-713-1848
	mizibooks@naver.com
	출판 등록 2008년 2월 13일 제313-2008-000029호
책임 편집	박선미
출력	상지출력센터
인쇄	한영문화사
ISBN	978-89-94142-63-0 93320

값 38,000원

· 블로그 http://mizibooks.tistory.com
· 트위터 http://twitter.com/mizibooks
· 페이스북 http://facebook.com/pub.mizibooks